职业院校

汽车类"十二五"规划教材

工业和信息化高职高专

"十二五"规划教材立项项目

汽车构造与使用（第2版）

Automobile Structure and Application (2nd Edition)

◎ 刘艳莉 董长兴 李东兵 编

人民邮电出版社

北京

图书在版编目（CIP）数据

汽车构造与使用 / 刘艳莉，董长兴，李东兵编. -- 2版. -- 北京：人民邮电出版社，2012.7（2018.8重印）
工业和信息化高职高专“十二五”规划教材立项项目
职业院校汽车类“十二五”规划教材
ISBN 978-7-115-28754-0

Ⅰ. ①汽… Ⅱ. ①刘… ②董… ③李… Ⅲ. ①汽车－构造－高等职业教育－教材②汽车－使用方法－高等职业教育－教材 Ⅳ. ①U463

中国版本图书馆CIP数据核字（2012）第169374号

内容提要

本书系统地阐述现代汽车的基本结构、工作原理及正确使用与维护。内容包括发动机、底盘、电气系统、车身的基本结构和工作原理，汽车整车的基本性能及各种条件下的正确使用。

本书注重理论与实践的结合，紧密跟踪汽车行业发展趋势，充分体现汽车新技术、新结构、新工艺、新材料，具有一定的先进性及实用性。

本书可作为高职高专院校汽车运用与维修技术、汽车检测与维修技术、汽车制造与装配技术等相关专业的教材，也可作为汽车维修技术培训或自学用书。

工业和信息化高职高专“十二五”规划教材立项项目

职业院校汽车类“十二五”规划教材

汽车构造与使用（第2版）

◆ 编　　刘艳莉　董长兴　李东兵
　责任编辑　赵慧君

◆ 人民邮电出版社出版发行　　北京市丰台区成寿寺路11号
　邮编　100164　　电子邮件　315@ptpress.com.cn
　网址　http://www.ptpress.com.cn
　北京九州迅驰传媒文化有限公司印刷

◆ 开本：787×1092　1/16
　印张：20.75　　2012年9月第2版
　字数：520千字　　2018年8月北京第7次印刷

ISBN 978-7-115-28754-0

定价：43.00元

读者服务热线：(010) 81055410　印装质量热线：(010) 81055316
反盗版热线：(010) 81055315
广告经营许可证：京东工商广登字20170147号

前　言

《汽车构造与使用》一书出版后，被很多院校选用，并得到了读者的好评。随着汽车新车型、新技术的不断发展，以及相关企业对从业人员要求的提高，为了使学生更好地掌握新车型、新技术，我们在第 2 版的编写中对原版做了一些改动。

1. 在第 2 章中增加了发动机电子控制原理，可变配气相位、二次空气供给系统的工作原理，使汽车的构造知识更为完整。

2. 在第 3 章中增加了新图，使工作原理更为清晰。

3. 除此之外，采用了迈腾 TSI 及高尔夫 6TSI 的一些工作原理图，力求车型新、技术前沿。

本书的参考学时为 150 学时，其中，理论环节为 84 学时，实践环节为 66 学时，各部分的参考学时参见下面的学时分配表。

项　目	课程内容	学时分配	
		讲　授	实　训
第 1 章	汽车基础知识	4	2
第 2 章	汽车发动机构造、使用与维护	44	34
第 3 章	汽车底盘构造、使用与维护	28	20
第 4 章	汽车车身结构与使用	2	2
第 5 章	汽车电气系统结构、使用与维护	2	4
第 6 章	汽车整车性能与使用	4	4
课时总计		84	66

本书由刘艳莉、董长兴、李东兵编写，其中，刘艳莉编写了第 1 章、第 2 章，李东兵编写了第 3 章、第 6 章，董长兴编写了第 4 章和第 5 章。

在编写过程中，我们得到同行的热情支持，并参阅了许多专家在国内外公开出版或发表的文献，在此对他们一并表示感谢。

由于编者水平有限，书中难免存在错误或不妥之处，恳请广大读者批评指正。

编者

2012 年 5 月

目 录

第1章 汽车基础知识

【学习目标】

1. 掌握汽车的分类方法；
2. 了解国产汽车的编号规则；
3. 掌握汽车的总体构造；
4. 了解车辆识别代号的组成；
5. 了解汽车主要技术参数的含义；
6. 掌握汽车行驶的基本原理。

1.1 汽车的组成

汽车通常由发动机、底盘、车身和电气设备等部分组成。图 1-1 所示为典型轿车的总体构造。

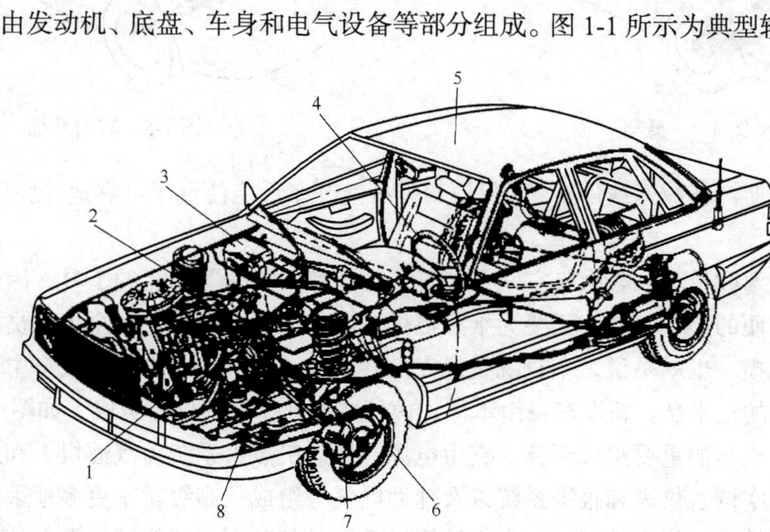

图 1-1 典型轿车的总体构造

1—发动机 2—悬架 3—空调装置 4—转向盘 5—车身 6—转向驱动轮 7—制动器 8—变速器

发动机是汽车的动力装置，其作用是使供入其中的燃料燃烧而发出动力。一般汽车都采用往复活塞式内燃机，它由曲柄连杆机构、配气机构、燃料供给系统、冷却系统、润滑系统、点火系统（汽油发动机用）和启动系统组成，如图 1-2 所示。

底盘接受发动机的动力，使汽车产生运动，并能按驾驶员的意志操纵使其正确行驶。包括传动系统、行驶系统、转向系统和制动系统。

传动系统是将发动机输出的动力传给驱动车轮的装置，它包括离合器、变速器、传动轴、驱动桥、主减速器和差速器等部件，如图 1-3 所示。

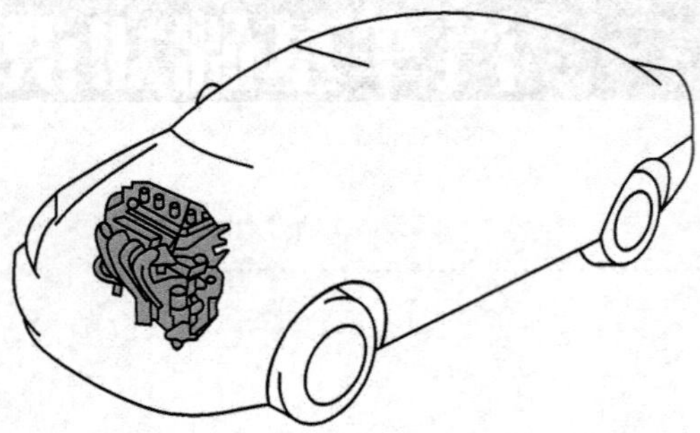

图 1-2　发动机

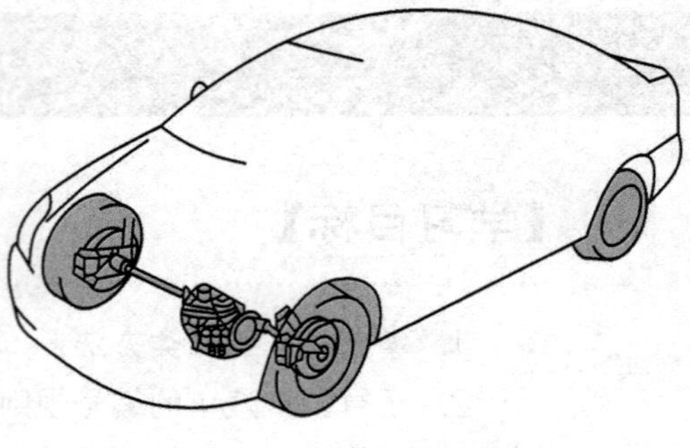

图 1-3　传动系统

行驶系统是将汽车各总成及部件连接成一个整体，起到支撑全车并保证汽车正常行驶的装置，它包括悬架、减振器、车桥和车轮等部件，如图 1-4 所示。

转向系统保证汽车按驾驶员选定的方向行驶，包括转向器和转向传动机构，如图 1-5 所示。

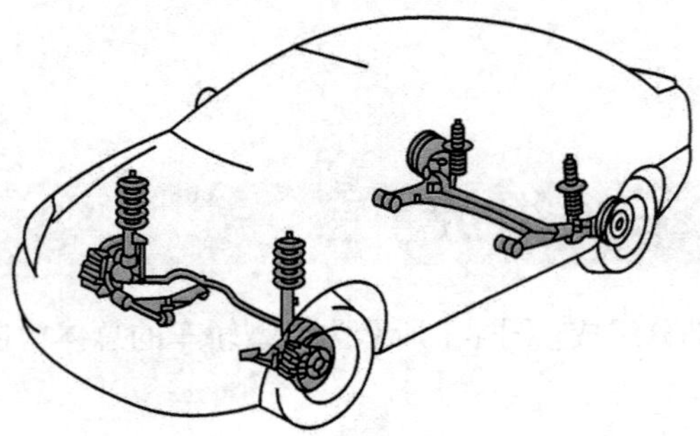

图 1-4　悬架

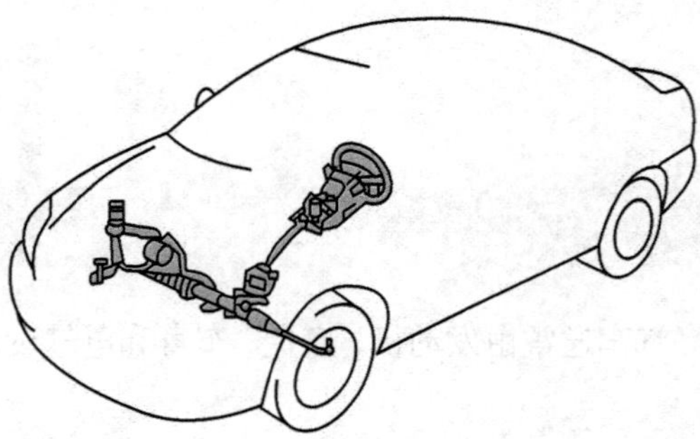

图 1-5　转向系统

制动系统可使汽车减速或停车，并保证驾驶员离开车后能使汽车可靠地停驻原地，如图 1-6 所示。

车身是形成驾驶员和乘客乘坐空间的装置，也是存放行李等物品的工具，因此要求它既要为驾驶员提供方便的操作条件，又要为乘客提供舒适的环境；既要保护全体乘员的安全，又要保证货物完好无损。也就是说，车身既是保安部件又是承载部件。在现代汽车中，它又是技术与艺术有机结合的艺术品。轿车车身由本体、内外装饰和车身附件等组成，如图 1-7 所示。

电气设备是汽车的重要组成部分，它由电源、发动机点火系统（汽油机）和启动系统、照明和信号装置、空调、仪表和报警系统以及辅助电气等组成。高级轿车更多地采用了现代新技术，尤其是电子技术，如微处理机、中央计算机系统及各种人工智能装置等，从而显著地提高了汽车的性能，如图 1-8 和图 1-9 所示。

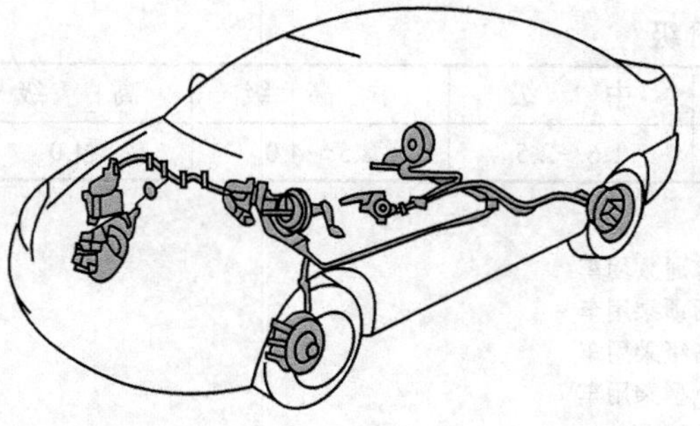

图 1-6 制动系统

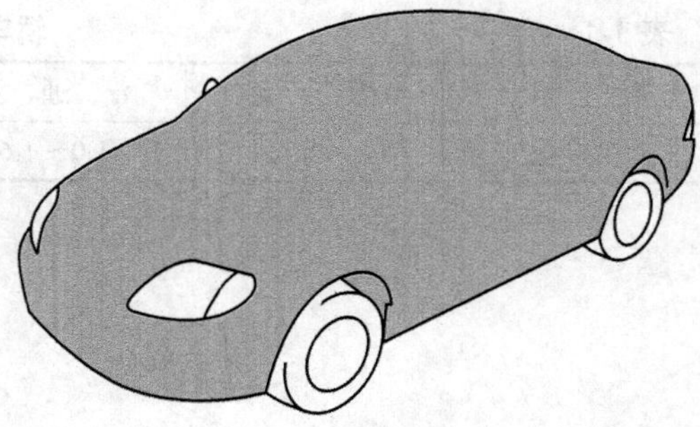

图 1-7 车身

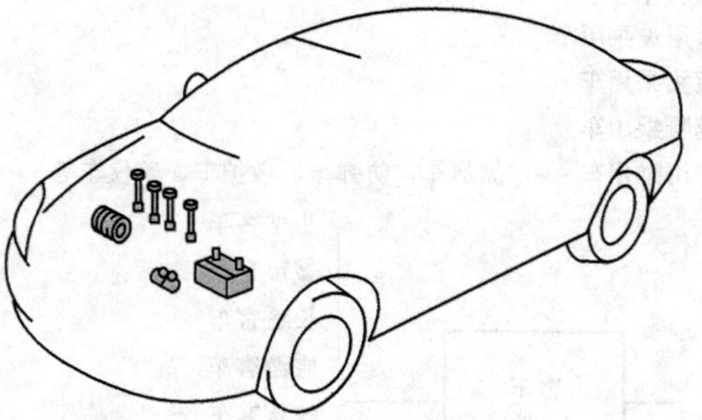

图 1-8 发动机电气

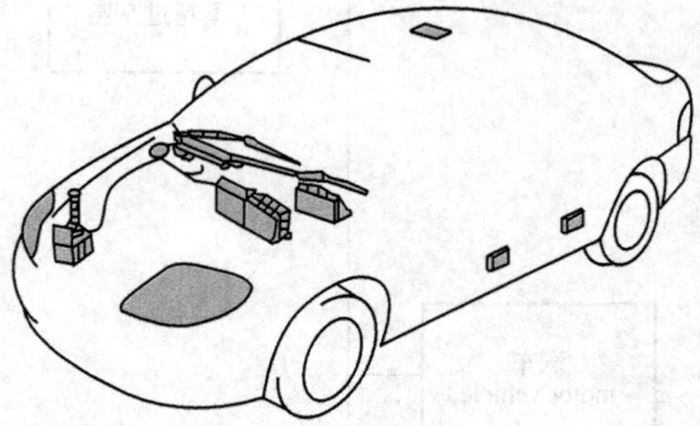

图 1-9 车身电气

1.2 汽车的定义与分类

1. 汽车的定义

汽车是指由动力驱动，通常具有 4 个或 4 个以上车轮的非轨道无架线承载的车辆，主要用于载运人员和/或货物，牵引载运人员和/或货物的车辆，以及用于某些特殊用途。

2. 汽车的分类

（1）按用途分类

汽车按用途可分为乘用车和商用车，如图 1-10 所示。

① 乘用车。乘用车是在设计和技术特性上主要用于载运乘客及其随身行李和临时物品的汽车，包括驾驶员座位在内最多不超过 9 个座位。它也可以牵引一辆挂车。

② 商用车。商用车是在设计和技术特性上用于运送人员和货物的汽车，并且可以牵引挂车（乘用车不包括在内）。

（原）中国汽车分类标准将汽车按用途分为如下 8 类。

① 轿车。轿车是具有 2～9 个座位（包括驾驶员座位）、用于载人及其随身物品的汽车。轿车可按发动机排量分级（见表 1-1）。

表 1-1　　　　　　　　　　　　　　轿车的分级

类　型	微　型	普 通 型	中　级	中 高 级	高　级
发动机排量/L	<1.0	1.0～1.6	1.6～2.5	2.5～4.0	>4.0

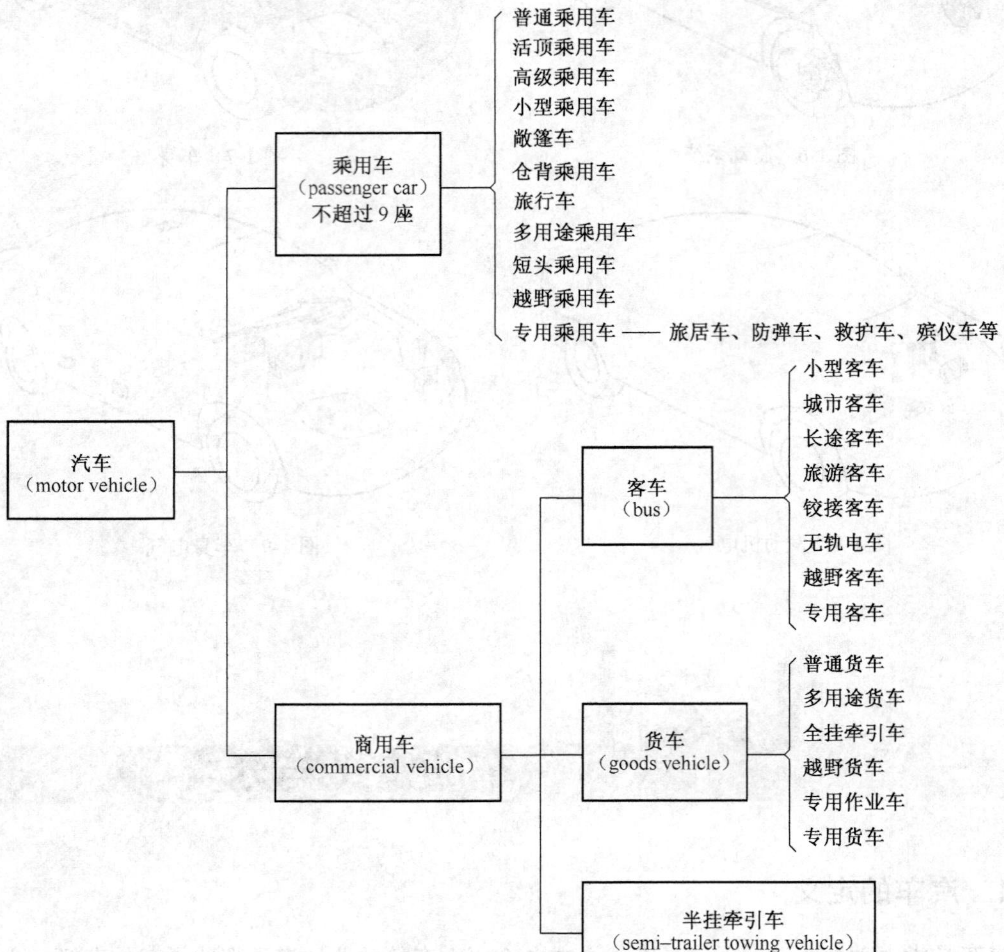

图 1-10　GB/T3730.1—2001 对汽车类型按用途的划分

② 客车。客车是具有 9 个以上座位（包括驾驶员座位）、用于载人及其行李的汽车。客车可分为单车和铰接式、单层和双层式客车等。客车可按车身长度分级（见表 1-2）。

表 1-2　　　　　　　　　　　　　　客车的分级

类　型	微　型	轻　型	中　型	大　型	特 大 型
车身长度/m	< 3.5	3.5～7	7～10	10～12	> 12（铰接式） 10～12（双层）

③ 载货汽车。载货汽车是用于运载各种货物、在驾驶室内可容纳 2～6 个乘员的汽车。载货汽车可按其总质量分级（见表 1-3）。

表 1-3　载货汽车的分级

类　型	微　型	轻　型	中　型	重　型
总质量/t	＜1.8	1.8～6	6～14	＞14

④ 越野汽车。越野汽车是可用于非公路或无路地区行驶的、属于高通过性的汽车。越野汽车可以是轿车、客车、载货汽车或其他用途的汽车。常见的轮式越野汽车都装备越野轮胎并采用全轮驱动。越野汽车可按其总质量分级（见表 1-4）。

表 1-4　越野汽车的分级

类　型	轻　型	中　型	重　型
总质量/t	＜5.0	5.0～13	＞13

⑤ 自卸汽车。自卸汽车是载货汽车中货箱能自动举升、货箱栏板能自动打开并倾卸散装货物的汽车。它可大大减轻卸货的工作量，提高生产效率。主要用于工矿企业。

⑥ 牵引汽车。牵引汽车是专门或主要用于牵引挂车的汽车，分为半挂牵引汽车和全挂牵引汽车两种。半挂牵引汽车后部设有牵引座，用于牵引和支撑挂车前端（见图 1-11）。全挂牵引汽车本身独立，带有货厢，其外形与载货汽车相似，但其长度和轴距较短，在其尾部设有拖钩，用来拖带挂车（见图 1-12）。牵引汽车都装有挂车的制动装置及电气接线板等。

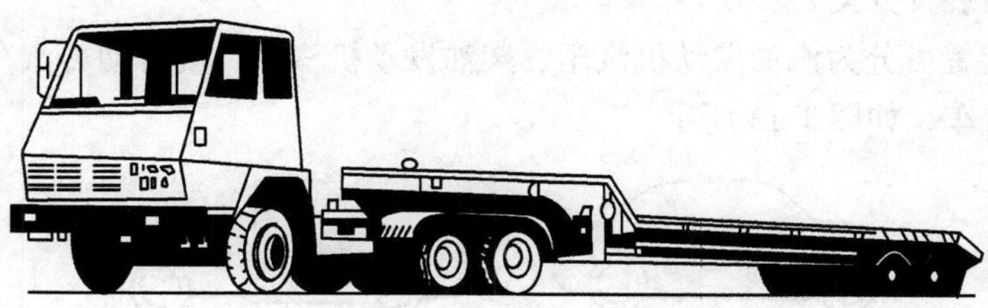

图 1-11　半挂牵引汽车及挂车

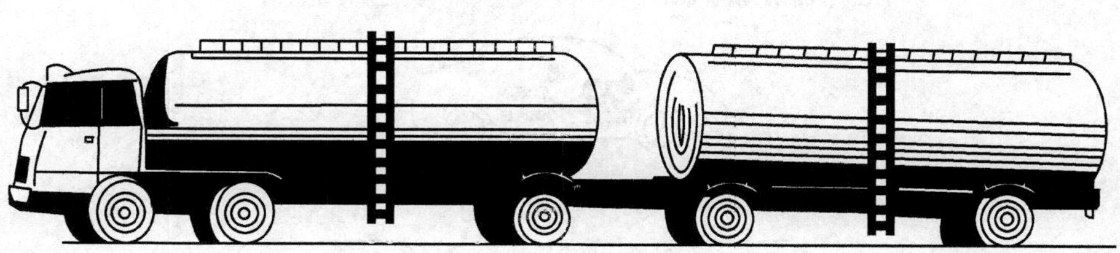

图 1-12　全挂牵引汽车及挂车

⑦ 专用汽车。专用汽车是用于完成特定作业任务的、根据特殊的使用要求设计或改装而成的汽车，其种类很多，如冷藏车、集装箱车、售货车、检阅车、起重机车、混凝土搅拌车、公安消防车和救护车等。

⑧ 半挂车。半挂车是指由半挂牵引车牵引，其部分质量由牵引车承受的挂车。最大总质量分级如表 1-5 所示。

表 1-5　半挂车的分级

类　型	轻　型	中　型	重　型	超 重 型
总质量/t	＜7.1	7.1～19.5	19.5～34	＞34

GB/T 15089—2001《机动车辆及挂车分类》标准将机动车辆和挂车分为 M 类、N 类、G 类、

O类和L类。

① M类。M类车辆是至少有4个车轮并且用于载客的机动车辆。M类车辆分为M_1类、M_2类和M_3类。

- M_1类。包括驾驶员座位在内，座位数不超过9个的载客车辆。
- M_2类。包括驾驶员座位在内，座位数超过9个，且最大设计总质量不超过5 000kg的载客车辆。
- M_3类。包括驾驶员座位在内，座位数超过9个，且最大设计总质量超过5 000kg的载客车辆。

② N类。N类车辆是至少有4个车轮且用于载货的机动车辆。

- N_1类。最大设计总质量不超过3 500kg的载货车辆。
- N_2类。最大设计总质量超过3 500kg，但不超过12 000kg的载货车辆。
- N_3类。最大设计总质量超过12 000kg的载货车辆。

③ G类。G类可概括为越野汽车，包括在M类或N类之中。例如，N_1类越野汽车可表示为N_1G。

④ O类。挂车（包括半挂车）。O类车辆按最大设计总质量分为O_1类、O_2类、O_3类和O_4类。

⑤ L类。两轮或三轮机动车类。L类车辆分为L_1类、L_2类、L_3类、L_4和L_5类。

（2）按照动力装置分类

汽车按动力装置可分为汽油发动机汽车、柴油发动机汽车、混合动力汽车、电动汽车、燃料电池复合动力汽车，如图1-13所示。

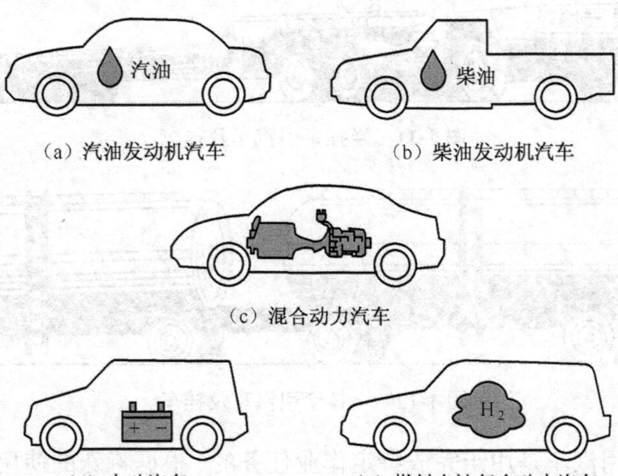

（a）汽油发动机汽车 （b）柴油发动机汽车

（c）混合动力汽车

（d）电动汽车 （e）燃料电池复合动力汽车

图1-13 发动机类型

① 汽油发动机汽车。汽油发动机产生高功率，外形紧凑，广泛用于轿车。类似的发动机包括压缩天然气（CNG）发动机，液化石油气（LPG）发动机和酒精发动机。

② 柴油发动机汽车。柴油发动机产生大力矩，燃油经济性能好，广泛用于卡车和多功能运动（SUV）车。

③ 混合动力汽车。这种类型的汽车装备不同类型的驱动动力，如汽油发动机和电动机。因为汽油发动机可以发电，因此，这类车辆不需要用于电池充电的外接电源。车轮驱动系统使用270V，而其他系统使用12V。例如，在启动关闭期间，因速度较低，使用能够产生高动力的电

动机运转方式。而车辆加速时，汽油发动机在较高转速下以更高效的方式运转。通过这样的方式转换，实现两种动力类型的最佳利用，可以提高效力，减少废气排放和节约燃料。

④ 电动汽车（EV）。此种类型汽车使用电池电源运行电动机，而不是使用燃油，但电池需要充电。它有许多优点，包括操作期间无废气排放和低噪声。车轮驱动系统使用 290V，而其他系统使用 12V。

⑤ 燃料电池复合动力汽车（FCHV）。此类型汽车使用的电能来自氢燃料与空气中氧的反应，此反应形成水。由于此反应仅放出水，因此这被认为是低污染车辆的最终形式，预计将成为下一代的驱动动力。

（3）按照发动机和驱动桥在汽车上的位置分类

发动机和驱动桥在汽车上的位置如图 1-14 所示。

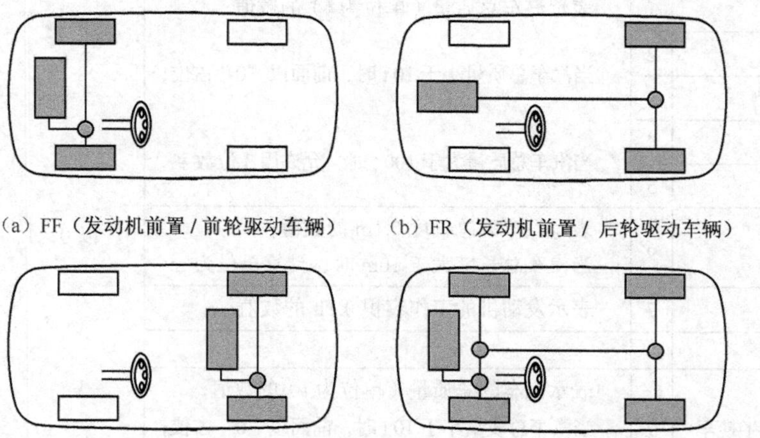

（a）FF（发动机前置 / 前轮驱动车辆）（b）FR（发动机前置 / 后轮驱动车辆）

（c）MR（发动机中置 / 后轮驱动车辆）（d）4WD（四轮驱动）

图 1-14　发动机和驱动桥在汽车上的位置

① FF（发动机前置/前轮驱动车辆）。由于 FF 车辆没有传动轴，故乘员室内宽敞，很舒服。

② FR（发动机前置/后轮驱动车辆）。由于 FR 车辆有很好的重平衡，故其控制性和稳定性很好。

③ MR（发动机中置/后轮驱动车辆）。由于 MR 车辆在前桥和后桥上有很好的重平衡，故其控制性很好。

④ 4WD（四轮驱动）。由于四轮驱动车用四轮驱动，故其可以以稳定的方式在很差的状况下行驶。其质量比其他类型车辆大。

汽车的驱动型式可用符号“$n \times m$”表示，n 是车轮总数，m 是驱动轮数。如 FF 型为 4×2，4WD 为 4×4。

1.3 汽车的编号规则

为了表明汽车的生产厂家、汽车类型及主要的特征参数等，1988 年我国颁布了国家标准

GB 9417—1988 汽车产品型号编制规则，该标准规定国产汽车型号由汉语拼音字母和阿拉伯数字组成，包括首部、中部、尾部 3 部分内容（见图 1-15）。

首部由两个汉语拼音字母组成，是企业名称代号。例如，CA 代表中国第一汽车集团公司，BJ 代表北京汽车公司等。

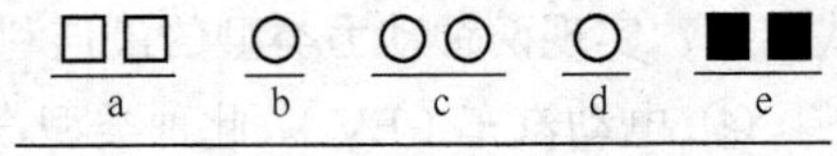

图 1-15　汽车编号组成

a—企业名称代号　b—车辆类别代号
c—主参数代号　d—产品序号
e—企业自定代号

中部由 4 位阿拉伯数字组成。左起首位数字表示汽车类型；中间两位数字是汽车的主要特征参数；末位是产品的生产序号，详见表 1-6。

表 1-6　汽车型号中部 4 位阿拉伯数字代号的含义

首位数字表示汽车类型		中间两位数字表示各类汽车的主要特征参数	末位数字表示企业自定产品序号
载货汽车	1	表示汽车总质量（单位为 t）的数值； 当汽车总质量小于 10 t 时，前面以“0”占位； 当汽车总质量大于 100 t 时，允许用 3 位数字	以 0，1，2，…依次排列
越野汽车	2		
自卸汽车	3		
牵引汽车	4		
专用汽车	5		
客车	6	表示汽车的总长度 0.1m 的数值； 当汽车总长度大于 10m 时，计算单位为 m	
轿车	7	表示发动机的工作容积 0.1L 的数值	
	8		
半挂车及专用半挂车	9	表示汽车的总质量（单位为 t）的数值； 当汽车总质量小于 10 t 时，前面以“0”占位； 当汽车总质量大于 100 t 时，允许用 3 位数字	

尾部分为两部分：前部分由汉语拼音字母组成，表示专用汽车分类代号，例如，X 代表厢式汽车，G 代表罐式汽车，C 代表仓栅式汽车等。后部分为企业自定代号。当同一种汽车结构略有变化需加以区别时，可用汉语拼音字母或数字表示，位数由企业自定。基本型汽车一般没有尾部。

1.4 汽车 VIN

车辆识别代号（Vehicle Identification Numbers，VIN），也称 17 位编码，是国际上通行的标识机动车辆的代码，是制造厂给每一辆车指定的一组字码，可谓一车一码，就如人的身份证一样，具有在世界范围内对一辆车的唯一识别性。当每一辆新出厂的车被刻上 VIN，此代号将伴随着车辆的注册、保险、年检、维修与保养，直至回收或报废而载入每辆车的服役档案。利用 VIN 可方便地查找车辆的制造者、销售者及使用者。

VIN 位于易于看到并且能够防止磨损或替换的部位，所选择的部位一般在仪表与前风挡左下角的交界处、发动机前横梁上、左前门边或立柱上、驾驶员左腿前方或前排左座椅下方等部位，如图 1-16 所示。

VIN 由 3 部分组成，如图 1-17 所示。

① 第一部分为世界制造厂识别代码（WMI），它具有世界车辆制造厂的唯一性。WMI 共有 3 位字码，由制造厂以外的组织预先指定的，用来代表生产国、厂家、车辆类别。如 LFV——中国一汽大众、LFW——中国第一汽车集团公司、WDB——德国奔驰、WBA——德国宝马、KMH——韩国现代等。其中，第 v1 位字码代表生产国，为国际汽车厂通用。如 1——美国、2——加拿大、3——墨西哥、J——日本、L——中国、Z——意大利等。

图 1-16　VIN 的位置

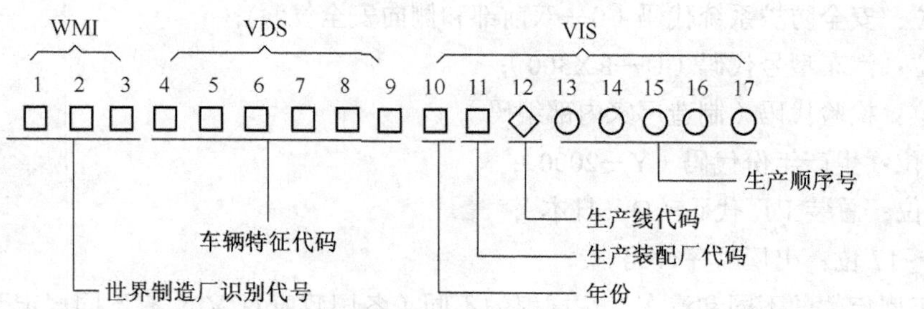

图 1-17　VIN 的组成

□—表示大写英文字母或数字（I、O、Q 不能用）　○—表示数字　◇—表示大写英文字母

ISO 授权美国汽车工程师学会（SAE）作为其国际代理，负责为世界各国指定地区代码及国别代码，负责 WMI 的保存与核对。我国机械局汽车行业管理处获得授权负责中国境内（包括大陆和港、澳、台地区）的 VIN 的统一管理，负责 WMI 的分配。

② 第二部分为车辆特征说明部分（VDS），包括 6 位字码组成，如果制造厂所用字码不足 6 位，应在剩余位置填入制造厂选定的字母或数字，以表现车辆的一般特征，其代码及顺序由制造厂决定。

③ 第三部分为车辆指示部分（VIS），是 VIN 的最后部分，由 8 位字码组成。一般情况下，VIS 的第 1 位字码指示年份（也有一部分汽车制造厂的 VIS 的第 1 位字码并不指示年份，如奔驰（欧款）、宝马（欧款）、雪铁龙、菲亚特、福特在欧洲及亚洲生产的汽车等。第 2 位字码指示生产装配厂址，后 6 位指示生产顺序号。汽车生产年份代码表见表 1-7。

表 1-7　　汽车生产年份代码表

年　份	代　码	年　份	代　码	年　份	代　码	年　份	代　码
1971	1	1981	B	1991	M	2001	1
1972	2	1982	C	1992	N	2002	2
1973	3	1983	D	1993	P	2003	3
1974	4	1984	E	1994	R	2004	4
1975	5	1985	F	1995	S	2005	5
1976	6	1986	G	1996	T	2006	6
1977	7	1987	H	1997	V	2007	7
1978	8	1988	J	1998	W	2008	8
1979	9	1989	K	1999	X	2009	9
1980	A	1990	L	2000	Y	2010	A

例如，某辆凌志（LEXUS）轿车的 VIN 为 J T 8 B D 1 0 U B Y O 0 1 5 6 7 8。其含义如下。

第 1 位：生产国别代码（J—日本）；

第 2 位：生产厂家代码（T—丰田汽车公司）；

第 3 位：汽车类别代码（8—乘用车）；

第 4 位：车身类型代码（B—4 门乘用车）；

第 5 位：发动机型号代码（D—2JZGE 3.0L V6）；

第 6 位：汽车系列类型代码（1—RX300）；

第 7 位：安全防护系统代码（0—双前部和侧向安全气囊）；

第 8 位：汽车型号代码（U—RX300）；

第 9 位：检验代码（制造厂家内部编码）；

第 10 位：生产年份代码（Y—2000）；

第 11 位：总装工厂代码（O—日本）；

第 12～17 位：出厂顺序代码。

随着车型年款的不同和汽车发往国家的不同（各国政府对 VIN 有不同规定），VIN 规定会有所不同。有的按公司各车分部进行规定（美国 GM）；有的直接按系列车型或车名进行规定（如日本凌志汽车）。在实用中，一般要由两种 VIN 规定才可验证出一辆车的型号和车型参数，因此，大量积累这方面的资料具有重要的意义，随着车型年款的变化，今后还会陆续出现各种 VIN 规定。

1.5 汽车主要技术参数

为了说明汽车的主要技术性能，经常用下列参数来表示，如图 1-18 所示。

① 整车装备质量：汽车完全装备好的质量（kg，以下各质量参数相同），是指完整的发动

机、底盘、车身、全部电气设备和车辆正常行驶所需要的辅助设备（包括加足燃料、润滑油及冷却液，随车工具等）的质量之和。

② 最大总质量：汽车满载时的质量。

③ 最大装载质量：最大总质量和整车装备质量之差。

④ 最大轴载质量：汽车单轴所承载的最大总质量。

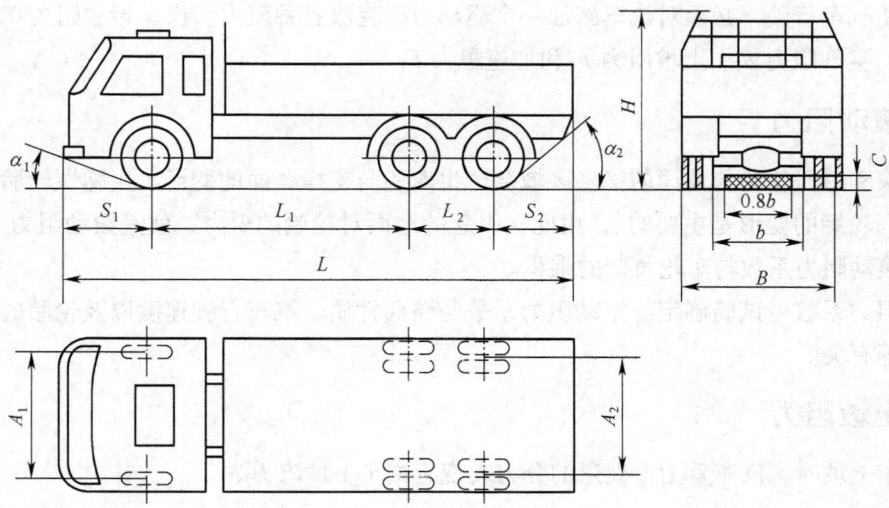

图 1-18　汽车常用主要技术参数

⑤ 车长（L）：垂直于车辆纵向对称平面并分别抵靠在汽车前、后最外端突出部位的两垂直面间的距离（mm，以下各尺寸参数同）。

⑥ 车宽（B）：平行于车辆纵向对称平面并分别抵靠车辆两侧最外固定突出部位（除后视镜、侧面标志灯、方位灯、转向指示灯等）的两平面之间的距离。

⑦ 车高（H）：车辆最高点与车辆支撑平面之间的距离。

⑧ 轴距（L_1、L_2）：汽车前后轴中心线的水平距离。

⑨ 轮距（A_1、A_2）：在支撑平面上，同轴左右车轮两轨迹中心间的距离（轴两端为双轮时，为左右两条双轨迹的中间的距离）。

⑩ 前悬（S_1）：在直线行驶位置时，汽车前端刚性固定件的最前点到通过两前轮轴线的垂面间的距离。

⑪ 后悬（S_2）：汽车后端刚性固定件的最后点到通过最后车轮轴线的垂面间的距离。

⑫ 最小离地间隙（C）：满载时，车辆支撑平面与车辆最低点之间的距离。

⑬ 接近角（α_1）：汽车前端突出点向前轮引的切线与地面的夹角（°）。

⑭ 离去角（α_2）：汽车后端突出点向后轮引的切线与地面的夹角（°）。

⑮ 转弯直径：转向盘转到极限位置，外侧转向轮的中心平面在车辆支撑面上的轨迹圆直径（mm）。

⑯ 最高车速：汽车在平坦公路上行驶时能达到的最高速度（km/h）。

⑰ 最大爬坡度：汽车满载时的最大爬坡能力（%）。

⑱ 平均燃料消耗量：汽车在公路上行驶时平均的燃料消耗量（L/100 km）。

1.6 汽车行驶原理

要想使汽车行驶，必须对汽车施加一个驱动力以克服各种阻力。汽车行驶阻力 ΣF 包括滚动阻力 F_f、空气阻力 F_f、上坡阻力 F_i 和加速阻力 F_f。

1. 滚动阻力

车轮滚动时，轮胎与地面的接触区域会产生轮胎与支撑路面的变形（当弹性轮胎在硬路面上滚动时，轮胎的变形是主要的），由此而引起的地面对轮胎的阻力，就是滚动阻力 F_f。滚动阻力等于滚动阻力系数与车轮负荷的乘积。

滚动阻力系数由试验确定。滚动阻力系数与路面性质、汽车行驶速度以及轮胎的构造、材料、气压等有关。

2. 上坡阻力

当汽车上坡时，汽车重力沿坡道的分力表现为汽车上坡阻力 F_i。

3. 加速阻力

汽车加速行驶时，需要克服其质量加速运动的惯性力，也就是加速阻力 F_j。

4. 空气阻力

汽车直线行驶时受到的空气作用在行驶方向上的分力称为空气阻力 F_w。空气阻力与汽车的形状、汽车正面投影面积有关，特别是与汽车和空气的相对速度的平方成正比。当汽车高速行驶时，空气阻力的数值将显著增加。

为克服上述阻力，汽车必须有足够的驱动力。汽车驱动力的产生原理如图 1-19 所示。发动机经由传动系统在驱动轮上施加一个驱动力矩 M_t，力图使驱动轮旋转。在 M_t 作用下，在驱动轮和路面接触处对路面施加一个圆周力 F_0，其方向与汽车行驶方向相反，大小为

$$F_0 = M_t/R$$

式中 F_0——对路面施加的圆周力（N）；

M_t——驱动力矩（N·m）；

R——驱动车轮的滚动半径（m）。

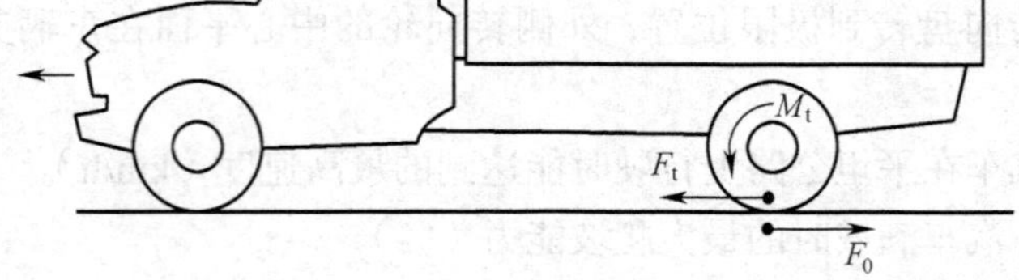

图 1-19 汽车驱动力的产生原理

由于车轮与路面的附着作用，在车轮向路面施加力 F_0 的同时，路面会对车轮施加一个大小相等、方向相反的反作用力 F_t，F_t 就是汽车行驶的驱动力。

当驱动力逐渐增大到足以克服汽车所受到的阻力时，汽车便开始起步行驶。汽车起步后，其行驶情况取决于驱动力和行驶阻力之间的关系。当驱动力等于行驶阻力时，汽车将匀速行驶；当驱动力大于行驶阻力时，汽车将加速行驶；当驱动力小于行驶阻力时，汽车将减速行驶或静止不动。

但是汽车并不是在任何情况下都能产生足够的驱动力。驱动力的最大值固然取决于发动机的最大转矩和传动系统的传动比，但实际发出的驱动力还受到轮胎与地面之间的附着情况的限制。例如，汽车在很滑的冰面上行驶时，加大油门可能只会使驱动轮加速滑转，而驱动力却不能增大。

若汽车在平整的干硬路面上行驶,驱动轮与接触面之间的附着性能好坏取决于轮胎和路面之间摩擦力的大小；但在松软路面上，汽车行驶时的驱动力，除了受驱动轮与路面之间的摩擦力影响外，还有嵌入轮胎花纹凹处的路面凸起部所起的抗滑作用。

在汽车技术中，把轮胎与路面之间的相互摩擦以及轮胎花纹和路面凸起部的相互作用综合在一起，称为附着作用。由附着作用所决定的阻碍车轮打滑的力的最大值称为附着力，用 F_φ 表示。由此可知，汽车行驶时的驱动力受附着力的限制，即

$$F_t \leqslant F_\varphi$$

因此，汽车行驶的充分必要条件为

$$\Sigma F \leqslant F_t \leqslant F_\varphi$$

在泥泞或冰雪路面，由于附着力很小，汽车行驶的驱动力受附着力的限制，致使汽车减速以致不能前进。即使加大节气门开度或换入低挡，车轮也只能滑转。为此，普通汽车在冰雪路面上行驶时，通常应增大附着力，即在驱动轮上绕装防滑链，或换装防滑轮胎。全轮驱动的越野汽车。配有特殊的轮胎花纹可获得较大的附着系数，并可利用汽车的全部重力作为附着重力，这样越野汽车便可得到足够的附着力和驱动力，提高了其通过坏路的能力。

习　题

1. 汽车有哪些类型？
2. EQ1090、JN1181、CA1091、CA7220、CA6440 代表的是什么汽车？
3. 汽车由哪几部分构成？
4. 汽车质量参数主要有哪些？如何定义的？
5. 汽车行驶过程中的阻力主要有哪些？

第2章 汽车发动机构造、使用与维护

【学习目标】

1. 掌握发动机结构基本术语、四冲程发动机的工作原理、发动机的总体构造；
2. 了解发动机种类、发动机型号编制规则；
3. 掌握曲柄连杆机构的功用与组成，机体组、活塞连杆组及曲轴飞轮组的功用与组成；
4. 了解多缸发动机的曲拐布置和点火顺序及发动机的正时标记；
5. 掌握配气机构的作用、组成及布置形式；
6. 掌握汽油机供给系统的组成与工作原理，熟悉各部件的安装位置；
7. 掌握柴油机燃油供给系统的组成与工作原理；
8. 掌握汽车冷却系统的作用、水冷系统的组成及水路循环、水冷系统主要部件构造；
9. 掌握发动机润滑系统的组成及工作原理，掌握润滑系统主要部件的结构；
10. 掌握点火系统的组成及工作原理，掌握点火系统主要部件的结构；
11. 掌握起动机的工作原理；
12. 了解发动机正确的操作及保养。

2.1 发动机构造的基本知识

发动机是将某一种形式的能量转换为机械能的机器。汽车的动力来自发动机。将燃料燃烧所产生的热能转变为机械能的发动机，称为热力发动机（简称热机）。汽车发动机一般是将液体燃料或气体燃料与空气混合后直接输入机器内部燃烧产生热能，热能再转变为机械能，因此又叫内燃机。

2.1.1 发动机的分类

汽车发动机按照不同的分类方法可以分成不同类型。

1. 按使用燃料分类

发动机按照所使用燃料的不同可分为汽油机、柴油机、煤气机、气体燃料发动机和多种燃料发动机等。

2. 按着火方式分类

发动机根据所使用燃料的不同，着火方式也不相同，具体可分为点燃式发动机（汽油机属于此类）和压燃式发动机（柴油机属于此类）。

3. 按冷却方式分类

发动机按照冷却方式的不同可分为水冷发动机和风冷发动机。水冷发动机利用在气缸体和气缸盖冷却水套中进行循环的冷却液作为冷却介质进行冷却；风冷发动机利用流动于气缸体和气缸盖外表面散热片之间的空气作为冷却介质进行冷却。水冷发动机冷却均匀、工作可靠、冷却效果好，被广泛应用于现代车用发动机。

4. 按进气状态分类

发动机按照进气状态可分为增压式发动机和非增压式发动机。柴油机常采用增压式，汽油机常采用非增压式。

5. 按燃料供给方式分类

发动机按燃料供给方式可分为化油器式发动机、汽油喷射式发动机和直接喷射式柴油机等。

6. 按冲程数分类

对于往复活塞式发动机，每一次能量转换都必须经过将可燃混合气或空气吸入气缸，并对其进行压缩后，使可燃混合气着火燃烧而膨胀做功，再将生成的废气排出气缸这样一个连续的工作过程。该过程称为发动机的一个工作循环。根据每一个工作循环所需活塞冲程数又可将往复活塞式内燃机分为四冲程发动机与二冲程发动机。若完成一个循环需要活塞往复 4 个冲程的称为四冲程发动机，完成一个循环需要活塞往复两个冲程的便称为二冲程发动机。汽车发动机广泛采用的是四冲程发动机。

7. 按气缸数分类

发动机按照气缸数可分为单缸发动机和多缸发动机。现代车用发动机多采用四缸、六缸、八缸和十二缸发动机。

8. 按气缸的布置分类

多缸发动机按照气缸的布置不同可分为直列式发动机、对置式发动机、V 形式发动机、W

形式发动机、斜置式发动机和卧式发动机等。直列式发动机的各个气缸排成一列，一般是垂直布置的。若为了降低高度，有时把气缸布置成倾斜的（斜置式发动机），甚至水平的（卧式发动机）。具有两列气缸，排成两列，两列之间的夹角小于 180°（一般为 90°）呈 V 形的发动机，称为 V 形式发动机，两列之间的夹角等于 180° 时称为对置式发动机。

2.1.2 发动机结构基本术语

图 2-1 所示为使用汽油作为燃料的往复活塞式内燃机基本结构示意图。往复活塞式内燃机工作腔称作气缸，其内表面为圆柱形。往复活塞连杆式内燃机因其工作时，活塞在气缸内不断地往复运动而得名。活塞通过活塞销与连杆一端铰接，连杆另一端与曲轴连接，当活塞在气缸内往复运动时，便通过连杆推动曲轴旋转，气缸的顶端用气缸盖封闭。在气缸盖上装有进排气门，通过凸轮轴控制进排气门开闭实现向气缸内充气和向气缸外排气。

图 2-2 所示为发动机能量转换机构的最基本组成及其运动关系和一些基本术语。

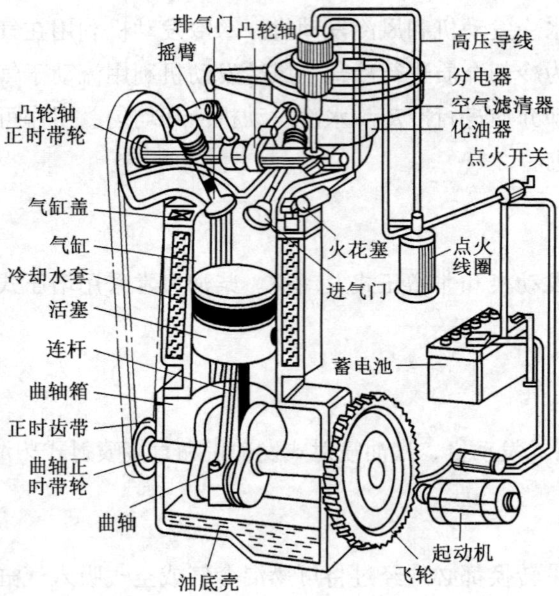

图 2-1 往复活塞式内燃机基本结构

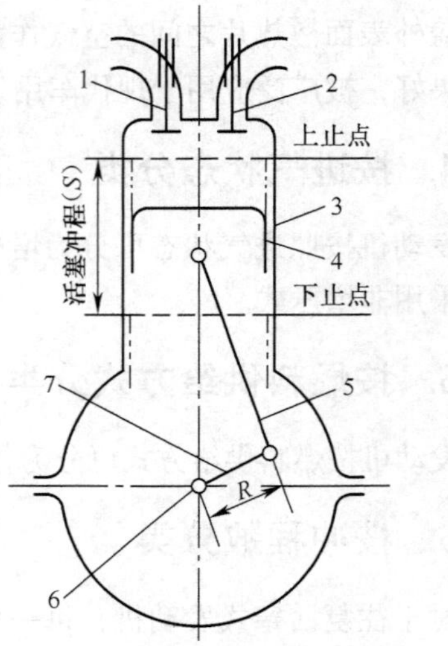

图 2-2 发动机结构示意图

1—进气门 2—排气门 3—气缸 4—活塞
5—连杆 6—曲轴中心 7—曲柄

① 上止点：活塞顶部离曲轴中心的最远处。

② 下止点：活塞顶部离曲轴中心的最近处。

③ 活塞行程（S）：上、下止点间的距离。曲轴每转动半圈（即 180°），相当于一个活塞行程。

④ 曲轴半径（R）：曲轴与连杆下端的连接中心至曲轴中心的距离。活塞冲程 S 与曲轴半径 R 的关系为 $S=2R$。

⑤ 气缸工作容积（V_s）：活塞从一个止点移到另一个止点所扫过的容积称为气缸工作容积或气缸排量。

$$V_s = \frac{\pi D^2}{4\times 10^6} S$$

式中 D——气缸直径（mm）;

S——活塞行程（mm）。

⑥ 发动机工作容积（V_L）：多缸发动机各气缸工作容积的总和，称为发动机工作容积或发动机排量（单位为L）。

$$V_L = iV_s$$

式中 i——气缸数；

V_s——气缸工作容积（L）。

⑦ 燃烧室容积（V_c）：活塞在上止点时，活塞顶上面的空间为燃烧室，它的容积称燃烧室容积（单位为L）。

⑧ 气缸总容积（V_a）：活塞在下止点时，活塞顶上面整个空间的容积为气缸总容积（单位为L）。它等于气缸工作容积与燃烧室容积之和，即

$$V_a = V_s + V_c$$

⑨ 压缩比（ε）：气缸总容积与燃烧室容积的比值，即

$$\varepsilon = \frac{V_a}{V_c} = \frac{V_s + V_c}{V_c} = 1 + \frac{V_s}{V_c}$$

它表示活塞由下止点移动到上止点时，气缸内气体被压缩的程度。压缩比越大，则压缩终了时气缸内的温度和压力就越高。

目前，一般车用汽油机的压缩比约为6～10，也有高达10以上的。如一汽奥迪A6轿车的六缸2.4L发动机其压缩比为10.5，柴油机的压缩比约为15～22。

⑩ 工况：发动机在某一时刻的运行状况简称工况，用该时刻发动机对外输出的有效功率和转速来表示。

⑪ 负荷：发动机在某一转速下发出的有效功率与该转速下所能发出的最大有效功率的比值称为负荷。

2.1.3 四冲程发动机的工作原理

往复活塞式内燃机将热能转变为机械能需要经历进气、压缩、做功、排气4个连续的过程，称为一个工作循环。凡是曲轴旋转两周，活塞往复4个冲程完成一个工作循环的称为四冲程发动机，根据使用的燃料的不同又有四冲程汽油机和四冲程柴油机之分。

1. 四冲程汽油机的工作原理

汽油机是将汽油和空气混合后的可燃混合气吸入发动机气缸内，用电火花强制点燃使其燃烧，产生热能而膨胀做功。四冲程汽油发动机的工作循环原理是由进气、压缩、膨胀（做功）和排气4个冲程组成，如图2-3所示。

（1）进气冲程

进气冲程如图2-3（a）所示。进气冲程开始时，进气门开启，排气门关闭，活塞从上止点向下止点移动一个冲程。活塞移动的过程中，气缸内活塞上方的容积增大，形成一定真空

度。于是，可燃混合气经进气歧管、进气门被吸入气缸。当活塞到达下止点，进气门关闭，停止进气。

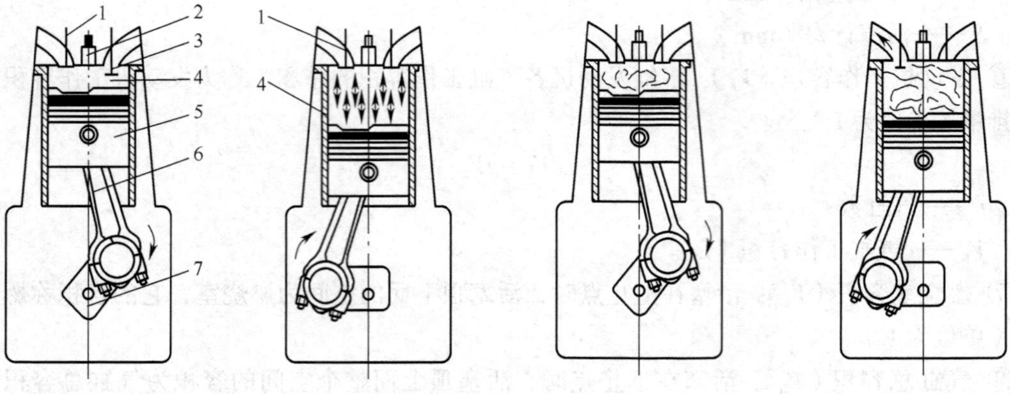

图 2-3　四冲程汽油机工作循环（原理）示意图

1—排气门　2—火花塞　3—进气门　4—气缸　5—活塞　6—连杆　7—曲轴

由于进气系统有阻力，进气终了时气缸内的气体压力略低于大气压力，约为 0.075～0.090 MPa。由于气缸壁、活塞等高温机件及上一循环残留的高温残余废气的加热，气体的温度上升到 353～403 K。

（2）压缩冲程

压缩冲程如图 2-3（b）所示。在进气冲程终了时，活塞自下止点向上止点移动，此时进、排气门均关闭。气缸容积的不断缩小，可燃混合气被压缩，其温度和压力不断升高，至活塞到达上止点时为止。此时，可燃混合气被压缩到活塞上方的很小空间，即燃烧室中。压缩终了时，可燃混合气压力约为 0.6～1.5 MPa，可燃混合气的温度约为 600～700 K。

压缩终了时可燃混合气的压力和温度取决于压缩比。压缩比越大，燃烧速度越快，因而发动机发出的功率便越大，经济性越好。但压缩比过大时，不仅不能进一步改善燃烧，反而会出现爆燃和表面点火等不正常燃烧现象。

爆燃是由于气体压力和温度过高，在燃烧室内离点火中心较远及具有高温处（如排气门头部、火花塞电极和积炭处）可燃混合气自燃而造成的一种不正常燃烧。爆燃时火焰以极高的速率向外传播，由于温度和压力急剧升高，形成的压力波以声速向外推进。这种压力波撞击燃烧室壁时便发出尖锐的敲击声。爆燃还会引起发动机过热、功率下降、工作不稳定、燃油消耗率增加等一系列不良后果。严重时会造成气门烧毁、轴承破裂、火花塞绝缘体击穿等机件损坏现象。

表面点火是由于燃烧室内炽热表面与炽热处（如排气门头部、火花塞绝缘体、零件表面炽热的沉积物等）点燃混合气的现象。表面点火发生时，会伴有沉闷的金属敲击声音，所产生的高压会使发动机机件负荷增加，活塞和连杆损坏及气门、火花塞、活塞等零件过热，导致发动机寿命降低。

（3）做功冲程

做功冲程如图 2-3（c）所示。当压缩冲程接近终了时，火花塞产生电火花点燃可燃混合气，此时进排气门仍关闭。可燃混合气燃烧后，压力和温度急剧升高，推动活塞由上止点向下止点移动，通过连杆使曲轴旋转做功，至活塞到达下止点时做功结束。

做功冲程，瞬时压力可达 3～5 MPa，瞬时温度可达 2 200～2 800 K。

（4）排气冲程

排气冲程如图 2-3（d）所示。当做功冲程接近终了时，进气门关闭，排气门开启，曲轴通过连杆推动活塞从下止点向上止点运动。废气在自身残余压力和活塞的推力作用下从气缸内排出。活塞到上止点附近时，排气冲程结束。由于排气系统存在排气阻力，所以在排气终了时，气缸内压力稍高于大气压力，约为 0.105～0.125 MPa，废气温度约为 900～1 200 K。

因燃烧室占有一定容积，故排气终了时，不可能将废气排尽，留下的这一部分废气称为残余废气。

2. 四冲程柴油机的工作原理

四冲程柴油机（压燃式发动机）和四冲程汽油机一样，每个工作循环也经历进气、压缩、膨胀（做功）、排气 4 个冲程。由于柴油机用的柴油黏度比汽油大，不易蒸发，且自燃温度又较汽油低，因此可燃混合气的形成及着火方式便不同于汽油机。

图 2-4 所示为四冲程柴油机工作循环（原理）示意图。柴油机在进气冲程吸入的是纯空气。在压缩冲程接近终了时，柴油经喷油泵将油压提高到 10 MPa 以上，通过喷油器的高压喷射，将柴油分散成数以百万计的细小油雾喷入气缸，在很短时间内与压缩后的高温高压空气混合，形成可燃混合气。因此，柴油机混合气的形成不同于汽油机，它是在气缸内形成的。

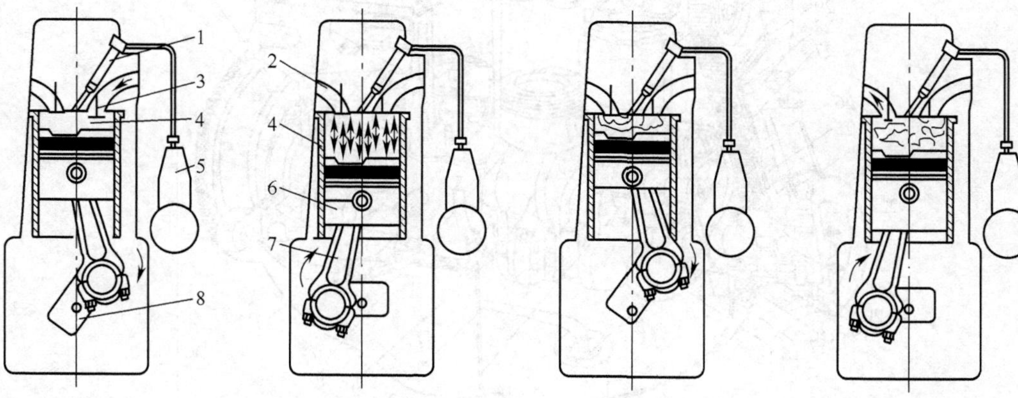

（a）进气冲程　（b）压缩冲程　（c）膨胀（做功）冲程　（d）排气冲程

图 2-4　四冲程柴油机工作循环（原理）示意图

1—喷油器　2—排气门　3—进气门　4—气缸　5—喷油泵　6—活塞　7—连杆　8—曲轴

由于柴油机压缩终了时气缸内空气压力可达 3.5～4.5 MPa，同时温度高达 750～1 000 K，大大超过柴油的自燃温度。故柴油喷入气缸后，在很短时间内与高温高压空气混合后便立即自行发火燃烧。气缸内气压急剧上升到 6～9 MPa，温度也升到 2 000～2 500 K。在高压气体推动下，活塞向下运动并带动曲轴旋转而做功，废气同样经排气管排入大气中。

柴油机与汽油机相比，压缩比高，燃油消耗率低，故燃油经济性较好，环保性也较好，且柴油机没有电气和点火系统的故障。但柴油机转速低、质量大、制造和维修费用高。柴油机的这些缺点正逐渐得到克服，其应用越来越广，目前轿车也部分采用柴油机。

对于单缸发动机，使曲轴旋转的动力仅来自于做功冲程，其余 3 个冲程是靠储存能量的飞轮惯性维持转动的。显然，做功冲程时，曲轴的转速比其他 3 个冲程转速要高，所以它的转速是不均匀的，因而发动机工作就不平稳，振动大。采用多缸发动机便可弥补上述不足。现代汽车用得最多的是四缸、六缸和八缸发动机。

对于多缸四冲程发动机的每一个气缸，所有的工作过程完全相同，并按上述同样的次序进行，但所有气缸的做功冲程并不同时发生。例如，在四缸发动机内，曲轴每转半周便有一个气缸在做功，在八缸发动机内，曲轴每转 1/4 周便有一个气缸在做功。多缸发动机做功冲程的曲轴间隔角为 720°/i（i 为气缸数）。气缸数越多，发动机的工作便越平稳。但发动机缸数增加时，一般会使发动机结构复杂，尺寸及质量增加。

2.1.4 发动机的总体构造

汽油机由两大机构 5 大系统组成，柴油机由两大机构 4 大系统组成（无点火系统）。下面以大众公司四缸轿车发动机（见图 2-5）为例，介绍四冲程汽油机的一般构造。

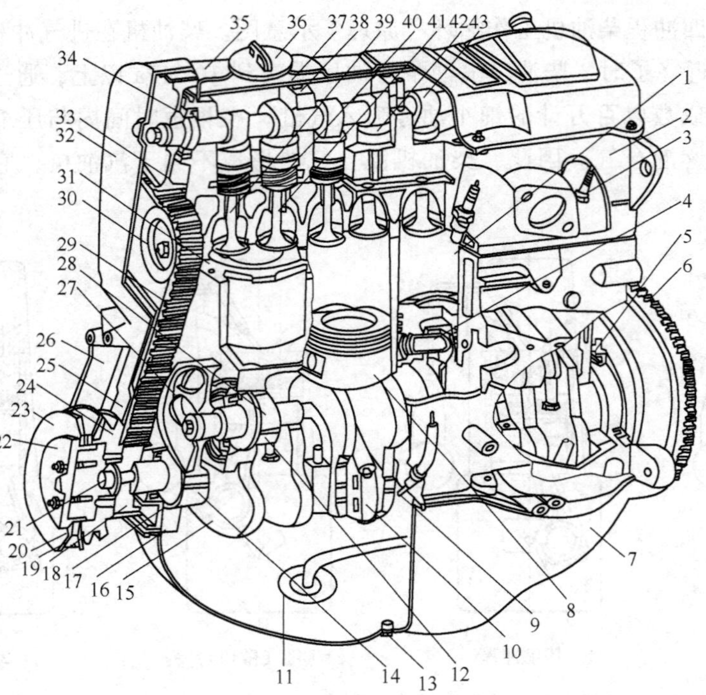

图 2-5 大众公司四缸轿车发动机

1—气缸垫 2—气缸盖 3—火花塞 4—活塞销 5—曲轴后端封油挡板 6—飞轮齿圈 7—油底壳 8—活塞 9—油标尺 10—连杆总成 11—机油集滤器 12—中间轴轴承 13—放油螺塞 14—曲轴主轴承 15—曲轴 16—曲轴轴承盖 17—曲轴前端封油挡板 18—曲轴正时带轮 19—空调压缩机带 20—调整垫片 21—正时带轮拧紧螺栓 22—压紧盖 23—空调压缩机带轮 24—水泵、发电机曲轴带轮 25—正时带轮下罩盖 26—空调压缩机支架 27—中间轴正时带轮 28—中间轴 29—正时齿带 30—偏心轮张紧机构 31—气缸体 32—正时带轮上罩盖 33—凸轮轴正时带轮 34—凸轮轴前端油封 35—凸轮轴罩盖 36—机油加油口盖 37—凸轮轴机油挡油板 38—凸轮轴轴承盖 39—排气门 40—气门弹簧 41—进气门 42—液力挺柱总成 43—凸轮轴

1. 曲柄连杆机构

曲柄连杆机构包括机体组、活塞连杆组和曲轴飞轮组，是发动机产生动力，并将活塞的往复直线运动转变为曲轴旋转运动而输出动力的机构。机体作为发动机各机构、各系统的装配基体，其本身的许多部分又分别是曲柄连杆机构，燃料供给系统、冷却系统和润滑系统的组成部分。

2. 配气机构

配气机构包括气门组和气门传动组等。其作用是根据发动机工作顺序和工作循环的要求定时打开及关闭气门，使可燃混合气及时充入气缸并及时从气缸排出废气。

3. 燃料供给系统

燃料供给系统的作用是根据发动机各种工况要求，配制具有一定数量和浓度的可燃混合气入气缸，并将燃烧后生成的废气排出发动机。

4. 冷却系统

冷却系统主要包括冷却液泵、散热器、风扇、节温器、水温表以及气缸体和气缸盖里铸出的水套等。其功用是将受热机件的热量散发到大气之中，使发动机在最适宜的温度下工作。

5. 润滑系统

润滑系统包括油底壳、机油集滤器、机油泵、限压阀、润滑油道及油管、油温和油压传感器、油温和油压表、油标尺等。润滑系统的功用是将润滑油不断地供给作相对运动的零件，以减少它们之间的摩擦阻力，减轻机件的磨损，并部分地冷却摩擦零件，清洗摩擦表面。

6. 点火系统

点火系统功用是保证按规定时刻及时点燃气缸中被压缩的可燃混合气，包括电源（蓄电池和发电机）、分电器、点火开关、点火线圈和火花塞等。

7. 启动系统

启动系统包括起动机、冷启动加热器及其附属装置，用以使静止的发动机启动并转入自行运转。

2.1.5 内燃机名称与型号编制规则

为了便于发动机的生产管理和使用，我国于 1991 年对发动机的名称和型号编制方法重新审定，并颁布了国家标准（GB/T 725—1991）。该标准的主要内容如下。

① 内燃机产品名称均按所采用的燃料命名，例如，柴油机、汽油机、煤气机、沼气机、双

（多种）燃料发动机、混合动力发动机等。

② 发动机型号由阿拉伯数字和汉语拼音字母组成。

③ 发动机型号应能反映发动机的主要结构特征及性能，由下列 4 部分组成。

- 首部。为产品系列符号和（或）换代标志符号，由制造厂根据需要自选相应字母表示，但需主管部或由部主管标准化机构核准。
- 中部。由缸数符号、气缸排列形式符号、冲程符号和缸径符号组成。
- 后部。结构特征和用途特征符号，以字母表示。
- 尾部。区分符号。同一系列产品因改进等原因需要区分时，由制造厂选用适当符号表示。

发动机型号的排列顺序及符号所代表的意义规定如图 2-6 所示。

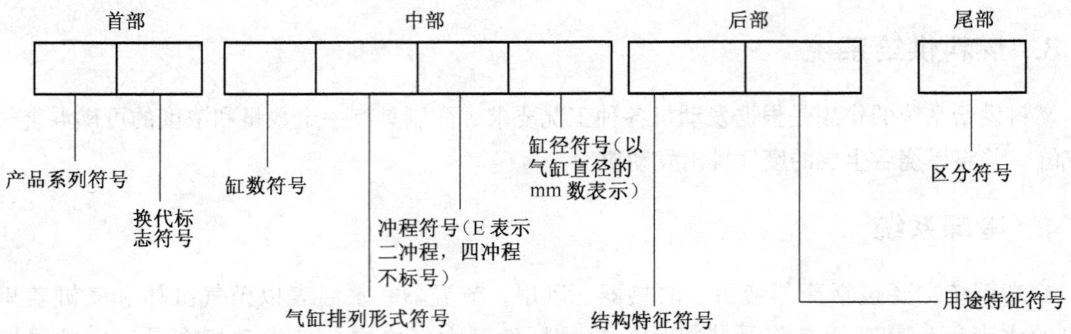

符号	含义
无符号	直列及单缸卧式
V	V 形
P	平卧形

符号	结构特征
无符号	水冷
F	风冷
N	凝气冷却
S	十字头式
Dz	可倒转（直接换向）
Z	增压

符号	用途
无符号	通用型
T	拖拉机
M	摩托车
G	工程机械
Q	车用
J	铁路机车
D	发电机组
C	船用主机，右机基本型
C1	船用主机，左机基本型

图 2-6 发动机型号的排列

型号编制示例如下。

汽油机：

1E65F —— 表示单缸，二冲程，缸径 65 mm，风冷，通用型。

CA488 —— 表示中国第一汽车集团公司制造，四缸，直列四冲程，缸径 88 mm，水冷。

柴油机：

165F —— 表示单缸，直列四冲程，缸径 65 mm，风冷。

R175A —— 表示单缸，直列四冲程，缸径 75 mm，水冷，通用型（这里取 R 表示 175 的换代标志符号，A 为系列产品改进的区分符号）。

6135Q —— 表示六缸，直列四冲程，缸径 135 mm，水冷，车用。

495T —— 表示四缸，直列四冲程，缸径 95 mm，水冷，拖拉机用。

12V135ZG —— 表示 12 缸，V 形排列，四冲程，缸径 135 mm，水冷，增压，工程机械用。

2.2 曲柄连杆机构

曲柄连杆机构是往复活塞式内燃机将热能转变为机械能的主要机构。其功用是把燃气作用在活塞顶面上的压力转变为曲轴的转矩，向外输出动力。

发动机工作过程中，燃料燃烧产生的气体压力直接作用在活塞顶上，推动活塞作往复直线运动，经活塞销、连杆，传递给曲轴，使曲轴旋转。

曲柄连杆机构由机体组、活塞连杆组和曲轴飞轮组 3 部分组成。机体组主要包括气缸体、曲轴箱、气缸盖、气缸盖罩盖、气缸垫及油底壳等；活塞连杆组主要包括活塞、活塞环、活塞销和连杆等；曲轴飞轮组主要由曲轴、飞轮等组成。

曲柄连杆机构的组成如图 2-7 所示。

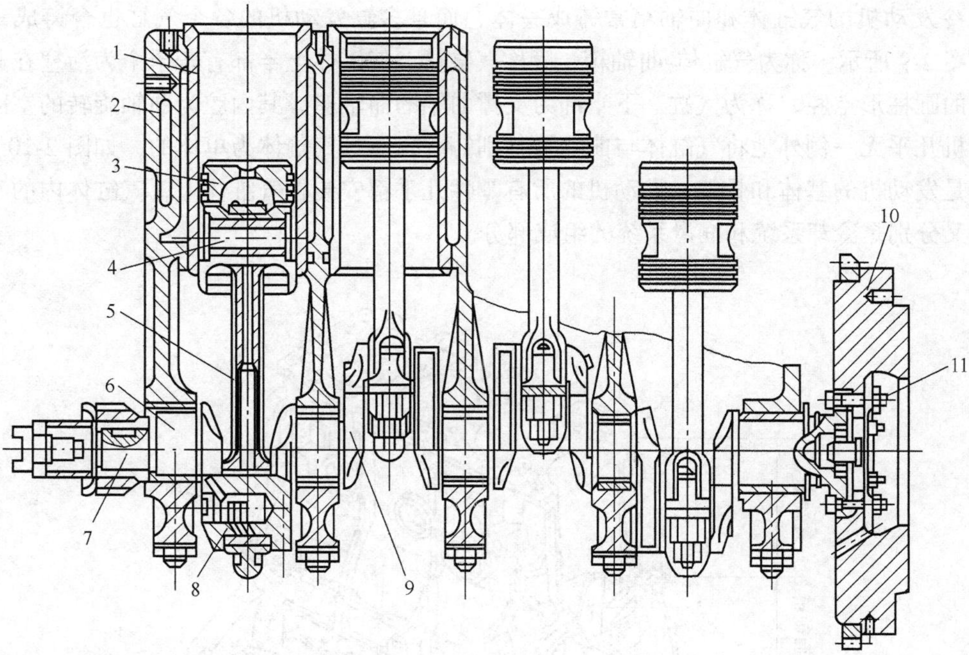

图 2-7　曲柄连杆机构的组成

1—气缸套　2—气缸体　3—活塞　4—活塞销　5—连杆　6—曲轴主轴径　7—曲轴
8—连杆轴径　9—曲柄　10—飞轮　11—飞轮连接螺栓

2.2.1 机　体　组

发动机机体组主要由气缸体、曲轴箱、气缸盖、气缸盖罩盖、气缸垫和油底壳等组成。

机体组是发动机的支架，是曲柄连杆机构、配气机构和发动机各系统主要零部件的装配基体。气缸盖用来封闭气缸顶部，并与活塞顶和气缸壁一起形成燃烧室。另外，气缸盖和机体内的水套、油道以及油底壳又分别是冷却系统和润滑系统的组成部分，如图 2-8 所示。

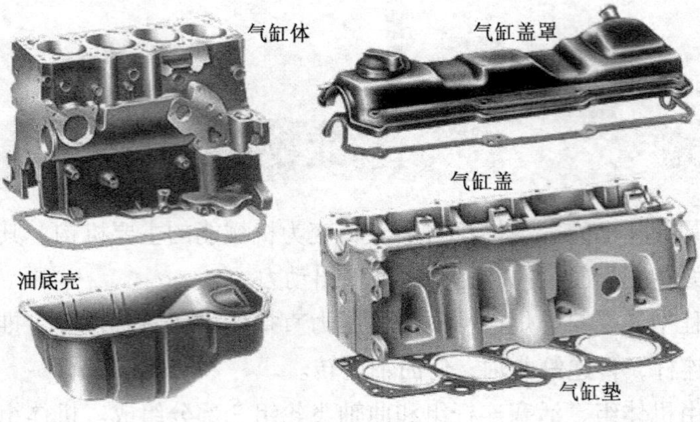

图 2-8　机体组

1. 气缸体

水冷发动机的气缸体和曲轴箱常铸成一体，而且多缸发动机的各个气缸也合铸成一个整体，如图 2-9 所示，称为气缸体-曲轴箱，简称气缸体。气缸体上半部有若干个为活塞在其中运动导向的圆柱形空腔，称为气缸。下半部为支撑曲轴的曲轴箱，其内腔为曲轴旋转的空间。风冷发动机几乎无一例外地将气缸体与曲轴箱分别铸制，而且气缸体为单体的，如图 2-10 所示。气缸体是发动机的基体和骨架，发动机的所有零件几乎都安装在气缸体上，气缸体内的水套、油道等又分别是冷却系统和润滑系统的组成部分。

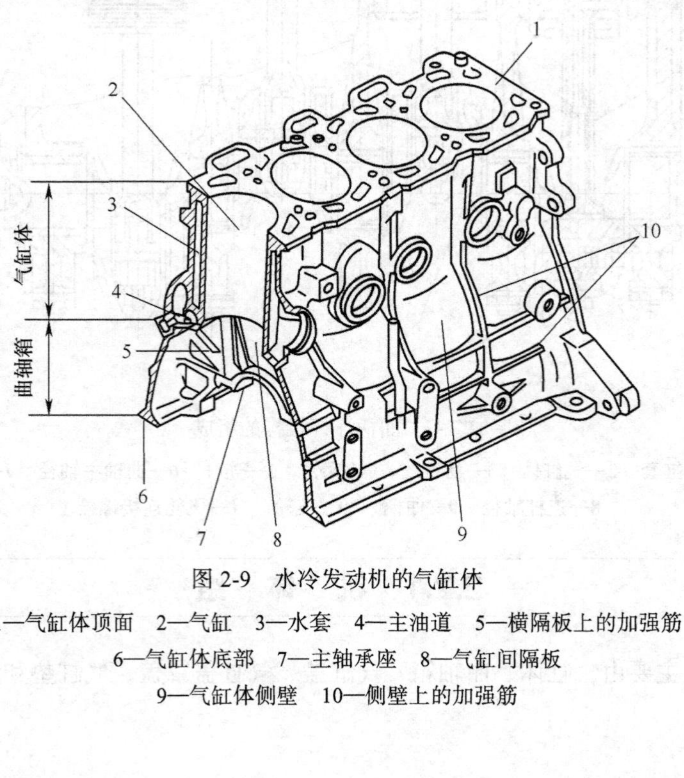

图 2-9　水冷发动机的气缸体

1—气缸体顶面　2—气缸　3—水套　4—主油道　5—横隔板上的加强筋
6—气缸体底部　7—主轴承座　8—气缸间隔板
9—气缸体侧壁　10—侧壁上的加强筋

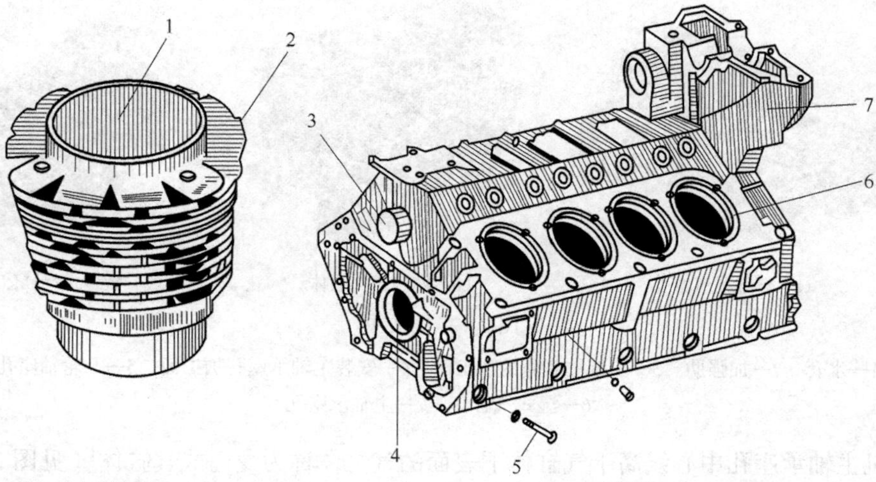

（a）气缸体　　（b）曲轴箱

图 2-10　风冷发动机的气缸体

1—气缸　2—散热片　3—凸轮轴孔　4—主轴承孔　5—主轴承盖横向紧固螺栓　6—气缸体安装孔　7—正时传动室

在发动机工作时，气缸体承受拉、压、弯曲、扭曲等不同形式的机械负荷，同时还承受很大的热负荷。因此，气缸体应具有足够的强度和刚度，且耐磨损和耐腐蚀。为减轻整机重量和尺寸，应力求结构紧凑、质量轻。

气缸体一般用高强度灰铸铁或铝合金铸造。最近，在轿车发动机上采用铝合金气缸体的越来越普遍，如奥迪 A8 发动机。

气缸体的构造与曲轴箱结构形式、气缸排列形式和气缸结构形式有关。

根据曲轴箱结构形式不同，气缸体有 3 种形式：一般式气缸体、龙门式气缸体和隧道式气缸体，如图 2-11 和图 2-12 所示。

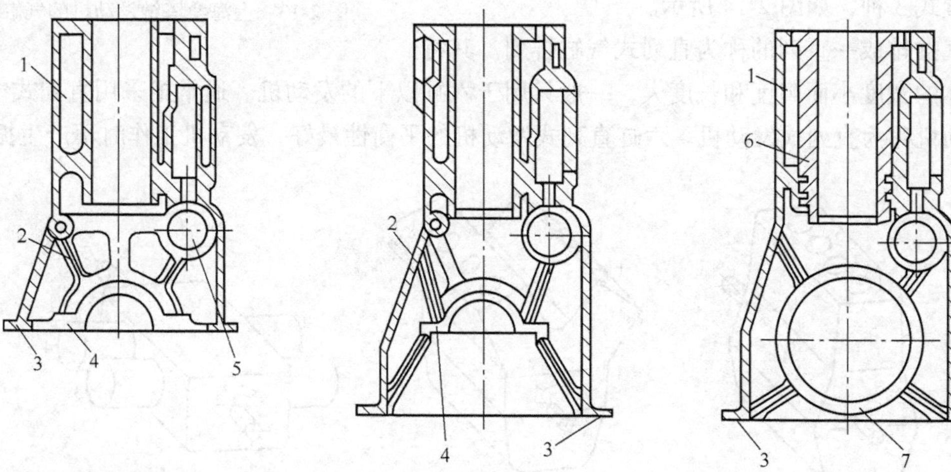

（a）一般式气缸体　　（b）龙门式气缸体　　（c）隧道式气缸体

图 2-11　气缸体结构示意图

发动机的主轴承座孔中心线位于曲轴箱分开面上的为一般式气缸体［见图 2-11（a）］，其特点是气缸体高度小、质量轻、便于机械加工，但刚度较差，且前后端与油底壳接合处的密封性较差，多用于中小型发动机，如北京 BJ492Q 汽油机及夏利、富康等轿车发动机。

（a）一般式气缸体　　（b）龙门式气缸体　　（c）隧道式气缸体

图 2-12　气缸体

1—水套　2—加强肋　3—安装油底壳的加工面　4—安装主轴承座孔加工面　5—凸轮轴座孔
6—湿式气缸套　7—主轴承座孔

发动机主轴承座孔中心线高于气缸体下表面的气缸体称为龙门式气缸体[（见图 2-11（b）]，其特点是结构刚度较好、密封简单可靠、维修方便，但工艺性差。广州标致、上海桑塔纳、一汽奥迪、捷达/高尔夫等轿车及解放 CA6110 系列发动机即为此型。图 2-13 所示为上海桑塔纳发动机的气缸体，它是四缸、水冷、无缸套、等缸心距、龙门式的发动机，该结构可使气缸体的弯曲刚度和扭曲刚度显著提高。

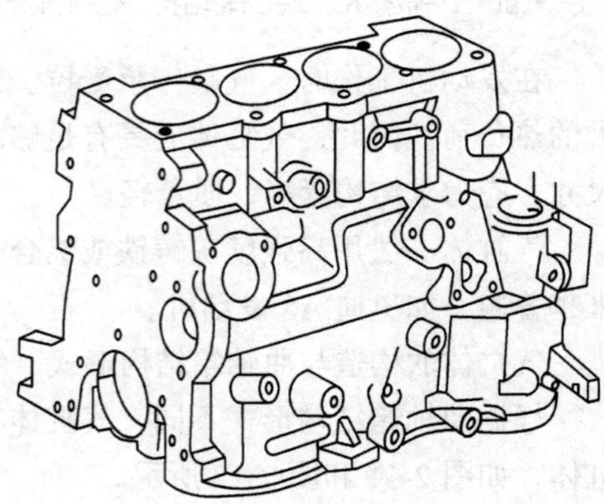

图 2-13　上海桑塔纳发动机的气缸体

隧道式气缸体的主轴承座孔不分开[见图 2-11（c）]，其特点是结构刚度大，主轴承的同轴度易保证，但拆装不便，多用于主轴承采用滚动轴承的负荷较大的柴油机，如黄河 JN1181C13 型汽车装用的 6135Q 型发动机。

根据气缸排列形式不同，气缸体分直列式、V 形式和对置式 3 种，如图 2-14 所示。

各气缸排成一直列的称为直列式气缸排列。其特点是机体的宽度小而高度和长度大，一般只用于六缸以下的发动机。通常把采用直列式气缸排列的发动机称为直列式发动机。六缸直列式发动机的平衡性最好，发动机工作时不产生振动。

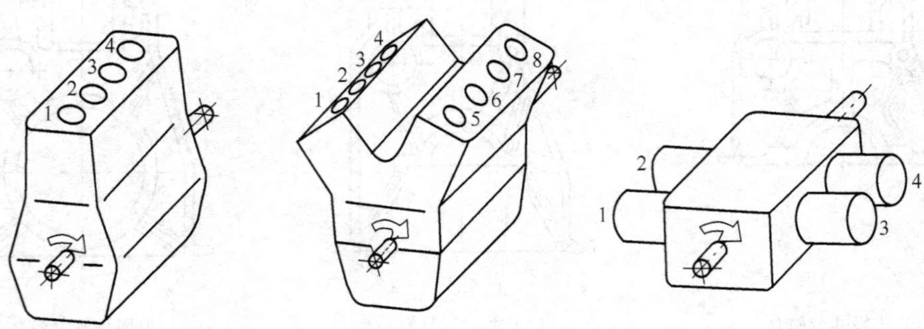

（a）直列式　　（b）V 形式　　（c）对置式

图 2-14　气缸的排列形式

两列气缸排成 V 形（夹角通常为 90°）的称为 V 形式气缸排列，此发动机称为 V 形发动机。V 形发动机气缸体宽度大，而长度和高度小，形状比较复杂。但气缸体的刚度大，质量和外形尺寸较小。

对置式发动机是指两列气缸水平相对排列，其优点是重心低，而且对置式发动机的平衡性好。

目前，大众公司生产的奥迪 A8 发动机 W12 采用的是新形 W 形发动机，如图 2-15 所示。它实际是两个六缸发动机呈 V 形排列。每个六缸发动机又呈小角度 V 形排列。其活塞曲拐分布如图 2-16 所示。此发动机结构更紧凑，动力更强劲，工作更平稳。

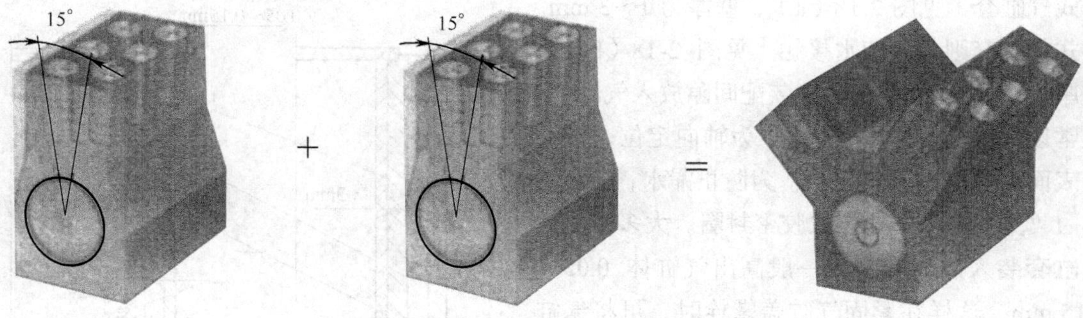

图 2-15　奥迪 A8W12 发动机气缸体

为了保证发动机能在高温下正常工作，应对气缸体和气缸套进行冷却。汽车发动机多采用水冷的方式，利用水套中的冷却水流过高温零件的周围而带走多余的热量，如图 2-17（a）所示。风冷发动机一般将气缸体与曲轴箱分开铸造，为增强散热效果，在气缸体与气缸盖的外表面铸有散热片，如图 2-17（b）所示。

气缸体内引导活塞做往复运动的圆柱形空腔称为气缸。其工作表面除承受燃气的高温高压外，还有活塞在其中作高速往复运动，故必须耐高温、耐高压、耐磨损和耐化学腐蚀。通常从气缸的材料、加工精度和结构形式等方面予以保证。

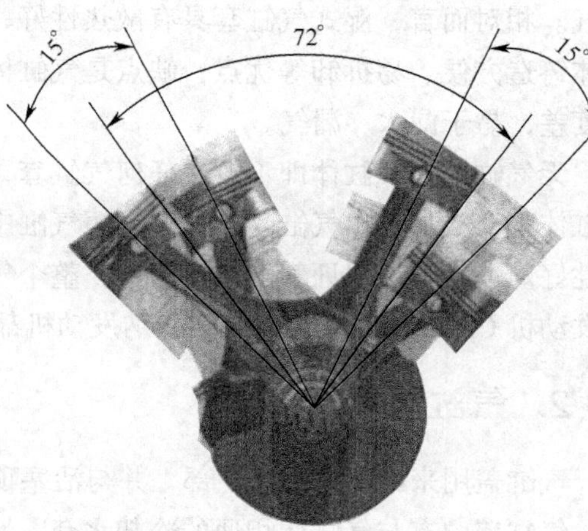

图 2-16　奥迪 A8W12 活塞曲拐分布图

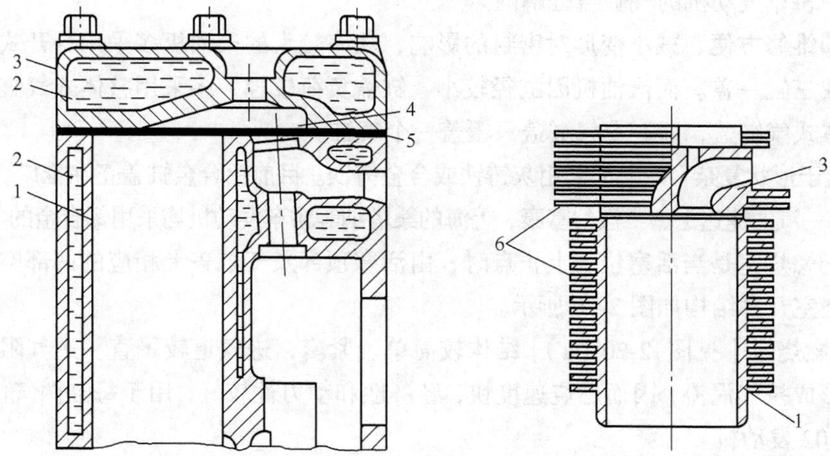

（a）水冷发动机　　（b）风冷发动机

图 2-17　气缸体和气缸盖

1—气缸体　2—水套　3—气缸盖　4—燃烧室　5—气缸垫　6—散热片

现代汽车多采用在气缸体内镶入耐磨性较好的气缸套。气缸套可用耐磨性较好的合金铸铁或合金钢制造，延长气缸的使用寿命，而气缸体由价格较低的普通铸铁或铝合金制造。

根据是否与冷却水相接触，气缸套分为干式气缸套和湿式气缸套。

气缸套的外表面不直接与冷却水接触的称为干式气缸套［见图 2-18（a）］，壁厚为 1～3 mm。湿式气缸套则与冷却水接触［见图 2-18（b）］，壁厚达 5～9 mm。以微小的装配间隙放入气缸中。通常以上部凸缘的下平面 *C* 为轴向定位、以外圆表面 *B* 和 *A* 为径向定位。为防止漏水，缸套下部 *A* 处设 1～2 个耐热橡胶密封圈。大多数湿式气缸套装入后，其顶面一般高出气缸体 0.05～0.15 mm，这样在紧固气缸盖螺栓时，可将气缸垫压得更紧，以保证气缸的密封性，防止漏水、漏气。相对而言，湿式气缸套具有散热性好、气缸体铸造方便、易拆卸等优点；缺点是气缸体的刚度差，易于漏水、漏气。

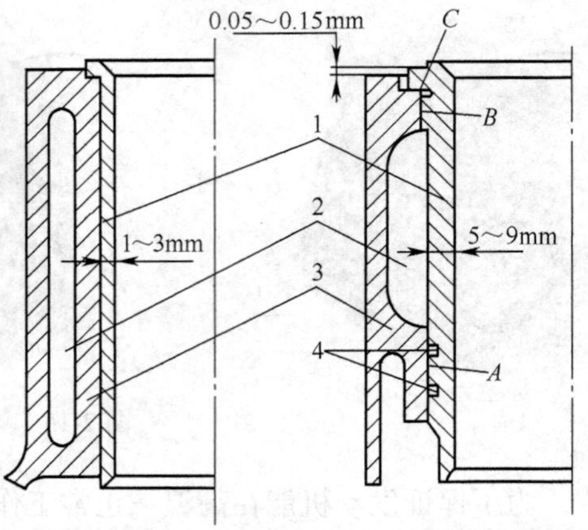

（a）干式　（b）湿式

图 2-18　气缸套

无气缸套式气缸体即不镶嵌任何气缸套，在气缸体上直接加工出气缸。这可以缩短气缸中心距，使气缸体的尺寸和质量减少，刚度大，工艺性好。但是为了保证气缸的耐磨性，整个气缸体必须采用耐磨的合金铸铁制造。国产红旗轿车发动机 CA488—3 及捷达、桑塔纳发动机都是采用合金铸铁无气缸套式的气缸体。

2. 气缸盖

气缸盖用来封闭气缸的上部，并与活塞顶、气缸壁共同构成燃烧室。

气缸盖内有与气缸体相通的冷却水套、燃烧室、火花塞座孔（汽油机）或喷油器座孔（柴油机）、进排气道等。上置凸轮轴式发动机的气缸盖上还有用以安装凸轮轴的轴承座。图 2-19 为上海桑塔纳轿车发动机的气缸盖分解图。

为制造和维修方便、减小变形对密封的影响，功率较大的柴油机多采用分开式气缸盖，即一缸、二缸或三缸一盖。而汽油机因缸径较小、缸盖负荷较轻，多采用整体式气缸盖。风冷发动机均为单体式气缸盖，即一个气缸盖只覆盖一个气缸。

气缸盖由于形状复杂，一般都采用灰铸铁或合金铸铁。目前铝合金缸盖正在推广，且有取代铸铁的趋势。如一汽的捷达王、二汽的富康、上海的桑塔纳等轿车发动机均采用铝合金的气缸盖。

汽油机的燃烧室是当活塞位于上止点时，由活塞顶部及气缸盖上相应的凹部空间组成。汽油机常用燃烧室几种结构如图 2-20 所示。

① 楔形燃烧室［见图 2-20（a）］结构较简单、紧凑，进气道较平直，进气阻力小，在压缩终了时能形成挤气涡流，因而燃烧速度快，经济性和动力性较好，用于每缸两气门发动机上，如解放 CA6102 发动机。

② 盆形燃烧室［见图 2-20（b）］结构也较简单、紧凑，气门与气缸轴线平行，进气弯道较大。燃烧速度快，热效率高，在压缩终了时能形成挤气涡流，用于每缸两气门发动机上，如东风 EQ6100-1、捷达 EA827、奥迪 100 等汽油机。

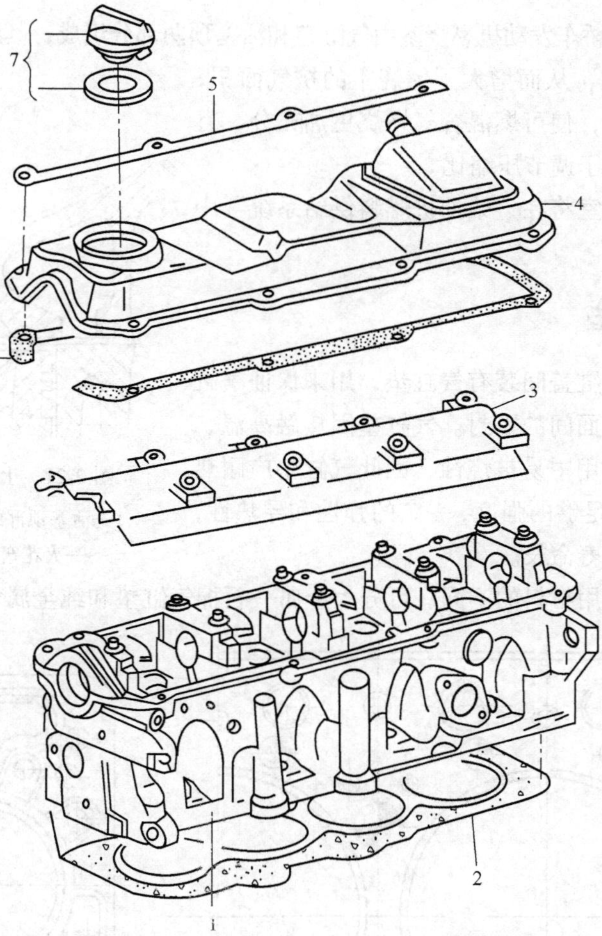

图 2-19　上海桑塔纳轿车发动机的气缸盖分解图

1—气缸盖　2—气缸垫　3—机油反射罩　4—气缸盖罩盖　5—压条　6—气门罩垫　7—加油盖

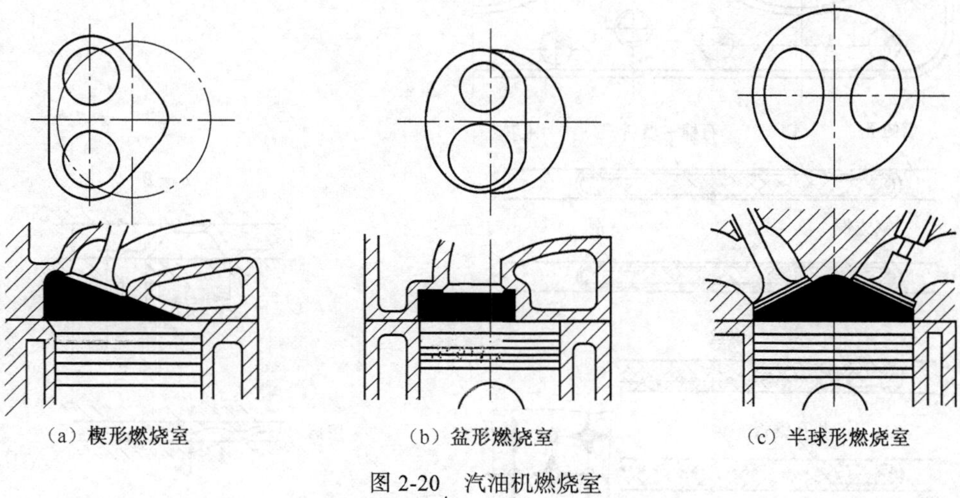

（a）楔形燃烧室　（b）盆形燃烧室　（c）半球形燃烧室

图 2-20　汽油机燃烧室

③ 半球形燃烧室［见图 2-20（c）］结构最为紧凑、散热面积小，有利于促进燃料的完全燃烧及排气净化。二汽富康轿车发动机就采用了这种燃烧室，但因进排气门分别置于气缸盖两侧，故使得配气机构较复杂。

上海桑塔纳轿车发动机燃烧室由气缸盖和活塞顶两部分组成，其形状为扁球形（见图 2-21）。活塞顶上呈凹坑，从而增大了燃烧室的挤气面积，加强了挤气涡流，使可燃混合气燃烧更加充分，且凹坑的深度可用于调节压缩比。

柴油机燃烧室将在“柴油机燃料供给系统”中介绍。

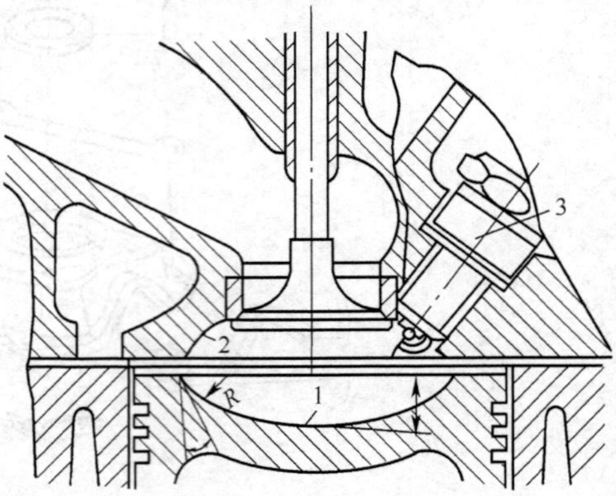

图 2-21　上海桑塔纳轿车发动机燃烧室
1—活塞顶部的球体部分　2—缸盖的扁球状
3—火花塞伸入气缸中心并对着进气道

3. 气缸垫

气缸体与气缸盖间装有气缸垫，用来保证气缸体与气缸盖结合面间的密封。气缸垫因接触高温、高压燃气，在使用中易被烧蚀，因此气缸垫应耐热和耐腐蚀，具有足够的强度，一定的弹性和导热性，拆装方便，使用寿命长。

气缸垫按所用材料的不同，可分为金属—石棉气缸垫和纯金属气缸垫，如图 2-22 所示。

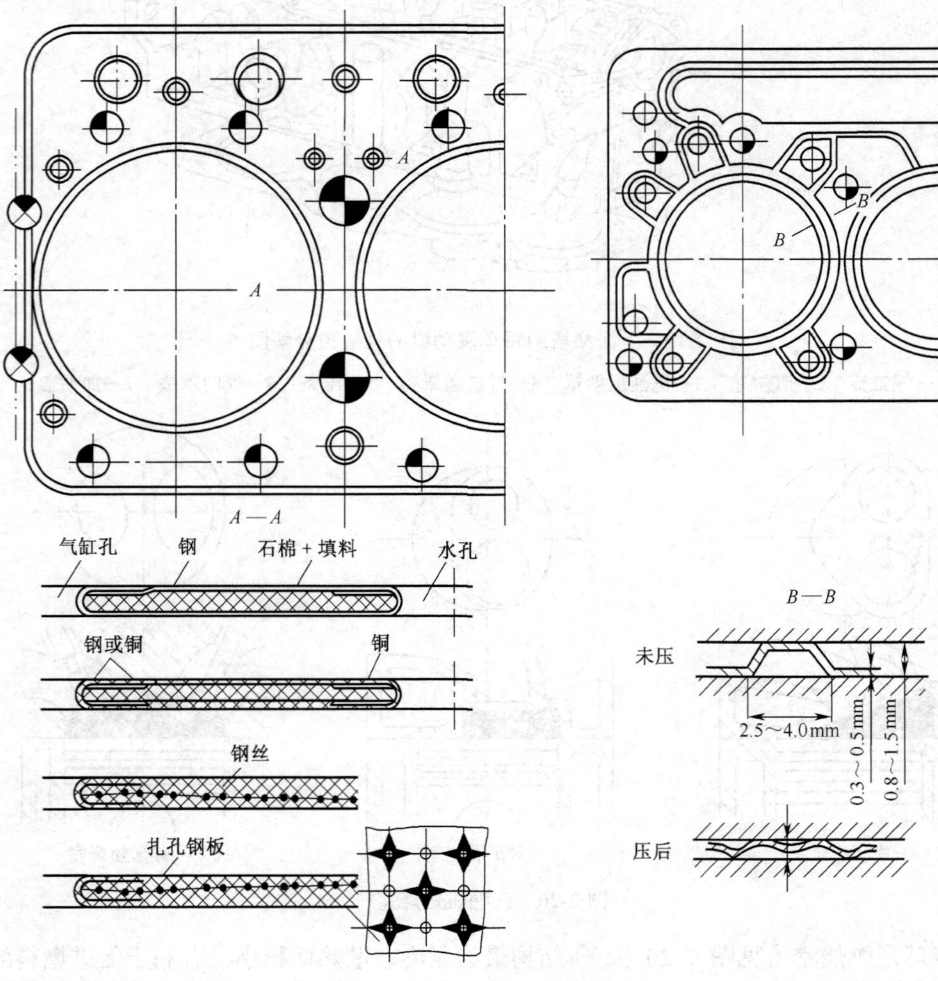

（a）金属—石棉气缸垫　　（b）纯金属气缸垫

图 2-22　气缸垫的种类与结构

金属—石棉气缸垫通常由夹有金属丝或金属屑的石棉外覆铜皮组成。为防烧蚀，在水孔及燃烧室孔周围用镶边增强。中间的石棉耐热性很高，且具有一定的弹性，可提高气缸的密封性，如图 2-22（a）所示。

纯金属气缸垫，由单层或多层金属片（低碳钢或铜）制成。为加强密封，在气缸口、水道孔和油道孔周围冲压有弹性凸纹[见图 2-22（b）]。纯金属气缸垫强度高，抗腐蚀能力强，多用于强化程度较高的发动机上。近年来，国外一些发动机开始使用耐热密封胶以取代传统的气缸垫，这就要求气缸盖和气缸体的接合面有较高的加工精度。

4. 油底壳

油底壳的作用是储存机油并封闭曲轴箱。一般为薄钢板冲压而成，油底壳的形状取决于发动机的总体布置和机油的容量。在有的发动机上，为达到良好的散热效果，采用了铝合金铸造的油底壳，在壳的底部还铸有散热片。

为保证发动机纵向倾斜时机油泵仍能吸到机油，油底壳中部或后部作得较深。有时在油底壳中还设有挡油板，以减轻油面波动。底部装有磁性的放油螺栓，以吸附润滑油中的铁屑，减少发动机的磨损。油底壳的结构如图 2-23 所示。

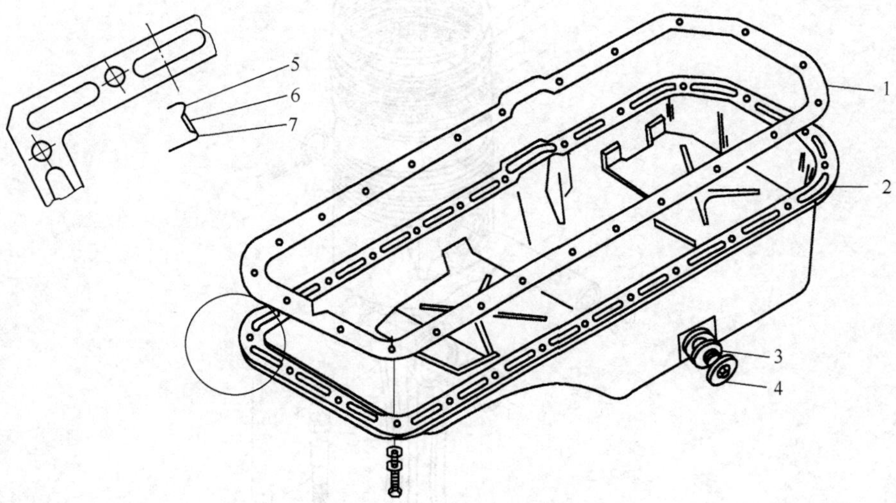

图 2-23　油底壳

1—密封垫　2—油底壳　3—密封圈　4—磁性放油螺栓

5、7—压紧带　6—减压槽

5. 发动机的支撑

发动机一般通过气缸体和飞轮壳或变速器壳体上的支撑支撑在车架上。发动机的支撑方法有 3 点支撑和四点支撑两种。3 点支撑布置成一前二后或二前一后，4 点支撑则前后各有两个支撑点。图 2-24（a）所示为一种 3 点支撑，前端两点通过曲轴箱支撑在车架上，后端一点通过变速器壳支撑在车架上。图 2-24（b）所示为 4 点支撑，前端两点通过曲轴箱支撑在车架上，后端两点通过飞轮壳支撑在车架上。

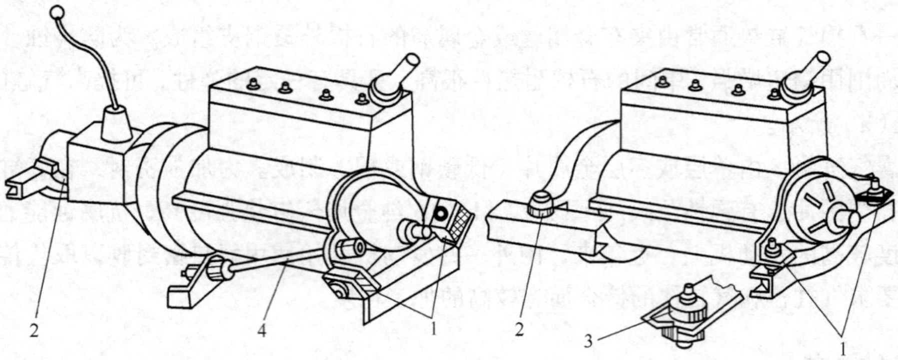

（a）3点支撑　　　　（b）4点支撑

图 2-24　发动机的支撑

1—前支撑　2—后支撑　3—橡胶垫圈　4—拉杆

2.2.2　活塞连杆组

活塞连杆组主要由活塞5、活塞环1和2、活塞销6和连杆10等机件组成，如图2-25所示。

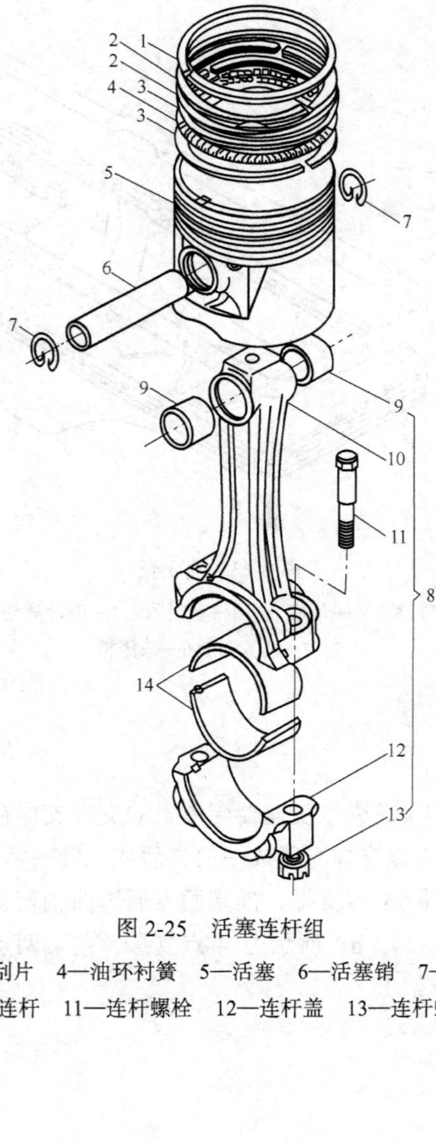

图 2-25　活塞连杆组

1、2—活塞环　3—油环刮片　4—油环衬簧　5—活塞　6—活塞销　7—活塞销卡簧　8—连杆组　9—连杆衬套　10—连杆　11—连杆螺栓　12—连杆盖　13—连杆螺母　14—连杆轴承

1. 活塞

活塞的主要功用是承受气缸中的燃烧压力，并将此力通过活塞销和连杆传给曲轴。此外，活塞还与气缸盖、气缸壁共同组成燃烧室。

由于活塞顶部直接与高温燃气接触，受周期性变化的气体压力和惯性力的作用，且散热及润滑条件差，因此要求活塞具有足够的强度和刚度，以免活塞环被击碎；良好的导热性和极小的热膨胀性，以保持较小的安装间隙；质量要小，以保持较小的惯性力；活塞与气缸壁间有较小的摩擦因数。

汽车发动机目前广泛采用的活塞材料是铝硅合金。铝合金活塞具有质量小、导热性好的优点；缺点是热膨胀系数较大，在高温工作时，强度和硬度下降较快。车用柴油机因其活塞需承受高热、高机械负荷，故也有采用合金铸铁和耐热钢作为活塞材料的。

活塞是由活塞顶、活塞头和活塞裙 3 部分组成的，如图 2-26 所示。

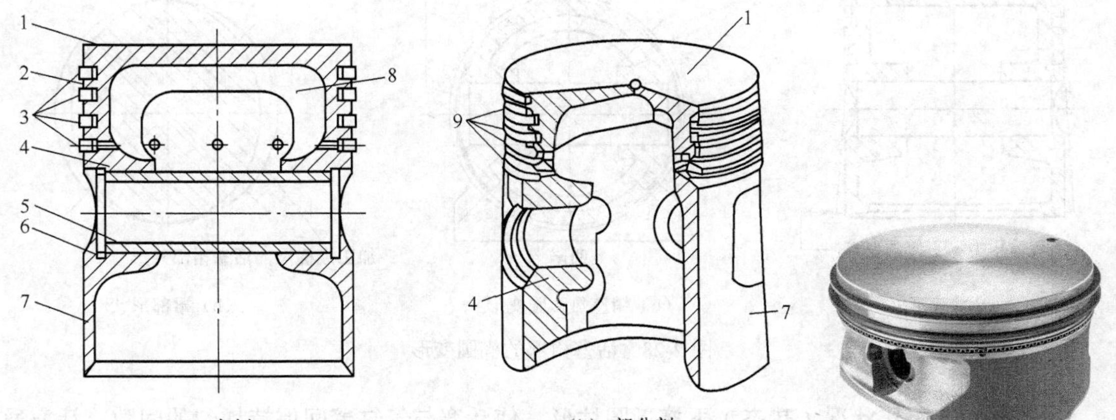

（a）全剖　　（b）部分剖

图 2-26　活塞的基本结构

1—活塞顶　2—活塞头　3—活塞环　4—活塞销座　5—活塞销　6—活塞销锁环　7—活塞裙　8—加强肋　9—活塞环槽

活塞顶是燃烧室的组成部分，其形状与选用的燃烧室的形式有关。汽油机活塞顶多采用平顶或凹顶［见图 2-27（a）、图 2-27（b）］，以使燃烧室结构紧凑，散热面积小，制造工艺简单。二冲程汽油机通常采用凸顶活塞［见图 2-27（c）］。柴油机活塞顶常制成各种凹坑，以便于混合气的形成与燃烧。

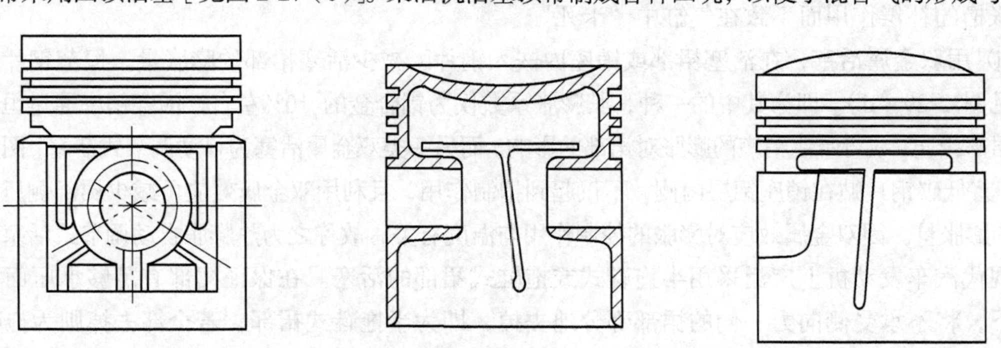

（a）平顶　　（b）凹顶　　（c）凸顶

图 2-27　活塞顶的形状

活塞头是指活塞顶至最下面一道活塞环槽之间的部分。其作用是承受气体压力、防止漏气、将热量通过活塞环传给气缸壁。活塞头切有若干环槽，用以安装活塞环。上面的 2～3 道环槽用来安装气环，下面的一道用来安装油环。油环槽的底部钻有若干小孔，以使油环从气缸壁上刮下的多余润滑油经此流回油底壳。

活塞环槽以下的所有部分称为活塞裙。其作用是引导活塞在气缸中作往复运动，并承受侧压力。因而裙部要有一定的长度和足够的面积。发动机工作时，因缸内气体压力的作用，活塞会产生弯曲变形［见图 2-28（a）］。活塞受热后，由于活塞销座处的金属多，其膨胀量大于其他各处［见图 2-28（b）］。此外，活塞在侧压力的作用下还会产生挤压变形。上述变形的综合结果，使得活塞裙部断面变成长轴在活塞销方向上的椭圆。此外，由于活塞沿轴线方向温度和质量的分布都不均匀，导致了各断面的热膨胀量是上大下小，使活塞在轴线方向变成上大下小的锥形。

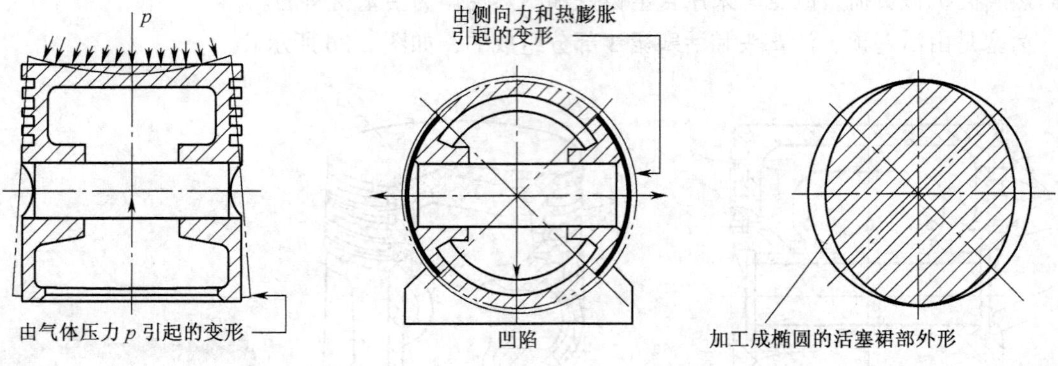

（a）弯曲变形　（b）销座热膨胀变形　（b）裙部形状

图 2-28　活塞裙部的椭圆变形

为使活塞在工作状况（热态）下接近圆柱形，使活塞与气缸壁间保持均匀的间隙，活塞通常采取下列结构措施。

① 裙部沿轴线方向制成上小下大的圆锥形或阶梯形，如图 2-29（a）所示。

② 将裙部制成长轴垂直于销座孔轴线的椭圆形［见图 2-29（b）］；将销座外端面在铸造时凹陷 0.5～1 mm，或截去一小部分。

③ 裙部开绝热槽和膨胀槽［见图 2-29（c）］。前者可减少活塞头部热量向裙部扩散，后者可使裙部具有一定的弹性，这样可使冷态下的装配间隙尽量减小，避免敲缸，而热态时活塞又因膨胀槽的补偿作用而不致在气缸中"卡死"。

④ 用双金属活塞，在活塞裙部或销座内嵌入钢片，减少活塞裙部的膨胀量。恒范钢片式活塞［见图 2-29（d）］即为其中的一种，其膨胀系数仅为铝合金的 10%左右，活塞销座通过恒范钢片与裙部相连，故可牵制销座的膨胀对裙部的影响。而另一类双金属活塞为自动调节式活塞［图 2-29（e）］，将低碳钢片贴在销座铝层内侧，不仅起到抑制作用，且利用双金属效应可减少裙部侧压力方向上的膨胀量。因双金属效应对膨胀的控制作用与温度有关，故称之为热膨胀自动调节式活塞。

现代汽车发动机上广泛采用半拖鞋式或拖鞋式裙部的活塞。在保证裙部有足够承压面积的条件下，将不承受侧向力一侧的裙部部分地去掉，即为半拖鞋式裙部；若全部去掉则为拖鞋式裙部，其优点是质量轻、裙部弹性好，且能避免与曲轴平衡重发生运动干涉，适应高速发动机的需要，如图 2-30 所示。

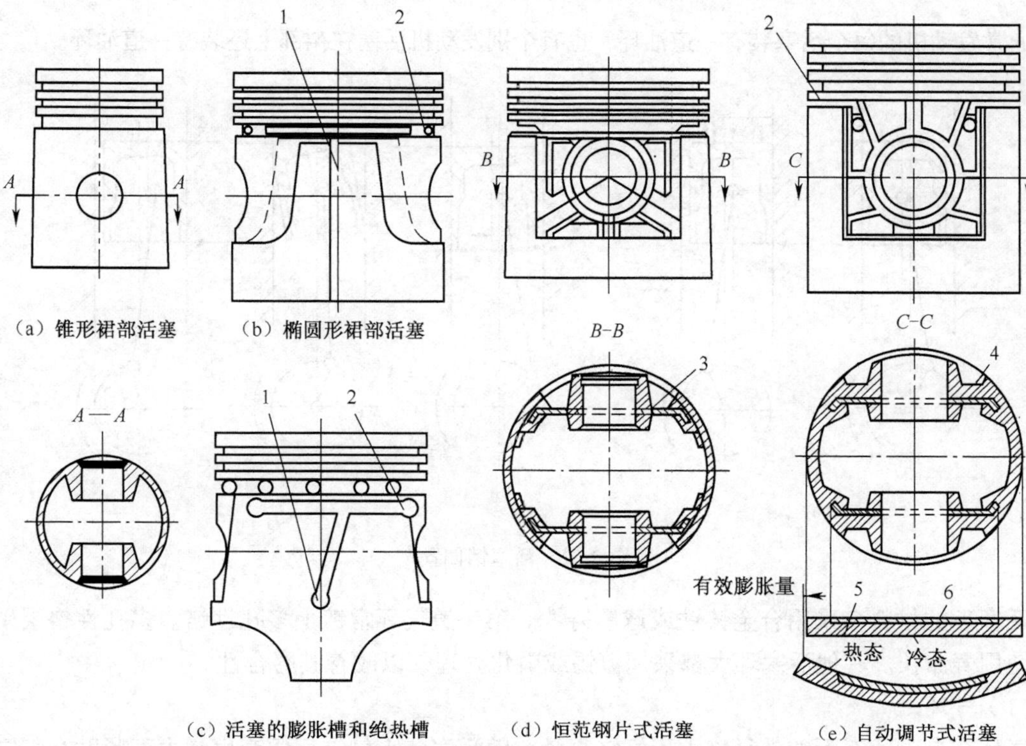

图 2-29 活塞裙部的不同形状和结构

1—膨胀槽 2—裙部绝热槽 3—恒范钢片 4—低碳钢片 5—钢片 6—铝层

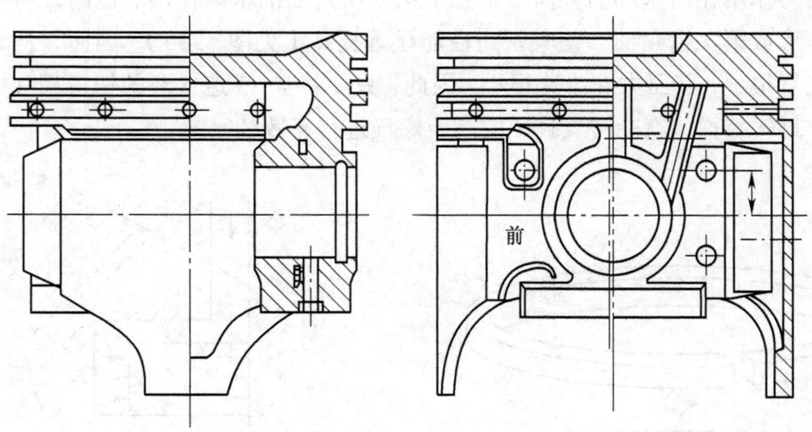

图 2-30 拖鞋式活塞

活塞销座孔的中心线一般位于活塞中心线的平面内。但有些高速发动机，将活塞销座向承受做功冲程侧压力的一面偏移 1～2 mm，如图 2-31 所示。目的是为了减轻活塞在越过上止点时因侧压力瞬时换向而产生的“敲缸”现象，减小噪声，改善发动机工作的平顺性。

2. 活塞环

活塞环包括气环和油环两种（见图 2-32）。气环又称为压缩环，其作用是保证活塞与气缸壁间的密封，防止气缸中的高温、高压燃气大量漏入曲轴箱，同时它还将活塞头的热量传导给气缸壁。一般发动机上每个活塞装有 2～3 道气环。油环的作用是刮除气缸壁上多余的机油，并在气缸壁布油。通常发动机的每个活塞装有一道油环，也有个别发动机活塞在裙部上还装有一道油环。

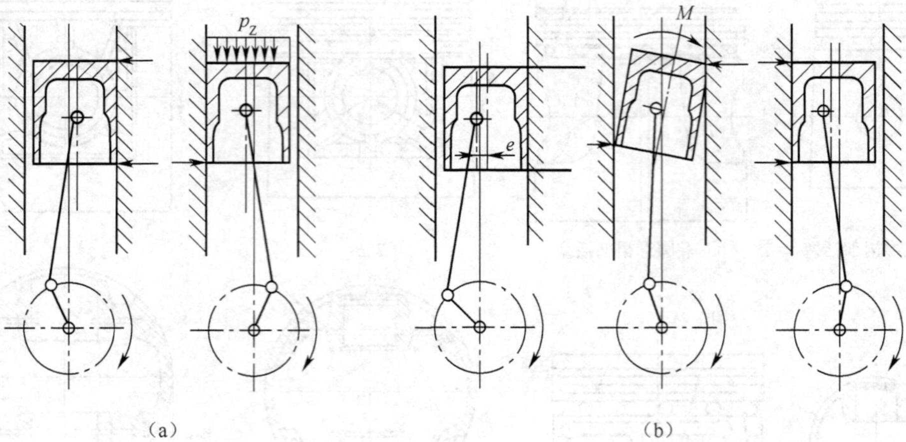

图 2-31　活塞销偏置

活塞环的材料多采用合金铸铁或球墨铸铁。第一道气环常镀上多孔性铬。多孔性铬层硬度高，使用寿命长。其他活塞环大都采用镀锡或磷化处理，以改善其磨合性。

（1）气环

气环在自由状态下的外径略大于气缸直径，随活塞装入气缸后便产生弹力而紧贴在气缸壁上，形成所谓第一密封面，使气体不能从活塞环外圆与缸壁之间通过。因而少量气体窜入环槽内，形成背压力作用在活塞环的背面，加强了第一密封面的密封作用。同时，将活塞环向下压紧环槽侧面，形成第二密封面，使其密封性能显著提高（见图 2-33）。因而，从最后一道气环漏出来的燃气量很少，其压力和流速很小。因此，只要将 2～3 道气环的切口相互错开而形成所谓“迷宫式”封气装置，就能对气缸中的高压燃气进行有效的密封。

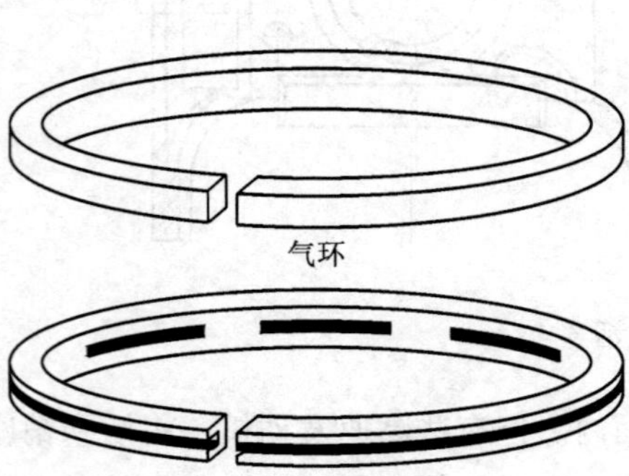

图 2-32　活塞环

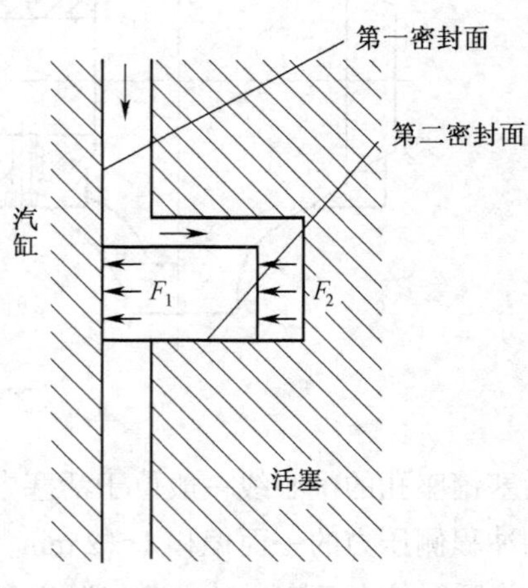

图 2-33　气环的密封原理

F_1—环的自身弹力　F_2—背压力

活塞装入气缸后，活塞环开口处两端的距离称为活塞环的开口间隙。若该间隙过大，则漏气量大，使发动机的功率减小；若该间隙过小，则可能因环端部间的互相撞击而造成活塞环断裂。该间隙一般为 0.25～0.80 mm。因第一道气环的工作温度最高，则切口间隙最大。

气环常见的断面形状有以下几种。

① 矩形环［见图 2-34（a）］。结构简单、制造方便、散热性好，但有泵油作用（泵油作用如图 2-35 所示）。

② 锥面环［见图 2-34（b）］。与缸壁为线接触，有利于密封和磨合，该环在活塞下行时有刮油作用，上行时有布油作用，并可形成楔形油膜以改善润滑；但其传热性差，不宜用于第一道气环。

③ 扭曲环［见图 2-34（c）、（d）］。除具有锥面环的优点外，还能减小泵油作用、减轻磨损、提高散热能力，目前在发动机上得到广泛应用。

④ 梯形环［见图 2-34（e）］。主要优点是能使沉积在环槽中的结焦被挤出，避免了活塞环被粘结在环槽中而折断，同时其密封作用强，使用寿命长；但上、下两面的精磨工艺较复杂。

⑤ 桶面环［见图 2-34（f）］。上、下行都可形成楔形油膜而改善润滑，对活塞在气缸内摆动的适应性好，接触面积小，有利于密封，但凸圆弧表面的加工较困难。

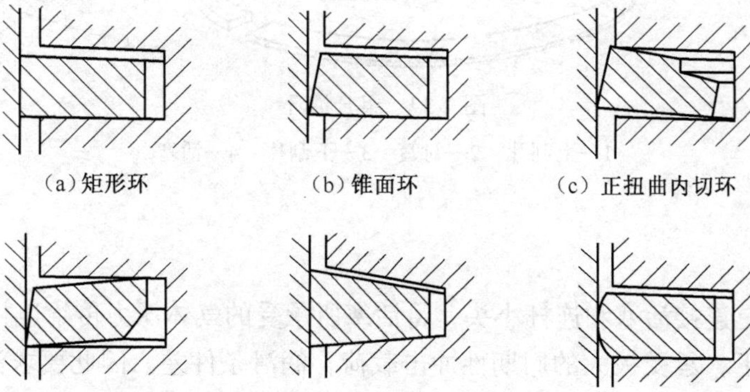

（a）矩形环　（b）锥面环　（c）正扭曲内切环

（d）反扭曲锥面环　（e）梯形环　（f）桶面环

图 2-34　气环的断面形状

（2）油环

油环分为普通油环和组合油环两种，无论活塞上行或下行，油环都能将气缸壁上多余的润滑油刮下来，经活塞上的回油孔流回油底壳（见图 2-36）。

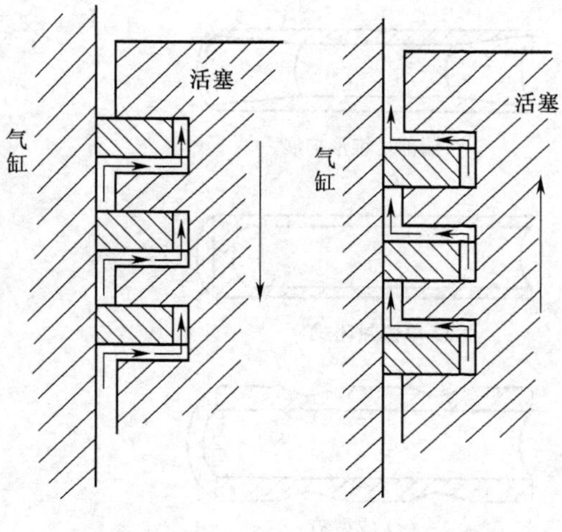

（a）活塞下行　（b）活塞上行

图 2-35　矩形环的泵油作用

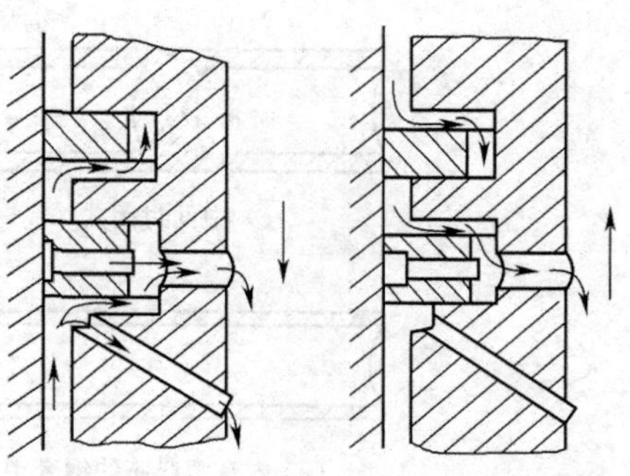

（a）活塞上行　（b）活塞下行

图 2-36　油环的刮油作用

① 普通油环。如图 2-32 所示，一般是由合金铸铁制造的，其断面与矩形气环相似。为增强刮油效果，提高对缸壁的压力，在其外圆上切有环形槽，槽底开有若干回油用的小孔或狭缝。普通油环结构简单、造价低，但刮油效果差、寿命短。因此，在轿车发动机上已很少采用。

② 组合油环。如图 2-37 所示，由上、下刮片 1、3 和产生径向、轴向弹力作用的衬簧 2 组成。主要优点为刮油能力强，对缸套变形的适应性好，回油通路大。因此，组合油环的应用日益增多。如一汽奥迪、天津夏利、广州标致等轿车发动机上均用组合油环。

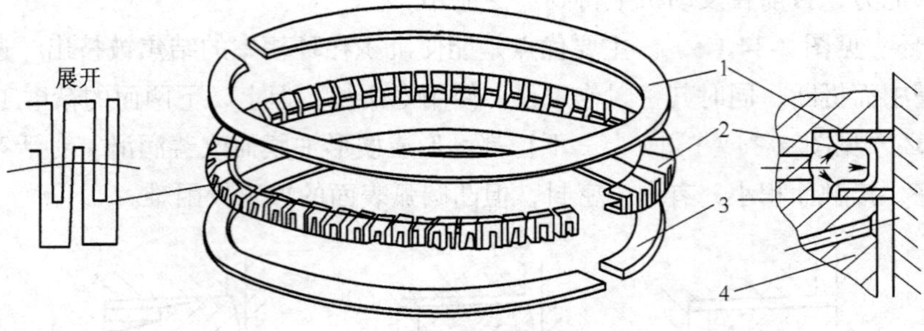

图 2-37 组合油环

1—上刮片 2—衬簧 3—下刮片 4—活塞

3. 活塞销

活塞销的功用是连接活塞和连杆小头，将活塞所承受的气体压力传给连杆。

活塞销在高温下，承受极大的周期性冲击载荷，润滑条件差。因此要求活塞销具有足够的强度、刚度和耐磨性，且质量要小。为此，活塞销通常制成空心圆柱体。

活塞销的材料一般为低合金渗碳钢，对高负荷发动机则采用渗氮钢。

活塞销的结构形状如图 2-38 所示。直通圆柱形孔和圆锥形孔的活塞销［见图 2-38（a）、(b)］质量较小：中间或单侧封闭的活塞销［见图 2-38（c）、(d)］适用于二冲程发动机，此种结构可以避免扫气损失；内部有塑料芯的钢套销［见图 2-38（e）］则用于要求不高的汽油机；成型销［见图 2-38（f）］用于增压发动机。

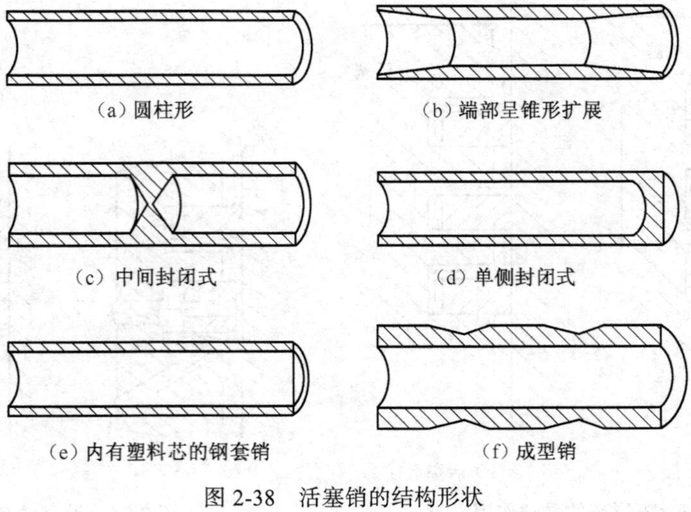

（a）圆柱形 （b）端部呈锥形扩展

（c）中间封闭式 （d）单侧封闭式

（e）内有塑料芯的钢套销 （f）成型销

图 2-38 活塞销的结构形状

活塞销与活塞销座孔和连杆小头衬套孔的连接配合方式有两种，即全浮式和半浮式。全浮式活塞销能在连杆小头衬套孔和活塞销座孔内做自由转动，可以保证活塞销沿圆周磨损均匀，因此应用较普遍。为防止活塞销轴向窜动而损坏气缸壁，在活塞销座两端装有弹性卡环来限位。

半浮式活塞销是用螺栓将活塞销夹紧在连杆小头孔内，这时活塞销只在活塞销孔内转动，在连杆小头孔内不转动。因而连杆小头孔内不装衬套，活塞销座孔孔内也不装挡圈，如图 2-39 所示。

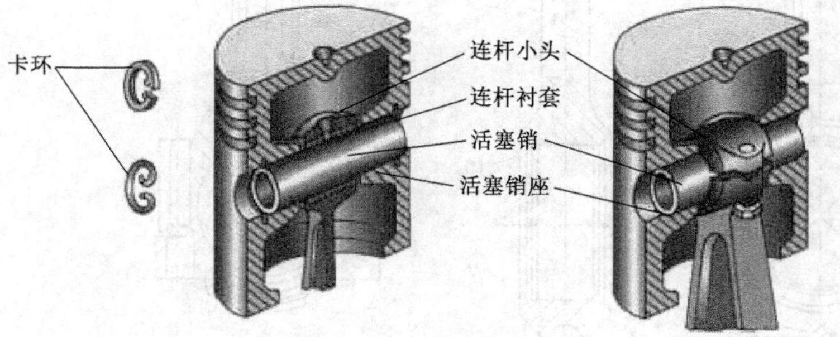

图 2-39　活塞销的连接方式

4. 连杆

连杆的功用是将活塞承受的力传给曲轴，推动曲轴转动，将活塞的往复运动转变为曲轴的旋转运动。连杆要承受活塞销传来的气体压力、往复运动的惯性力和旋转惯性力，这些作用力的大小和方向都是周期性变化的。因此要求连杆要有足够的强度、刚度，重量要尽量轻。

连杆一般采用 45、40 钢等中碳钢或中碳合金钢经模锻或辊锻制成，然后经机械加工和热处理，也有少数连杆用球墨铸铁制成。

连杆的结构如图 2-40 所示，由连杆小头、杆身和连杆大头 3 部分组成。连杆小头用来安装活塞销以连接活塞，在全浮式连接的连杆小头孔内压有减磨的青铜衬套或铁基粉末冶金衬套。工作时，活塞销和衬套之间有相对转动，为了保证其间润滑，在连杆小头和衬套上钻有集油孔 12 或铣出集油槽 13（见图 2-41），用于收集发动机运转时被溅上来的机油，以便润滑。有的发动机连杆小头采用压力润滑，在连杆杆身内钻有纵向的压力油道。

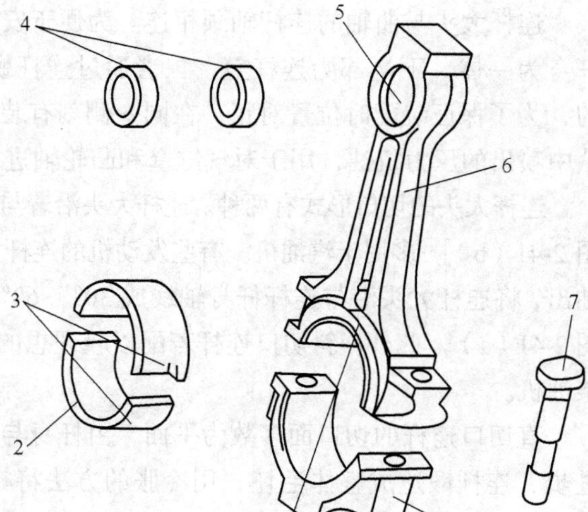

图 2-40　连杆的结构

1—连杆大头　2—连杆衬套　3—止推凸肩　4—衬套
5—连杆小头　6—杆身　7—连杆螺栓　8—连杆盖

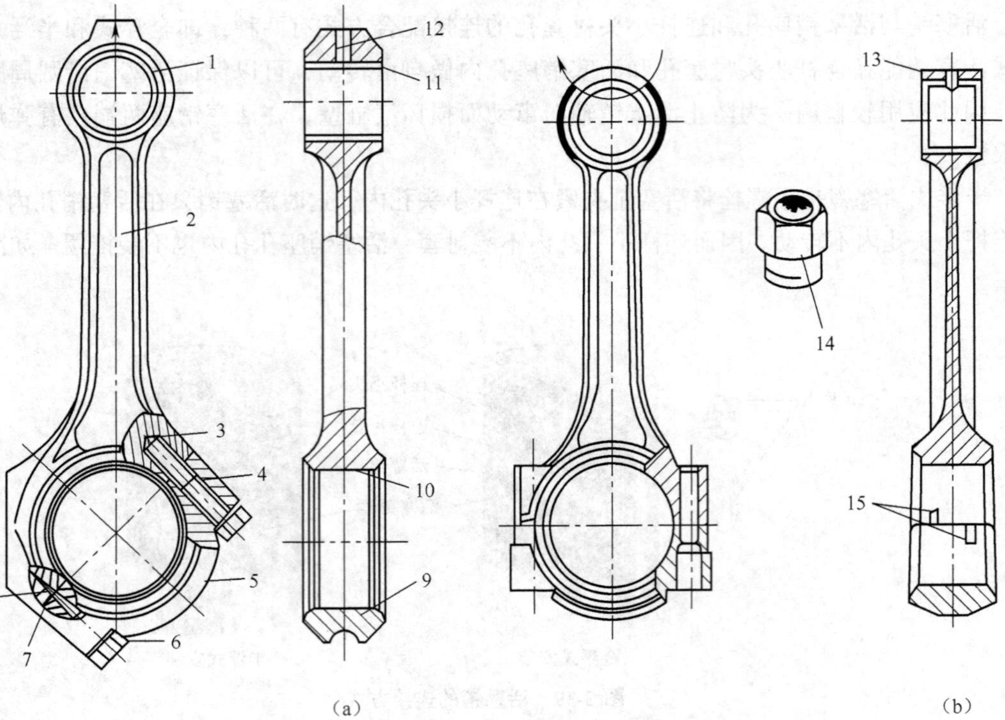

图 2-41 连杆构造

1—连杆小头 2—连杆杆身 3—连杆大头 4—连杆螺栓 5—连杆盖 6—铁丝 7—锯齿 8—定位销
9—连杆下轴承 10—连杆上轴承 11—连杆衬套 12—集油孔 13—集油槽 14—自锁螺母 15—轴瓦定位槽

为保证连杆在质量尽可能小的情况下提高其抗弯刚度，连杆杆身多采用“工”字形断面。

连杆大头与曲轴的连杆轴颈相连。为便于安装，通常将连杆大头作成剖分式的，上半部与杆身为一体，下半部为连杆盖，二者通过连杆螺栓组装合成。连杆盖与连杆大头是组合镗孔的，为了保证装配时位置对正，在同一侧刻有装配记号。有的连杆大头连同轴承钻有小油孔，从中喷出的压力机油，用于对气缸壁和凸轮轴进行润滑。

连杆大头的切口形式有两种。连杆大头沿着与杆身轴线垂直的方向切开，称为直切口连杆［见图 2-41（b）］，多用于汽油机。有些发动机的连杆大头尺寸较大，为了维修拆装时仍将其从气缸中抽出，将连杆大头沿与连杆杆身轴线成 30°～60°（常用 45°）的方向切开，即为斜切口连杆［见图 2-41（a）］。此外，斜切口连杆若配以较理想的切口定位，还能减轻连杆螺栓的受力，多用于柴油机。

直切口连杆的切口面多数为平面，由杆身与连杆盖分别加工而成。由于现代技术与工艺的进步，连杆锻造成整体毛坯，用冷胀的方法将杆身与连杆盖分开。这样的切口面将不再是平面，而是不规则的像山峦式的犬牙交错的表面，可提高杆身与连杆盖的定位精度。一汽高尔夫 EA111 发动机便采用此种结构，如图 2-42 所示。

连杆轴承装在连杆大头孔内，用以保护连杆轴颈（曲柄销）及连杆大头孔。连杆轴承是由钢背和减磨合金组成的分成两半的薄壁轴承，如图 2-43 所示。减磨合金具有保持油膜、减少摩擦阻力和易于磨合的作用。目前汽车发动机的轴承减磨合金主要有巴氏合金、铜铅合金和高锡铝合金。

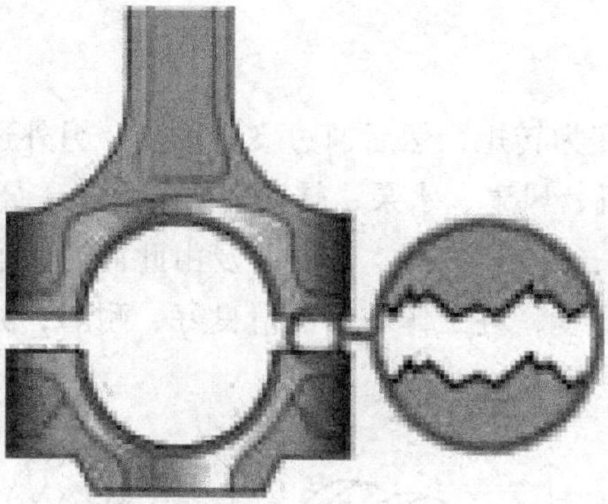

图 2-42　涨断式连杆

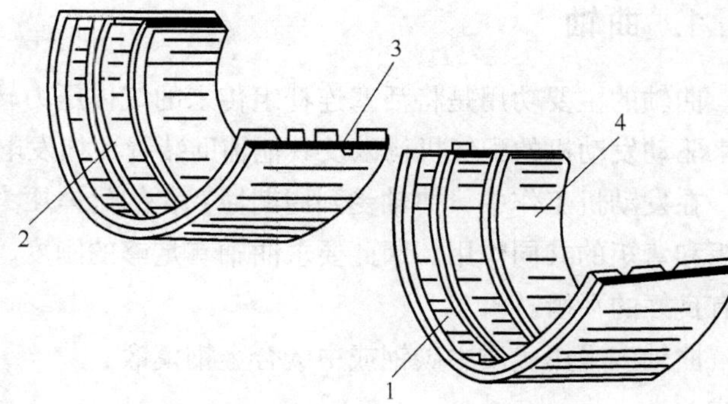

图 2-43　连杆轴承

1—钢背　2—油槽　3—定位凸键　4—减磨合金层

连杆轴承的背面应有很小的表面粗糙度值。在自由状态下，轴承的曲率半径和周长都略大于连杆大头孔的曲率半径和周长，装入后，能使其紧贴在大头孔壁上，以利于散热和防止润滑油从轴承背面流失。

在两个轴承的剖分面上，均制有定位凸键，以防止连杆轴承在工作中发生转动或轴向移动在其内表面加工有油槽用以储油，保证可靠的润滑。

2.2.3　曲轴飞轮组

曲轴飞轮组主要由曲轴、飞轮、正时齿轮（正时带轮或正时链轮）、皮带轮及曲轴扭转减振器等组成，图 2-44 所示为典型的曲轴飞轮组结构示意图。

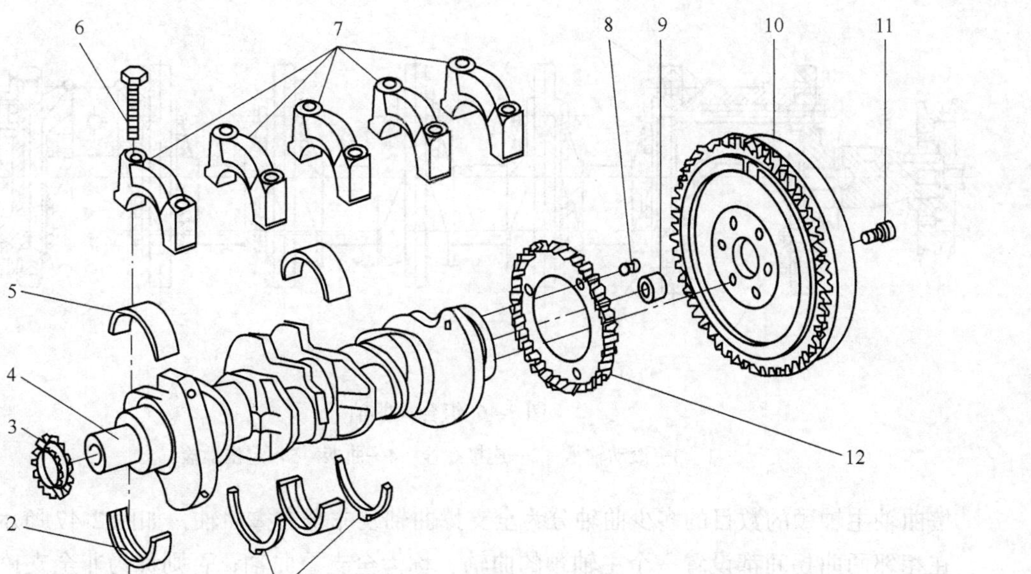

图 2-44　典型的曲轴飞轮组结构示意图

1—止推垫片　2、5—轴瓦　3—链轮　4—曲轴　6、8、11—紧固螺栓

7—轴承盖　9—滚针轴承　10—飞轮　12—靶轮

1. 曲轴

曲轴的主要功用是将活塞连杆组传来的气体压力转变为转矩，然后通过飞轮输出。另外还用来驱动发动机的配气机构以及其他辅助装置（如发电机、风扇、水泵、转向油泵等）。

在发动机工作中，曲轴受到周期性变化的气体压力、往复惯性力、离心力及由此而产生的转矩和弯矩的共同作用。因此要求曲轴有足够的刚度、强度，各工作表面润滑良好、耐磨，并具有良好的平衡。

曲轴多采用优质中碳钢或中碳合金钢模锻而成。

曲轴一般由主轴颈 1、连杆轴颈 2、曲柄 5、平衡块 4、前端轴 3 和后端凸缘 6 等组成，如图 2-45 所示。一个连杆轴颈和它两端的曲柄及相邻两个主轴颈构成一个曲拐。曲拐的数目取决于发动机的气缸数目及其排列方式，直列发动机的曲拐数等于气缸数，而 V 形和对置式发动机的曲拐数为气缸数的一半。

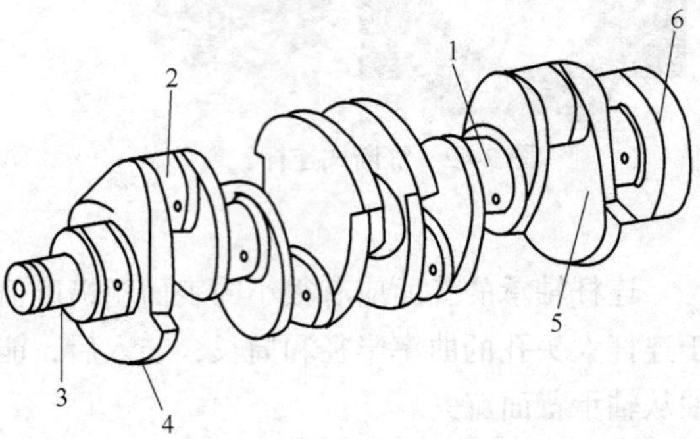

图 2-45 整体式曲轴

1—主轴颈　2—连杆轴颈　3—前端轴
4—平衡块　5—曲柄　6—后端凸缘

按单元曲拐连接方法的不同，曲轴可分为整体式（见图 2-45）和组合式（见图 2-46）两种。除连杆大头为整体式的小型汽油机或采用滚动轴承作为曲轴主轴承的发动机（隧道式气缸体）采用组合式曲轴外，通常发动机多采用整体式曲轴。

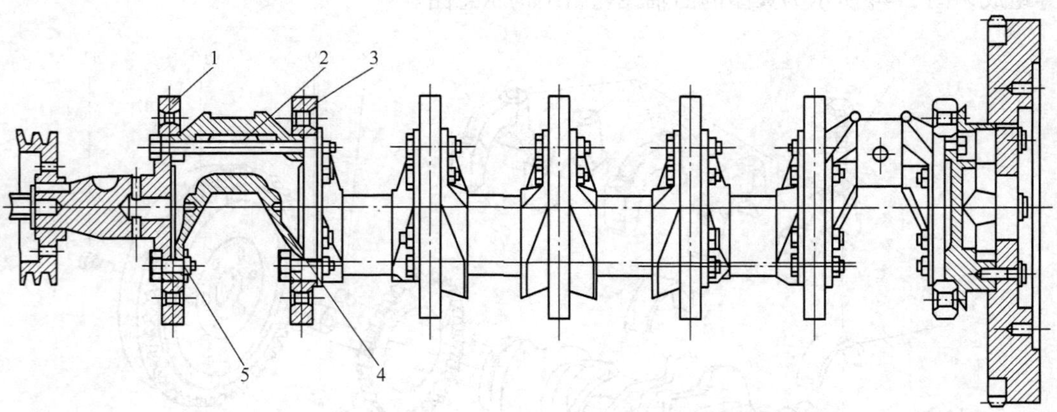

图 2-46 组合式曲轴

1、3—滚动轴承　2—连接螺栓　4—曲柄　5—定位螺栓

按曲轴主轴颈的数目的多少曲轴分为全支撑曲轴及非全支撑曲轴，如图 2-47 所示。

在相邻两曲拐间都设置一个主轴颈的曲轴，称为全支撑曲轴；否则称为非全支撑曲轴。全支撑曲轴主轴颈数目比气缸数多一个。V 形发动机全支撑曲轴，主轴颈数目比气缸数的一半多一个。全支撑曲轴的优点是可以提高曲轴的刚度，主轴承的载荷小；其缺点是曲轴的加工表面增多，主轴承数增多，使发动机机体加长。上海桑塔纳、大众波罗、奥迪 A6、宝来轿车发动机的曲轴均为全支撑曲轴。非全支撑曲轴的结构和制造工艺简单，多用于中小负荷的汽油机。

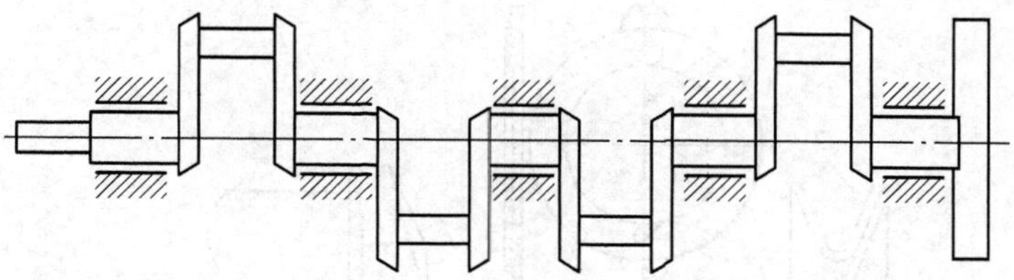

（a）全支撑曲轴

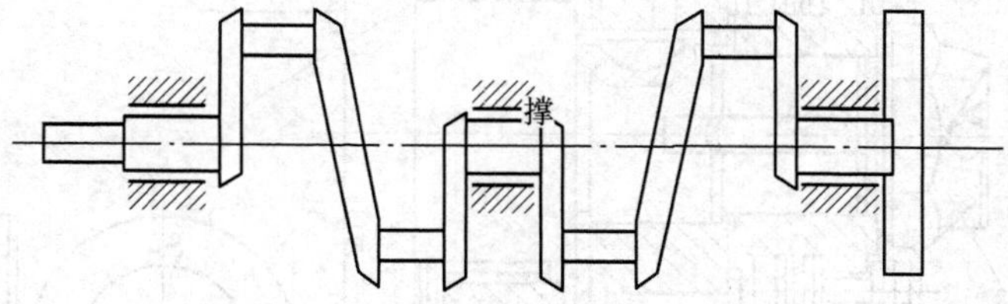

（b）非全支撑曲轴

图 2-47 曲轴的支撑方式

曲轴平衡重用来平衡旋转惯性力及其力矩，以使发动机运转平稳，并可减少曲轴主轴承的负荷。对四缸、六缸等直列发动机，其旋转惯性力和旋转惯性力矩是外部平衡的，但是内部不平衡，曲轴仍承受内弯矩的作用，如图 2-48 所示。图中惯性力 F_1、F_4 与 F_2、F_3 相平衡，力矩 M_{1-2} 与 M_{3-4} 相平衡，但 M_{1-2} 与 M_{3-4} 给曲轴造成了弯曲载荷。因此，通常在曲柄的相反方向设置平衡重，使其产生的力矩与上述惯性力矩相平衡。

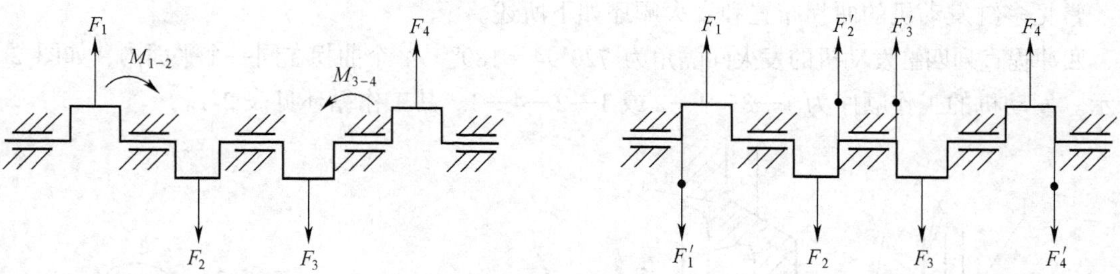

（a）无平衡重　　（b）加平衡重

图 2-48　曲轴平衡重作用示意图

F_1、F_2、F_3、F_4—曲拐和活塞连杆的惯性力　F_1'、F_2'、F_3'、F_4'—平衡重的离心力

平衡重可以与曲轴制成一体，也可以单独制成后再用螺栓固定在曲轴上，称为装配式平衡重。有些刚度较大的全支撑曲轴也可不设平衡重。曲轴不论有无平衡重，都必须经动平衡试验，对不平衡的曲轴常在其偏重的一侧钻去掉一些质量。

曲轴前端是第一道主轴颈之前的部分，装有驱动其他装置的机件（正时齿轮 4、带轮 7）及其启动爪 8、止推垫片 3 及扭转减振器等，如图 2-49 所示。曲轴后端是最后一道主轴颈之后的部分，在其后端为安装飞轮的凸缘盘 6，如图 2-50 所示。

曲轴的形状及各曲拐的相对位置取决于气缸数、气缸排列形式和发动机的工作顺序。在选择各缸的工作顺序时，应使各缸的做功间隔力求均衡，即发动机每完成一个工作循环，各缸都应发火做功一次。对于缸数为 i 的四冲程发动机，其发火间隔角为 $720°/i$；连续做功的两缸相距尽可能远些，以减轻主轴承负荷和避免进气冲程中发生抢气现象；V 形发动机左右两列应交替发火。

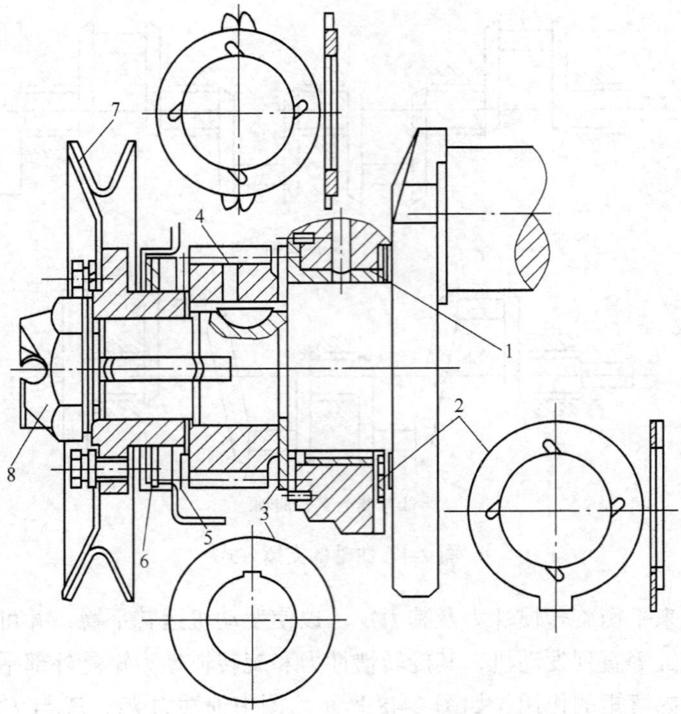

图 2-49　曲轴前端

1、2—滑动推力轴承　3—止推垫片　4—正时齿轮　5—甩油盘　6—油封　7—带轮　8—启动爪

常见多缸发动机的曲拐布置和发火顺序如下所述。

四冲程直列四缸发动机的发火间隔角为 720°/4 = 180°。4 个曲拐在同一个平面内，如图 2-51 所示。发动机的工作顺序为 1—3—4—2 或 1—2—4—3。其工作循环见表 2-1。

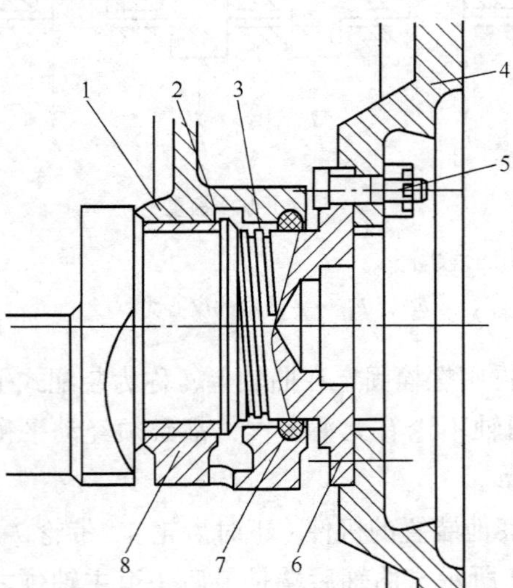

图 2-50　曲轴后端

1—轴承座（曲轴箱体）　2—甩油盘　3—回油螺纹
4—飞轮　5—飞轮螺栓、螺母　6—曲轴凸缘盘
7—填料油封　8—轴承盖

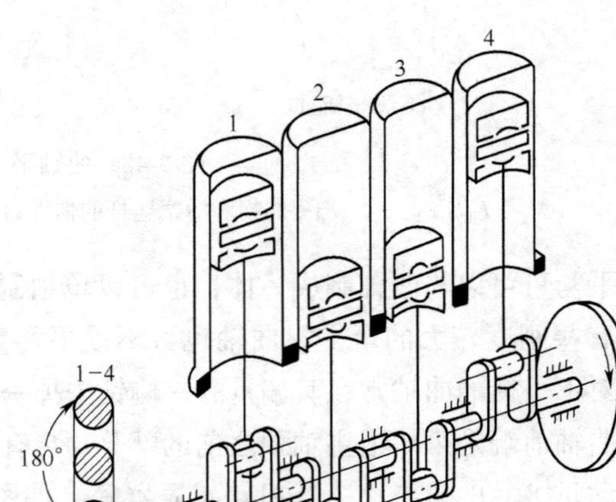

图 2-51　直列四缸发动机的曲拐布置

表 2-1　　四冲程直列四缸发动机工作循环表（工作顺序 1—3—4—2）

曲轴转角（°）	第　一　缸	第　二　缸	第　三　缸	第　四　缸
0～180	做功	排气	压缩	进气
180～360	排气	进气	做功	压缩
360～540	进气	压缩	排气	做功
540～720	压缩	做功	进气	排气

四冲程直列六缸发动机的发火间隔角为 720°/6 = 120°。6 个曲拐互成 120°，如图 2-52 所示。发动机的工作顺序为 1—5—3—6—2—4 或 1—4—2—6—3—5，前者应用比较普遍。其工作循环见表 2-2。

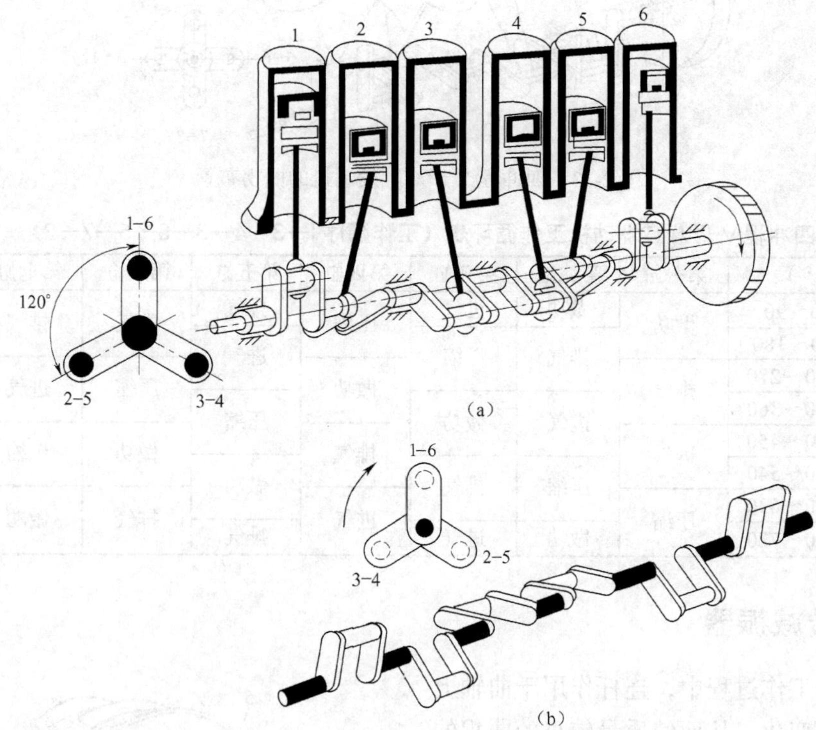

图 2-52　直列六缸发动机的曲拐布置

表 2-2　　四冲程直列六缸发动机工作循环表（工作顺序 1—5—3—6—2—4）

<table>
<tr><th colspan="2">曲轴转角（°）</th><th>第一缸</th><th>第二缸</th><th>第三缸</th><th>第四缸</th><th>第五缸</th><th>第六缸</th></tr>
<tr><td rowspan="3">0～180</td><td>0～60</td><td rowspan="3">做功</td><td rowspan="2">排气</td><td>进气</td><td>做功</td><td rowspan="2">压缩</td><td rowspan="3">进气</td></tr>
<tr><td>60～120</td><td rowspan="3">压缩</td><td rowspan="3">排气</td></tr>
<tr><td>120～180</td><td rowspan="3">进气</td><td rowspan="3">做功</td></tr>
<tr><td rowspan="3">180～360</td><td>180～240</td><td rowspan="3">排气</td><td rowspan="3">压缩</td></tr>
<tr><td>240～300</td><td rowspan="3">做功</td><td rowspan="3">进气</td></tr>
<tr><td>300～360</td><td rowspan="3">压缩</td><td rowspan="3">排气</td></tr>
<tr><td rowspan="3">360～540</td><td>360～420</td><td rowspan="3">进气</td><td rowspan="3">做功</td></tr>
<tr><td>420～480</td><td rowspan="3">排气</td><td rowspan="3">压缩</td></tr>
<tr><td>480～540</td><td rowspan="3">做功</td><td rowspan="3">进气</td></tr>
<tr><td rowspan="3">540～720</td><td>540～600</td><td rowspan="3">压缩</td><td rowspan="3">排气</td></tr>
<tr><td>600～660</td><td rowspan="2">进气</td><td rowspan="2">作功</td></tr>
<tr><td>660～720</td><td>排气</td><td>压缩</td></tr>
</table>

四冲程 V 形八缸发动机的发火间隔角为 720°/8 = 90°。4 个曲拐互成 90°，如图 2-53 所示。发动机的工作顺序为 1—8—4—3—6—5—7—2，其工作循环见表 2-3。

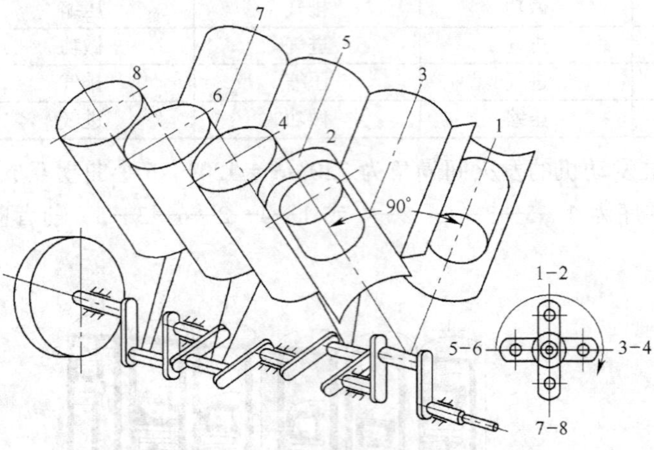

图 2-53　四冲程 V 形八缸发动机的曲拐布置

表 2-3　四冲程 V 形八缸发动机工作循环表（工作顺序 1—8—4—3—6—5—7—2）

<table>
<tr><th colspan="2">曲轴转角（°）</th><th>第一缸</th><th>第二缸</th><th>第三缸</th><th>第四缸</th><th>第五缸</th><th>第六缸</th><th>第七缸</th><th>第八缸</th></tr>
<tr><td rowspan="2">0～180</td><td>0～90</td><td rowspan="2">做功</td><td>做功</td><td>进气</td><td rowspan="2">压缩</td><td>排气</td><td rowspan="2">进气</td><td rowspan="2">排气</td><td>压缩</td></tr>
<tr><td>90～180</td><td rowspan="2">排气</td><td rowspan="2">压缩</td><td rowspan="2">进气</td><td rowspan="2">做功</td></tr>
<tr><td rowspan="2">180～360</td><td>180～270</td><td rowspan="2">排气</td><td rowspan="2">做功</td><td rowspan="2">压缩</td><td rowspan="2">进气</td></tr>
<tr><td>270～360</td><td rowspan="2">进气</td><td rowspan="2">做功</td><td rowspan="2">压缩</td><td rowspan="2">排气</td></tr>
<tr><td rowspan="2">360～540</td><td>360～450</td><td rowspan="2">进气</td><td rowspan="2">排气</td><td rowspan="2">做功</td><td rowspan="2">压缩</td></tr>
<tr><td>450～540</td><td rowspan="2">压缩</td><td rowspan="2">排气</td><td rowspan="2">做功</td><td rowspan="2">进气</td></tr>
<tr><td rowspan="2">540～720</td><td>540～630</td><td rowspan="2">压缩</td><td rowspan="2">进气</td><td rowspan="2">排气</td><td rowspan="2">做功</td></tr>
<tr><td>630～720</td><td>做功</td><td>进气</td><td>排气</td><td>压缩</td></tr>
</table>

2. 扭转减振器

在发动机工作过程中，连杆作用于曲轴上的力呈周期性变化，从而使质量较小的曲拐的转速相对于质量较大的飞轮的转速忽快忽慢，造成曲轴的扭转振动。为了消除曲轴的扭转振动，在有些发动机的曲轴前端都装有曲轴扭转减振器。

汽车发动机常用的曲轴扭转减振器为摩擦式扭转减振器，可分为橡胶扭转减振器、硅油扭转减振器和硅油—橡胶扭转减振器等。

如图 2-54 所示，是将减振器圆盘用螺栓与曲轴带轮及轮毂紧固在一起，橡胶层与圆盘及惯性盘硫化在一起。当曲轴发生扭转振动时，力图保持等速转动的惯性盘使橡胶层发生内部摩擦，从而消减曲轴的扭转振动。

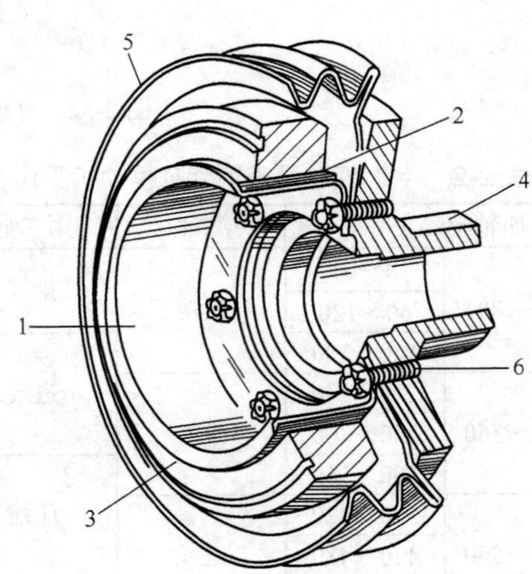

图 2-54 橡胶扭转减振器

1—减振器壳体　2—硫化橡胶层　3—扭转振动惯性质量
4—带轮毂　5—带轮　6—紧固螺栓

3. 飞轮

飞轮是一个转动惯量很大的圆盘。其主要功用是储存做功冲程的一部分能量，以克服各辅助冲程的阻力，使曲轴均匀旋转，使发动机具有克服短时超载的能力。此外，飞轮又常作为汽车传动系统中摩擦离合器的主动盘。

发动机飞轮的构造如图 2-44 中的 10 所示。飞轮的外缘上镶有齿圈，启动时起动机上的齿轮与之啮合，供发动机启动用。

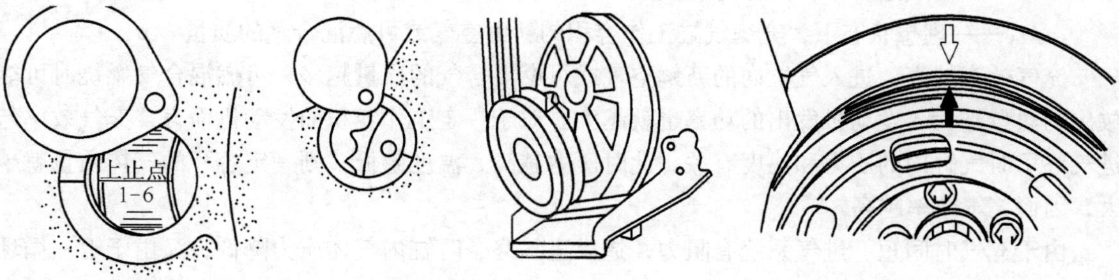

（a）CA6102 发动机点火正时记号　（b）EQ6100 发动机点火正时记号　（c）奥迪 A6 四缸发动机正时记号

图 2-55　发动机点火正时标记

飞轮上通常刻有第一缸点火正时记号，如图 2-55 所示，以便调整和检验点火（喷油）正时和气门间隙。解放 CA6102 型发动机的正时记号是 $\frac{\text{上止点}}{1-6}$，当该记号与飞轮壳上的刻线对准时，即表示 1-6 缸的活塞在上止点位置；EQ6100 发动机有两处记号，一处是飞轮上的一个钢球与飞轮壳上的刻线对准时，另一处是当曲轴皮带轮上的小缺口和正时齿轮盖上的凸筋对准时，都表示 1-6 缸活塞在上止点位置；奥迪 A6 四缸发动机在曲轴带轮上刻有凹槽，当凹槽对准正时齿轮壳上的箭头时，则表示 1-4 缸的活塞在上止点位置。

飞轮与曲轴装配后应进行静态和动态平衡校验，通过曲轴上的平衡重和飞轮钻孔达到质量平衡。为保证拆装时不破坏其平衡状态及上述确定位置的标记，飞轮与曲轴的装配采用周向定位装置，如定位销、不对称布置的螺孔或两种不同直径的螺栓等。

2.3 配气机构

配气机构的功用是按照发动机每一气缸内所进行的工作循环或发火次序的要求，定时开启和关闭各气缸的进、排气门，使新鲜可燃混合气（汽油机）或空气（柴油机）得以及时进入气缸，废气得以及时从气缸排出。

进入气缸内的可燃混合气或空气对发动机性能的影响很大。进气量越多，发动机的转矩越大、功率越高。

2.3.1 充 气 效 率

新鲜空气或可燃混合气充满气缸的程度，用充气效率 η_v 来表示。所谓充气效率就是指在进气过程中，实际进入气缸的新鲜空气或可燃混合气的质量与在理想状况下充满气缸工作容积的新鲜空气或可燃混合气的质量之比。其公式如下：

$$\eta_v = M/M_0$$

式中 M——进气过程中，实际充入气缸的新鲜空气或可燃混合气的质量；

M_0——理想状态下，充满气缸工作容积的新鲜空气或可燃混合气的质量。

充气效率越高，进入气缸内的新鲜空气或可燃混合气的质量越多，可燃混合气燃烧时可能放出的热量越大，发动机发出的功率也就越大。对于一定工作容积的发动机而言，充气效率与进气终了时气缸内的压力和温度有关。此时压力越高，温度越低，则一定容积的气体质量就越大，因而充气效率越高。

由于充气时间短、进气系统有阻力，造成进气终了时缸内气体压力降低，又由于上一循环中残留在气缸内的高温废气，以及高温零件气体加热的作用，使进气终了时气体温度升高，实际充入气缸的新鲜气体的质量总是小于在理想状态下充满气缸工作容积的新鲜气体的质量。也就是说，充气效率总是小于 1，一般为 0.80～0.90。影响发动机充气效率的因素很多，就配气机构而言，主要是要求其结构有利于减小进气和排气阻力，而且进、排气门的开启时刻和持续开启的时间要适当，使进气和排气都尽可能充分和完善。

2.3.2 配气机构的种类

配气机构由气门组和气门传动组组成。配气机构有很多种类型：按气门的布置形式，主要有气门顶置式和气门侧置式；按凸轮轴的布置位置，可分为凸轮轴下置式、凸轮轴中置式和凸轮轴上置式；按曲轴和凸轮轴的传动方式，可分为齿轮传动式、链条传动式和齿形带传动式；按每缸气门数目，分二气门式、三气门式、四气门式和五气门式等。

1. 气门的布置形式

按气门的布置位置不同，分为气门顶置式配气机构和气门侧置式配气机构。现代汽车发动机均采用气门顶置式配气机构，即进、排气门置于气缸盖内，气门头朝下，倒挂在气缸盖上。

2. 凸轮轴的布置形式

凸轮轴的布置形式可分为下置式、中置式和上置式 3 种。3 种都可用于气门顶置式配气机构。

凸轮轴置于曲轴箱内的配气机构为凸轮轴下置式配气机构，其典型结构如图 2-56 所示。其中气门组零件包括气门 12、气门座圈 13、气门导管 11、气门弹簧 10、气门弹簧座 8 和气门锁夹 9 等，气门传动组零件则包括凸轮轴 1、挺柱 2、推杆 3、摇臂 7、摇臂轴 5、摇臂轴座 4 和气门间隙调整螺钉 6 等。

下置式凸轮轴由曲轴正时齿轮驱动。发动机工作时，曲轴通过正时齿轮驱动凸轮轴旋转。当凸轮的上升段顶起挺柱时，经推杆和气门间隙调整螺钉推动摇臂绕摇臂轴摆动，压缩气门弹簧使气门开启。当凸轮的下降段与挺柱接触时，气门在气门弹簧力的作用下逐渐关闭。

凸轮轴下置式配气机构特点是凸轮轴与曲轴位置靠近，可以简单地用一对齿轮传动。但零件多，传动链长，整个机构的刚度差。多用于转速较低的发动机，如货车用的柴油机等。

四冲程发动机每完成一个工作循环，每个气缸进、排气一次。这时曲轴转两周，而凸轮轴只转一周，所以曲轴与凸轮轴的转速比或传动比为 2:1。

凸轮轴置于机体上部的配气机构称为凸轮轴中置式配气机构。其典型结构如图 2-57 所示。这种结构中，由凸轮轴经过挺柱直接驱动摇臂，而省去推杆。当发动机转速较高时，可减少气门传动机构的往复运动质量，当凸轮轴的中心线距离曲轴中心线较远时，若仍用一对齿轮来传动，齿轮的直径就必然会过大，这不但会影响发动机的外形尺寸，并且也会使齿轮的圆周速度过大。在这种情况下，一般要在中间加入一个中间齿轮（惰轮）。

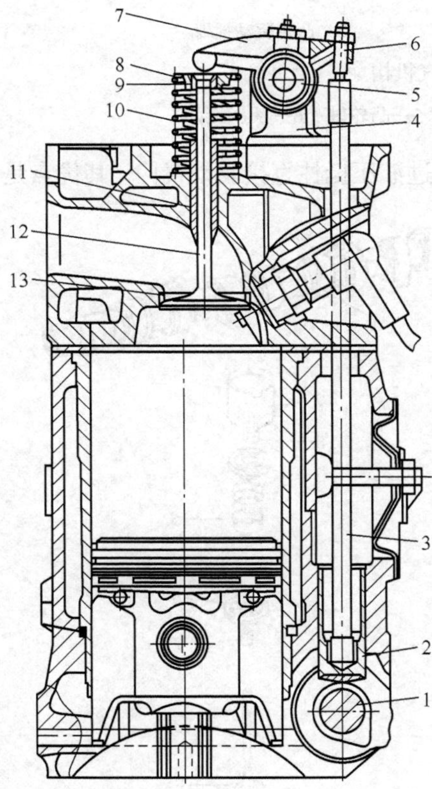

图 2-56 凸轮轴下置式配气机构

1—凸轮轴 2—挺柱 3—推杆 4—摇臂轴座
5—摇臂轴 6—气门间隙调整螺钉 7—摇臂
8—气门弹簧座 9—气门锁夹 10—气门弹簧
11—气门导管 12—气门 13—气门座圈

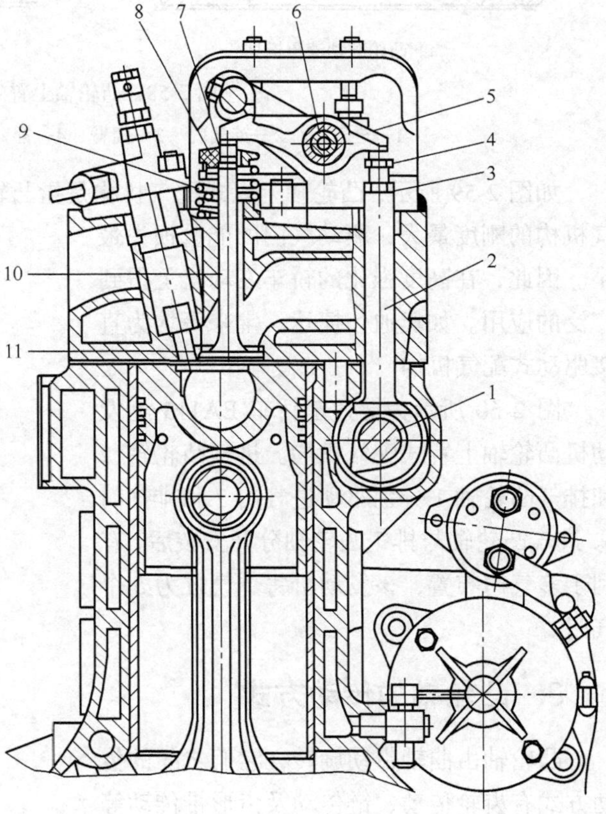

图 2-57 凸轮轴中置式配气机构

1—凸轮轴 2—挺柱 3—锁紧螺母 4—气门间隙调整螺钉
5—摇臂 6—摇臂轴 7—气门锁夹 8—气门弹簧座
9—气门弹簧 10—气门 11—气门座圈

凸轮轴置于气缸盖上的配气机构为凸轮轴上置式配气机构。凸轮轴可直接通过摇臂来驱动气门或凸轮轴直接驱动气门，如图 2-58 所示，它省去了挺柱和推杆，使往复运动质量大大减小，其主要优点是运动件少，传动链短，整个机构的刚度大，适合于高速发动机。由于气门排列和气门驱动形式的不同，凸轮轴上置式配气机构有多种多样的结构形式。

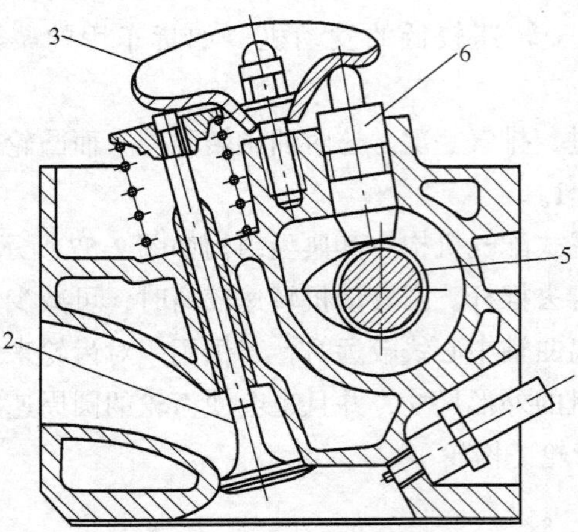

（a）凸轮驱动液压挺柱

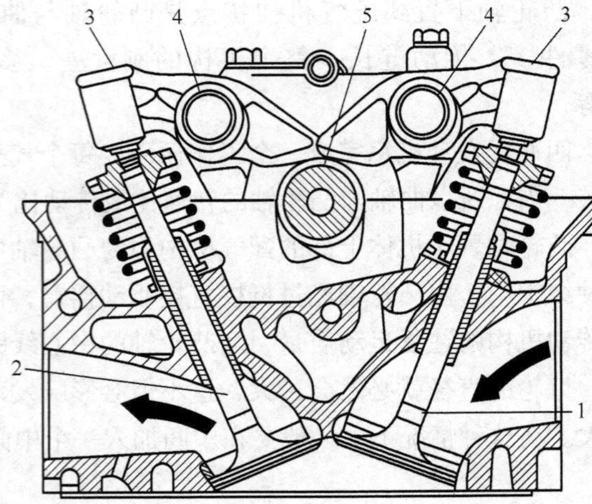

（b）凸轮驱动摇臂

图 2-58　凸轮轴上置式配气机构

1—进气门　2—排气门　3—摇臂　4—摇臂轴　5—凸轮轴　6—液压挺柱

如图 2-59 所示，凸轮轴上置式配气机构是指凸轮通过液压挺柱直接驱动气门。其优点是配气机构的刚度最大，驱动气门的能量损失最小。因此，在高度强化的轿车发动机上得到广泛的应用。如奥迪、捷达、宝来等均为直接驱动式配气机构。

图 2-60 所示为捷达王轿车 EA113 型发动机凸轮轴上置式配气机构。进气凸轮轴 2 和排气凸轮轴 1 分别驱动进气门 7 和排气门 6。进气凸轮轴与排气凸轮轴分开安装后，有利于多气门布置，该发动机每个气缸为 5 个气门。

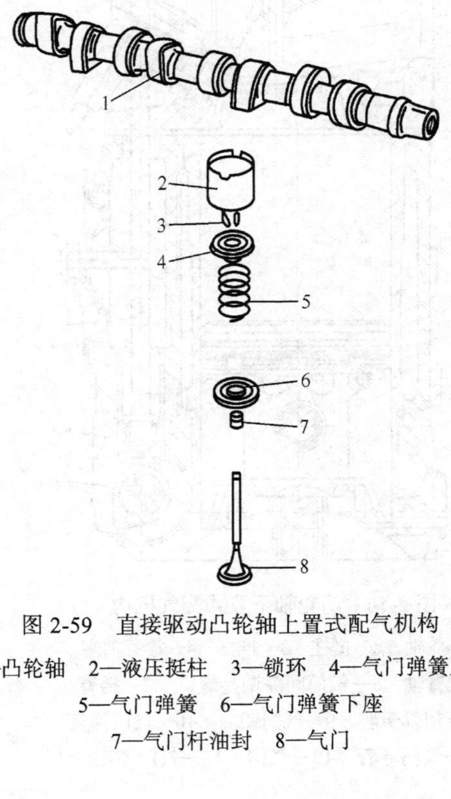

图 2-59　直接驱动凸轮轴上置式配气机构

1—凸轮轴　2—液压挺柱　3—锁环　4—气门弹簧上座
5—气门弹簧　6—气门弹簧下座
7—气门杆油封　8—气门

3. 凸轮轴的传动方式

凸轮轴由曲轴带动旋转，它们之间的传动方式有齿轮传动、链传动及齿形带传动等几种。凸轮轴下置、中置的配气机构大多采用圆柱形正时齿轮传动。若齿轮直径过大，可在中间加装一个惰轮，为了啮合平稳，减小噪声，正时齿轮多用斜齿。

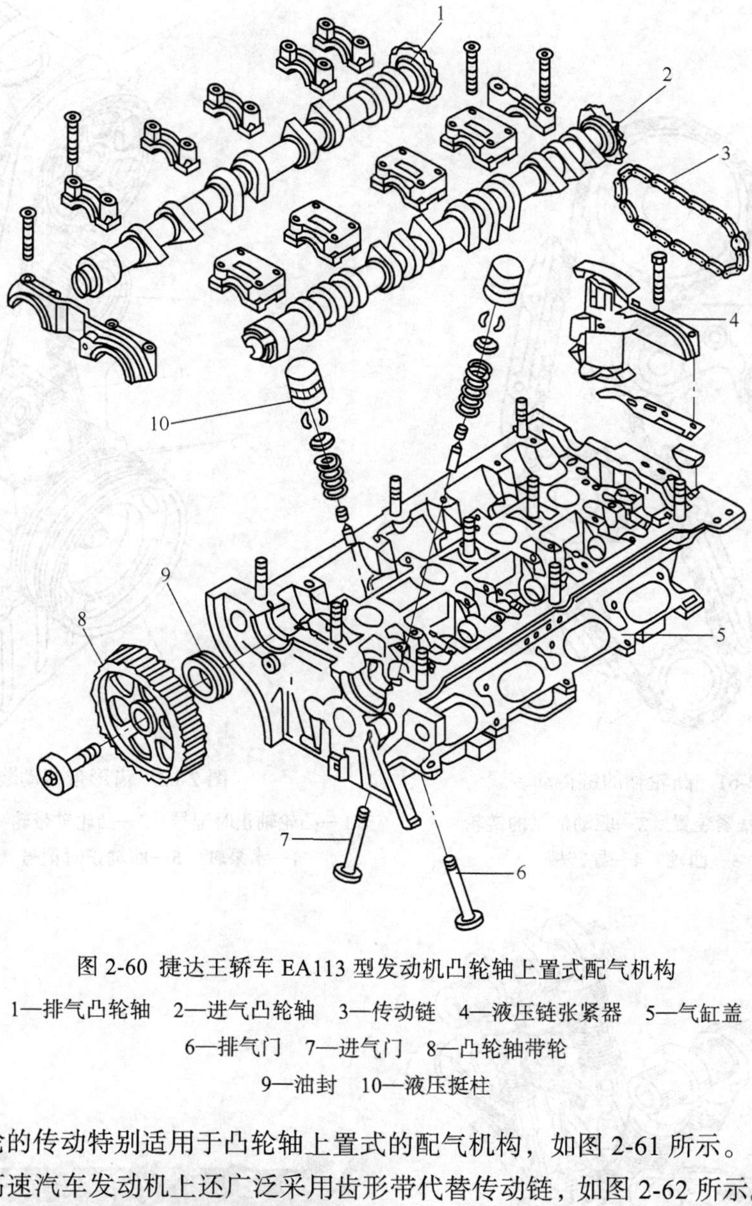

图 2-60 捷达王轿车 EA113 型发动机凸轮轴上置式配气机构

1—排气凸轮轴 2—进气凸轮轴 3—传动链 4—液压链张紧器 5—气缸盖
6—排气门 7—进气门 8—凸轮轴带轮
9—油封 10—液压挺柱

链条与链轮的传动特别适用于凸轮轴上置式的配气机构，如图 2-61 所示。

近年来在高速汽车发动机上还广泛采用齿形带代替传动链，如图 2-62 所示。这种传动对于减小噪声、减小结构质量与降低成本都有很大好处。齿形带用氯丁橡胶制成，中间夹有玻璃纤维以增加强度。一汽奥迪 100、捷达/高尔夫、上海桑塔纳及天津夏利 TJ7100 型轿车发动机配气机构均采用齿型带传动。

4. 每缸气门数及其排列方式

一般发动机较多的采用每缸两个气门，即一个进气门和一个排气门。这种结构在可能的条件下应尽量加大气门的直径，特别是进气门的直径，以改善气缸的换气。现在很多新型汽车发动机上多采用每缸多气门的结构，如捷达王 EA113 型发动机采用每缸五气门结构（3 个进气门、两个排气门），如图 2-63 所示。气门数目的增加，使发动机的进、排气通道的横截面积大大增加，提高了发动机的充气效率，改善了发动机的动力性能。

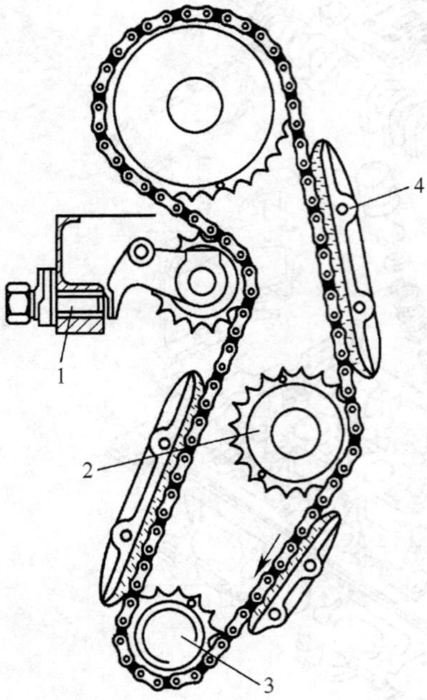

图 2-61　凸轮轴的链传动装置

1—液力张紧装置　2—驱动油泵的链轮　3—曲轴　4—导链板

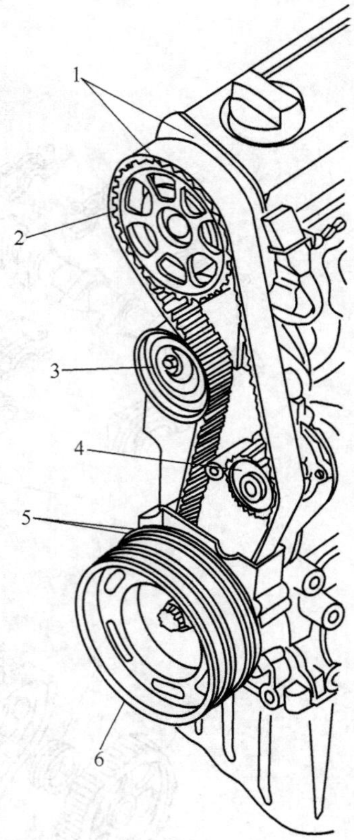

图 2-62　齿形带传动装置

1—凸轮轴正时记号　2—凸轮轴带轮　3—半自动张紧轮　4—水泵轴　5—曲轴正时记号　6—曲轴带轮

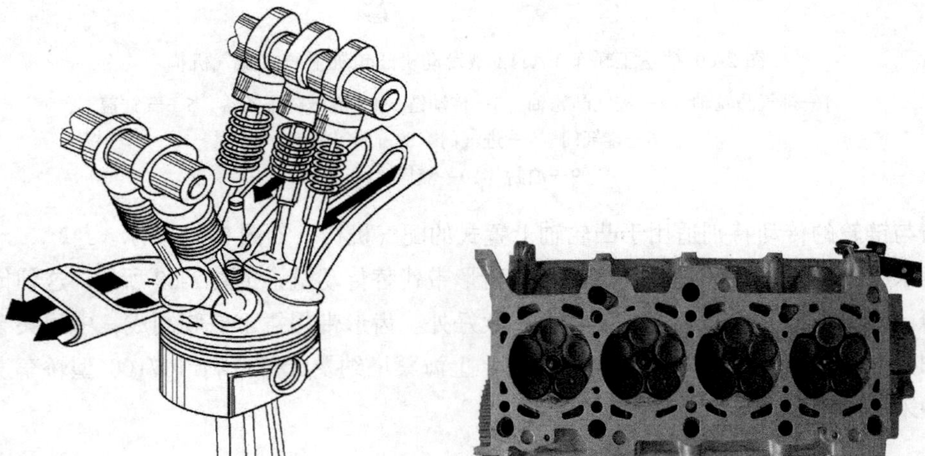

图 2-63　捷达王 EA113 型发动机五气门配气机构

2.3.3 气门间隙

发动机工作时，气门将因温度升高而膨胀。如果气门及其传动件之间，在冷态时无间隙或间隙过小，则在热态下，气门及其传动件的受热膨胀势必引起气门关闭不严，造成发动机在压缩和做功冲程中的漏气，而使功率下降，严重时使发动机甚至不易启动。为消除上述现象，通常在发动机冷态装配时，在气门与其传动机构中，留有适当的间隙，以补偿气门受热后的膨胀量。这一预留间隙通常称为气门间隙，如图 2-64 所示。气门间隙的大小由发动机制造厂根据试验确定，一般在冷态时，进气门的间隙为 0.25～0.30 mm，排气门的间隙为 0.30～0.35 mm。气门间隙过大，将影响气门的开起量，同时在气门开起时产生较大的冲击响声。为了能对气门间隙进行调整，在摇臂（或挺柱）上装有调整螺钉及其锁紧螺母。

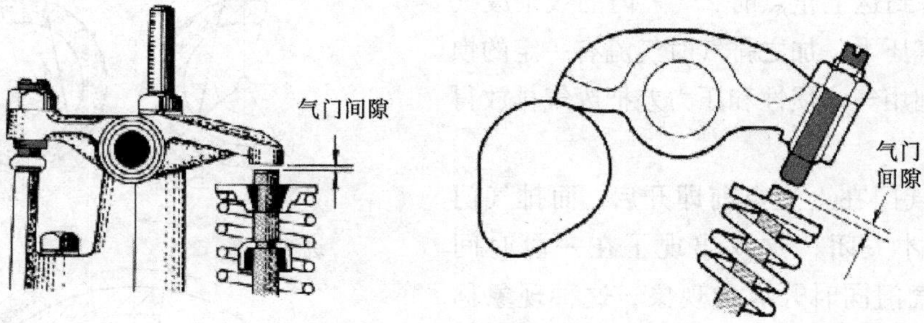

图 2-64　气门间隙

轿车发动机普遍采用液压挺柱，液压挺柱的长度能自动调整，故不需要预留气门间隙，也没有气门间隙调整装置。

2.3.4 配 气 相 位

用曲轴转角表示的进、排气门实际开闭时刻和开启持续时间，称为配气相位。通常用相对于上、下止点曲拐位置的曲轴转角的环形图来表示，这种图形称为配气相位图，如图 2-65 所示。

理论上，当曲拐处在上止点时，进气门开启，下止点时关闭。排气门则当曲拐在下止点时开启，上止点时关闭。进气时间和排气时间各占 180° 曲轴转角。但实际上发动机转速很高，活塞每一冲程历时相当短，短的时间势必会造成进气不足和排气不净，从而使发动机功率下降。因此，现代发动机都采取延长进、排气时间的方法。

由图 2-65 可知，在排气冲程接近终了，活塞到达上止点之前，即曲轴转到活塞处于上止点位置还差一个 α 角度时，进气门便开始开启，直到活塞越过了下止点重又上行，即曲轴转到越过下止点以后一个 β 角度时，进气门才关闭。这里，α 称为进气提前角，一般为 10°～30°；β 称为进气迟后角，一般为 40°～80°。这样，在整个进气过程中，进气门开起持续时间内的曲轴转角，即进气持续角为 $\alpha+180°+\beta$。

进气门提前开启的目的是：为了保证进气冲程开始时进气门已开大，减小了进气阻力，新鲜气体能顺利地充入气缸；进气门迟后关闭目的是：由于活塞到达下止点时，气缸内压力仍低于大气压力，且气流还有相当大的惯性，可以利用气流惯性和压力差继续进气。

同样，在做功冲程接近终了，活塞到达下止点之前，排气门便开始开启。从排气门开始开起到下止点所对应的曲轴转角 γ 称为排气提前角，一般为 40°～80°。经过整个排气冲程，在活塞越过上止点后，排气门才关闭，从上止点到排气门关闭所对应的曲轴转角 δ 称为排气迟后角，一般为 10°～30°。这样，在整个排气过程中，排气门开起持续时间内的曲轴转角，即排气持续角为 $\gamma+180°+\delta$。

排气门提前开启的目的是：当做功冲程活塞接近下止点时，气缸内的气体大约还有 0.30～0.50 MPa 的压力，此压力对做功的作用已经不大，但仍比大气压力高，可利用此压力使气缸内的废气迅速地自由排出；排气门迟后关闭的目的是：由于活塞到达上止点时，气缸内的残余废气压力高于大气压力，加之排气时气流有一定的惯性，仍可以利用气流惯性和压力差把废气排放得更干净。

由于进气门在上止点前即开启，而排气门在上止点后才关闭，这就出现了在一段时间内，进、排气门同时开启的现象，这种现象称为气门叠开。同时开启的曲轴转角 $\alpha+\delta$ 称为气门叠开角。由于新鲜气流和废气流的流动惯性都比较大，在短时间内是不会改变流向的，因此只要气门叠开角选择适当，就不会有废气倒流入进气管和新鲜气体随同废气排出的可能性。

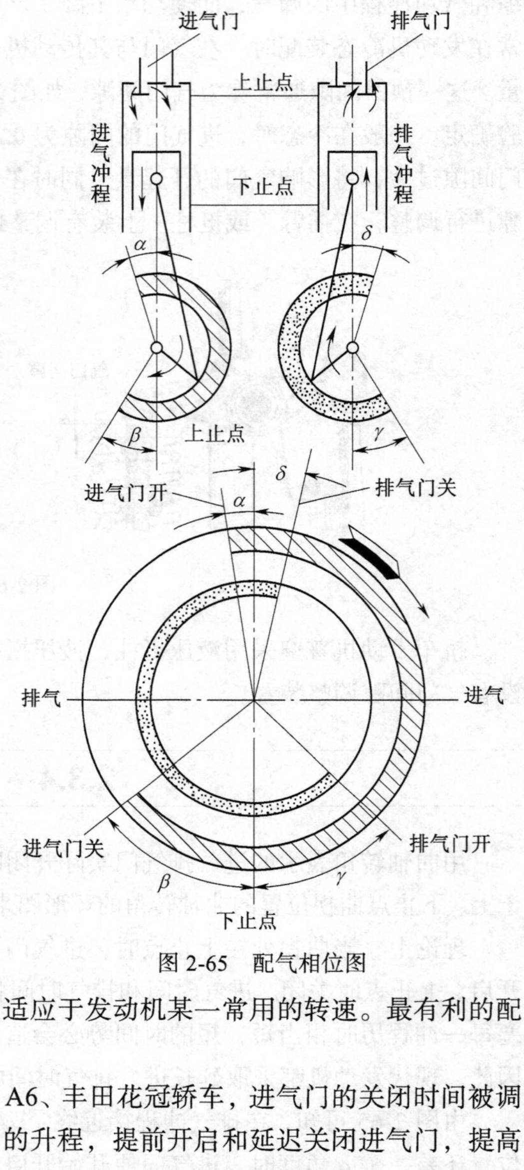

图 2-65 配气相位图

不同发动机由于其结构形式、转速各不相同，因而配气相位也不相同。同一台发动机转速不同也应有不同的配气相位，转速越高，提前角和迟后角也应越大，但这种结构复杂，仅在少数发动机上采用。采用不变的配气相位发动机，它只适应于发动机某一常用的转速。最有利的配气相位需通过反复试验确定。

现代发动机有些具有可变的配气相位，如奥迪 A6、丰田花冠轿车，进气门的关闭时间被调节在速度范围之内。发动机转速高时，增大进气门的升程，提前开启和延迟关闭进气门，提高发动机的功率；发动机转速低时，减少进气门的升程，延迟开启和提前关闭进气门，提高发动机的转矩，以满足发动机对经济性、稳定性和减少排放污染物的要求。

2.3.5 配气机构的主要零部件

配气机构由气门组和气门传动组组成。气门组包括气门、气门座、气门导管和气门弹簧等主要零部件。气门传动组主要包括凸轮轴、凸轮轴正时齿轮、挺柱、推杆、摇臂和摇臂轴。

1. 气门组

气门组的作用是实现气缸的密封，如图 2-66 所示。

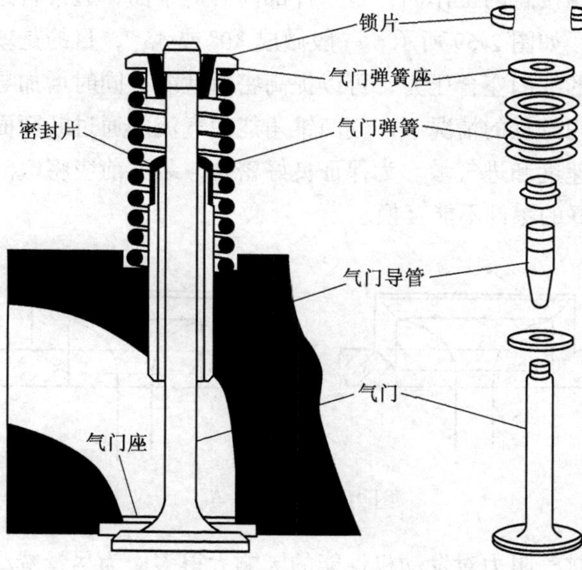

图 2-66　气门组

（1）气门

气门的功用是与气门座相配合，对气缸进行密封。气门由头部和杆部两部分组成，头部用来封闭气缸的进、排气道，杆部用来为气门的运动起导向作用。进气门材料常采用合金钢，排气门则采用耐热合金钢。另外，为了改善气门的导热性能，在气门内部充注金属钠，钠在 970℃时为液态，液态钠可将气门头部的热量传给气门杆，冷却效果十分明显。奥迪 A6 轿车发动机排气门即采用钠冷却气门，如图 2-67 所示。

气门头部的形状有平顶、喇叭形顶和球面顶，如图 2-68 所示。使用最多的是平顶气门头部。其结构简单，吸热面积较小，质量小，进、排气门均采用。喇叭形顶头部与杆部的过渡部分具有一定的流线型，气流流通较便利，可减小进气阻力，但其顶部受热面积较大，故多用于进气门。球面顶气门头部，其强度高，排气阻力小，废气清除效果好，适用于排气门，但球形气门顶部的受热面积大，质量和惯性力也大，加工较困难。

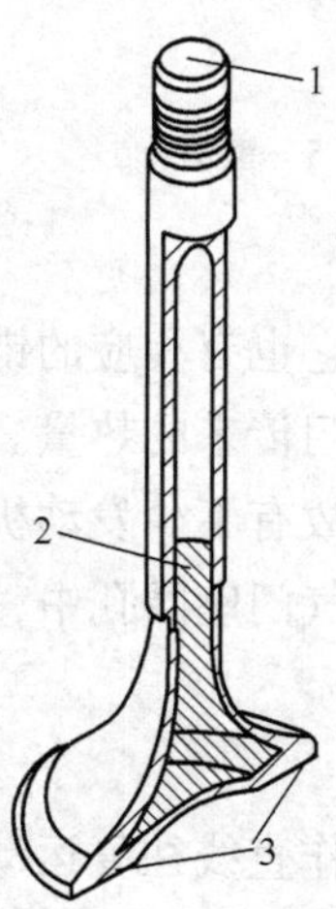

图 2-67　充钠排气门

1、3—镶装硬合金　2—充钠

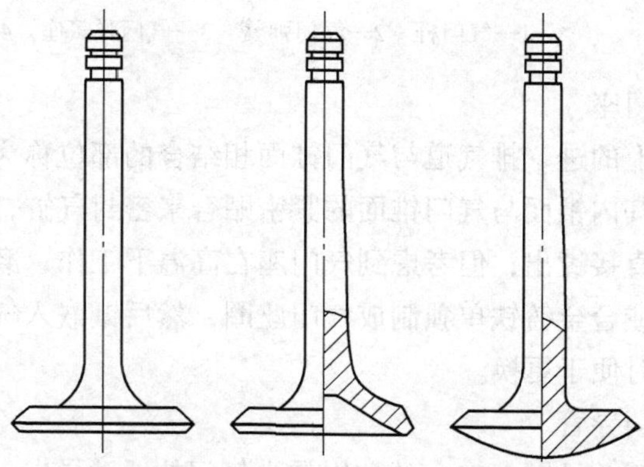

（a）平顶　（b）喇叭形顶　（c）球面顶

图 2-68　气门头部的形状

气门头部与气门座圈接触的工作面，是与杆部同心的锥面，通常将这一锥面与气门顶部平面的夹角称为气门锥角，如图 2-69 所示，一般做成 30° 或 45°，目的是就像锥形塞子可以塞紧瓶口一样，能获得较大的气门座合压力，可以提高密封性能，同时增加导热面积，气门落座时有定位作用，在相同气门升程的情况下，气门锥角能使气流的通过断面面积增大，进气阻力降低，因此可以提高进气速度和进气量。为保证良好密合，装配前应将气门头与气门座二者的密封锥面互相研磨，研磨好的零件不能互换。

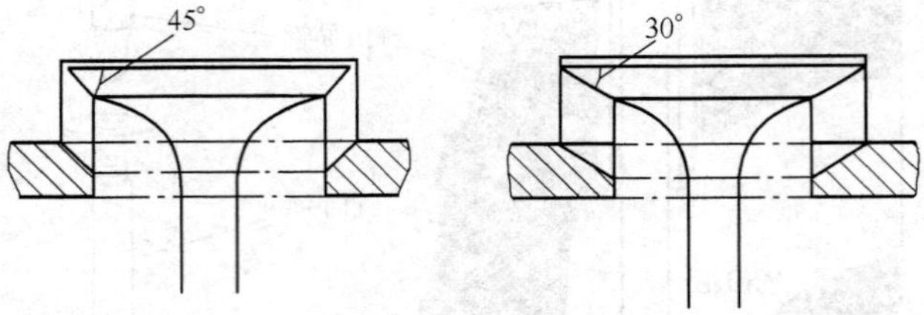

图 2-69　气门锥角

考虑到进气阻力比排气阻力对发动机性能的影响大得多，为尽量减小进气阻力，进气门直径往往大于排气门。另外，排气门稍小些，还不易变形。

气门杆是圆柱形，在气门导管中不断上、下往复运动。气门杆尾部结构取决于气门弹簧座的固定方式，如图 2-70 所示。常用的结构是用剖分成两半的锥形锁片 4 来固定气门弹簧座 3[见图 2-70（a）]，这时气门杆 1 的尾部可切出环形槽来安装锁片。有些发动机的气门弹簧座 3 用锁销 5 来固定[见图 2-70（b）]，对应的气门杆尾部应有一个用来安装锁销的径向孔。

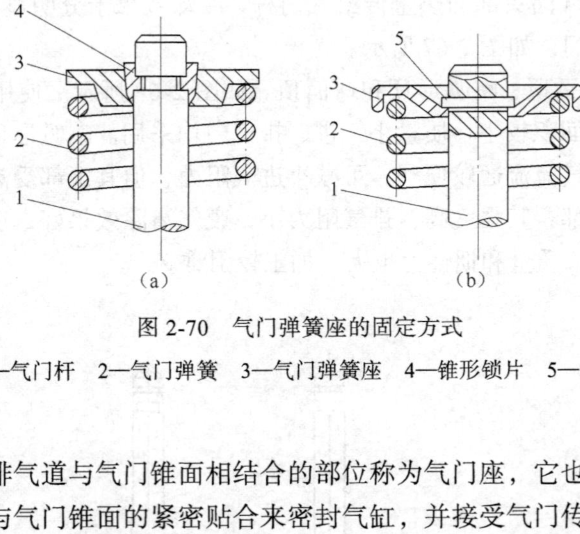

图 2-70　气门弹簧座的固定方式

1—气门杆　2—气门弹簧　3—气门弹簧座　4—锥形锁片　5—锁销

（2）气门座

气缸盖上的进、排气道与气门锥面相结合的部位称为气门座，它也有相应的锥面。气门座的作用是靠其内锥面与气门锥面的紧密贴合来密封气缸，并接受气门传来的热量。气门座可以在气缸盖上直接镗出，但考虑到气门座在高温下工作，磨损严重，故有不少发动机的气门座是用耐热钢材或合金铸铁单独制成气门座圈，然后镶嵌入气缸盖上的气门座圈孔中，以提高其使用寿命，同时便于更换。

（3）气门导管

气门导管（见图 2-71）的功用是为气门的运动导向，保证气门作直线往复运动，使气门与气门座能正确贴合。气门杆与气门导管之间一般留有 0.05～0.12 mm 的间隙，使气门杆能在导管中自由运动。气门导管的工作温度较高，润滑比较困难，一般用含石墨较多的铸铁或铁基粉末冶金制成，以提高自润滑性能。

（4）气门弹簧

气门弹簧的功用保证气门及时落座并与气门座或气门座圈紧密贴合，同时也可防止气门在发动机振动时因跳动而破坏密封。因此要求气门弹簧具有足够的刚度和安装预紧力。

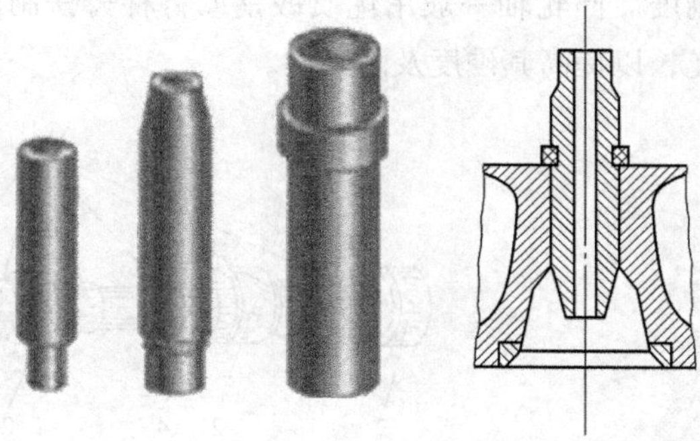

图 2-71　气门导管

气门弹簧多为圆柱形螺旋弹簧（见图 2-72），用中碳铬钒钢丝或硅铬钢丝制成。加工后应对气门弹簧进行热处理，钢丝表面要磨光、抛光或喷丸处理，借以提高疲劳强度，增强气门弹簧的工作可靠性。

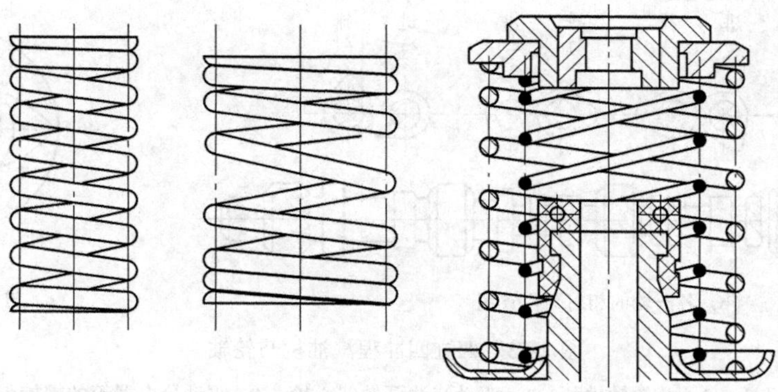

（a）等螺距圆柱形弹簧　（b）变螺距圆柱形弹簧　（c）双气门弹簧

图 2-72　气门弹簧

安装时，气门弹簧的一端支撑在气缸盖上，而另一端则压靠在气门杆尾端的弹簧座上，弹簧座用锁片固定在气门杆的末端。为了防止弹簧发生共振，可采用变螺距的圆柱形弹簧[见图 2-72（b）]。大多数高速发动机是一个气门装有同心安装的内、外两根气门弹簧[见图 2-72（c）]，这样不但可以防止共振，而且当一根弹簧折断时，另一根仍可维持工作。此外，还能减小气门弹簧的高度。当装有两根气门弹簧时，气门弹簧的螺旋方向和螺距应各不相同，这样可以防止折断的弹簧圈被卡入另一个弹簧圈内。一汽奥迪 100 型、捷达/高尔夫、上海桑塔纳及广州标致 505 型轿车发动机均采用双气门弹簧。

2. 气门传动组

由于配气机构的布置形式多样，气门传动组的差别也很大。气门传动组通常是由凸轮轴、挺柱、推杆、摇臂和摇臂轴等组成。气门传动组的作用是使气门按发动机配气相位规定的时刻及时开、闭，并保证规定的开启时间和开启高度。

（1）凸轮轴

凸轮轴主要由各缸进排气凸轮 1、凸轮轴轴颈 2 等组成，如图 2-73 所示。进、排气凸轮用于使气门按一定的工作次序和配气相位及时开闭，并保证气门有足够的升程。对于下置式凸轮轴的汽油机还具有用以驱动机油泵、分电器的螺旋齿轮 4 和用以驱动汽油泵的偏心轮 3。凸轮受到气门间歇性开启的周期性冲击载荷，因此要求凸轮表面要耐磨，凸轮轴要有足够的韧性和刚度。凸轮轴一般用优质锻钢或特种铸铁制成，凸轮和轴颈的工作表面经热处理后精磨和抛光，以提高其硬度及耐磨性。

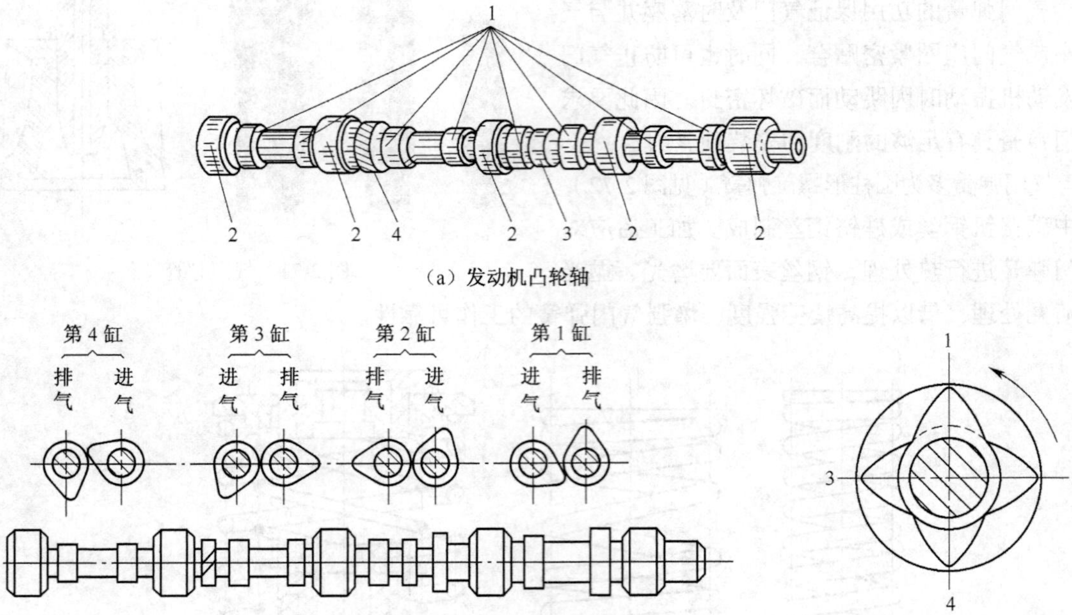

（a）发动机凸轮轴

（b）各凸轮的相对角位置图

（c）进（排）气凸轮投影

图 2-73　四缸四冲程汽油机凸轮轴

1—凸轮　2—凸轮轴轴颈　3—驱动汽油泵的偏心轮　4—驱动分电器等的螺旋齿轮

为减小系统质量，有些发动机采用了空心凸轮轴。

发动机各个气缸的进、排气凸轮的相对角位置应符合发动机各缸的做功次序和做功间隔时间的要求。因此，根据凸轮轴的旋转方向以及各缸进、排气凸轮的工作顺序，就可以判定发动机的做功次序。图 2-73 所示的四缸四冲程汽油机，每完成一个工作循环，曲轴须旋转两周而凸轮轴只旋转一周，在这期间内，每个气缸都要进行一次进气或排气，且各缸进气或排气的时间间隔相等，即各缸进或排气凸轮彼此间的夹角均为 360°/4 = 90°。由图 2-73（c）可见，该发动机的做功次序为 1—2—4—3（凸轮轴旋转方向，从前端向后看，如图中箭头所示）。图 2-74 所示的六缸四冲程发动机的做功次序为 1—5—3—6—2—4，任何两个相继做功的气缸进气或排气凸轮间的夹角均为 360°/6 = 60°。

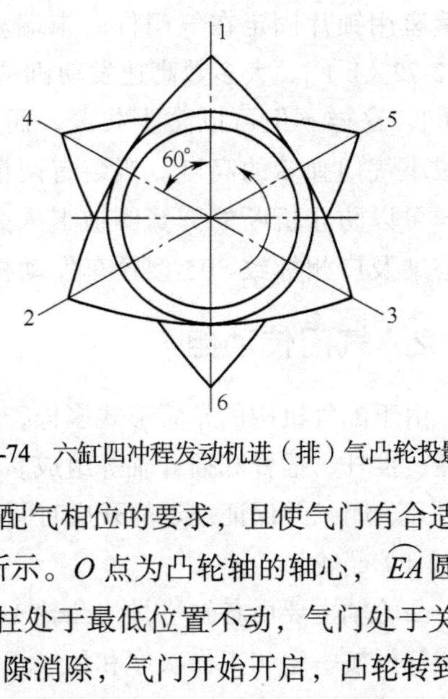

图 2-74　六缸四冲程发动机进（排）气凸轮投影

凸轮轮廓形状应保证气门开启和关闭的持续时间符合配气相位的要求，且使气门有合适的升程及其升降过程的运动规律。凸轮轮廓形状如图 2-75 所示。O 点为凸轮轴的轴心，$\widehat{EA}$ 圆弧段为凸轮的基圆。当凸轮按图示方向转过 $\widehat{EA}$ 弧段时，挺柱处于最低位置不动，气门处于关闭状态。凸轮转过 A 点后，挺柱开始上移。至 B 点，气门间隙消除，气门开始开启，凸轮转到 C 点，气门开度达到最大，而后逐渐关小，至 D 点，气门闭合终了。此后，挺柱继续下落，出现气门间隙，至 E 点挺柱又处于最低位置。ϕ 对应着气门开启持续角，ρ_1 和 ρ_2 则分别对应着消除和恢复气门间隙所需的转角。凸轮轮廓 $\overset{\frown}{BCD}$ 弧段为凸轮的工作段，其形状决定了气门的升程及其升降过程的运动规律。

凸轮轴由曲轴通过传动装置驱动，传动装置有正时齿轮、正时链条和正时齿带等形式。如采用一对正时齿轮传动，小齿轮和大齿轮分别用键安装在曲轴和凸轮轴的前端，其传动比为 2:1。在装配曲轴和凸轮轴时，必须将齿轮正时标记对准，如图 2-76 所示，以保证正确的配气相位和点火时刻。

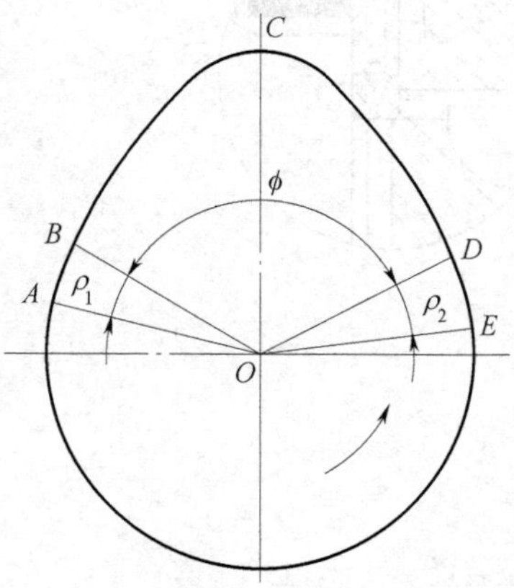

图 2-75　凸轮轮廓形状图

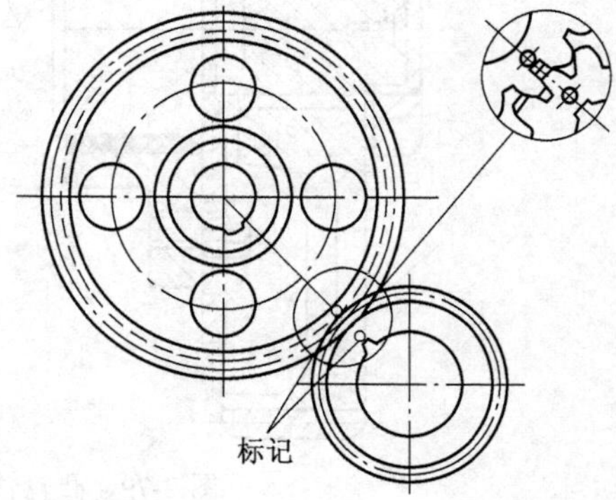

图 2-76　汽油机正时齿轮机构

凸轮轴上置式发动机的正时记号通常有两处，一处为曲轴正时记号，另一处为凸轮轴正时记号。安装时，两处都必须对正。如图 2-77 和图 2-78 所示为捷达王的正时标记。

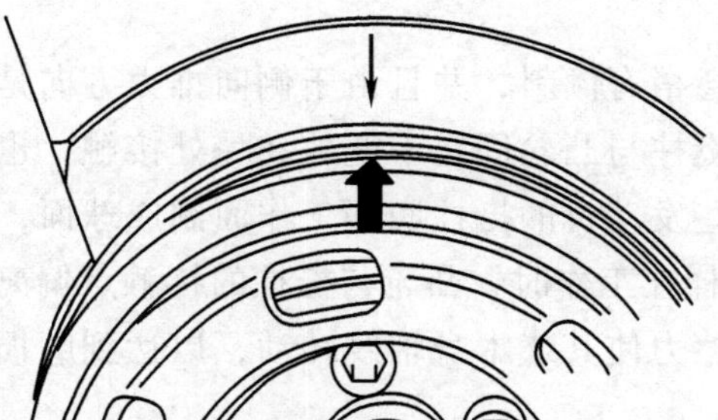

图 2-77　曲轴皮带轮正时标记对齐

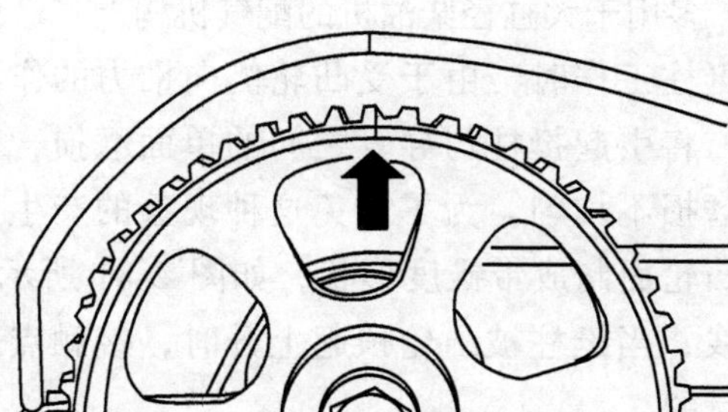

图 2-78　凸轮轴位置正时标记

为了防止凸轮轴在工作中产生轴向窜动和承受正时斜齿轮产生的轴向力，凸轮轴必须有轴向限位装置。常见的轴向限位装置如图 2-79 所示。在凸轮轴前轴颈与正时齿轮之间，压装一个调节隔圈 6，调节隔圈外面松套一止推板 4，止推板用止推板固定螺钉 5 固定在气缸体前端面上，因调节隔圈的厚度大于止推板的厚度，使止推板与正时齿轮 1 的轮毂端面之间有一定的间隙。间隙的大小可通过改变调节隔圈的厚度来调整。当凸轮轴产生轴向移动时，止推板便与凸轮轴颈端面或与正时齿轮轮毂 2 接触，止推板磨损后可以更换。这样的装置既能限制凸轮轴的轴向窜动，又能使凸轮轴自由转动。

（2）挺柱

挺柱的作用是将凸轮的推力传递给推杆或气门杆，并承受凸轮轴旋转时所施加的侧向力。

挺柱可分为普通挺柱和液压挺柱两种。

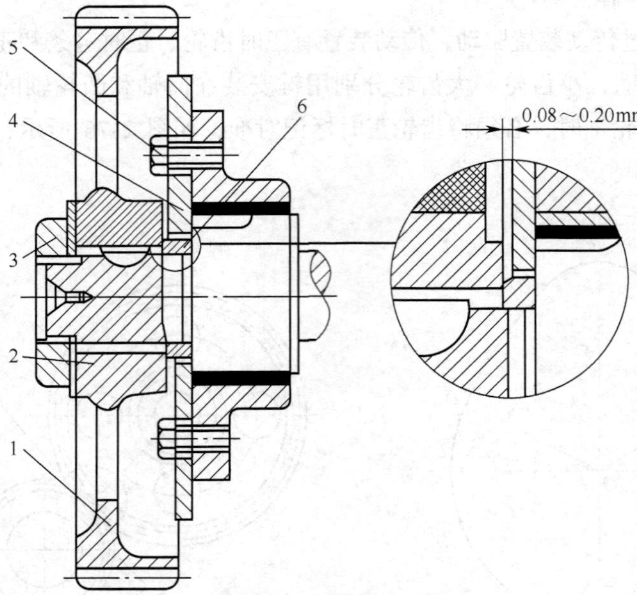

图 2-79　凸轮轴轴向限位装置

1—正时齿轮　2—正时齿轮轮毂　3—锁紧螺母　4—止推板　5—止推板固定螺钉　6—调节隔圈

① 普通挺柱。配气机构采用的普通挺柱有筒式和滚轮式两种结构形式，如图 2-80 所示。筒式挺柱中间为空心，可以减轻重量，减小运动惯性力。另外，挺柱圆周钻有通孔，便于筒内收集的机油流出对挺柱底面及凸轮加以润滑；滚轮式挺柱可以减少磨损，但结构较复杂，质量较大，多用于大缸径柴油机的配气机构上。

挺柱工作时，由于受凸轮侧向推力的作用，会稍有倾斜，并且由于侧向推力方向是一定的，将引起挺柱与导管之间的单面磨损，同时挺柱与凸轮固定不变地在一处接触，也会造成磨损不均匀。为了避免这种现象的产生，有些发动机的挺柱底部工作面制成球面，而且把凸轮面制成带锥度形状，如图 2-81 所示。这样在工作时，凸轮与挺柱的接触点偏离挺柱轴线，当挺柱被凸轮顶起上升时，接触点的摩擦力使其绕本身轴线转动，以达到磨损均匀的目的。

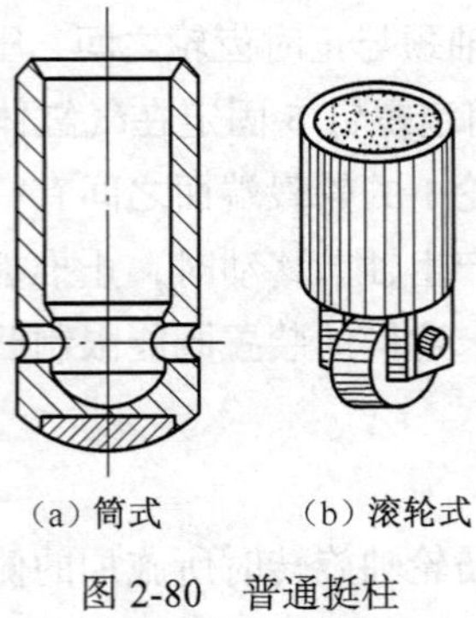

（a）筒式　　（b）滚轮式

图 2-80　普通挺柱

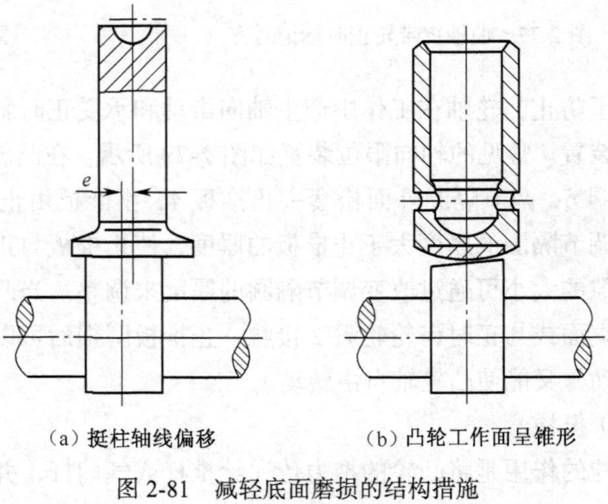

（a）挺柱轴线偏移　　（b）凸轮工作面呈锥形

图 2-81　减轻底面磨损的结构措施

② 液压挺柱。由于气门间隙的存在，发动机工作时，配气机构中将发生撞击而产生噪声。为解决这一矛盾，有些发动机采用了液压挺柱，图 2-82 为一汽速腾轿车的配气机构图，图 2-83 为一汽速腾轿车的液压挺柱。凸轮轴罩盖相当于以前普通的缸盖罩盖。对于这个新的结构来说，凸轮轴装入凸轮轴罩盖当中。其轴向间隙由端盖和凸轮轴罩盖所控制。气门传动机构由气门、滚轮摇臂和液压挺柱(即气门间隙调节器)组成，位于缸盖之上。滚轮摇臂由作为摇臂的一个钢板成型件和一个带有滚子轴承的滚轮所组成。其一端卡在间隙调节器之上，且另一端贴在气门之上。

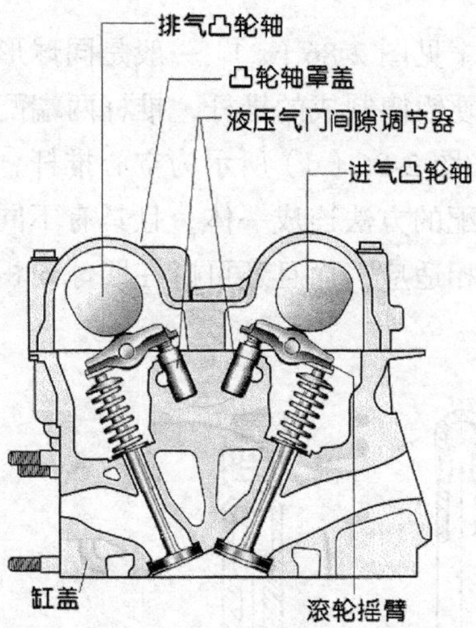

图 2-82　速腾轿车的配气机构

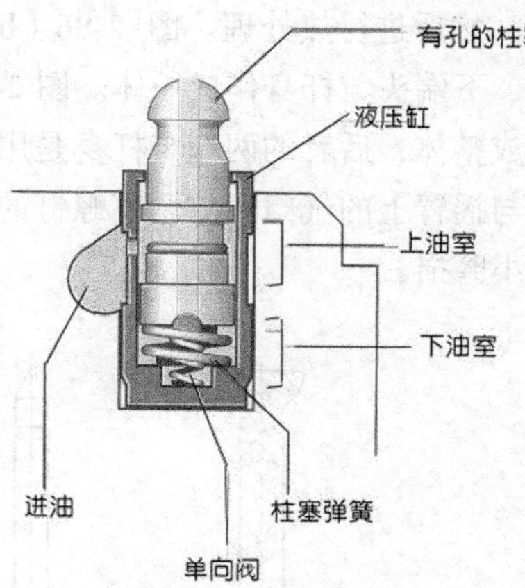

图 2-83　液压挺柱结构

液压挺柱由挺柱体、油缸、柱塞、单向阀和柱塞弹簧等部件组成。液压挺柱的油道与发动机的润滑油道相连通。一个小球和下油室中的压缩弹簧构成一个单向阀。

在滚轮摇臂运动时，液压挺柱作为支点。凸轮贴着滚轮运动，迫使摇臂向下运动。通过摇臂控制气门的运动。

当凸轮压紧摇臂滚轮时，下油室中的压力上升，由于封闭的机油不可压缩，柱塞无法被继续压入液压缸。此时液压挺柱的作用如同一个刚性元件，支撑滚轮摇臂。摇臂的右端下移，使相应的气门打开，如图 2-84 所示。存在气门间隙时，柱塞由柱塞弹簧从气缸中压出。直到摇臂滚轮贴到凸轮之上，在柱塞被压出时，下油室中的油压减小，单向阀打开，机油进入。当下油室和上油室之间的压力达到平衡时，单向阀被关闭。如图 2-85 所示。

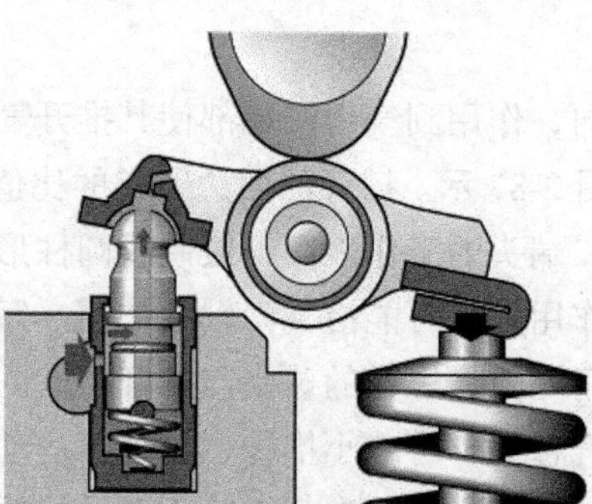
图 2-84　气门打开

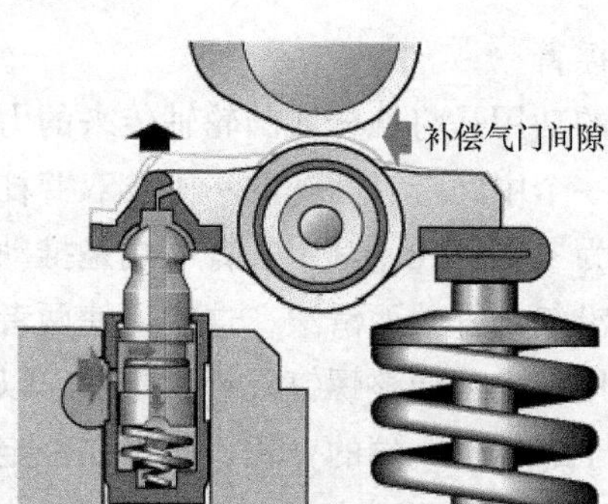

图 2-85　补偿气门间隙

这时，液压挺柱的顶面仍然和摇臂表面紧贴，从而起到了补偿气门间隙的作用；当气门受热膨胀时，柱塞和油缸做轴向相对运动，高压油腔中机油可经过油缸与柱塞间缝隙被挤入低压油腔。因此使用液压挺柱时，可以不预留气门间隙。

（3）推杆

在凸轮轴下置式或中置式的配气机构中，凸轮轴经挺柱传来的运动和作用力要通过推杆传递给摇臂，它是配气机构中最易弯曲的细长零件。为了减小质量并保证有足够的刚度，推杆通常采用冷拔无缝钢管制成，对于缸体和缸盖都是铝合金制造的发动机，其推杆最好用硬铝制造。

推杆可以是实心的，也可以是空心的。实心推杆［见图 2-86（a）］一般是同球形支座锻造成一个整体，然后进行热处理。图 2-86（b）所示为硬铝棒制成的推杆，推杆两端配以钢制的支撑，其上、下端头与杆身作成一体。图 2-86（c）和图 2-86（d）所示为空心推杆，前者的球头与杆身作成整体，后者的两端与杆身是用焊接或压配的方法连成一体，且具有不同的形状，这不仅为了与摇臂上的气门间隙调整螺钉的球形头部相适应，而且还可以在凹球内积存少量的润滑油以减小磨损。

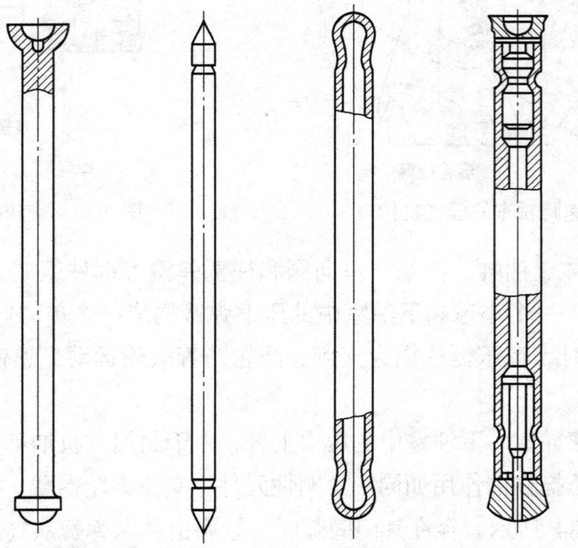

（a）实心推杆　（b）实心推杆　（c）空心推杆　（d）空心推杆

图 2-86　推杆

（4）摇臂

摇臂的功用是将推杆或凸轮轴传来的力改变方向，作用到气门杆尾部使其推开气门。摇臂实际上是一个中间带有圆孔的不等长双臂杠杆，如图 2-87 示。摇臂的两边臂长的比值（称为摇臂比）约为 1.2～1.8，其中长臂一端是推动气门的。端头的工作表面一般制成圆柱形，当摇臂摆动时可沿气门杆端面滑滚，这样可使两者之间的作用力尽可能沿气门轴线作用。短臂的端部有螺孔，用来安装调整螺钉及锁紧螺母，以调整气门间隙。螺钉的球头与推杆顶端的凹球座相连接。由于靠气门一端的臂长，所以在一定的气门升程下，可减小推杆、挺柱等运动件的运动距离和加速度，从而减少了工作中的惯性力。图 2-87（b）所示为薄板冲压而成的摇臂，它与液压挺柱配合使用，所以摇臂上不安装气门间隙的调整螺钉。

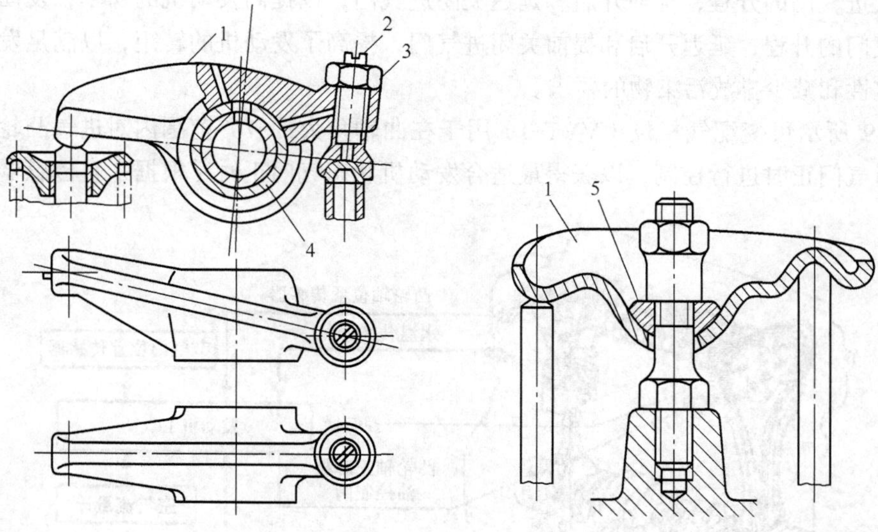

图 2-87　摇臂

1—摇臂　2—气门间隙调整螺钉　3—锁紧螺母　4—摇臂衬套　5—摇臂支点球座

图 2-88 所示为气门摇臂组件，主要有摇臂、摇臂轴、摇臂轴支座及定位弹簧等组成。摇臂 7 通过摇臂衬套 6 空套在摇臂轴 2 上，摇臂轴是空心的，两端带有密封端盖 1。摇臂轴又通过摇臂轴支座 5、10、12 固定在气缸盖上。摇臂上钻有油孔，润滑油从缸体、缸盖上的主油道和摇臂轴支座中的油道进入中空的摇臂轴，然后通过轴上的径向孔进入摇臂与摇臂轴之间进行润滑，再通过摇臂上的细小油道把润滑油输送到与推杆相配合的球形工作面进行润滑。为防止摇臂轴向窜动，在摇臂轴上每两个摇臂之间都装有限位弹簧 11。

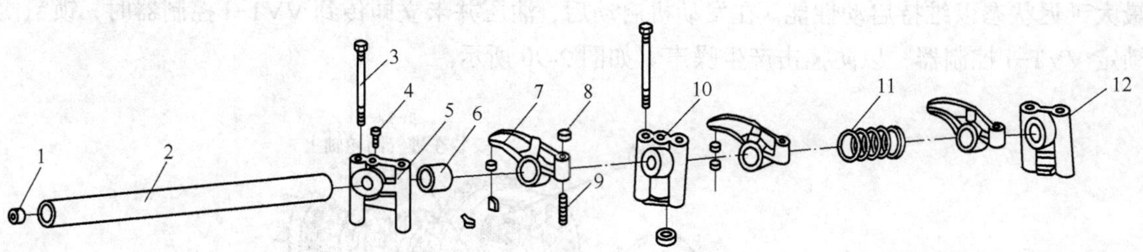

图 2-88　气门摇臂组件

1—密封端盖　2—摇臂轴　3—螺栓　4—摇臂轴紧固螺钉　5—摇臂轴前支座　6—摇臂衬套　7—摇臂　8—锁紧螺母　9—调整螺钉　10—摇臂轴中间支座　11—限位弹簧　12—摇臂轴后支座

摇臂是由锻钢、可锻铸铁、球墨铸铁或铝合金制造的。为提高耐磨性，在摇臂支座的轴孔内镶有青铜衬套或装有滚针轴承。

2.3.6　可变配气相位

在高速汽油发动机上，固定的配气相位很难满足发动机高、低速时的性能要求，因此，有些发动机采用可变配气相位电控装置（简称 VVT–i）。

在具有可变配气相位的发动机中，进气门的关闭时间被调节在速度范围之内。发动机转速高时，增大进气门的升程，提前开启和延迟关闭进气门，以提高发动机的功率；发动机转速低时减少进气门的升程，延迟开启和提前关闭进气门，提高了发动机的转矩，以满足发动机对经济性、稳定性和减少排放污染物的要求。

图 2-89 所示可变配气相位（VVT-i）用于在曲轴角大约 70° 范围内对进气凸轮轴进行改变，从而对气门正时进行控制，以获得最适合发动机状态气门正时（根据来自传感器的信号）。

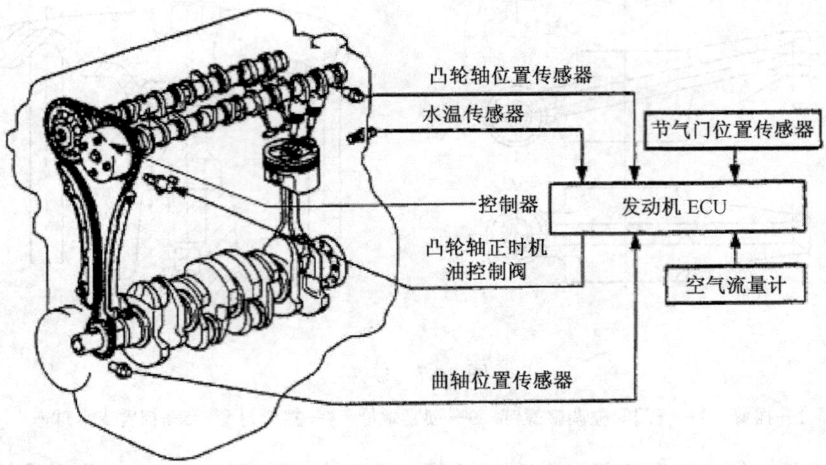

图 2-89　配气凸轮轴调节器

VVT-i 系统的构造部件包含可通过调整进气凸轮轴转角气门正时的 VVT-i 控制器和一个控制油压的凸轮轴正时机油控制阀。

由来自进气凸轮轴提前或者延迟侧的通道转送的油压使得 VVT-i 控制器的叶片沿圆周方向旋转，从而连续不断地改变进气气门正时。当发动机停止时，进气凸轮轴被调整（移动）到最大延迟状态以维持启动性能。在发动机启动后，油压并未立即传到 VVT-i 控制器时，锁销便锁定 VVT-i 控制器，以防撞击产生噪声。如图 2-90 所示。

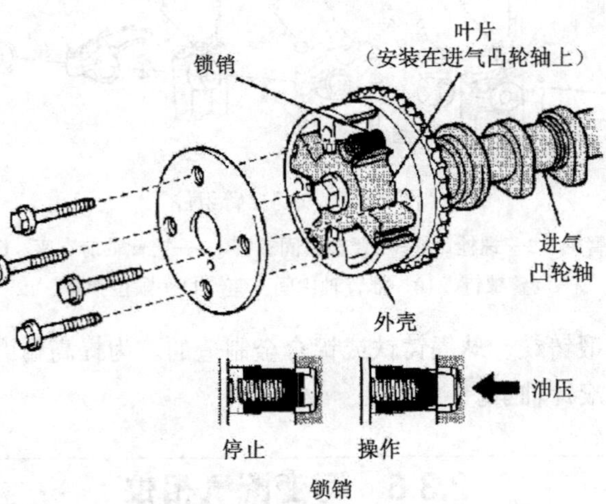

图 2-90　VVT-i 控制器

凸轮轴正时机油控制阀是由发动机 ECU 控制控制滑阀位置和分配用于 VVT-i 控制器流到提前侧或延迟侧的油压。发动机停止时，进气气门正时是在最大延迟角度上，如图 2-91 所示。

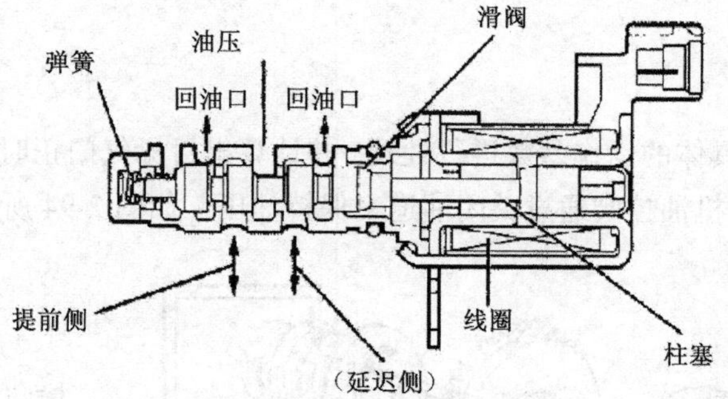

图 2-91　凸轮轴正时机油控制阀

凸轮轴正时机油控制阀是根据发动机 ECU 输出的电流量，来选择流向 VVT–i 控制器的通道。VVT–i 控制器应用油压使进气凸轮轴旋转到提前、延迟或保持气门正时所应该的位置。发动机 ECU 根据发动机转速、进气量、节气门位置和冷却液温度来计算出各种运行条件下的最佳气门正时，以便控制凸轮轴正时机油控制阀。此外，发动机 ECU 用凸轮轴位置传感器和曲轴位置传感器传出的信号用来计算实际气门正时，并进行反馈控制以达到该阀的目标气门正时。

1. 提前

由发动机 ECU 所控制的凸轮轴正时机油控制阀的位置，如图 2-92 所示，油压作用于气门正时提前侧叶片室，使进气凸轮轴向气门正时的提前方向旋转。

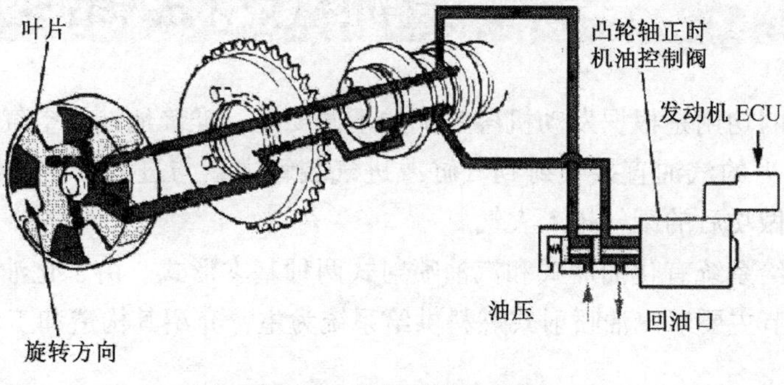

图 2-92　进气门提前开启

2. 延迟

由发动机 ECU 所控制的凸轮轴正时机油控制阀的放置，如图 2-93 所示，油压作用于气门正时延迟侧的叶片室，使进气凸轮轴向气门正时的延迟方向旋转。

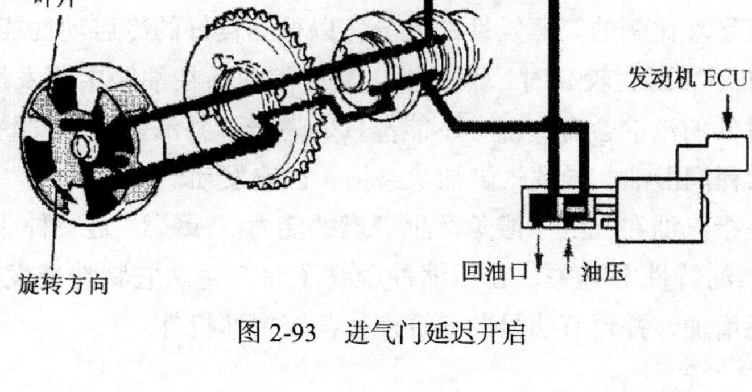

图 2-93　进气门延迟开启

3. 保持

发动机 ECU 根据具体的运作参数进行处理，并计算出目标气门正时角度，当达到目标气门正时以后，凸轮轴正时机油控阀通过关闭油道来保持油压，如图 2-94 所示。

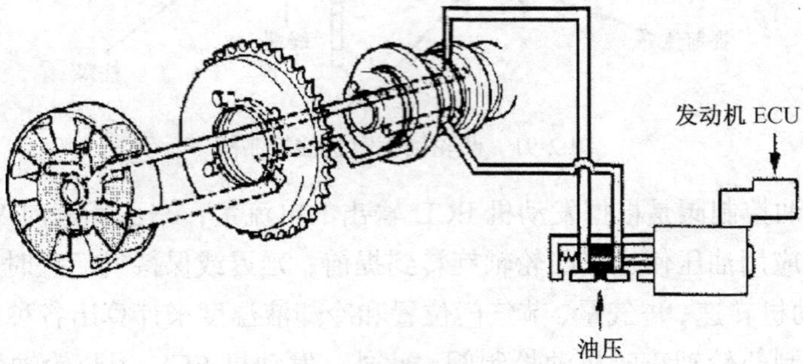

图 2-94 气门正时不调整

2.4 汽油机燃料供给系统

燃油供给系统的功用是根据发动机各工况的不同要求，准确地计量空气与燃油的混合比，并将一定数量和压力的汽油直接喷射到气缸或进气歧管中，与进入的空气混合而形成可燃混合气，最后将燃烧做功后的废气排入大气。

汽油机燃料供给系统有化油器式和汽油喷射式两种基本形式。由于化油器式燃料供给系统应用越来越少，本节主要以汽油喷射式燃料供给系统为主，介绍其构造和工作原理。

2.4.1 概 述

1. 汽油

汽油是由石油中提炼而得到的密度小又易于挥发的液体燃料。其主要性能指标为蒸发性、抗爆性和热值。

汽油中必须含有足够比例的高蒸发性的成分，以得到良好的冷启动性能，其蒸发性的大小影响发动机正常工作。当温度较高时，蒸发性过高的汽油易在油路中蒸发形成“气阻”；当温度较低时，蒸发性过低的汽油会有一部分不能蒸发、燃烧，并滞留在气缸壁上，不仅使燃油消耗量增加，而且会稀释润滑油，导致气缸加快磨损，影响发动机寿命。

汽油的抗爆性是指汽油在气缸中避免产生爆燃的能力。“爆燃”是一种非正常燃烧，与发动机温度、压缩比和燃油特性等有关，在压缩冲程终了时产生。它将造成发动机过热、排气冒烟、功率下降、油耗增加，并伴有明显的敲缸声，甚至损坏机件。

汽油的抗爆性评价指标是辛烷值。辛烷值表示异辛烷（C_8H_{18}）在汽油混合物中的容积百分比，其值最大为 100。辛烷值越高，汽油抗爆性越好，反之，汽油抗爆性差。由于未经处理的直馏汽油抗爆性低，因此，需要加入抗爆剂。目前从环保考虑，汽油普遍添加无铅的添加剂。

测定辛烷值的方法有电机法和研究法两种。目前我国用研究法辛烷值（RON）表示汽油的牌号，如 90 号、93 号和 97 号。

压缩比高的发动机选用辛烷值高的汽油，反之，选用辛烷值低的汽车。

汽油的热值是指单位质量（1kg）的汽油完全燃烧后所产生的热量。汽油的热值约为 44 000kJ/kg。

2. 可燃混合气成分

可燃混合气是指燃料与空气的混合物。对汽油机而言就是汽油与空气混合形成的混合气。

目前可燃混合气浓度表示方法有过量空气系数和空燃比两种。我国目前采用过量空气系数，欧美则采用空燃比。

过量空气系数是指燃烧 1kg 燃料实际供给的空气质量与理论上 1kg 燃料完全燃烧所需的空气质量之比，用α表示。$\alpha=1$ 的可燃混合气定义为理论混合气；$\alpha<1$ 为浓混合气；$\alpha>1$ 为稀混合气。

空燃比是指实际吸入发动机中空气的质量与燃料质量的比值，用 R 或 A/F 表示。$A/F=14.7$ 表示理论混合气；$A/F>14.7$ 为稀混合气；$A/F<14.7$ 为浓混合气。

3. 可燃混合气成分对发动机性能的影响

可燃混合气成分对发动机的性能影响很大。试验证明，发动机的功率和燃油消耗率都是随着可燃混合气成分的变化而变化的，如图 2-95 所示。理论上，$\alpha=1$ 的混合气，气缸内空气与燃料正好完全燃烧。但实际上，由于气缸内还存在废气、混合气及混合不均匀等因素，使气缸内理论混合气并不能完全燃烧。对于$\alpha>1$ 的稀混合气，气缸内有足够的空气使燃料完全燃烧。通常，当$\alpha=1.05\sim1.15$ 时，燃料消耗率最低，经济性最好，称燃料消耗率最低时对应的可燃混合气为经济混合气。当α更大时，由于空气过量，燃烧速度减少，热损失增加，发动机功率降低，出现进气管回火现象。发动机动力性、经济性均下降。对于$\alpha<1$ 的混合气，气缸内汽油分子较多，使燃烧速度加快，发动机功率增大，称发动机输出最大功率时的可燃混合气为功率混合气，其值一般在$\alpha=0.85\sim0.95$ 之间。如果混合气太浓，将使燃烧不完全，产生大量一氧化碳，同时在

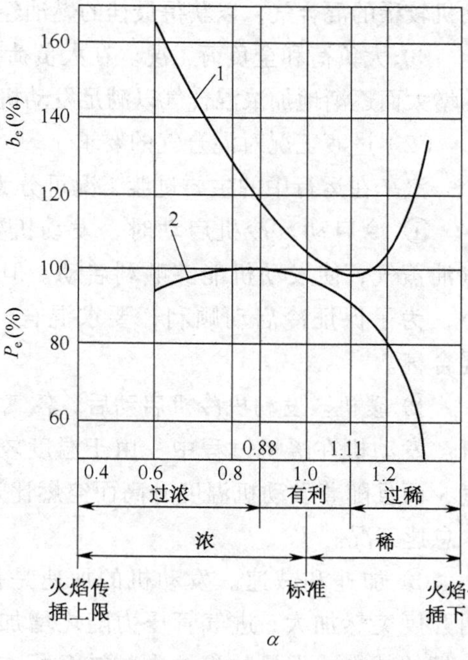

图 2-95 可燃混合气成分对发动机性能的影响（发动机转速不变，节气门全开）

1—燃油消耗率 2—功率

燃烧室内产生积炭，并发生排气管放炮和冒黑烟现象，导致发动机功率下降，燃油消耗率显著增加。

一般为了兼顾发动机的动力性和经济性，混合气浓度应在$\alpha=0.88\sim1.11$之间。过浓或过稀（$\alpha\leqslant0.4$或$\alpha\geqslant1.4$）的混合气，都将导致火焰无法传播，发动机运转不稳直至熄火。

4. 发动机各工况对可燃混合气成分的要求

发动机在实际运行过程中，其工况在工作范围内是不断变化的，且在工况变化时，发动机对可燃混合气空燃比的要求也是不同的。

（1）稳定工况对混合气的要求

发动机的稳定工况是指发动机已经完全预热，进入正常运转，且在一定时间内转速和负荷没有突然变化的情况。稳定工况又可分为怠速、小负荷、中等负荷、大负荷和全负荷等几种。

① 怠速和小负荷工况。怠速是指发动机对外无功率输出且以最低稳定转速运转。在怠速工况下，节气门处于关闭状态，此时，吸入气缸内的可燃混合气少，气缸内残余废气较多。又因转速低、空气流速慢、汽油雾化蒸发不良，使混合气燃烧不良，甚至熄火。因此要求供给少量的浓混合气（$\alpha=0.6\sim0.8$）。

发动机负荷在25%以下称为小负荷。在小负荷工况时，节气门略打开，混合气的品质与数量有所增加，废气对混合气的稀释作用有所减弱。因而，混合气的浓度略为减少（$\alpha=0.7\sim0.9$）。

② 中等负荷工况。汽车发动机的大部分工作时间都处于中等负荷状态，是指负荷在25%～85%之间。此时，节气门开度较大，进入气缸内的可燃混合气数量多，燃烧条件好，可供给发动机较稀的混合气，以获得最佳的燃油经济性。

③ 大负荷和全负荷工况。在大负荷时，节气门开度已超过85%，此时应随着节气门开度的增大而逐渐地加浓混合气以满足发动机功率的要求（$\alpha=0.85\sim0.95$）。

（2）过渡工况对混合气的要求

汽车在运行中的主要过渡工况可分为冷启动、暖机、加速和减速3种形式。

① 冷启动。冷机启动时，发动机要求供给很浓的混合气，以保证混合气中有足够的汽油蒸气，使发动机能够顺利启动。但在冷启动时燃料和空气的温度很低，汽油蒸发率很小，为了保证冷启动顺利，要求混合气的浓度达到$\alpha=0.2\sim0.6$，才能在气缸内形成可燃混合气。

② 暖机。发动机冷机启动后，各气缸开始依次点火而做功，发动机温度逐渐上升，即暖机。发动机在暖机过程中，由于温度较低燃油雾化较差，因此也需要空燃比较小的浓混合气，而且随着发动机温度升高而空燃比逐渐增大，直至达到正常工作温度时为止，发动机进入怠速工况。

③ 加速和减速。发动机的加速是指发动机的转速突然迅速增加的过程。此时，节气门开度突然加大，进气管压力随之增加，由于汽油的流动惯性和进气管压力增大后汽油蒸发量的减少，大量的汽油颗粒被沉积在进气管壁上，形成较厚油膜，而进入气缸内的实际混合气则瞬时被稀释，严重时会出现过稀，使发动机转速下降。为了避免这一现象发生，在发动机加速时，应向进气管喷入一些附加汽油以弥补加速时的暂时稀释，以获得良好的

加速性能。

当汽车减速时，驾驶员迅速松开加速踏板，节气门突然关闭。此时由于惯性作用发动机仍保持很高的转速，因此进气管真空度急剧增高，促使附着在进气管壁上的汽油蒸发汽化，并在空气量不足的情况下进入气缸内，造成混合气过浓，严重时甚至熄灭。因此，在发动机减速时，应供给较稀的混合气，以避免这一现象发生。

2.4.2 电控燃油喷射系统

与传统化油器式发动机相比，燃油喷射发动机具有下列优点。

① 燃油喷射系统可直接或间接地测量发动机的进气量，并根据发动机负荷、温度等参数进行适时修正，以此精确控制发动机各种工况下的空燃比，实现发动机的最优控制，有效提高其动力性、经济性和排气净化程度。

② 由于燃油喷射系统进气管无需喉管进行节流，故可大大减少流通阻力。提高发动机的充气率，以此提高发动机的动力性。

③ 多点燃油喷射系统可使发动机的各个气缸获得均匀的混合气。

④ 由于采用燃油喷射系统后可提高燃油的雾化质量，故无须采用进气管预热方法来促进燃油蒸发。由于气缸内吸入较冷的混合气，因此可提高发动机的充气效率，同时也有利于提高发动机的抗爆性，使发动机也可采用较大点火提前角和较高的压缩比，以提高发动机的动力性。

⑤ 采用燃油喷射系统后，发动机可以在比较稀的混合气条件下运行，不仅能减少废气中的有害排放物，还有利于节省燃油。此外，利用发动机的断油技术，可以消除发动机急减速时所产生的污染，有利于提高发动机燃油经济性。

⑥ 燃油喷射系统采用了电子控制方式，其动态响应较好，故汽车加速行驶时，由于空燃比控制系统能迅速响应，有利于提高发动机的加速性能。

⑦ 由于燃油是在一定压力下以雾状喷出，所以发动机冷启动时基本不影响混合气的形成质量，使发动机具有良好的低温启动性能。

⑧ 燃油喷射控制系统在反馈控制基础上，增加了学习控制功能，且与三元催化装置配合使用，可最大限度地减少 CO、HC 及 NO_x 等有害气体，有效提高发动机的排放性能。

总之，与化油器式发动机相比，电控燃油喷射系统使发动机的功率提高 5%～10%，同时油耗降低 5%～10%，排放减少 15%～20%，能满足最为严格的排放及燃油经济性法规的要求。

图 2-96 所示为都市先锋捷达轿车发动机电控燃油喷射系统示意图。发动机型号为 EA113 5V 1.6L，它采用四缸 20 气门（每缸五气门）配气机构，闭环电子控制燃油喷射系统。其最大特点是实施了集中控制，即燃油喷射和点火由同一控制单元控制，喷射系统为多点顺序喷射，点火系统采用高能无分电器点火系统。该发动机具有良好的动力性和燃油经济性。

电控燃油喷射系统根据其作用不同可分为 4 个子系统，即空气供给系统、排气系统、燃油供给系统和电子控制系统。

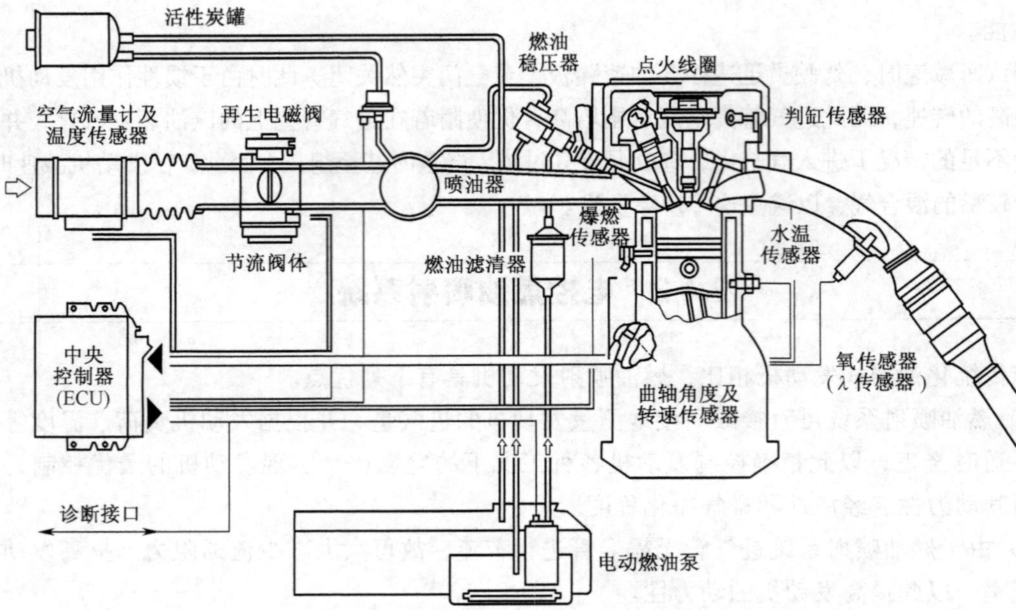

图 2-96 都市先锋捷达轿车发动机电控燃油喷射系统示意图

1. 空气供给系统

空气供给系统的作用是为发动机可燃混合气的形成提供必要的空气，并计量和控制燃油燃烧时所需要的空气量。空气供给系统如图 2-97 所示，空气经空气滤清器、空气流量计、节气门体进入进气总管，再分配到各缸进气歧管。在进气歧管内，空气与喷油器喷出的燃油混合后被吸入气缸内燃烧。

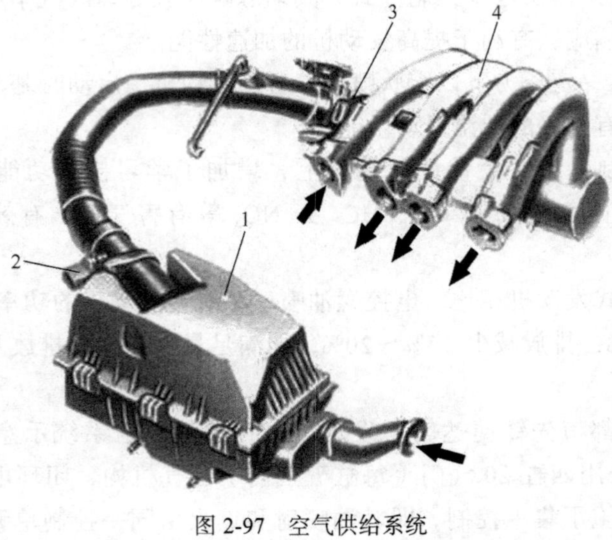

图 2-97 空气供给系统

1—空气滤清器 2—空气流量计 3—节气门体 4—进气歧管

汽车在正常行驶时，空气流量由节气门控制，而节气门则通过油门踏板操纵。怠速时进气量的调整可通过两种方式进行：一是调整怠速状态下节气门的开度；二是调整旁通空气道的大小，如图 2-98 所示。

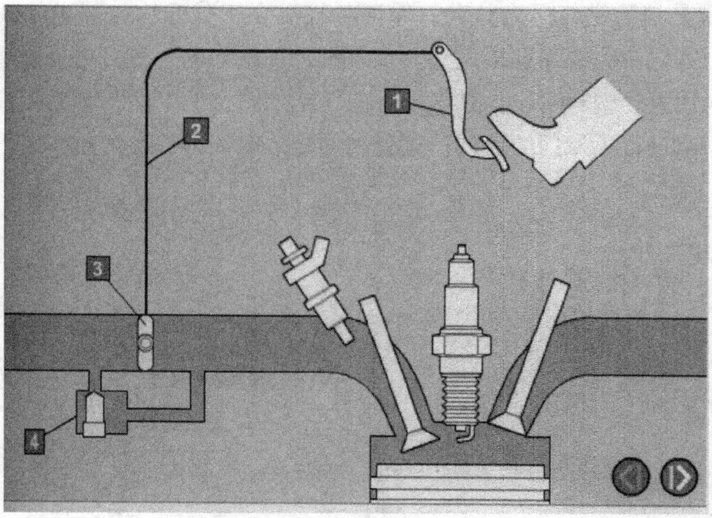

图 2-98　节气门体

1—加速踏板　2—油门拉锁　3—节气门　4—怠速控制阀

在冷却液温度较低时，为加快发动机暖机过程，设置了快怠速装置，由 ECU 控制的怠速控制阀可提供较多的空气量，这时经空气流量计计量后的空气，绕经节气门体经怠速控制阀直接进入进气总管。随着发动机冷却液温度逐渐升高，怠速调整装置可使旁通的空气量逐渐减少，使发动机转速逐渐下降至正常怠速。

（1）空气滤清器

空气滤清器是用来滤清空气中所含的尘土，以减少气缸、活塞和活塞环等零件的磨损，延长发动机的使用寿命。

空气滤清器的种类很多，在汽车上常用的有纸质干式空气滤清器和油浴式空气滤清器。图 2-99 所示为纸质干式空气滤清器，它是通过用树脂处理的纸质滤芯对空气进行过滤。纸质滤芯的寿命取决于纸面大小（通常成波折状以提高过滤面积）及空气本身的清洁程度，一般可连续使用 10 000～50 000 km。纸质滤芯不能清洗，脏污时可用压缩空气吹去灰尘，严重时必须更换。该滤清器质量轻、结构简单、安装及保养方便、滤清效果高。因此在汽车上得到广泛应用。

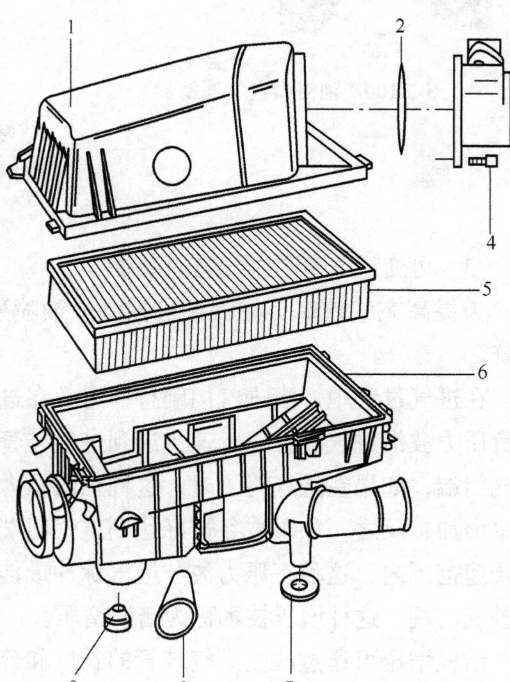

图 2-99　纸质干式空气滤清器

1—空气滤清器上壳体　2—O 形圈　3—空气流量计
4—螺栓　5—空气滤清器芯　6—空气滤清器下壳体
7—橡胶垫片　8—固定环　9—减振挡块

油浴式空气滤清器通过用金属纤维制成的，由浸于滤清器壳底部贮有机油的滤芯来过滤空气，常用于沙漠、灰尘大的路况下行驶的汽车，如图 2-100 所示。

（2）稳压箱与进气歧管

稳压箱的功用是消除进气压力脉动，保证各缸混合气分配均匀。进气歧管的功用是将空气或可燃混合气引入气缸，要保证进气充分及各缸进气量均匀一致。进气歧管多用铝合金或铸铁制造，有些也采用复合塑料制作。进气歧管的结构如图 2-101 所示。为提高充气效率，进气歧管的形状、容积都进行了专门的设计，充分利用吸入空气的惯性增压作用，增大进气量，提高发动机功率。

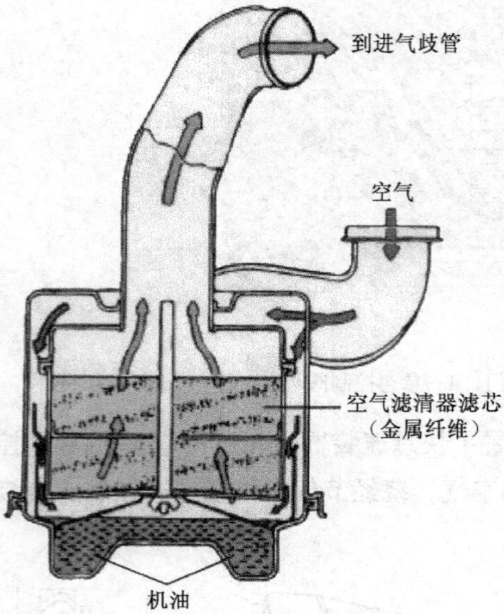

图 2-100　油浴型空气滤清器

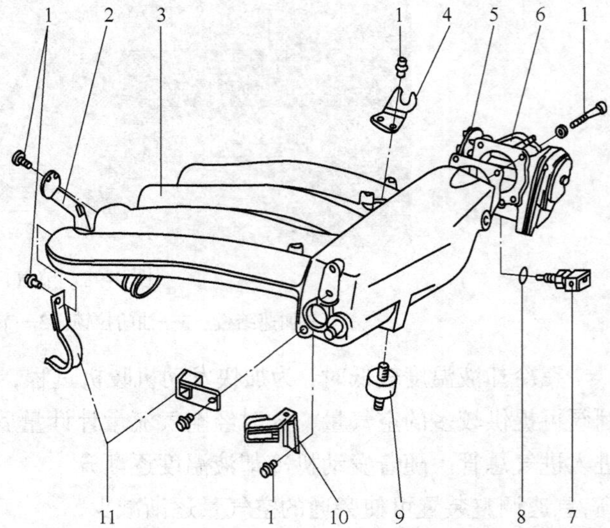

图 2-101　进气歧管的结构

1—螺栓　2—高压线导管　3—进气歧管上体　4、10、11—支架
5—密封垫　6—进气门控制单元（J338）　7—进气温度传感器
8—密封环　9—支柱

（3）可变进气道与进气增压系统

为提高充气效率，在汽油机控制燃油喷射系统中，采用了各种可变进气系统与进气增压系统。

在进气过程中，当进气门刚打开时，在进气门口处产生一定的真空，形成负的压力波，这种负压力波沿进气歧管以音速传递到进气歧管的入口，然后反射，形成正的压力波，又返回到进气门端，如果在进气终了时，这种正的压力波波峰恰好达到进气门端，进气压力升高，充气效率增加；反之，如果波谷恰好达到进气门端，进气压力减少，充气效率降低。希望在发动机的转速范围内，这种正压力波与进气脉冲最佳匹配，使得进气终了时的正压力波的波峰恰好达到进气门端，这种增压技术称为谐波增压。

谐波增压可通过改变进气歧管的长度和容积实现。较长的进气歧管使发动机在低转速下获得较大的转矩，但在高转速下却会出现较低的最大输出功率，而较短的进气歧管正好相反。通过可变进气歧管长度，可以保证在较大的转速范围内，不但具有较大的转矩，而且在高转速区具有较高的最大输出功率，如图 2-102 所示。

废气涡轮增压是指利用发动机排出的高温高压废气能量，驱动涡轮作高速旋转，带动同轴上的压缩机，对燃烧所需的空气进行预压缩，这样，在发动机排量和转速不变的情况下，增加了流入发动机的空气量，提高了进气效率，因而可提高发动机的功率。

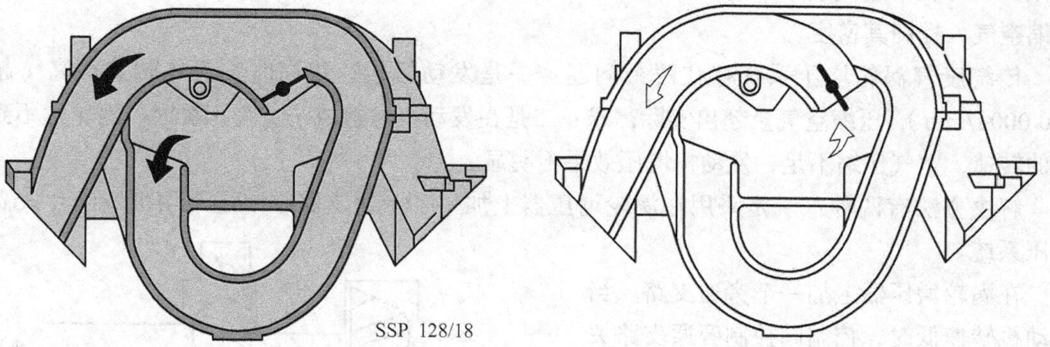

（a）长气道　　（b）短气道

图 2-102　奥迪 V6 发动机可变长度进气系统工作原理

图 2-103 所示为废气涡轮增压系统。其基本组成及工作原理如图 2-104 所示。它包括同轴的涡轮与压气机叶轮。涡轮与压气机叶轮上有很多叶片，从气缸排出的废气直接进入涡轮，并推动涡轮旋转，带动压气机叶轮旋转，把吸入的空气增压，送入气缸。

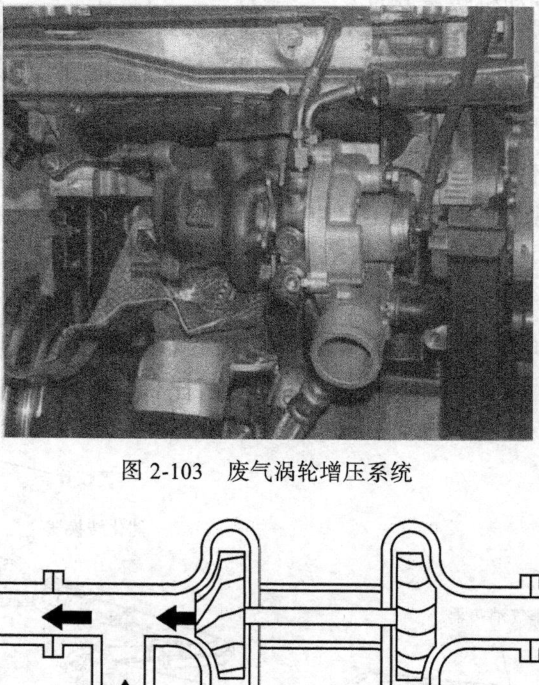

图 2-103　废气涡轮增压系统

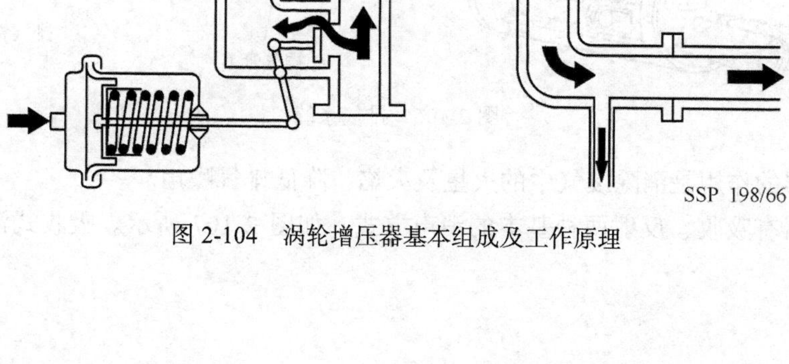

图 2-104　涡轮增压器基本组成及工作原理

由于利用高温废气进行增压，涡轮增压器温度较高，经压缩的空气也温度较高，使进气密度减少，对提高进气效率不利，因此，需要在压缩空气出口到进气歧管之间安装冷却器，冷却压缩空气，提高其密度。

传统废气涡轮增压系统存在两个问题：一是发动机转速很高时，涡轮转速很高（超过 100 000 r/min），压缩空气量超出实际需求；二是在发动机怠速或小负荷工况时，涡轮达不到应有的转速，空气压缩不足，发动机增压效果不明显。

解决方法有两种：一是采用在涡轮增压器上加一个旁通支路；二是采用可调叶片式涡轮增压系统。

在涡轮增压器上加一个旁通支路。当发动机转速低时，控制阀控制旁通支路关闭；当发动机转速较高时，进气压力增大，控制压力箱逐步打开旁通支路，减少通过废气涡轮的废气量，从而降低废气涡轮的转速。

图 2-105 所示为可调叶片式涡轮增压系统。它能够在发动机整个转速范围内调整进气增压的压力。当发动机转速低时，叶片开度减少，减少废气流通截面，使废气流速增加，提高废气涡轮转速，增加进气压力；当发动机转速高时，叶片开度增大，增加废气流通截面，使废气流速降低，维持废气涡轮转速在正常范围内，保证进气压力的稳定。

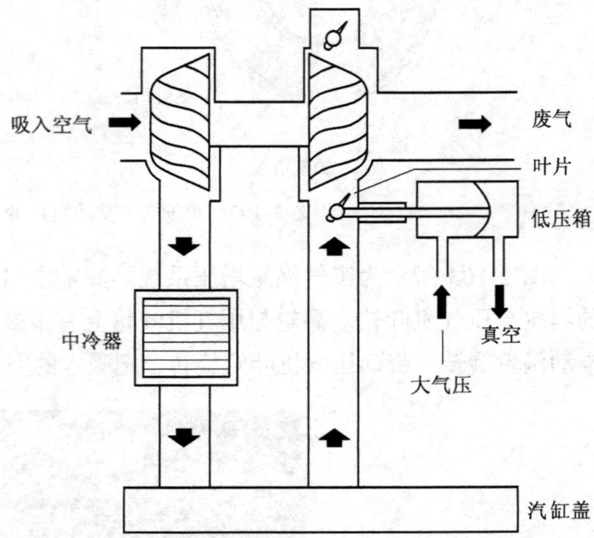

图 2-105　可调叶片式涡轮增压系统

2. 排气系统

排气系统主要由排气歧管、排气消声器组成，如图 2-106 所示。电控汽油机排气系统多带有催化转换器。

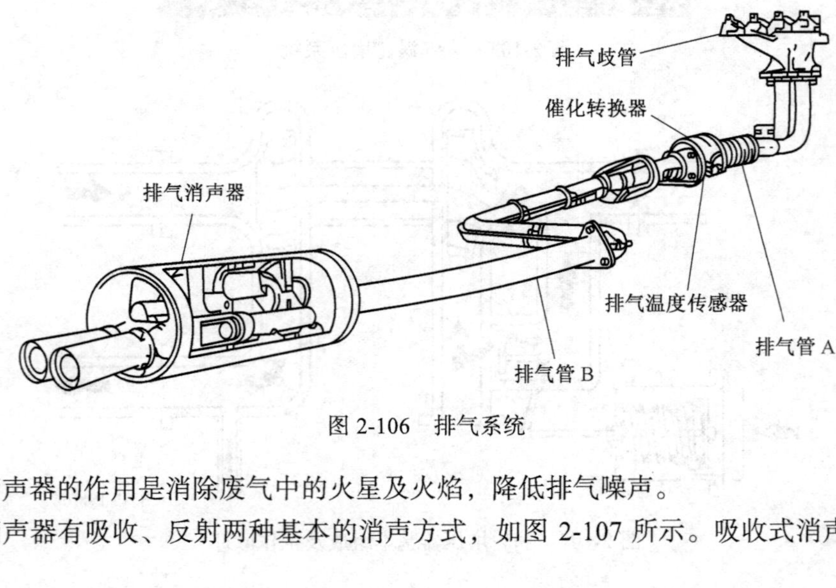

图 2-106　排气系统

排气消声器的作用是消除废气中的火星及火焰，降低排气噪声。

排气消声器有吸收、反射两种基本的消声方式，如图 2-107 所示。吸收式消声器是通过废气在玻璃纤维、钢纤维和石棉等吸音材料上的摩擦而减少其能量。反射式消声器则是多个串联的谐调腔与长度不同的多孔反射管相互连接在一起，废气在其中经过多次反射、碰撞、膨胀、冷却而降低压力，减轻震动。

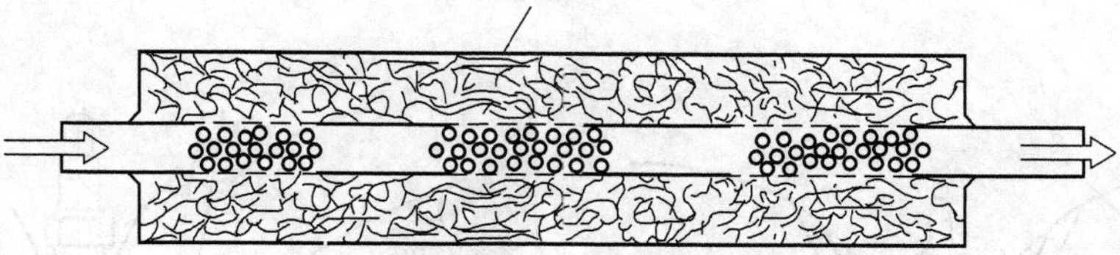

（a）吸收式消声器

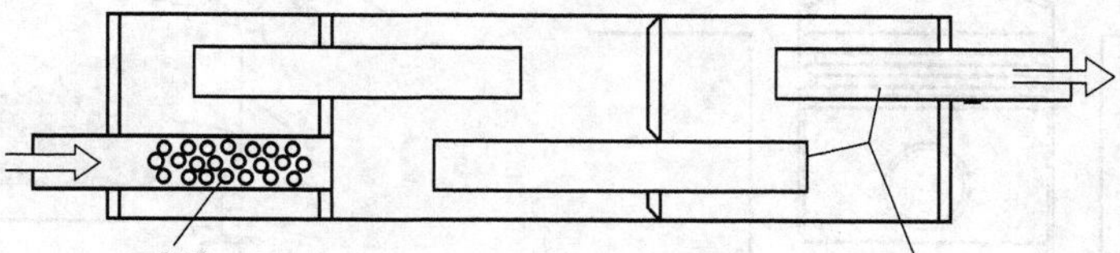

（b）反射式消声器

图 2-107 排气消声器

汽车上实际使用的排气消声器，多数是综合利用不同的消声原理组合而成的，如图 2-108 所示。

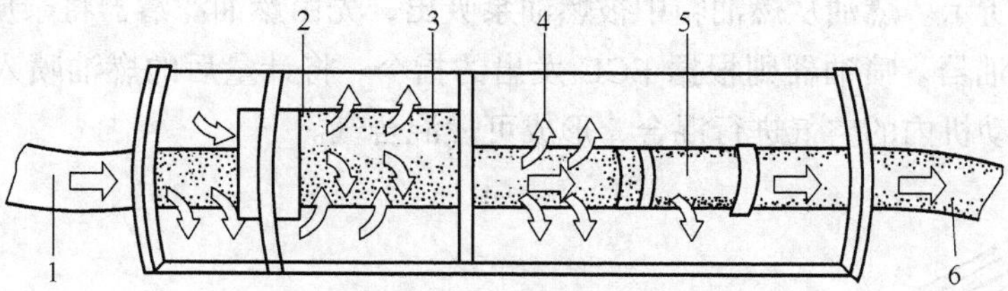

图 2-108 组合式消声器

1—排气管 2—节流 3—反射管 4—吸音材料 5—干涉管 6—尾管

催化转换器位于废气系统中间，从废气中清除有害成份。汽车废气中的有害成份主要包括 CO（一氧化碳）、HC（碳化氢）和 NO_x（氮氧化物）。有两种催化转换器：一种是 OC（氧化催化剂），用带铂和钯的催化剂清理废气中的 CO 和 HC；另一种是 TWC（三元催化剂），用带铂和铑的催化剂清理废气中的 CO、HC 和 NO_x，如图 2-109 所示。

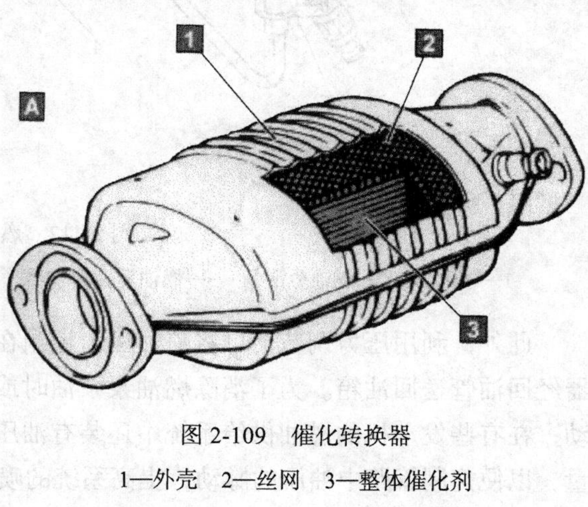

图 2-109 催化转换器

1—外壳 2—丝网 3—整体催化剂

3. 燃油供给系统

燃油供给系统的作用是供给发动机燃烧过程所需的燃油。按喷油器的安装位置可分为进气道喷射和缸内直喷。图 2-110 所示为进气道喷射，喷油器喷射的燃油与空气混合，混合物被送到气缸。图 2-111 所示为缸内喷射，燃油直接喷入燃烧室。此系统可以精确调节燃油的喷射时间和油量。活塞头设计成一种特殊形状，便于燃油和空气在燃烧室内混合。此装置燃油经济性及环保性更优，应用于迈腾 TSI 车。

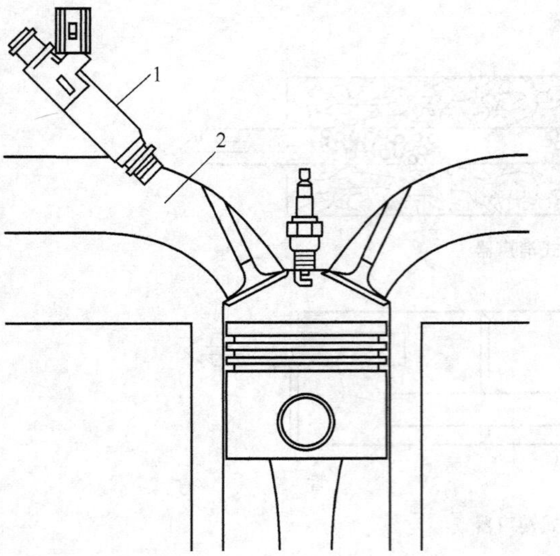

图 2-110　进气道喷射

1—喷油器　2—进气道

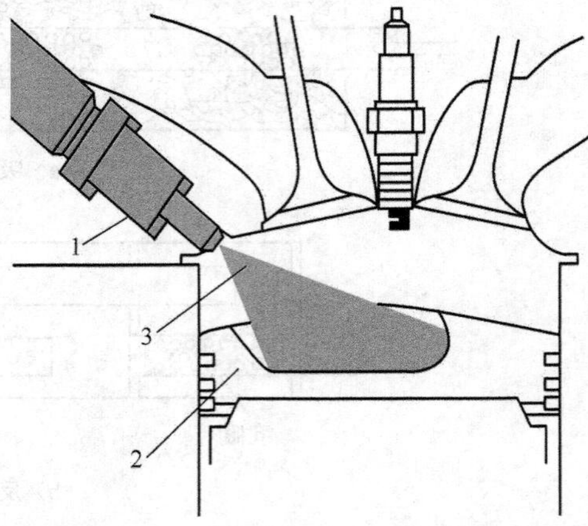

图 2-111　缸内喷射

1—喷油器　2—燃油　3—活塞

燃油供给系统主要由燃油泵、燃油滤清器、油压脉动阻尼器、油压调节器和喷油器等组成，如图 2-112 所示。燃油从燃油箱中被燃油泵吸出，先由燃油滤清器将杂质滤除后再通过输油管送到各个喷油器。喷油器则根据 ECU 发出的指令，将计量后的燃油喷入各进气歧管或稳压室中与流入发动机内的空气进行混合，形成可燃混合气。

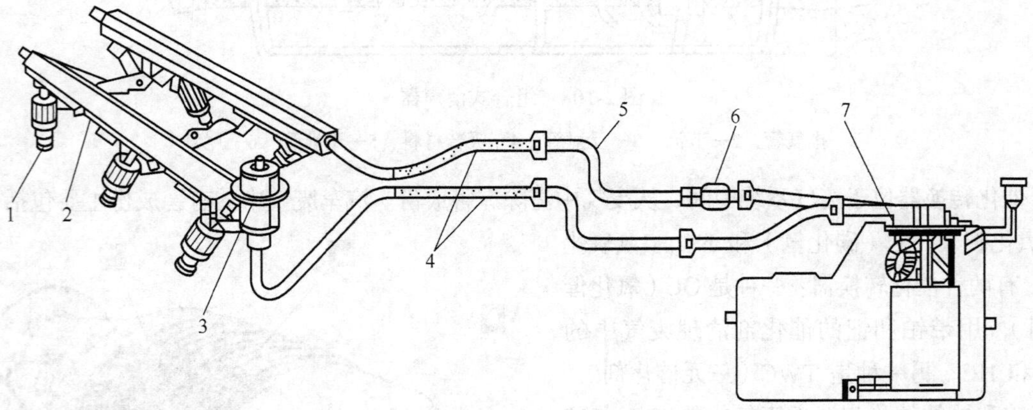

图 2-112　燃油供给系统

1—喷油器　2—燃油分配管　3—燃油压力调节器　4—软管　5—进油管　6—燃油滤清器　7—燃油泵

此外，利用压力调节器可将喷油压力控制在 250～300kPa 范围内，而将多余的燃油从调压器经回油管送回油箱。为了消除燃油泵泵油时或喷油器喷油时，引起管路中的油压产生微小扰动，在有些发动机的燃油供给系统中还装有油压脉动阻尼器，用于吸收管路中油压波动时的能量，以便抑制管路中油压的脉动，提高系统的喷油精度。

发动机在正常工况喷油量由安装在进气门前的各喷油器（MPI）或位于节气门体位置的喷油器（SPI）的通电时间长短来决定。

（1）燃油箱

燃油箱是用来储存燃油的，其容积大小与车型和发动机排量有关。其形状随车型不同而各异，这主要是为了适应在车上的布置安装。

传统的燃油箱采用薄钢板冲压焊接制成，现代轿车油箱多数采用耐油硬塑料制成。

燃油箱的结构如图 2-113 所示，一般油箱盖上设计有重力阀、通风阀。重力阀的作用是依靠其自重，在正常情况下允许空气进入油箱以消除负压，当车辆倾斜 45°或翻车时，此阀自动将通风口关闭，防止燃油漏出，发生火灾。

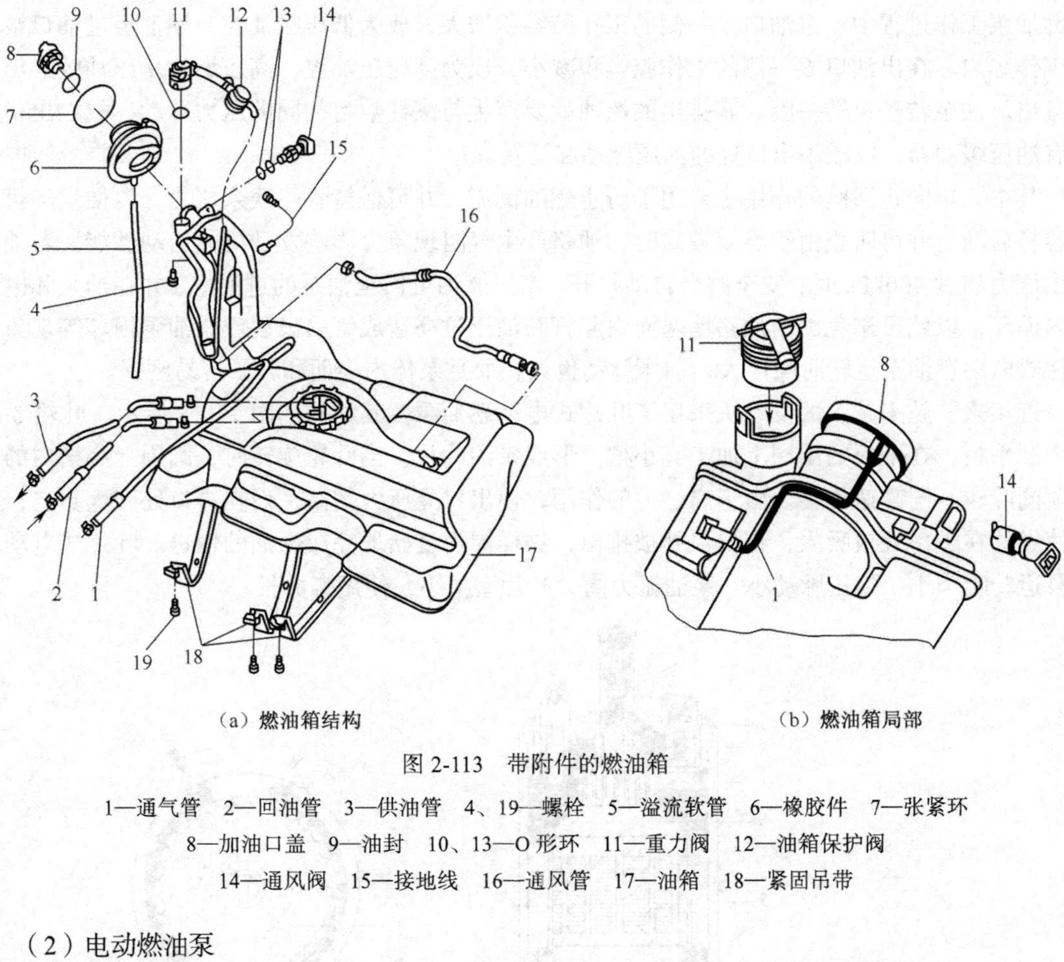

（a）燃油箱结构　　（b）燃油箱局部

图 2-113　带附件的燃油箱

1—通气管　2—回油管　3—供油管　4、19—螺栓　5—溢流软管　6—橡胶件　7—张紧环　8—加油口盖　9—油封　10、13—O 形环　11—重力阀　12—油箱保护阀　14—通风阀　15—接地线　16—通风管　17—油箱　18—紧固吊带

（2）电动燃油泵

电动燃油泵的作用是把燃油从油箱内吸出并通过喷油器供给发动机各气缸。

在电子控制燃油喷射系统中最常用的是内置式燃油泵，即燃油泵安装在燃油箱内。内置式燃油泵不易发生气阻和漏油现象，对泵的自吸性能要求较低，故应用广泛。内置式燃油泵主要有滚柱式和叶片式两种。

滚柱式电动燃油泵如图 2-114 所示。转子 9 偏心地安装在泵体 7 内，滚柱 8 装在转子的凹槽中。在永磁电动机的驱动下，当转子旋转时，滚柱在离心力的作用下紧压在泵体的内表面上，同时在惯性力的作用下，滚柱总是与转子凹槽的一个侧面贴紧，从而形成若干个封闭的工作腔。

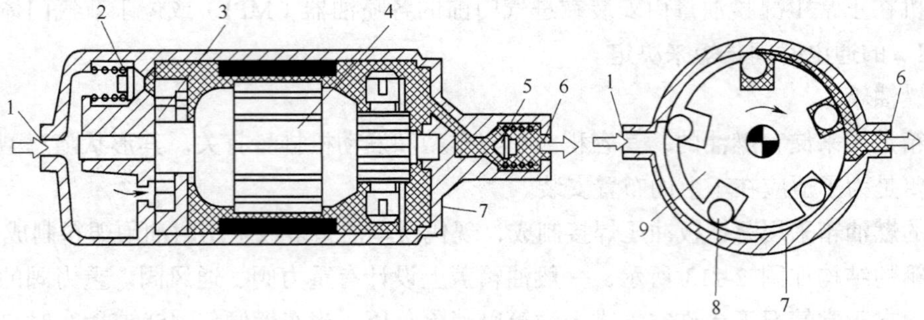

图 2-114　滚柱式电动燃油泵

1—进油口　2—限压阀　3—滚柱泵　4—电动机　5—单向止回阀　6—出油口　7—泵体　8—滚柱　9—转子

在燃油泵工作过程中，进油口 1 一侧的工作腔容积增大，成为低压吸油腔，燃油经进油口被吸入工作腔内。在出油口 6 一侧的工作腔容积减小，成为高压压油腔，高压燃油从压油腔经出油口流出。油泵转子每转一圈，其排出的燃油就要产生与滚柱数目相同的压力脉动，故在出口处装有油压缓冲器，以减小出口处的油压脉动和运转噪声。

其中，单向止回阀的作用主要用于防止燃油倒流，并可保持管路残余压力，以便发动机下次容易启动，并可防止由于温度较高时，油路产生气阻现象，影响发动机热启动性能。若油泵输出压力超过 400kPa 时，安全阀会自动打开，高压燃油可回至油泵的进油室，并在油泵和电动机内循环，以此可避免由于油路堵塞而引起管路油压过高造成管路破裂或燃油泵损坏等现象。滚柱式电动燃油泵运转时噪声大，油压脉动也大，而且泵体内表面和转子容易磨损。

近年来，越来越多的发动机采用了叶片式电动燃油泵，其结构如图 2-115 所示。叶轮 3 是一个圆平板，在平板的圆周上加工有小槽，形成泵油叶片。当叶轮旋转时，圆周上小槽内的燃油随同叶轮一同高速旋转。由于离心力的作用，使出口处压力增高，而在进口处产生真空，从而使燃油在进口处被吸入，在出口处被排出，这样周而复始地完成燃油的输送。叶片式电动燃油泵运转噪声小，油压脉动小，泵油压力高，叶片磨损小，使用寿命长。

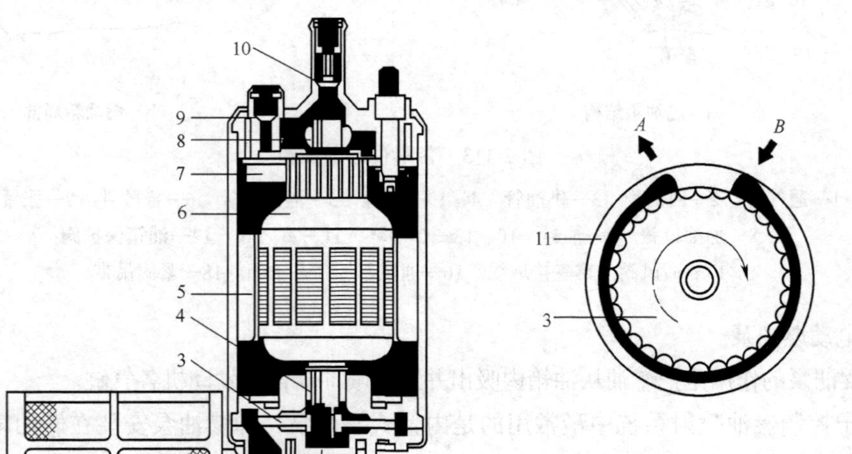

图 2-115　叶片式电动燃油泵

1—橡胶缓冲垫　2—滤网　3—叶轮及叶片　4、8—轴承　5—永久磁铁　6—电枢
7—炭刷　9—限压阀　10—单向止回阀　11—泵体

装有 EFI 系统的汽车，对电动燃油泵的工作应进行控制。当发动机运转时，燃油泵才工作，即使点火开关接通，发动机不转动，燃油泵也不工作。

（3）燃油滤清器

燃油滤清器（见图 2-116）可清除燃油中的杂质，防止堵塞喷油器等部件，减少运动部件的磨损。

燃油滤清器与普通的滤清器一样，采用过滤形式，壳体内有一个纸滤芯，滤芯的微孔平均直径为 10 μm，并串接一个棉纤维制成的过滤筛，以达到较好的滤清效果。滤芯的形式通常有两种，即菊花形和涡卷形。

燃油滤清器的滤芯应根据车辆行驶里程、使用的燃油质量情况及时更换，以确保发动机稳定行驶，提高可靠性。

（4）燃油分配器

燃油分配器的作用是将燃油均匀地、等压地分配给各个喷油器，同时还有储油蓄压的作用。燃油分配器用螺栓安装在进气歧管下部的固定座上，其上安有喷油器。

燃油由燃油泵泵出，经滤清后流入燃油分配器，燃油压力调节器保持正常的系统压力，压力过高，多余的燃油经油压调节器的回油口流回油箱。

（5）燃油压力调节器

燃油压力调节器一般安装在燃油导轨上，其作用是根据进气歧管内的绝对压力的变化来调节系统油压（燃油总管油压），保持喷油器的喷油绝对压力恒定，使喷油器的燃油喷射量只取决于喷油器的开启时间。一般系统油压在 250～300kPa 之间。

燃油压力调节器的结构如图 2-117 所示，它有金属壳体，其内部由橡胶膜片分为弹簧室和燃油室两部分。弹簧室内有一个带预紧力的螺旋弹簧，它作用在膜片上。在膜片上安装一个阀，控制回油。另外，还通过一根真空管与进气歧管相连。

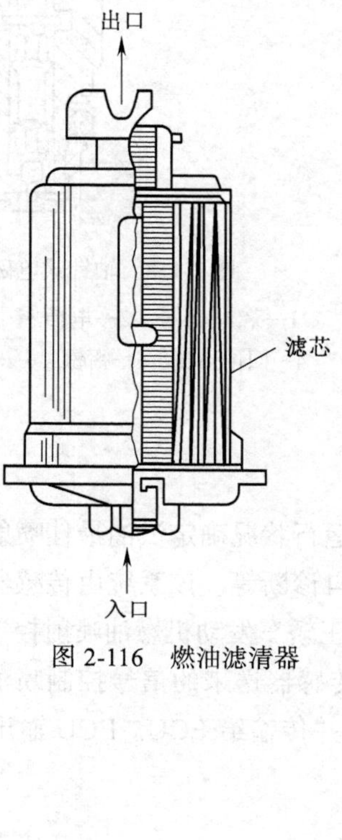

图 2-116　燃油滤清器

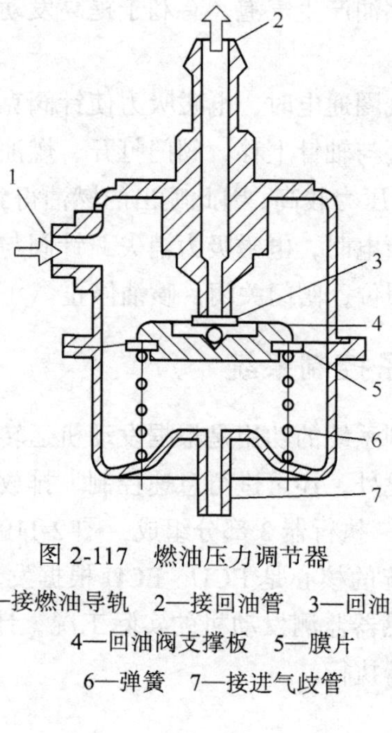

图 2-117　燃油压力调节器

1—接燃油导轨　2—接回油管　3—回油阀
4—回油阀支撑板　5—膜片
6—弹簧　7—接进气歧管

当系统油压超过规定值时，燃油压力克服弹簧压力，将膜片向下压，打开阀门，与回油通道接通，系统压力降低，回到规定值。

如果进气歧管真空度变大，为了维持燃油导轨内部与进气歧管内部的压力差恒定，就必须降低系统油压。把进气歧管真空度引入弹簧室，能够减少膜片下方螺旋弹簧的作用力，进而减少打开阀门的压力，使系统油压下降到规定值。反之亦然。

当电动燃油泵停止工作时，在膜片和螺旋弹簧力的作用下使阀门关闭，保持油路中的残余压力。

（6）电磁喷油器

电磁喷油器是发动机电控燃油喷射系统的一个重要的执行元件，它接收ECU送来的喷油脉冲信号，准确地计量燃油喷射量，同时，将燃油喷射后雾化。

喷油器有几种不同的类型：按用途分为单点式喷油器和多点式喷油器；按燃油的送入位置可分顶部供油式和底部供油式；按喷油口形式可分为轴针式和孔型两种，孔型又可分为球阀式和片阀式等；按电磁线圈阻值大小可分为高阻式（12～17Ω）和低阻式（0.6～3Ω）；按喷油器的驱动电路形式可分为电流驱动式和电压驱动式。

图2-118所示轴针式电磁喷油器，它安装在燃油分配管上，主要由轴针7、针阀6、衔铁5、回位弹簧4及电磁线圈3等组成。针阀与衔铁制成整体结构，针阀上端安装一回位弹簧。当电磁喷油器停止工作时，弹簧弹力使针阀回位，针阀关闭，轴针压靠在阀座上起到密封作用，防止燃油泄漏。滤网用于过滤燃油中的杂质，O形密封圈起到密封作用，上部密封圈防止燃油泄漏，下部密封圈防止漏气。在燃油分配管上设有电磁喷油器的安装支座，支座为橡胶成型件，起隔热作用，防止电磁喷油器中的燃油产生气泡，有利于提高发动机的高温启动性能。

当电磁线圈通电时，电磁吸力使针阀克服回位弹簧的弹力，针阀与轴针上移，阀门打开，燃油便从喷孔喷出。由于燃油压力较高，因此喷出的燃油得到良好雾化。当电磁线圈断电时，电磁吸力消失，针阀与轴针在回位弹簧作用下回位，阀门关闭，喷油停止。

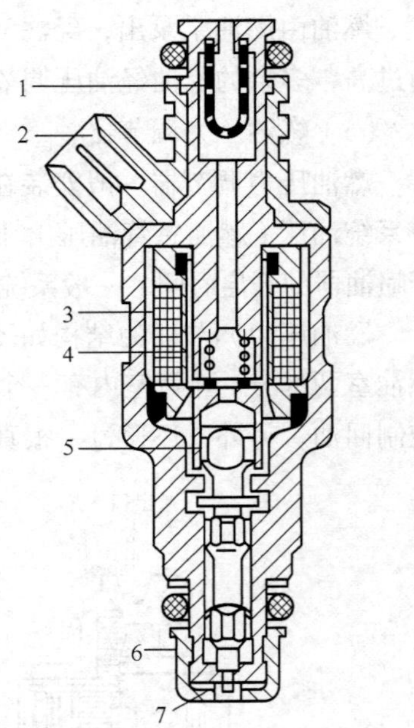

图2-118　轴针式电磁喷油器

1—燃油滤网　2—电插座　3—电磁线圈　4—回位弹簧　5—衔铁　6—针阀　7—轴针

4. 电子控制系统

电子控制系统的功用是根据发动机运转状况和车辆运行状况确定汽油最佳喷射量和最佳点火提前角。此外，还可进行怠速控制、排放控制和故障自诊断等。该系统由传感器、电子控制单元（ECU）、执行器3部分组成，图2-119所示为捷达王轿车发动机燃油喷射控制系统。

控制系统的核心是ECU。ECU根据发动机中各种传感器送来的信号控制喷油时间、点火定时等。传感器监测发动机的实际工况，计量各种信号并传输给ECU。ECU输出的各种控制指令由执行器执行。

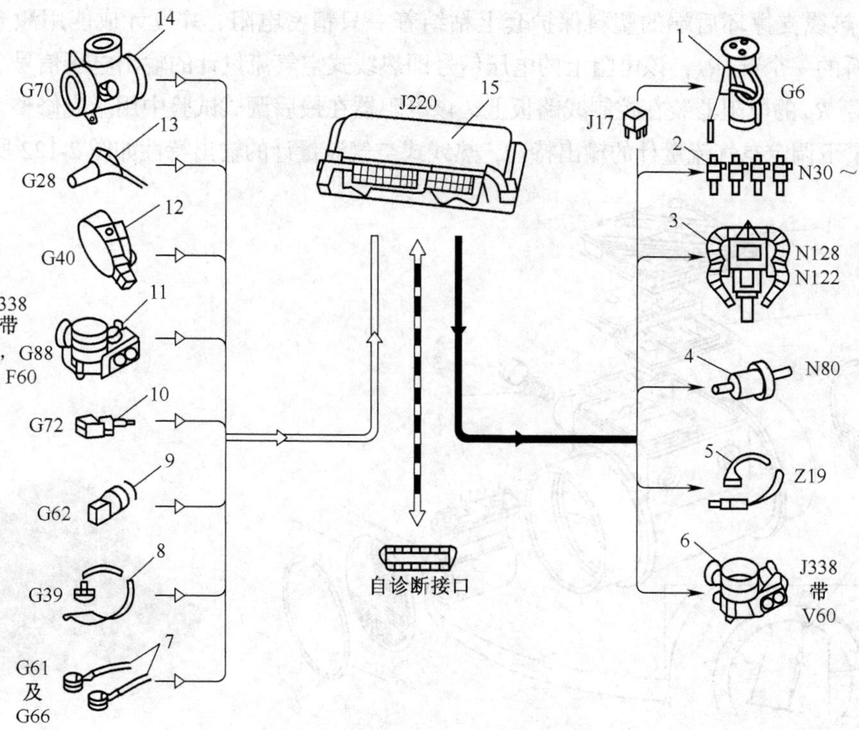

图 2-119　捷达王轿车发动机燃油喷射控制系统

1—燃油泵　2—喷油器　3—点火线圈　4—活性炭罐电磁阀　5—氧传感器加热器
6—节气门体和怠速电动机　7—爆燃传感器　8—氧传感器　9—水温传感器
10—进气温度传感器　11—节气门位置传感器　12—霍尔传感器
13—发动机转速传感器　14—空气流量计　15—微机（ECU）

1. 传感器

传感器是用来测量或检测反映发动机运行状态下的各种物理量、电量和化学量等，并将它们转换成计算机能接受的电信号后再送给 CPU。常用的传感器主要有空气流量计（L 型）、进气歧管绝对压力传感器（D 型）、发动机转速与曲轴位置传感器、温度传感器、节气门位置传感器、氧传感器、爆燃传感器和稀空燃比传感器等。另外，还有各类开关、继电器等。

（1）空气流量计

空气流量计用于测量发动机进气量，是用来确定基本喷油量的主要依据之一。

空气流量计设置在空气滤清器与节气门体之间，也有安装在空气滤清器上，还有将空气流量计与节气门体作成一体安装在发动机上。目前常用的是热线式与热膜式空气流量计，此外还有翼片式和卡门涡旋式。

热线式空气流量计主要由计量空气流量的白金热线，根据进气温度进行修正的温度补偿电阻和控制热线电流并产生输出信号的控制线路板，以及空气流量计的壳体组成，如图 2-120 所示。

空气流量计的取样管置于空气通道中央，两端有金属防护网，防护网用卡箍固定在壳体上，取样管由两个塑料护套和一个热线支撑环构成。热线直径为 70 μm，布置在支撑环内，其阻值随温度而变化，是惠斯顿电桥的一个臂 R_H（见图 2-121）。热线支撑环前端的塑料护套内安装一个白金薄膜电阻器，其电阻值随进气温度而变化，称为温度补偿电阻，是惠斯顿电桥电路的另

一个臂 R_K。热线支撑环后端的塑料保护套上粘结着一只精密电阻，并设计成能用激光修整，也是惠斯顿电桥的一个臂 R_A，该电阻上的电压信号即热线式空气流量计的输出电压信号。惠斯顿电桥还有一个臂 R_B 的电阻器装在控制线路板上，该电阻器在最后调试试验中用激光修整，以便在预定的空气流量下调定空气流量计的输出特性，热线式空气流量计的输出特性如图 2-122 所示。

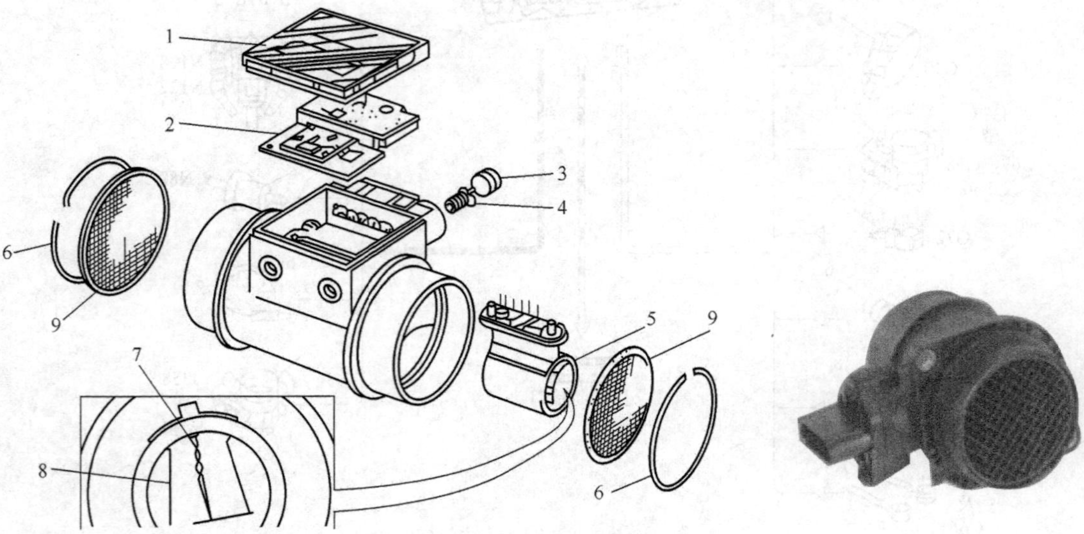

图 2-120　热线式空气流量计

1—密封盖　2—电路板　3—塞子　4—调节螺钉　5—取样管　6—卡箍　7—冷线　8—热线　9—防护网

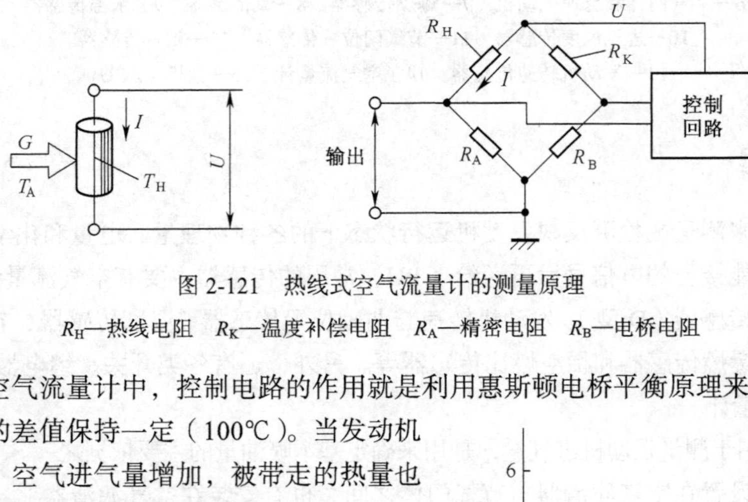

图 2-121　热线式空气流量计的测量原理

R_H—热线电阻　R_K—温度补偿电阻　R_A—精密电阻　R_B—电桥电阻

在热线式空气流量计中，控制电路的作用就是利用惠斯顿电桥平衡原理来控制热线电阻温度与进气温度的差值保持一定（100℃）。当发动机的负荷增加时，空气进气量增加，被带走的热量也同时增加，使热线迅速冷却，白金热线的电阻随之下降，惠斯顿电桥失去平衡。此时，控制电路会自动增加供给热线的电流，使热线恢复原来的温度和电阻，直至电桥恢复平衡。电子控制回路所增加的电流大小取决于热线被冷却的程度，即空气质量流量。此外，当发动机负荷增加时，由于空气的质量流量增加，引起热线电流的增加，同时精密电阻 R_A 的电压也相应增加，ECU 根据该电压信号便可测定空气的质量流量。

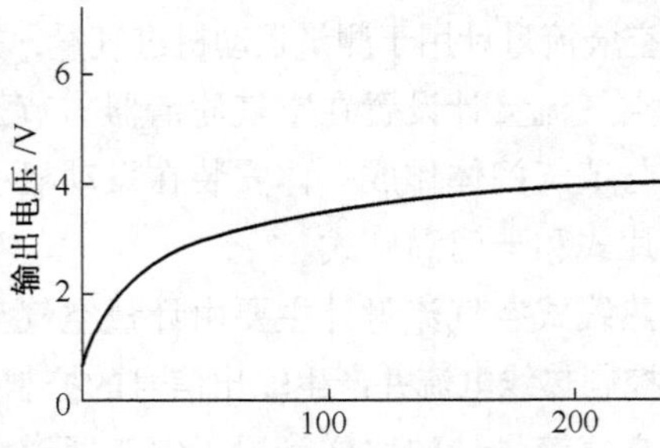

图 2-122　热线式空气流量计的输出特性

此外，由于这种流量计基于热线表面与空气的热传导，热线上任何污染都会造成测量误差，因此控制电路中具有自动“清污”的功能。在发动机熄火后的 4 s 内，控制电路会自动提供自净电流，使热线迅速升高到 1 000℃的高温，并加热 1 s，可将粘附在热线表面上的污物完全清除干净。

这种空气流量计可以直接测量进气空气的质量流量，无需进行进气温度和大气压力修正，无运动部件，进气阻力小，响应特性较好，可正确测出急减速时空气进气量。

热膜式空气流量计的结构和工作原理与热线式基本相同，如图 2-123 所示。只是将发热体由热线式改为热膜式，热膜是由发热金属铂固定在薄的树脂膜上构成。这种结构可使发热体不直接承受空气流动所产生的作用力，增加了发热体的强度，提高了使用寿命，它的金属网用于产生微观紊流，以使测量信号稳定。由于这些优点，使它的应用更为广泛，如捷达王轿车、奥迪 A6 轿车及马自达轿车等均采用这种空气流量计。

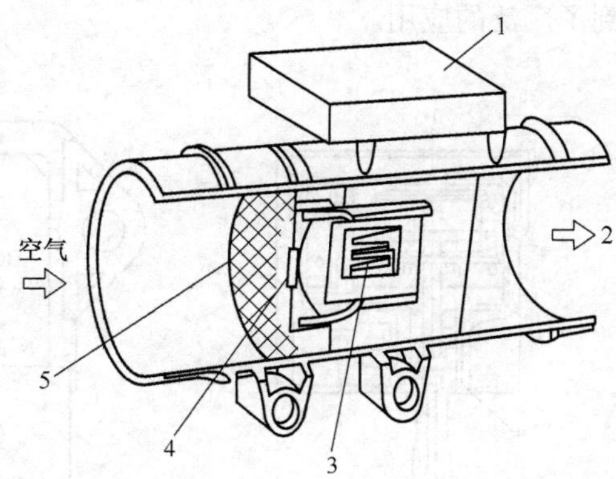

图 2-123　热膜式空气流量计

1—控制回路　2—通往发动机　3—热膜
4—进气温度传感器　5—金属网

（2）进气歧管绝对压力传感器

EFI 系统通过进气歧管压力和发动机转速推算发动机进气量。进气歧管压力的测定靠绝对压力传感器完成。

进气歧管绝对压力传感器种类较多，根据其信号产生原理可分为半导体压敏电阻式、电容式、膜盒传动的可变电感式和表面弹性波式等。

半导体压敏电阻式传感器是在单晶半导体上，通过扩散的方法加入一些不纯物质，就会形成一定的电阻值。在此电阻值的基础上，施加一定的应力应变，其阻值会发生变化，这种现象就称为半导体的压电效应。半导体压敏电阻式压力传感器就是应用了这个原理。

如图 2-124 所示，在 N 型硅板的中部作成比其他部分的厚度要薄的圆形（形成膜片）。在这个膜片上，利用光刻腐蚀让其形成 P 型硅应变电阻，4 个应变电阻（R_1、R_2、R_3、R_4）的电阻值都设计成有相同阻值 R_0，当膜片受到应力作用时，应力在半径方向的分量与切向分量会使各电阻片的阻值产生变化。如果假设电阻片 R_1 和 R_3 的阻值变化量为 ΔR，则 R_2、R_4 的阻值变化量就为$-\Delta R$。此时如果输入电压是 V_E，电桥的输出电压 V_0 就可表示为

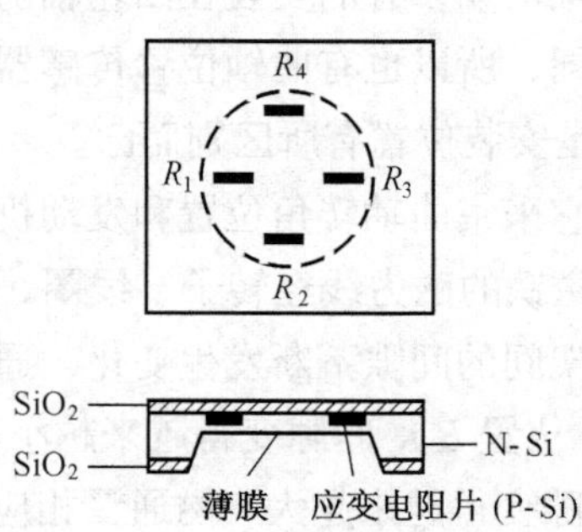

（a）原理

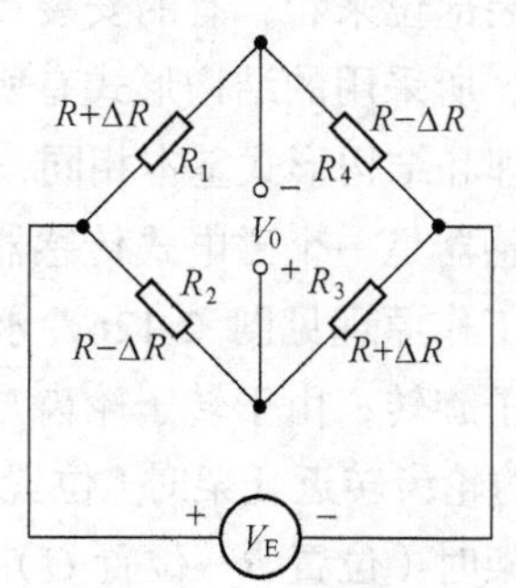

（b）检测电路

图 2-124　半导体的压电电阻效应

$$V_0=(\Delta R/R)\cdot V_E$$

图 2-125 所示为半导体压敏电阻式压力传感器的结构与输出特性。这种传感器是将硅片的周边固定在基座上，再将整体封入一壳体内，并在壳体内形成真空，当通道口与进气管相连接时，进气管内的压力就会使传感器内的膜片产生压力，此时由应变电阻组成的电桥电路就会输出与进气管内压力成比例的电压。由于基准压力是真空的压力，使用这种压力传感器可以测定出绝对压力。为了补偿应变电阻的电阻值与膜片厚度的误差，校正应变电阻的温度系数，有必要另外设置补偿电路，这一补偿电路常与传感器本体组合制成一整体。该传感器具有体积小、精度高、成本低和可靠性、抗振性好的特点，是目前进气压力传感器中最先进的一种，现今得到了广泛的应用。

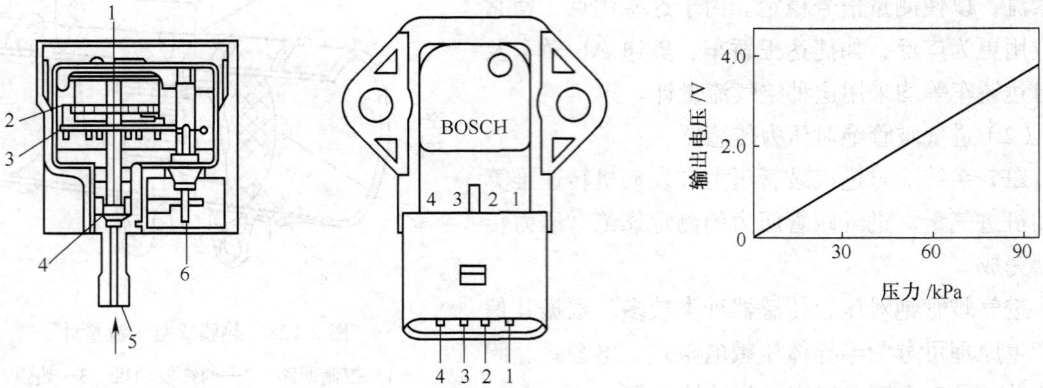

图 2-125　半导体压敏电阻式压力传感器的结构与输出特性

1—硅膜片　2—真空室　3—集成电路　4—滤清器　5—进气口　6—接线

由于压力传感器结构和测量原理的要求，压力传感器安装在震动较小的车身处，用一根橡胶管作为取气管与进气总管相连。

（3）发动机转速与曲轴位置传感器

发动机转速与曲轴位置传感器是提供发动机的转速、曲轴转角位置及气缸行程位置信号，以此确定发动机的基本喷油时刻、喷油量及点火时刻。发动机转速与曲轴位置传感器可分为磁电式、光电式和霍尔式 3 种类型。

此外，就其安装部位来看，有的安装在曲轴前端，有的安装在凸轮轴前端或分电器内以及飞轮上。车型不同，所采用的结构形式有所不同，所以也有曲轴位置传感器或凸轮轴位置传感器之说，两者的原理和结构形式基本相同，只是安装位置有所区别而已。

捷达王转速传感器是一个磁电式传感器。它采集曲轴转角位置和发动机转速信号。磁电式曲轴位置传感器的工作原理见图 2-126，永久磁铁的磁力线经转子、线圈、托架构成回路，当发动机工作时，转子旋转，由于转子轮齿与托架间的间隙不断发生变化，通过线圈的磁通量也不断变化，即转子的轮齿转近托架时（位置 $A\rightarrow$位置 B），间隙变得越来越小，磁通量相应增加；转子的轮齿转离托架时（位置 $B\rightarrow$位置 C），间隙变得越来越大，磁通量相应减小。如此在电磁线圈内感应出感应电动势，即输出信号。由此分析，当转子旋转时，可产生与齿数相等且大小和方向均周期性变化的感应电动势，并以交流形式输出。

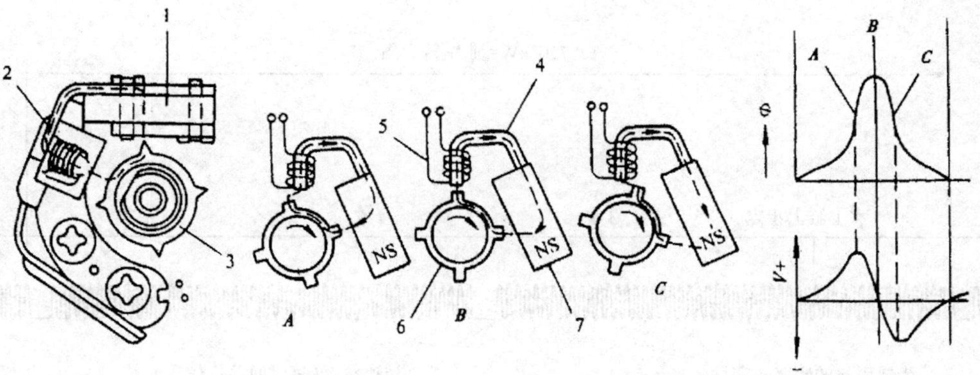

（a）构造图　　（b）工作原理

图 2-126　磁电式传感器工作原理

1、7—永久磁铁　2、5—耦合线圈　3、6—转子　4—衔铁　Φ—通过线圈的磁通量　V—线圈产生的电压信号

捷达曲轴上有一个靶轮，靶轮上有 60 个齿，转速及曲轴位置传感器对它进行扫描。当靶轮经过传感器时，产生一个变电压信号，其频率随发动机转速变化而变化，控制单元根据交变电压的频率识别发动机的转速。在靶轮上有一处缺两个齿，感应传感器扫描到该处，1 缸活塞处于上止点前 72°，如图 2-127 所示。它是作为控制单元识别曲轴转角位置的基准标记。发动机转速传感器所感应出的信号如图 2-128 所示。

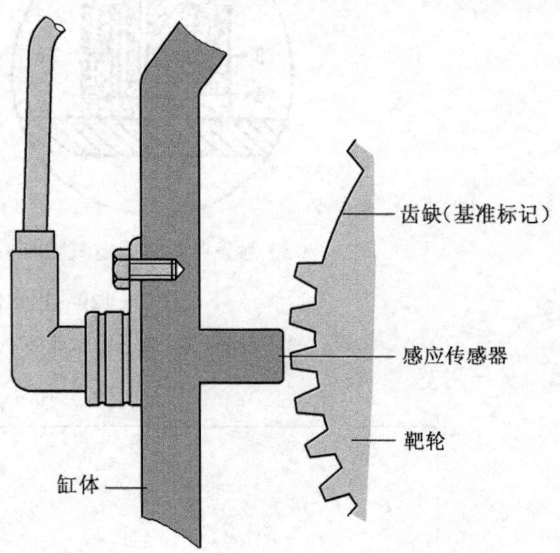

图 2-127　捷达王转速传感器 G28

（4）凸轮轴位置传感器

捷达王凸轮轴位置传感器安装在缸盖右侧，进气凸轮轴后端。它是一个电子开关，利用霍尔原理工作。霍尔信号发生器主要由永久磁铁、触发叶轮、导磁板和霍尔集成电路等组成，如图 2-129 所示。内外触发叶轮的侧面各安置一个霍尔信号发生器。当触发叶轮转动时，每当叶片进入永久磁铁与霍尔元件之间的空气隙时[见图 2-129（a）]，由于霍尔元件的磁场被触发叶片旁路，因此不产生霍尔电压。当触发叶片离开空气隙时[见图 2-129（b）]，由于永久磁铁 3 的磁通通过导磁板 5 穿过霍尔元件，因此将产生霍尔电压。霍尔元件产生的霍尔电压信号经霍尔集成电路放大整形后，向 ECU 输出位置信号。

捷达霍尔传感器隔板上有一个霍尔窗口，凸轮轴每转一周（曲轴转 720°），产生一个信号，该信号出现在 1 缸压缩冲程上止点前 72°。控制单元根据此信号可识别 1 缸压缩冲程上止点位置，用于顺序喷油和爆燃选择控制。如果霍尔传感器信号中断，它没有替代功能，发动机控制单元不能区分 1 缸和 4 缸。霍尔传感器信号如图 2-130 所示。

（5）温度传感器

温度传感器有冷却液温度、进气温度与排气温度的传感器。实际中应用较多的是热敏电阻式温度传感器。

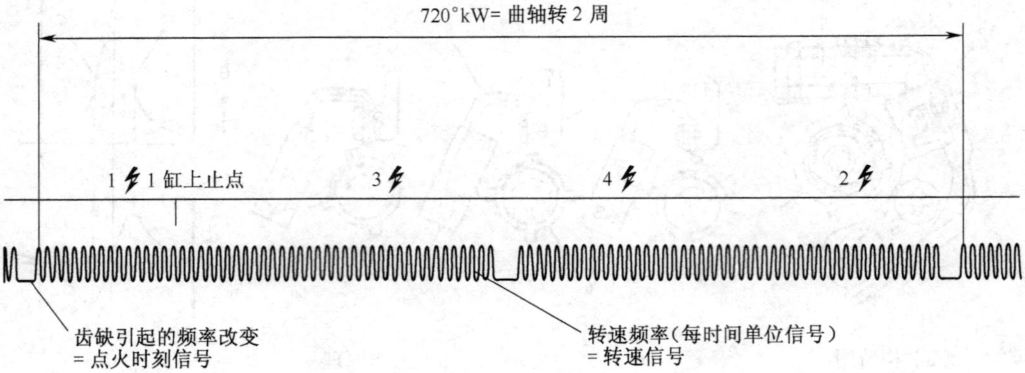

图 2-128 传感器信号

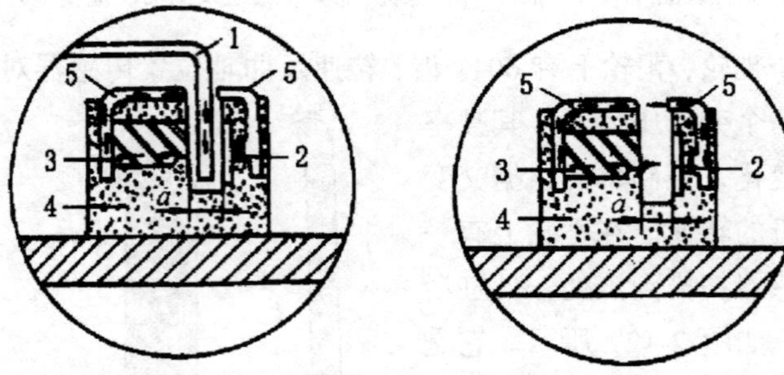

（a）触发叶轮进入空气隙时 （b）触发叶轮离开空气隙时

图 2－129 霍尔信号发生器的工作原理

1—触发叶轮 2—霍尔元件 3—永久磁铁 4—底板 5—导磁板

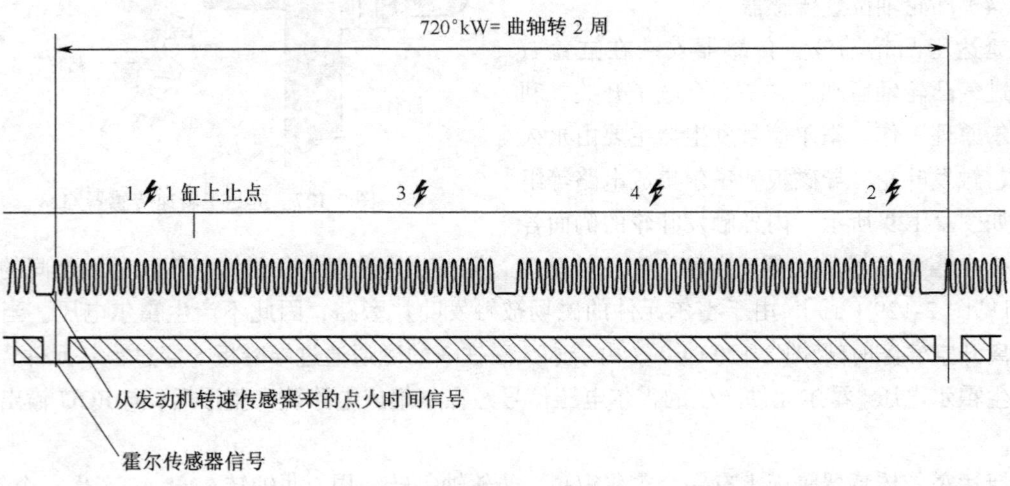

图 2-130 霍尔传感器信号

冷却液温度传感器用来检测发动机冷却液温度，该值用于喷油量和点火时刻的修正。图 2-131 所示为负温度系数的热敏电阻式温度传感器的结构、特性及与电控单元的连接，热敏电阻的阻值随温度的升高而减小。电控单元中的电阻 R 与温度传感器串联。当发动机冷却液温度改变时，传感器向电控单元输送的信号电压也发生改变。

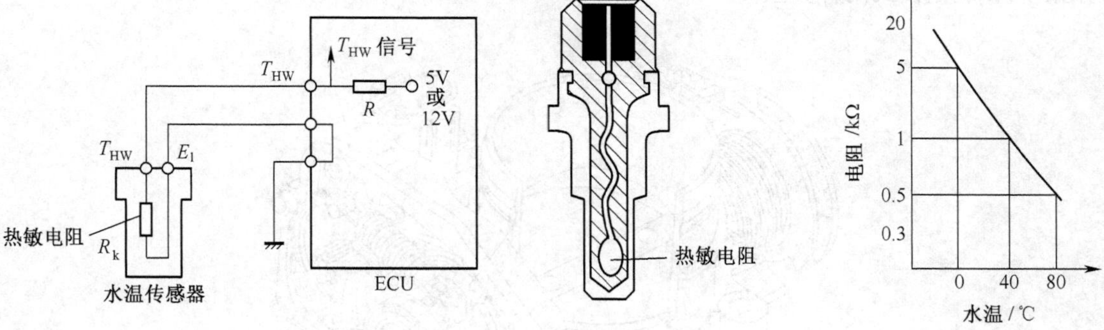

图 2-131　冷却液温度传感器

（6）节气门位置传感器

节气门位置传感器通常装在节气门体上，可同时把节气门开度、怠速、大负荷等信号转换成电压信号送至 ECU 中，以便控制系统根据发动机的各种典型工况对其喷油量及点火提前角进行最优控制。节气门位置传感器有线性输出和开关量输出两种形式。

线性输出型节气门位置传感器的结构如图 2-132（a）所示，在传感器上安装了两个与节气门联动的电刷触头，其中一个电刷触头在印刷电路基片上的滑片电阻上滑动，利用电阻值的变化，测得与节气门开度对应的线性输出电压，根据输出的电压值，可知节气门的开度。另一个电刷触头在节气门关闭时与怠速触点 IDL 接触。IDL 信号主要给 ECU 提供怠速信号，用于断油控制和点火提前角修正。节气门开度输出信号 V_{TA} 则使 ECU 对喷油量进行控制，随着节气门开度的增大，节气门开度输出电压线性增大（见图 2-132（b））。

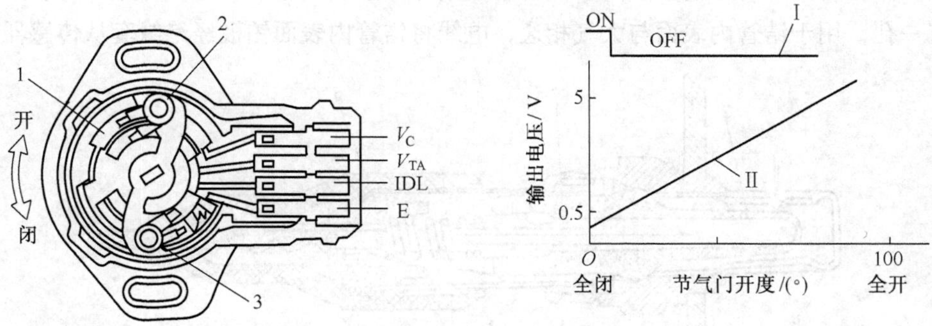

（a）传感器结构　　（b）传感器输出特性

图 2-132　线性输出型节气门位置传感器结构与输出特性

1—电阻器　2—检测节气门开度用的电刷触头　3—检测节气门全闭用的电刷触头

I—怠速触点信号　II—节气门开度信号

捷达都市先锋轿车发动机节气门体采用整体式结构，如图 2-133 所示。主要由节气门位置传感器、怠速节气门位置传感器、怠速开关、怠速直流电动机以及一套齿轮驱动机构组成。其中节气门位置传感器、怠速节气门位置传感器为线性输出型传感器，怠速开关为开关量输出型传感器。

（7）氧传感器

为了检测出实际空燃比，在排气管中设置了氧传感器，用于检测实际空燃比是大还是小，并向 ECU 提供空燃比反馈信号，以此控制空燃比收敛于理论值。目前已实际应用的氧传感器有氧化锆式和氧化钛式两种类型。

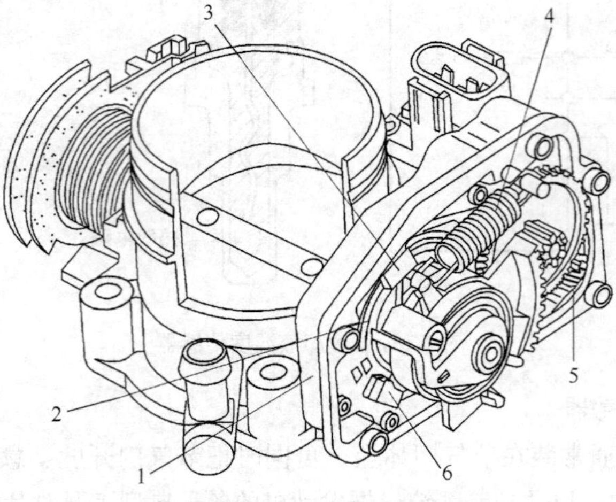

图 2-133 捷达都市先锋发动机节气门体

1—整体式怠速稳定装置 2—怠速开关 3—怠速节气门位置传感器
4—应急弹簧 5—怠速电动机 6—节气门位置传感器

氧化锆式氧传感器的基本元件是专用陶瓷体，即氧化锆（ZrO_2）的固体电解质，其结构如图 2-134 所示。陶瓷体制成试管式的管状称锆管。锆管固定在带有安装螺丝的固定套中，其内表面与大气相通，外表面与废气相通。锆管内外表面都覆盖着一层多孔性的铂膜作为电极。氧传感器安装于排气管上，为了防止废气中的杂质腐蚀铂膜，在锆管外表的铂膜上覆盖一层多孔的陶瓷层，并且还加装一个防护套管，套管上开有槽口。氧传感器的接线端有一个金属护套，其上开有一孔，用于锆管内表面与大气相通，电线将锆管内表面铂极经绝缘套从传感器引出。

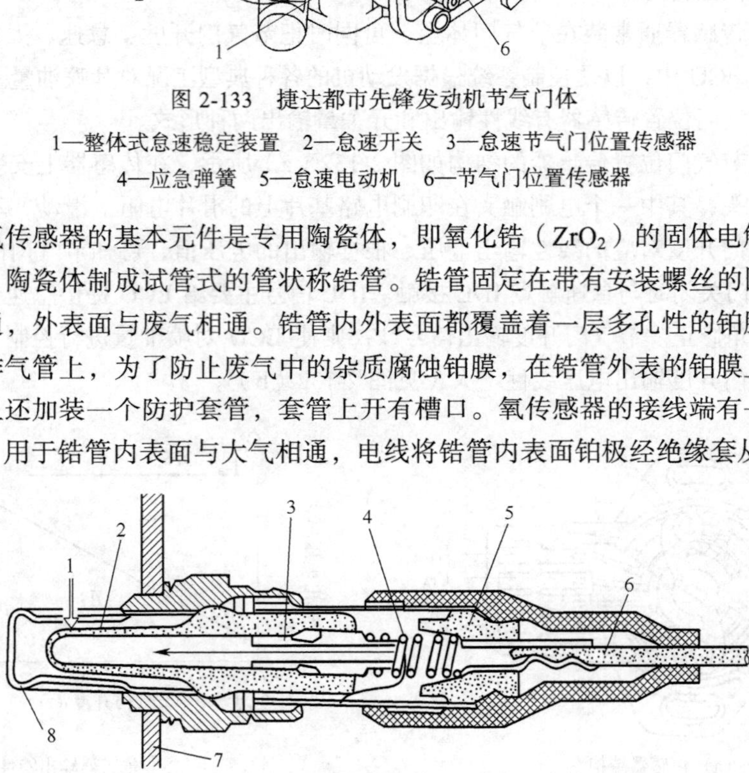

图 2-134 氧化锆式氧传感器

1—排气 2—锆管 3—电极 4—弹簧 5—线头支架（绝缘） 6—导线 7—排气管 8—导入排气孔罩

锆管的多孔性陶瓷体允许氧渗入该固体的电解质内，当温度较高时，氧气发生电离。若陶瓷体内外两侧氧含量不一致，存在着浓度差时，在固体电介质内部氧离子将从氧浓度高的一侧向氧浓度低的一侧扩散，结果锆管元件形成了一个微电池，在锆管两电极间产生电动势，锆管内外两侧的氧浓度差越大，产生的电动势就越大，如图 2-135 所示。

电动势的大小与锆管内外两侧的氧浓度差有关。当混合气较稀时，由于氧传感器外侧废气中氧浓度较高，因此两侧氧浓度差很小，扩散到排气侧的氧离子数很少，在锆管两铂极间只产生较小的电动势；当混合气较浓时，排气中氧含量少，同时存在较多的未完全燃烧的产物 CO、HC 等。这些产物在锆管外表面的铂催化作用下，与氧发生反应，消耗排气中残余的氧，使锆管外表面氧气浓度几乎为零，这样就使两侧氧浓度差突然增大，两极间产生的电动势突然增大。因此，氧传感器产生的电动势将在理论空燃比附近，即过量空气系数$\alpha=1$时产生突变，混合气稀时（$\alpha>1$），氧传感器输出的电动势几乎为零；混合气浓时（$\alpha<1$），氧传感器的输出电动势接近1V，如图2-136所示。

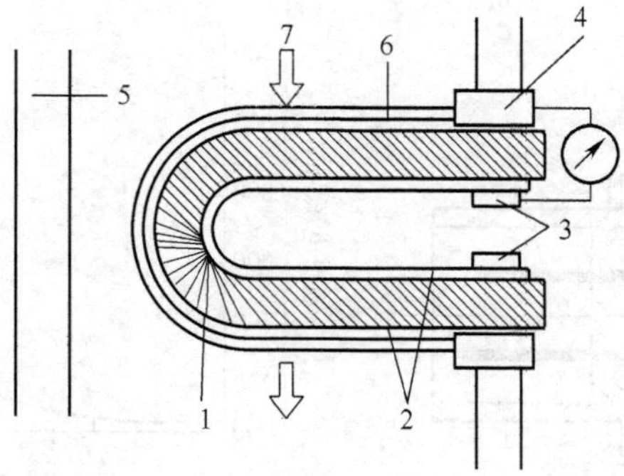

图 2-135 氧传感器的工作原理

1—陶瓷体 2—电极 3、4—电极引线 5—排气管 6—陶瓷防护层 7—排气

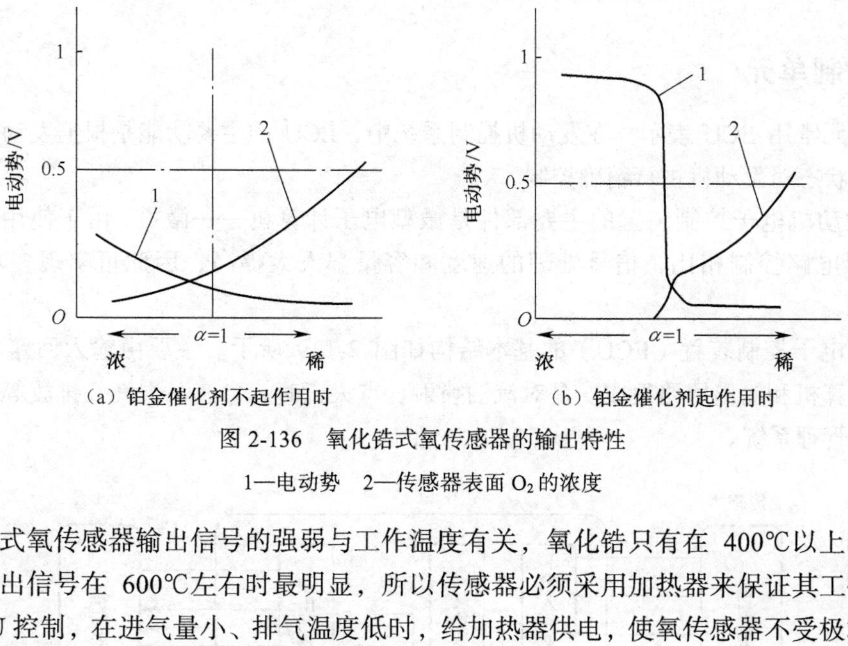

（a）铂金催化剂不起作用时 （b）铂金催化剂起作用时

图 2-136 氧化锆式氧传感器的输出特性

1—电动势 2—传感器表面O_2的浓度

氧化锆式氧传感器输出信号的强弱与工作温度有关，氧化锆只有在400℃以上时，才能正常工作。输出信号在600℃左右时最明显，所以传感器必须采用加热器来保证其工作温度。加热器由ECU控制，在进气量小、排气温度低时，给加热器供电，使氧传感器不受极端升温的影响，同时也扩大了混合气闭环控制的工作范围。

（8）爆燃传感器

爆燃传感器用于检测发动机的爆燃程度，以此实现发动机点火时刻的闭环控制过程，可有效地抑制发动机爆燃现象的发生。发动机爆燃程度的检测主要用发动机机体震动法来判断爆燃强度，以便对发动机的点火提前角进行反馈控制。采用发动机机体震动检测法的爆燃传感器有磁致伸缩式和压电式两种类型。压电式又分共振型和非共振型。

共振型压电式爆燃传感器是利用爆燃时发动机振动频率与传感器本身固有频率一致的特点，通过产生共振来检测爆燃强度的。

图2-137所示为共振型压电式爆燃传感器的结构与工作原理。压电元件紧密地贴合在振荡

片上，振荡片则固定在传感器的基座上。振荡片随发动机震动而振荡，且波及压电元件，使其变形而产生电压信号。当发动机爆燃时的振动频率与振荡片的固有频率相符合时，振荡片产生共振，此时压电元件将产生最大的电压信号（见图 2-138）。该传感器在爆燃时的输出电压比非共振（无爆燃）时的输出电压高得多，因此无需使用滤波器，即可判别有无爆燃产生。

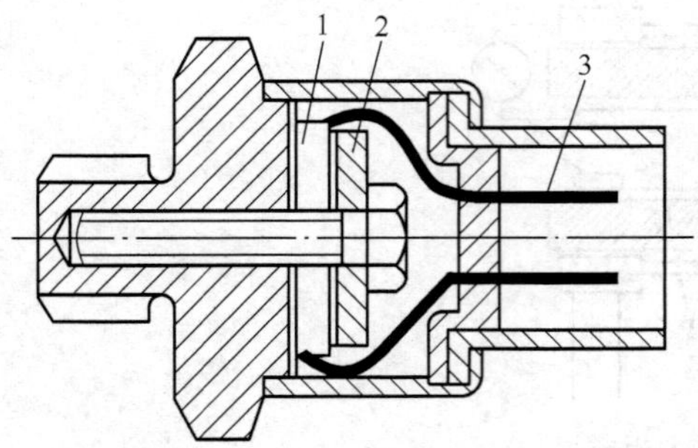

图 2-137　共振型压电式爆燃传感器的结构与工作原理

1—压电元件　2—振荡片　3—引线

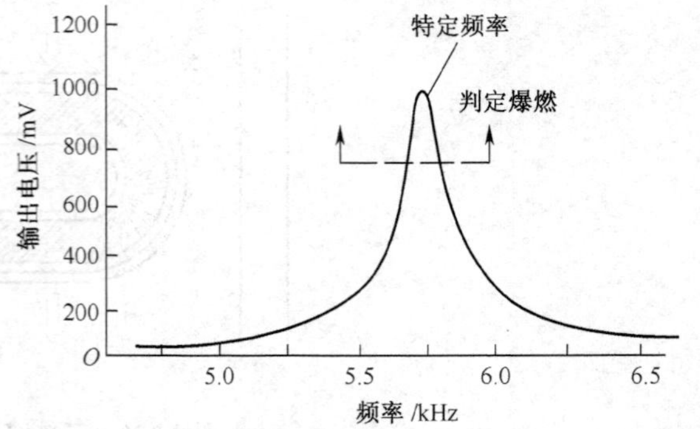

图 2-138　共振型压电式爆燃传感器特性

2. 控制单元

控制单元常用 ECU 表示。在发动机控制系统中，ECU 的主要功能是根据发动机运转状况和车辆运行状态对发动机进行精确控制。

现代发动机电子控制装置的主要部件是微型电子计算机——微机，由于使用了微机，与以往的模拟电路控制相比，信号处理的速度和容量都大大提高，因此可实现多功能的高精度集中控制。

发动机电子控制装置（ECU）的基本结构如图 2-139 所示。主要由输入回路、A/D 转换器、微型计算机和输出回路组成。是对汽油喷射、点火正时、怠速、进气及排放等进行综合控制的发动机管理系统。

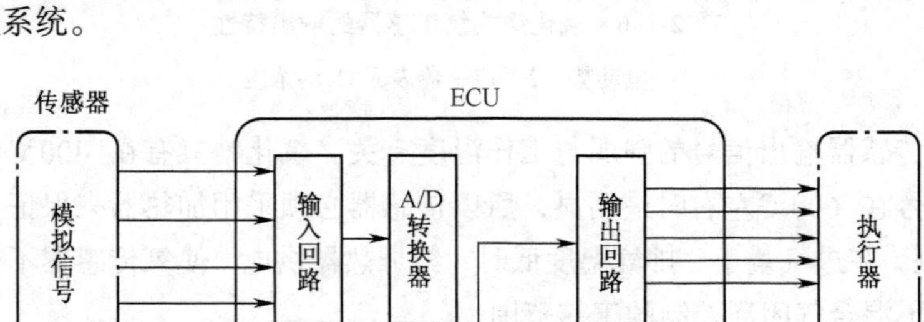

图 2-139　发动机电子控制装置的基本结构

① 输入回路。输入回路对各种输入信号进行预处理，一般包括去杂波，把正弦波转换成矩

形波及电平转换等。

② A/D 转换器。由于微机只能识别数字信号，A/D 转换器将模拟信号转换成数字信号后，才能输至微机中进行处理。

③ 微型计算机。微机主要由中央处理器（CPU）、存储器、输入/输出装置等组成。微机的功能是根据发动机工作的需要，把各种传感器送来的信号用内存的程序（微机处理的顺序）和数据进行运算处理，并把处理结果（如燃油喷射控制信号、点火控制信号等）送往输出回路，如图 2-140 所示。

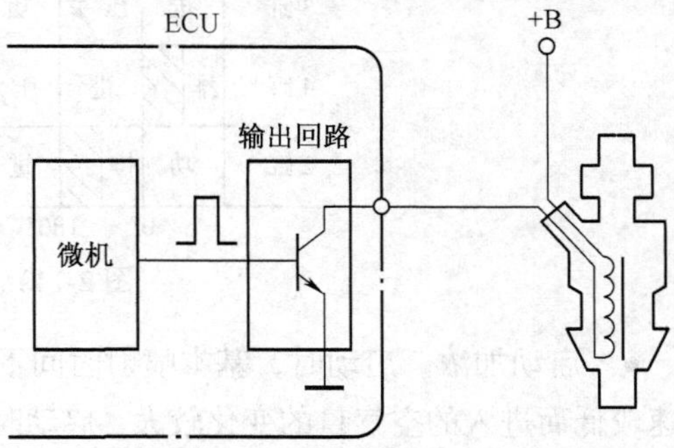

图 2-140　控制喷油器的输出回路

3. 电控燃油喷射系统的控制

汽油机电控燃油喷射系统的控制主要包括燃油喷射控制和点火控制。此外，根据发动机的要求，还具有怠速控制、排放控制、进气控制、增压控制、故障自诊断及备用控制系统等多项控制功能。

（1）燃油喷射控制

① 电动汽油泵的控制。电动汽油泵是由汽油泵继电器控制工作的。捷达发动机在启动时，发动机转速传感器送出转速信号，控制单元控制汽油泵继电器动作，如果发动机转速信号中断，汽油泵继电器不动作，发动机不能启动。

② 喷油正时的控制。现代发动机大多采用顺序喷射方式，即按点火顺序要求，在一个工作循环内各缸喷油一次。控制电路见图 2-141。顺序喷射的控制系统中通常需具有气缸位置判断功能，曲轴位置传感器和凸轮轴位置传感器可用来提供曲轴转角信号和气缸位置判断信号。ECU 根据曲轴及凸轮轴位置传感器的信号，可以准确判断气缸位置，并及时驱动相应的喷油器电磁线圈，使喷油器开启喷油。喷油时刻通常控制在各缸排气行程到达上止点前 70° 左右为宜。例如捷达轿车采用的是顺序喷射控制方式，其喷油器在各缸排气行程上止点之前 72° 开始喷油，喷射顺序是 1—3—4—2。喷射正时如图 2-142 所示。

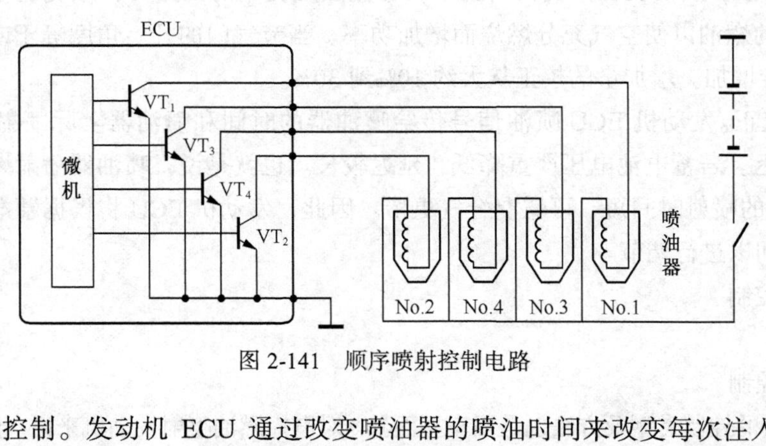

图 2-141　顺序喷射控制电路

③ 喷油量控制。发动机 ECU 通过改变喷油器的喷油时间来改变每次注入气缸内的燃油量。喷油时间取决于两点：一是基本燃油喷油时间取决于空气的摄入量和发动机转速；二是各种校正喷油时间取决于各传感器的信号。发动机 ECU 最终反馈给喷油器的喷油时间需要加上

各种基本时间的校正时间，主要有以下几种校正控制：启动加浓、预热加浓、空燃比反馈校正、加速加浓、燃油切断、功率加浓、其他校正。

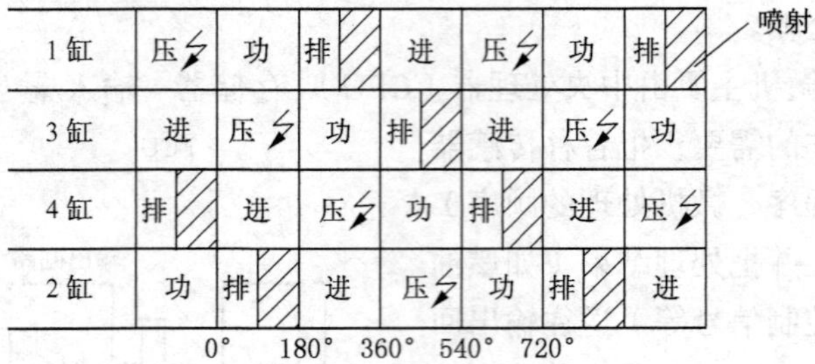

图 2-142 顺序喷射正时图

- 启动加浓。启动时，基本喷射时间不能根据进入的空气量来计算。因为在启动时发动机转速较低而进入的空气量的变化较大。启动时的燃油喷射时间主要要由冷却液温度来决定。冷却液温度越低，燃油的雾化性越差。因此，需增加喷射时间来得到较浓的空气、燃油混合气。
- 预热加浓。发动机 ECU 在冷机时，因为此时燃油不容易雾化，所以，燃油的喷油量就需增加。当温度较低时，需增加喷油时间，来获得较浓的可燃混合气，从而达到较好的行车性。最大校正量是常温下的两倍。
- 空燃比反馈校正。如果发动机 ECU 从氧传感器的信号中断定油浓，它会减少喷射时间产生较稀的可燃混合气。如果发动机 ECU 从氧传感器的信号中断定油稀，它会增加喷射时间产生较浓的可燃混合气。反馈控制操作通过重复进行较小的校正，使得空燃比保持在理论值附近的一个平均值，这被称为闭环控制。
- 加速加浓。突然加速时，会出现燃料供应滞后于进入气缸内的空气增长量。这时需延长燃料喷射时间，根据进入的空气量而增加喷油量以防止可燃混合气偏稀。加速越快，燃料喷油量的增加越大。
- 燃油切断。在减速时，当节气门关闭和发动机转速高时，ECU 就断定车辆在减速。当发动机转速超过预定值，为了减少有害气体的排放和增强发动机的制动效果，切断燃料喷射。当发动机转速低于预定值或者节气门开启时，燃料喷射将重新开始。
- 功率加浓。发动机在高负荷情况下，比如当爬陡峭的山路时，燃烧过程中需要喷射比理论空燃比多的燃油以使空气充分燃烧而增加功率。当节气门的开启角度等于或大于预定值如70%时该量就会增加。增加量的校正从大约 10%到 30%。
- 电压校正。发动机 ECU 喷油信号传给喷油器的时间和喷油器实际喷射燃料的时间之间存在时间延迟。若蓄电池电压严重降低，延迟较长。也就是说，喷油器喷射燃料的时间较发动机 ECU 计算的喷射时间短，可燃混合气更稀。因此，发动机 ECU 将根据蓄电池电压的降低而延长喷射时间以进行调节。

（2）点火控制

见 2.8 节。

（3）怠速控制

怠速空气量的控制类型及方法也是因车型而异。对电控燃油喷射发动机来讲，目前可分为两种基本类型：一种是控制节气门旁通通道空气量的旁通空气式；另一种是直接控制节气门关闭位置的节气门直动式，如图 2-143 所示。两种机构都是利用调节空气通路面积的方法来控制空气流量的。

现在节气门直动式更为常见，如捷达轿车在怠速时有 2°～5° 的调整范围。当冷启动时，节气门在 ECU 控制下，开到最大 5°，启动后，随着温度的升高，逐渐关小，使发动机工作在最佳怠速状态。另外，当在怠速时，发动机负荷变化如空调开关打开或电器负荷增多时，怠速转速都将提升。

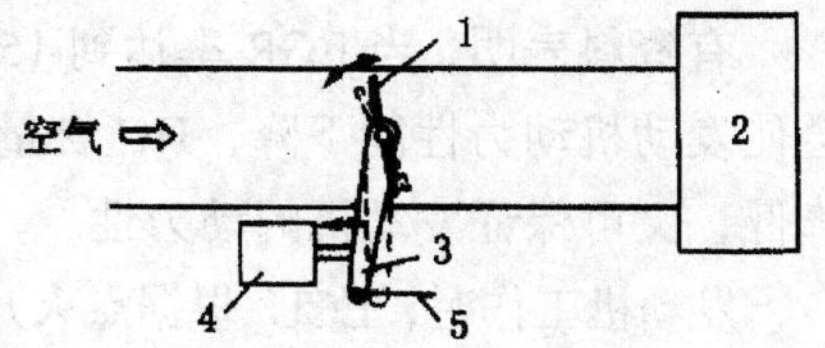

（a）气门直动式

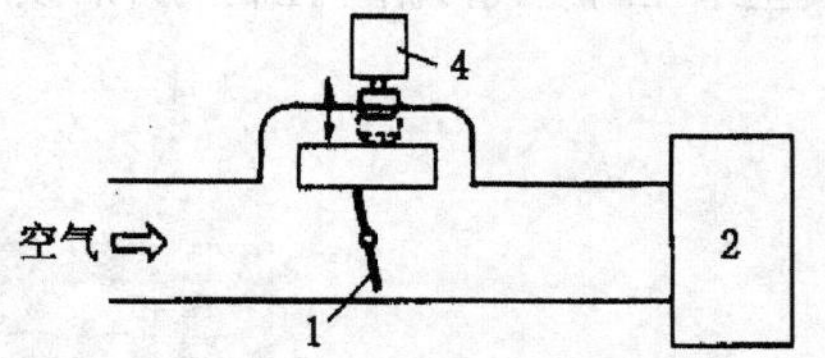

（b）旁通空气式

图 2-143　怠速控制方式

1—节气门　2—发动机　3—节气门操纵臂　4—执行元件　5—节气门拉丝

（4）排放控制

汽车排放污染物是汽车排放物中污染环境的各种物质，主要有一氧化碳（CO）、碳氢化合物（HC）、氮氧化物（NO_x）和微粒物（PM）等。

① 汽油箱通风系统的控制。汽油箱通风系统如图 2-144 所示，主要由活性炭罐、活性炭罐电磁阀及通风管组成。该系统的作用是防止油箱内蒸发的汽油蒸汽排到大气中对环境造成污染，同时将这部分汽油蒸汽引入到燃烧室内重新燃烧利用。

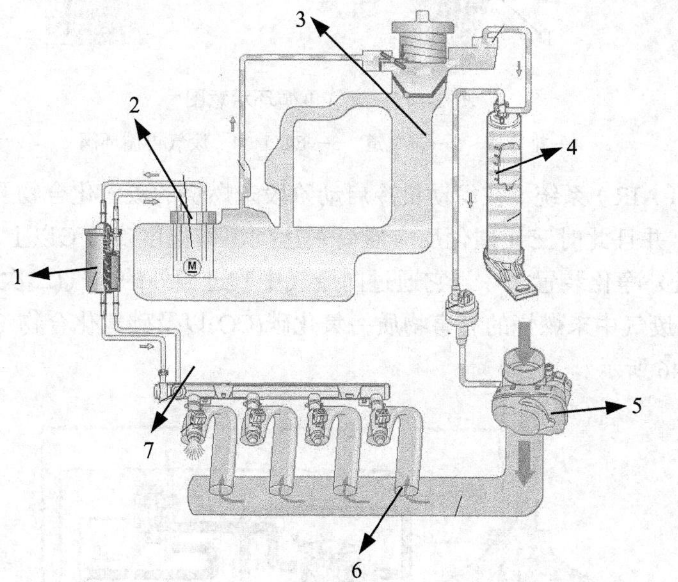

图 2－144　油箱通风系统

1—汽油滤清器　2—汽油泵　3—汽油箱　4—活性炭罐　5—节气门体　6—进气道　7—燃油分配器

汽油箱通风系统的工作是由控制单元通过控制活性炭罐电磁阀的开闭频率来调节额外进入发动机的汽油蒸汽量。电磁阀开启，活性炭罐中的汽油蒸气被吸入到进气管中，然后进入燃烧室内燃烧，电磁阀在断电情况下是关闭的，发动机冷态时，油箱通风系统不工作，即活性炭罐电磁阀处于关闭状态。发动机处于热态时，控制单元便控制活性炭罐电磁阀按一定的频率开闭。

② 废气再循环（Exhaust Gas Recircdation）简称 EGR，是指在发动机工作时将一部分废气引入进气管，并与新鲜空气混合后吸入气缸内再次进行燃烧的过程。废气再循环是目前用于降低 NO_x 的一种有效方法，它是通过降低燃烧室的燃烧温度来抑制 NO_x 的生成。通常，废气再循环程度用 EGR 率来表示，其定义如下：

EGR 率= EGR 流量/（吸入空气量 + EGR 流量）

有资料表明，当 EGR 率达到 15%时，NO_x 的排放量即可减少 60%。但 EGR 率增加过多时，会使发动机动力性能下降，HC 含量上升。因此，利用 ECU 来控制 EGR 率，既能使 NO_x 有效降低，又可保证发动机的动力性。

发动机工作时，ECU 根据点火开关、曲轴位置、冷却液温度、节气门位置等传感器的输出信号，确定发动机运行工况，并同时输出指令，控制电磁阀电磁线圈的导通与截止。并利用进气管的真空来控制废气再循环控制阀开启或闭合动作，使废气再循环进行或停止，如图 2-145 所示。

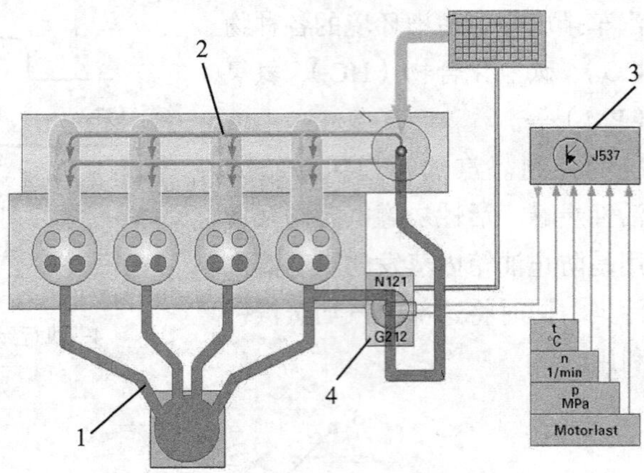

图 2-145 废气再循环示意图

1—排气道 2—进气道 3—ECU 4—废气再循环阀

③ 二次空气（AIR）系统。在发动机冷启动阶段未燃烧的碳氢化合物及一氧化碳等有害物质排放相对较高，并且此时三元催化反应器尚未达到工作温度(300℃以上)。二次空气系统是降低尾气排放的机外净化装置之一，它通过向废气中吹进额外的空气(二次空气)，增加其中氧气的含量。这样使废气中未燃烧的有害物质一氧化碳(CO)以及碳氢化合物(HC)在高温环境下再次燃烧，如图 2-146 所示。

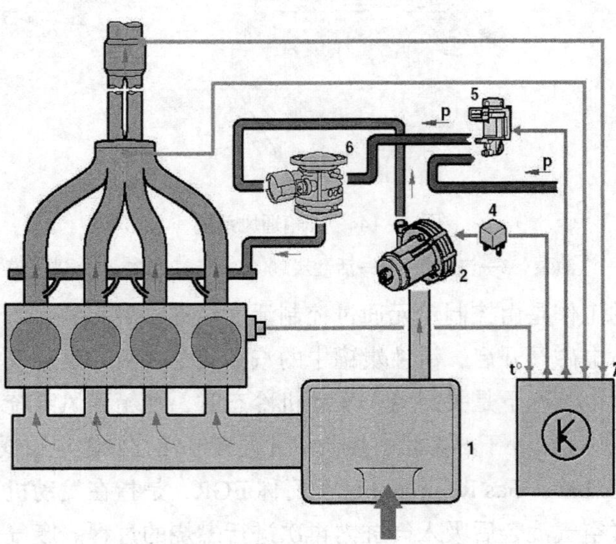

图 2-146 二次空气（AIR）系统

1—空气滤清器 2—二次空气泵 3—发动机控制计算机 4—二次空气泵继电器 5—二次空气控制阀 6—组合阀门

在冷启动后 100 s 内或热启动后 10 s 内，通过发动机 ECU 激活二次空气系统开始工作，二次空气泵的电源通过继电器得到开始工作，发动机启动后经过滤清器的空气通过二次空气泵直接被吹到组合阀后。同时，由发动机计算机控制二次空气进气阀，并通过压力 P 驱动组合阀门开始工作。二次空气泵作用是在很短时间内将空气压进排气管中的废气中。

在二次空气系统未工作状态下，热的废气将停止在组合阀门处，阻止废气进入二次空气泵。在控制过程中，自诊断系统同时进行着检测。由于废气中所含氧气量的增加导致氧传感器电压降低，所以氧传感器必须处于工作状态。二次空气系统正常工作时，氧传感器将检测到极稀的混合气。

（5）自诊断系统

现代汽车发动机电子控制系统中，一般都设有自诊断系统。该系统可以监视、诊断发动机控制系统的工作情况及工作中出现的故障。发动机工作时，自诊断系统对传感器和执行元件进行检测，一旦发现某传感器或执行元件信号超出规定范围或信号中断时，就判定为该部分电路故障，以故障码的形式储存起来，以备维修时调用。另外，系统中还有替代程序，以备应急时使用。如控制单元发现温度信号中断，为保证系统正常工作，便使用一个替代值（如 80℃），使发动机仍能运转，但在冷启动和暖机运行过程中会明显感觉到发动机工作不稳。

在维修时，使用专用诊断仪从自诊断接口很容易地读出或消除自诊断系统中所记忆的故障码，给维修带来极大的方便。

2.5 柴油机燃料供给系统

2.5.1 概　述

1. 柴油

柴油机使用的燃料是柴油，由于其黏度大，蒸发性差，所以在柴油机工作时，必须采用高压喷射的方法在压缩冲程接近上止点时，将柴油以雾状喷入燃烧室，直接在气缸内部形成可燃混合气，并借助气缸内空气的高温自行发火燃烧。

柴油是在 533～625 K 的温度范围内由石油中提炼出来的碳氢化合物，其中各成分质量分别是碳 87%、氢 12.6%、氧 0.4%。

柴油的使用性能指标主要是发火性、蒸发性、黏度和凝点。

发火性是指柴油的自燃能力。柴油机工作时，柴油被喷入燃烧室后，并非立即着火燃烧，而要经过一段时间的物理和化学准备，这个准备时间称为备燃期。备燃期过长，在燃烧开始前燃烧室内积存的柴油过多，致使燃烧开始后气缸内压力升高过快，使柴油机工作粗暴；反之，备燃期短，会使发动机工作柔和，而且可在较低温度下发火，有利于启动。柴油的发火性用十六烷值表示，十六烷值越高，发火性越好。但十六烷值过高的柴油喷入燃烧室后，还来不及与空气充分混合就着火，使柴油在高温下裂解分离出大量的游离碳，造成油耗、烟度上升。因此，一般汽车用柴油的十六烷值应在 40～50。

蒸发性是指柴油汽化的特性，是通过蒸馏试验来确定的，需要测量馏程为 50%、90%及 95%馏出温度。同一相对蒸发量的馏出温度越低，越有利于可燃混合气的形成与燃烧，越有利于启动，但同时也会使柴油机工作粗暴。若燃料中重馏分含量过多，则会造成雾化不良，汽化缓慢，使燃烧不完全而产生严重的积炭现象。

黏度决定柴油的流动性。黏度过大的柴油，流动阻力也过大，难以沉淀、滤清，影响喷雾质量；黏度过小的柴油，将增加精密偶件工作表面间的柴油漏失量，并加剧这些表面的磨损。因此应选用黏度合适的柴油。

凝点是表示柴油冷却到开始失去流动性的温度。柴油的凝点应比柴油机最低工作温度低 3～5℃以上。凝点过高将造成油路堵塞。

柴油按其所含重馏分的多少分为重柴油和轻柴油。汽车用柴油机都是高转速的，因此，应采用轻柴油。轻柴油的牌号即根据凝点编定的，如 10 号、0 号和−35 号轻柴油的凝点分别为 10℃、0℃和−35℃。

为降低柴油的凝点，改善其低温流动性，使用时可在其中掺入裂化煤油或添加降凝剂。

此外，对柴油中的有害成分，如灰分、硫的含量、机械杂质、水分、酸度、水溶性酸和碱、实际胶质等也必须严格控制，国产轻柴油规格（GB 252—1981）对这方面均有明确的规定。

2. 柴油机燃料供给系统的组成与工作原理

柴油机燃料供给系统一般由柴油箱、柴油粗滤器、输油泵、柴油细滤器、喷油泵、调速器、喷油器及油管等部件组成。其中喷油泵是柴油机燃料供给系统中的关键部件。目前，柱塞式喷油泵和分配式喷油泵是柴油机燃料供给系统中广泛应用的两种形式的喷油泵。

图 2-147 所示是装有柱塞式喷油泵的柴油机燃料供给系统示意图。发动机工作时，输油泵 2 经吸油管 12 将柴油自柴油箱 13 内吸出，经柴油粗滤器 14 滤清后，并将柴油压力提高到 0.15～0.30 MPa，

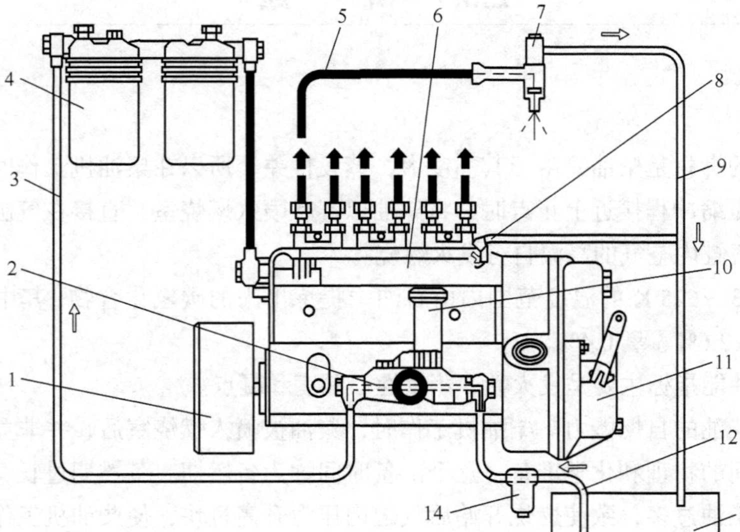

图 2-147 装有柱塞式喷油泵的柴油机燃料供给系统示意图

1—供油提前调节器 2—输油泵 3—低压油管 4—柴油细滤器 5—高压油管 6—喷油泵 7—喷油器 8—限压阀 9—回油管 10—手油泵 11—调速器 12—吸油管 13—柴油箱 14—柴油粗滤器

再经柴油细滤器 4 滤去杂质后送至喷油泵 6，喷油泵将柴油压力进一步提高至 10 MPa 以上，通过高压油管 5 泵入喷油器 7，喷油器再将柴油以雾状喷入燃烧室并与空气混合后自行着火燃烧。输油泵供给的多余柴油以及喷油器顶部回油孔流出的少量柴油，都经回油管 9 流回柴油箱。

图 2-148 所示为装有分配式喷油泵的柴油机燃料供给系统示意图。它是由凸轮驱动的一级输油泵将燃油从燃油箱内吸出后产生一定的压力，通过燃油滤清器滤清后输送到二级输油泵，再由二级输油泵将压力提高到 40～50 kPa 后输送到分配泵，由分配泵将压力进一步提高到 50 MPa 以上，并按发动机工作顺序将高压油送到各个气缸的喷油器喷入燃烧室，多余的燃油流回燃油箱。

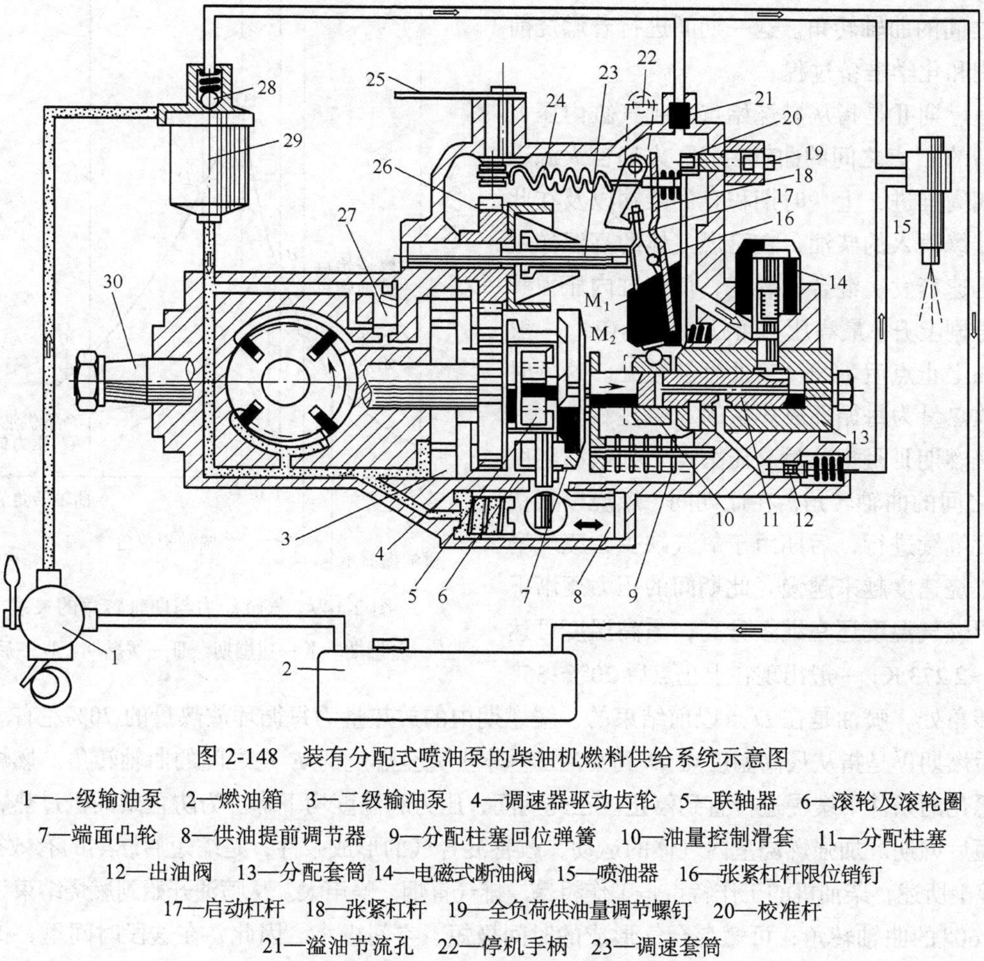

图 2-148　装有分配式喷油泵的柴油机燃料供给系统示意图

1—一级输油泵　2—燃油箱　3—二级输油泵　4—调速器驱动齿轮　5—联轴器　6—滚轮及滚轮圈　7—端面凸轮　8—供油提前调节器　9—分配柱塞回位弹簧　10—油量控制滑套　11—分配柱塞　12—出油阀　13—分配套筒 14—电磁式断油阀　15—喷油器　16—张紧杠杆限位销钉　17—启动杠杆　18—张紧杠杆　19—全负荷供油量调节螺钉　20—校准杆　21—溢油节流孔　22—停机手柄　23—调速套筒　24—调速弹簧　25—调速控制杆 26—飞块总成　27—调压阀　28—溢流阀　29—燃油细滤器　30—分配泵驱动轴

除上述燃油供给装置外，柴油机燃料供给系统还包括空气供给装置、混合气形成装置及废气排出装置。空气供给装置由空气滤清器、进气管和进气道组成，有的还装有空气增压器及中冷器；混合气形成装置为燃烧室；废气排出装置由排气道、排气管和排气消声器组成。

3. 可燃混合气的形成与燃烧室

（1）可燃混合气的形成

目前柴油机可燃混合气的形成方法基本上有两种：空间雾化混合和油膜蒸发混合。

空间雾化混合是将柴油以雾状喷向燃烧室空间，并在空间蒸发形成混合气。为使混合均匀，要求柴油喷注与燃烧室形状相适应，并利用燃烧室中的空气运动促进混合。

油膜蒸发混合是将柴油大部分喷射到燃烧室壁上形成油膜，油膜受热并在强烈的旋转气流作用下，逐渐蒸发，与空气形成比较均匀的可燃混合气。

根据气缸中压力和温度的变化特点，可将混合气的形成与燃烧过程按曲轴转角划分为4个阶段，如图2-149所示。

备燃期Ⅰ是指喷油器喷油始点 A 到燃烧始点 B 之间的曲轴转角。这一期间进行着燃烧前的物理和化学准备过程。

速燃期Ⅱ是指从燃烧始点 B 到气缸内压力达最高的 C 点之间的曲轴转角。火焰自火源迅速向四周推进，上一时期积存的柴油以及在此期间陆续喷入的柴油，在已燃气体的高温作用下，迅速蒸发、混合和燃烧，使气缸内压力和温度急剧上升，最高压力可达6～9 MPa，一般出现在上止点后6°～15°曲轴转角处。这一时期的放热量为每循环放热量的30%左右。

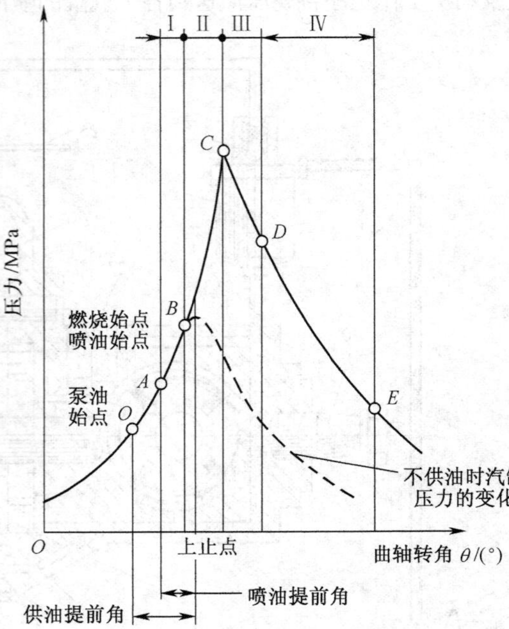

图2-149 气缸压力与曲轴转角的关系

Ⅰ—备燃期 Ⅱ—速燃期 Ⅲ—缓燃期 Ⅳ—后燃期

缓燃期Ⅲ是指从最高压力点 C 到最高温度点 D 之间的曲轴转角。在此期间，燃烧以很快的速度继续进行，后期由于氧气缺少，废气增加，燃烧速度越来越慢。此期间的压力逐渐下降，但燃气温度还在继续升高，最高温度可达1 973～2 273 K，一般出现在上止点后20°～35°曲轴转角处。喷油是在 D 点以前结束的，缓燃期内的放热量为每循环放热量的70%左右。

后燃期Ⅳ是指从最高温度点 D 到柴油已基本上完全燃烧的 E 点之间的曲轴转角。燃烧是在逐渐恶化的条件下缓慢进行直到停止。在此期间，压力和温度均下降。为防止柴油机过热，应尽量缩短后燃期。加强燃烧室内气体的运动，改善混合气的形成条件，是缩短后燃期的有效措施。

综上所述，柴油机的工作特点是工作粗暴、排气冒烟、噪声大。从喷油开始到燃烧结束，仅占50°～60°的曲轴转角，可燃混合气形成的时间极短、空间极小。因此，在这段时间里，提高燃料的雾化程度、加强气流的运动强度、改善燃烧后期的燃烧条件，是提高柴油机动力性和经济性的有效途径。

（2）燃烧室

由于柴油机可燃混合气的形成和燃烧主要是在燃烧室内进行的，所以燃烧室的形状对可燃混合气的形成和燃烧有着直接的影响。

柴油机燃烧室按结构形式分为两大类：统一式燃烧室和分隔式燃烧室（见图2-150）。

① 统一式燃烧室。统一式燃烧室的结构特点是只有一个燃烧室，位于活塞顶面与气缸盖底面之间，喷油器直接向燃烧室内喷射柴油，借助油束形状与燃烧室形状的合理匹配，以及空气的涡流运动，迅速形成可燃混合气燃烧，故这种燃烧室又称为直喷式燃烧室。

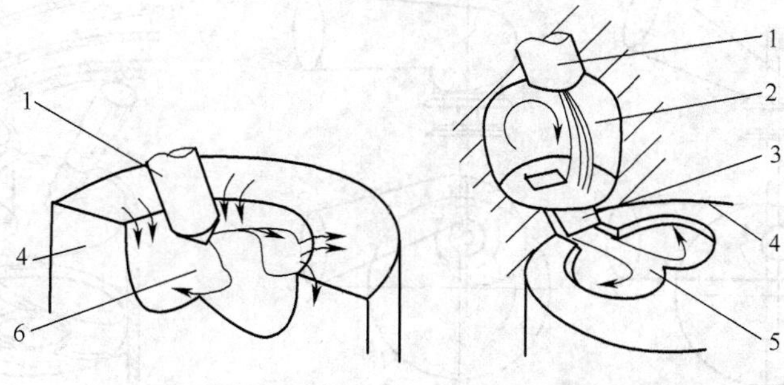

（a）统一式燃烧室　　（b）分隔式燃烧室

图 2-150　柴油机燃烧室

1—喷油器　2—副燃烧室　3—连接通道　4—活塞　5—双涡流凹坑　6—ω 形凹坑

统一式燃烧室主要集中在活塞顶的凹坑内，图 2-151 所示的浅 ω 形燃烧室和球形燃烧室比较常用。

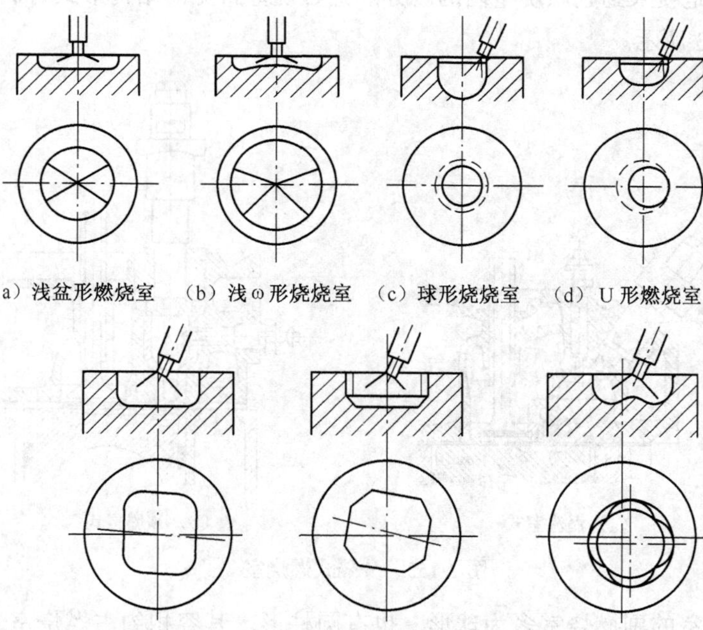

（a）浅盆形燃烧室　（b）浅 ω 形燃烧室　（c）球形燃烧室　（d）U 形燃烧室

（e）四角形燃烧室　（f）八角形燃烧室　（g）花瓣形燃烧室

图 2-151　统一式燃烧室

ω 形燃烧室的活塞顶部凹坑的纵剖面为 ω 形，喷入的柴油绝大多数分布在燃烧室的空间，极少部分喷到燃烧室壁上形成油膜，所以混合气的形成以空间雾化混合为主。为促进混合气的形成和改善燃烧状况，通常采用切向进气道或螺旋进气道（见图 2-152），以形成中等强度的进气涡流。这种燃烧室结构简单、紧凑，传热损失少，发动机的动力性、经济性及启动性都较好。但需要较高的喷油压力，要配以多孔式喷油器，工作起来也比较粗暴。

球形燃烧室位于活塞顶部中央，形状大于半个球。柴油顺气流方向喷射到燃烧室壁上形成油膜，所以混合气的形成方式以油膜蒸发混合为主。这种混合气形成方式使发动机工作平稳、柔和、燃烧彻底。它的缺点是启动性能较差；低速、低负荷工作时，混合气质量差，排烟较重以及变工况的适应性差等。

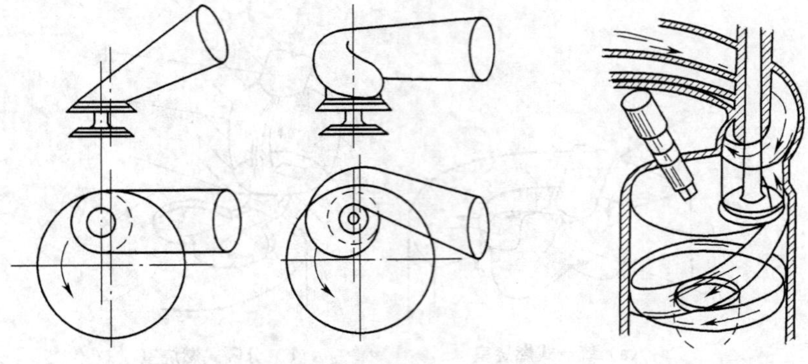

（a）切向进气道　　（b）螺旋进气道

图 2-152　产生涡流的进气道

② 分隔式燃烧室。分隔式燃烧室由两部分组成，即主燃烧室和副燃烧室。主燃烧室位于活塞顶与气缸盖底面之间，副燃烧室位于气缸盖内。主、副燃烧室之间用一个或几个直径较小的通道相连。燃油则是喷入到副燃烧室内的。分隔式燃烧室常见的结构形式有涡流室式和预燃室式两种，如图 2-153 所示。

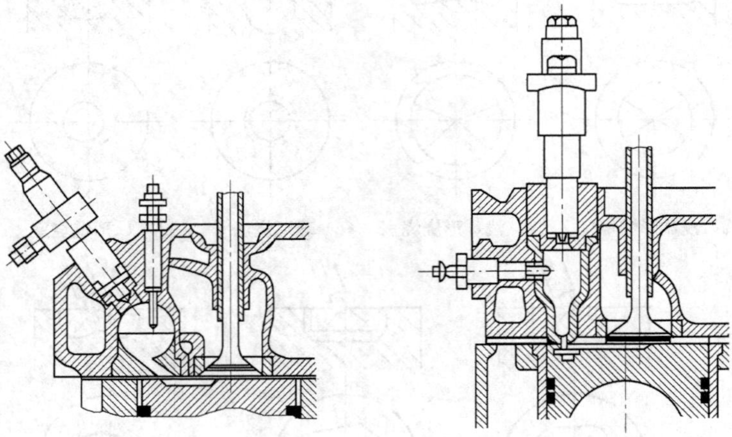

（a）涡流室式　　（b）预燃室式

图 2-153　分隔式燃烧室

涡流室式燃烧室的副燃烧室多为球形，也有圆柱形。其容积约占燃烧室总容积的 50%～80%，涡流室与主燃烧室用一个或数个通道连通。在压缩冲程中，空气从气缸内被挤入涡流室时，形成强烈的有规则的涡流运动，喷入涡流室内的燃油在强烈的空气涡流作用下迅速与空气混合形成可燃混合气。着火后大部分柴油在涡流室内燃烧，未来得及燃烧的部分燃油在做功冲程初期与高压燃气一起通过切向通道喷入主燃烧室，形成二次涡流，使之进一步与空气混合燃烧。

涡流室式燃烧室的优点是能形成强烈的涡流运动，对柴油喷雾质量要求低，可以采用喷油压力较低的轴针式喷油器；且主燃烧室内气体压力升高较平缓，发动机运转平稳，燃烧噪声小，排气污染少。其缺点是由于燃烧室的散热面积大，散热损失和流动损失增加，所以经济性较差；此外，由于喷油压力低，油雾颗粒较大、蒸发慢，所以启动性能也较差。为了保证冷机启动，一般设置电热塞等启动辅助装置。

预燃室式燃烧室的副燃烧室多是长体结构，连通预燃室与主燃烧室的通道面积较小，且不与预燃室相切，具有和涡流室式燃烧室类似的特点。

2.5.2 柴油机燃料系统主要部件

1. 输油泵

输油泵的功用是保证低压油路中柴油的正常流动，克服柴油滤清器和管路中的阻力，并以一定的压力向喷油泵输送足够量的柴油，输油量应为全负荷最大耗油量的3～4倍。

输油泵的结构形式很多，常见的有活塞式、转子式、滑片式和齿轮式等几种。活塞式输油泵工作可靠，目前应用广泛。

活塞式输油泵的结构如图2-154所示。主要由机械泵总成及手油泵总成组成。机械泵总成由滚轮12、滚轮体9、推杆7、活塞4和活塞弹簧3等组成；手油泵总成由手油泵活塞17、手油泵体19和手油泵弹簧15等组成。

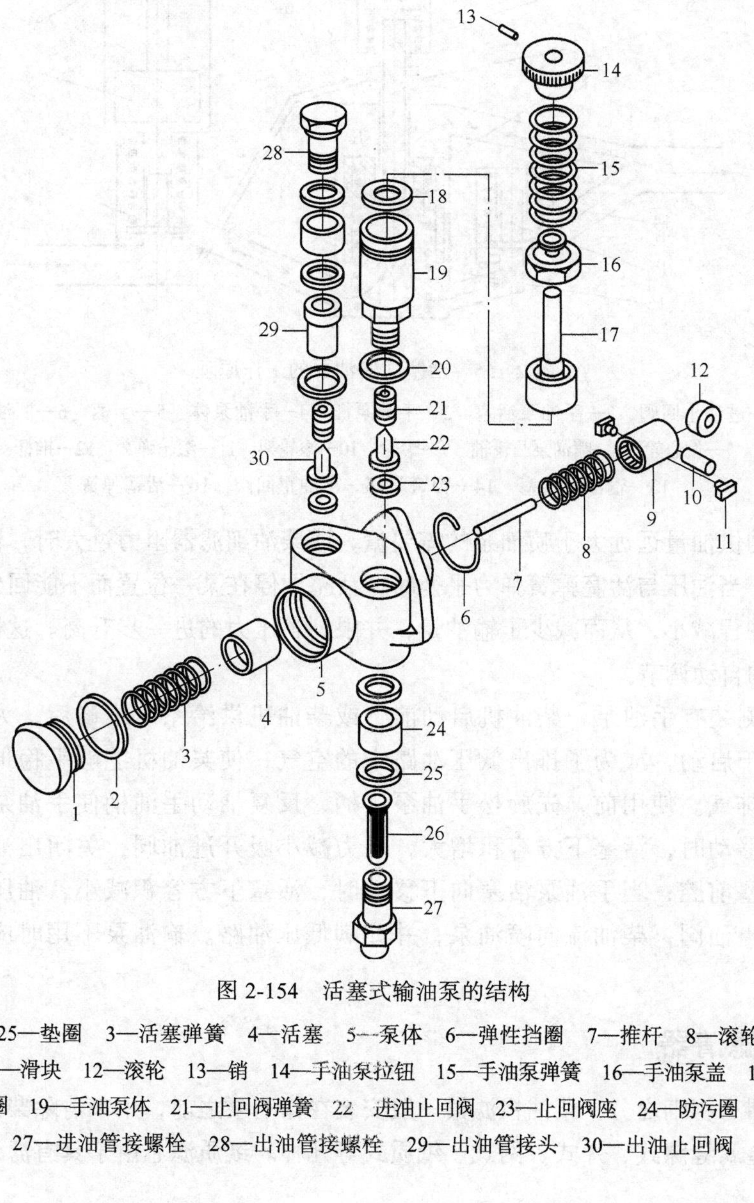

图2-154 活塞式输油泵的结构

1—螺塞 2、20、25—垫圈 3—活塞弹簧 4—活塞 5—泵体 6—弹性挡圈 7—推杆 8—滚轮弹簧 9—滚轮体 10—滚轮销 11—滑块 12—滚轮 13—销 14—手油泵拉钮 15—手油泵弹簧 16—手油泵盖 17—手油泵活塞 18—O形圈 19—手油泵体 21—止回阀弹簧 22 进油止回阀 23—止回阀座 24—防污圈 26—滤网 27—进油管接螺栓 28—出油管接螺栓 29—出油管接头 30—出油止回阀活塞式输油泵的工作原理如图 2-155 所示。喷油泵凸轮轴转动时，轴上的偏心轮及活塞弹簧使活塞作做往复运动。当偏心轮转到最低点时，活塞在活塞弹簧的作用下向上运动，这时，活塞下腔的容积增大，压力降低，产生一定的真空度，出油阀被关闭，进油阀被吸开，柴油便被吸入输油泵上腔；同时，活塞上腔容积减小而压力增加，上腔的燃油从通道经出油口送往柴油细滤器。当偏心轮由最低点转到最高点时，滚轮通过推杆推动活塞下移，输油泵下腔的容积减小，油压升高，进油阀关闭，出油阀打开，燃油被压出并经过通道进入输油泵上腔。如此不断循环，便将燃油吸入和输出。

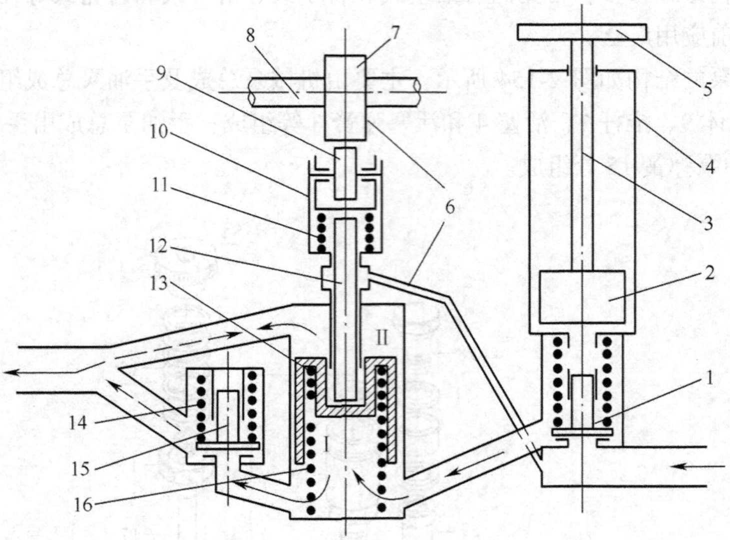

图 2-155　活塞式输油泵的工作原理

1—进油止回阀　2—手油泵活塞　3—手油泵杆　4—手油泵体　5—手柄　6—回油道
7—偏心轮　8—喷油泵凸轮轴　9—滚轮　10—滚轮架　11—滚轮弹簧　12—推杆
13—输油泵活塞　14—弹簧　15—出油止回阀　16—活塞弹簧

当输油泵的供油量远远大于喷油泵的需要量，或柴油细滤器阻力过大时，输出油路及泵腔上方油压升高，当油压与活塞弹簧弹力平衡时，活塞即停在某一位置而不能回到上止点，使活塞泵油的有效冲程减小，从而减少了输油量，并限制了压力的进一步升高。这样就实现了输油量与供油压力的自动调节。

输油泵外侧装有手油泵，柴油机启动前，或柴油机供给系统维修后，为了使低压油路充满柴油，便于启动，或为了排出低压油路中的空气，使柴油机能够平稳地运转，可使用手油泵泵油或排气。使用前，先旋松手油泵手柄，反复抽动手油柄使手油泵工作。即当手油泵活塞向上移动时，活塞下方容积增大，压力减小吸开进油阀，关闭出油阀，柴油被吸入输油泵的活塞前腔；当手油泵活塞向下移动时，活塞下方容积减小，油压升高，使进油阀关闭并顶开出油阀，柴油流向喷油泵，并充满低压油路。输油泵不用时应将手柄拧紧，以免空气进入。

2. 柴油滤清器

柴油滤清器有粗细之分。柴油粗滤器一般安装在输油泵之前，用来清除柴油中颗粒较大的杂质，滤芯有金属缝隙式、片式、网式、纸质式等几种。纸质滤芯由于具有滤清效果好、成本低、使用寿命长等优点，因而得到广泛的应用。柴油细滤器一般安装在输油泵之后，用来清除柴油中的微小杂质，它的滤芯有毛毡式、金属网式和纸质式等。目前，很多柴油机中设有两级滤清器，也有的只设有单级滤清器。

图 2-156 所示为两级柴油滤清器，它由两个结构基本相同的滤清器串联而成，两个滤清器的盖制成一体。第一级粗滤器为纸质滤芯，第二级细滤器为航空毛毡及纺绸滤芯。柴油的流动路线如箭头所示。经过两级滤清，可以得到纯净的柴油燃料。

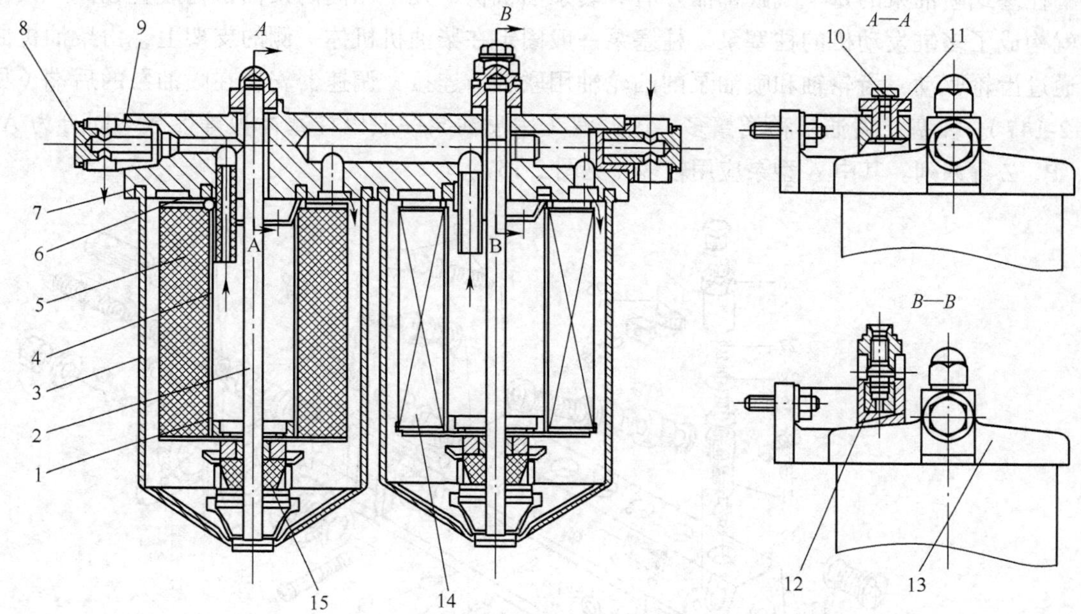

图 2-156　两级柴油滤清器

1—绸布滤芯　2—紧固螺杆　3—外壳　4—滤筒　5—毛毡滤芯　6—毛毡密封圈　7—橡胶密封圈　8—油管接头螺钉　9—油管接头衬套　10—放气螺钉　11—放气螺塞　12—溢油阀　13—滤清器盖　14—纸滤芯　15—滤芯衬垫

在第一级滤清器盖上设有限压溢流阀，保持管路内油压在一定限度内，当滤清器内油压超过规定值（一般为 98～147kPa）时，溢流阀便开启，多余的柴油流回油箱。在第二级滤清器盖上设有放气螺塞 11，拧开放气螺钉 10，抽动输油泵中的手油泵，即可清除滤清器体内的空气。

3. 喷油泵

喷油泵又称为高压油泵。它是柴油机燃料供给系统中最重要的一个总成，它的功用是根据发动机的不同工况，定时、定量地向喷油器输送高压柴油。

喷油泵的结构形式较多，车用柴油机的喷油泵按作用原理不同，可分为如下 3 类。

（1）柱塞式喷油泵

这种喷油泵应用的历史较长，性能良好，工作可靠，为目前大多数汽车柴油机所采用。

（2）喷油泵-喷油器

将喷油泵和喷油器合为一体，直接安装在发动机气缸盖上，可以消除高压油管带来的不利影响。但要求在发动机上另加驱动机构。PT 燃油供给系统即属此类。另外，在电子控制燃油喷射系统中也有应用。

（3）转子分配式喷油泵

这种喷油泵只有一对柱塞偶件，依靠转子的转动实现燃油的增压与分配。它具有体积小、质量轻、成本低及使用方便等优点。尤其是体积小，对发动机和汽车的整体布置是十分有利的。转子分配泵又分为径向压缩式和轴向压缩式两种。径向压缩式分配泵部件配合精度要求高，结构复杂，近年来较少应用。

这里主要介绍柱塞式喷油泵。

柱塞式喷油泵的每个气缸都需要有一套泵油机构，几个相同的泵油机构装置在同一泵体上就构成了多缸发动机的柱塞泵。柱塞泵一般固定在柴油机机体一侧的支架上，由柴油机曲轴通过齿轮驱动，齿轮轴和喷油泵的凸轮轴用联轴节连接，调速器安装在喷油泵的后端（见图 2-147）。柱塞式喷油泵种类繁多，国产汽车用喷油泵一般以柱塞冲程等参数不同分为 A、B、P、Z 等系列。其中 A 型泵应用较多（见图 2-157）。

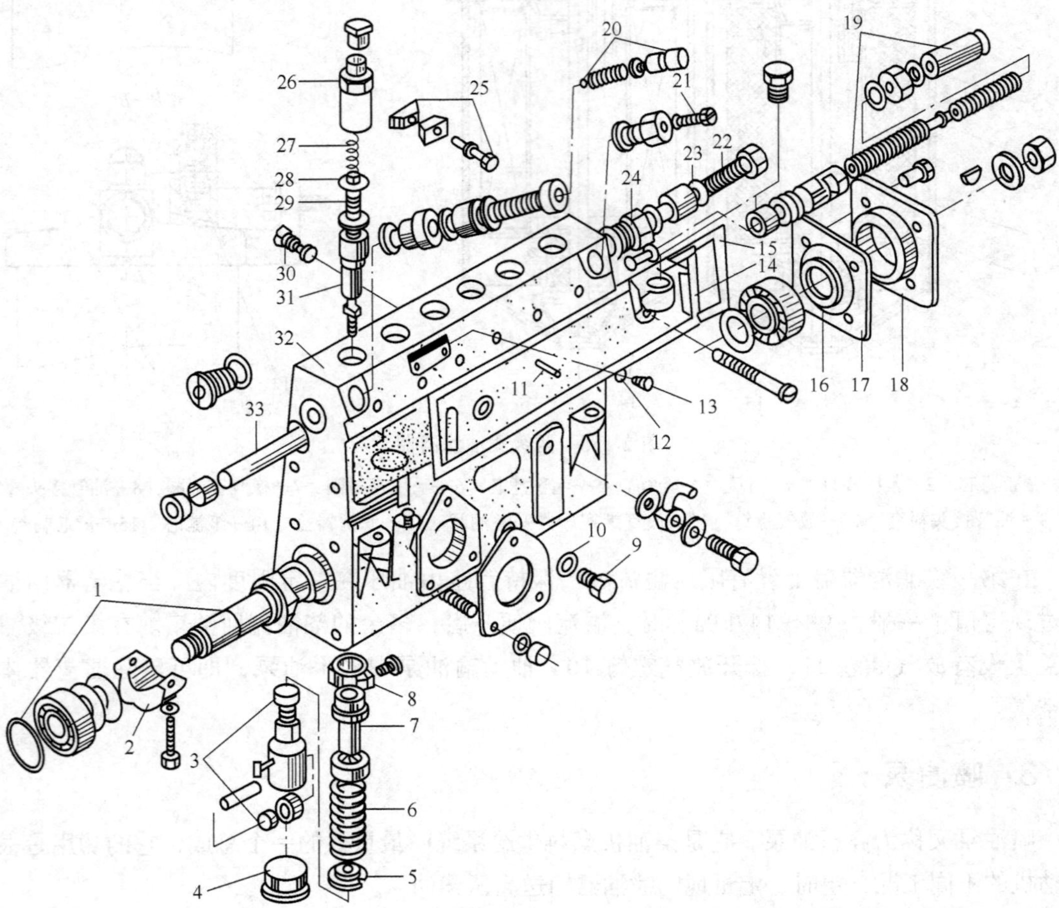

图 2-157　A 型喷油泵分解图

1—凸轮轴部件　2—轴承盖　3—挺柱体部件　4—碗形塞　5—弹簧下座　6—柱塞弹簧　7—控制套筒　8—调节齿圈　9—放油螺塞　10、12、23—垫圈　11—柱塞套定位销　13—挡油螺钉　14—检查窗盖　15—检查窗盖密封垫　16—骨架油封　17、28—密封垫　18—轴承座　19—油量限制器部件　20—出油接头部件　21—放气螺钉　22—进油接头　24—接头座　25—夹板部件　26—出油阀紧固座　27—出油阀弹簧　29—出油阀偶件　30—齿杆限位螺钉　31—柱塞偶件　32—泵体　33—齿杆

A 型喷油泵的结构与工作原理如图 2-158 所示。它由分泵、油量调节机构、传动机构、泵

体和供油提前角调节装置等部分组成。

① 分泵。对多缸喷油泵来讲，它是将与发动机缸数相同的几组泵油机构装置在同一壳体内形成的。其中每组泵油机构称为分泵。

分泵主要是由柱塞偶件（柱塞10和柱塞套8）、柱塞弹簧11、出油阀偶件（出油阀6和出油阀座5）和出油阀弹簧3等组成。

柱塞上部的圆柱表面铣有斜槽，斜槽底部与柱塞顶面有孔道相通。柱塞套装入喷油泵体的座孔中，柱塞套上有进油孔，此孔与泵体内的低压油腔相通。为防止柱塞套转动，用销钉固定。柱塞和柱塞套是喷油泵中的精密偶件，两者用优质合金钢制造，以0.001 5～0.002 5 mm的间隙高精度配合，经研磨选配，不能互换，以保证燃油的增压和柱塞偶件的润滑。

柱塞弹簧通过上支座支撑于泵体上，弹簧下端通过下支座支撑在柱塞上，装配时有预紧力，依靠弹簧力柱塞压紧在滚轮架的上端面上。柱塞由喷油泵凸轮轴上的凸轮驱动，并在柱塞弹簧的作用下，在柱塞套内做往复运动。此外，它还可以绕自身轴线在一定角度范围内转动。

出油阀和出油阀座也是喷油泵的精密偶件，两者的密合间隙为0.10 mm左右，其密封锥面经配对研磨，不能互换。出油阀偶件位于柱塞套的上面，两者接合平面要求密封。拧入出油阀压紧座，将出油阀座压紧在柱塞套上，同时又使出油阀弹簧将出油阀压紧在出油阀座上。为保证供油压力不低于规定值，出油阀弹簧在装配时应具有一定的预紧力。

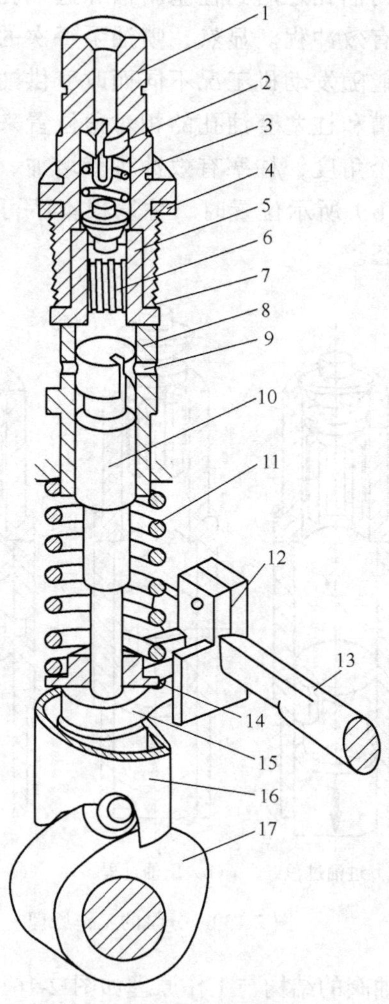

图2-158 A型喷油泵的结构与工作原理

1—出油阀压紧座 2—减容体 3—出油阀弹簧 4、7—密封垫 5—出油阀座 6—出油阀 8—柱塞套 9—径向油孔 10—柱塞 11—柱塞弹簧 12—油量调节叉 13—油量调节拉杆 14—弹簧座 15—油量调节臂 16—滚轮架 17—凸轮

分泵的工作原理如图2-159所示。当柱塞向下移动时（见图2-159（a）），燃油自低压油腔经柱塞套上的油孔被吸入并充满泵腔，在柱塞自下止点上移的过程中，开始有一部分燃油被从泵腔挤回低压油腔，直到柱塞上部的圆柱面将两个油孔完全封闭为止，此后柱塞继续上升（见图2-159（b）），泵腔内的燃油压力迅速增高，当此压力增高到足以克服出油阀弹簧的作用力时，出油阀即开始上移。当出油阀的圆柱形环带离开出油阀座时，高压燃油便自泵腔通过高压油管流向喷油器。当柱塞继续上移至图2-159（c）所示位置时，斜槽同油孔开始接通，于是泵腔内的油压迅速下降，出油阀在出油阀弹簧的作用下迅速回位，喷油泵停止供油。

由上述泵油过程可知，在柱塞上移的整个冲程中，并非全部供油。柱塞由下止点到上止点所经历的冲程为柱塞冲程 h，它的大小取决于驱动凸轮的轮廓。而喷油泵只是在柱塞完全封闭油孔之后到柱塞斜槽和进油孔开始接通之前的这一部分柱塞冲程内才泵油，称为柱塞的有效冲程。显然，喷油泵每次的泵油量取决于柱塞的有效冲程的大小。因此，欲使喷油泵能随发动机工况不同而改变供油量，只需改变柱塞有效冲程即可，一般是通过改变柱塞斜槽和柱塞套油孔的相对角位置来实现的。如将柱塞按图 2-160（a）所示中箭头方向转动一个角度，柱塞有效冲程就增加，供油量也增加；反之供油量则减少。当柱塞转到图 2-160（b）所示位置时，柱塞根本不可能封闭油孔，因而有效冲程为零，即喷油泵处于不泵油状态。

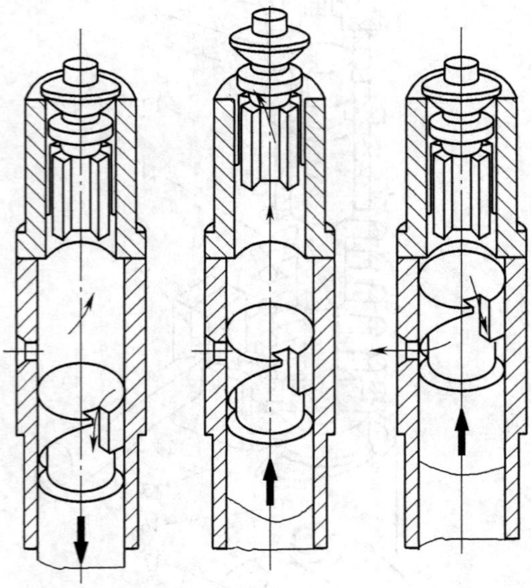

图 2-159 分泵的工作原理

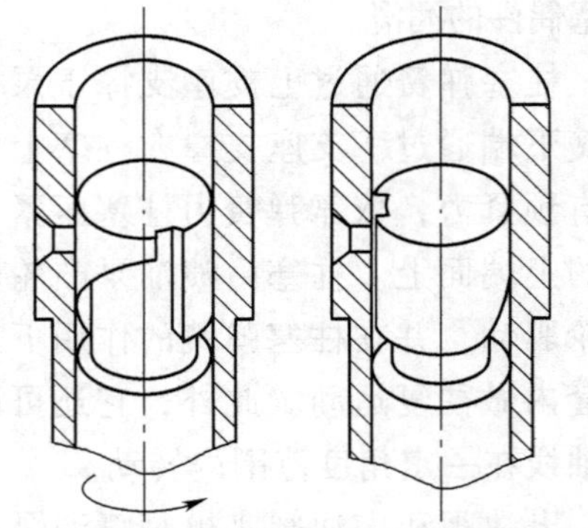

图 2-160 供油量的调节

出油阀的结构与工作原理如图 2-161 所示。出油阀 2 的上部呈圆锥形，与出油阀座 5 相应的锥面配合。锥面下有一个短的圆柱面，称为减压环带 3，其作用是在喷油泵停止供油后迅速降低高压油管中的燃油压力，使喷油器能够立即停止喷油。出油阀的尾部与出油阀座内孔作滑动配合，为出油阀的运动导向，尾部开有纵切槽 4，形成十字形断面，以构成油流通路。

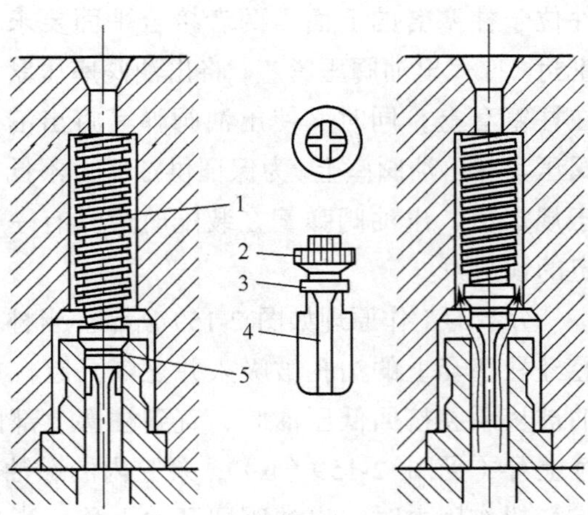

图 2-161 出油阀的结构与工作原理

1—出油阀弹簧 2—出油阀 3—减压环带 4—纵向槽 5—出油阀座

当柱塞上升到封闭柱塞套进油孔时，泵腔内油压升高，克服出油阀弹簧预紧力后，出油阀开始上升，出油阀的密封锥面离开出油阀座，但此时还不能立即供油，直到减压环带完全离开出油阀座的导向孔时，才有燃油进入高压管路，使管路油压升高；当柱塞下落时，出油阀在出油阀弹簧的作用下开始回位，当减压环带一经进入导向孔，泵腔与出油孔便被切断，于是燃油停止进入高压油管；出油阀再继续下降直到与密封锥面贴合时，由于出油阀体本身所让出的容积，使高压油管内的压力迅速降低，喷油就可以立即停止，故可避免喷油器发生滴漏现象。

② 油量调节机构。油量调节机构的作用是根据柴油机负荷和转速的变化相应地改变喷油泵的供油量并保证各缸的供油量一致。由喷油泵的工作原理可知，喷油泵的供油量可通过转动柱塞以改变柱塞的有效冲程的办法来改变。油量调节机构一般有齿条齿圈式和拨叉式两种形式。

图 2-162 所示为拨叉式油量调节机构，在柱塞 4 的下端压套着调节臂 3，其端头插入固定在供油拉杆 1 的拨叉 2 的凹槽内。拨叉数与分泵数相同，供油拉杆装在泵体的导向套管中，其轴向位置受驾驶员或调速器控制。移动供油拉杆，柱塞就相对柱塞套转动。从而调节供油量。移动供油拉杆时，各分泵旋转角度相同，因此各缸供油量的变化相同，当各缸供油量不等时，可通过改变拨叉在供油拉杆上的位置来调整。

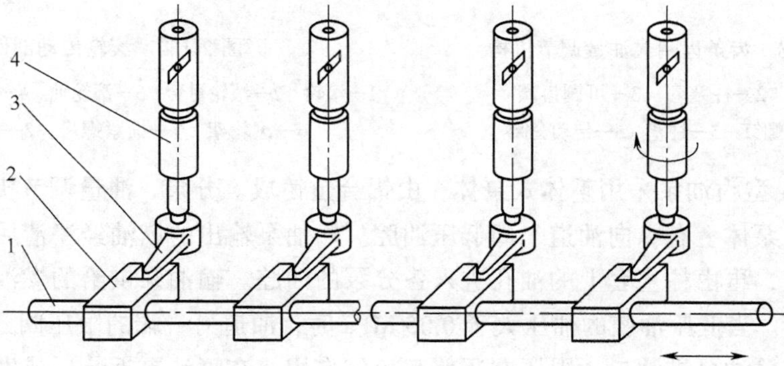

图 2-162　拨叉式油量调节机构

1—供油拉杆　2—拨叉　3—调节臂　4—柱塞

齿条齿圈式油量调节机构如图 2-163 所示。柱塞下端有条状凸块伸入套筒的缺口内，套筒 6 则套在柱塞套 2 的外面，套筒 6 的上部用紧固螺钉 4 紧锁住一个可调齿圈 3，可调齿圈 3 与齿条 1 相啮合，齿条的轴向位置由驾驶员或调速器控制。移动齿条时，齿圈连同套筒带动柱塞相对于不动的柱塞套转动，以改变供油量。当需要调整某个缸的供油量时，先松开可调齿圈 3 的紧固螺钉 4，然后转动套筒 6，并带动柱塞相对于齿圈转动一个角度（即相对柱塞套），再将齿圈固定。

③ 传动机构。传动机构由喷油泵凸轮轴和滚轮传动部件组成。喷油泵凸轮轴的两端通过圆锥滚轮轴承支撑在喷油泵壳体上，前端装有联轴节和供油提前调节器，后部与调速器相连。喷油泵的凸轮轴是由柴油机的曲轴通过齿轮机构驱动的。

滚轮传动部件的功用是将凸轮的旋转运动转变为自身的往复直线运动，推动柱塞上行供油。此外，滚轮传动部件还可以用来调整各分泵的供油提前角，为了保证供油提前角的正确性，滚轮传动部件的高度一般都是可调的。滚轮传动部件结构如图 2-164 所示。

为保证在发动机的一个工作循环内，各缸都能喷油一次，四冲程柴油机的凸轮轴的转速应为曲轴转速的一半，此外，凸轮轴上各个凸轮的相对角位置还必须符合所要求的发动机的发火次序。

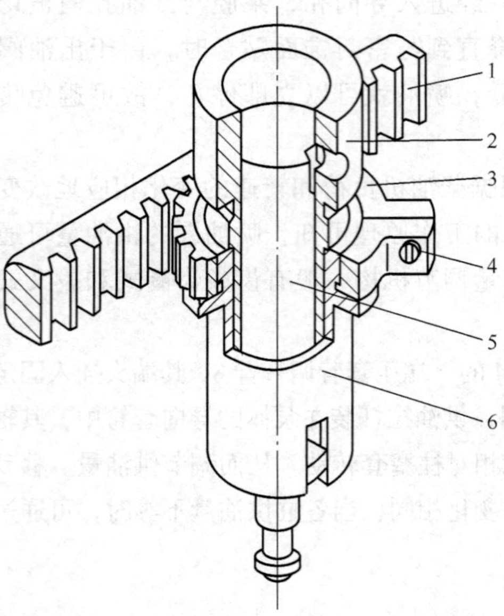

图 2-163　齿条齿圈式油量调节机构

1—齿条　2—柱塞套　3—可调齿圈
4—紧固螺钉　5—柱塞　6—传动套筒

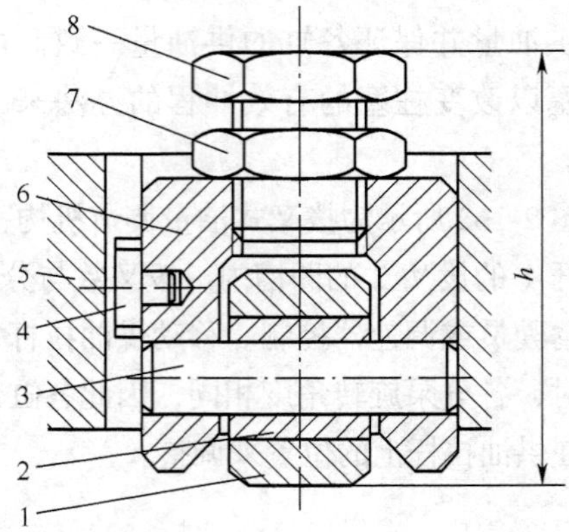

图 2-164　滚轮传动部件结构

1—滚轮　2—滚轮衬套　3—滚轮轴　4—导向块　5—泵体
6—滚轮架　7—锁紧螺母　8—调整螺钉

④ 泵体。A 型喷油泵采用整体式泵体，由铝合金铸成。分泵、油量调节机构及传动机构都装在泵体内。泵体上有纵向油道，即低压油腔。输油泵输出的燃油经滤清后，由进油空心螺栓进入此油道，再由柱塞套上的油孔进入各分泵的油腔。输油泵供给的燃油量通常远大于喷油泵的需要量。当低压油腔的油压大于 0.05 MPa 时，油道另一端的限压阀开启，多余的燃油经回油管流回输油泵进油口。限压阀还兼起放气作用。在喷油泵拆装后或发动机长期停放后，喷油泵油腔内会渗入空气，影响柴油机的正常工作。当需要放气时，在发动机启动前可将限压阀上端的螺钉旋出少许，再抽按手动输油泵，泵入喷油泵的燃油即可驱净渗入喷油泵内的空气。

在泵体下部及调速器壳体的内腔中装有润滑油，此润滑油可单独加注，也可与发动机润滑系统相通，依靠润滑油的飞溅实现喷油泵传动机构和调速器内各零件的润滑。

⑤ 供油提前角调节装置。供油提前角是指喷油泵开始泵油至活塞到达上止点之间的曲轴转角。它的大小对柴油机工作过程有很大影响。若供油提前角过大，喷油时气缸内空气温度较低，混合气形成条件差，备燃期长，导致发动机工作粗暴；若喷油提前角过小，大部分柴油是在上止点以后，活塞处于下行状态时燃烧的，使最高工作压力降低，热效率也显著下降，导致发动机功率降低，排气冒白烟。因此为保证发动机具有良好的使用性能，必须选择最佳的供油提前角。

整个喷油泵的供油提前角可以通过改变发动机曲轴和喷油泵凸轮轴之间的相位角来调整。

多数柴油发动机都根据常用工况确定一个喷油提前角，在这个常用工况范围内是最佳的，即能获得最大的功率和最小的燃油消耗率。这个常用工况下的喷油提前角是通过联轴节的结构来保证的。但是，当发动机转速发生变化时，最佳喷油提前角也随之改变，所以，还需要装有供油提前角调节器，它能够保证在转速变化时，喷油提前角自动地发生相应的改变。

- 联轴节。联轴节又称连接器，它是用来连接喷油泵凸轮轴与其驱动轴的。解放 CA6110-2

型柴油机联轴节的结构如图 2-165 所示。

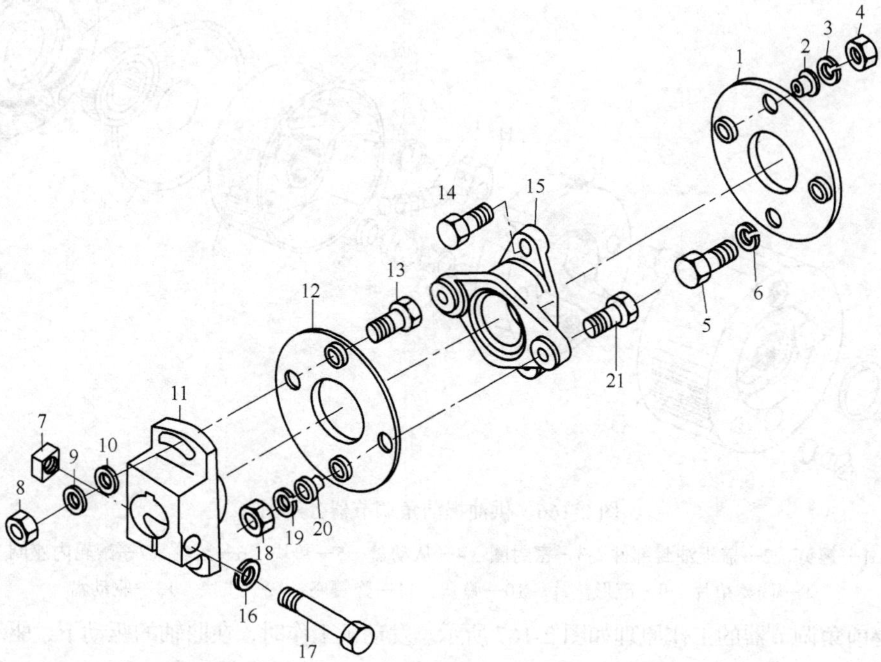

图 2-165　解放 CA6110-2 型柴油机联轴节的结构

1—从动传动圆盘　2、20—衬套　3、6、9、10、16、19—垫圈　4、7、8、18—螺母　5、13、14、17、21—螺栓　11—主动凸缘盘　12—主动传动圆盘　15—十字接盘

主动凸缘盘 11 用长螺栓 17 固定在驱动轴上，主动传动圆盘 12 借螺栓 13 与主动凸缘盘相连，主动凸缘盘上的螺孔为弧型孔。主动传动圆盘又通过螺栓 21 与十字接盘 15 连接，十字接盘用螺栓 14 与从动传动圆盘 1 相连，螺栓 5 将从动传动圆盘与供油提前角调节器（后接喷油泵凸轮轴）连接在一起。这样，驱动轴上的动力通过上述各零件即可传递到供油提前角调节器上。旋松螺栓 13 可使主动传动圆盘 12 相对于主动凸缘盘 11 沿弧型孔转过一个角度，这样就改变了喷油泵凸轮轴与发动机曲轴之间的相位关系，即改变了各缸的喷油时刻（即初始供油提前角）。

CA6110-2 型发动机喷油泵的初始供油提前角为 14°。安装时，将喷油泵固定在发动机气缸体的托架上，使飞轮上的上止点 1-6 标记的刻线对准飞轮壳上的正时指针，并确认第一缸活塞在压缩冲程上止点位置。然后逆转飞轮，使飞轮上 14° 刻线对准飞轮壳上的正时指针。此时喷油泵供油提前角调节器上的供油刻线应对准固定在泵体上的正时指针，然后将联轴节上的紧固螺栓拧紧。

- 供油提前角调节器。供油提前角调节器的功用是在柴油机整个工作转速范围内使喷油泵供油提前角随柴油机转速升高而自动相应提前，使柴油机始终在最佳或接近最佳喷油定时下工作。供油提前角调节器位于联轴节和喷油泵之间，其结构如图 2-166 所示。

调节器驱动盘 13 用螺栓与联轴节相连，为主动元件。两个飞块 12 套在驱动盘端面的两个销钉上，外面还套装两个弹簧座 11，飞块的另一端各压装一个销钉，每个销钉上各松套着一个滚轮 6 和滚轮内座圈 7。从动盘 4 与喷油泵凸轮轴相连接。从动盘两臂的弧形侧面 E 与滚轮 6 接触，平侧面 F 则压在两个弹簧 10 上，弹簧的另一端支于弹簧座 11 上。整个调节器为一密封体，内腔充有机油以供润滑。

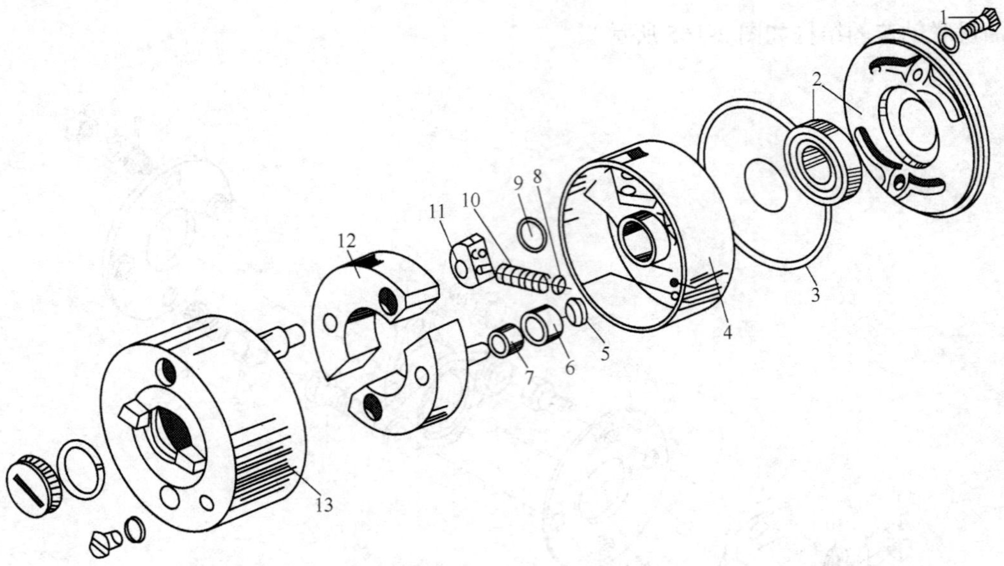

图 2-166　供油提前角调节器分解图

1—螺钉　2—盖板油封部件　3—密封圈　4—从动盘　5—垫块　6—滚轮　7—滚轮内座圈
8—调整垫片　9—碗形垫片　10—弹簧　11—弹簧座　12—飞块　13—驱动盘

供油提前角调节器的工作原理如图 2-167 所示。发动机工作时，在曲轴的驱动下，驱动盘 5 及飞块 3 沿图中箭头方向旋转，受离心力的作用，两个飞块的活动端向外甩开，滚轮 2 对从动盘 4 的两个弧形侧面 E 产生推力，迫使从动盘 4 沿箭头所示方向相对于调节器壳体超前转过一个角度，直到弹簧 6 作用在 F 侧面上的压缩弹力与飞块离心力相平衡为止，于是从动盘 4 与驱动盘 5 同步旋转（见图 2-167（b））。当转速升高时，飞块离心力增大，其活动端进一步向外甩出，滚轮 2 迫使从动盘 4 沿箭头所示方向相对于驱动盘 5 再超前转过一个角度，直到弹簧 6 的压缩弹力与飞块离心力达到一个新的平衡状态为止。这样，供油提前角便相应地增大。反之，当发动机转速降低时，供油提前角相应减小。解放 CA6110-2 型柴油机供油提前角调节器的调节量为 0～6°30′（500～1 650 r/min）。

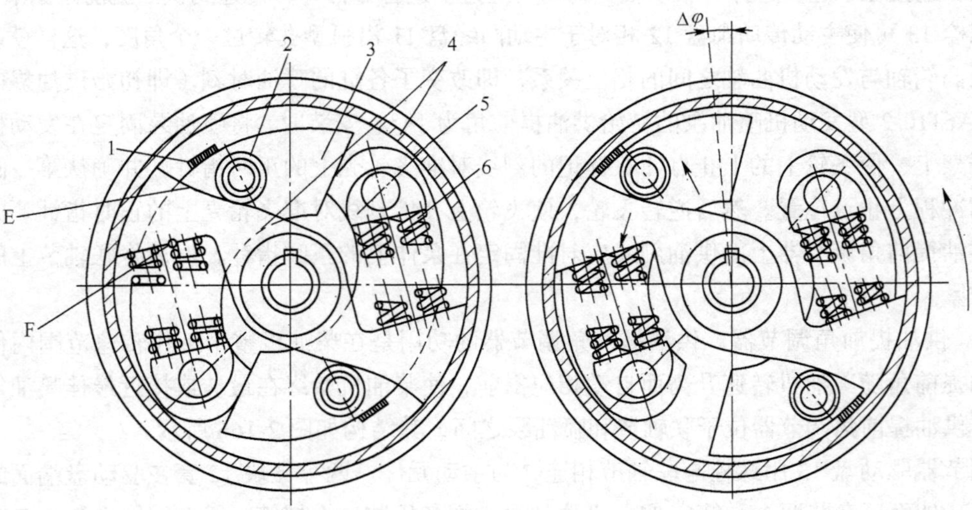

（a）静止状态　　（b）提前状态

图 2-167　供油提前角调节器的工作原理

1—限位销　2—滚轮　3—飞块　4—从动盘　5—驱动盘　6—弹簧

4. 调速器

调速器的作用是根据柴油机负荷的变化，自动地调节喷油泵的供油量，以保证柴油机在各种工况下稳定运转。喷油泵的一个显著特点是在油门踏板位置一定时，其循环供油量会随曲轴转速的变化而变化。当曲轴转速增加时，循环供油量增加；反之，循环供油量减少。这样当柴油机在怠速工况下工作时，发动机易熄火。当柴油机高速或大负荷工作时，如遇负荷突然减少（如汽车从上坡过渡到下坡），转速会立即升高，喷油泵会自动加大供油量，相互作用的结果将造成转速上升过快而出现超速现象。这不仅会造成燃烧恶化和排气冒烟，严重时会因运动件的惯性力过大而造成机器损坏。因此，车用柴油机一般都装有调速器，根据负荷的变化自动调节供油量，以达到稳定怠速、限制超速或保证发动机在工作转速范围内的任一选定的转速下稳定工作的目的。

目前，在车用柴油机上应用最广泛的是机械离心式调速器。按其调节作用的范围不同，可分为两速调速器和全速调速器。

① 两速调速器。它不仅能保持柴油机在怠速时不低于某一转速，从而防止发动机自动熄火，而且能限制柴油机不超过某一最高转速，从而防止发动机超速。至于中间转速时，调速器不起作用，柴油机的工作转速由驾驶员通过操纵油量调节机构来调整。

② 全速调速器。它不仅能使柴油机保持最低稳定转速和限制最高转速，而且能根据负荷的大小保持和调节在任一选定的转速下稳定工作。

下面重点介绍两速调速器。

解放和东风系列柴油机使用的 RAD 型调速器即为两速调速器，如图 2-168 所示。其结构示意图如图 2-169 所示。

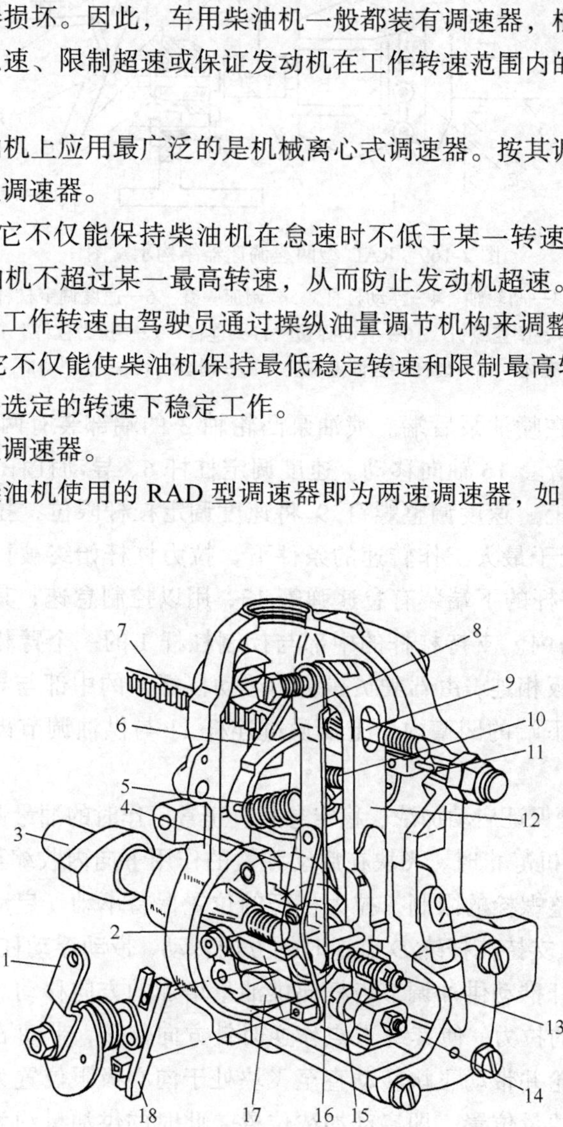

图 2-168　RAD 型两速调速器

1—控制杆　2—滚轮　3—凸轮轴　4—浮动杠杆　5—调速弹簧　6—速度调定杠杆
7—油量调节齿杆　8—导动杠杆　9—调速螺钉　10—启动弹簧　11—连杆
12—拉力杠杆　13—怠速弹簧　14—调速器壳体　15—齿杆冲程调整螺栓
16—滑套　17—飞块　18—支持杠杆

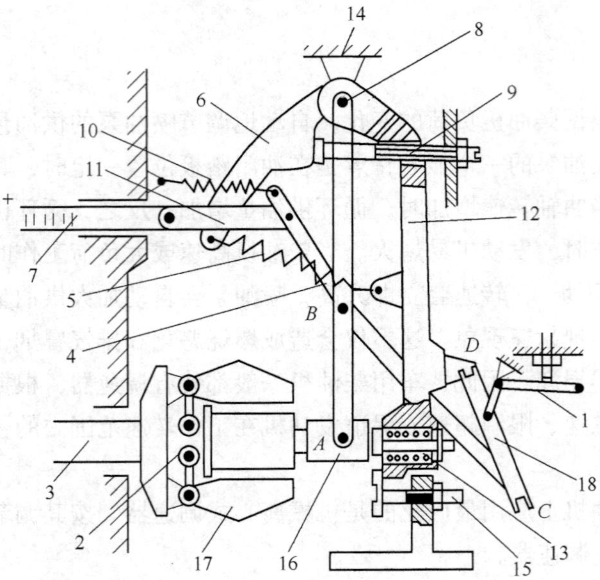

图 2-169 RAD 型两速调速器结构示意图

1—控制杆 2—滚轮 3—凸轮轴 4—浮动杠杆 5—调速弹簧 6—速度调定杠杆 7—油量调节齿杆 8—导动杠杆 9—调速螺钉 10—启动弹簧 11—连杆 12—拉力杠杆 13—怠速弹簧 14—调速器壳体 15—齿杆冲程调整螺栓 16—滑套 17—飞块 18—支持杠杆

调速器用螺钉安装在喷油泵后端。喷油泵凸轮轴 3 的端部装有两个飞块 17，当飞块旋转张开时，滚轮便推动滑套 16 轴向移动。速度调定杠杆 6、导动杠杆 8 和拉力杠杆 12 的上端均铰接于调速器壳体上。速度调整螺钉 9 将速度调定杠杆限位，拉力杠杆被很强的调速弹簧 5 拉住，在转速低于最大工作转速的条件下，拉力杠杆始终被拉靠在齿杆行程调整螺栓 15 的端头上。拉力杠杆的下端装有怠速弹簧 13，用以控制怠速；其中下端有一轴销插在支持杠杆 18 上端的凹槽内。支持杠杆的中部与控制杠杆 1 的一个臂相连，控制杠杆的另一臂通过杆系统与加速踏板相连，由驾驶员操纵。浮动杠杆 4 的中部与导动杠杆铰接，下端有一销轴，插在支持杠杆下端的凹槽内，上端通过连杆 11 与供油调节齿杆 7 相连，顶部被启动弹簧 10 拉住。

两速调速器的作用是保证启动加浓、稳定怠速、正常工作时的油量调节和限制超速。

- 启动加浓。发动机静止时，飞块在启动弹簧的作用下向内收缩至极限位置。受调速弹簧的拉动及齿杆冲程调整螺栓的限制，拉力杠杆的位置保持不动。启动前，将控制杠杆推至全负荷供油位置。此时，支持杠杆绕 *D* 点逆时针方向转动，带动浮动杠杆作逆时针方向摆动。浮动杠杆的上端通过连杆推动供油调节齿杆向供油量增加的方向移动。同时，启动弹簧也对浮动杠杆作用一个向左的拉力，使其绕 *C* 点作逆时针方向偏转，带动 *B* 点和 *A* 点进一步向左移动，结果滑套推动滚轮并带动飞块转动直至飞块处于向心极限位置为止。从而保证供油调节齿杆进入启动最大供油量位置，即启动加浓位置。此时的供油量约为全负荷额定供油量的150%左右。

- 稳定怠速。发动机启动后，将控制杆拉到怠速位置（见图 2-170）。发动机便进入怠速工况。此时，作用在滑套上有 3 个力：飞块的离心力、怠速弹簧的作用力及启动弹簧的作用力。当飞块离心力与怠速弹簧和启动弹簧的合力相平衡时，滑套便处于某一位置不动，亦即供油调节齿杆处于某一供油位置不动，发动机就在某一相应的转速下稳定运转。若发动机转速降低，飞块离心力减小，在怠速弹簧及启动弹簧的作用下，滑套将向左移动，使导动杠杆绕上端支撑点向左偏转，从而带动浮动杠杆绕 C 点逆时针方向转动，使供油调节齿杆向供油量增加的方向移动，使发动机转速回升。若发动机转速升高，飞块离心力随之增大，使滑套向右移动，进一步压缩怠速弹簧，同时带动导动杠杆绕其上端支撑点向右偏转，从而使浮动杠杆绕 C 点顺时针方向转动，结果使供油调节齿杆向供油量减少的方向移动，使发动机转速降低。因而起到了稳定怠速的作用。

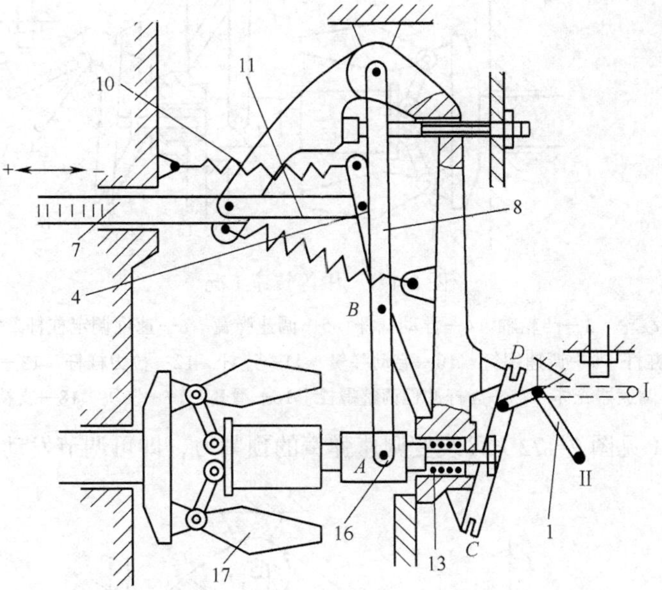

图 2-170 怠速工况

1—控制杆 2—滚轮 3—凸轮轴 4—浮动杠杆 5—调速弹簧 6—速度调定杠杆 7—油量调节齿杆 8—导动杠杆 9—调速螺钉 10—启动弹簧 11—连杆 12—拉力杠杆 13—怠速弹簧 14—调速器壳体 15—齿杆冲程调整螺栓 16—滑套 17—飞块 18—支持杠杆

改变怠速弹簧的预紧力可调节怠速转速。

- 中等转速。中等转速是指发动机转速在怠速和额定转速之间，供油调节齿杆处于部分负荷供油位置。此时由于发动机转速较高，飞块离心力增加，怠速弹簧完全被压入到拉力杠杆内，滑套直接与拉力杠杆的端面接触，此时，怠速弹簧不起作用（见图 2-171）。柴油机在中等转速运转时，飞块的离心力不足以克服调速弹簧拉力的作用，飞块和滑套将保持在该位置不动，即发动机在中等转速范围内工作时，调速器不起调节供油量的作用。而此时根据负荷的变化需改变供油量时，驾驶员可改变控制杆的位置，带动油量调节齿杆向供油量减少或增加的方向移动，以改变供油量。

- 限制超速。当发动机转速超过额定转速时，飞块离心力就能克服调速弹簧的拉力，滑套推动拉力杠杆并带动导动杠杆绕其上支点向右偏转，同时也使 B 点右移至 B'，D 点移至 D'。在拉力杠杆的带动下，支持杠杆绕其中间支点顺时针偏转，使 C 点移到 C'。由 B'、C'决定的浮动杠杆也发生了顺时针方向的偏转，带动供油调节齿杆向减少供油量的方向移动，从而限制发动机转速不超过额定的工作转速。

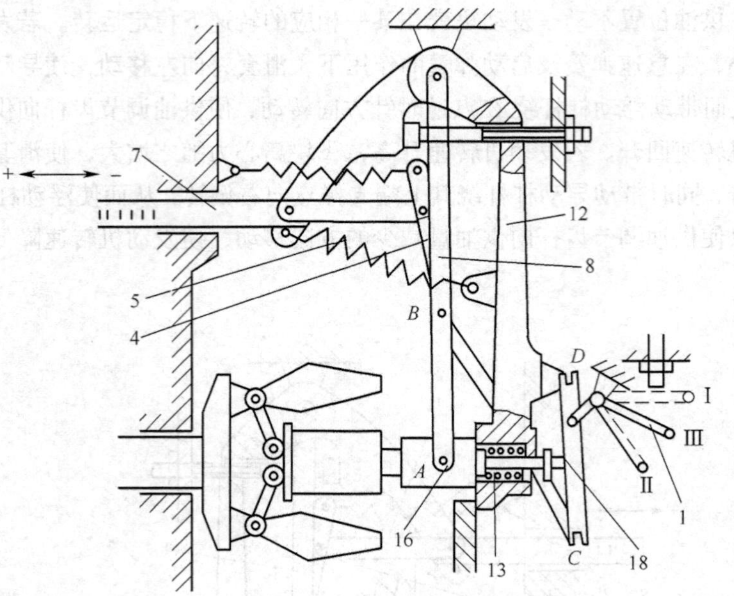

图 2-171　中等转速工况

1—控制杆　2—滚轮　3—凸轮轴　4—浮动杠杆　5—调速弹簧　6—速度调定杠杆　7—油量调节齿杆
8—导动杠杆　9—调速螺钉　10—启动弹簧　11—连杆　12—拉力杠杆　13—怠速弹簧
14—调速器壳体　15—齿杆冲程调整螺栓　16—滑套　17—飞块　18—支持杠杆

利用调速螺钉（见图 2-172）可改变调速弹簧的预紧力，即可调节发动机的额定转速。

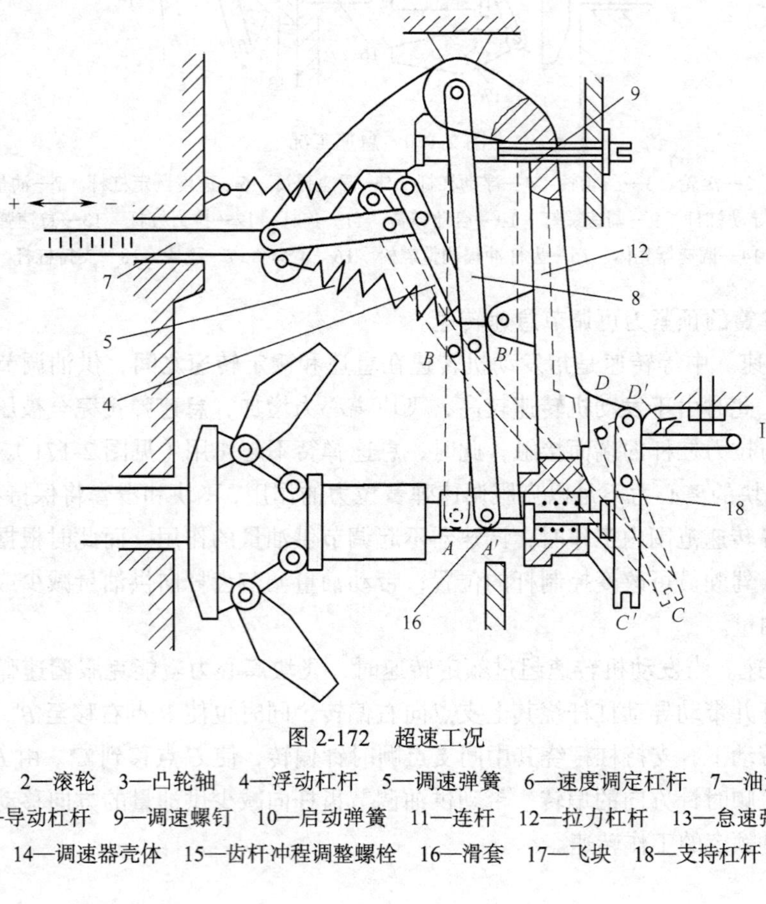

图 2-172　超速工况

1—控制杆　2—滚轮　3—凸轮轴　4—浮动杠杆　5—调速弹簧　6—速度调定杠杆　7—油量调节齿杆
8—导动杠杆　9—调速螺钉　10—启动弹簧　11—连杆　12—拉力杠杆　13—怠速弹簧
14—调速器壳体　15—齿杆冲程调整螺栓　16—滑套　17—飞块　18—支持杠杆

5. 喷油器

喷油器的功用有两个：一是使一定数量的燃油得到良好的雾化，促进燃油着火和燃烧；二是使燃油的喷射按燃烧室类型合理分布，使燃油与空气得到迅速而完善的混合，形成均匀的可燃混合气。为此，喷油器应满足以下要求。

① 喷油器应具有一定的喷射压力和射程，以及合适的喷雾锥角和喷雾质量。

② 停止喷油要迅速，不发生燃油的滴漏，以免恶化燃烧过程。

③ 最好的喷油特性是在每一循环的供油量中，开始喷油少，中期喷油多，后期喷油少。以减少备燃期的积油量和改善燃烧后期的不利情况。

喷油器常见的形式有两种：孔式喷油器和轴针式喷油器。

（1）孔式喷油器

孔式喷油器主要用于直接喷射式燃烧室中，燃油的喷射状况主要由针阀体下部喷孔的大小、方向和数目来控制，并与燃烧室的形状、大小及空气涡流情况相适应。

喷孔数目一般为 1～8 个，喷孔直径为 0.2～0.8 mm，它可以喷出一个或几个锥角不大、射程较远的油束。喷孔越多则孔径越小，雾化越好，分布越均匀。但小孔径使用中易积炭堵塞，同时需要较高的喷油压力。

孔式喷油器的结构如图 2-173 所示。主要由针阀 10、针阀体 9、顶杆 6、调压弹簧 5 及喷油器体 7 等零件组成。针阀中部的锥面位于针阀体的环形油腔内以承受油压，称为承压锥面；针阀下端的锥面与针阀体上相应的内锥面配合，起密封作用，称为密封锥面。调压弹簧 5 通过顶杆 6，将针阀的密封锥面压紧在针阀体的内锥面上，使喷孔关闭。

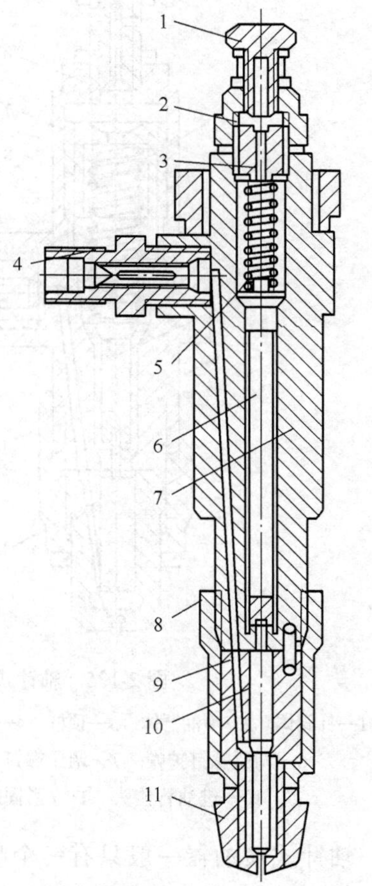

图 2-173　孔式喷油器的结构

1—回油管螺栓　2—调压螺钉护帽　3—调压螺钉　4—进油管接头　5—调压弹簧　6—顶杆　7—喷油器体　8—紧固螺套　9—针阀体　10—针阀　11—喷油器锥体

柴油机工作时，喷油泵供给的柴油经进油管接头、油道进入针阀体下部的环形油腔内。当油压升高到作用在针阀承压锥面上的轴向力大于调压弹簧的预紧力时，针阀开始向上移动，喷油器喷孔被打开，高压柴油通过喷孔喷入燃烧室[见图 2-174（a）]。当喷油泵停止供油时，油压突然下降，针阀在调压弹簧的作用下及时回位，将喷孔关闭[见图 2-174（b）]。喷油器的喷油压力与调压弹簧的预紧力有关，预紧力越大，喷油压力越高。调压弹簧的预紧力可通过调压螺钉来调整。

喷油器工作时，会有少量柴油从针阀和针阀体的配合表面之间的间隙漏出。这部分柴油对针阀起密封作用，并沿顶杆周围的空隙上升，最后通过回油管螺栓进入回油管，流回柴油箱。

针阀和针阀体是喷油器中最关键的零件，两者合称为针阀偶件。为保证喷油压力且能自由滑动，两者的配合间隙要求很严，应控制在0.002～0.003 mm。针阀偶件是经过研磨配对的，拆装和维修过程中应特别注意，不能互换。

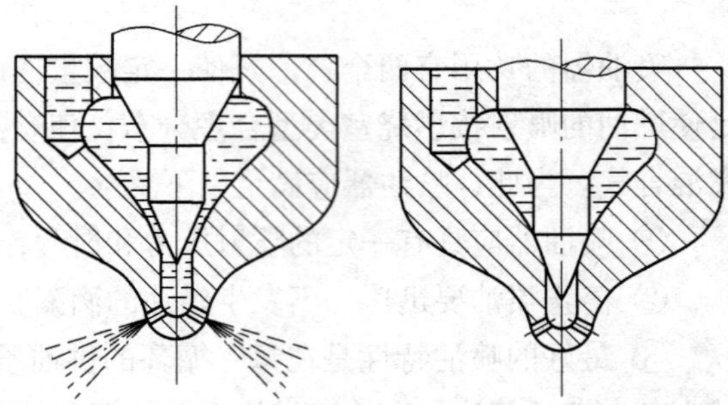

（a）喷油　　（b）关闭

图 2-174　孔式喷油器工作原理

（2）轴针式喷油器

轴针式喷油器如图 2-175 所示，其结构与工作原理与孔式喷油器基本相同。其不同点是针阀 12 下端的密封锥面以下还延伸出一个倒锥形或圆柱形的轴针，轴针伸出喷孔外，使喷孔成为圆环状的狭缝。这样，喷油时喷雾将呈空心的锥状或柱状[见图 2-176（b）]。喷孔的通过截面与喷雾锥角的大小取决于轴针的形状与升程。

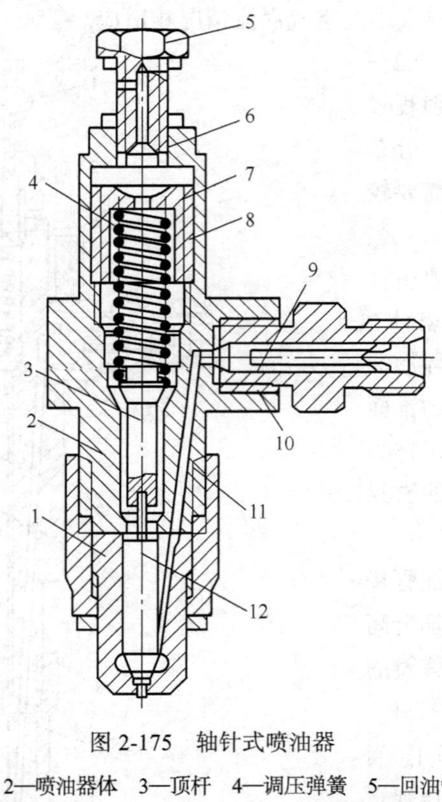

图 2-175　轴针式喷油器

1—针阀体　2—喷油器体　3—顶杆　4—调压弹簧　5—回油管螺栓
6—调压螺钉护帽　7—调压螺钉　8—垫圈　9—滤芯
10—进油管接头　11—紧固螺套　12—针阀

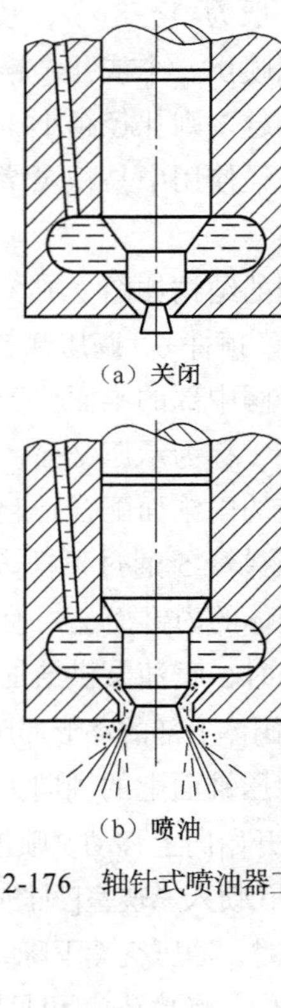

（a）关闭

（b）喷油

图 2-176　轴针式喷油器工作原理

轴针式喷油器一般只有一个喷孔（孔径为 1～3 mm），喷孔与轴针之间有微小的间隙（0.02～0.06 mm）。当轴针刚升起时，由于轴针仍在喷孔中，喷出油量较少，直到轴针完全离开喷孔时，喷油量才达到最大；当喷油快结束时，情况正好相反。这样在备燃期内喷入燃烧室的油量较少，从而使发动机工作比较平稳。圆锥形轴针的喷油器在开始喷油时的喷油量比圆柱形轴针的喷油量更少，同时，不同角度的轴针还可以改变喷雾锥角的大小，以满足与燃烧室相配合的要求。因此，它适用于对喷雾质量要求不高的涡流室式燃烧室和预燃室式燃烧室。

轴针式喷油器由于喷孔直径较大，孔内又有轴针上下移动，故喷孔不易积炭，且可以自行清除积炭。

2.6 润滑系统

2.6.1 概　述

1. 润滑系统的功用

发动机的润滑是由润滑系统来实现的。润滑系统的功用就是在发动机工作时连续不断地将数量足够、压力和温度适当的洁净润滑油输送到运动副的摩擦表面，并在摩擦表面之间形成油膜，实现液体摩擦，从而减小摩擦阻力、降低功率消耗、减轻机件磨损，以达到提高发动机工作可靠性和耐久性的目的。此外，流动的润滑油还能起到清洁、吸热、密封、减振、降噪和防锈等功能。

2. 润滑方式

由于发动机运动副的工作条件不尽相同，因此，对负荷及相对运动速度不同的运动副采用不同的润滑方式。

（1）压力润滑

压力润滑是将润滑油以一定压力供入摩擦表面的润滑方式。主要用于主轴承、连杆轴承及凸轮轴承等负荷较大、相对运动速度较高的摩擦表面的润滑。

（2）飞溅润滑

飞溅润滑是利用发动机工作时运动零件溅泼起来的油滴或油雾润滑摩擦表面的润滑方式。主要用来润滑负荷较轻的气缸壁面和配气机构的凸轮、挺柱、气门杆以及摇臂等零件的工作表面。

（3）润滑脂润滑

通过润滑脂油嘴定期加注润滑脂来润滑零件的工作表面，如水泵及发电机轴承等。

3. 润滑系统的组成

汽车发动机润滑系统主要由油底壳、机油泵、限压阀、旁通阀、机油滤清器、机油散热器、机油压力表、温度表和机油标尺等组成，如图 2-177 所示。

油底壳的作用是储存润滑油，加密封垫后固定在气缸体底面上。机油泵能够建立足够的油压，以保证机油循环，实现压力润滑。限压阀用来限制油路中最高油压。旁通阀用来避免因机油粗滤器堵塞而造成主油道供油中断。机油滤清器用来滤清润滑油中混入的金属磨屑、机械杂质及润滑油本身氧化生成的胶质，防止进入主油道而造成油路堵塞。机油滤清器分集滤器、机油粗滤器和机油细滤器。机油散热器用来加强润滑油冷却，使润滑油温度保持在正常工作范围内（343～363 K），用于热负荷较高的发动机。机油压力表、温度表和机油标尺用来使驾驶员随时掌握润滑系统工作状况。

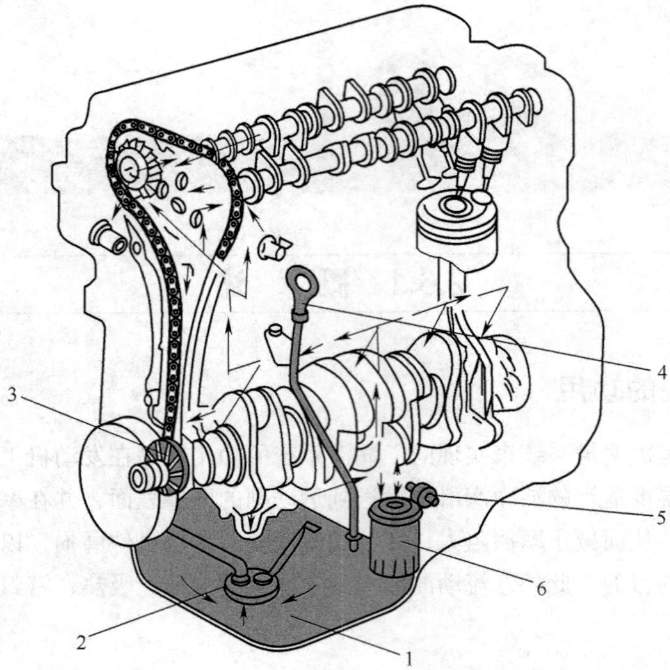

图 2-177　捷达都市先锋轿车发动机润滑系统

1—油底壳　2—集滤器　3—机油泵　4—机油尺　5—机油压力开关　6—机油滤清器

此外，发动机润滑系统还包括油管、油道等组成的润滑油引导、输送及分配装置。

4. 润滑剂的种类及选用

汽车发动机润滑系统所用的润滑剂包括润滑油和润滑脂两种。

目前国际上广泛采用美国汽车工程学会（SAE）黏度分类法和美国石油学会（API）用途分类法，并已被国际标准化组织（ISO）确认。

美国 SAE 按照机油的黏度等级，把机油分为冬季用机油和夏季用机油。冬季用机油有 6 种牌号：SAE0W、SAE5W、SAE10W、SAE15W、SAE20W、SAE25W。夏季用机油有 5 种牌号：SAE20、SAE30、SAE40、SAE50、SAE60。数字较大的机油黏度较大，适合于在较高的环境温度下使用。

上述牌号的机油只有单一的黏度等级，称为单级油，当使用这种机油时，汽车驾驶员需根据季节和气温的变化随时更换机油。目前使用的机油大多数具有多黏度等级，称为多级油或稠化机油，其牌号有 SAE5W-20、SAE10W-30、SAE15W-40、SAE20W-40 等。例如，SAE5W-20 在低温下使用时，其黏度与 SAE5W 一样，而在高温下，其黏度又与 SAE20 相同。因此，可以冬夏通用。

API 用途分类法是美国石油学会（API）根据机油的性能及其最适合的使用场合，把机油分为 S 系列和 C 系列两类。S 系列为汽油机油，目前有 SA、SB、SC、SD、SE、SF、SG、SH、SJ 共 9 个级别。C 系列为柴油机油，目前有 CA、CB、CC、CD、CD-2、CE、CF-4 和 CG-4 共

8 个级别。级号越后，使用性能越好，适用的机型越新或强化程度越高。其中 SA、SB、SC 和 CA 级油已很少使用。

我国的机油分类法参照采用 ISO 分类方法。GB/T 7631.3—1995 规定，按机油的性能和使用场合分为以下两种。

① 汽油机油：SC、SD、SE、SF、SG、SH 共 6 个级别。

② 柴油机油：CC、CD、CD-2、CE、CF-4 共 5 个级别。

每一种使用级别又有若干种单一黏度等级和多黏度等级的机油牌号。如 CC 级润滑油有 3 个单一黏度等级和 6 个多黏度等级的润滑油牌号：30、40、50 和 5W/30、5W/40、10W/30、10W/40、15W/40、20W/40。

润滑脂是将稠化剂掺入液体润滑剂中所制成的一种稳定的固体或半固体产品，其中可以加入旨在改善润滑脂某种特性的添加剂。

5. 润滑系统油路

现代汽车发动机润滑系统的油路大致相同。捷达都市先锋轿车发动机润滑系统油路如图 2-178 所示。在此系统中，曲轴的主轴颈、连杆轴颈、凸轮轴颈均采用压力润滑，其余部分则用飞溅润滑或润滑脂润滑。

当发动机工作时，机油从油底壳 9 经集滤器被机油泵 8 送入机油滤清器 5。全部机油经滤清器滤清之后进入发动机主油道，再经气缸体上的纵向油道，分别润滑 5 个主轴承。然后，机油经曲轴上的斜油道，从主轴承流向连杆轴承润滑连杆轴颈。同时主油道还和凸轮轴轴承润滑油道及液压挺柱油道相通，用于润滑凸轮轴轴承和向液压挺柱供油。

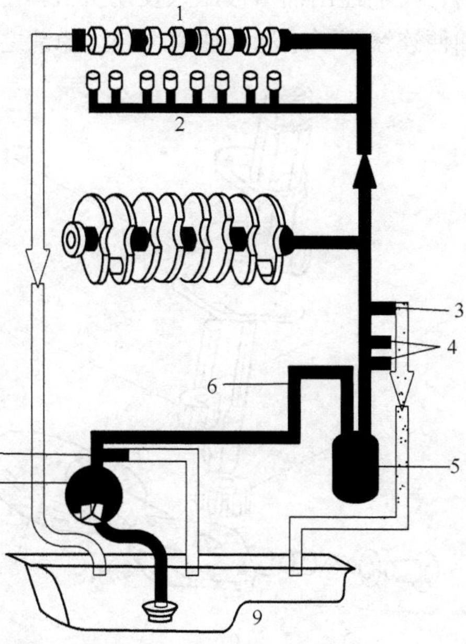

图 2-178　捷达都市先锋轿车发动机润滑系统油路

1—凸轮轴　2—液压挺柱　3—限压阀　4—油压开关　5—带旁通阀的机油滤清器　6—回油关闭阀　7—限压阀　8—机油泵　9—油底壳

机油压力是由安装在机油滤清器支架上的两个油压开关（0.03 MPa 油压开关和 0.18 MPa 油压开关）监控的。当发动机启动之后，机油压力较低，低压报警开关触点闭合，机油报警灯亮。当机油压力超过 0.03 MPa 时，低压报警开关触点断开，机油报警灯熄灭。当发动机转速超过 2 150 r/min 时，机油压力若低于 0.18 MPa，这时开关触点闭合，机油报警灯闪亮，同时蜂鸣器鸣响报警。在润滑油路中，装有两个限压阀，一个装在机油泵上，另一个装在机油滤清器支架上，当发动机处于冷态或机油黏度较大时，部分机油因油压高或机油流量过大，经限压阀流回油底壳，可避免机油压力过高而造成危险。在机油滤清器内有一个旁通阀，当滤清器堵塞时，旁通阀打开，未被滤清的机油仍能输送到各摩擦副。在机油滤清器支架上还安装有一个回油关闭阀，当发动机停止运转时，能阻止主油道内的机油流回油底壳。

2.6.2 润滑系统主要部件

1. 机油泵

机油泵的功用是保证机油在润滑系统内循环流动，并在发动机任何转速下都能以足够高的压力向润滑部位输送足够数量的机油。

机油泵结构形式可分为齿轮式和转子式两类。齿轮式机油泵又分内接齿轮式和外接齿轮式，一般把后者称为齿轮式机油泵。

（1）齿轮式机油泵

如图 2-179 所示，齿轮式机油泵主要由泵体 1、泵盖 4、主动齿轮 6、从动齿轮 2、限压阀 5、齿轮轴 7 等零件组成。其工作原理如图 2-180 所示。当齿轮按图示方向旋转时，轮齿逐渐脱离啮合而使进油腔 2 的容积增大，腔内产生一定的真空，机油从油底壳经进油口被吸入进油腔，随后又被轮齿带到出油腔。轮齿逐渐进入啮合而使出油腔 6 的容积减小，使机油压力升高，机油经出油口被压入发动机机体上的油道。在发动机工作时，机油泵齿轮不停地旋转，机油便连续不断地流入油道，经过滤清之后被送到各润滑部位。

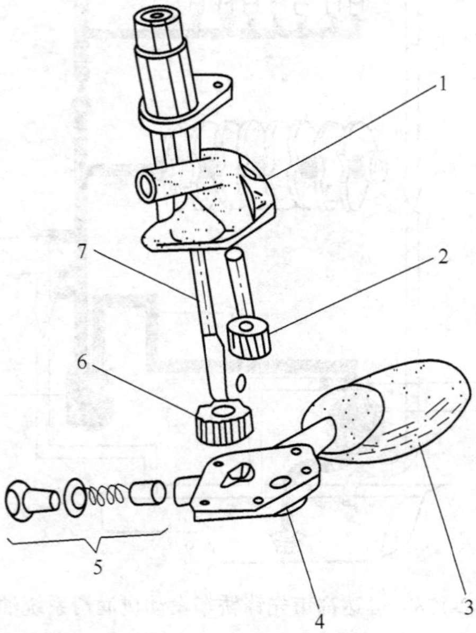

图 2-179 齿轮式机油泵

1—泵体 2—从动齿轮 3—集滤器 4—泵盖 5—限压阀 6—主动齿轮 7—齿轮轴

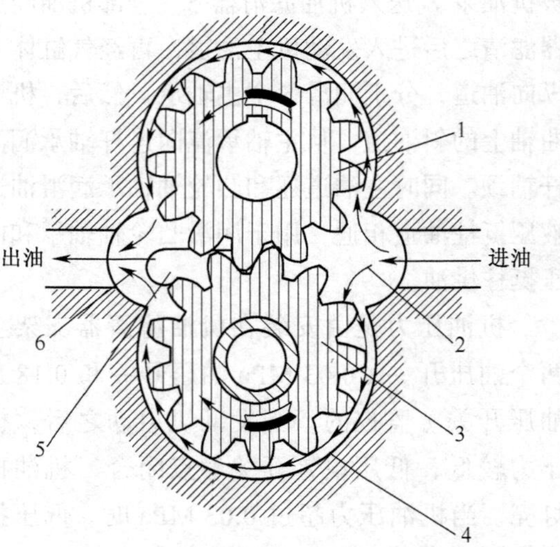

图 2-180 齿轮式机油泵工作原理图

1—主动齿轮 2—进油腔 3—从动齿轮 4—泵壳 5—卸压槽 6—出油腔

当轮齿进入啮合时，封闭在轮齿径向间隙内的机油，压力急剧升高，使齿轮受到很大的推力，并使机油泵轴衬套的磨损加剧。所以在泵盖上加工一道卸压槽 5，使轮齿径向间隙内被挤压的机油通过卸压槽流入出油腔，降低油压。

安装在机油泵上的限压阀可以限制机油泵的泵油压力，如果油压达到规定值，限压阀开启，多余的机油返回机油泵进口。

齿轮式机油泵结构简单、制造方便、工作可靠、效率高，故应用广泛。

捷达轿车机油泵为内接齿轮式，由曲轴通过链条直接驱动。带滑轨的链张紧器用以调节链条的张紧度，如图 2-181 所示。

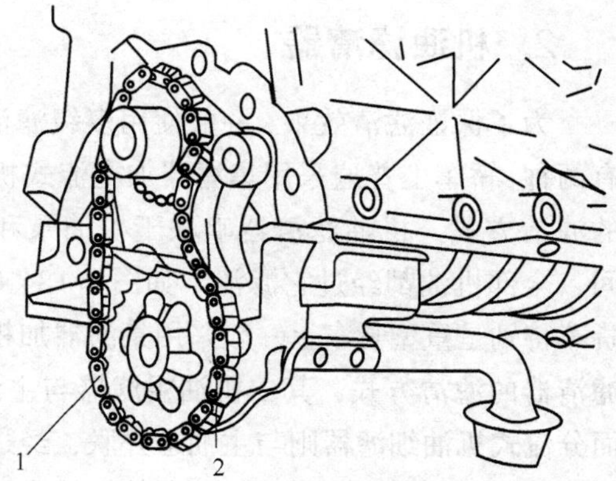

图 2-181　捷达轿车机油泵

1—传动链　2—张紧器

（2）转子式机油泵

转子式机油泵主要由内、外转子，机油泵体及机油泵盖等零件组成，如图 2-182 所示。内转子 5 用半圆键固定在主动轴上。主动轴通过轴套、卡环安装在机油泵体 6 和机油泵盖 3 上。外转子 4 装在泵体内并与内转子啮合。机油泵体和机油泵盖通过螺栓固定在一起，两者之间装有调整垫片，可以调整内、外转子与泵体端面的间隙。在主动轴前端用半圆键连接传动链轮 7，由发动机曲轴前端链轮驱动。

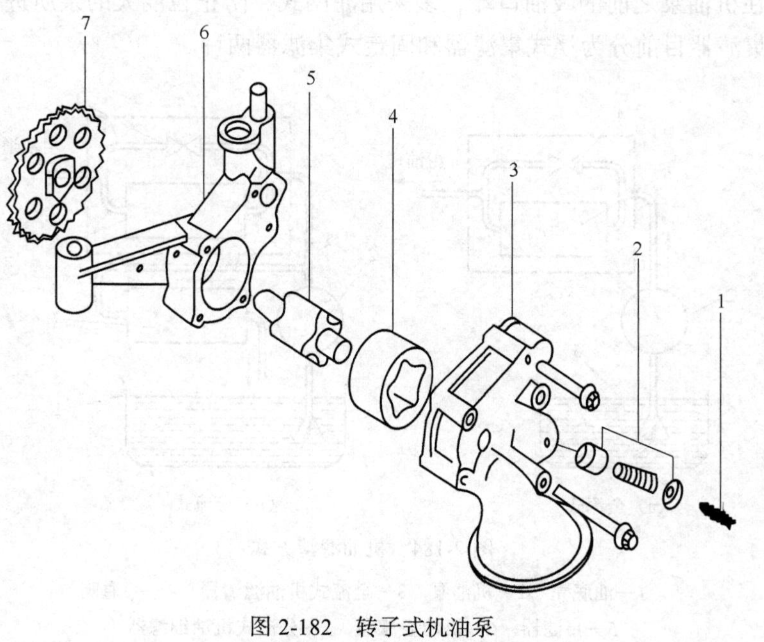

图 2-182　转子式机油泵

1—开口销　2—限压阀　3—机油泵盖　4—外转子　5—内转子　6—机油泵体　7—链轮

内转子和外转子中心有偏心距，内转子带动外转子一起沿同一方向转动。内转子有 4 个凸齿，外转子有 5 个凹齿，这样内、外转子同向不同步地旋转。

转子式机油泵的工作原理如图 2-183 所示。当机油泵工作时，主动轴带动内转子旋转，内转子则带动外转子朝同一方向转动。内、外转子工作面的轮廓是一对共轭曲线，可以保证两个转子相互啮合时既不干涉也不脱离。内、外转子将外转子的内腔分成 4 个工作腔。当某一工作腔转过进油口时，容积增大，油压减小，机油经进油口被吸入工作腔。当该工作腔转过出油口时，容积减小，油压升高，机油经出油口被压出。

转子式机油泵结构紧凑，供油量大，供油均匀，噪声小，吸油真空度较高。因此，当机油泵安装在曲轴箱以外或安装位置较高时，采用转子式机油泵比较合适。但是内、外转子啮合表面的滑动阻力比齿轮式机油泵大，因此，功率消耗较大。

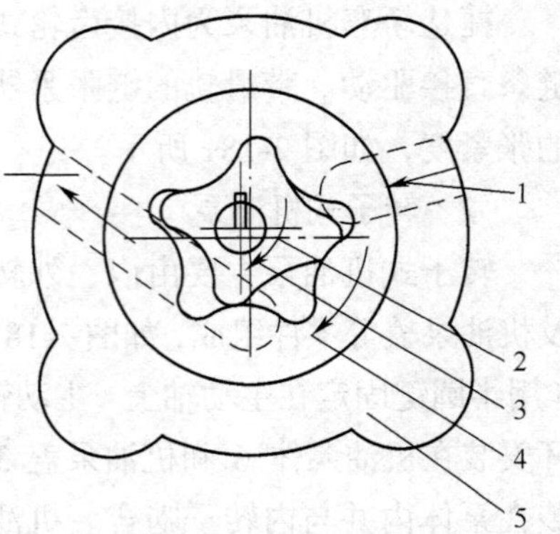

图 2-183　转子式机油泵的工作原理

1—进油口　2—主动轴　3—内转子　4—外传子
5—机油泵壳体　6—出油口

2. 机油滤清器

为了保证滤清效果，一般使用多级滤清器，方式有两种：轿车上普遍采用集滤器加全流式机油滤清器的滤清方式，机油滤清器串联于机油泵和主油道之间，全部机油都经过它滤清，如图 2-184（a）所示；货车特别是重型货车上一般采用集滤器加粗、细双级滤清器的滤清方式，其中机油粗滤器与主油道串联，而分流式机油细滤器则与主油道并联，经过粗滤器的机油进入主油道，而流过细滤器的机油直接返回油底壳，如图 2-184（b）所示。

（1）集滤器

集滤器装在机油泵之前的吸油口端，多采用滤网式，防止粒度大的杂质进入机油泵。汽车发动机使用的集滤器目前分为浮式集滤器和固定式集滤器两种。

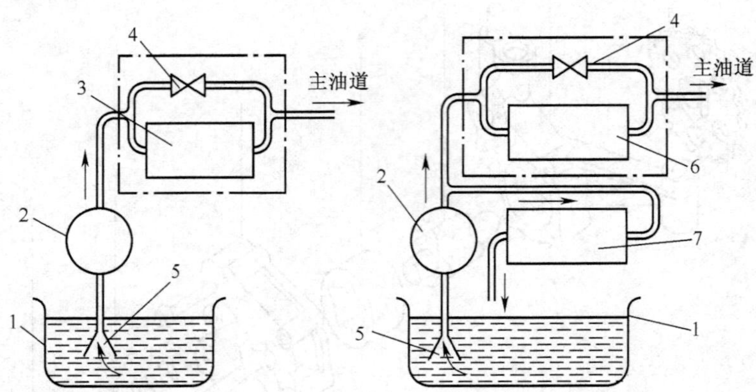

图 2-184　机油滤清方式

1—油底壳　2—机油泵　3—全流式机油滤清器　4—旁通阀
5—集滤器　6—机油粗滤器　7—分流式机油细滤器

浮式集滤器工作时漂浮于机油油面上，以保证油泵总是吸入最上层较清洁的机油，但油面上的泡沫易被吸入，造成机油压力降低，润滑可靠性差。固定式集滤器装在油面下面，吸入的机油清洁度略逊于浮式集滤器，但可防止泡沫吸入，润滑可靠，结构简单，使用广泛。如奥迪轿车、桑塔纳轿车等发动机都采用了固定式集滤器。

（2）机油粗滤器

机油粗滤器用来过滤机油中粒度较大（直径在 0.05 mm 以上）的杂质。它对润滑油流动的阻力较小，一般串联在机油泵与主油道之间，属于全滤式机油粗滤器。

现代汽车发动机所采用的机油粗滤器多为纸质过滤式，其结构如图 2-185 所示。壳体由上盖 17 和外壳 15 组成。纸质滤芯 14 用经过树脂处理的微孔滤纸制成。滤芯的两端由滤芯密封圈 12 和 16 密封。机油由上盖 17 上的进油孔流入，通过滤芯滤清后，经上盖上的出油孔流入发动机主油道。当滤芯被污物堵塞，其内外压差达到 0.15～0.17 MPa 时，旁通阀的球阀 6 即被顶开，大部分机油不经滤芯滤清，直接进入主油道，以保证足够的润滑油量。

（3）机油细滤器

机油细滤器可以滤除直径在 0.01 mm 以上的细小机械杂质及胶质。因为这种滤清器对机油的流动阻力较大，所以与主油道并联，只有 10%～15%的润滑油通过。

机油细滤器有过滤式和离心式两种类型。目前离心式机油细滤器应用较广泛。这种细滤器滤清能力高，通过能力好，且不受沉淀物影响，不须更换滤芯，只需定期清洗即可，但对胶质滤清效果较差。

离心式机油细滤器如图 2-186 所示，由底座 4、转子体 15、外罩 6 等部分组成。底座 4 上设有低压限压阀 1。带中心孔的转子轴 9 装在底座上，并用转子轴止推片 2 锁紧。转子体通过上下两个转子衬套套在转子轴上，可以自由转动，并由上下两个弹簧挡圈作轴向定位，转子下端装有两个按中心对称水平安装的喷嘴 3。导流罩 8 套装在转子体上，紧固螺母 12 将转子罩 7 与转子体紧固在一起，形成一个空腔，通过导流罩、转子体及转子轴上对应的径向油孔与转子轴中心孔相通。整个转子用外罩盖住，并通过盖形螺母 14 和垫片 13 将其固定在底座上。

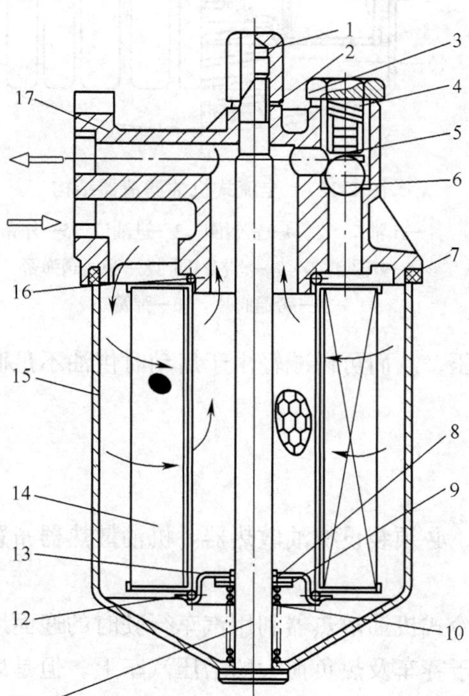

图 2-185　机油粗滤器结构

1—螺母　2、4—密封垫圈　3—阀座　5—旁通阀弹簧　6—球阀　7—外壳密封圈　8—拉杆密封圈　9—压紧弹簧垫圈　10—滤芯压紧弹簧　11—拉杆　12、16—滤芯密封圈　13—托板　14—纸质滤芯　15—外壳　17—上盖

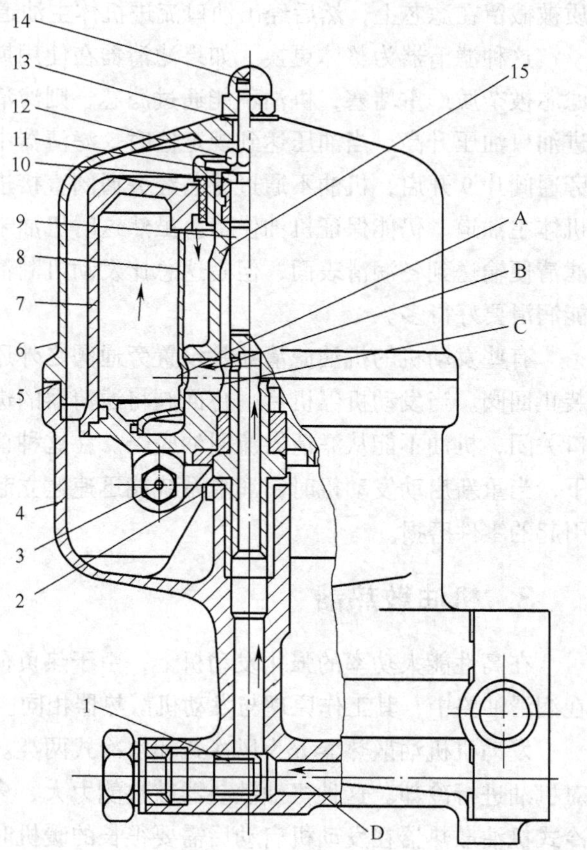

图 2-186　离心式机油细滤器

1—低压限压阀　2—转子轴止推片　3—喷嘴　4—底座　5—外罩密封圈　6—外罩　7—转子罩　8—导流罩　9—转子轴　10—止推垫　11—垫圈　12—紧固螺母　13—垫片　14—盖形螺母　15—转子体　A—导流罩油孔　B—转子轴油孔　C—转子体进油孔　D—细滤器进油孔

发动机工作时，从机油泵来的机油进入细滤器进油口 D，若油压低于 0.147MPa，低压限压阀 1 不开启，机油不进入机油细滤器而全部供给主油道，以保证发动机可靠润滑。当油压高于 0.147 MPa 时，低压限压阀被顶开，机油沿转子轴内的中心油道，经转子轴油孔 B、转子体进油孔 C、导流罩油孔 A 流入转子罩 7 内腔后，又经导流罩 8 导流从两个喷嘴 3 喷出，此时转子在喷射反作用力推动下高速旋转。当油压在 0.3 MPa 时，转子转速可高达 5 000～6 000 r/min。由于转子内腔的机油随着转子高速旋转，机油中的机械杂质在离心力的作用下被甩向转子壁、洁净的机油不断从喷嘴喷出，并经出油口流回油底壳。

（4）全流式机油滤清器

现代汽车发动机所采用的全流式机油滤清器多为过滤式，其结构如图 2-187 所示。纸滤芯 6 装在滤清器外壳 5 内，滤清器出油口 1 是螺纹孔，能把滤清器拧在机体上的螺纹接头上，螺纹接头与机体主油道相通。在机体安装平面与滤清器之间用密封圈 4 密封。机油从纸滤芯的外围进入滤清器中心，流过滤芯时杂质被截留在滤芯上，然后经出油口流进机体主油道。

这种滤清器为整体更换。如果滤清器在使用期内滤芯被杂质严重堵塞，机油不能通过滤芯，则滤清器进油口油压升高。当油压达到规定值时，滤清器中的旁通阀片 9 开启，机油不通过滤芯经旁通阀直接进入机体主油道，仍能保证机油供给。虽然这时机油未经滤清便输送到各润滑表面，但是这总比发动机断油不能润滑要好得多。

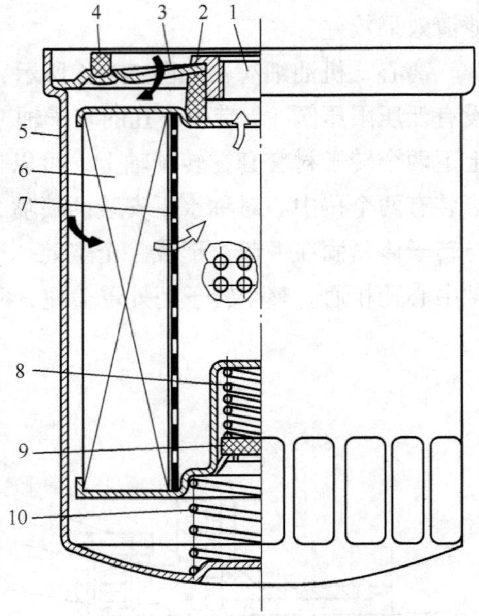

图 2-187　全流式机油滤清器结构

1—出油口　2、4—密封圈　3—进油口　5—外壳　6—纸质滤芯　7—滤芯衬网　8—旁通阀弹簧　9—旁通阀片　10—弹簧

有些发动机的机油滤清器除设置旁通阀之外还加装止回阀。当发动机停机后，止回阀将滤清器的进油口关闭，机油不能从滤清器流回油底壳。在这种情况下，当重新启动发动机时，润滑系统能迅速建立起油压，从而可以减轻由于启动时供油不足而引起的零件磨损。

3. 机油散热器

在高性能大功率的强化发动机上，由于热负荷大，必须装设机油散热器。机油散热器布置在润滑油路中，其工作原理与发动机散热器相同。

发动机机油散热器分为风冷式和水冷式两类。风冷式机油散热器利用汽车行驶时的迎面风对机油进行冷却。这种机油散热器散热能力大，多用于赛车及热负荷大的增压汽车上。但是风冷式机油散热器在发动机启动后需要很长的暖机时间才能使机油达到正常的工作温度，所以普通轿车上很少采用。

水冷式机油散热器（见图 2-188）外形尺寸小，布置方便，且不会使机油冷却过度，机油温度稳定，因而在轿车上应用较广。机油经滤清器滤清之后直接进入散热器，机油在散热器芯内流动，从冷却系统散热器出水管引来的冷却液在散热器芯外流过。两种流体在散热器内进行热交换，使高温机油得以冷却降温。

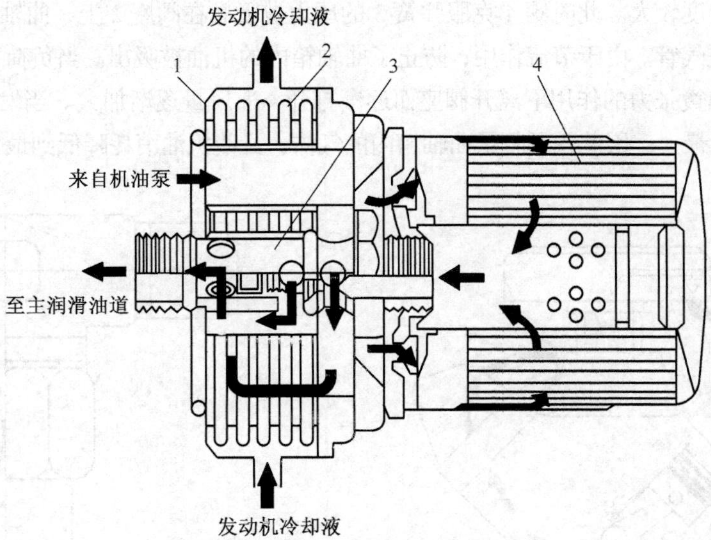

图 2-188　水冷式机油散热器

2.6.3　曲轴箱通风

发动机工作时，漏到曲轴箱内的汽油蒸气凝结后会稀释机油；废气中的水蒸气在润滑油中形成泡沫，破坏润滑油的供给；废气中的水蒸气和酸性物质使润滑油变质；同时，漏入曲轴箱内的气体使曲轴箱压力和温度升高，将造成机油从油封、衬垫处泄漏而流失。因此曲轴箱必须设有通风装置，排出漏入的气体并加以利用，同时使新鲜的空气进入曲轴箱，形成不断的对流。

曲轴箱通风方法有两种：一是自然通风法，二是强制通风法。自然通风法是利用汽车行驶中冷却风扇所形成的气流，在与曲轴箱相连的出气管口处形成一定的真空度，从而将气体抽出曲轴箱外（见图 2-189），一般多用于柴油机上。强制通风法是利用发动机进气管道的真空度作用，使曲轴箱内气体被吸入气缸。汽车发动机曲轴箱一般都是采用强制通风。自然通风结构比较简单，但与强制通风相比，因为将曲轴箱气体直接导入大气，造成燃料浪费，增加大气污染，且通风效果也不好。

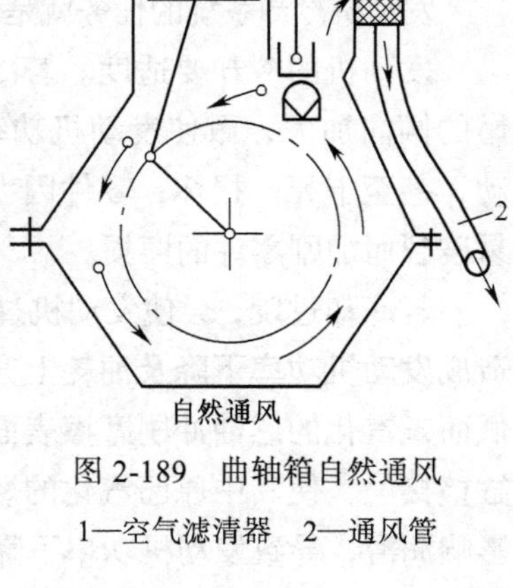

图 2-189　曲轴箱自然通风

1—空气滤清器　2—通风管

福特公司的 V 形发动机曲轴箱强制通风系统如图 2-190 所示。发动机工作时，在进气管内真空度作用下，窜入曲轴箱内的气体经曲轴箱通气软管 7 被抽到进气管进入气缸燃烧。新鲜空气经空气滤清器 1、空气软管 2 进入到曲轴箱内。这种通风方式还可防止因曲轴箱内压力过高而造成的曲轴箱漏油。为了防止在发动机低速小负荷时进气管的真空度太大而将机油从曲轴箱内吸出，在曲轴箱通气软管上装有单向阀（PCV 阀）。

PCV 阀结构如图 2-191 所示。当发动机在小负荷低转速运转时，进气管真空度较大。此时阀 4 克服弹簧 3 的压力被吸靠在阀座 2 上，曲轴箱内的废气经阀 4 的中心小孔进入进气管。由于节流作用，防止了曲轴箱内的机油被吸出。当负荷加大时，进气管真空度降低，阀在弹簧张力的作用下离开阀座而逐渐打开，通风量逐渐加大。当发动机在大负荷时，阀 4 全开，通风量最大。因此既更新了曲轴箱内的气体，又使机油消耗降低到最低限度。

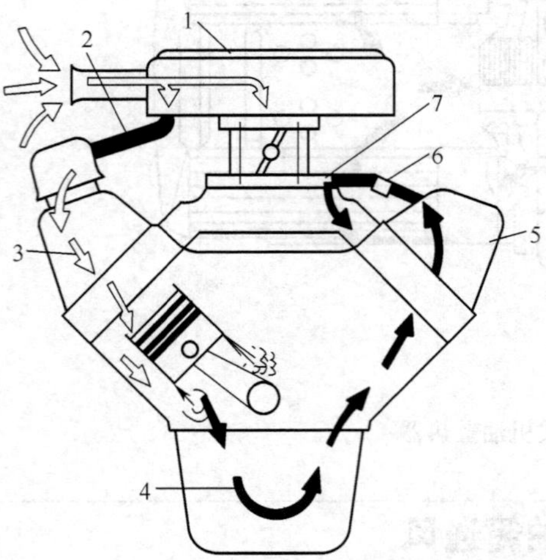

图 2-190　福特公司 V 形发动机曲轴箱强制通风系统

1—空气滤清器　2—空气软管　3—新鲜空气　4—曲轴箱气体　5—气缸盖罩　6—PCV 阀　7—曲轴箱通气软管

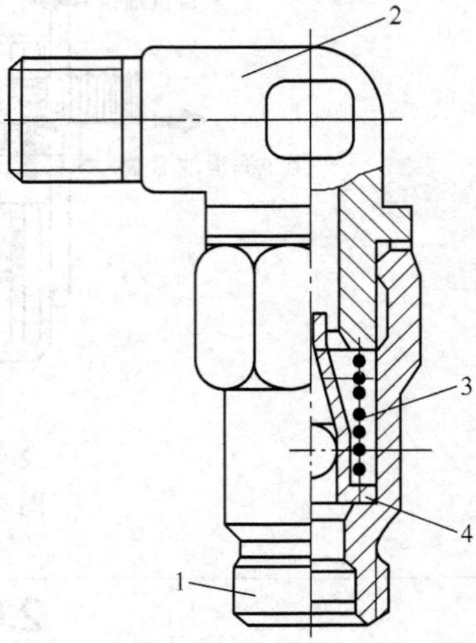

图 2-191　PCV 阀结构

1—阀体　2—阀座　3—弹簧　4—阀

2.7 冷却系统

2.7.1 概　述

1. 冷却系统的作用

发动机冷却系统的任务就是使发动机得到适度的冷却，从而保持在最适宜的温度范围内工作。

发动机的冷却要适度。若冷却不足，会使发动机过热，从而导致充气效率下降，早燃和爆燃的倾向加大，致使发动机功率下降；运动机件间正常的间隙受到破坏，使零件不能正常运动，甚至卡死、损坏；零件因力学性能下降而导致变形和损坏；因润滑油黏度减小、润滑油膜易破裂而加剧零件的磨损。

若冷却过度，会使发动机过冷，从而导致进入气缸的可燃混合气雾化不好，因而燃烧不好，造成发动机功率下降及油耗上升；润滑油黏度增大，造成润滑不良而加剧零件的磨损；因温度低而未汽化的燃油冲刷摩擦表面（气缸壁、活塞等）上的油膜；同时因混合气与温度较低的气缸壁接触，使其中原已汽化的燃油重又凝结而流入曲轴箱内，不仅增加油耗，且使机油变稀而影响润滑，导致发动机功率下降，磨损增加。

2. 冷却系统的分类

冷却系统可分为水冷系统和风冷系统两类。

（1）水冷系统

水冷系统是通过冷却水在发动机水套中循环流动而吸收多余的热量，再将此热量散入大气而进行冷却的一系列装置。水冷系统因冷却强度大、易调节，便于冬季启动而广泛用于汽车发动机上。采用水冷系统时，气缸盖内冷却水的温度应保持在 353～363 K 范围内，气缸壁的温度应保持在 470～550 K。

（2）风冷系统

风冷系统是将发动机中高温零件的热量，通过装在气缸体和气缸盖表面的散热片直接散入大气中而进行冷却的一系列装置。风冷系统因冷却效果差、噪声大、功耗大等缺点，仅用于部分小排量及军用汽车发动机。采用风冷系统时，气缸体和气缸盖的允许温度分别为 423～453 K 和 433～473 K。

3. 水冷系统的组成及水路循环

目前汽车发动机上普通采用的是强制循环式水冷系统（见图 2-192）。它利用水泵将冷却水提高压力，使其在发动机冷却系统中循环流动。

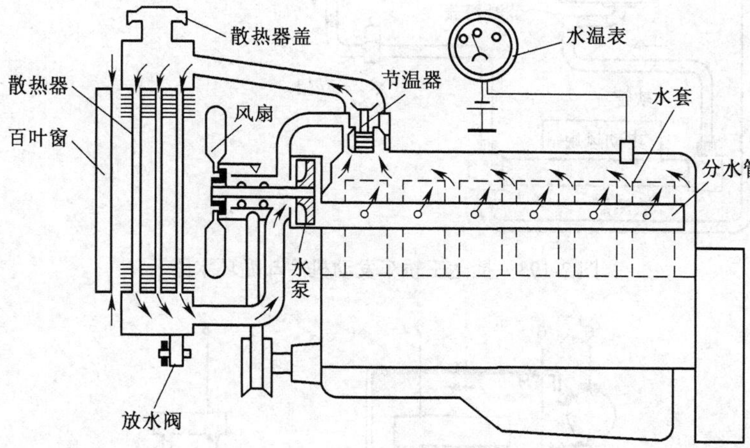

图 2-192　强制循环式水冷系统示意图

水冷发动机的气缸盖和气缸体中都铸有相互连通的水套。冷却水在水泵的作用下，流经气缸体及气缸盖的冷却水套而吸收热量，然后沿水管流入散热器。利用汽车行驶的速度及风扇的强力抽吸，而使空气流由前向后高速通过散热器，不断地将流经散热器的高温冷却水的热量散发到大气中去而使冷却水温度下降。冷却后的水流至散热器的底部后，被水泵再次压入发动机的水套中，如此循环而将发动机工作时产生的大量热量不断带走，保证发动机的正常工作温度。

冷却系统中设有温度调节装置，如节温器、风扇和百叶窗。

为便于驾驶员能及时掌握冷却系统的工作情况，水冷系统中还设有水温表和高温警告灯等。

通常冷却液在冷却系统内的循环流动有两种情况：一是水温高时，气缸盖出水孔的冷却液流经散热器再经水泵流回水套，称为大循环；二是水温低时，发动机出水孔的冷却液不经过散热器而直接流回水套，称为小循环。

图 2-193 所示为捷达王轿车发动机冷却循环水路。节温器安装在水泵进水口处，采用了电

动风扇。水冷系统还为暖风装置提供热源。为了防止节气门体产生结冰现象，对节气门体采取了冷却液加热措施。系统中增加了膨胀水箱，对散热器中冷却液起到了自动补偿以及水汽分离作用。图 2-194 为宝来轿车冷却系统示意图。

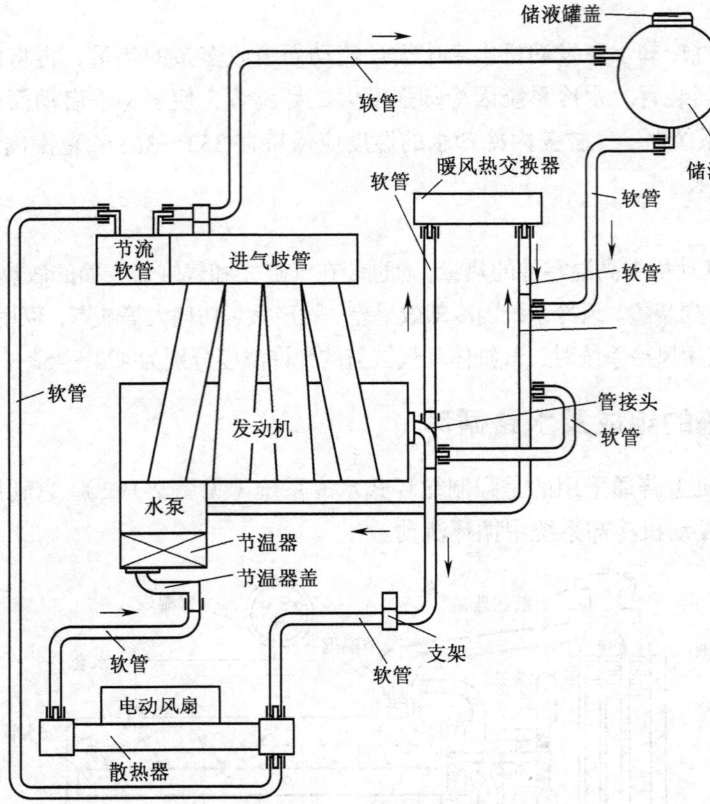

图 2-193　捷达王轿车发动机冷却循环水路

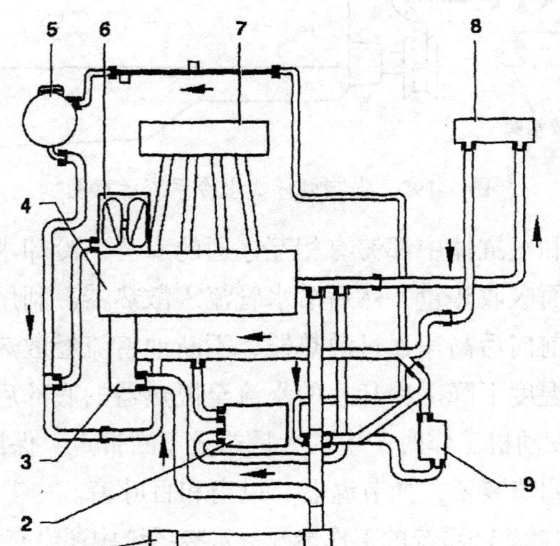

图 2-194　宝来王轿车发动机冷却循环水路

1—散热器　2—机油冷却器　3—节温器　4—气缸体　5—储液罐　6—涡轮增压器

7—进气道　8—暖风水箱　9—自动变速器油冷却器

4. 冷却水与防冻液

汽车发动机中使用的冷却水应该是清洁的软水。井水、河水和海水等因含有大量的矿物质而称为硬水。在高温作用下，这些矿物质会从水中沉淀析出而产生水垢，这些水垢积附在水套的内壁和软管的接口处，影响了水流的循环，造成高温零件散热困难而使发动机过热。

在冬季寒冷地区，往往因冷却水结冰而发生散热器、气缸体、气缸盖变形、胀裂的现象。为适应冬季行车的需要，可在冷却水中加入一定量的防冻液以达到降低冰点、提高沸点的目的。现代汽车使用的防冻液通常由一定比例的乙二醇和蒸馏水混合而成，其冰点可达 238 K，沸点则高达 400 K 左右。

在优质的防冻液中还常含有水泵润滑剂、防尘剂、防腐剂和酸度中和剂，以减少保养维修工作量，延长发动机的使用寿命。

因防冻液的膨胀系数比水受热时的膨胀系数略高，为避免因为膨胀而造成冷却水溢流损失，冷却液不能加得太满。在带有膨胀水箱的冷却系统中，冷却液的液面高度应处在膨胀水箱上的 MIN 与 MAX 两标记之间。

2.7.2 水冷系统

下面介绍水冷系统各主要部件。

1. 散热器

散热器俗称水箱，安装在发动机前的车架横梁上。其功用是将冷却水在水套中所吸收的热量传给外界大气，使水温下降。散热器要用导热性能良好的材料制造，并应保证足够的散热面积。

如图 2-195 所示，散热器主要由上、下水箱 2、10，散热器芯 11 和散热器盖 3 等组成。在上、下水箱上分别装有进水管口 1 和出水管口 9，它们分别与发动机气缸盖上的出水管口及水泵的进水管口用软管连接。下水箱中还常设有放水开关。

常用散热器芯的结构形式有管片式和管带式两种，如图 2-196 所示。

管片式[见图 2-196（a）]散热器芯由若干扁形冷却管 1 构成，也有使用圆管的，如上海桑塔纳轿车和南京依维柯轻型汽车就采用了全铝合金圆形冷却管散热器。散热片 3 套装在扁形冷却管周围以增大散热面积及增

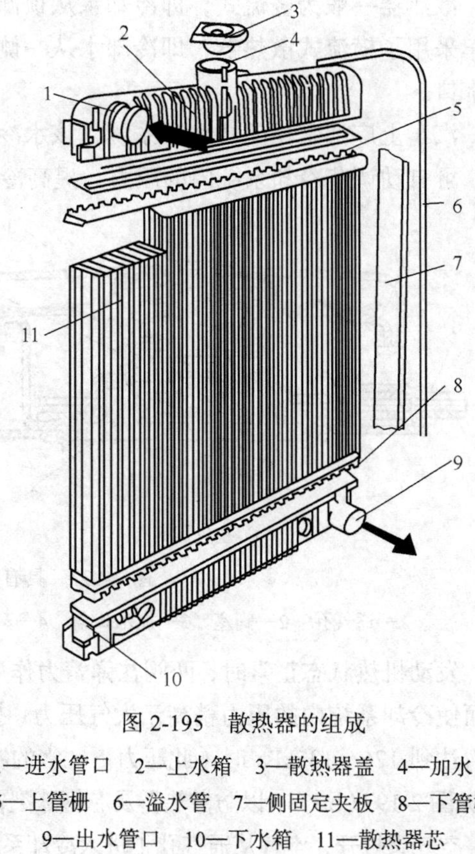

图 2-195 散热器的组成

1—进水管口 2—上水箱 3—散热器盖 4—加水口
5—上管栅 6—溢水管 7—侧固定夹板 8—下管栅
9—出水管口 10—下水箱 11—散热器芯

加整个散热器的刚度和强度。空气吹过扁形冷却管和散热片，使管内流动的水得到冷却。管片式散热器因结构刚度较好而广泛为汽车发动机所采用。

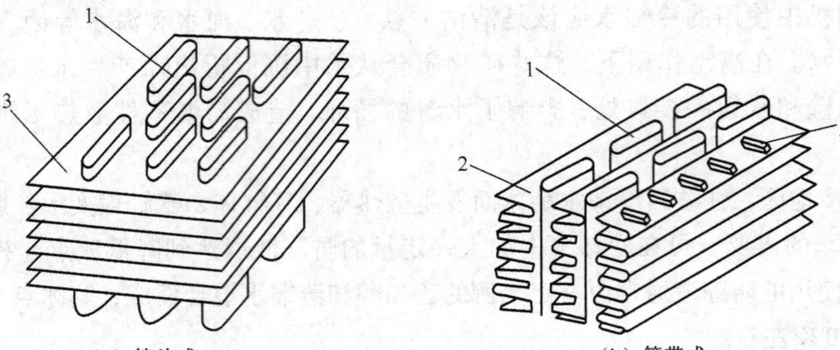

（a）管片式　　（b）管带式

图 2-196　散热器芯的结构

1—冷却管　2—散热带　3—散热片　A—孔

管带式[见图 2-196（b）]散热器芯由扁平冷却管 1 及波纹状薄金属散热带 2 焊接成蜂巢状。水管与散热带相间排列，在散热带上常开有形似百叶窗的孔 A，以破坏气流在散热带表面上的附面层，提高散热能力。管带式散热器芯的优点是散热能力强、制造工艺简单、质量小。随着路况的不断改善，其应用将日益增多。

散热器芯多采用导热性、焊接性和耐腐蚀性均好的黄铜制造。为减小质量，节约铜材，铝制散热器芯目前广泛用于许多使用条件较好的轿车上。

散热器一般为竖流式，即冷却水从顶部流向底部。为降低汽车发动机罩轮廓的高度，有些轿车采用了横流式散热器，即冷却水从一侧的进水口进入水箱，然后水平横向流动到另一侧的出水口。

汽车上广泛采用闭式水冷系统，该水冷系统的散热器盖具有空气—蒸汽阀，如图 2-197 所示，可自动调节冷却系统内的压力，提高冷却效果。

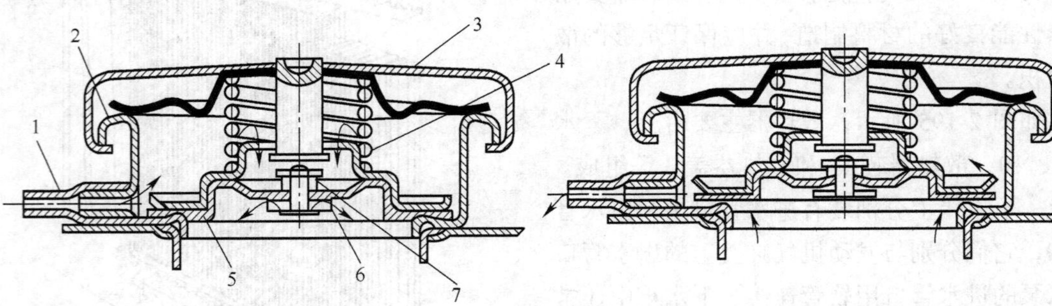

（a）空气阀开启　　（b）蒸汽阀开启

图 2-197　具有空气-蒸汽阀的散热器盖

1—通气孔　2—阀座　3—加水口盖　4—蒸汽阀弹簧　5—蒸汽阀　6—空气阀　7—空气阀弹簧

发动机热状态正常时，两阀在弹簧力作用下均关闭而使冷却系统与大气隔绝。因水蒸气的产生而使冷却系统内的压力稍高于大气压力，提高了冷却水的沸点，改善了冷却效能。当散热器内压力达到 126～137kPa 时（此压力下，水的沸点达 381 K），蒸汽阀开启而使水蒸气从通气孔 1 排出[见图 2-197（b））]，以防散热器及芯管涨裂；当水的温度下降，冷却系统内的真空度低于 1～20kPa 时，空气阀打开，空气从通气孔 1 进入冷却系统[见图 2-197（a）]，以防散热器及芯管被大气压瘪。

2. 水泵

水泵安装在发动机前端，通常与风扇一起用带轮同轴驱动。水泵的功用是对冷却水加压，使之在冷却系统中循环流动。

汽车发动机广泛采用离心式水泵。它具有结构紧凑、泵水量大及因故障而停止工作时不会妨碍水在冷却系统内自然循环等优点。其工作原理如图 2-198 所示。当叶轮 2 旋转时，水泵内的水被叶片带动一起旋转，在离心力的作用下甩向叶轮边缘，在水泵壳体 3 内将动能转变为水的压力能，经与叶轮成切线方向的出水口压入发动机的冷却水套。与此同时，叶轮中心因具有负压而使散热器中的水经进水管 5 被吸入水泵。

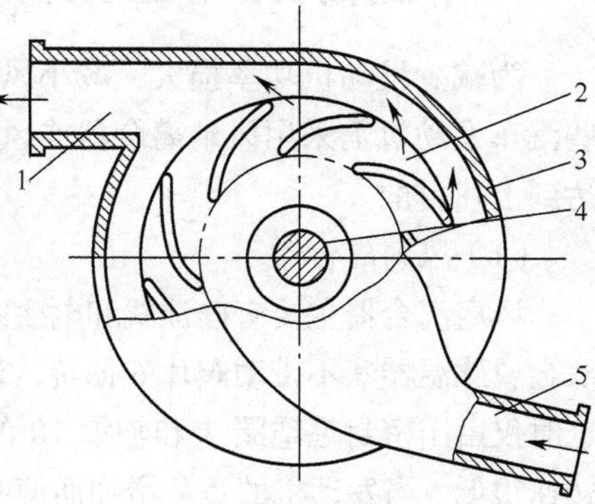

图 2-198 离心式水泵工作原理

1—出水管 2—叶轮 3—水泵壳体 4—水泵轴 5—进水管

3. 风扇

风扇通常安装在散热器的后面，用来提高流经散热器的空气流速和流量，增强散热器的散热能力，同时对发动机其他附件也有一定的冷却作用。

风扇的扇风量主要取决于风扇的直径、转速、叶片形状及安装角等。

目前车用水冷发动机大多采用轴流式风扇，如图 2-199 所示。风扇叶片多用薄钢板压制而成，数目为 4～6 片。为减小叶片旋转时的振动和噪声，叶片之间的夹角一般不相等。叶片与其旋转平面成 30°～45° 的安装倾斜角，借以产生吸风能力，使空气沿轴向流动。在轿车及轻型载货汽车上还常使用翼形断面的整体风扇，由铝合金、尼龙等材料制成，可提高风扇的效率、减小功率消耗、降低噪声。

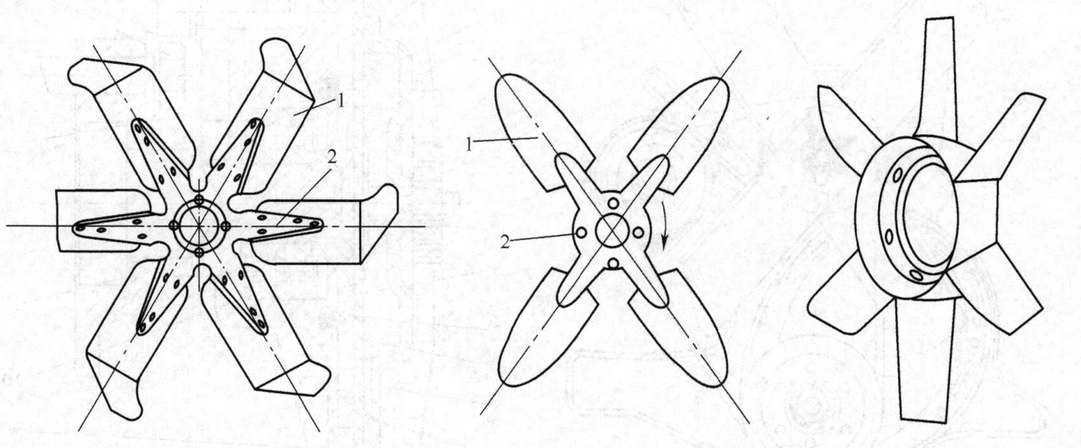

(a) 叶尖前弯的风扇　(b) 尖窄根宽的风扇　(c) 尼龙压铸整体风扇

图 2-199 轴流式风扇

1—叶片 2—连接板

风扇的驱动方式有两种，一种为机械风扇，此风扇常和发电机一起由曲轴带轮通过 V 带驱动。为调节 V 带的张紧程度，通常将发电机的支架做成可调节的，如图 2-200 所示。

另外一种为电动风扇，主要以蓄电池为动力，其转速与发动机的转速无关。电动机的开关由位于散热器上的温度传感器即双温开关控制，需要风扇工作时自行启动。这种风扇无动力损失、结构简单、布置方便。

4. 风扇离合器和温控开关

为减少发动机功率损失，减小风扇噪声，改善低温启动性能，节约燃料及降低排放，在有些汽车发动机上采用风扇离合器或风扇温控开关来控制风扇的转速，自动调节冷却强度，从而达到上述目的。

（1）风扇离合器

风扇离合器主要有硅油式和电磁式。图 2-201 所示为硅油风扇离合器。当冷却水温度不高时，双金属感温器 4 不带动阀片 6 偏转，进油孔 *A* 关闭，工作腔内无油，风扇离合器处于分离状态。这时仅由于密封毛毡圈 3 和轴承 10 的摩擦，使风扇随同离合器壳体一起在主动轴上空转打滑，转速很低。当发动机的负荷增加而使吹向双金属感温器的气流温度超过 338 K 时，阀片转到将进油孔 *A* 打开的位置，于是硅油从储油腔进入工作腔。主动板 7 利用硅油的黏性带动离合器壳体 9 和风扇 15 转动。此时离合器处于接合状态，风扇转速得到提高以适应发动机增强冷却强度的需要。若发动机的负荷减小，流经双金属感温器的气流温度低于 308 K 时，双金属感温器复原，阀片将进油孔关闭。工作腔内油液继续从回油孔 *B* 流向储油腔，直至甩空为止。这时风扇离合器又回到分离状态。漏油孔 *C* 的作用是防止风扇离合器在静态时从阀片轴 5 周围泄漏硅油。

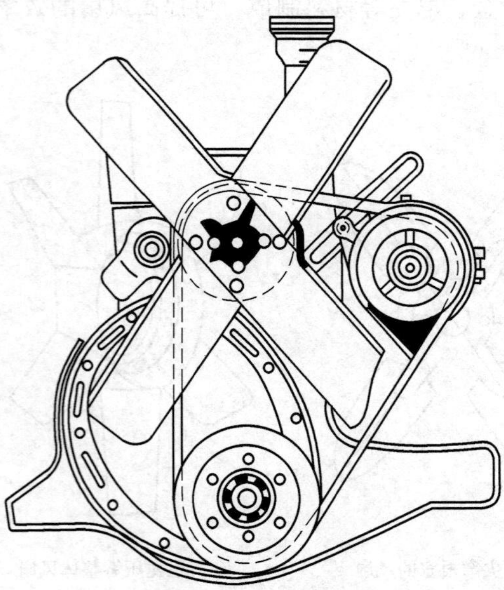

图 2-200 风扇的驱动及 V 带张紧装置

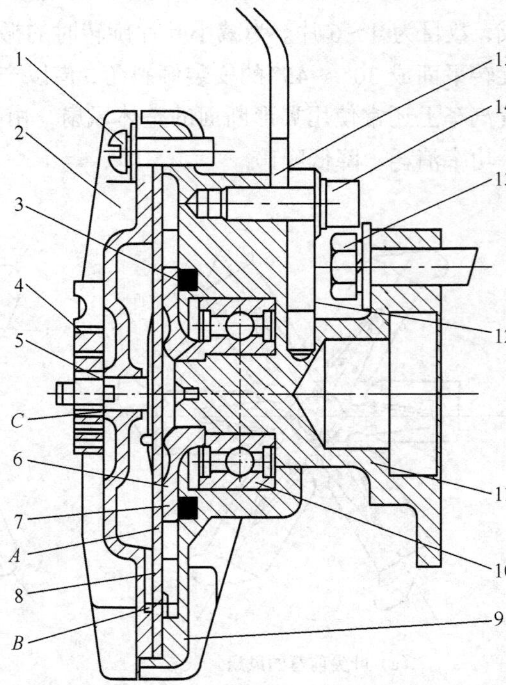

图 2-201 硅油风扇离合器

1—螺钉 2—前盖 3—密封毛毡圈 4—双金属感温器 5—阀片轴 6—阀片 7—主动板 8—从动板 9—壳体 10—轴承 11—主动轴 12—锁止板 13—螺栓 14—圆柱头内六角螺钉 15—风扇 *A*—进油孔 *B*—回油孔 *C*—漏油孔

（2）双温开关

图 2-202 所示为上海桑塔纳轿车的双温蜡质热敏温控开关。它由蜡质感温驱动元件及两挡触点动作机构组成，利用石蜡 9 受热由固态变为液态时体积突然变大来移动推杆 7，控制触点 4、5 的开闭。它装在散热器的水箱上。

随着冷却水温度的升高，石蜡 9 开始膨胀，通过橡胶密封膜 8 推动推杆 7 而压动拉簧架 6。当冷却水温升至 368 K 时，低速触点闭合，散热器电动机风扇接通电源，以 1 600 r/min 低速运转。

当冷却水温继续上升至 378 K 时，因石蜡 9 继续膨胀而使高速触点闭合，使散热器电动机风扇以 2 400 r/min 高速运转，以增加冷却强度。当冷却水温下降时，石蜡 9 体积收缩，推杆 7 在触点拉力的作用下回缩而使触点断开，实现了对散热器电动机风扇的控制。

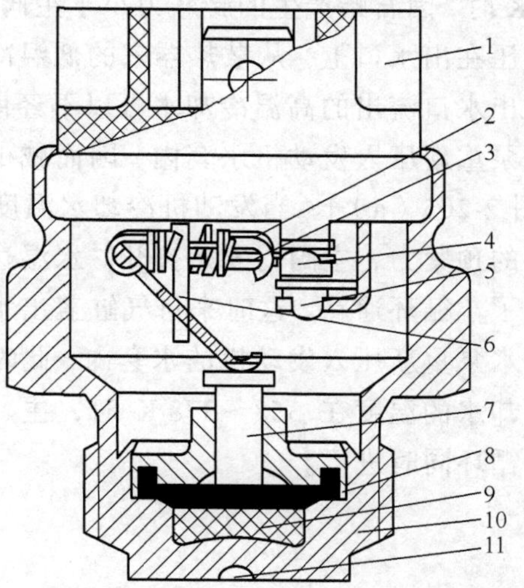

图 2-202 上海桑塔纳轿车的双温蜡质热敏温控开关

1—接线杆座 2—触点 1 拉簧 3—触点 2 拉簧 4—触点 1 5—触点 2 6—拉簧架 7—推杆 8—橡胶密封膜 9—石蜡 10—外壳 11—调整坑

5. 节温器

节温器安装在水泵的进水口或气缸盖的出水口。其功用是根据发动机冷却水温度的高低，自动改变冷却水的循环路线及流量，以使发动机始终在最合适的温度下工作。目前汽车上多采用蜡式节温器，其核心部分为蜡质感温元件。反推杆的一端固定于支架上，另一端插入橡胶套的中心孔内，橡胶套与金属外壳间装有精制石蜡，利用石蜡受热后由固态变为液态时体积膨胀的性质进行控制，如图 2-203 所示。

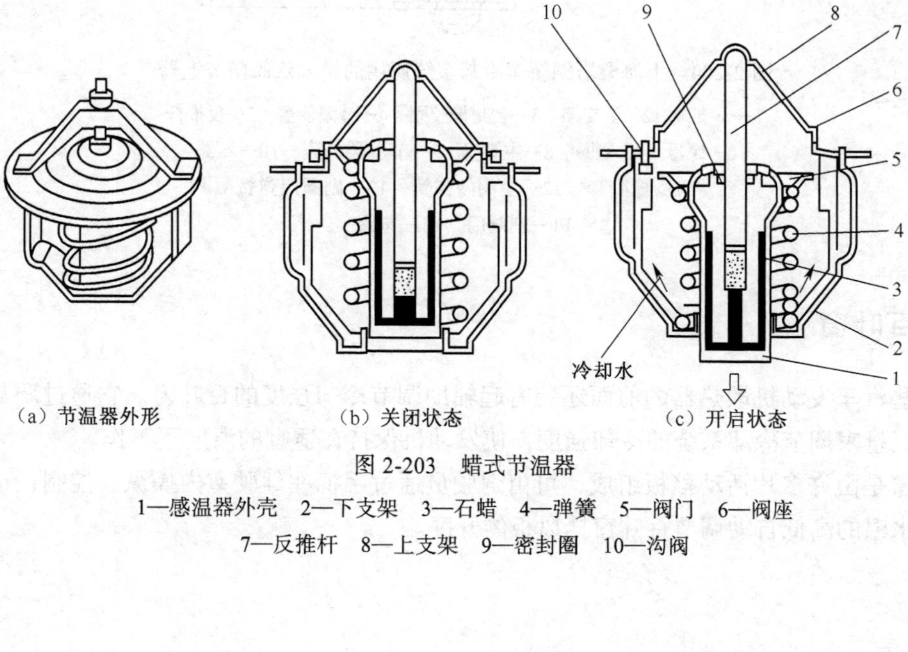

（a）节温器外形　（b）关闭状态　（c）开启状态

图 2-203 蜡式节温器

1—感温器外壳 2—下支架 3—石蜡 4—弹簧 5—阀门 6—阀座 7—反推杆 8—上支架 9—密封圈 10—沟阀

图 2-204 所示为上海桑塔纳轿车冷却系统所用的蜡式双阀门节温器。发动机工作后，因温度逐渐升高而使石蜡 10 逐渐变为液态，体积开始膨胀。在发动机冷却水温度低于 358 K 时，因石蜡产生的膨胀力小于主阀门弹簧 12 的预紧力，主阀门 8 在主阀门弹簧的作用下压在出水口上，从散热器来的低温冷却水不能进入发动机水套内。此时，从发动机气缸盖出水口流出的高温冷却水可以不经散热器而直接进入水泵，于是，未经散热的冷却水被水泵重新压入发动机水套内，因而减少了热量损失。此时冷却水的循环路线称为小循环[见图 2-205（a）]。当发动机冷却水温度超过 358 K 时，石蜡产生的膨胀力克服了主阀门弹簧的预紧力，主阀门开始打开。水温达到 378 K 时，主阀门完全打开，而副阀门则彻底关闭了小循环通路。这时来自气缸盖出水口的高温冷却水全部进入散热器进行冷却，之后再由水泵重新压入发动机的水套内，此时冷却水的循环路线称为大循环[见图 2-205（b）]。当冷却水的温度在 358～378 K 时，主、副阀门都打开一定的程度，此时，冷却系统中的大小循环同时进行。

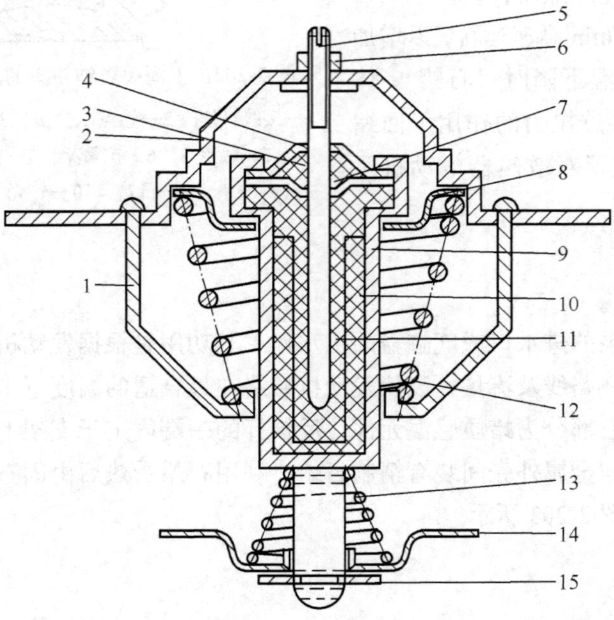

图 2-204　上海桑塔纳轿车冷却系统所用的蜡式双阀门节温器

1—下支架　2—上支架　3—密封橡胶圈　4—节温器盖　5—反推杆　6—螺母　7—隔圈　8—主阀门　9—节温器外壳　10—石蜡　11—橡胶套　12—主阀门弹簧　13—副阀门弹簧　14—副阀门　15—垫圈

6. 百叶窗

在某些汽车发动机散热器的前面还装有起辅助调节冷却强度的百叶窗。它通过调节流经散热器的空气量来调节冷却系统的冷却强度，使发动机保持在适宜的温度下工作。

百叶窗是由许多片活动挡板组成，可由驾驶员通过手柄在驾驶室内操纵、控制；也可由节温器根据水温的高低自动调节百叶窗挡风板的开度。

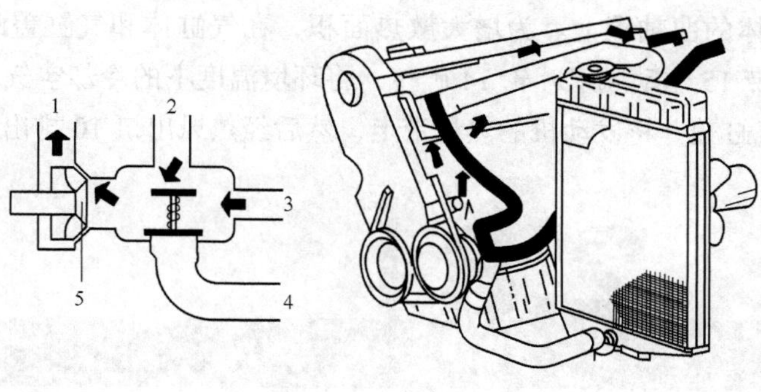

（a）小循环

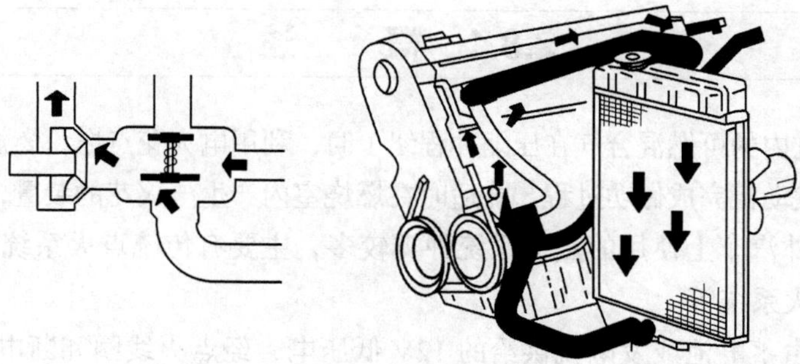

（b）大循环

图 2-205　发动机冷却水循环工作示意图

1—到发动机　2—从发动机来　3—从暖风水箱来　4—从散热器来　5—水泵

2.7.3 风冷系统

风冷系统利用高速空气流直接流过气缸体及气缸盖表面，将热量散发到大气中而进行冷却。图 2-206 所示为发动机风冷系统示意图。气缸体 11 和气缸盖 6 通常用导热性好的铝合金分

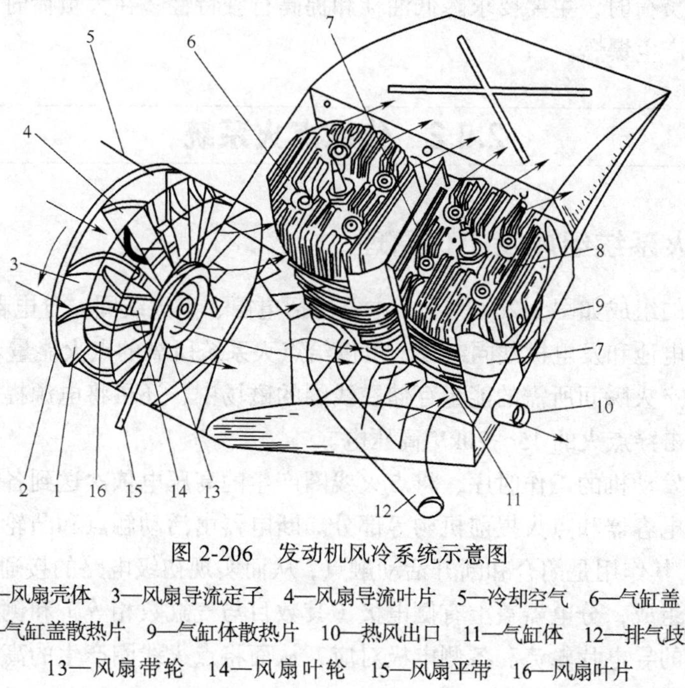

图 2-206　发动机风冷系统示意图

1—风扇　2—风扇壳体　3—风扇导流定子　4—风扇导流叶片　5—冷却空气　6—气缸盖　7—导风板
8—气缸盖散热片　9—气缸体散热片　10—热风出口　11—气缸体　12—排气歧管
13—风扇带轮　14—风扇叶轮　15—风扇平带　16—风扇叶片

别铸出，然后装到整体的曲轴箱上。为增大散热面积，在气缸体和气缸盖的表面布满了散热片。曲轴通过风扇平带 15 驱动风扇叶轮 14 旋转，将环境温度下的冷却空气 5 吸入，经导风板 7 将其引向气缸体及气缸盖并将发动机的热量带走，然后经热风出口 10 排出。

2.8 点火系统

2.8.1 概　　述

汽油发动机气缸内的可燃混合气在压缩冲程终了时，利用电火花点燃，燃烧后产生强大能量，推动活塞运动，使发动机完成做功过程。能适时在燃烧室内产生电火花的装置，被称为点火系统。

目前，在国内外汽车上使用的点火系统种类较多，主要有传统点火系统、无触点电子点火系统和微机控制点火系统等。

传统点火系统由蓄电池或发电机供给的 12V 低压电，经点火线圈和断电器转变为高压电，再经配电器分送到各缸火花塞，使其电极间产生电火花。

无触点电子点火系统取消了断电器的触点，用点火信号发生器产生点火信号，控制点火系统工作。它可以避免由触点引起的各种故障，减少了保养和维护工作；还可以增大初级电流，提高次级电压和点火能量，改善混合气的燃烧状况，提高发动机的动力性和经济性，并减少排气污染。

微机控制点火系统由微机控制装置根据各传感器提供的信号，确定点火时刻，并发出点火控制信号，可使发动机实际点火提前角接近理想点火提前角。在各种运转条件下，点火提前角可获得复杂而精确的控制。在怠速时，最佳点火提前角的主要目标是运转平稳、排放污染最低、油耗最小；在部分负荷时，主要要求降低油耗和提高行驶特性；在大负荷时，重点是提高最大转矩和避免工作中产生爆燃。

2.8.2 传统点火系统

1. 传统点火系统组成及工作原理

传统点火系统的组成如图 2-207 所示，主要包括电源、点火线圈、分电器和火花塞等。

电源一般由蓄电池和发电机共同组成，可供给点火系统所需的点火能量。

点火线圈能将点火瞬间所需的能量存储在线圈的磁场中，还可将电源提供的低压电转变为足以在电极间产生击穿点火的 15～20kV 高压电。

分电器可根据发动机的工作时序，将点火线圈产生的高压电依次送到各缸火花塞。它包括断电器、配电器、电容器和点火提前机构等部分。断电器由活动触点和凸轮组成（凸轮的凸棱数与气缸数相等），其作用是闭合和断开活动触点，从而实现初级电路的接通和断开。配电器由分火头和分电器盖组成，分电器盖上有侧电极（其数目与气缸数相等）和侧接线插孔。当分火头旋转时，它上面的导电片轮流和各侧电极对应，从而将点火线圈产生的高压电按发动机的工作循环顺序送往各缸火花塞。断电器凸轮和配电器分火头装在同一轴上，由发动机配气机构凸轮轴驱动，因此，转速为曲轴转速的 1/2。电容器的作用是减小断电器触点火花，延长触点使用寿命并提高次级电压。点火提前机构随发动机转速、负荷和汽油辛烷值变化改变点火提前角。

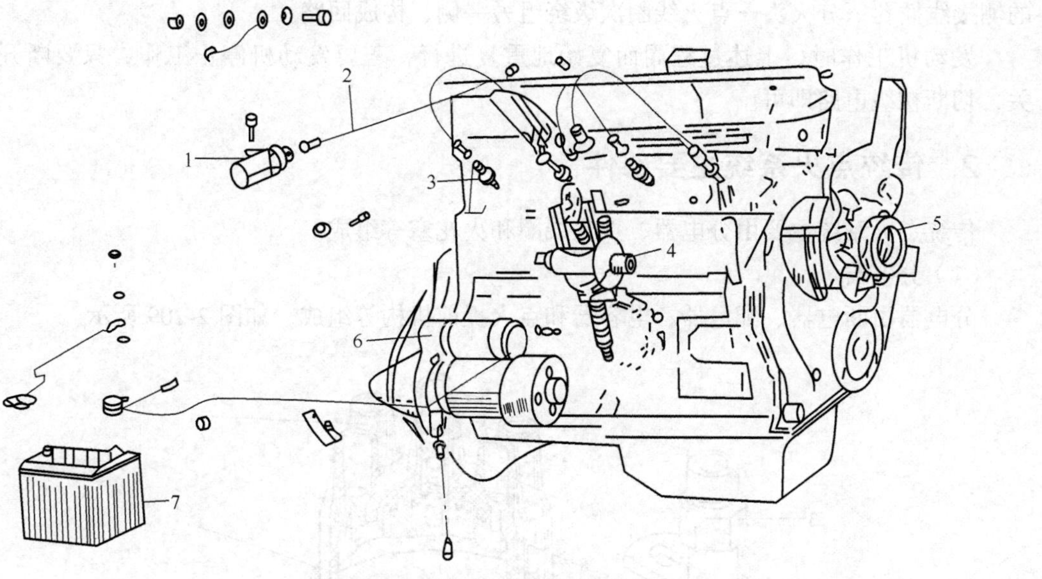

图 2-207　传统点火系统的组成

1—点火线圈　2—高压导线　3—火花塞　4—分电器　5—发电机　6—起动机　7—蓄电池

火花塞将具有一定能量的电火花引入气缸，点燃气缸内的混合气。

传统点火系统的工作原理如图 2-208 所示。发动机工作时，断电器轴连同凸轮一起在发动机凸轮轴的驱动下旋转。凸轮转动时，断电器触点交替地闭合和打开。当触点闭合时，接通点火线圈初级绕组的电路，电流从蓄电池 6 正极→电流表→点火开关→点火线圈 2 “+” 接线柱→附加电阻 R_f→点火线圈初级绕组→断电器触点→搭铁→蓄电池负极。初级电路在点火线圈的铁芯中产生磁场，并因铁芯的作用而加强。当断电器凸轮将活动触点打开时，初级电路被切断，初级电流迅速消失，它所形成的磁场也随之消失，两个绕组中的磁通量发生变化，这样在两个绕

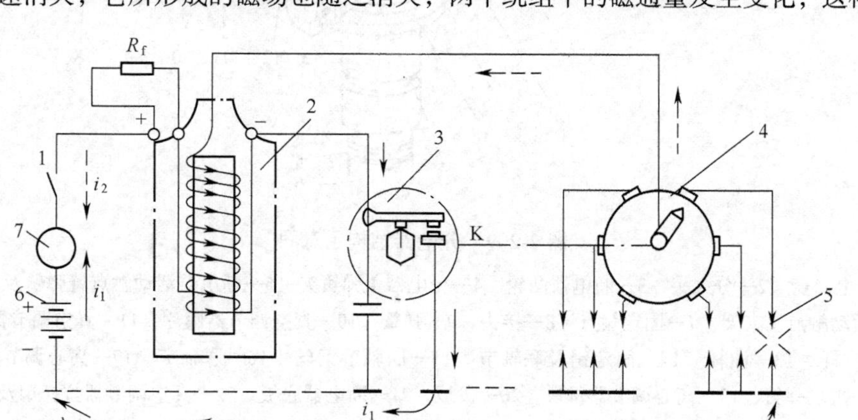

图 2-208　传统点火系统的工作原理

1—点火开关　2—点火线圈　3—断电器　4—配电器　5—火花塞

6—蓄电池　7—电流表　i_1—低压电流　i_2—高压电流

组中就会感应出电动势。由于次级绕组的匝数多，在次级绕组中就感应出 15～20kV 的电动势，足以击穿火花塞的电极间隙，产生电火花点燃可燃混合气。高压电流由点火线圈的次级绕组→附加电阻 R_f→点火开关→电流表→蓄电池→搭铁→火花塞的侧电极→火花塞中心电极→配电器的侧接线插孔→分火头→点火线圈次级绕组另一侧，构成回路。

发动机工作时，上述过程周而复始地重复进行，若要发动机停止工作，只要断开点火开关，切断初级电路即可。

2. 传统点火系统主要部件

传统点火系统主要由分电器、点火线圈和火花塞等组成。

（1）分电器

分电器由断电器、配电器、电容器和点火提前机构等组成，如图 2-209 所示。

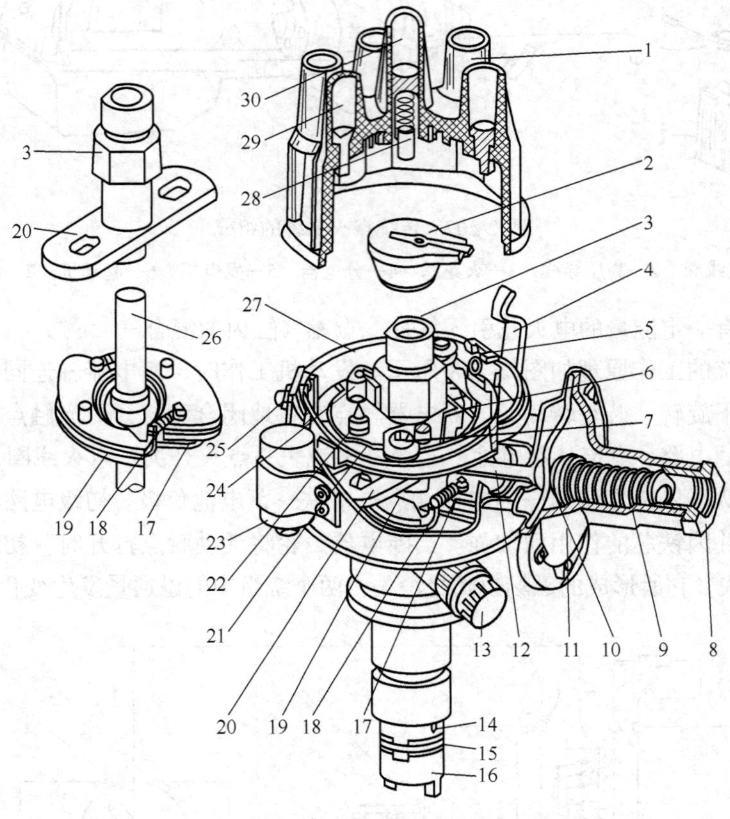

图 2-209　分电器结构示意图

1—分电器盖　2—分火头　3—断电器凸轮　4—分电器盖弹簧夹　5—断电器活动触点臂弹簧及固定夹　6—活动触点及支架　7—固定触点　8—接头　9—弹簧　10—真空调节器膜片　11—真空调节器外壳　12—拉杆　13—油杯　14—固定销及联轴节　15—联轴节钢丝　16—联轴节　17—离心调节器底板　18—重块弹簧　19—离心调节器重块　20—拨板　21—断电器底板　22—真空调节器拉杆销及弹簧　23—电容器　24—油毡　25—断电器接线柱　26—分电器轴　27—分电器外壳　28—中心电极　29—分缸高压线插孔　30—中心高压线插孔

① 断电器。如图 2-210 所示，断电器由固定在断电器底板上的断电器触点和断电器凸轮组成。断电器的触点是由钨制成，一触点固定，另一触点活动。固定触点搭铁，它固定在活动

底板上，可借助转动偏心螺钉调整触点间隙。

② 配电器。配电器安装在断电器的上方，它由胶木制的分电器盖和分火头组成。分电器盖的中央有一高压线座孔（中央电极），其内装有带弹簧的炭柱，压在分火头的导电片上。分电器盖的四周均布有与发动机气缸数相等的侧电极，可通过高压导线与各缸火花塞相连。分火头装在分电器凸轮的顶端，随凸轮一起旋转，当断电器触点分开时，分火头上的导电片总是正对某一侧电极。发动机工作时，断电器触点分开瞬间，来自点火线圈的高压电经中央电极的炭柱、分火头上导电片，以火花形式跳到侧电极上，再经高压导线送往火花塞。

③ 点火提前调节机构。点火时刻对发动机的工作影响很大，应当在活塞达到上止点前点火，使气体压力在活塞位置相当于曲轴转到上止点后 10～15℃时达到最高值。

点火时，曲轴的曲拐位置与压缩冲程结束，活塞在上止点时曲拐位置之间的曲轴夹角为点火提前角。最佳点火提前角的影响因素主要是发动机转速和混合气的燃烧速度。当转速一定时，随着负荷的加大，点火提前角应适当减少；发动机负荷减少时，点火提前角应当加大。当负荷一定时，点火提前角应随转速提高适当增大。

在分电器中一般设有两套自动调节点火提前角的装置。一套能随发动机转速的变化而自动调节点火提前角的离心式点火提前角调节装置，另一套是按发动机负荷不同而自动调节点火提前角的真空式点火提前角调节装置。

离心点火提前调节器是在发动机不同转速下自动调节点火提前角的装置，其结构如图 2-211 所示。

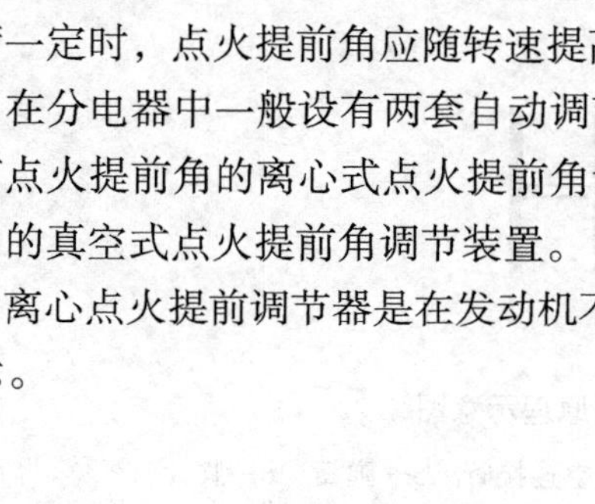

图 2-210　断电器示意图

1—固定盘　2—片簧　3—销钉　4—活动触点臂　5—托板　6—固定螺钉　7—调节螺钉

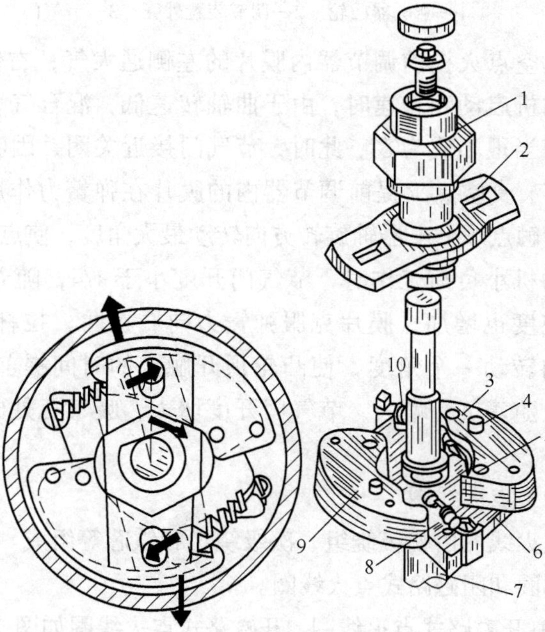

图 2-211　离心点火提前调节器结构

1—凸轮　2—带孔拨板　3、9—重块　4—销钉　5—销轴　6—托板　7—轴　8、10—弹簧

当发动机转速升高时，离心重块在离心力的作用下克服弹簧拉力向外甩开，其上的销钉推动拨板连同凸轮沿原旋转方向相对于分电器轴转动一个角度，使凸轮提前顶开触点，点火

提前角增大。当发动机转速降低时，重块的离心力相应减小，弹簧将重块拉回一些，点火提前角减小。

真空点火提前调节器能根据发动机负荷的变化自动调节点火提前角，使点火提前角随发动机的负荷增大而减小。真空点火提前调节器装在分电器壳体的外侧，其结构原理如图 2-212 所示。

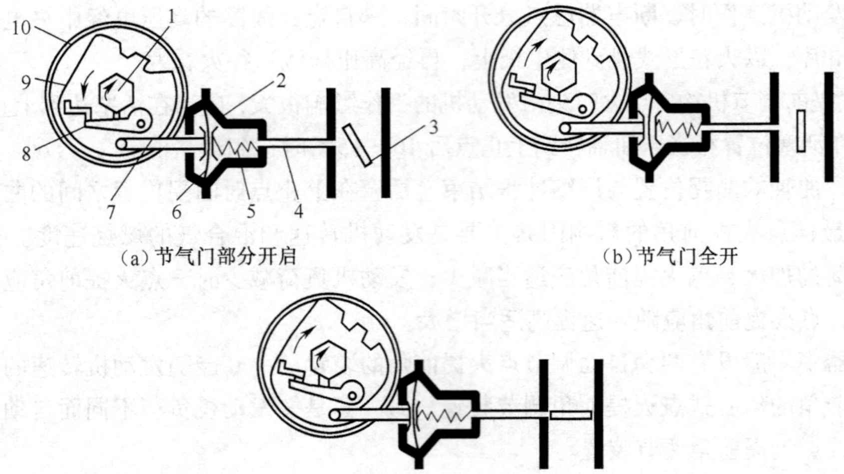

(a) 节气门部分开启　(b) 节气门全开

(c) 节气门全闭

图 2-212　真空点火提前调节器结构原理示意图

1—断电器凸轮　2—调节装置外壳　3—节气门　4—真空连接管　5—弹簧　6—膜片

真空点火提前调节器内膜片的左侧通大气，右侧通过真空管与节气门处的吸气孔相通。当发动机启动和怠速时，由于曲轴转速低，混合气燃烧时间只占很小的曲轴转角，故点火提前角应当很小或为零。此时，节气门接近关闭，因吸气孔在节气门的上方，该处的真空度几乎为零，真空点火提前调节器内的膜片在弹簧力作用下向左拱曲至最大，拉杆拉动断电器底板连同触点顺分电器轴旋转方向转动最大角度，使点火提前角最小或不提前[见图 2-212（c）]。当发动机小负荷工作时，节气门开度小于 1/4，随着负荷增大，节气门开度增大，吸气孔处的真空度也增加，膜片克服弹簧力向右拱曲，拉杆拉动断电器底板连同触点逆分电器轴旋转方向转动一个角度，使凸轮顶开触点的时间提前，点火提前角增大。当发动机大负荷工作时，随着负荷增大，节气门开度增大，吸气孔处的真空度减小，弹簧推动膜片使点火提前角减小。

（2）点火线圈

点火线圈由初级绕组、次级绕组和铁芯等组成。按磁路的结构形式不同，可分为开磁路式点火线圈和闭磁路式点火线圈。

① 开磁路式点火线圈。开磁路式点火线圈如图 2-213 所示。点火线圈的中心是用硅钢片叠成的铁芯，在铁芯外面套上绝缘的纸板套管，套管上绕有次级绕组，它用直径为 0.06～0.10 mm 的漆包线绕 11 000～23 000 匝。初级绕组用直径为 0.5～1.0 mm 的高强漆包线，绕在次级绕组的外面，以利于散热，一般绕 230～370 匝。绕组绕好后在真空中浸以石蜡和松香的混合物，以增强绝缘。绕组和外壳之间装有导磁钢套，底部有瓷质绝缘支座，上部有绝缘盖，外壳内充满沥青或变压器油等绝缘物，加强绝缘并防止潮气侵入。

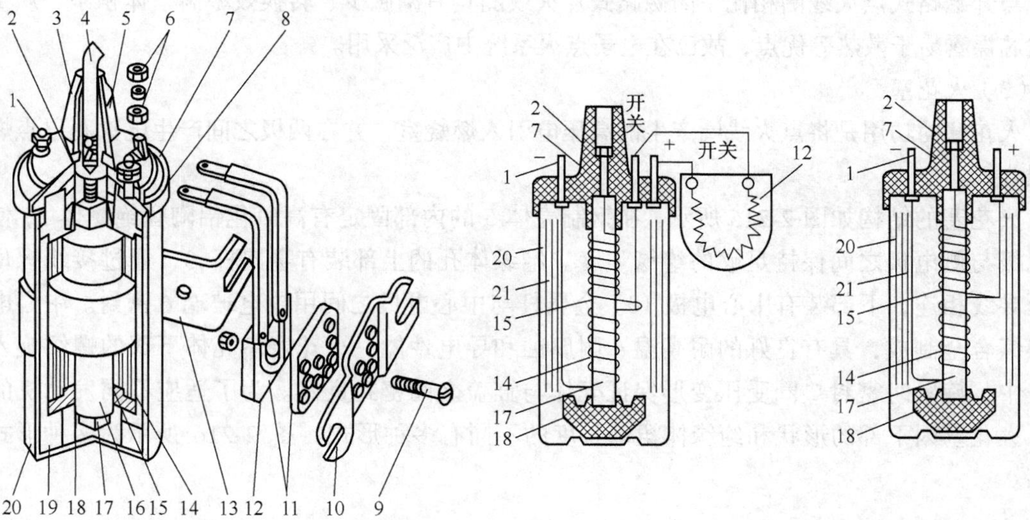

（a）结构示意图　　（b）三接线柱式原理图　　（c）二接线柱式原理图

图 2-213　开磁路式点火线圈

1—接线柱“−”　2—次级绕组引出头及弹簧　3—橡胶罩　4—高压阻尼线　5—高压线插座　6—螺母及垫片　7—绝缘盖　8—橡胶密封圈　9—螺钉及螺母　10—附加电阻盖　11—附加电子瓷质绝缘体　12—附加电阻及接线片　13—固定夹　14—初级绕组　15—次级绕组　16—绝缘纸　17—铁芯　18—瓷绝缘体　19—沥青材料　20—外壳　21—导磁钢套

三接线柱式点火线圈的绝缘盖上有接线柱“−”、“开关”、“+开关”和高压插孔，它们分别接断电器、起动机附加电阻短路接线柱、点火开关和配电器。与二接线柱式点火线圈的主要区别是外壳上装有一个附加电阻。附加电阻接在标有“开关”和“+开关”的两接线柱上，与点火线圈的初级绕组串联。具有受热时电阻迅速增大，而冷却时电阻迅速降低的特性。因此，在发动机工作时，可自动调节初级电流，改善高速时的点火特性。

② 闭磁路式点火线圈。闭磁路式点火线圈如图 2-214 所示。在“口”字形或“日”字形铁芯内绕有初级绕组，在初级绕组外面绕有次级绕组，初级绕组在铁芯中的磁通，通过铁芯形成闭合磁路，故称其为闭磁路式点火线圈。

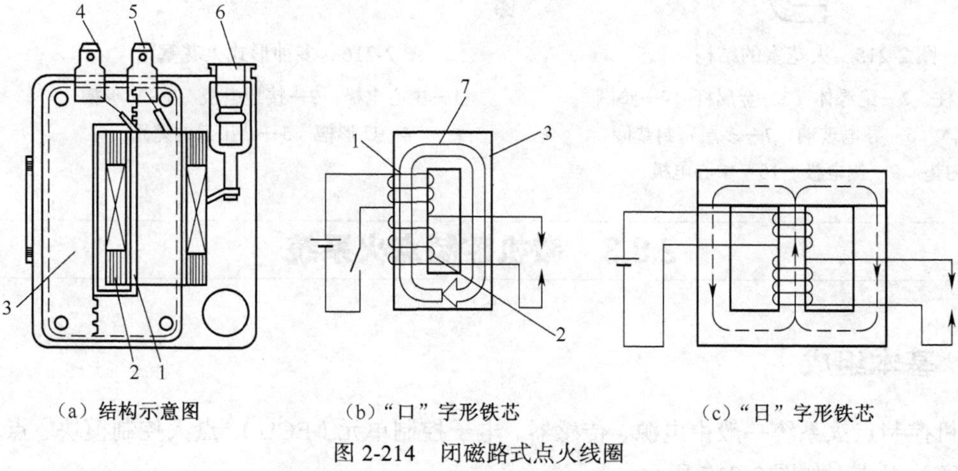

（a）结构示意图　　（b）“口”字形铁芯　　（c）“日”字形铁芯

图 2-214　闭磁路式点火线圈

1—初级绕组　2—次级绕组　3—铁芯　4—正接线柱　5—负接线柱　6—高压接线柱　7—磁力线

与开磁路式点火线圈相比，闭磁路式点火线圈具有漏磁少、转换效率高、体积小、质量轻及铁芯裸露易于散热等优点，故已在电子点火系统中广泛采用。

（3）火花塞

火花塞的功用是将点火线圈产生的高压电引入燃烧室，并在两极之间产生电火花以点燃可燃混合气。

火花塞的结构如图 2-215 所示。在钢制壳体 5 的内部固定有高氧化铝陶瓷绝缘体 2，使中心电极与侧电极之间保持足够的绝缘强度。绝缘体孔的上部装有金属杆 3，通过接线螺母与高压导线相连，下部装有中心电极 10。金属杆与中心电极之间用导电玻璃 6 密封。中心电极用镍锰合金制成，具有良好的耐高温、耐腐蚀和导电性能。火花塞借壳体下部的螺纹旋入气缸盖中，旋紧时密封垫圈受压变形保证壳体与缸盖之间密封良好。为了适应不同发动机的需要，火花塞因下部的形状和绝缘体裙部长度的不同有多种形式。图 2-216 所示为多种形式火花塞。

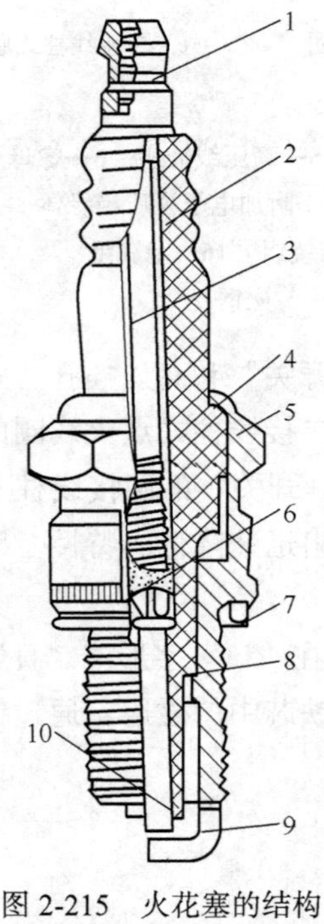

图 2-215　火花塞的结构

1—接线柱　2—绝缘体　3—金属杆　4—垫圈　5—壳体　6—导电玻璃　7—多层密封垫圈　8—内垫　9—侧电极　10—中心电极

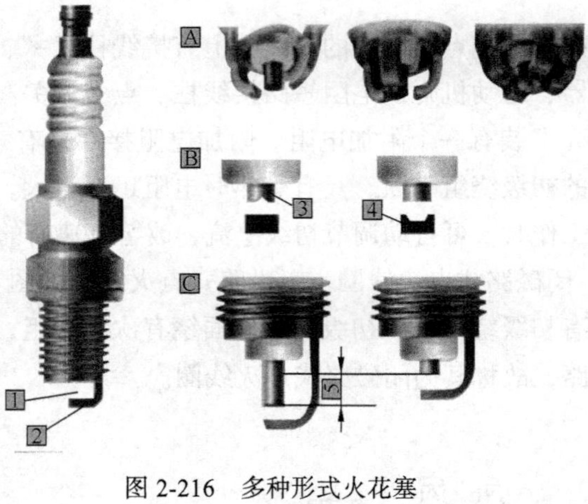

图 2-216　多种形式火花塞

1—中心电极　2—接地电极　3—V 形槽　4—U 形槽　5—凸出量的差别

2.8.3　微机控制点火系统

1. 基本组成

微机控制点火系统一般由电源、传感器、电子控制单元（ECU）、点火控制模块、点火线圈和火花塞等组成，如图 2-217 所示。

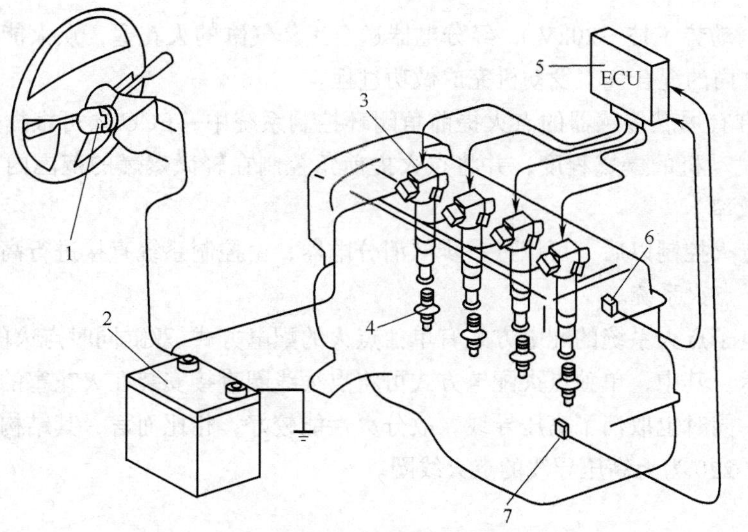

图 2-217　微机控制点火系统

1—点火开关　2—蓄电池　3—点火线圈　4—火花塞　5—发动机电控单元　6—凸轮轴位置传感器　7—曲轴位置传感器

传感器主要用于检测发动机各种运行参数的变化，为 ECU 提供点火提前角的控制依据。其中，最主要的传感器是转速传感器、曲轴位置传感器和空气进气量传感器。

ECU 根据各传感器的信号，按事先设置的程序计算出最佳点火提前角，并向点火控制模块发出点火指令。

点火控制模块的作用是根据 ECU 输出的指令，通过内部的大功率三极管的导通和截止，控制初级电流的通断，完成点火工作，如图 2-218 所示。

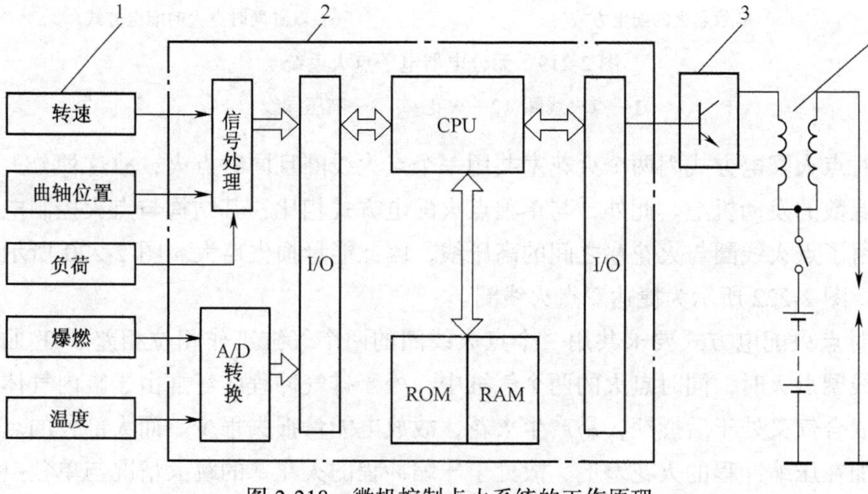

图 2-218　微机控制点火系统的工作原理

1—传感器　2—电子控制单元　3—点火控制模块　4—点火线圈

发动机运行时，ECU 不断地采集发动机的转速、负荷、冷却液温度和进气温度等信号，并根据存储器 ROM 中存储的有关程序与有关数据，确定出该工况下最佳点火提前角和初级电路的最佳导通角，并以此向点火控制模块发出指令。点火控制装置根据 ECU 的点火指令，控制点火线圈初级回路的导通和截止。当电路导通时，有电流从点火线圈中的初级绕组通过，点火线圈此时将点火能量以磁场的形式储存起来。当初级绕组中电流被切断时，在其次级绕组中将产生很高的感应电动势（15～20kV），经分电器送至工作气缸的火花塞，点火能量被瞬间释放，并迅速点燃气缸内的混合气，发动机完成做功过程。

此外，在带有爆燃传感器的点火提前角闭环控制系统中，ECU 还可根据爆燃传感器的输入信号来判断发动机的爆燃程度，并将点火提前角控制在轻微爆燃的范围内，使发动机能获得较高的燃烧效率。

采用微机点火控制以后，可以进一步取消分电器，由控制系统直接进行高压电的分配，成为无分电器电子点火系统。

无分电器电子点火系统的配电方式有单独点火的配电方式、双缸同时点火的配电方式两种，如图 2-219 所示。其中，单独点火配电方式可将点火线圈直接安装在火花塞的顶上，这样不仅取消了分电器，同时也取消了高压导线，故分火性能较好，相比而言，其结构与点火控制电路最为复杂。图 2-220 为无高压导线的点火线圈。

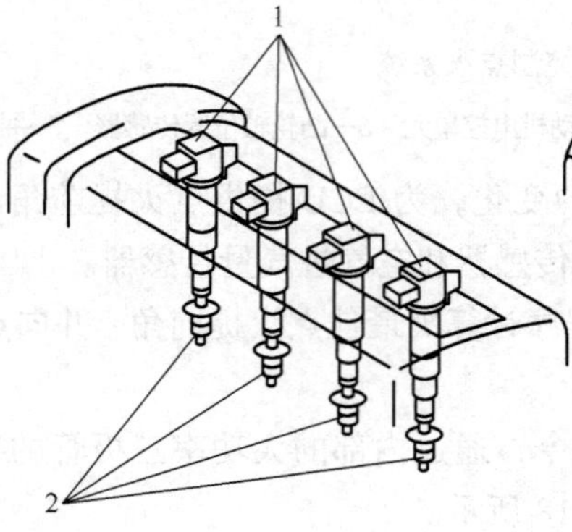

（a）单独点火的配电方式

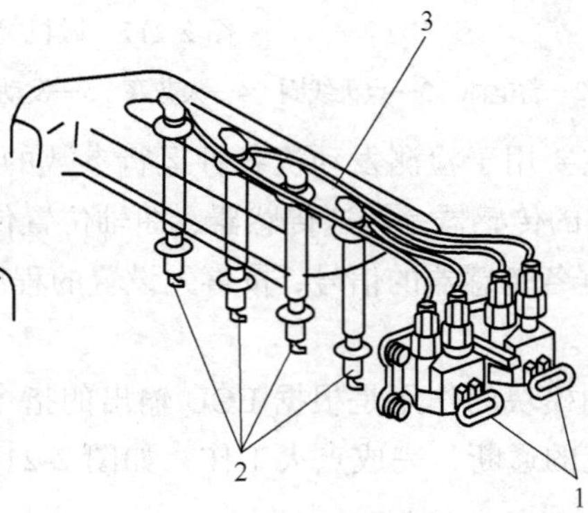

（b）双缸同时点火的配电方式

图 2-219　无分电器电子点火系统

1—点火线圈　2—火花塞　3—高压导线

双缸同时点火配电方式因两个火花塞共用一个点火线圈且同时点火，故这种分火方式只能用在缸数为偶数的发动机上。此外，与单独点火配电方式相比，其结构与点火控制电路相对简单，但仍保留了点火线圈与火花塞之间的高压线，因此能量损失略大。图 2-220 所示为捷达双缸点火模式。图 2-222 所示为捷达双点火线圈。

双缸同时点火配电方式要求共用一个点火线圈的两个气缸工作相位相差 360° 曲轴转角，以确保点火线圈点火时，同时点火的两个气缸中，处于排气冲程的气缸由于缸内气体的压力较小，且缸内混合气又处于后燃期，易产生火花，故放电能量损失很少。而大部分的点火高压和点火能量被加在压缩冲程的火花塞上，故处于压缩冲程的火花塞的跳火情况与单独点火的火花塞跳火情况基本相同。

2. 点火控制

电子控制点火系统是一个根据各种传感器传来的信号，采用发动机 ECU（发动机控制单元）来确定点火正时的系统。发动机 ECU 根据记忆中存储的最佳点火正时与发动机工况相对应的情况下，计算出点火正时，并将点火信号传送给点火器。最佳点火正时主要由发动机转速和进气量(进气歧管压力)决定，如图 2-223 所示。

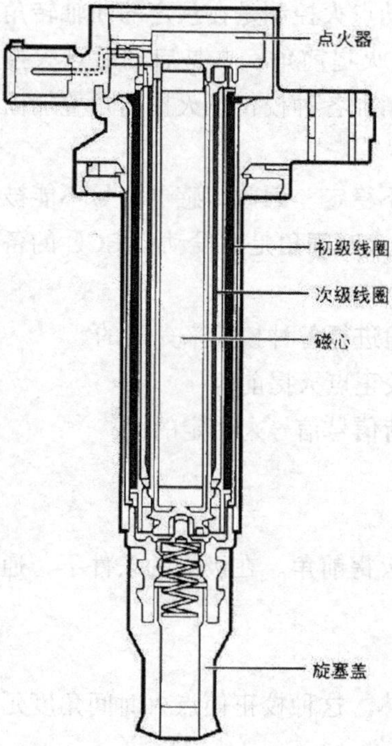

图 2-220　无高压导线的点火线圈

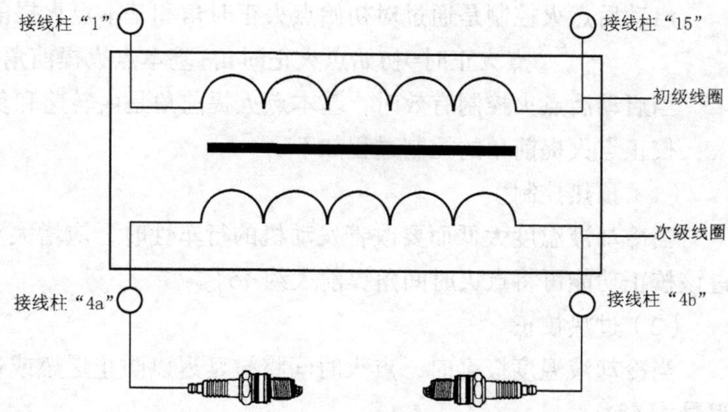

图 2-221　捷达双缸点火

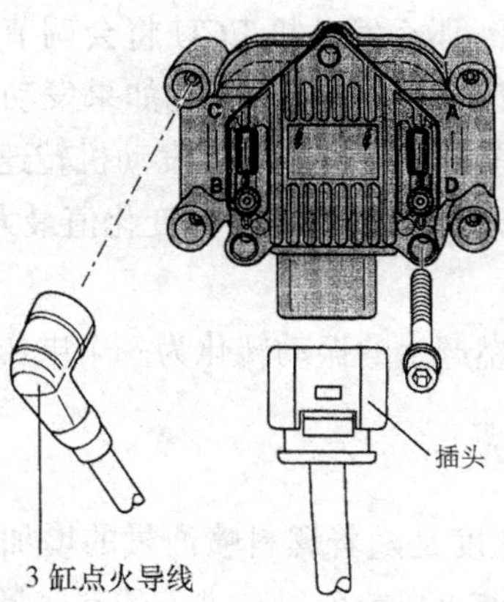

标识	缸号
A	1
B	2
C	3
D	4

图 2-222　捷达点火线圈

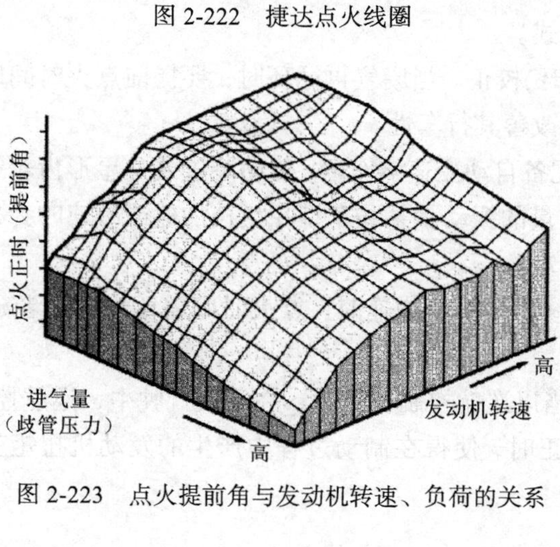

图 2-223　点火提前角与发动机转速、负荷的关系

点火正时控制包括两个基本控制，一是启动点火控制，启动点火控制是在预定的曲轴转角进行点火而不考虑发动机的运作情况。该曲轴转角称为初始点火提前角；二是启动后点火控制，启动后点火时间控制是由初始点火正时角、基本点火提前角和各种校正点火提前角叠加而成。基本点火提前角根据发动机负荷和转速而计算出的。

当发动机启动时，由于其速度较低再加上进入的空气质量不稳定。因此传感器信号不能被用作控制信号。所以，点火时间设置在初始点火提前角。初始点火时间角是由发动机 ECU 的备份控制的。

启动后点火控制是通过对初始点火正时角和基本点火提前角进行各种校正来完成的。

点火正时=初始点火正时角+基本点火提前角+校正点火提前角

当启动后点火控制有效时，基本点火提前角是由转速和负荷信号信号来决定的。

校正点火提前角的控制过程如下。

（1）预热控制

当冷却液温度太低而要改善发动机的行车性时，应增大点火提前角。在极冷的条件下，通过该校正功能可将点火时间角提前大约 15°。

（2）过热校正

当冷却液温度极高时，点火时间将被延迟以防止爆燃或过热。这种校正使点火时间角度延迟最大 5°。

（3）稳定怠速校正

如果发动机怠速时从目标怠速速度开始变化，那么发动机 ECU 将会调节点火时间以使发动机转速稳定。发动机 ECU 不断地计算出发动机的平均速度。因此如果发动机转速降至目标怠速装速以下，发动机 ECU 将会使点火时间提前预设角度。如果发动机转速高于目标怠速转速，则发动机 ECU 将延迟预设角度。通过这种校正，点火时间角度变化值最大为±5°。

（4）爆燃修正

如果发动机出现爆燃，爆燃传感器则会把爆燃产生的振动转化为一个电压信号，并把它传给发动机 ECU。ECU 通过延迟点火时间进行校正。

（5）其他校正

① 空燃比反馈校正。此过程中，发动机的速度是随着燃料喷油量的增加或减少而相应变动。为了保持怠速稳定，在空燃比反馈中，要使点火提前角以和进入的空气量相匹配。在车辆行驶中不执行这种校正方式。

② EGR(废气的再循环)校正。当废气再循环时，要提前点火时间以便和进入的空气质量和发动机转速相一致，最终改善其行车性。

③ 扭矩控制校正。配备自动变速器车辆，传动装置或是星形齿轮组驱动桥离合器和制动装置在变速过程中产生一定量的振动。某些车型在换挡加速或减速时为减小这种振动，通过延迟点火正时以降低发动机扭矩。

④ 转换校正。当从减速转换为加速时，点火时间需要提前或者延迟以便满足加速过程的需要。

⑤ 巡航控制校正。当以巡航控制行驶时，在下坡行驶中，巡航控制 ECU 发出一个信号给发动机 ECU 以延迟点火正时，使得在制动过程中产生的发动机扭矩变化最小，以执行平稳巡航控制。

⑥ 牵引力控制校正。牵引力控制工作时，为了降低发动机扭矩，延迟点火正时。

最大和最小提前角控制。实际点火正时等于初始点火正时角、基本点火提前角和校正点火提前角之和，如果实际点火正时有误时，将影响发动机的性能。发动机 ECU 控制实际点火角（点火正时），可防止此发生，基本点火提前角和校正点火提前角之和大于或小于核定值。如图 2-224 所示。

最大提前角	35°～45°
最小提前角	-10°～0°

提前角 = 基本点火提前角 + 校正点火提前角

图 2-224 最大、最小提前角控制

2.9 启动系统

2.9.1 发动机的启动

发动机靠外力驱动使之着火燃烧，从开始运转到着火燃烧所经历的过程称为发动机的启动。

要使发动机顺利启动，必须克服运转阻力，尤其是压缩冲程的压缩气体阻力和各运动件的摩擦阻力。克服这些阻力所需要的转矩称为启动转矩。柴油机的压缩比比汽油机大得多，启动更困难，需要的启动转矩也更大。

启动发动机时，还要求有一定的曲轴转速，称为启动转速。汽油机要求不低于 50～70 r/min，柴油机要求不低于 150～300 r/min。

发动机常用的启动方式有人力启动、辅助汽油机启动和电力起动机启动。目前大多数运输车辆都采用电力起动机启动，电力起动机启动方式是由直流电动机通过传动机构将发动机启动，它具有操作简单、体积小、质量轻、安全可靠、启动迅速并可重复启动等优点，一般将这种电力起动机简称为起动机，如图 2-225 所示。

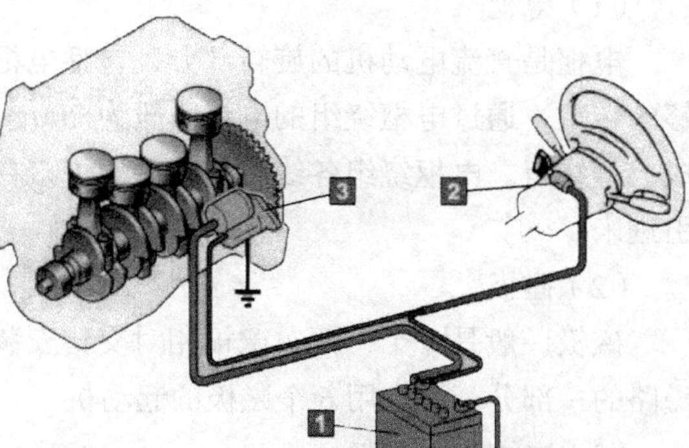

图 2-225 启动系组成

1—蓄电池 2—点火开关 3—启动机

2.9.2 起 动 机

电磁操纵式起动机一般由直流电动机、离合机构和控制装置 3 部分组成（见图 2-226）。

1. 直流电动机

电动机的作用是将蓄电池输入的电能转换为机械能，产生电磁转矩。直流电动机主要由电枢、磁极、换向器等主要部件构成。

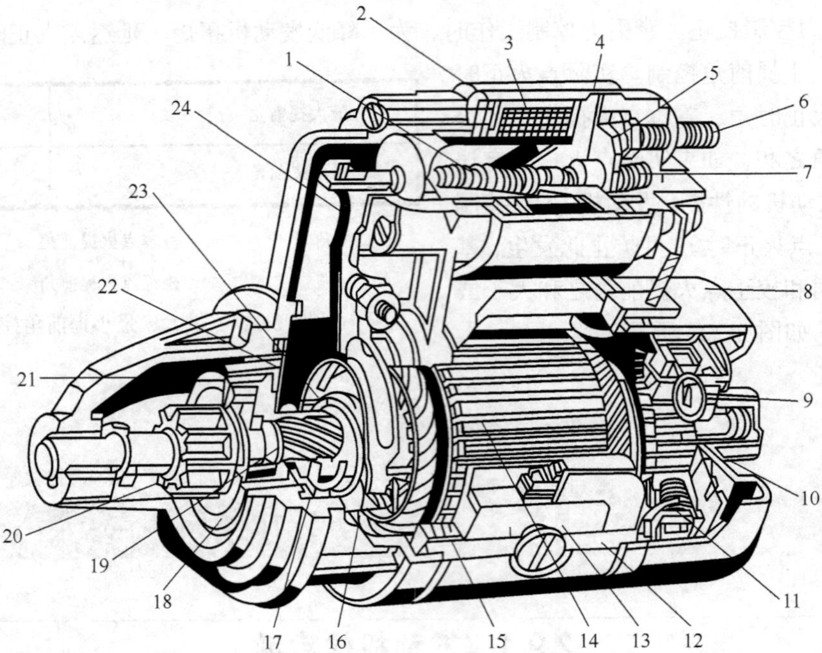

图 2-226 起动机组成

1—回位弹簧 2—保持线圈 3—吸拉线圈 4—电磁开关壳体 5—触点 6—接线柱 7—接触盘 8—后端盖 9—电刷弹簧 10—换向器 11—电刷 12—磁极 13—磁极铁芯 14—电枢 15—激磁绕组 16—移动衬套 17—缓冲弹簧 18—单向离合器 19—电枢轴花键 20—驱动齿轮 21—罩盖 22—制动盘 23—传动套筒 24—拨叉

（1）电枢

电枢是直流电动机的旋转部分，包括电枢轴、换向器、电枢铁芯、电枢绕组。为了获得足够的转矩，通过电枢绕组的电流一般为 200～600A，因此电枢绕组采用较粗的矩形裸铜线绕制成成型绕组。电枢绕组各线圈的端头均焊接在换向器片上，通过换向器和电刷将蓄电池的电流引进来。

（2）磁极

磁极一般是 4 个，两对磁极相对交错安装在电动机定子内壳上，低碳钢板制成的机壳也是磁路的一部分。也有用 6 个磁极的起动机。

（3）电刷与电刷架

电刷架一般为框式结构，其中正极电刷架与端盖绝缘地固装，负极电刷架直接搭铁。电刷置于电刷架中，电刷由铜粉与石墨粉压制而成，呈棕红色。电刷架上装有弹性较好的盘形弹簧。

（4）轴承

因为起动机工作时间短暂，每次工作时间仅几秒，所以一般都是采用青铜石墨轴承或铁基含油轴承。

2. 离合机构

离合机构的作用是将电动机的电磁转矩传递给发动机使之启动，同时又能在发动机启动后自动打滑，保护起动机不致飞散损坏。目前，起动机常用的离合机构有滚柱式、摩擦片式和弹簧式 3 种。

滚柱式离合机构是目前国内外汽车起动机中使用最多的一种。如图 2-227 所示，它由外座圈 2、内座圈 3、滚柱 4 以及柱塞 5 等组成。内座圈毂的花键套筒 6 和起动机轴以花键连接，外座圈与驱动齿轮 1 相连。

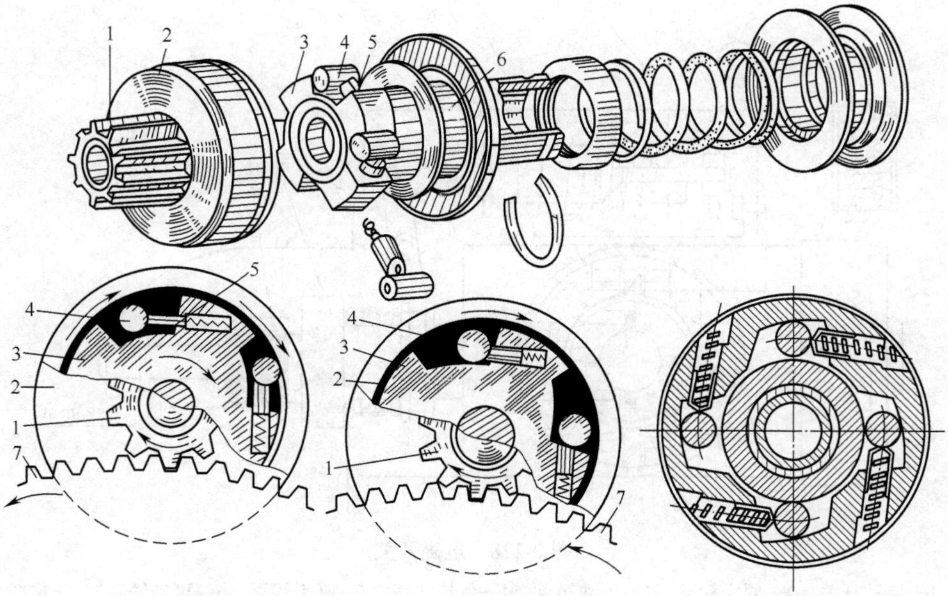

（a）开始啮合　（b）脱离啮合　（c）剖视图

图 2-227　滚柱式离合机构

1—起动机驱动齿轮　2—外座圈　3—内座圈　4—滚柱　5—柱塞　6—花键套筒　7—飞轮齿圈

外座圈与内座圈之间的间隙宽窄不等，呈楔形槽。当起动机电枢旋转时，转矩由花键套筒传到内座圈 3 上，内座圈则随电枢一起旋转，这时滚柱 4 便滚入楔形槽的窄处被卡住，于是转矩传递给起动机驱动齿轮 1，带动飞轮使发动机启动[见图 2-227（a）]。当发动机启动后，曲轴转速增高，飞轮齿圈 7 带动驱动齿轮 1 旋转，此时飞轮齿圈旋转方向虽未改变，但已由主动齿轮变为从动齿轮，且外座圈的转速大于内座圈的转速，于是使滚柱滚入楔形槽的宽处，使内、外座圈相对打滑[见图 2-227（b）]。这样转矩就不能从起动机驱动齿轮传给电枢，也就防止了电枢超速飞散。

这种滚柱式离合器具有结构简单、坚固耐用、体积小、质量轻、工作可靠等优点，因此得到广泛采用。其不足之处是不能用于大功率起动机上。

3. 控制装置

控制装置的作用是用来接通和断开电动机与蓄电池之间的电路，同时还能接入和切断点火线圈的附加电阻。

起动机的控制装置一般是电磁开关，有的还采用了启动继电器。

电磁开关安装在直流电动机壳体上方（见图 2-228），吸引线圈 5 与保持线圈 4 的匝数相同，绕向也相同。接通启动开关 1 时，吸引线圈中的电流经由起动机的激磁绕组和电枢绕组后搭铁，而保持线圈直接搭铁。此时两个线圈产生较强的相同方向的电磁吸力，吸引可动铁芯向左移动。铁芯的移动通过拨叉 8 将驱动齿轮 10 推向飞轮，同时通过电枢中的较小电流使电枢轴缓慢旋转，这样有利于啮合。当驱动齿轮与飞轮齿圈完全啮合时，可动触点与固定触点也刚好完全闭合。此时，吸引线圈被短路，只靠保持线圈吸力将可动触点与固定触点保持在接通状态，强大的启动电流通过激磁绕组和电枢绕组使起动机快速转动。

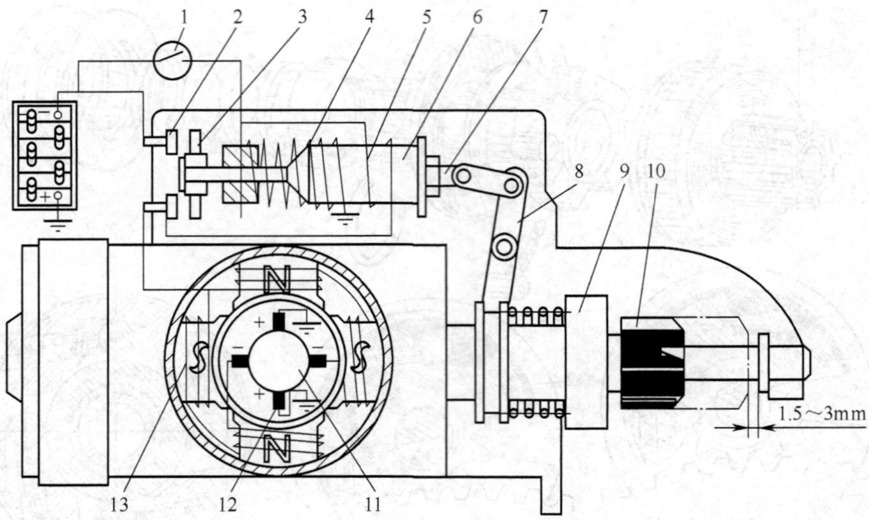

图 2-228　电磁开关

1—启动开关　2—固定触点　3—可动触点　4—保持线圈　5—吸引线圈　6—可动铁芯　7—拉杆
8—拨叉　9—单向离合器　10—驱动齿轮　11—电枢　12—电刷　13—磁极

发动机启动后，从启动开关到保持线圈的电流被切断，但在断开启动开关的瞬间，两触点仍处在闭合状态，电流从触点到吸引线圈，再经保持线圈搭铁。这时，两个线圈产生的电磁力大小相等，方向相反，相互抵消。铁芯在回位弹簧的作用下返回原位，触点断开，起动机因断电而停转，同时驱动齿轮与飞轮齿圈脱开而回位。

2.10 发动机的操作与维护

2.10.1　发动机的操作

点火开关如图 2-229 所示。

（1）位置 1

锁止方向盘：拔出点火钥匙后转动方向盘，直至听到锁销的啮合声。

装配自动变速箱的轿车，必须将变速杆置于挡位 P，然后将钥匙拧至位置 1 方能拔出钥匙。

装配手动变速箱的轿车，行驶时切勿拔出点火钥匙，避免无意中锁止方向盘。

（2）位置 2

若钥匙难以或不能拧至该位置，应来回转动方向盘，直至钥匙可随意拧动。

（3）位置 3

若一次启动未能成功，再次启动前必须先将钥匙拧至位置 1，然后再拧至该位置，防止发动机运转时起动机与之啮合，从而损坏起动机。

启动发动机前应将换挡杆置于空挡（自动变速箱的变速杆置于挡位 P 或 N），并拉紧手制动器。

装配手动变速箱的轿车，启动时应将离合器踏板踩到底，使起动机只驱动发动机。一旦启动，应立即松开点火钥匙，切断起动机电源，勿使起动机与发动机一起转动。

启动冷态发动机时，液压挺杆内的机油压力不可能马上达到规定值，短时间可能出现运转噪声，此属正常现象无需担心。发动机未达到正常工作温度时，勿使发动机高速运转或开足油门行驶。

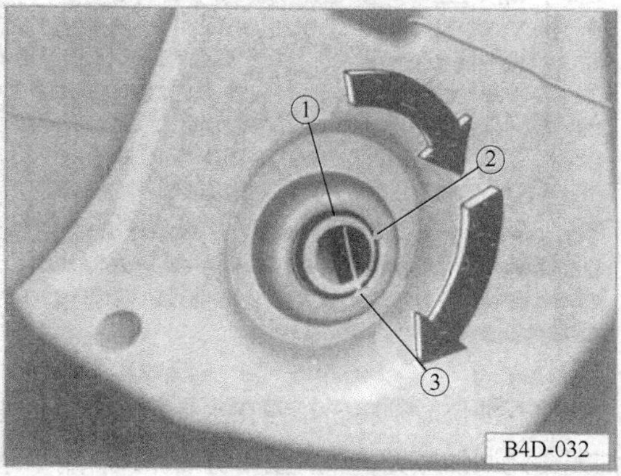

图 2-229　点火开关

无论发动机是处于冷态还是已达到正常工作温度，启动前或启动中均勿踏油门踏板。如果 10 s 未能启动发动机，则应停止启动，约 30 s 后方可再次启动。发动机处于高温状态时，发动机启动后可稍踩一下油门踏板。

2.10.2　发动机的维护

1. 燃油

燃油箱盖可通过中央门锁自动开启或闭锁。先打开盖板，如图 2-230 所示。

拧下油箱盖后，可将其挂在油箱盖板上。汽车所用燃油标号标注在油箱盖板内侧的不干胶标签上，该容量为近似值，实际加注量可能与该值略有不同。添加燃油后，务必拧紧油箱盖。

若加油时，不慎将燃油溅到车身上，则务必立即将其清除掉，否则将损坏车身油漆。

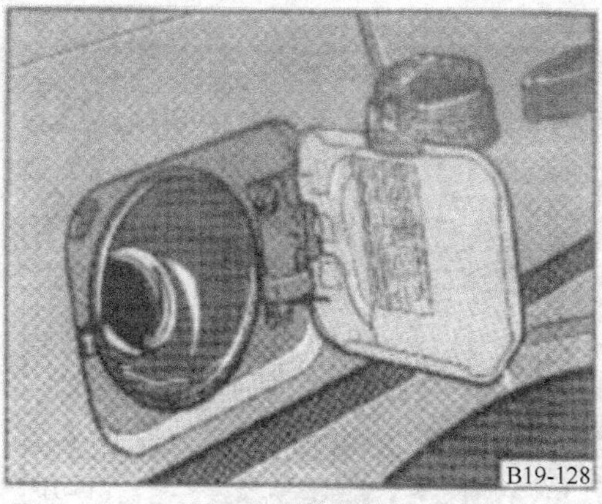

图 2-230　燃油箱盖

配备催化转换器的轿车必须使用无铅汽油。使用含铅汽油将大大降低催化转换器的净化效率。

要求使用 95RON 优质无铅汽油的车，RON 值不低于 91 的普通无铅汽油也可用，但发动机功率略有下降。

2. 机油

为使发动机正常运转，应定期检查机油油位。若油位降至最低标记以下，组合仪表上的机油油位报警灯将点亮，此时，应立即停车关机，检查油位并添加机油。机油标尺位置如图 2-231 所示。

(a)

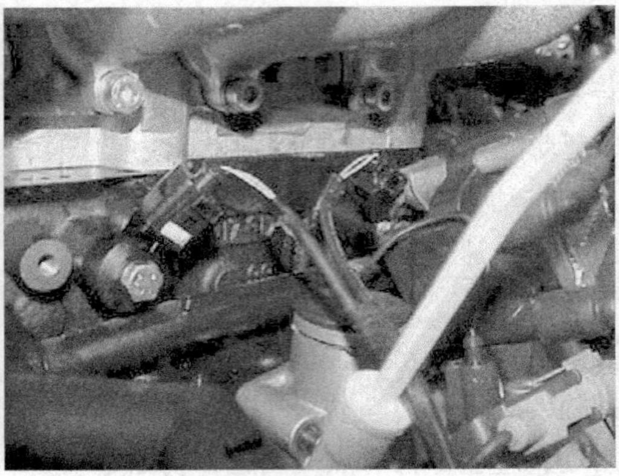

(b)

图 2-231　机油标尺位置

检查油位时须将轿车停在水平路面上，以便准确测量油位。关闭发动机后，等待几分钟，让机油完全流回油底壳，然后拔出机油标尺，用干净布擦去其上的油迹，重新将其插入，再次拔出即可测得准确油位。添加机油后务必盖严加油口盖，插紧机油标尺，防止发动机运转时溢出机油。

检查机油质量。用机油尺蘸油滴并滴在干净的纸上，正常的机油应该是淡黄色、透明、黏性；变质的机油通常为黑色、杂质、稀释。

启动发动机后，通过机油压力表观察机油压力，机油压力必在规定范围内，或仪表板上机油报警灯熄灭。

3. 冷却液

发动机应处于冷态，冷却液液面应在膨胀罐上 MIN 和 MAX 两个标记之间。当冷却液液面过低时，冷却液液面指示灯会亮。

冻却液在冬、夏换季时不用更换，在正常情况下可以连续使用两年。如更换散热器、暖风水箱换热器、气缸盖或气缸盖密封垫时，用过的冷却液不可再用。

冷却液膨胀罐位于发动机舱左侧，冷却液液位虽由冷却液报警灯监控，但仍需经常检查液位。关闭发动机后方能正确检查液位。

发动机处于冷态时，液位须位于 MIN 和 MAX 两标记之间，处于热态时液位可略高于 MAX 标记，如图 2-232 所示。

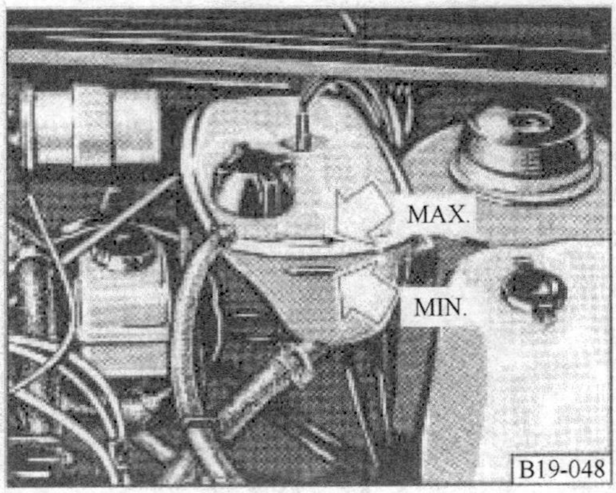

图 2-232　膨胀罐

加注冷却液时应先关闭发动机，待其冷却后，用布包住膨胀罐盖，沿逆时针方向慢慢旋转1圈，待系统内的压力下降后取下膨胀罐盖。

发动机处于热态时，系统内仍处于高温高压状态，此时切不可打开膨胀罐盖，以免烫伤！

注意切勿触碰风扇，即使关闭点火开关后，风扇仍可能突然启动。

4. 蓄电池

发动机运转时切勿拆卸蓄电池电缆，否则将损坏电气系统电子元件。

重新连接蓄电池时须先接正极电缆，后接负极电缆，任何情况下均勿接错电缆极性，否则可能引发火灾！

观察蓄电池外壳是否破裂，检查蓄电池的安装是否牢靠，导线与接线柱的连接是否紧固。清除蓄电池表面的灰尘、油泥，擦去蓄电池盖上的电解液，清除接线柱和导线接头上的氧化物，疏通加液孔盖上的通气孔等，旋紧蓄电池盖。

正常工作条件下，一般无需保养蓄电池，但若温度很高，长期使用后，因蒸发作用，电解液液位可能下降，因此应经常根据工作条件检查电解液液位，如图2-233所示。

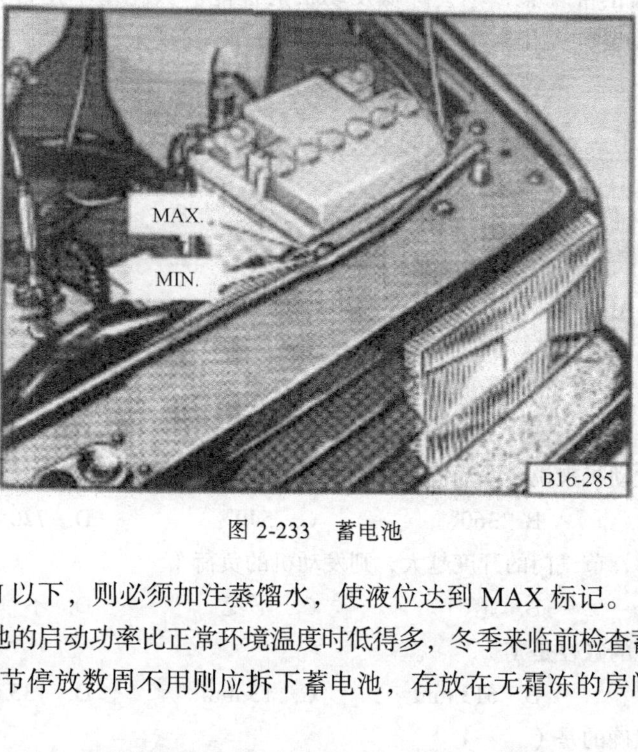

图2-233　蓄电池

若液位降至MIN以下，则必须加注蒸馏水，使液位达到MAX标记。

低温环境下蓄电池的启动功率比正常环境温度时低得多，冬季来临前检查蓄电池，必要时充电。

轿车若在低温季节停放数周不用则应拆下蓄电池，存放在无霜冻的房间内，以防蓄电池结冰损坏。

对于带电眼的蓄电池，在蓄电池朝上的一面有一个圆形的透明窗口，这个“电眼”会根据蓄电池的充电状态或电解液液位改变颜色。如果窗口显示为无色或浅黄色，则表示蓄电池的电解液液位过低；颜色显示绿色或黑色，供维修站诊断蓄电池用。若有气泡可能会使显示的颜色失真，需要小心地轻拍电眼周围驱散气泡。

5. 发电机、水泵、空压机带轮及传动带

带轮应不松旷，传动带无损伤，松紧度符合要求。发现传动带有断裂和分层现象时，应及

时更换。如传动带为两根，则必须两根同时更换，不允许一新一旧混合使用。

要经常检查传动带的松紧度，传动带过紧会使传动带芯线拉伸，风扇传动带的寿命降低，而且会导致传动带轮和发电机、水泵轴承的加剧磨损，降低使用寿命；过松会引起传动带打滑过热、温度过高，会引起风扇传动带橡胶硬化、开裂，因而缩短风扇传动带的寿命，热量还会随传动带转动传到水泵轴上，导致轴承中的黄油烧焦，而损坏水泵，还会导致发电机转速降低，使蓄电池充电不良，而且过热也会损坏发电机，还会造成发动机过热、空调功能下降等。

6. 火花塞

使用中，经常会有灰尘、油污等附着物沉积在火花塞绝缘体上，由于这些沉积物会形成外部泄漏分路，将会直接影响火花塞的正常跳火。另外，有时由于外界的因素，火花塞绝缘体上还常常会溅落水滴或沾上湿气，这更增加上述沉积物的泄漏性，所以必须经常擦抹其绝缘体部分。火花塞电极间由于反复高压跳火，易产生积炭，将会改变电极间隙。

正常的火花塞，瓷套的裙部呈棕褐色到灰色，电极电蚀轻微。尽管使用过的火花塞难免有轻微的积炭，仍属正常现象，不会降低发动机的性能。火花塞不正常工作的原因有火花塞烧蚀、绝缘体顶部破裂，火花塞积油、积炭、积灰。若发现火花塞已产生积炭，可对火花塞进行清洗。

习　题

一、选择题

1. 活塞每走一个行程，相当于曲轴转角（　　）。

A. 180°　　B. 360°　　C. 540°　　D. 720°

2. 对于四冲程发动机来说，发动机每完成一个工作循环曲轴旋转（　　）。

A. 180°　　B. 360°　　C. 540°　　D. 720°

3. 在同一转速时，节气门的开度越大，则发动机的负荷（　　）。

A. 越大　　B. 越小　　C. 不变　　D. 不一定

4. 6135Q 柴油机的缸径是（　　）。

A. 61 mm　　B. 613 mm　　C. 13 mm　　D. 135 mm

5. 下列说法不正确的是（　　）。

A. 活塞上止点是指活塞顶平面运动到离曲轴中心最远点位置

B. 活塞在上、下两个止点之间距离称为活塞冲程

C. 一个活塞在一个行程中所扫过的容积之和称为气缸总容积

D. 一台发动机所有工作容积之和称为该发动机的排量

6. 发动机压缩比的正确说法是（　　）。

A. 气缸燃烧室容积与气缸总容积之比　　B. 气缸燃烧室容积与气缸工作总容积之比

C. 气缸总容积与气缸燃烧室容积之比　　D. 气缸工作总容积与气缸燃烧室容积之比

7. 下列发动机组成中柴油机所没有的是（　　）。

A. 冷却系统　　B. 启动系统　　C. 点火系统　　D. 润滑系统

8. 下列说法正确的是（　　）。

A. 四冲程发动机完成进气、压缩、做功、排气一个工作循环曲轴转过了 360°

B. 二冲程发动机完成进气、压缩、做功、排气一个工作循环，活塞在气缸内上下运动 2 次

C. 柴油机在做功行程时，进、排气门处于关闭状态

D. 压缩比越高越好

9. 柴油机喷油器开始喷油时的喷油压力取决于（　　）。

A. 高压油腔中的燃油压力　　B. 调压弹簧的预紧力

C. 喷油器的喷孔数　　D. 喷油器的喷孔大小

10. 下列主要是发动机排气污染物的有（　　）。

A. 碳氢化合物　　B. 氮氧化合物（NO_x）

C. 噪声　　D. CO_2

11. 四行程六缸发动机曲轴各曲拐之间的夹角是（　　）。

A. 60°　　B. 90°　　C. 120°　　D. 180°

12. 活塞气环开有切口，具有弹性，在自由状态下其外径与气缸直径（　　）。

A. 相等　　B. 小于气缸直径　　C. 大于气缸直径　　D. 不能确定

13. 在废气涡轮增压系统中，一般都带有冷却器，也称中冷器，其作用是对（　　）。

A. 涡轮增压机进行冷却　　B. 涡轮轴承进行冷却

C. 进气进行冷却　　D. 排气进行冷却

14. 曲轴与凸轮轴之间的传动比为（　　）。

A. 2:1　　B. 1:2　　C. 1:1　　D. 4:1

15. 当采用双气门弹簧时，两气门的旋向（　　）。

A. 相同　　B. 相反　　C. 无所谓　　D. 不一定

16. 发动机工作时，曲轴的正时齿轮带动（　　）工作。

A. 进排气凸轮轴　　B. 飞轮

C. 喷油器　　D. 节气门

17. 现代汽车发动机普遍采用多气门结构，其作用是为了（　　）。

A. 提高点火性能　　B. 提高喷油性能

C. 减少爆燃　　D. 提高充气效率

18. 以下是燃油喷射发动机执行器的是（　　）。

A. 曲轴位置传感器　　B. 节气门位置传感器

C. 空气流量计　　D. 活性炭罐电磁阀

19. 大众捷达轿车，燃油是通过喷油器喷射在（　　）。

A. 燃烧室内　　B. 空气滤清器处

C. 节气门处　　D. 进气门处

20. 间接测量方式测量进气量的是（　　）。

A. 翼板式流量计　　B. 热膜式流量计

C. 真空压力传感器　　D. 热线式流量计

21. 采用顺序喷射方式时，一般喷油是在（　　）进行。

A. 排气上止点前　　B. 排气上止点后

C. 压缩上止点前　　D. 压缩上止点后

22. 对喷油量起决定性作用的是（　　）。

A. 空气流量计　　B. 水温传感器　　C. 氧传感器　　D. 节气门位置传感器

23. 孔式喷油器的喷油压力比轴针式喷油器的喷油压力（　　）。

A. 大　　B. 小　　C. 不一定　　D. 相同

24. 喷油泵柱塞行程的大小取决于（　　）。

A. 柱塞的长短　　B. 喷油泵凸轮的升程

C. 喷油时间的长短　　D. 柱塞运行的时间

25. 喷油泵柱塞的有效行程（　　）柱塞行程。

A. 大于　　B. 小于　　C. 大于等于　　D. 小于等于

26. 在柴油机中，改变喷油泵柱塞与柱塞套的相对位置，则可改变喷油泵的（　　）。

A. 供油时刻　　B. 供油压力　　C. 供油量　　D. 喷油锥角

27. 使冷却水在散热器和水套之间进行循环水的水泵旋转部件叫做（　　）。

A. 叶轮　　B. 风扇　　C. 壳体　　D. 水封

28. 节温器中使阀门开启的部件是（　　）。

A. 阀座　　B. 石蜡感应器　　C. 支架　　D. 弹簧

29. 为在容积相同的情况下获得较大散热面积，提高抗裂性能，散热器冷却管应选用（　　）。

A. 圆管　　B. 扁圆管　　C. 矩形管　　D. 三角形管

30. 活塞与气缸壁之间的润滑方式是（　　）。

A. 压力润滑　　B. 飞溅润滑　　C. 润滑脂润滑　　D. 压力润滑和飞溅润滑同时进行

31. 传统点火系统与电子点火系统最大的区别是（　　）。

A. 点火能量的提高　　B. 断电器触点被点火控制器取代

C. 曲轴位置传感器的应用　　D. 点火线圈的改进

32. 电子控制点火系统由（　　）直接驱动点火线圈进行点火。

A. ECU　　B. 点火控制器　　C. 分电器　　D. 转速信号

33. 混合气在气缸内燃烧，当最高压力出现在上止点（　　）左右时，发动机输出功率最大。

A. 前 10°　　B. 后 10°　　C. 前 5°　　D. 后 5°

34. 在双缸点火的点火系统中，当一缸行至压缩上止点时火花塞点火，另一缸是（　　）行程。

A. 排气行程上止点　　B. 排气行程下止点

C. 做功行程下止点　　D. 进气行程上止点

35. 在微机控制的点火系统中，基本点火提前角是由（　　）确定的。

A. 转速　　B. 负荷　　C. 压缩比　　D. 排量

36. 当发动机发生爆燃时，微机是通过（　　）对点火系统进行控制，以迅速消除爆燃。

A. 增大点火提前角　　B. 保持点火提前角不变

C. 增加闭合角　　D. 减少提前角

二、判断题

1. 曲轴正时齿轮是由凸轮轴正时齿轮驱动的。　　（　　）

2. 摇臂实际上是一个两臂不等长的双臂杠杆，其中短臂的一端是推动气门的。 ( )
3. 空气流量计、空调开关信号、点火控制器都是发动机电脑的信号输入装置。 ( )
4. 喷油器、EGR 阀、活性炭罐电磁阀都是执行器。 ( )
5. 目前大多数电动汽油泵是装在油箱内部的。 ( )
6. 装有燃油压力调节器作用是使燃油分配管内压力保持不变，不受节气门开度的影响。 ( )
7. 柴油机所燃用的柴油的凝点必须低于柴油机的最低工作温度。 ( )
8. 柴油机在气缸内形成可燃混合气，而汽油机则是在气缸外形成可燃混合气。 ( )
9. 在同一部发动机中气门大小不同时，大的是排气门，小的是进气门。 ( )
10. 奥迪 A6 轿车采用的是可变配气相位。 ( )
11. 风扇在工作时，风是向散热器方向吹的，以利散热。 ( )
12. 防动液可降低冷却水的冰点和沸点。 ( )
13. 发动机采用液压挺柱，气门间隙就不需要调整了。 ( )

三、问答题

1. 名词解释：上止点、发动机排量、压缩比、发动机负荷。
2. 简述四冲程汽油发动机的工作过程。
3. 汽油机与柴油机在总体构造上有何异同？在性能方面它们有何区别？
4. 发动机由哪些机构系统组成？各部分功用是什么？
5. 活塞的形状如何？为什么？
6. 飞轮的作用是什么？
7. 什么是充气效率？如何提高充气效率？
8. 配气机构的布置形式有哪些？各有何优缺点？
9. 电控燃油喷射系统有何优点？
10. 柴油机与汽油机在工作原理上有何区别？
11. 调速器的功用是什么？两速调速器与全速调速器有何区别？
12. 水冷系统由哪些部件组成？各有何作用？冷却水的大、小循环路线有何区别？
13. 润滑系统一般由哪些零部件组成？各有何功用？
14. 试述传统点火系统的结构。
15. 什么是点火提前角？有哪几种点火提前装置？
16. 微机控制点火系统有什么优点？有哪些形式？
17. 什么是发动机的启动？发动机的启动有几种方式？

第3章 汽车底盘构造、使用与维护

【学习目标】

1. 了解汽车底盘的功用及组成；
2. 了解汽车传动系统、行驶系统、转向系统和制动系统的功用及组成；
3. 掌握汽车传动系统各组成部分（离合器、手动变速器、自动变速器、万向传动装置、驱动桥）的功用、组成、结构及基本原理；
4. 掌握汽车行驶系统各组成部分（车架、车桥、车轮与轮胎、悬架）的功用、组成、结构及基本原理；
5. 掌握汽车转向系统各组成部分（转向器、转向操纵机构、转向传动机构、动力转向装置）的功用、组成、结构及基本原理；
6. 掌握汽车制动系统各组成部分（制动器、液压式制动传动装置、气压式制动传动装置、驻车制动系统、制动防抱死系统）的功用、组成、结构及基本原理；
7. 了解汽车传动系统、行驶系统、转向系统和制动系统各组成部分的基本使用方法及使用中的注意事项；
8. 掌握汽车传动系统、行驶系统、转向系统和制动系统的维护、保养项目及方法。

汽车底盘是汽车重要的组成部分，它的作用是支撑、安装汽车发动机及其各部件、总成，形成汽车的整体造型，并接受发动机的动力，使汽车产生运动，保证正常行驶。底盘由传动系统、行驶系统、转向系统和制动系统 4 大部分组成。

3.1 传动系统

3.1.1 概　　述

汽车传动系统是指从发动机到驱动车轮之间所有动力传递装置的总称。基本功用是将发动机的动力传给驱动车轮，使汽车以一定速度行驶。一般由离合器、变速器、传动轴和万向节组成的万向传动装置、主减速器、差速器和半轴组成，如图 3-1 所示。

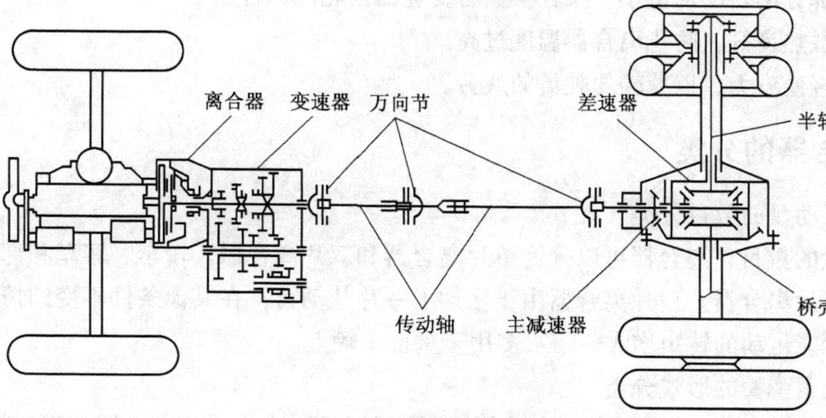

图 3-1 汽车传动系统的组成

3.1.2 离 合 器

离合器是汽车传动系统的重要组成部分，位于发动机和变速器之间。在汽车行驶过程中，驾驶员可根据需要踩下或松开离合器踏板，使发动机与变速器暂时分离或逐渐接合，以切断或传递发动机向变速器输入的动力。

1. 离合器的功用

离合器的具体功用有如下 3 个方面。

① 保证了汽车的平稳起步。汽车起步时，驾驶员缓慢抬起离合器踏板，使离合器的主、从动部分逐渐接合，与此同时，逐渐踩下加速踏板，以增加发动机的输出转矩，这样发动机的转矩便可由小到大传给传动系统。当牵引力足以克服汽车起步时的行驶阻力时，汽车便由静止开始缓慢加速，实现平稳起步。

② 保证变速器换挡平顺。汽车在行驶过程中，由于行驶条件的变换，需要不断变换挡位。对于普通齿轮变速器，换挡时不同的齿轮副要退出啮合或进入啮合，这就要求换挡前踩下离合器踏板，中断发动机的动力传动，以便于退出原有齿轮副的啮合，进入新齿轮副的啮合。如果没有离合器或离合器分离不彻底，就会使动力不能完全中断，原有齿轮副之间会因压力大而难以脱开，而待啮合齿轮副之间因圆周速度不同而难以进入啮合，勉强啮合也会产生很大的冲击和噪声，甚至会打齿。

③ 防止传动系统过载。汽车紧急制动时，如果发动机与传动系统刚性连接，发动机转速将急剧下降，其所有零件将产生很大的惯性力矩，这一力矩作用于传动系统，会造成传动系统过载而使其机件损坏。有了离合器，当传动系统承受载荷超过离合器所能传递的最大转矩时，离合器会通过主、从动部分之间的打滑来消除这一危险，从而起到过载保护的目的。

2. 对离合器的要求

根据离合器的功用，它应满足下列主要要求。

① 既能可靠地传递发动机的最大转矩，又能防止传动系统过载。

② 接合柔和，保证汽车平稳起步，减少冲击。

③ 分离彻底，保证变速器换挡平顺和发动机启动顺利。

④ 从动部分的转动惯量小，减轻换挡时变速器齿轮间的冲击。

⑤ 通风散热良好，防止离合器温度过高。

⑥ 操纵轻便省力，以减轻驾驶员的疲劳。

3. 离合器的分类

（1）按从动盘的数目分类

按从动盘的数目，离合器可以分为单片离合器和双片离合器。轿车、客车和部分中、小型货车多采用单片离合器。双片离合器由于增加了一片从动盘，在其他条件不变的情况下，它比单片离合器所能传动的转矩增大一倍，多用于重型车辆上。

（2）按压紧弹簧的形式分类

按压紧弹簧的形式，离合器可以分为周布弹簧离合器、中央弹簧离合器和膜片弹簧离合器。周布弹簧离合器和中央弹簧离合器采用螺旋弹簧，分别沿压盘的圆周和中央布置；膜片弹簧离合器利用一个膜片弹簧起压紧作用。

目前应用最多的是膜片弹簧离合器，它广泛应用于轿车和载货汽车。由于周布弹簧离合器和中央弹簧离合器已很少应用，所以本书不再介绍。下面只介绍在汽车传动系统中应用最广泛的膜片弹簧离合器。

4. 膜片弹簧离合器

（1）膜片弹簧离合器的基本组成

膜片弹簧离合器由主动部分、从动部分、压紧机构和操纵机构 4 部分组成，如图 3-2 所示。

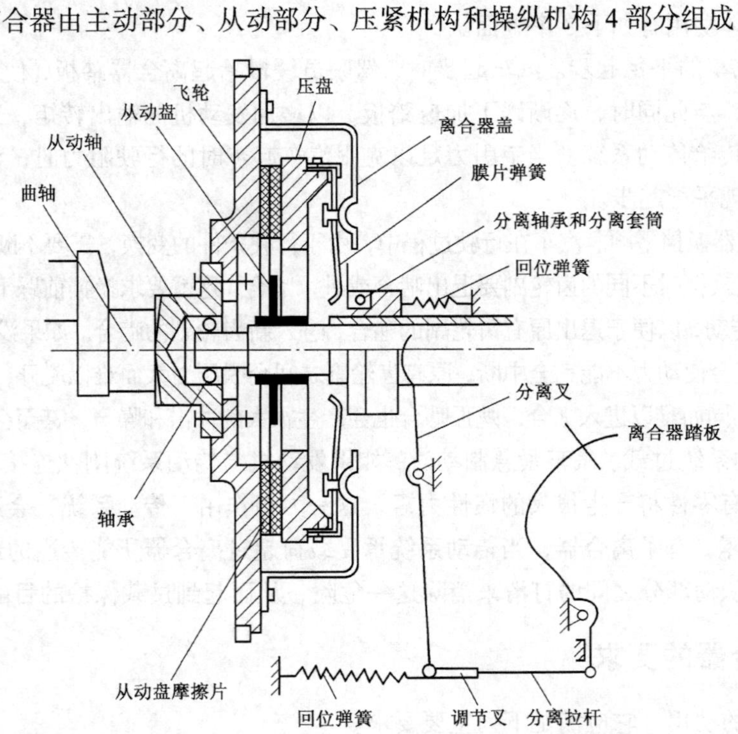

图 3-2　膜片弹簧离合器的基本组成示意图

主动部分包括飞轮、离合器盖和压盘。离合器盖用螺栓固定在飞轮上，压盘可轴向移动，这样，当发动机转动时，动力便经飞轮、离合器盖传到压盘，并一起转动。

从动部分为从动盘。从动盘带有双面的摩擦衬片，离合器正常接合时摩擦衬片分别与飞轮和压盘相接触。从动盘通过花键毂装在变速器输入轴上的花键上。

压紧机构是通过膜片弹簧起压紧弹簧作用，它们装在压盘与离合器盖之间，用来将压盘和从动盘压向飞轮，使飞轮、从动盘和压盘三者压紧在一起，因此驾驶员不踩离合器踏板时，飞轮、从动盘和压盘处在压紧状态,传递发动机的动力。

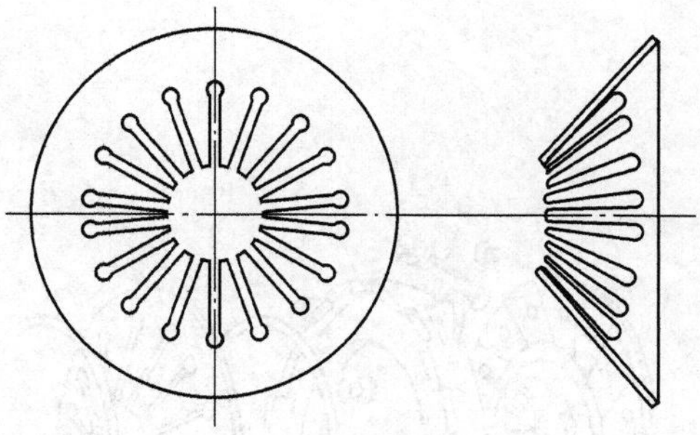

图 3-3　膜片弹簧

膜片弹簧用优质钢板制成，其形状如图 3-3 所示，其上开有若干个径向切槽，切槽的内端开通，外端为圆孔，每两切槽之间钢板形成一个弹性杠杆，称为分离指。膜片弹簧既是压紧弹簧又是分离杠杆。

操纵机构由离合器踏板、分离拉杆、调节叉、分离叉、分离套筒、分离轴承、分离杠杆（分离指）、回位弹簧等组成。

（2）膜片弹簧离合器踏板自由行程

当离合器处于正常结合状态时，分离轴承与分离指之间应留有一定量的间隙，防止从动盘摩擦片磨损变薄时，离合器结合不彻底。因此，为消除这一间隙所需的离合器踏板行程称为离合器踏板自由行程。

（3）膜片弹簧离合器的构造

膜片弹簧离合器的构造如图 3-4 所示。

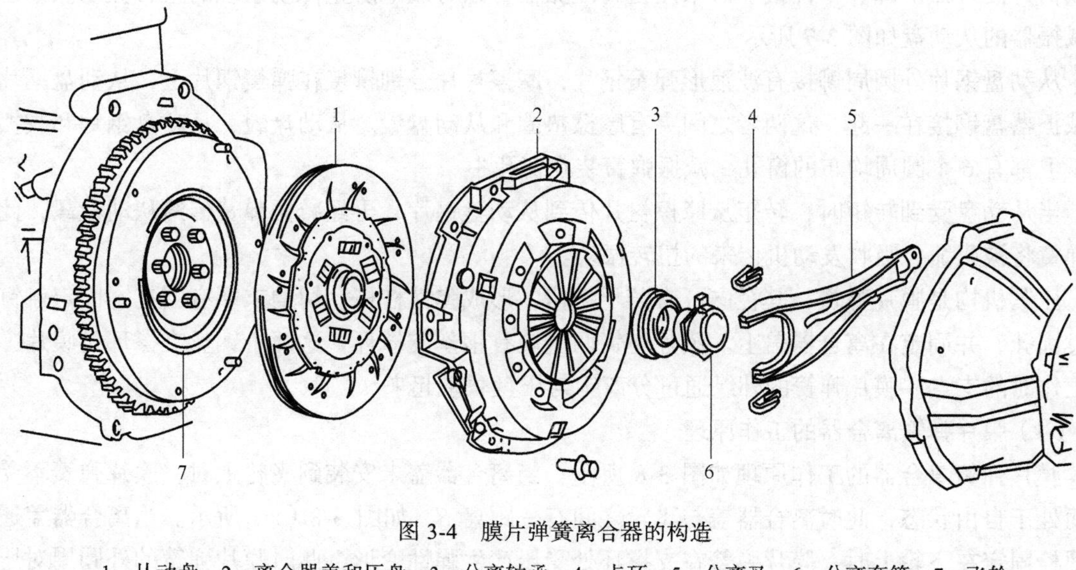

图 3-4　膜片弹簧离合器的构造

1—从动盘　2—离合器盖和压盘　3—分离轴承　4—卡环　5—分离叉　6—分离套筒　7—飞轮

膜片弹簧离合器盖和压盘结构如图 3-5 和图 3-6 所示。离合器盖通过螺栓固定在飞轮上，为了保持正确的安装位置，离合器盖通过定位销进行定位。压盘与离合器盖之间通过周向均布的 3 组或 4 组传动片来传递转矩。传动片用弹簧钢片制成，每组两片，一端用铆钉铆在离合器盖上，另一端用螺钉连接在压盘上。

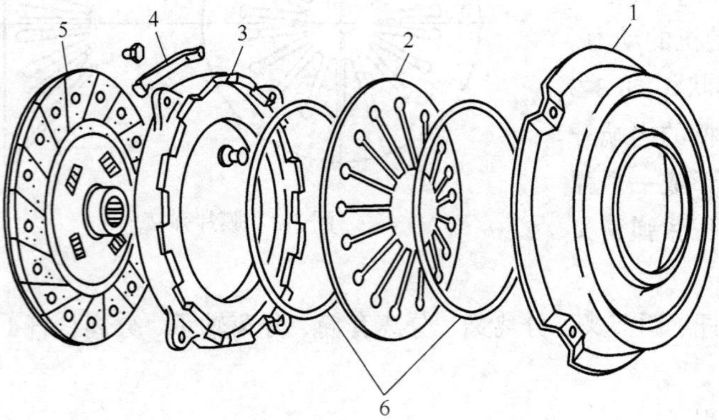

图 3-5　膜片弹簧离合器盖和压盘分解图

1—离合器盖　2—膜片弹簧　3—压盘

4—传动片　5—从动盘　6—支撑环

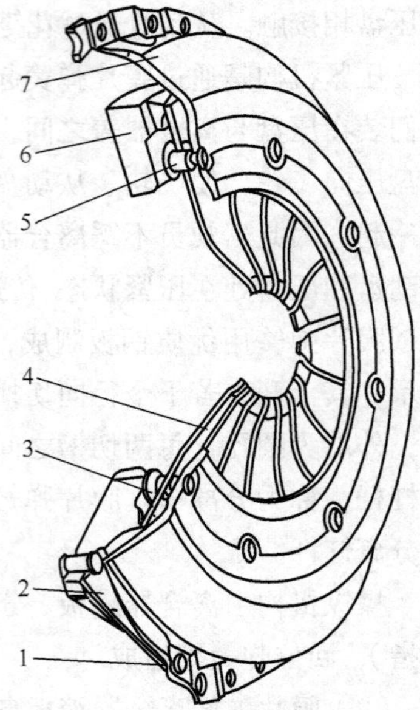

图 3-6　膜片弹簧离合器盖和压盘示意图

1—铆钉　2—传动片　3—支撑环　4—膜片弹簧

5—支撑铆钉　6—压盘　7—离合器盖

从动部分包括从动盘和从动轴，从动盘一般都带有扭转减振器。发动机传到传动系统的转速和转矩是周期性变化的，使传动系统产生扭转振动，这将使传动系统的零部件受到交变性冲击载荷，使寿命下降、零件损坏。采用扭转减振器可以有效地防止传动系统的扭转振动。带扭转减振器的从动盘如图 3-7 所示。

从动盘钢片外圆周铆接有波浪形弹簧钢片，摩擦衬片分别铆接在弹簧钢片上，从动盘钢片与减振器盘铆接在一起，这两者之间夹有摩擦垫圈和从动盘毂。从动盘毂、从动盘钢片和减振器盘上都有 6 个圆周均布的窗孔，减振弹簧装在窗孔中。

当从动盘受到转矩时，转矩从摩擦衬片传到从动盘钢片，再经减振弹簧传给从动盘毂，此时弹簧将被压缩，吸收发动机传来的扭转振动。

压紧机构是膜片弹簧，其径向开有若干切槽，形成弹性杠杆。切槽末端有圆孔，固定铆钉穿过圆孔，并固定在离合器盖上。膜片弹簧两侧装有钢丝支撑环，这两个钢丝支撑环是膜片弹簧工作时的支点。膜片弹簧的外缘通过分离钩与压盘联系起来。

（4）膜片弹簧离合器的工作原理

膜片弹簧离合器的工作原理如图 3-8 所示。当离合器盖未安装到飞轮上时，膜片弹簧不受力而处于自由状态，此时离合器盖与飞轮之间有一距离 S，如图 3-8（a）所示。当离合器盖通过螺栓固定在飞轮上时，膜片弹簧在支撑环处受压产生弹性变形，此时膜片弹簧的外圆周对压盘产生压紧力使离合器处于接合状态，如图 3-8（b）所示。当踩下离合器踏板时，分离轴承推动膜片弹簧，使膜片弹簧以支撑环为支点，外圆周向后翘起，通过分离钩拉动压盘后移，使离合器分离，如图 3-8（c）所示。

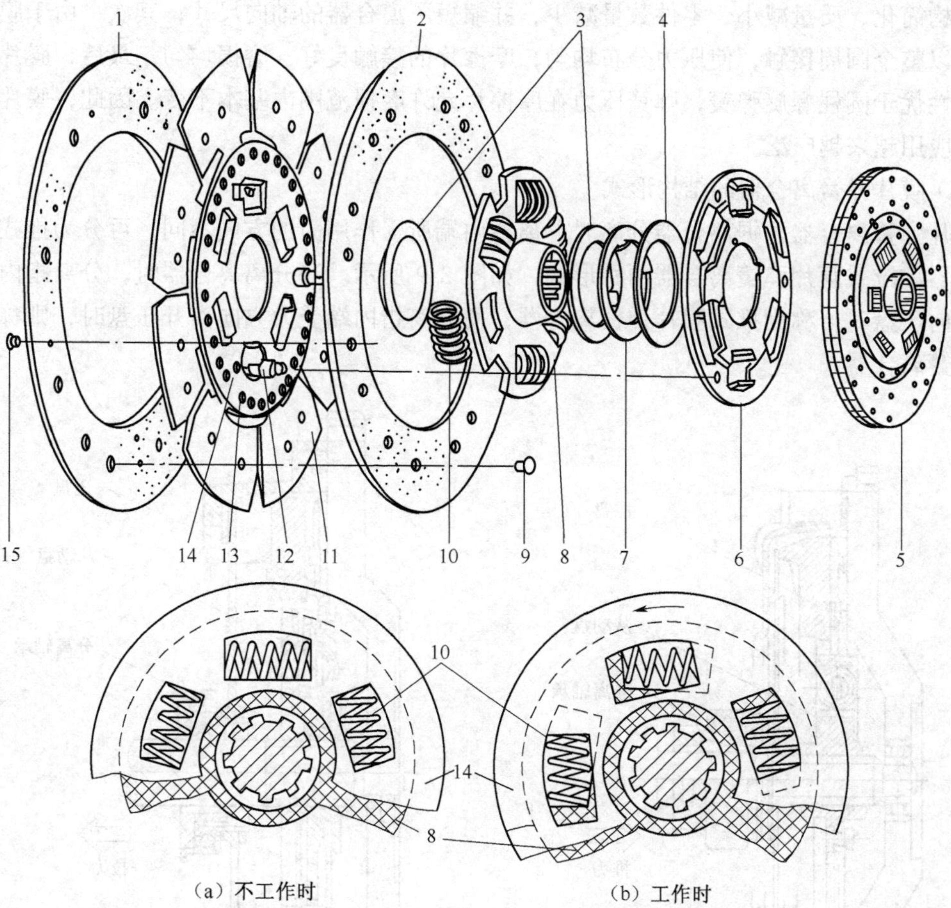

图 3-7 带扭转减振器的从动盘

1、2—摩擦衬片 3—摩擦垫圈 4—盘形垫圈 5—装合后的从动盘总成 6—减振器盘 7—摩擦板 8—从动盘毂 9、13、15—铆钉 10—减振弹簧 11—波浪形弹簧钢片 12—止动销 14—从动盘钢片

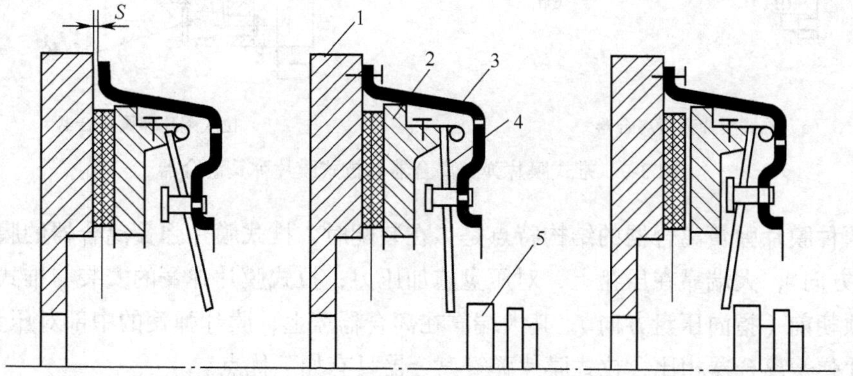

图 3-8 膜片弹簧离合器的工作原理

1—飞轮 2—压盘 3—离合器盖 4—膜片弹簧 5—分离轴承

（5）膜片弹簧离合器的优点

从上面的介绍中可以看出，首先，膜片弹簧起压紧弹簧及分离杠杆的双重作用，从而使离

合器结构简化、质量减小、零件数量减少，并缩短了离合器的轴向尺寸；其次，由于膜片弹簧与压盘以整个圆周接触，使压力分布均匀，摩擦片的接触良好，磨损均匀；最后，膜片弹簧的弹簧特性优于圆柱螺旋弹簧，弹簧压力在摩擦片允许磨损范围内基本不变。因此，膜片弹簧离合器的应用越来越广泛。

（6）膜片弹簧离合器的结构形式

膜片弹簧离合器根据离合器分离时分离指内端所受作用力的方向不同，可分为推式膜片弹簧离合器和拉式膜片弹簧离合器两种形式，如图 3-9 所示。当分离离合器时，分离指内端受力方向指向压盘时，称为推式膜片弹簧离合器；而分离指内端受力方向离开压盘时，则称为拉式膜片弹簧离合器。

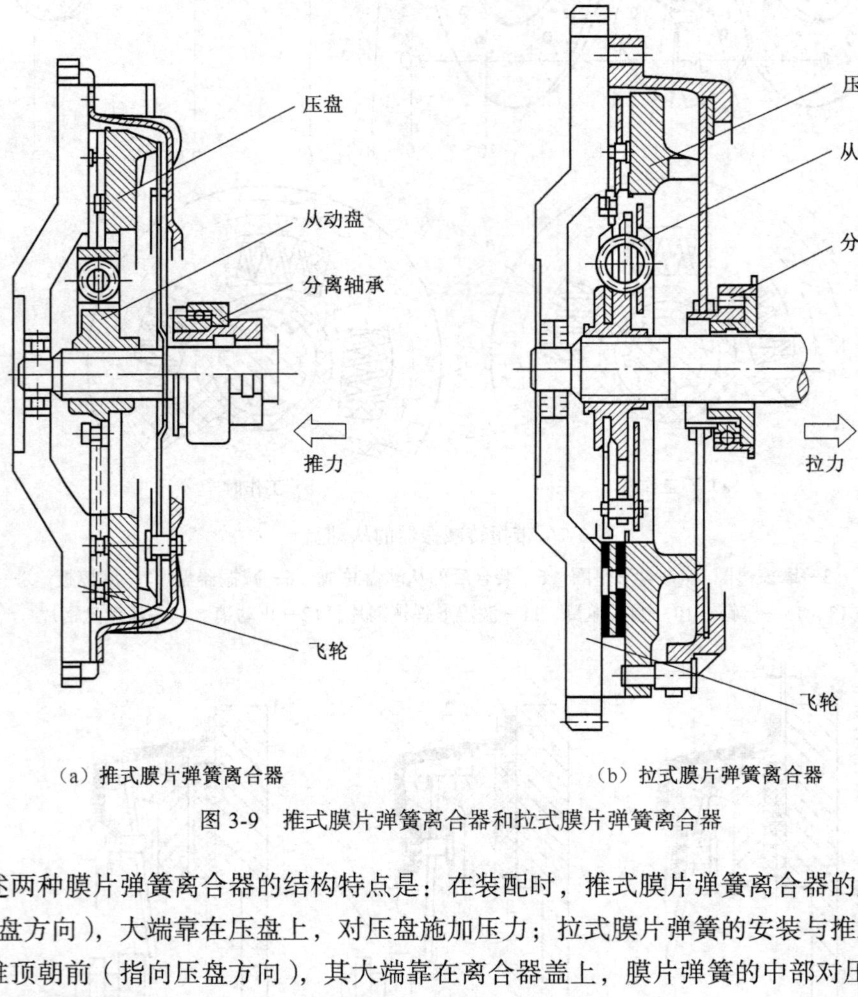

（a）推式膜片弹簧离合器　　（b）拉式膜片弹簧离合器

图 3-9　推式膜片弹簧离合器和拉式膜片弹簧离合器

上述两种膜片弹簧离合器的结构特点是：在装配时，推式膜片弹簧离合器的膜片锥顶朝后（离开压盘方向），大端靠在压盘上，对压盘施加压力；拉式膜片弹簧的安装与推式相反，膜片弹簧的锥顶朝前（指向压盘方向），其大端靠在离合器盖上，膜片弹簧的中部对压盘施加压力。与推式膜片弹簧离合器相比，拉式膜片弹簧离合器具有如下优点。

① 由于取消了中间支撑各零件，并只用一个或不用支撑环，使其结构更简单、紧凑，零件数目更少，质量更小。

② 由于拉式膜片弹簧是以中部与压盘相压，因此在同样压盘尺寸条件下可采用直径较大的膜片弹簧，从而提高了压紧力与传递转矩的能力，而并不增大踏板力；或在传递相同转矩时，可采用尺寸较小的结构。

③ 在接合或分离状态下，离合器盖的变形量小，刚度大，故分离效率更高。

④ 拉式杠杆比大于推式杠杆比，且中间支撑少，减少了摩擦损失，传动效率较高，使踏板操纵更轻便。拉式踏板力比推式踏板力减少 25%～30%。

⑤ 拉式膜片弹簧离合器无论在接合状态或分离状态，膜片弹簧大端与离合器盖支撑始终保持接触，在支撑环磨损后不会产生冲击和噪声。

⑥ 使用寿命更长。但是，拉式膜片弹簧的分离指是与分离轴承套筒总成嵌装在一起的，需专门的分离轴承，结构较复杂，安装和拆卸较困难，且分离行程略比推式大些。由于拉式膜片弹簧离合器综合性能优越，它已在一些汽车中得以应用，有逐渐取代推式膜片弹簧离合器的趋势。

有一种比较特别的拉式膜片弹簧离合器，它在结构形式上属于拉式，但是操纵形式采用的却是推式。这种类型的离合器不但具备了拉式膜片弹簧离合器结构简单、紧凑的优点，而且克服了拉式膜片弹簧离合器分离轴承结构复杂和拆装较困难的缺点。

一汽大众生产的捷达轿车所应用的离合器就是一种典型的采用推式操纵的拉式膜片弹簧离合器，其结构如图 3-10 所示。离合器盖总成通过 6 个螺栓和中间板固定在发动机曲轴上。分离盘通过卡环卡在膜片弹簧上的 3 个定位爪上。从动盘的花键毂与变速器输入轴配合，飞轮由 9 个螺栓反装在离合器盖总成上。变速器输入轴为空心轴，离合器分离推杆从中穿过，左端顶在分离盘的中央凹坑内，右端与分离轴承相接触。踩下离合器踏板时，通过一系列的操纵机构，使分离轴承左移，并使离合器分离推杆向左轴向移动，推动分离盘左移，则分离盘推压膜片弹簧分离指左移（分离指受力方向为离开压盘），迫使压盘与从动盘分开，从而完成离合器的分离。

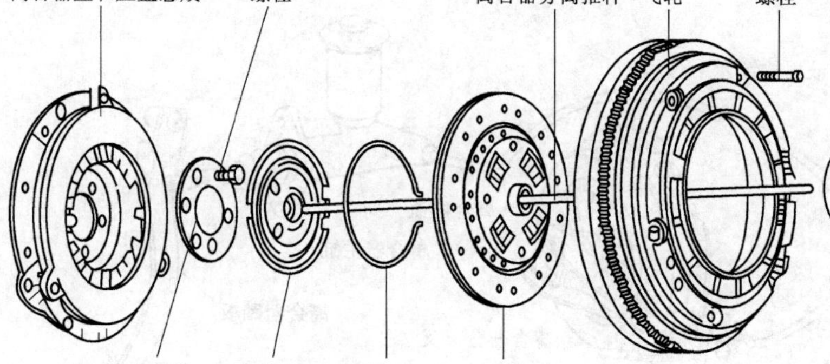

图 3-10　捷达轿车离合器结构

5. 离合器操纵机构

根据离合器工作特点和结构特点，离合器操纵机构分为机械式、液压式和气压式 3 种。

（1）机械式离合器操纵机构

机械式离合器操纵机构有杠杆式和拉索式两种。

图 3-11 所示为杠杆式离合器操纵机构示意图。当踩下离合器踏板时，离合器分离叉下部就向左移动，推动分离轴承使离合器分离。杆式传动装置中节点较多，因而摩擦损失较大，此外，其工作还会受到车身或车架变形的影响。对于需要远距离操纵的离合器，其杆系统较难布置。

拉索式离合器操纵机构如图 3-12 所示。用一根挠性拉索连接踏板和分离叉。当踩下踏板时，拉索使得分离叉运动。它不受车身或车架变形的影响，布置容易，但是拉索寿命较短，拉伸刚度较小，只适用于轿车和微型汽车。

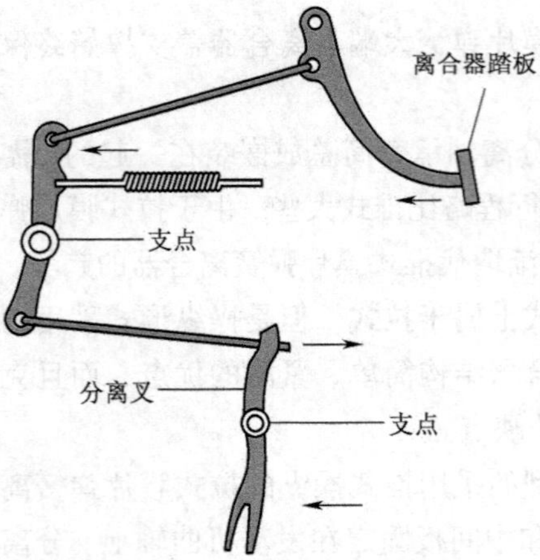

图 3-11　杠杆式离合器操纵机构示意图

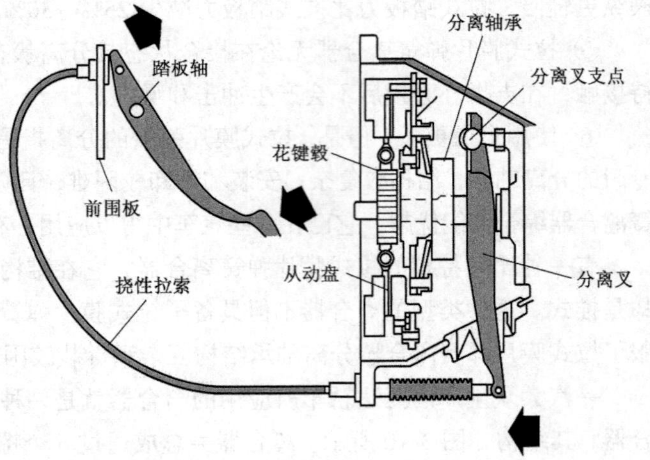

图 3-12　拉索式离合器操纵机构

（2）液压式离合器操纵机构

液压系统由主缸和工作缸组成。当踏板受到作用力时，在主缸中就建立起液压，压力通过液压软管送到工作缸。此压力用于移动分离叉来实现离合器的操纵。液压式离合器操纵结构如图 3-13 所示。目前，液压式离合器操纵机构在各种类型车上应用广泛。

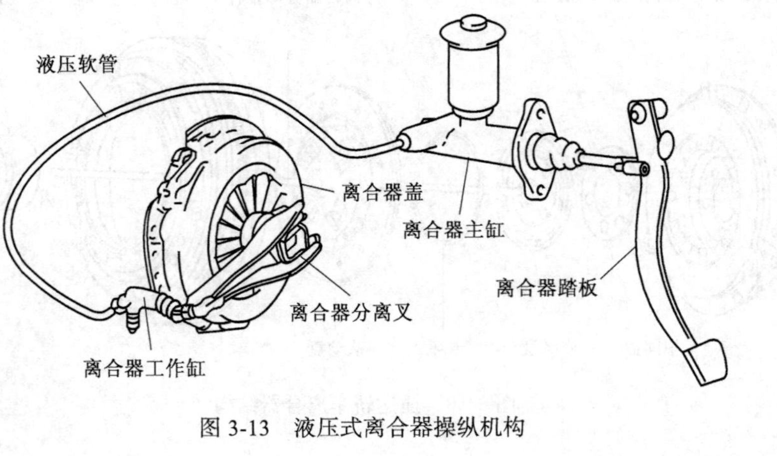

图 3-13　液压式离合器操纵机构

3.1.3　手动变速器

汽车发动机输出的转矩和转速变化范围较小，而复杂的使用条件则要求汽车的驱动力和车速能在相当大的范围内变化。为解决这一矛盾，在传动系统中设置变速器。

1. 变速器的功用

① 实现变速、变矩。在较大范围内改变汽车行驶速度的大小和汽车驱动轮上扭矩的大小。

② 实现倒车。在发动机旋转方向不变的前提下，利用倒挡实现汽车倒向行驶。

③ 实现中断动力传递。在发动机不熄火的情况下，利用空挡中断动力传递，可以使驾驶员松开离合器踏板离开驾驶位置。

2. 变速器的类型

按操纵方式不同，变速器可分为手动变速器、自动变速器和手动自动一体变速器 3 种类型。

① 手动变速器（Manual Transmission，MT）。它是通过驾驶员用手操纵变速杆来选定挡位，并直接操纵变速器的换挡机构进行挡位变换。齿轮式有级变速器大多数都采用这种换挡方式。

② 自动变速器（Automatic Transmission，AT）。这种变速器的自动控制系统根据发动机的负荷和车速的变化情况自动地选定挡位，并进行挡位变换，即自动地改变传动比。驾驶员只需要操纵加速踏板控制车速。

③ 手动自动一体变速器。手动自动一体变速器可以自动换挡，也可以手动换挡。例如，一汽大众的奥迪 A6 和迈腾 1.8TSI、一汽轿车的 Mazda6、上海帕萨特 1.8T 都装有手动自动一体变速器。

3. 变速器齿轮传动的基本原理

齿轮传动的基本原理如图 3-14 所示，一对齿数不同的齿轮啮合传动时可以实现变速，而且两齿轮的转速比与其齿数成反比。设主动齿轮转速为 n_1，齿数为 z_1，从动齿轮转速为 n_2，齿数为 z_2。主动齿轮（即输入轴）转速与从动齿轮（即输出轴）转速之比值称为传动比，用字母 i_{12} 表示，即由齿轮 1 传到齿轮 2 的传动比。

$$i_{12} = n_1/n_2 = z_2/z_1$$

当小齿轮为主动齿轮，带动大齿轮转动时，输出转速降低，即 $n_2 < n_1$，称为减速传动，此时传动比 $i_{12}>1$，如图 3-14（a）所示；大齿轮驱动小齿轮时，输出转速升高，即 $n_2 > n_1$，称为增速传动，传动比 $i_{12} < 1$，如图 3-14（b）所示。这就是齿轮传动的变速原理。汽车变速器就是根据这一原理利用若干大小不同的齿轮副传动而实现变速的。

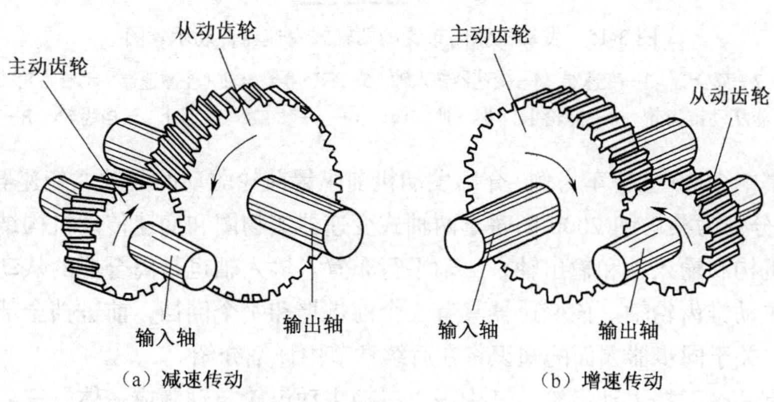

（a）减速传动　　（b）增速传动

图 3-14　齿轮传动的基本原理

4. 手动变速器的变速传动机构

手动变速器包括变速传动机构和操纵机构两大部分。变速传动机构的主要作用是改变转矩的大小和方向；操纵机构的作用是实现换挡。

按变速器工作轴的数目分，有两轴式变速器和三轴式变速器。

（1）两轴式变速器的变速传动机构

两轴式变速器用于发动机前置前轮驱动的汽车，一般与前驱动桥合称为变速驱动桥。前置发动机有纵向布置和横向布置两种形式，与其配用的两轴式变速器也有两种不同的结构形式。

① 发动机纵向布置的两轴式变速器。图 3-15 所示为发动机纵向布置的两轴式变速器传动示意图。发动机纵向布置时主减速器采用一对锥齿轮，如奥迪 A6 轿车。

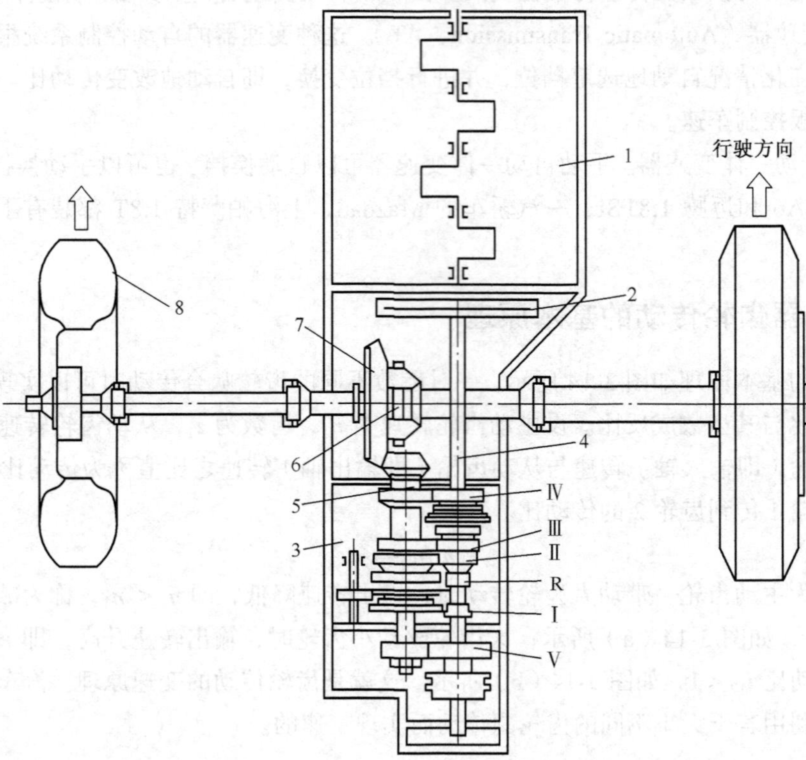

图 3-15　发动机纵向布置的两轴式变速器传动示意图

1—纵置发动机　2—离合器　3—变速器　4—变速器输入轴　5—变速器输出轴（主减速器主动锥齿轮轴）　6—差速器　7—主减速器从动锥齿轮　8—前轮 Ⅰ、Ⅱ、Ⅲ、Ⅳ、Ⅴ—一、二、三、四、五挡齿轮　R—倒挡齿轮

下面以桑塔纳 2000 型轿车为例，介绍发动机前纵置前轮驱动的两轴式变速器结构。图 3-16 和图 3-17 所示分别为桑塔纳 2000 型轿车两轴式变速器实物图和变速传动机构结构图。该变速器的变速传动机构有输入轴和输出轴，二轴平行布置。输入轴也是离合器的从动轴，输出轴也是主减速器的主动锥齿轮轴。该变速器具有 5 个前进挡和 1 个倒挡，前进挡全部采用锁环式惯性同步器换挡。关于同步器方面的知识将在后续章节中详细介绍。

输入轴上有一～五挡主动齿轮，其中一、二挡主动齿轮与轴制成一体，三、四、五挡主动齿轮通过滚针轴承空套在轴上。输入轴上还有倒挡主动齿轮，它与轴制成一体。三、四挡同步器和五挡同步器也装在输入轴上。输出轴上有一～五挡从动齿轮，其中，一、二挡从动齿轮通过滚针轴承空套在轴上，三、四、五挡从动齿轮通过花键套装在轴上。一、二挡同步器也装在输出轴上。另外，一、二挡同步器的接合套也是倒挡从动齿轮。在变速器壳体的右端还装有倒挡轴，上面通过滚针轴承套装有倒挡中间齿轮。

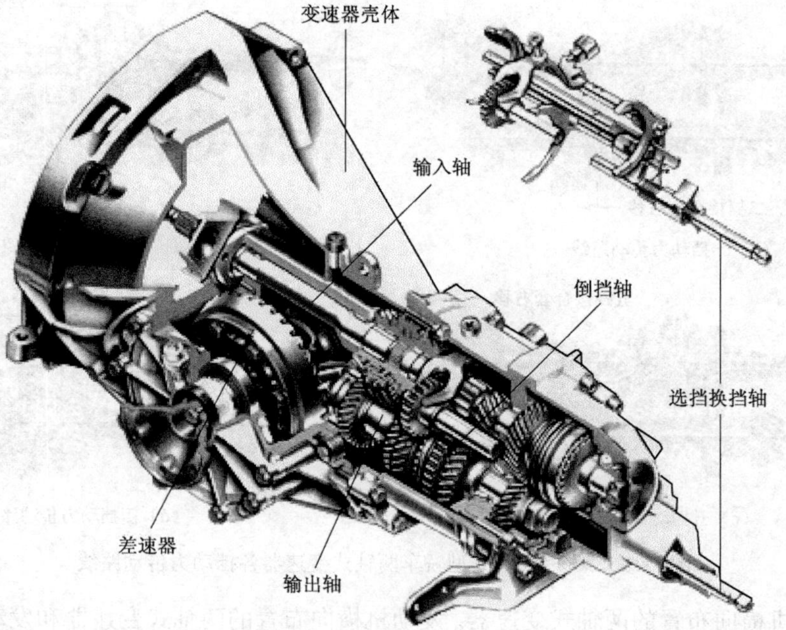

图 3-16 桑塔纳 2000 型轿车两轴式变速器实物图

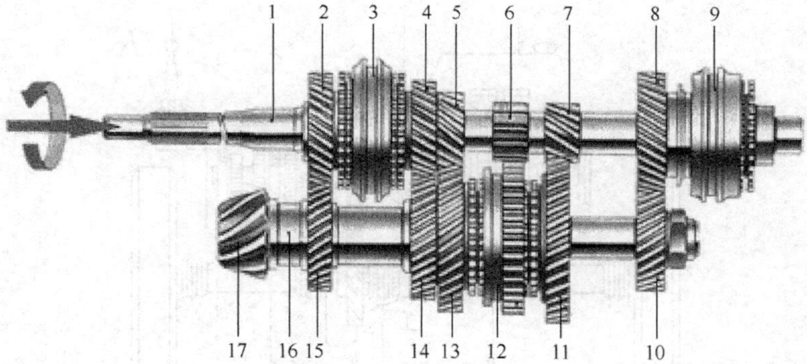

图 3-17 桑塔纳 2000 型轿车两轴式变速器变速传动机构结构图（不含倒挡轴和倒挡中间齿轮）

1—输入轴 2—四挡主动齿轮 3—三、四挡同步器 4—三挡主动齿轮 5—二挡主动齿轮 6—倒挡主动齿轮 7— 一挡主动齿轮 8—五挡主动齿轮 9—五挡同步器 10—五挡从动齿轮 11— 一挡从动齿轮 12— 一、二挡同步器（倒挡从动齿轮） 13—二挡从动齿轮 14—三挡从动齿轮 15—四挡从动齿轮 16—输出轴 17—主减速器主动锥齿轮

各挡位动力传动路线如图 3-18 所示。为简便起见，只给出了一、三、五挡和倒挡的动力传动路线。当一、二挡同步器接合套向右移动挂入一挡，向左移动挂入二挡；三、四挡同步器接合套向右移动挂入三挡，向左移动挂入四挡。下面以一挡和倒挡为例介绍动力传动路线。

当一、二挡同步器接合套移至右侧，一挡从动齿轮便和输出轴连接在一起，以相同转速旋转，变速器便挂入了一挡。动力从输入轴依次经一挡主动齿轮、一挡从动齿轮及一、二挡同步器，最后传给输出轴及主减速器主动锥齿轮，如图 3-18（a）所示。

当倒挡中间齿轮向右移至与倒挡主动齿轮及倒挡从动齿轮完全啮合时，变速器便挂入倒挡。动力从输入轴依次经倒挡主动齿轮、倒挡中间齿轮及倒挡从动齿轮，最后传给输出轴及主减速器主动锥齿轮，由于多了一级齿轮，所以输出转速方向与前进挡相反，如图 3-18（d）所示。

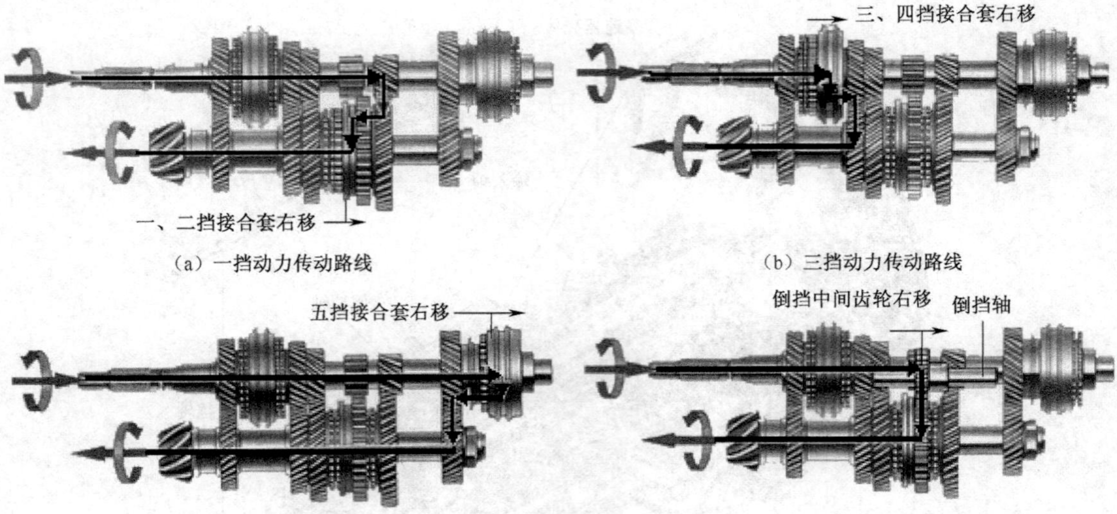

(a) 一挡动力传动路线　(b) 三挡动力传动路线
(c) 五挡动力传动路线　(d) 倒挡动力传动路线

图 3-18　桑塔纳 2000 型轿车两轴式变速器各挡动力传动路线

② 发动机横向布置的两轴式变速器。发动机横向布置的两轴式变速器和发动机、离合器的相对位置如图 3-19 所示。发动机横置时，主减速器采用一对圆柱齿轮，如一汽丰田的威驰轿车。

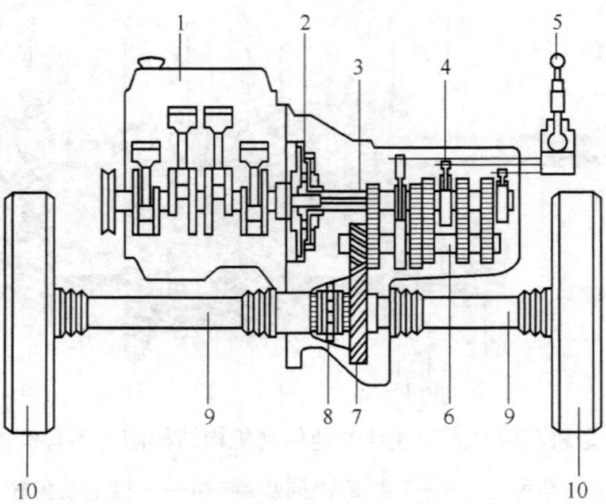

图 3-19　发动机横向布置的两轴式变速器安装位置

1—发动机　2—离合器　3—变速器输入轴　4—接合套　5—换挡杆
6—输出轴　7—主减速器　8—差速器　9—驱动轴　10—轮胎

发动机横向布置的两轴式变速器的结构如图 3-20 所示。该变速器的动力传递主要依靠两根相互平行的轴（输入轴和输出轴）完成。此外，还有一根比较短的倒挡轴（图中未给出）帮助汽车倒向行驶。该变速器具有 5 个前进挡和 1 个倒挡，前进挡全部采用锁环式惯性同步器换挡。

输入轴上有一～五挡和倒挡主动齿轮。一挡、二挡和倒挡主动齿轮是直接在轴上加工出来的，与输入轴是一体的；三、四、五挡主动齿轮通过滚针轴承空套在轴上，在对着同步器的一侧加工出接合齿圈。三、四挡同步器和五挡同步器也装在输入轴上。输出轴上有一～五挡从动齿轮，其中一、二挡从动齿轮通过滚针轴承空套在输出轴上，在对着同步器的一侧也加工出接合齿圈。三、四、五挡从动齿轮通过花键套装在轴上。一、二挡同步器也装在输出轴上。另外，一、二挡同步器的接合套也是倒挡从动齿轮。在变速器壳体的右端还装有倒挡轴，上面通过滚针轴承套装有倒挡中间齿轮。

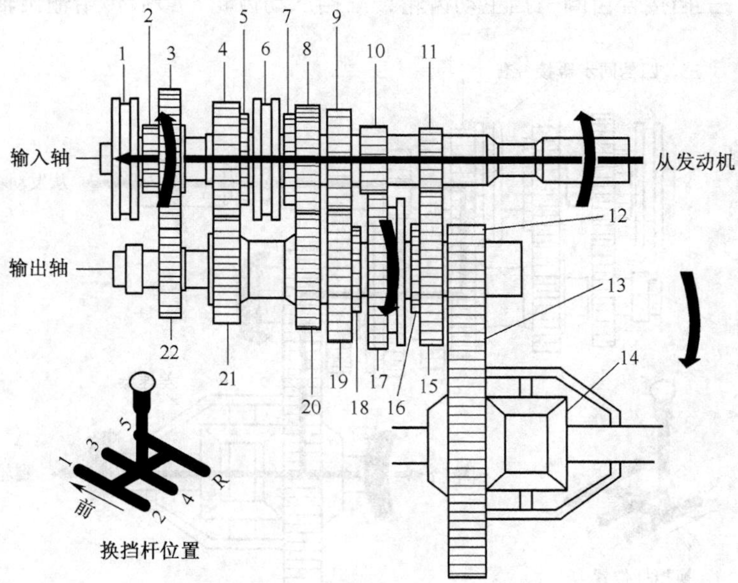

图 3-20 发动机横向布置的两轴式变速器的结构图

1—五挡同步器的接合套 2—五挡接合齿圈 3—五挡主动齿轮 4—四挡主动齿轮 5—四挡接合齿圈 6—三挡、四挡同步器的接合套 7—三挡接合齿圈 8—三挡主动齿轮 9—二挡主动齿轮 10—倒挡主动齿轮 11— 一挡主动齿轮 12—主减速器主动齿轮 13—主减速器从动齿轮 14—差速器 15— 一挡从动齿轮 16— 一挡接合齿圈 17— 一挡、二挡同步器的接合套及倒挡从动齿轮 18—二挡接合齿圈 19—二挡从动齿轮 20—三挡从动齿轮 21—四挡从动齿轮 22—五挡从动齿轮

一、二挡同步器接合套向右移动挂入一挡，向左移动挂入二挡；三、四挡同步器接合套向右移动挂入三挡，向左移动挂入四挡；五挡同步器接合套向右移动挂入五挡；倒挡中间齿轮向左移动挂入倒挡。下面以一挡、三挡和倒挡为例，介绍发动机横置的两轴式变速器的动力传动路线。

一挡动力传动路线如图 3-21 所示。动力从输入轴依次经一挡主动齿轮，一挡从动齿轮，一挡接合齿圈，一、二挡同步器的接合套，花键毂（图中未示出），最后传给输出轴。

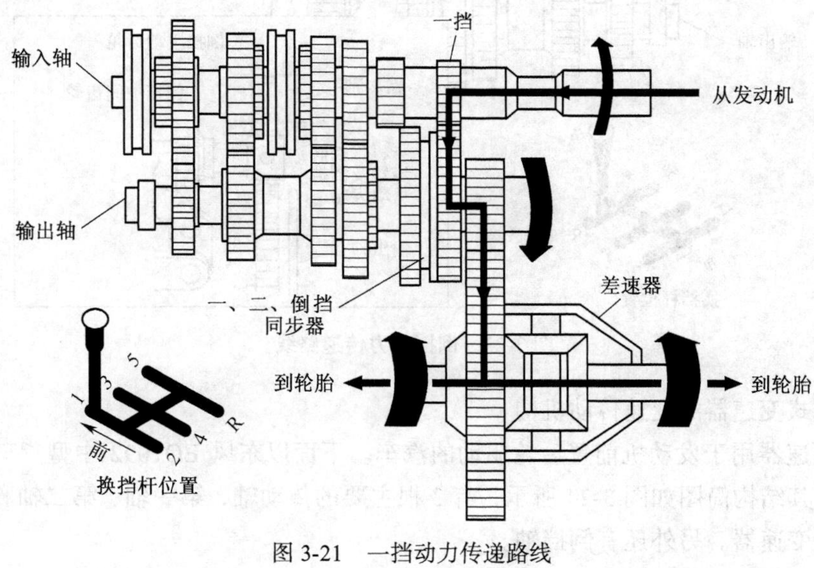

图 3-21 一挡动力传递路线

三挡动力传动路线如图 3-22 所示。动力从输入轴依次经花键毂（图中未标出），三、四挡同步器，接合套，三挡接合齿圈三挡主动齿轮，三挡从动齿轮，最后传给输出轴。

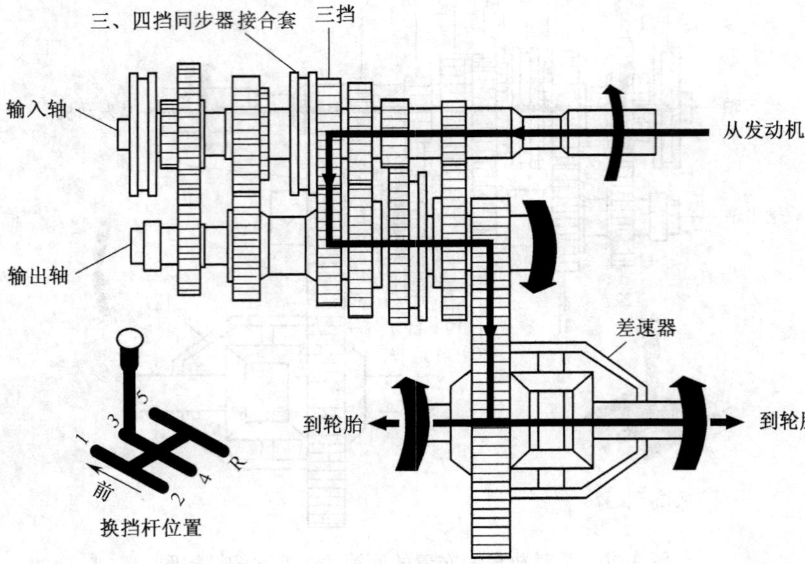

图 3-22　三挡动力传递路线

倒挡动力传动路线如图 3-23 所示。变速杆位于倒挡时，倒挡中间齿轮向左移动与倒挡主动齿轮和倒挡从动齿轮（也是一、二挡同步器接合套）同时啮合。动力从输入轴依次经倒挡主动齿轮、倒挡中间齿轮及倒挡从动齿轮，最后传给输出轴，输出转速的方向与前进挡相反。

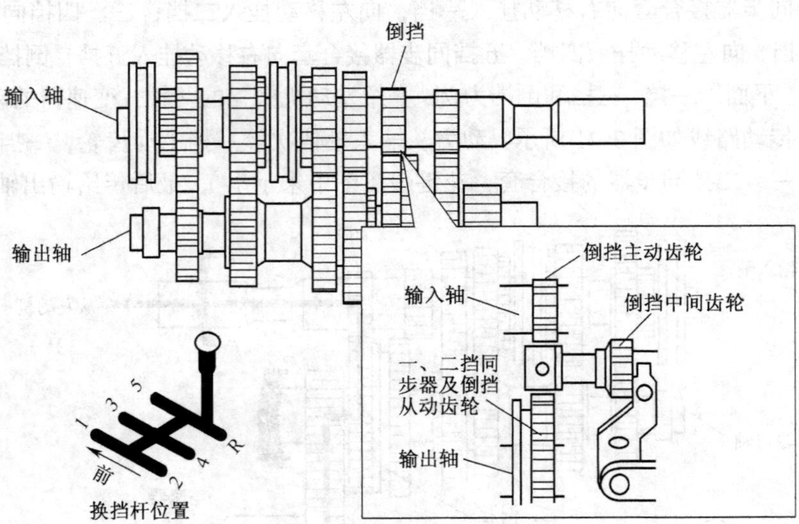

图 3-23　倒挡动力传递路线

（2）三轴式变速器的变速传动机构

三轴式变速器用于发动机前置后轮驱动的汽车。下面以东风 EQ1092 中型货车的变速器为例进行介绍，其结构简图如图 3-24 所示，有 3 根主要的传动轴，第一轴、第二轴和中间轴，所以称为三轴式变速器。另外还有倒挡轴。

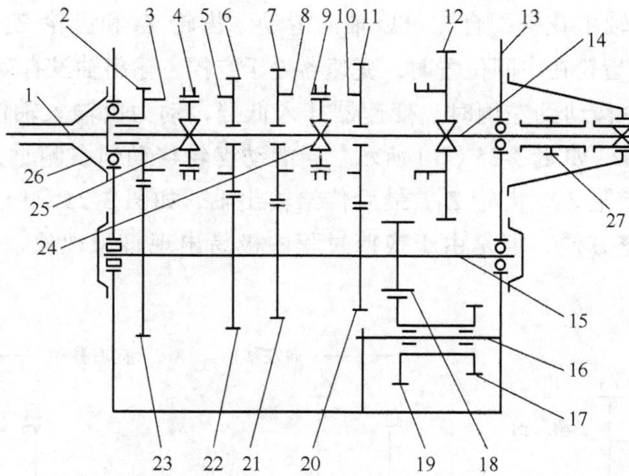

图 3-24 东风 EQ1092 中型货车的三轴式变速器结构简图

1—第一轴 2—第一轴常啮合齿轮 3—第一轴常啮合齿轮接合齿圈 4、9—接合套 5—四挡齿轮接合齿圈 6—第二轴四挡齿轮 7—第二轴三挡齿轮 8—三挡齿轮接合齿圈 10—二挡齿轮接合齿圈 11—第二轴二挡齿轮 12—第二轴一挡、倒挡直齿滑动齿轮 13—变速器壳体 14—第二轴 15—中间轴 16—倒挡轴 17、19—倒挡中间齿轮 18—中间轴一挡、倒挡齿轮 20—中间轴二挡齿轮 21—中间轴三挡齿轮 22—中间轴四挡齿轮 23—中间轴常啮合齿轮 24、25—花键毂 26—第一轴轴承盖 27—回油螺纹

该变速器为五挡变速器，各挡传动情况如下。

① 空挡。第二轴上的各接合套、传动齿轮均处于中间空转的位置，动力不传给第二轴。

② 一挡。前移第二轴一挡、倒挡直齿滑动齿轮 12 与中间轴一、倒挡齿轮 18 啮合。动力经第一轴常啮合齿轮 2，中间轴常啮合齿轮 23，中间轴一、倒挡齿轮 18，第二轴一、倒挡直齿滑动齿轮 12，传到第二轴使其顺时针旋转（与第一轴同向）。

③ 二挡。后移接合套 9 与第二轴二挡齿轮 11 的接合齿圈 10 啮合。动力经齿轮 2、23、20、11、10、9、24，传到第二轴使其顺时针旋转（与第一轴同向）。

④ 三挡。前移接合套 9 与第二轴三挡齿轮 7 的接合齿圈 8 啮合。动力经齿轮 2、23、21、7、8、9、24，传到第二轴使其顺时针旋转。

⑤ 四挡。后移接合套 4 与第二轴四挡齿轮 6 的接合齿圈 5 啮合。动力经齿轮 2、23、22、6、5、4、25，传到第二轴使其顺时针旋转（与第一轴同向）。

⑥ 五挡。前移接合套 4 与第一轴常啮合齿轮 2 的接合齿圈 3 啮合。动力直接由第一轴 1、2、3、4、25，传到第二轴，传动比为 1。由于第二轴的转速与第一轴相同，故此挡称为直接挡。

⑦ 倒挡。后移第二轴一、倒挡直齿滑动齿轮 12 与倒挡中间齿轮 17 啮合。动力经齿轮 2、23、18、19、17、12，传给第二轴使其逆时针旋转（与第一轴反向），汽车倒向行驶。倒挡传动路线与其他挡位相比较，由于多了倒挡中间齿轮的传动，所以改变了第二轴的旋转方向。

5. 手动变速器的换挡方式

手动变速器的换挡方式有直齿滑动齿轮换挡、接合套换挡和同步器换挡 3 种类型。

（1）直齿滑动齿轮换挡

直齿滑动齿轮换挡是最原始的换挡形式，其换挡原理如图 3-25 所示。滑动齿轮由齿轮

Z_1和Z_2构成，与输入轴由花键配合，可以轴向滑动。齿轮Z_3和齿轮Z_4固定安装在输出轴上，不能移动。当滑动齿轮在中间位置时，变速器处于空挡，输出轴没有动力输出，如图3-25（a）所示。当滑动齿轮移动到左侧时，变速器挂入低挡，动力由输入轴依次经齿轮Z_1、齿轮Z_3，最后传给输出轴，如图3-25（b）所示。当滑动齿轮移动到右侧时，变速器挂入高挡，动力由输入轴依次经齿轮Z_2、齿轮Z_4，最后传给输出轴，如图3-25（c）所示。这种换挡方式虽然结构简单、维修方便，但是由于换挡过程中极易出现打齿现象，所以除了倒挡以外已经不再应用。

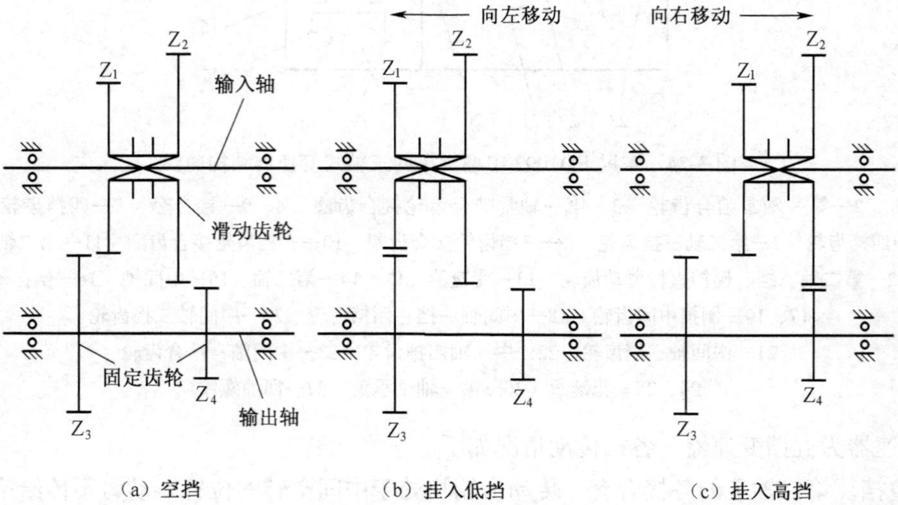

图3-25　直齿滑动齿轮换挡原理图

（2）接合套换挡

接合套换挡原理如图3-26所示。高挡主动齿轮Z_1与低挡主动齿轮Z_2空套在输入轴上。高挡从动齿轮Z_3与低挡从动齿轮Z_4固定在输出轴上。接合套与花键毂由花键配合，可轴向移动。花键毂固定在输入轴上。接合套、花键毂与输入轴同步转动。齿轮Z_1的右侧与齿轮Z_2左侧均有接合齿圈。齿轮与接合齿圈为一个整体。当接合齿圈在中间位置时，变速器处于空挡，没有动力输出，如图3-26（a）所示。

① 低挡换高挡。当接合套移动到右侧，变速器挂入低挡，接合套与齿轮Z_2上的接合齿圈啮合，如图3-26（b）所示。动力由输入轴依次经花键毂、接合套、接合齿圈、齿轮Z_2、齿轮Z_4，最后传给输出轴。

在低挡工作时，接合套与齿轮Z_2转速相同，齿轮Z_1受齿轮Z_3驱动，转速明显小于Z_2，所以在换入空挡的瞬间，齿轮Z_1的转速低于接合套的转速，为避免冲击打齿，不应立即换入高挡，应在空挡停留片刻。在空挡位置时，变速器输入轴各零件已与发动机中断了动力传递，且转动惯量较小，所以接合套转速下降很快。而整个汽车的转动惯性大，导致齿轮Z_1转速下降慢，可近似认为转速不变，当接合套降至与齿轮Z_1转速相等时，即处于同步状态，此时将接合套左移与齿轮Z_1上的接合齿圈啮合挂入高挡，如图3-26（c）所示。此时，动力由输入轴依次经花键毂、接合套、接合齿圈、齿轮Z_1、齿轮Z_3，最后传给输出轴。

② 高挡换低挡。变速器在高挡工作时，接合套与齿轮Z_1转速相同。此时齿轮Z_2比齿轮Z_1转速高，返回空挡瞬间齿轮Z_2转速要高于接合套。由于齿轮Z_2转速比接合套转速下降得慢，

导致二者转速差越来越大，不可能达到自然同步状态。所以驾驶员应在变速器退回空挡后，立即抬起离合器踏板，同时踩下加速踏板，使发动机转速上升，输入轴连同接合套转速也跟着上升，使接合套速度暂时超过齿轮 Z_2，再踩下离合器踏板，稍等片刻，当接合套与齿轮 Z_2 转速相等时即可挂入低挡。

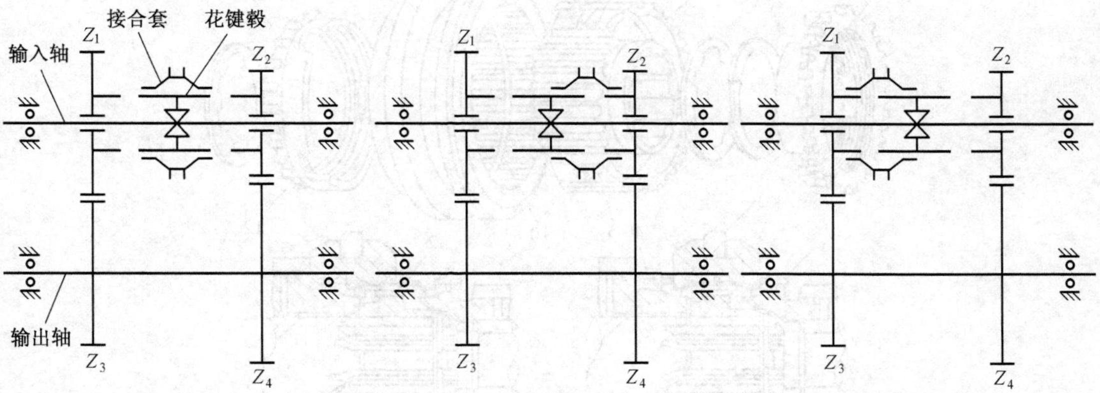

（a）空挡　（b）挂入低挡　（c）挂入高挡

图 3-26　接合套换挡原理图

Z_1—高挡主动齿轮　Z_2—低挡主动齿轮　Z_3—高挡从动齿轮　Z_4—低挡从动齿轮

由此可见，如果变速器采用接合套换挡，为了避免在换挡过程中产生打齿现象，就要采取较复杂的操作，这不仅使驾驶员容易疲劳，而且降低了齿轮的使用寿命。

同步器是在接合套的基础上进一步发展起来的，下面详细地介绍同步器的功用、构造及工作原理。

6. 同步器

目前同步器换挡应用最广泛。几乎所有手动变速器前进挡都采用同步器换挡。

（1）同步器的功用

同步器的功用是使接合套与待啮合的齿圈迅速同步，缩短换挡时间，且防止同步前啮合而产生冲击打齿。

（2）同步器的构造及工作原理

目前所采用的同步器几乎都是摩擦式惯性同步器，按锁止装置不同，可分为锁环式惯性同步器和锁销式惯性同步器。

① 锁环式惯性同步器构造。如图 3-27 所示，花键毂 7 与输出轴花键连接，用垫圈、卡环轴向定位。花键毂 7 两端各有一个青铜制成的锁环 5 和 9。锁环上有短花键齿圈，其花键的尺寸和齿数，与花键毂、齿轮 1 和齿轮 4 的外花键齿相同。齿轮 1 和齿轮 4 为带摩擦锥面和接合齿圈的齿轮，如图 3-28 所示。两个齿轮和锁环上的花键齿在靠近接合套 8 的一端都有倒角，与接合套齿端的倒角相同。锁环有内锥面，与齿轮 1、4 的外锥面锥角相同。在锁环内锥面上制有细密的螺纹（或直槽），当锥面接触后，它能及时破坏油膜，增加锥面间的摩擦力。锁环上还有 3 个均布的缺口 12。3 个滑块 2 分别装在花键毂 7 上 3 个均布的轴向槽 11 内，沿槽可以轴向移动。滑块被两个弹簧圈 6 的径向力压向接合套，滑块中部的凸起部位压嵌在接合套中部的环槽 10 内。滑块和弹簧是推动件。滑块两端深入锁环 5 的缺口 12 中，滑块宽度比锁环缺

口小，两者之差等于锁环的花键齿宽。锁环相对滑块顺转和逆转都只能转动半个齿宽，且只有当滑块位于锁环缺口的中央时，锁环上的花键齿与花键毂上的花键齿恰好对齐，锁环与接合套才能接合。

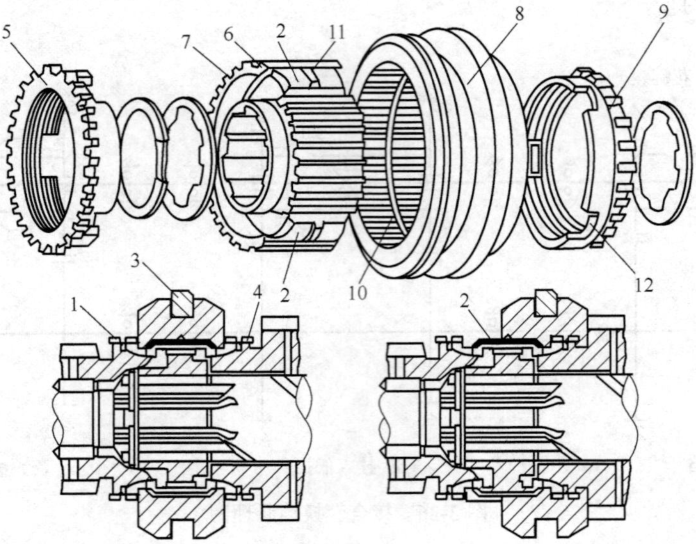

图 3-27 锁环式惯性同步器结构图

1—齿轮 2—滑块 3—拨叉 4—齿轮 5—锁环 6—弹簧圈（将滑块 2 压向接合套） 7—花键毂 8—接合套 9—锁环 10—环槽 11—花键毂上安装滑块的轴向槽 12—锁环上的缺口

② 锁环式惯性同步器工作原理。换挡时，换挡手柄通过操纵机构带动拨叉推动接合套左右移动时，接合套先带动滑块移动，滑块顶在锁环的缺口上，推动锁环与待啮合的接合齿圈的摩擦锥面产生摩擦力矩，迫使接合齿轮升速或降速，同时锁环会在摩擦力矩的作用下相对于花键毂转动半个齿宽，然后被滑块挡住，只要摩擦力矩存在，锁环上的花键齿和花键毂上的花键齿就正好错开半个齿宽，锁环的齿端倒角面与接合套的齿端倒角面互相抵住，锁止作用开始。当锁环与待啮合齿轮瞬时同步时，摩擦力矩消失，锁环上的花键齿和花键毂上的花键齿重新对齐，接合套超越滑块与齿轮上的接合齿圈啮合，保证平顺换挡。

图 3-28 带摩擦锥面和接合齿圈的齿轮实物图

7. 变速器的操纵机构

手动变速器操纵机构功用是保证驾驶员能准确可靠地将变速器挂入所需要的挡位，并可随时退至空挡。

变速器操纵机构按照变速杆位置的不同，可分为直接操纵式和远距离操纵式两种类型。

（1）直接操纵式

直接操纵式的变速器布置在驾驶员座椅附近，变速杆由驾驶室底板伸出，驾驶员可以直接操纵。如图 3-29 所示，解放 CA1091 中型货车六挡变速器操纵机构就采用这种形式。多用于发动机前置后轮驱动的车辆。

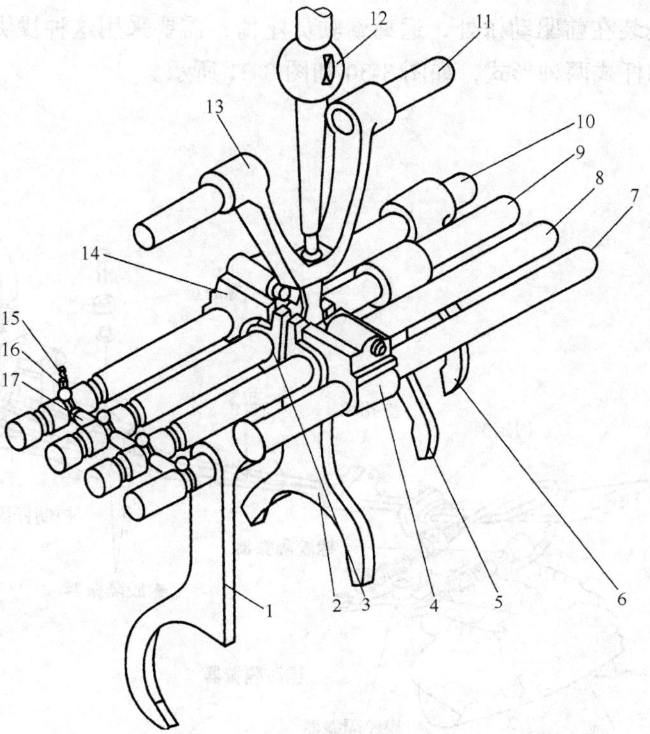

图 3-29 解放 CA1091 中型货车六挡变速器直接操纵式变速器操纵机构

1—五、六挡拨叉 2—三、四挡拨叉 3—一、二挡拨块 4—五、六挡拨块 5—一、二挡拨叉 6—倒挡拨叉 7—五、六挡拨叉轴 8—三、四挡拨叉轴 9—一、二挡拨叉轴 10—倒挡拨叉轴 11—换挡轴 12—变速杆 13—叉形拨杆 14—倒挡拨块 15—自锁弹簧 16—自锁钢球 17—互锁销

拨叉轴 7、8、9 和 10 的两端均支撑于变速器盖的相应孔中，可以轴向滑动。所有的拨叉和拨块都以弹性销固定于相应的拨叉轴上。三、四挡拨叉 2 的上端带有拨块。拨叉 2 和拨块 3、4、14 的顶部制有凹槽。变速器处于空挡时，各凹槽在横向平面内对齐，叉形拨杆 13 下端的球头即伸入这些凹槽中。选挡时可使变速杆绕其中部球形支点横向摆动，则其下端推动叉形拨杆 13 绕换挡轴 11 的轴线摆动，从而使叉形拨杆下端球头对准与所选挡位对应的拨块凹槽，然后使变速杆纵向摆动，带动拨叉轴及拨叉向前或向后移动，即可实现挂挡。例如，横向摆动变速杆使叉形拨杆下端球头伸入拨块 3 顶部凹槽中，拨块 3 连同拨叉轴 9 和拨叉 5 即沿纵向向前移动一定距离，便可挂入二挡；若向后移动一段距离，则挂入一挡。当使叉形拨杆下端球头伸入拨块 14 的凹槽中，并使其向前移动一段距离时，便挂入倒挡。

各种变速器由于挡位数及挡位排列位置不同，其拨叉和拨叉轴的数量及排列位置也不相同。例如，上述的六挡变速器的 6 个前进挡用了 3 根拨叉轴，倒挡独立使用了一根拨叉轴，共有 4 根拨叉轴；而东风 EQ1092 的五挡变速器具有 3 根拨叉轴，其二、三挡和四、五挡各占一根拨叉轴，一挡和倒挡共用一根拨叉轴。

（2）远距离操纵式

在有些汽车上，由于变速器离驾驶员座位较远，则需要在变速杆与拨叉之间加装一些辅助杠杆或一套传动机构，构成远距离操纵机构。这种操纵机构多用于发动机前置前轮驱动的乘用车，由于其变速器安装在前驱动桥处，远离驾驶员座椅，需要采用这种操纵方式。远距离操纵机构可分为拉索式和杆式两种形式，如图 3-30 和图 3-31 所示。

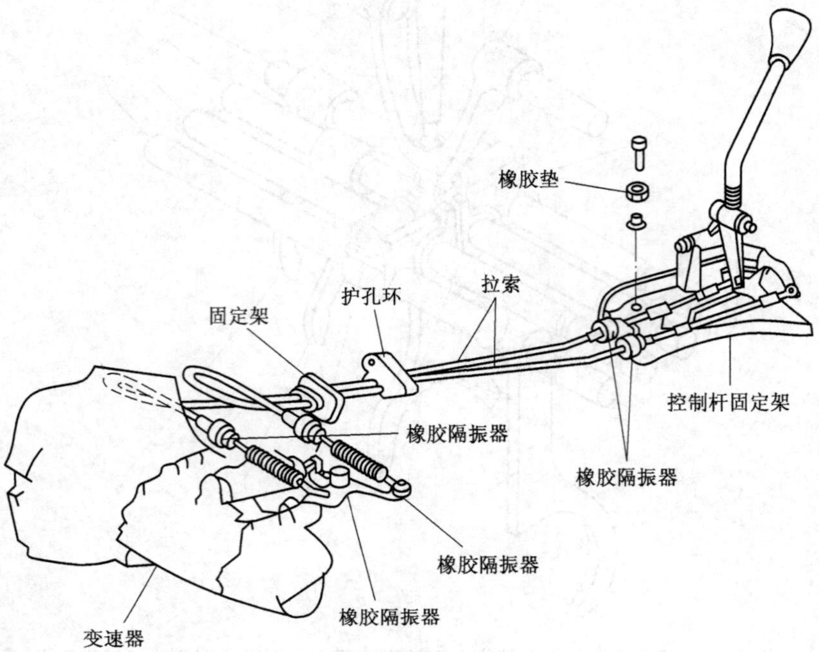

图 3-30　拉索式远距离操纵机构

（3）操纵机构的安全装置

为了保证变速器在任何情况下都能准确、安全、可靠地工作，其操纵机构一般都必须设置安全装置，包括自锁、互锁和倒挡锁装置。

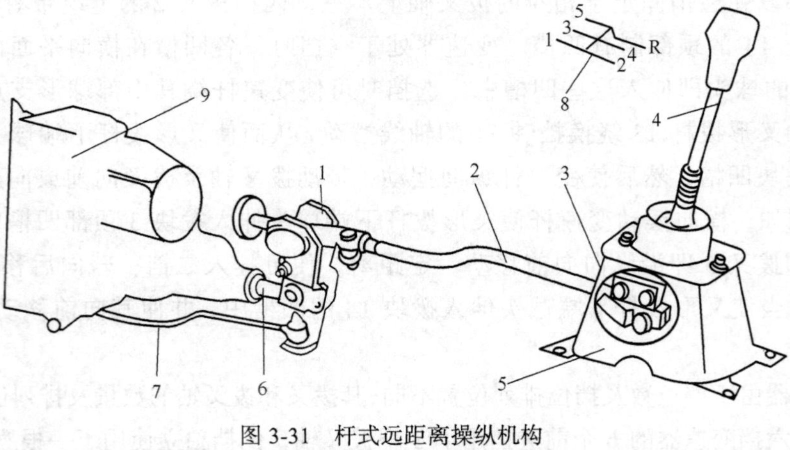

图 3-31　杆式远距离操纵机构

1—换挡杆接合器　2—外换挡杆　3—换挡手柄座　4—变速杆　5—倒挡保险挡块
6—内换挡杆　7—支撑杆　8—换挡标记　9—变速器

① 自锁装置。自锁装置用于防止变速器自动脱挡或自动挂挡，并保证齿轮以全齿宽啮合。大多数变速器的自锁装置都是采用自锁钢球对拨叉轴进行轴向定位锁止。如图 3-32 所示，在变速器盖中每个拨叉轴的正上方钻有一个深孔，孔中装入自锁钢球和自锁弹簧，其位置正处于拨叉轴的正上方，每根拨叉轴对着钢球的表面沿轴向设有 3 个凹槽，槽的深度小于钢球的半径。中间的凹槽对正钢球时为空挡位置，前边或后边的凹槽对正钢球时则处于某一工作挡位置，相邻凹槽之间的距离保证齿轮处于全齿长啮合或是完全退出啮合。凹槽对正钢球时，钢球便在自锁弹簧的压力作用下嵌入该凹槽内，拨叉轴的轴向位置便被固定，不能自行挂挡或自行脱挡。当需要换挡时，驾驶员通过变速杆对拨叉轴施加一定的轴向力，克服自锁弹簧的压力而将自锁钢球从拨叉轴凹槽中挤出并推回孔中，拨叉轴便可滑过钢球进行轴向移动，并带动拨叉及相应的接合套或滑动齿轮轴向移动，当拨叉轴移至其另一凹槽与钢球相对正时，钢球又被压入凹槽，驾驶员具有很强的手感，此时拨叉所带动的接合套或滑动齿轮便被拨入空挡或被拨入另一工作挡位。

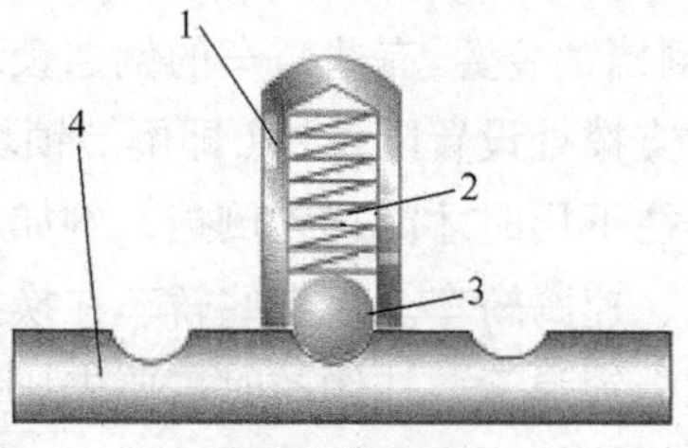

(a) 变速器处于空挡

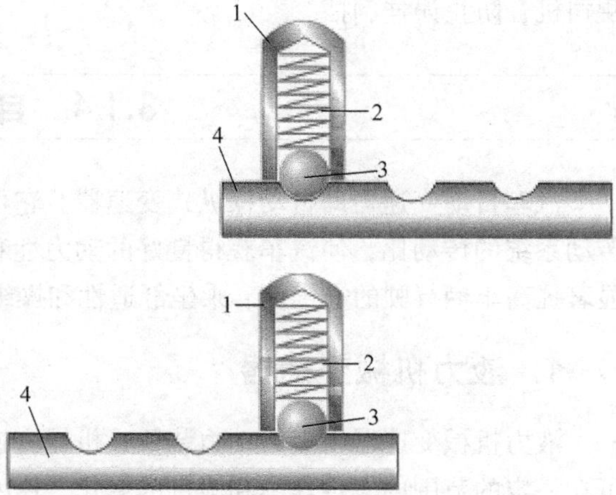

(b) 变速器处于某一挡位

图 3-32 自锁装置

1—变速器盖 2—自锁弹簧 3—自锁钢球 4—拨叉轴

② 互锁装置。互锁装置的工作情况如图 3-33 所示。当变速器处于空挡位置时，所有拨叉轴的侧面凹槽同钢球、互锁销都在一条直线上。当移动中间拨叉轴 3 时[见图 3-33（a）]，轴两侧的内钢球从其侧面凹槽中被挤出，推动外钢球 2 和 4 分别嵌入拨叉轴 1 和 5 的侧面凹槽中，因而将这两根拨叉轴刚性地锁止在其空挡位置。若欲移动拨叉轴 5，则应先将拨叉轴 3 退回到空挡位置，再移动拨叉轴 5，钢球 4 便从轴 5 的凹槽中被挤出，同时通过互锁销 6 和其他钢球将拨叉轴 3 和 1 均锁止在空挡位置[见图 3-33（b）]。同理，当移动拨叉轴 1 时，拨叉轴 3 和 5 被锁止在空挡位置[见图 3-33（c）]。由此可知，互锁装置的作用是当驾驶员用变速杆推动某一拨叉轴时，自动锁止其他所有拨叉轴。

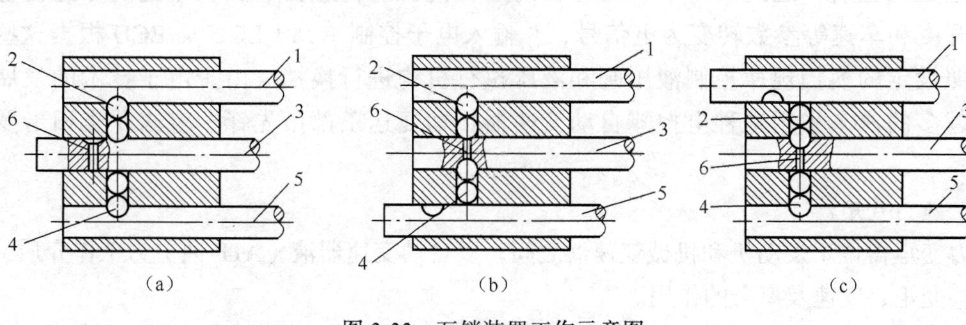

图 3-33 互锁装置工作示意图

1、3、5—拨叉轴 2、4—互锁钢球 6—互锁销有的三挡变速器，操纵机构只有两根拨叉轴，将自锁和互锁装置合二为一，如图 3-34 所示。两根空心锁销内装有自锁弹簧，在图示位置（空挡）时，两锁销内端面的距离 a 等于槽深 b，不可能同时拨动两根拨叉轴。自锁弹簧的预紧力和锁销对拨叉轴起到自锁作用。

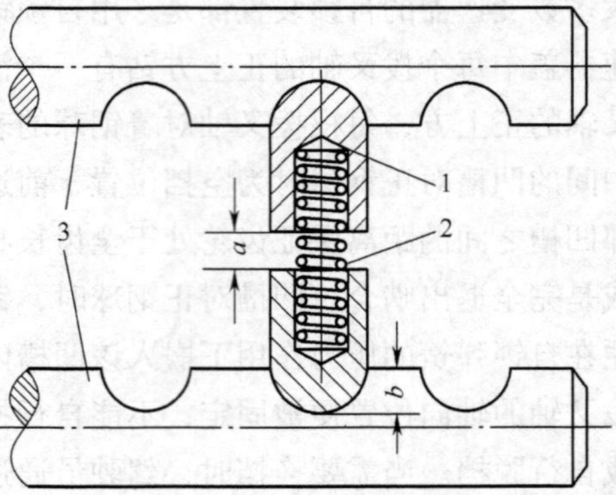

图 3-34　兼起自锁与互锁作用的锁止装置

1—锁销　2—锁止弹簧　3—拨叉轴

③ 倒挡锁装置。有些轿车的倒挡锁装置是在变速杆的支撑处设置限位块（即倒挡锁块），只有将变速杆往下压时才能挂入倒挡，例如，一汽大众的捷达、速腾轿车。还有些轿车在换挡操纵机构设置倒挡锁弹簧，挂倒挡时需要先压缩倒挡锁弹簧，使挂倒挡明显比挂前进挡费力，目的是提醒司机，防止误挂倒挡。

3.1.4　自动变速器

汽车自动变速器即自动操纵式变速器。它可根据发动机负荷、车速等工况的变化自动变换传动系统的传动比，使汽车获得良好的动力性和燃油经济性，同时有效减少发动机排放污染，显著提高车辆行驶的安全性、乘坐舒适性和操纵轻便性。

1. 液力机械变速器

液力机械变速器由液力动力装置、机械变速器和操纵机构组成。液力机械变速器的传动比可在一定的范围内实现连续和渐进的变化，使发动机在最有力的工况下工作。它是通过机械的手段，在手控制阀选定位置后，由反映节气门开度的节气门阀和反映车速的调速器阀把节气门开度和车速等参数转变为液压控制信号，按照设定的换挡规律，这些液压控制信号在换挡点，直接控制换挡阀进行换挡。

2. 电控液力自动变速器

电控液力自动变速器是在液力机械变速器的基础上增设电子控制系统而形成的，由液力变矩器、齿轮变速机构、换挡执行机构、液压控制系统和电子控制系统组成。它是在手控制阀选定位置后，通过反映节气门开度的节气门位置传感器和反映车速的车速传感器把节气门开度和车速等参数转变为电信号，并输入电子控制单元（ECU）。ECU 根据这些电信号，按照设定的换挡规律控制液压阀和液压执行机构进行换挡。由于电子技术的发展，目前越来越多的汽车采用这种电控式自动变速器，如捷达王都市先锋、宝来及丰田卡罗拉轿车等。

（1）液力变矩器

液力变矩器位于发动机和机械变速器之间，以自动变速器液（ATF 油）为工作介质，起传递扭矩、变矩、变速及离合的作用。

液力变矩器主要由泵轮、涡轮、导轮和变矩器壳等组成，如图 3-35 和图 3-36 所示。

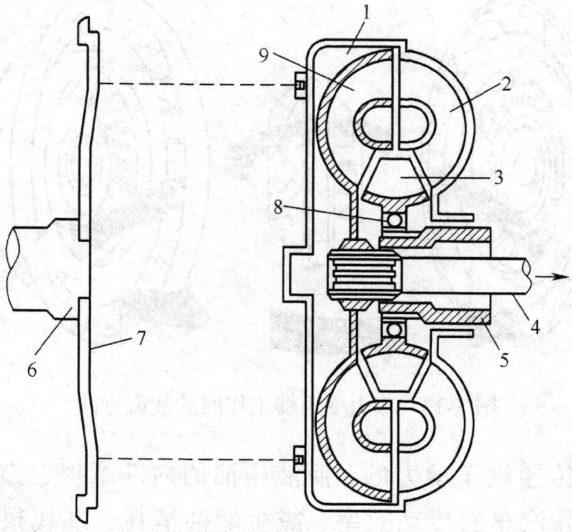

图 3-35 液力变矩器示意图

1、5—变矩器壳体 2—泵轮 3—导轮 4—变速器输入轴 6—曲轴
7—驱动端盖 8—单向离合器 9—涡轮

图 3-36 液力变矩器实物图

泵轮是液力变矩器的输入元件，位于液力变矩器的后端，与变矩器壳体刚性连接。变矩器壳体总成用螺栓固定在发动机曲轴后端，随发动机曲轴一起旋转。

涡轮是液力变矩器的输出元件，它通过花键孔与行星齿轮系统的输入轴相连。涡轮位于泵轮前方，其叶片面向泵轮叶片。

导轮位于涡轮和泵轮之间，是液力变矩器的反应元件，通过单向离合器单方向固定在导轮轴或导轮套管上。

泵轮、涡轮和导轮装配好后，会形成断面为循环圆的环状体，在环形内腔中充满 ATF。

变矩器工作时，发动机带动泵轮转动，泵轮叶片带动液流冲向涡轮，从而驱动涡轮转动，液流方向如图 3-37 所示。刚起步时扭矩最大，设此时涡轮所受到的冲击力为 F_1。冲到涡轮的液流驱动涡轮后，由于叶片形状，冲向导轮，而导轮不动，冲击导轮的液流受到阻碍，可使涡轮受到反作用力 F_2，由于 F_1、F_2 都作用于涡轮，且对涡轮都起增势作用，所以使涡轮所受扭矩得到增大。涡轮转速升高后，液流变向会冲击导轮叶背，而失去增扭，并对涡轮产生一定阻力。所以现在所用导轮都使用单向离合器，当液流去冲击叶背时，导轮转过一个角度，使其继续增扭。

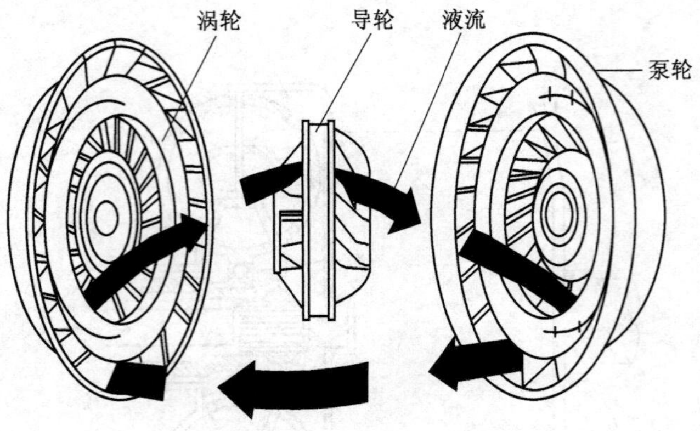

图 3-37　液力变矩器工作时的液流方向

变矩器是用液力来传递汽车动力的，而液压油的内部摩擦会造成一定的能量损失，因此传动效率较低。为提高汽车的传动效率，减少燃油消耗，现代很多轿车的自动变速器采用一种带锁止离合器的综合式液力变矩器。带锁止离合器的液力变矩器的组成如图 3-38 所示。

图 3-38　带锁止离合器的液力变矩器的组成

带锁止离合器的液力变矩器的特点是，汽车在变工况下行驶时（如起步、经常加减速），锁止离合器分离，相当于普通液力变矩器；当汽车在稳定工况下行驶时，锁止离合器接合，动力不经液力传动，直接通过机械传动传递，动力传递路线为：发动机→变矩器壳体→锁止离合器压盘→减振器→从动盘→齿轮变速机构输入轴，变矩器效率为 100%。

自动变速器计算机根据车速、节气门开度、发动机转速、变速器液压油温度、操纵手柄位置及控制模式等因素，按照设定的锁止控制程序向锁止电磁阀发出控制信号，操纵锁止控制阀，以改变锁止离合器压盘两侧的油压，从而控制锁止离合器的工作。

当车辆低速行驶时，油液流至锁止离合器的前端。锁止离合器压盘前端与后端的压力相同，使锁止离合器处于分离状态，如图 3-39 所示。这时输入变矩器的动力完全通过 ATF 传至涡轮。

当车辆在良好道路上以中速至高速（通常 > 50 km/h）行驶，且车速、节气门开度、变速器液压油温度等因素符合一定要求时，ATF 流至锁止离合器的后端，这样，使锁止离合器压盘与变矩器壳体一起转动，如图 3-40 所示。这时输入变矩器的动力通过锁止离合器的机械连接，由压盘直接传至涡轮输出，传动效率为 100%。

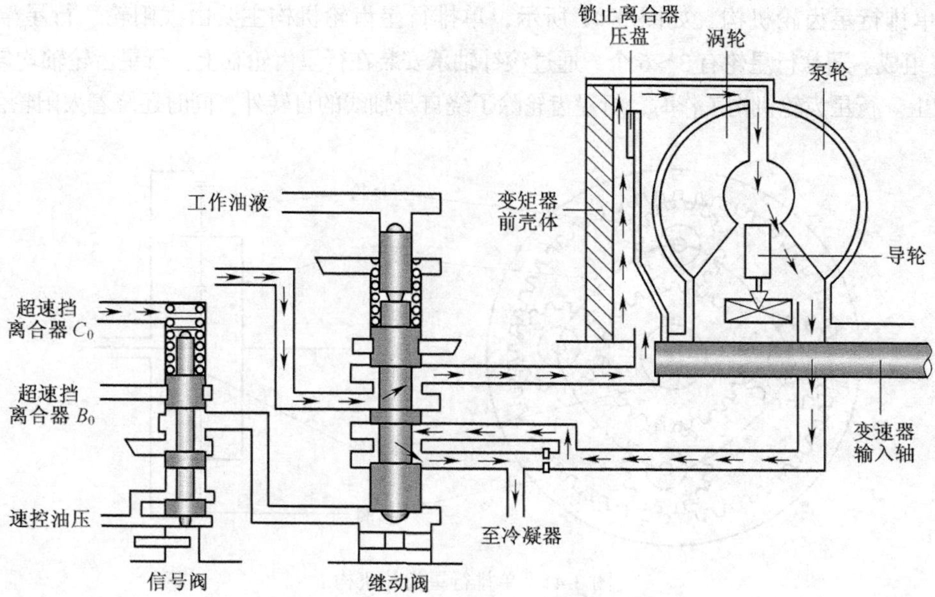

图 3-39　锁止离合器处于分离状态

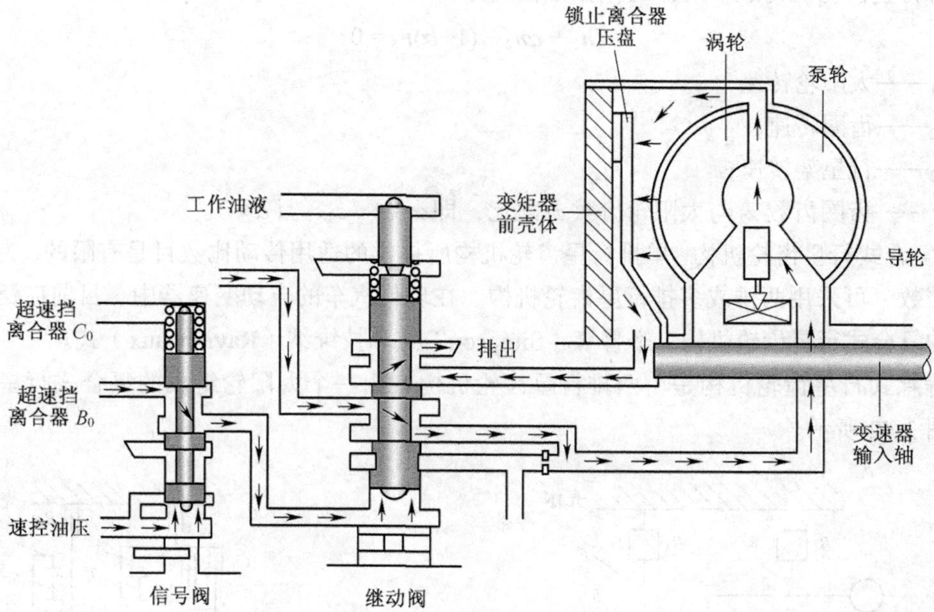

图 3-40　锁止离合器处于接合状态

另外，锁止离合器在接合时还能减少变矩器中的液压油因液体摩擦而产生的热量，有利于降低液压油的温度。有些车型的液力变矩器的锁止离合器盘上还装有减振弹簧，以减小锁止离合器在接合时瞬间产生的冲击力。

（2）齿轮变速机构

液力变矩器虽能在一定范围内自动地、无级地改变转矩比和传动比，但变矩系数不大，变速范围不宽，难以满足汽车使用要求，故在汽车上广泛采用的是液力变矩器与齿轮式变速器组成的液力机械式变速器。与变矩器配合使用的齿轮式变速器多数是行星齿轮变速器，也可以是固定轴线式齿轮变速器。

① 单排行星齿轮机构。如图 3-41 所示，单排行星齿轮机构主要由太阳轮、行星架、齿圈和行星轮组成。通常行星轮有 3～6 个，通过滚针轴承安装在行星齿轮轴上，行星齿轮轴均匀地安装在行星架上。行星齿轮机构工作时，行星齿轮除了绕自身轴线的自转外，同时还绕着太阳轮公转。

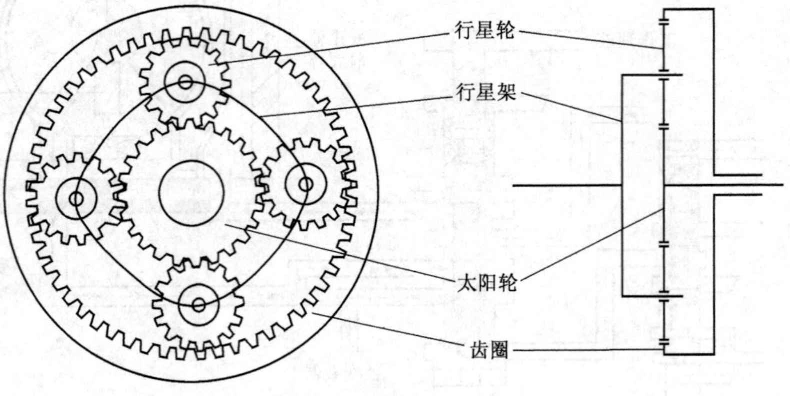

图 3-41　单排行星齿轮机构

单排行星齿轮机构运动规律的特征方程式为

$$n_1+\alpha n_2-(1+\alpha)n_3=0 \tag{3-1}$$

式中　n_1——太阳轮转速；

n_2——齿圈转速；

n_3——行星架转速；

α——齿圈齿数 z_2 与太阳轮齿数 z_1 之比，即 $\alpha=z_2/z_1$，且 $\alpha>1$。

② 复合式行星齿轮机构。单排行星齿轮机构所提供的适用传动比数目是有限的，为了获取较多的挡数，可采用两排或多排行星齿轮机构。在现代汽车的自动变速器中，目前广泛采用两种类型的复合式行星齿轮机构：辛普森（Simpson）式和拉维纳（Ravigneaux）式。

辛普森式行星齿轮机构是由两排行星齿轮机构共用一个太阳轮组成的复合式行星齿轮机构，如图 3-42 所示。

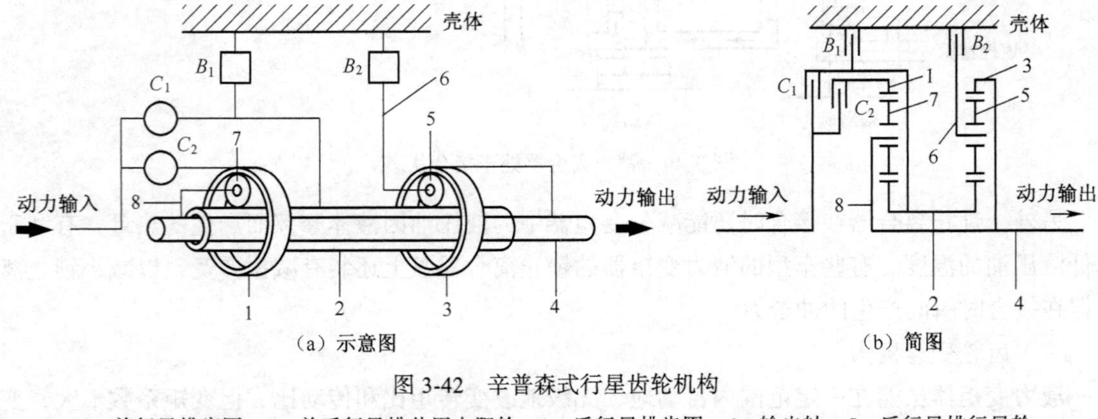

图 3-42　辛普森式行星齿轮机构

1—前行星排齿圈　2—前后行星排共用太阳轮　3—后行星排齿圈　4—输出轴　5—后行星排行星轮　6—后行星排行星架　7—前行星排行星轮　8—前行星排行星架

C_1、C_2—离合器　B_1、B_2—制动器

该机构中有 4 个换挡执行元件，分别为离合器 C_1、C_2 和制动器 B_1、B_2。离合器 C_1 用于连接输入轴和前后行星排共用太阳轮 2；离合器 C_2 用于连接输入轴和前行星排齿圈 1；制动器 B_1 用于固定前后行星排共用太阳轮 2；制动器 B_2 用于固定后行星排行星架 6。

拉维纳式行星齿轮机构如图 3-43 所示。它由一个前面单行星轮式行星排和后面一个双行星轮式行星排组合而成。大太阳轮、长行星轮、行星架和齿圈共同组成一个单行星轮式行星排；小太阳轮、短行星轮、长行星轮、行星架和齿圈共同组成一个双行星轮式行星排。

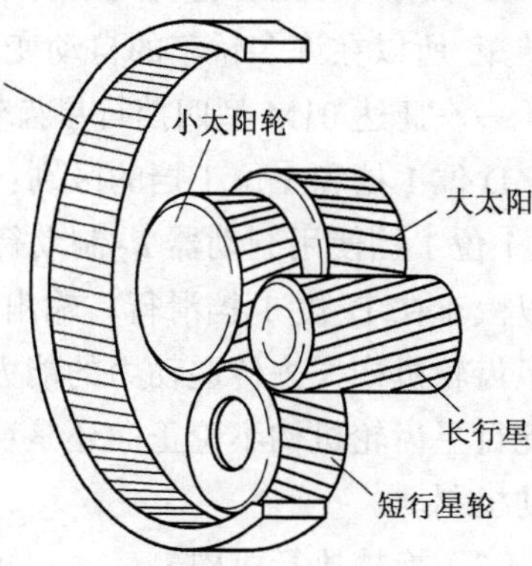

图 3-43　拉维纳式行星齿轮机构

设小太阳轮、齿圈和行星架的转速分别为 n_1、n_2 和 n_3，齿数分别为 z_1、z_2 和 z_3，齿圈与小太阳轮的齿数比为 α，其运动规律为

$$n_1 - \alpha n_2 + (\alpha - 1)\, n_3 = 0$$

图 3-44 所示为拉维纳式四挡行星齿轮机构的结构示意图。它的特点是两排齿轮机构用一个齿圈 3 和一个行星架 4。行星架上的长行星轮 2 与前排行星齿轮机构的大太阳轮 8 啮合，同时还与后排行星齿轮机构的短行星轮 5 相啮合。短行星轮还与小太阳轮 7 啮合。该机构可以和 6 个换挡执行元件（离合器 C_1、C_2、C_3，制动器 B_1、B_2，单向离合器 F_1）组成 4 个前进挡和 1 个倒挡的行星齿轮变速器。其换挡执行元件工作规律见表 3-1。

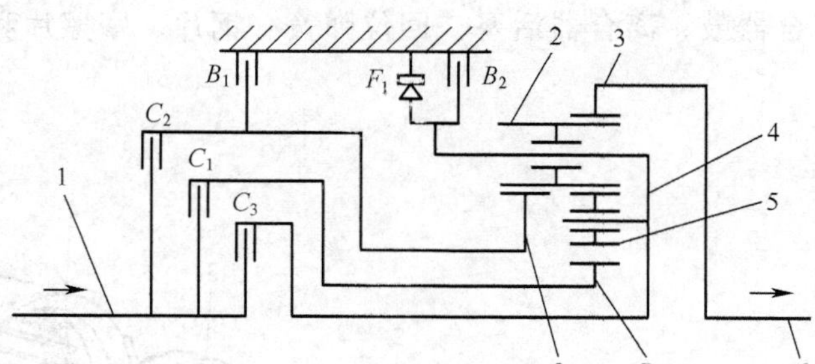

图 3-44　拉维纳式四挡行星齿轮机构的结构示意图

1—输入轴　2—长行星轮　3—齿圈　4—行星架　5—短行星轮　6—输出轴　7—小太阳轮　8—大太阳轮
C_1、C_2、C_3—离合器　B_1、B_2—制动器　F_1—单向离合器

表 3-1　拉维纳式四挡行星齿轮变速器换挡执行元件工作规律

操纵手柄位置	挡　位	执行元件规律					
		C_1	C_2	C_3	B_1	B_2	F_1
D 位	1 挡	●					●
	2 挡	●			●		
	3 挡	●		●			
	4 挡			●	●		
1 位	1 挡	●				●	
R 位	倒挡		●			●	

注：●表示接合、制动或锁止。

拉维纳式行星齿轮机构结构紧凑，所用构件少，且由于相互啮合的齿较多，故可传递较大的转矩。所以在许多轿车的自动变速器中，也有不少采用这种结构形式的。例如，丰田威驰 U540E 型、一汽捷达 01M 型四挡行星齿轮变速器都采用了这种形式。

D 位 1 挡和 1 位 1 挡的区别：D 位 1 挡使用单向离合器 F_1 制动行星架，不能实现发动机制动；1 位 1 挡使用制动器 B_2 制动行星架，能实现发动机制动。由于单向离合器只能单方向锁止，所以汽车在 D 位 1 挡滑行，输出轴反向驱动行星齿轮时，单向离合器 F_1 将脱离锁止状态，使行星齿轮机构失去传递动力的能力，以致无法实现发动机制动。而制动器能实现双方向的锁止，因此行星齿轮机构不论正向还是反向传递动力，制动器 B_2 都会始终保持锁止状态，因而能实现发动机制动。

（3）换挡执行机构

行星齿轮变速器中的所有齿轮都处于常啮合状态，其挡位变换必须通过以不同方式对行星齿轮机构的基本元件进行约束（即固定或者连接某些基本元件）来实现。能对这些基本元件实施约束的机构，就是行星齿轮变速器的换挡执行机构。

执行机构主要由离合器、制动器和单向离合器 3 种执行元件组成。离合器和制动器是以液压方式控制行星齿轮机构元件的旋转，而单向离合器则是以机械方式对行星齿轮机构的元件进行锁止。

离合器的作用是将变速器的输入轴和行星排的某个基本元件连接，或将行星排的某两个基本元件连接在一起，使之成为一个整体转动。自动变速器中所使用的离合器为湿式多片离合器，通常由离合器鼓、离合器活塞、回位弹簧、钢片、摩擦片和花键毂等组成，如图 3-45 所示。

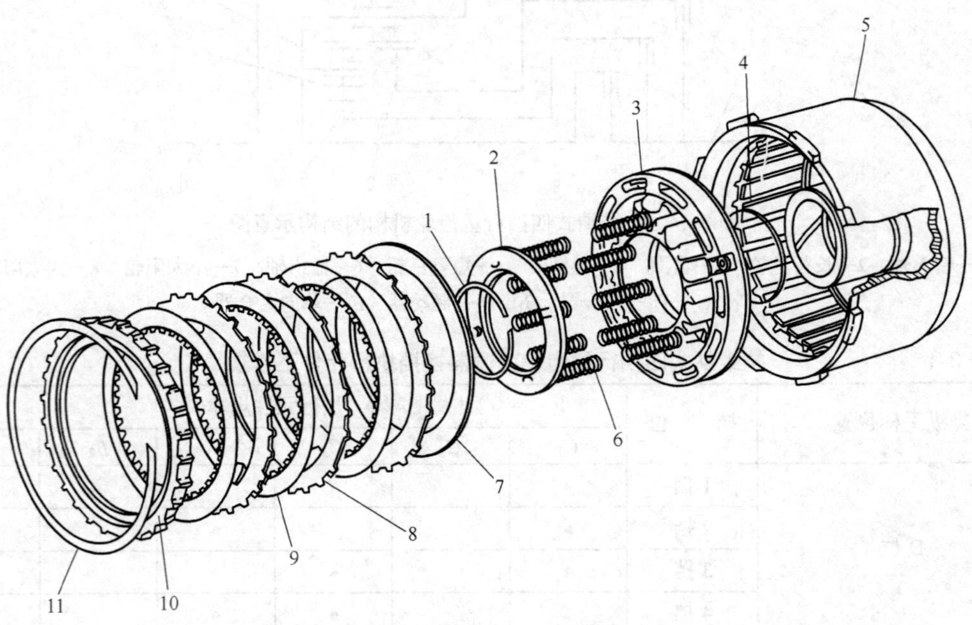

图 3-45　离合器零件分解图

1—卡环　2—弹簧座　3—活塞　4—O 形圈　5—离合器鼓　6—回位弹簧　7—盘形弹簧
8—从动钢片　9—主动摩擦片　10—压盘　11—卡环

制动器的作用是固定行星齿轮机构中的基本元件，阻止其旋转。在自动变速器中常用的制动器有片式制动器和带式制动器两种。片式制动器的结构如图 3-46 所示。片式制动器工作平顺性较好，还能通过增减摩擦片的片数来满足不同排量发动机的要求，因此近年来在轿车自动变速器中使用的越来越多。带式制动器的结构如图 3-47 所示。带式制动器由制动带及其伺服装置（控制油缸）组成。按变形能力，制动带可分为刚性和挠性两种类型；按结构，制动带可分为单边式和双边式两种。制动器伺服装置有直接作用式和间接作用式两种类型。

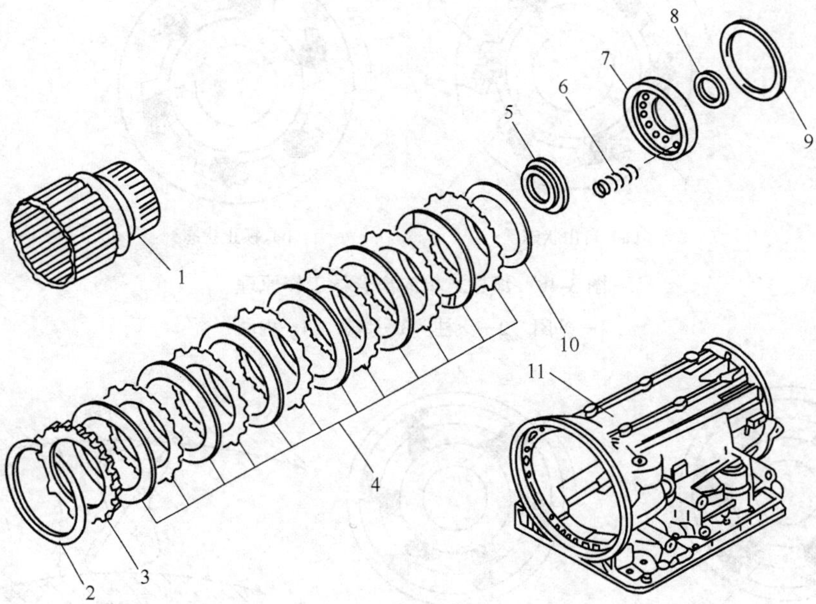

图 3-46　片式制动器零件分解图

1—制动毂　2—卡环　3—挡圈　4—钢片和摩擦片　5—弹簧座　6—复位弹簧　7—活塞　8、9—密封圈　10—盘形环　11—变速器壳体

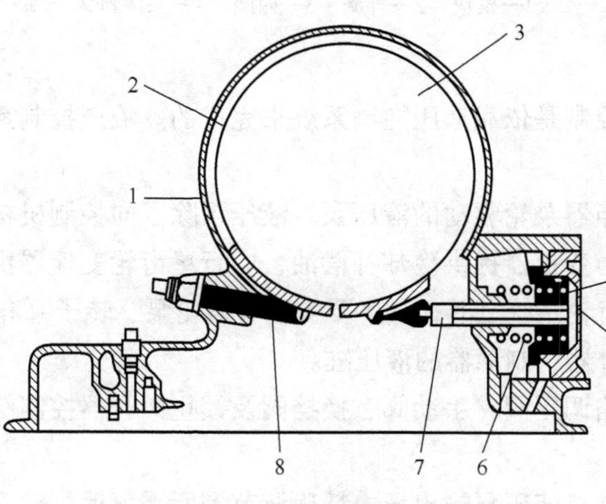

图 3-47　带式制动器结构示意图

1—变速器壳体　2—制动带　3—制动鼓　4—活塞　5—控制油缸端盖　6—复位弹簧　7—推杆　8—调整螺钉

单向离合器的作用是使某元件只能按一定方向旋转，在另一个方向上锁止。在行星齿

轮系统中有若干个单向离合器，其工作性能对变速器的换挡品质有很大影响。执行机构的灵敏性直接影响换挡的平顺性。单向离合器具有灵敏度高的优点，可瞬间锁止（或解除锁止），提高了换挡时机的准确性。另外，单向离合器不需要附加液压或机械操纵装置，结构简单，不易发生故障。单向离合器有滚柱式（见图 3-48）和楔块式（见图 3-49）两种类型。

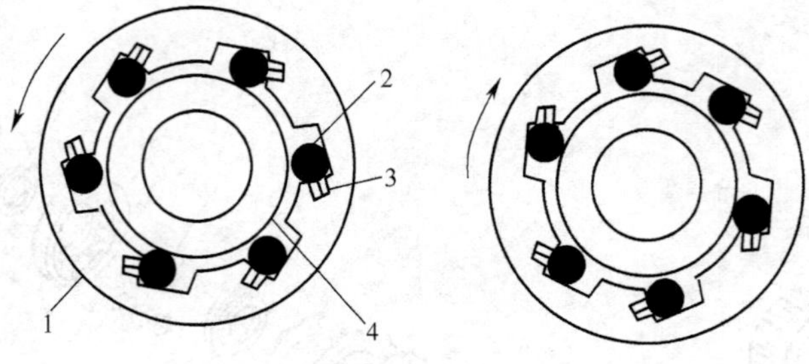

（a）自由状态　　（b）锁止状态

图 3-48　滚柱式单向离合器工作原理

1—外圈　2—滚柱　3—弹簧　4—内圈

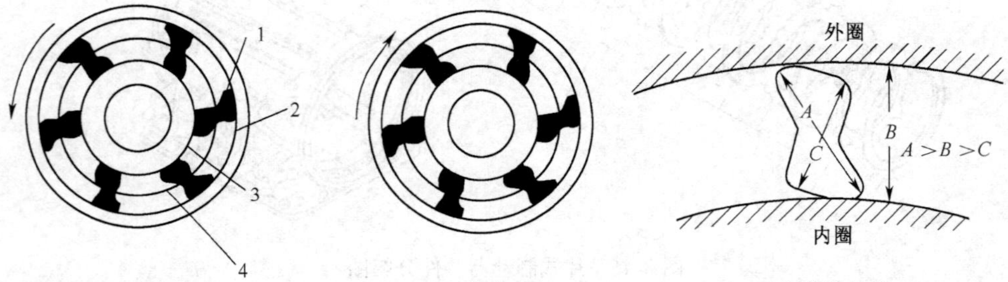

（a）自由状态　　（b）锁止状态　　（c）楔块尺寸

图 3-49　楔块式单向离合器工作原理

1—楔块　2—外圈　3—内圈　4—保持弹簧

（4）液压控制系统

自动变速器的自动控制是依靠液压控制系统来完成的。液压控制系统由动力源、执行机构和控制机构组成。

动力源是由液力变矩器泵轮驱动的液压泵。液压泵除了向控制机构、执行机构供给压力油以实现换挡外，还给液力变矩器提供冷却补偿油，向行星齿轮变速器供应润滑油。液压泵一般位于液力变矩器和行星齿轮系统之间，其主要类型有齿轮泵、转子泵和液片泵。

执行机构包括各离合器、制动器的液压缸。

控制机构包括主油路调压阀、手动阀、换挡阀及锁止离合器控制阀等，集中安装在自动变速器的阀体上。

主油路调压阀作用是将液压泵输出压力精确调节到所需值后再输入主油路。应满足主油路系统在不同工况、不同挡位时具有不同油压的要求。

手动阀通过连杆机构与驾驶室内的变速器选挡操纵手柄相连，驾驶员操纵换挡手柄可以带动手动阀移动，其作用是根据选挡杆位置的不同依次将管路压力导入相应各挡油路。

（5）电子控制系统

电控液力自动变速器采用电液式控制系统，由电子控制系统和液压控制系统组成。

电子控制系统由信号输入装置、执行器和电控单元组成。

① 信号输入装置。信号输入装置包括传感器和信号开关装置。

传感器主要有节气门位置传感器、发动机转速传感器、车速传感器、输入轴转速传感器和变速器油温传感器。

信号开关装置主要有超速挡开关、模式选择开关、多功能开关和制动灯开关。制动灯开关当踩下制动踏板时接通，通知电控单元已经制动，同时接通制动灯电路。

② 执行器。电磁阀是电子控制系统的执行元件，按其作用可分为换挡电磁阀、锁止电磁阀和调压电磁阀；按其工作方式可分为开关式电磁阀和脉冲式电磁阀。

开关式电磁阀。开关式电磁阀的作用是开启和关闭变速器油路，用于控制换挡阀及液力变矩器的闭锁离合器锁止阀。它由电磁线圈、磁铁、阀芯和回位弹簧等组成。

脉冲式电磁阀。脉冲式电磁阀的作用是控制油路中油压的大小。控制信号是频率固定的脉冲信号，电磁阀在脉冲信号的作用下不断反复地开启和关闭泄油孔。电控单元通过改变每个脉冲周期内电流接通和断开的时间比例来改变电磁阀开启和关闭的时间比例，达到控制油路油压的目的。

③ 电控单元。电子控制自动变速器可以与发动机电子燃油喷射系统共用一个电控单元，也可以使用独立的电控单元。

电控单元由接收器、控制器和输出装置组成。接收器接收各输入装置的信号，并对其放大或调制。控制器将这些信号与内存中的数据进行对比，根据对比结果作出是否换挡等决定，再由输出装置将控制信号输送给电磁阀。

电控单元具有以下功能：控制换挡时刻；控制主油路油压；控制锁止离合器；控制换挡品质；自动模式选择控制；发动机制动作用控制；使用输入轴转速传感器的控制；超速行驶控制；自诊断与失效保护控制。

3. 无级变速器

无级变速器（Continuously Variable Transmission，CVT）指的是能连续换挡的机械式无级传动装置。常用的无级变速器有金属带式和链条式两种形式。目前，南京菲亚特-派力奥（1.3L）、广州本田-飞度（1.3L）和安徽奇瑞汽车有限公司生产的旗云轿车（1.6L）等都装备了金属带式无级变速器，而奥迪 A6L 采用的是链条式，但二者的基本原理是一样的，下面以金属带式无级变速器为例介绍其结构及工作原理。

图 3-50 所示为金属带式无级变速器（VDT-CVT）的组成和工作原理示意图。VDT-CVT 是由金属带，主、从动工作轮，液压泵，起步离合器、控制系统等组成。其动力传递路线是：发动机发出的动力经飞轮 1、离合器 2、主动工作轮、金属带 10、从动工作轮后，传给中间减速器 8，再经主减速器与差速器 9，最后传给驱动车轮。该变速传动系统中的主、从动工作轮是由固定部分 4a、7a 和可动部分 4、7 组成。工作轮的固定部分和可动部分之间形成 V 形槽。金属带在槽内与工作轮相啮合。当工作轮的可动部分作轴向移动时，即可改变金属带与主、从动工作轮的工作半径，从而改变金属带传动的传动比。主、从动工作轮的可动部分的轴向移动是根据汽车的行驶工况，通过液压控制系统进行连续地调节而实现无级变速传动的。

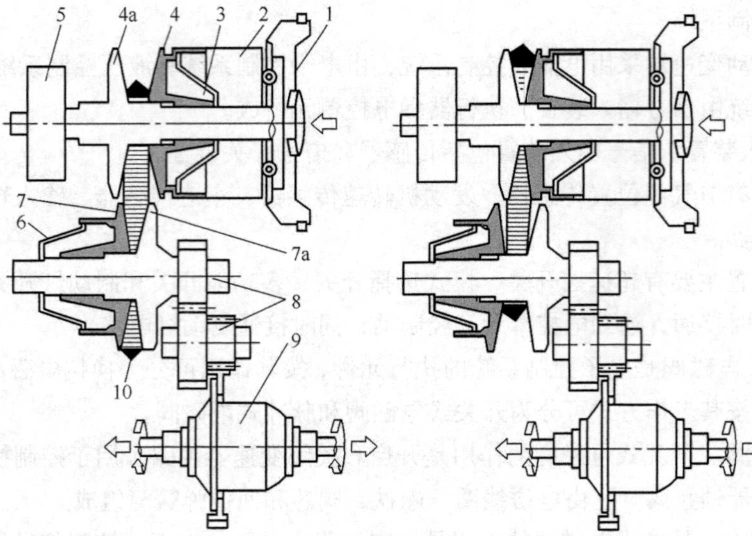

图 3-50 金属带式无级变速器（VDT-CVT）的组成和工作原理示意图

1—发动机飞轮 2—离合器 3—主动工作轮液压控制缸 4—主动工作轮可动部分 4a—主动工作轮固定部分
5—液压泵 6—从动工作轮液压控制缸 7—从动工作轮可动部分 7a—从动工作轮固定部分
8—中间减速器 9—主减速器与差速器 10—金属带

3.1.5 万向传动装置

1. 功用

万向传动装置用来实现变角度的动力传递。

2. 组成

万向传动装置一般由万向节和传动轴组成，如图 3-51 所示。

3. 万向节

万向节是万向传动装置中实现变角度传动的主要部件。目前在汽车上应用最广泛的万向节有十字轴式、球笼式和三枢轴-球面滚轮式（简称三枢轴式）3 种形式。

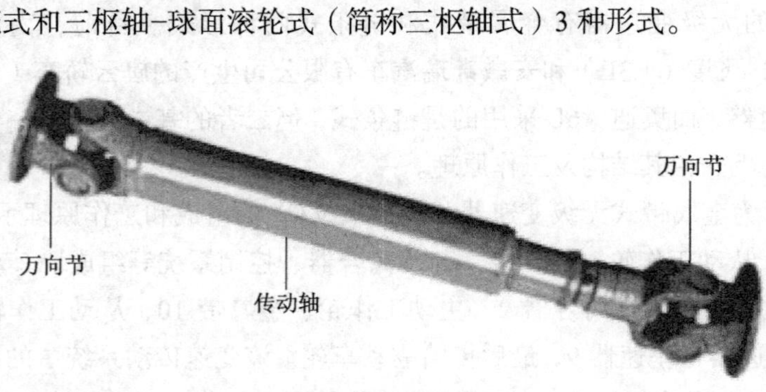

图 3-51 万向传动装置的组成

（1）十字轴式万向节

十字轴式万向节在发动机前置后轮驱动的汽车传动系统中应用最为广泛，它允许相邻两轴的最大交角为 15°～20°。它一般由一个十字轴、两个万向节叉和 4 个滚针轴承等机件组成。

图 3-52 所示为十字轴式万向节的构造。两个万向节叉 2 和 6 上的孔分别活套在十字轴 4 的两对轴颈上。这样当主动轴转动时，从动轴既可随之转动，又可绕十字轴中心在任意方向摆动。为了减少摩擦损失，提高传动效率，在十字轴轴颈和万向节叉孔间装有由滚针 8 和套筒 9 组成的滚针轴承。然后用螺钉和轴承盖 1 将套筒 9 固定在万向节叉上，并用锁片将螺钉锁紧，以防止轴承在离心力作用下从万向节叉内脱出。为了润滑轴承，十字轴做成中空的，并有油路通向轴颈。润滑油从油嘴 3 注入十字轴内腔。为避免润滑油流出及尘垢进入轴承，在十字轴的轴颈上套着装在金属座圈内的毛毡油封 7。在十字轴的中部还装有带弹簧的安全阀 5。如果十字轴内腔的润滑油压力大于允许值，安全阀即被顶开而润滑油外溢，使油封不致因油压过高而损坏。

由于十字轴式万向节结构简单，传动效率较高，因此应用较广泛，其不足之处是对于单个万向节在输入轴和输出轴之间有夹角的情况下，其两轴的角速度不相等，这就是单个万向节的不等速性。在汽车上，万向传动装置往往采用双十字轴式万向节来实现等速传动，但必须满足如下两个条件（见图 3-53）。

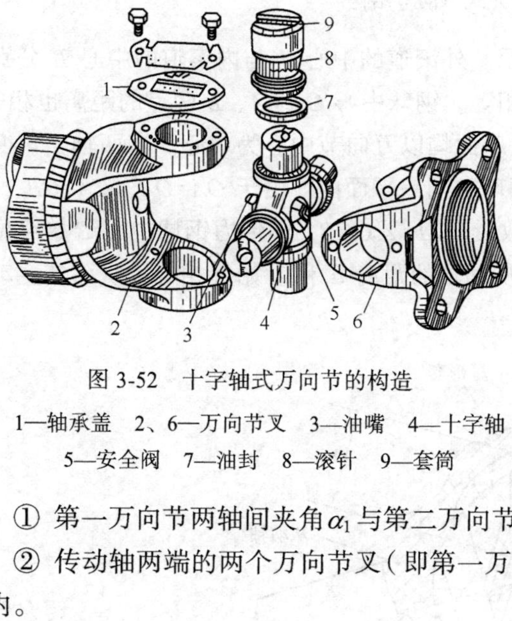

图 3-52　十字轴式万向节的构造

1—轴承盖　2、6—万向节叉　3—油嘴　4—十字轴　5—安全阀　7—油封　8—滚针　9—套筒

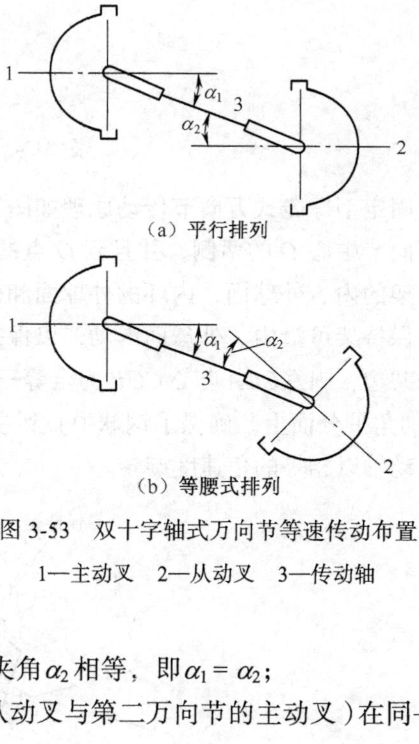

图 3-53　双十字轴式万向节等速传动布置

1—主动叉　2—从动叉　3—传动轴

① 第一万向节两轴间夹角 α_1 与第二万向节两轴间夹角 α_2 相等，即 $\alpha_1 = \alpha_2$；

② 传动轴两端的两个万向节叉（即第一万向节的从动叉与第二万向节的主动叉）在同一平面内。

（2）球笼式万向节

球笼式万向节广泛应用于发动机前置前轮驱动的汽车传动系统中。由于球笼式万向节在传动的过程中输入轴和输出轴转速始终相等，所以它属于等速万向节。球笼式万向节按主从动叉在传递转矩过程中轴向是否产生位移分为固定型球笼式万向节和伸缩型球笼式万向节。

① 固定型球笼式万向节。固定型球笼式万向节两轴允许交角范围较大（45°～50°），其结构如图 3-54 所示。主要由 6 个钢球、星形套、球形壳和保持架（球笼）组成。星形套以其内花键与主动轴连接，传力钢球分别位于 6 条由星形套和球形壳形成的凹槽内，由保持架保持在同

一平面内。动力由主动轴输入，经钢球和球形壳输出。

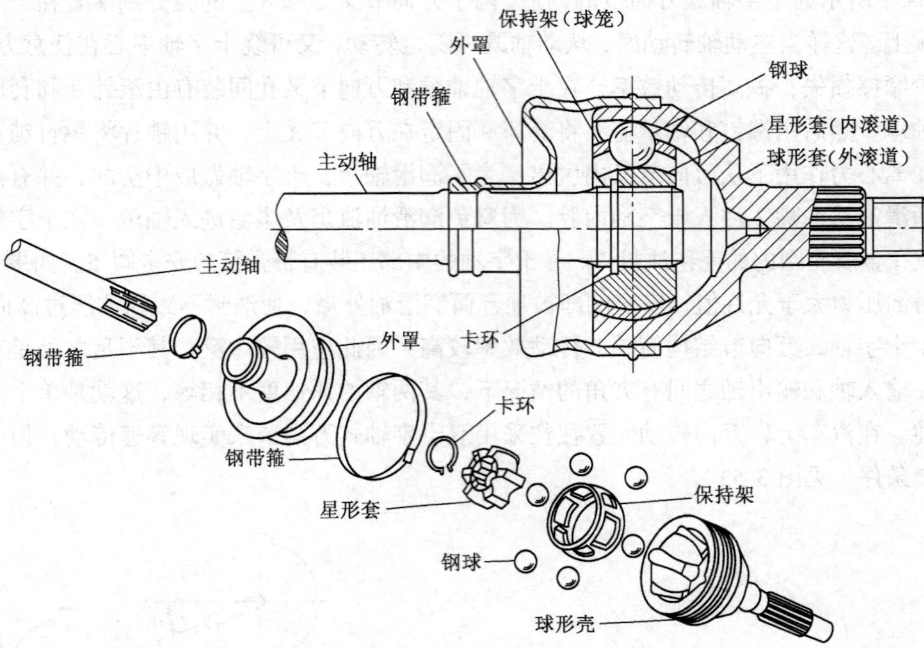

图 3-54　固定型球笼式万向节结构

固定型球笼式万向节传动原理如图 3-55 所示。外滚道的中心 A 与内滚道的中心 B 分别位于万向节中心 O 的两侧，并且到 O 点的距离也相等。钢球中心 C 到 A、B 两点的距离也相等。保持架的内、外球面，内环的外球面和外环的内球面均以万向节中心为球心。当两轴交角变化时，保持架可沿内、外球面滑动，以保持 6 个钢球在同一平面内。由于 $OA=OB$，$CA=CB$，CO 是公共边，则$\triangle COA$与$\triangle COB$为全等三角形，故$\angle COA=\angle COB$，即传力钢球中心 C 始终位于α角的角平分面上，确保了钢球中心到主动轴与从动轴的距离 a 和 b 始终相等，从而使主动轴和从动轴以相等的角速度旋转。

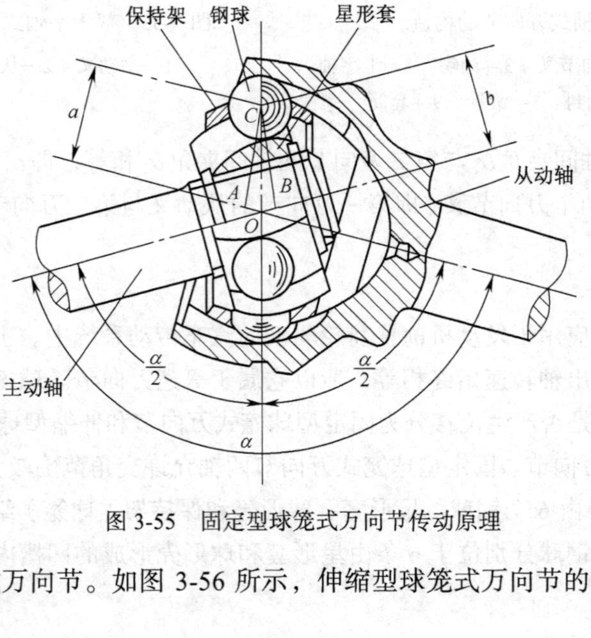

图 3-55　固定型球笼式万向节传动原理

② 伸缩型球笼式万向节。如图 3-56 所示，伸缩型球笼式万向节的内外滚道是圆筒形的，

在传递转矩过程中，星形套与筒形壳可以沿轴向相对移动，故可省去其他万向传动装置中必须有的滑动花键。这不仅使结构简化，而且由于星形套与筒形壳间的轴向相对移动是通过钢球沿内外滚道滚动来实现的，与滑动花键相比，其阻力小，最适用于断开式驱动桥。

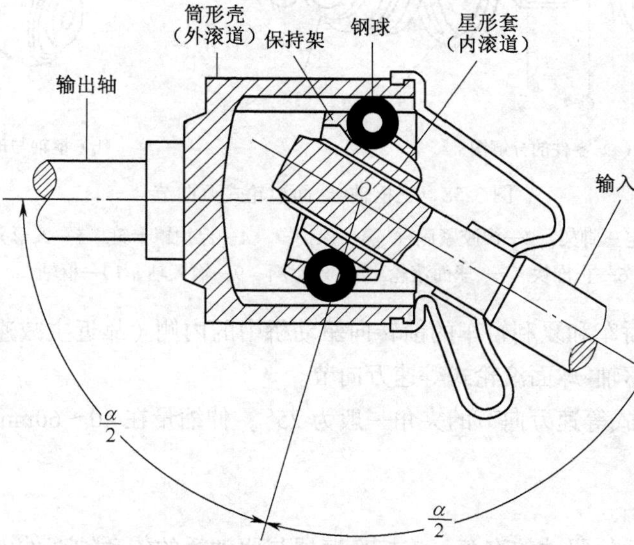

图 3-56　伸缩型球笼式万向节

这种万向节的等速传动原理与固定型的相同，这里就不再赘述。

伸缩型球笼式万向节在前置前驱动且采用独立悬架的轿车的转向驱动桥中均布置在靠主减速器侧（内侧），而轴向不能伸缩的固定型球笼式万向节，则布置在靠近车轮处（外侧），如图 3-57 所示。

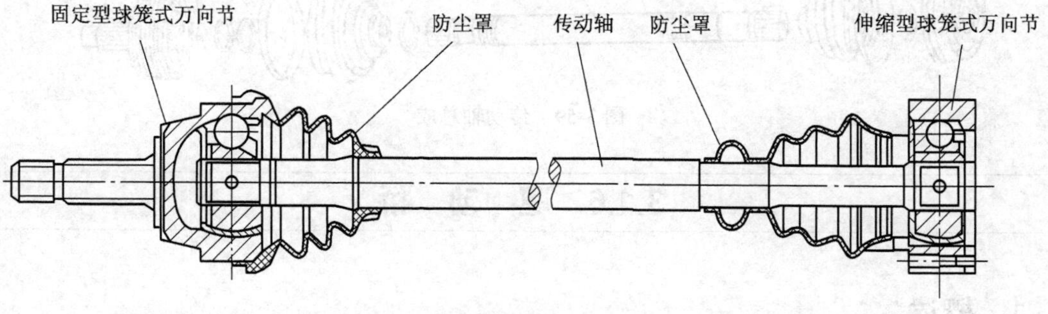

图 3-57　伸缩型球笼式万向节和固定型球笼式万向节在传动系统中的布置

③ 三枢轴-球面滚轮式万向节。三枢轴-球面滚轮式万向节的结构如图 3-58 所示。与输入轴 9 制成一体的 3 个枢轴 10 上松套着外表面为球面的滚轮 7。3 个枢轴位于同一平面内，且互成 120° 角，它们的轴线相交于输入轴上的一点，并且垂直于输入轴。与输出轴制成一体的外表面为圆柱形的叉形元件 5 上加工出 3 条等距离的轴向槽形轨道。槽形轨道平行于输出轴，3 个球面滚轮分别装入 3 个槽形轨道中。3 个球面滚轮可沿槽形轨道滑动。

当输出轴与输入轴交角为 0° 时，因三枢轴的自动定心作用，能使两轴轴线重合；当输出轴与输入轴有交角时，由于球面滚轮轴承既可沿枢轴轴线移动，又可沿槽形轨道滑动。这样就可以保证球面滚轮的传力点始终位于两轴交角的平分面上。因此，该万向节是等速传动。

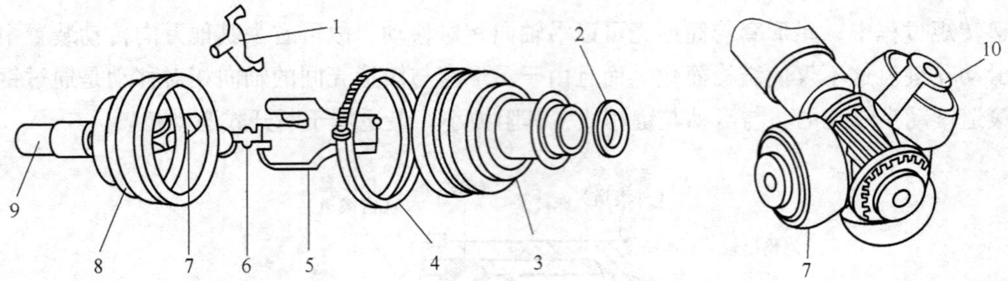

(a) 零件的分解图　　(b) 枢轴与球面滚轮的装配图

图 3-58　三枢轴-球面滚轮式万向节

1—锁定三脚架　2—橡胶紧固件　3—保护罩　4—保护罩卡箍　5—叉形元件　6—止推块　7—球面滚轮　8—外座圈　9—输入轴　10—枢轴

我国生产的富康轿车和夏利轿车的前转向驱动桥中的内侧（靠近主减速器）都采用了具有一定轴向伸缩量的三枢轴-球面滚轮式等速万向节。

三枢轴-球面滚轮式等速万向节的夹角一般为 25°，伸缩量在 40～60mm。

4. 传动轴

一般发动机前置后轮驱动的汽车，连接变速器与驱动桥的传动轴部件由传动轴及两端焊接的花键轴和万向节叉组成。为了减轻质量、获得较高的强度，传动轴多做成空心的。

在发动机前置前轮驱动轿车的万向传动装置中，通常将传动轴制成实心轴，如图 3-59 所示。

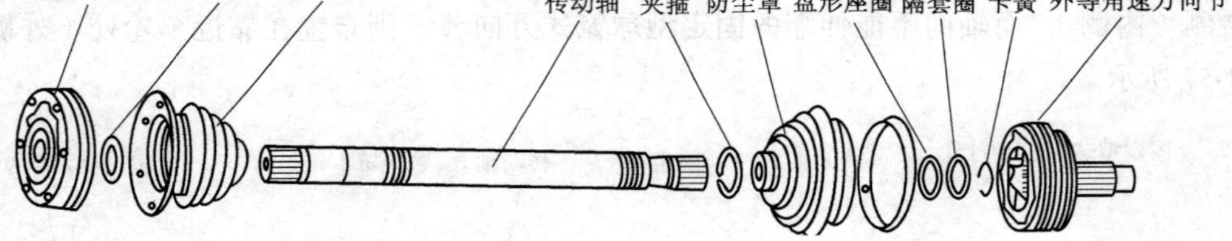

图 3-59　传动轴总成

3.1.6　驱　动　桥

1. 概述

（1）功用

驱动桥的功用是将万向传动装置传来的发动机动力经降速增矩改变传动方向后，分配给左、右驱动轮，并且允许左、右驱动轮以不同转速旋转。

（2）组成

如图 3-60 所示，驱动桥通常由主减速器、差速器、半轴和桥壳组成。主减速器可降速增矩，并可改变发动机转矩的传递方向，以适应汽车的行驶方向。差速器可保证左、右驱动轮以不同的转速旋转。半轴把转矩从差速器传到驱动轮。桥壳支撑汽车的部分质量，承受驱动轮上的各种力及力矩，并起到保护主减速器、差速器和半轴的作用。

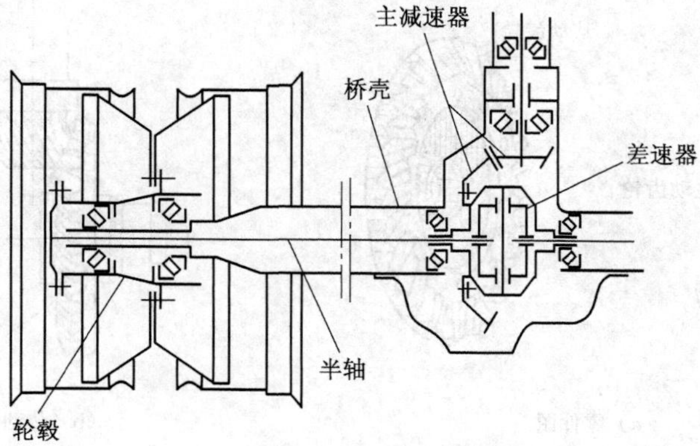

图 3-60　驱动桥示意图

（3）分类

按驱动轮与桥壳的连接关系，驱动桥分非断开式驱动桥和断开式驱动桥两种。

① 非断开式驱动桥。非断开式驱动桥的整个车桥通过弹性悬架与车架相连。桥壳是刚性整体结构，如图 3-60 所示，两根半轴和驱动轮在横向平面内无相对运动。载货汽车多采用非断开式驱动桥。

② 断开式驱动桥。一些轿车或越野汽车为了提高汽车行驶的平顺性或通过性，在它们的全部或部分驱动轮上采用独立悬架，即两侧驱动轮分别用弹性悬架与车架相连，两驱动轮彼此可独立地相对于车架或车身上下跳动。主减速器固定在车架或车身上，驱动桥壳制成分段并以铰链方式相连，同时半轴也分段且各段之间用万向节连接，如图 3-61 所示。

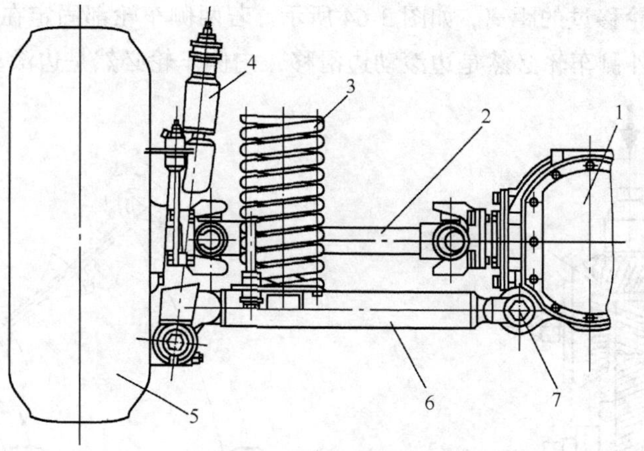

图 3-61　断开式驱动桥

1—主减速器　2—半轴　3—弹性组件　4—减振器　5—车轮　6—摆臂　7—摆臂轴

2. 主减速器

主减速器的功用是将输入的转矩增大并相应降低转速，且可根据需要改变转矩的方向。

主减速器的种类：有单级式和双级式，有单速式和双速式，还有贯通式和轮边式等。

（1）单级主减速器

单级主减速器只有一对锥齿轮传动，它具有结构简单、质量轻、体积小及传动效率高等特点，如图 3-62 所示。

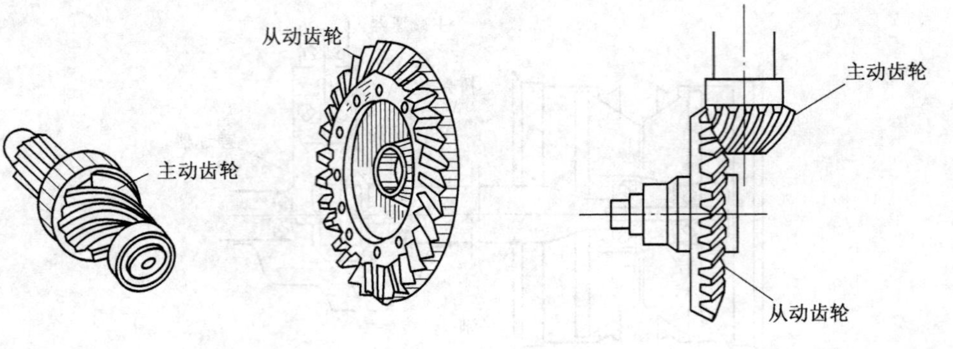

（a）零件图　　（b）传动图

图 3-62　单级主减速器齿轮

（2）双级主减速器

当主减速器要求较大的传动比时，单级主减速器已不能保证足够的离地间隙，这时需要用由两对齿轮传动的双级主减速器，如图 3-63 所示。

3. 差速器

（1）差速器的功用

差速器的功用是将主减速器传来的动力传给左、右两半轴，并在必要时允许左、右两半轴以不同转速旋转，使左右车轮相对地面纯滚动而不是滑动。

当汽车转弯行驶时，内外两侧车轮中心在同一时间内移过的曲线距离不同，即外侧车轮移过的距离大于内侧车轮移过的距离，如图 3-64 所示。若两侧车轮都固定在同一刚性轴上，两轮加速度相等，则此时外侧车轮必然是边滚动边滑移，内侧车轮必然是边滚动边滑转。

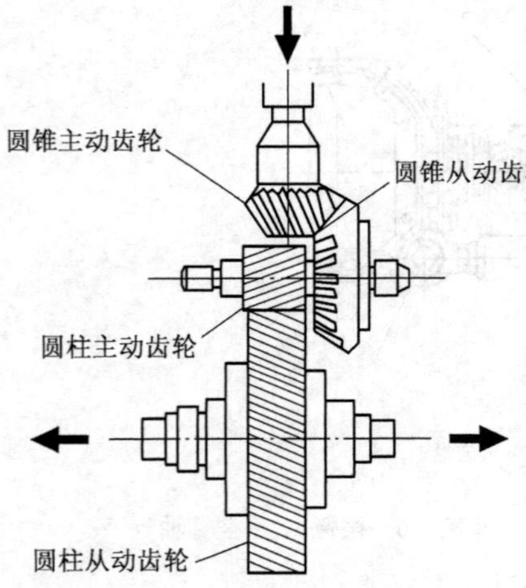

图 3-63　双级主减速器齿轮

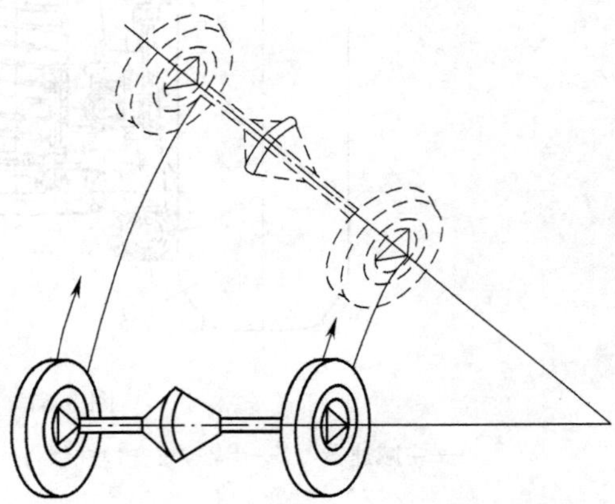

图 3-64　汽车转向时驱动车轮的运动示意图

车轮对地面的滑动不仅会加速轮胎的磨损、增加汽车的动力消耗，而且可能导致转向和制动性能的恶化。所以，在正常行驶条件下，应使车轮尽可能不发生滑动。差速器的作用就在于此。

（2）对称式锥齿轮差速器

如图 3-65 所示，常用的对称式锥齿轮差速器主要由 4 个行星齿轮 6、行星齿轮轴（十字轴）9、两个半轴齿轮 4 及差速器壳 2 和 8 等组成。差速器壳 8 用螺栓或铆钉与主减速器从动齿轮相连接，与另一半差速器壳 2 用螺栓 10 相连。行星齿轮轴 9 的 4 个轴颈上通过滑动轴承（衬套）装着 4 个行星齿轮 6。4 个行星齿轮的两侧各与一个半轴齿轮 4 相啮合。行星齿轮与半轴齿轮均装在差速器壳内。垫片 3 和垫圈 5 用来减少齿轮与差速器壳的磨损。行星齿轮轴 9 装在两个差速器左外壳 2 和右外壳 8 装配时形成的 4 个圆孔内。

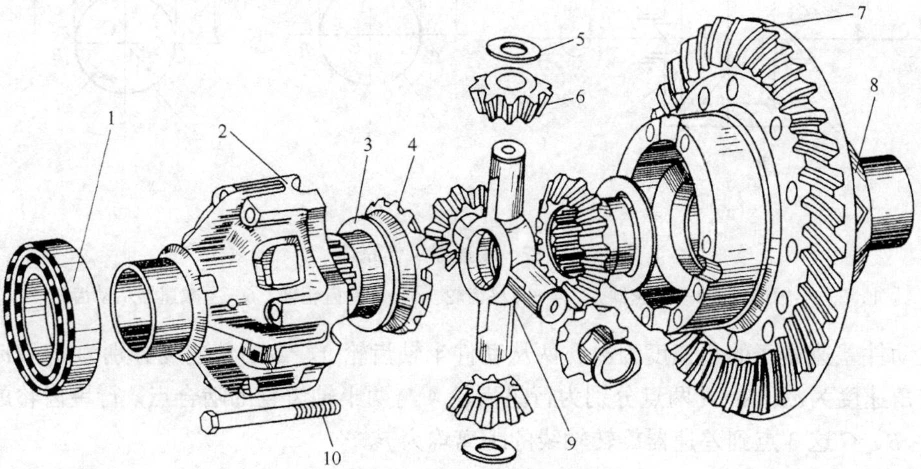

图 3-65　对称式锥齿轮差速器

1—轴承　2—左外壳　3—垫片　4—半轴齿轮　5—垫圈　6—行星齿轮
7—主减速器从动齿轮　8—右外壳　9—行星齿轮轴　10—螺栓

由于中级以下轿车（红旗 CA7220、一汽奥迪 100、捷达、高尔夫、上海桑塔纳等）传递转矩不大，行星齿轮多用两个，如图 3-66 所示，相应的行星齿轮轴（十字轴）为一字轴，而差速器壳做成两边开孔的整体式。

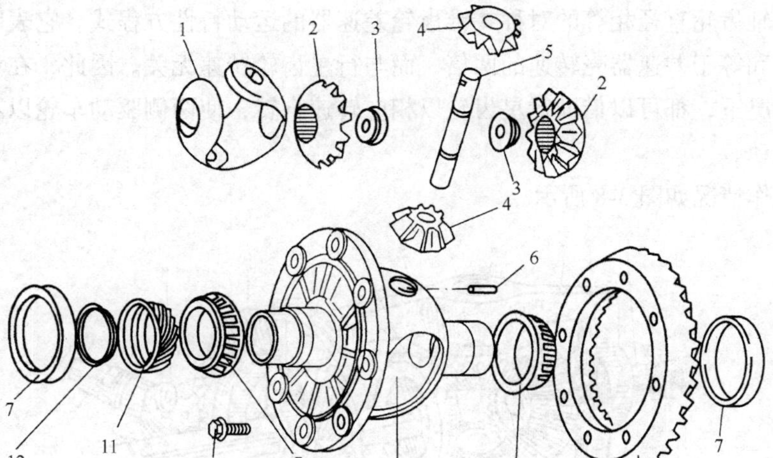

图 3-66　桑塔纳轿车差速器

1—复合式推力垫片　2—半轴齿轮　3—螺纹套　4—行星齿轮　5—行星齿轮轴　6—止动销　7—圆锥滚子轴承
8—主减速器从动锥齿轮　9—差速器壳　10—螺栓　11—车速表齿轮　12—车速表齿轮锁紧套筒

来自主减速器的动力传给差速器壳、行星齿轮轴、行星齿轮、半轴齿轮，再经左右两半轴传至驱动轮。根据左右两驱动轮遇到阻力的情况不同，差速器可使其等速转动或不等速转动。

差速器工作原理如图 3-67 所示。

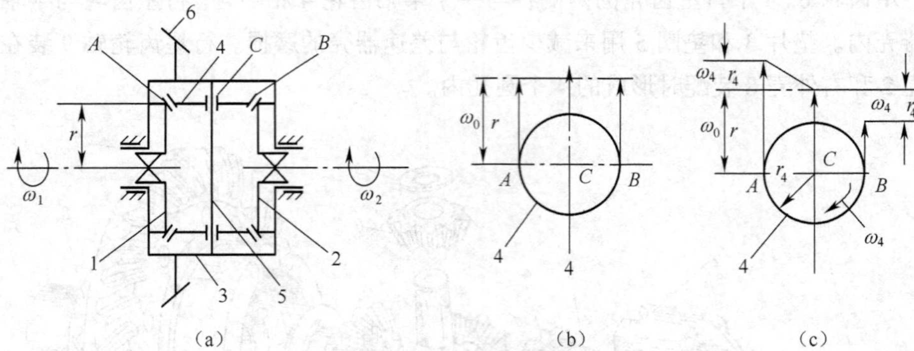

图 3-67 差速器工作原理

1、2—半轴齿轮 3—差速器壳 4—行星齿轮 5—行星齿轮轴 6—主减速器从动齿轮

设主动件差速器壳的角速度为ω_0，两从动件半轴齿轮 1、2 的角速度分别为ω_1和ω_2，行星齿轮自转角速度为ω_4。A、B 两点分别为行星齿轮 4 与两半轴齿轮的啮合点。行星齿轮的中心点为 C，A、B、C 这 3 点到差速器旋转轴线的距离均为 r。

当行星齿轮只是随同行星架绕差速器旋转轴线公转时，A、B、C 3 点的圆周速度显然相等，如图 3-67（b）所示，其值为$\omega_0 r$。所以有$\omega_1 = \omega_2 = \omega_0$（或 $n_1 = n_2 = n_0$，n 单位为 r/min）。

当行星齿轮除公转外，还绕本身的行星齿轮轴 5 以角速度ω_4自转[见图 3-67（c），$\omega_4 \neq 0$]时，啮合点 A 的圆周速度为$\omega_1 r = \omega_0 r + \omega_4 r_4$，啮合点 B 的圆周速度为$\omega_2 r = \omega_0 r - \omega_4 r_4$。

于是有

$$\omega_1 r + \omega_2 r = (\omega_0 r + \omega_4 r_4) + (\omega_0 r - \omega_4 r_4)$$

即

$$\omega_1 + \omega_2 = 2\omega_0$$

或写成

$$n_1 + n_2 = 2n_0$$

上式两半轴齿轮直径相等的对称式锥齿轮差速器的运动特性方程式。它表明左、右两半轴齿轮的转速之和等于差速器壳转速的两倍，而与行星齿轮转速无关。因此，在汽车转弯行驶或在其他行驶情况下，都可以借助行星齿轮以相应转速自转，使两侧驱动车轮以不同转速在地面上滚动而无滑动。

差速器工作情况如图 3-8 所示。

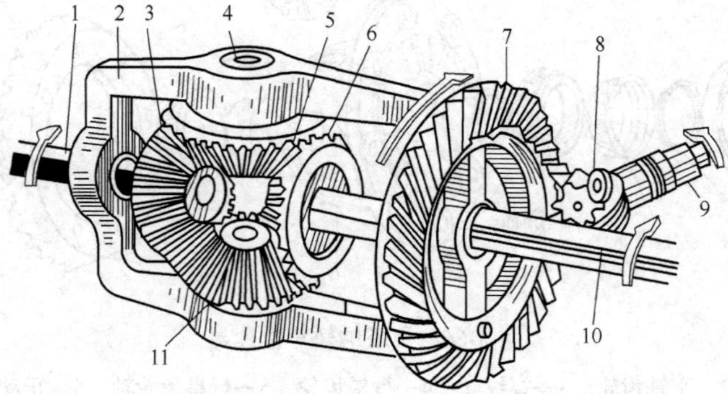

图 3-68 差速器工作情况

（为了明确显示，从动齿轮及主动轴以反向绘出）

1、10—半轴 2—差速器壳 3、6—半轴齿轮 4—行星齿轮轴 5、11—行星齿轮

7—从动齿轮 8—主动齿轮 9—主传动轴

① 汽车直线或在平坦道路上行驶时，两驱动轮转速相等，行星齿轮 5 和 11 与差速器壳 2 一起旋转，行星齿轮不绕自己轴旋转。因此，半轴齿轮 3 和 6 的转速与从动齿轮 7 的转速相同。

② 汽车转弯（例如，右转弯）时，右驱动轮（滚动阻力大）行驶路程较短，因而其转速也较左驱动轮慢。此时，行星齿轮 5 和 11 除随差速器壳公转外，还在转得较慢的车轮的半轴齿轮 6 上滚动。因此，行星齿轮 5 和 11 按顺时针方向绕行星齿轮轴 4 自转，其速度增加值等于半轴齿轮 6 的降低值，达到汽车转弯时，允许两驱动轮以不同速度旋转的目的。

③ 若一侧半轴齿轮不动，差速器壳旋转时，行星齿轮将绕本身的轴线旋转并沿不动一边半轴齿轮滚动，而另一边的半轴齿轮则以两倍于差速壳的转速旋转。因此，两驱动轮转速之和始终等于差速器壳转速的两倍。当差速器壳不动时，若一个车轮旋转，行星齿轮则在原位旋转，并带着另一车轮以相同的转速反方向旋转。

4. 半轴

半轴是差速器与驱动轮之间传递转矩的实心轴，其内端一般通过花键与差速器的半轴齿轮连接，外端以凸缘与驱动轮的轮毂连接，如图 3-69 所示。另外，发动机前置前轮驱动汽车的传动轴也称为半轴。

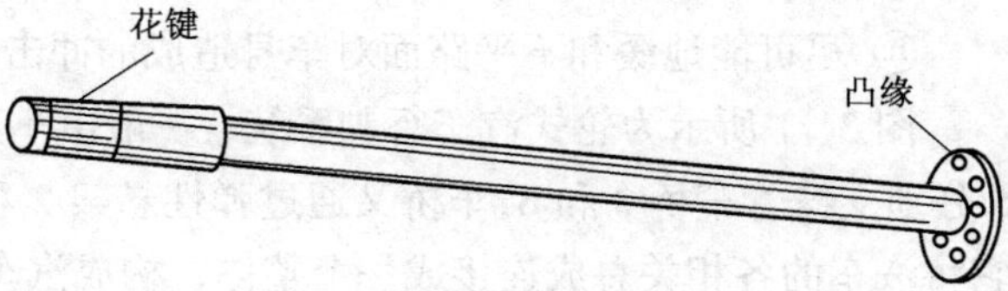

图 3-69 半轴

5. 桥壳

驱动桥壳用以支撑并保护主减速器、差速器及半轴等；与从动桥一起支撑车架及其上的各总成质量；并承受汽车行驶时由车轮传来的各种反力及力矩，经悬架传给车架。

驱动桥壳有整体式和分段式两种。

整体式桥壳的特点是桥壳与主减速器壳分开制造，二者用螺栓连接在一起。东风 EQ1090E 型汽车的驱动桥壳如图 3-70 所示。半轴套管 1 压入后桥壳 2 中。桥壳上部装有通气塞 8，保证高温条件下气流畅通。该驱动桥壳为整体铸造桥壳，其刚度大、强度高、易铸造；但质量大，制造质量不易保证。多用于中、重型汽车。

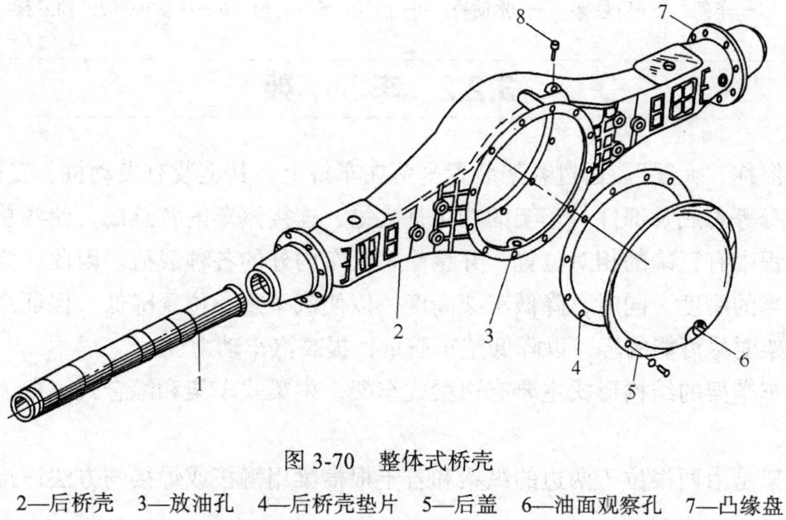

图 3-70 整体式桥壳

1—半轴套管 2—后桥壳 3—放油孔 4—后桥壳垫片 5—后盖 6—油面观察孔 7—凸缘盘 8—通气塞

3.2 行驶系统

3.2.1 概　述

汽车作为一种地面交通运输工具，其行驶系统的主要功用如下。

① 接受由发动机经传动系统传来的转矩，并通过驱动轮与地面之间的附着作用，产生驱动力，以保证整车正常行驶。

② 支撑汽车的总质量。

③ 传递并支撑路面作用于车轮上的各种反力及其所形成的力矩。

④ 尽可能地缓和不平路面对车身造成的冲击和振动，保证汽车平顺行驶。

图 3-71 所示为轮式汽车行驶系统，一般由车架、车桥、车轮及悬架等部分组成。车轮 4 和 5 分别支撑着车桥 3 和 6，车桥又通过弹性悬架 2 和 7 与车架 1 相连接。车架是整个汽车的基体，它将汽车的各相关总成连接成一个整体，构成汽车的装配基础。

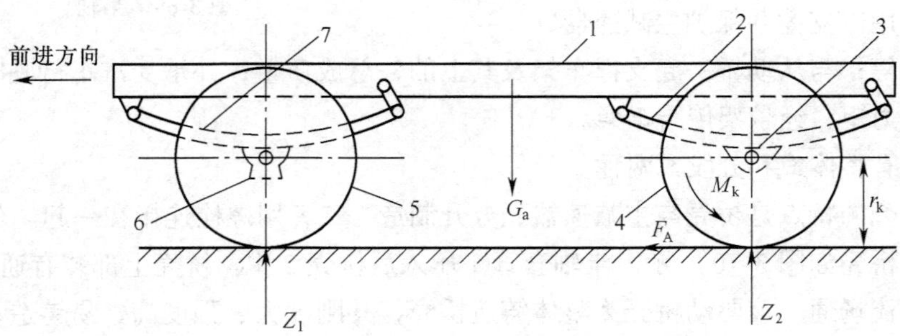

图 3-71　轮式汽车行驶系统

1—车架　2—后悬架　3—驱动桥　4—后轮　5—前轮　6—从动桥　7—前悬架

3.2.2 车　　架

汽车车架俗称“大梁”。通过悬架装置坐落在车桥上。其上装有发动机、变速器、传动轴、前后悬架和车身等总成及部件。车架的功用是支撑、连接汽车的各总成，使各总成在汽车复杂多变的行驶过程中有正确的相对位置，并承受来自车内外的各种载荷。因此，要求车架具有足够的强度和适当的刚度，同时，降低车架高度，以使汽车重心位置降低，保证汽车的行驶稳定性，此外，车架要尽可能的轻，以降低整车质量，提高汽车动力性。

目前，汽车车架的结构形式主要有边梁式车架、中梁式车架和综合式车架，其中，边梁式车架应用最广。

边梁式车架是由两根位于两边的纵梁和若干根横梁用铆接或焊接的方法连接而成的坚固的

刚性构架。边梁式车架的结构特点是便于安装驾驶室、车厢及某些特种装备，因此，被广泛应用在载货汽车和特种汽车上。

图 3-72 所示为东风 EQ1090E 型汽车车架。它由 2 根纵梁和 8 根横梁铆接而成，纵梁为槽形不等高断面梁。由于纵梁中部受到的弯曲力矩最大，为了使应力分布均匀，故中部断面高度最大。

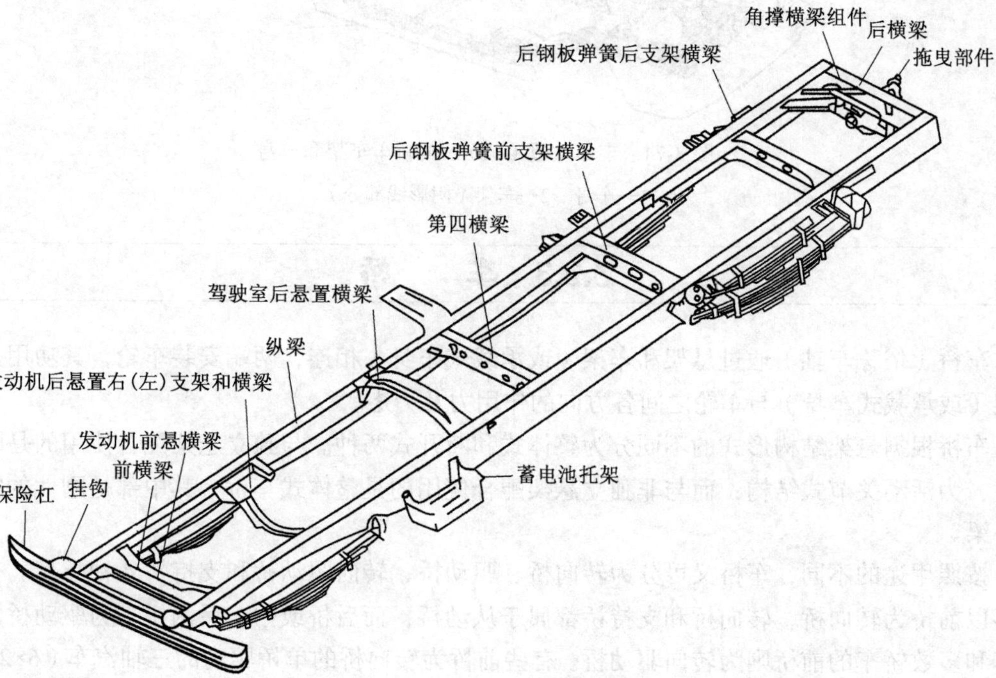

图 3-72　东风 EQ1090E 型汽车车架

对于轿车短而宽的车架，为了降低重心和提高车架的扭转刚度，通常制成前窄后宽且后部向上弯曲的 X 形车架结构，如图 3-73 所示。

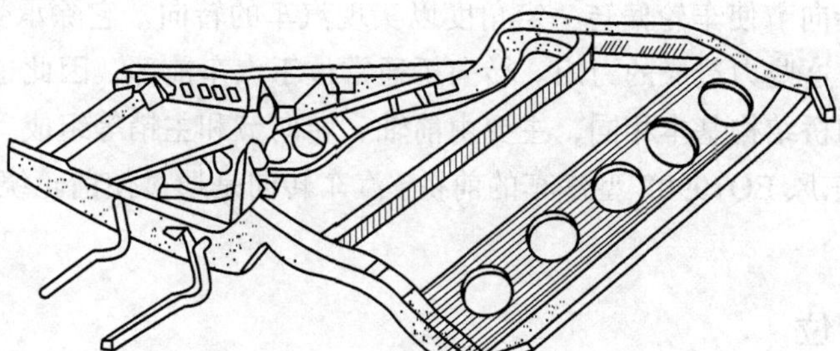

图 3-73　轿车（X 形）车架

现代轿车为了保证良好的整车性能，把结构需要放在第一位，兼顾车架加工工艺性，所以车架形状设计得比较复杂而实用，如图 3-74 所示。为了保证高速轿车的行驶稳定性，汽车的重心应尽量低。为了改善乘员的舒适性，车身的底板也应尽量低，但底板的降低不应妨碍转向轮的偏转和悬架变形时车桥的跳动。因此，轿车车架通常前部做得较窄，前后桥处向上弯曲，中间对应车身地板处比较平低的形状。

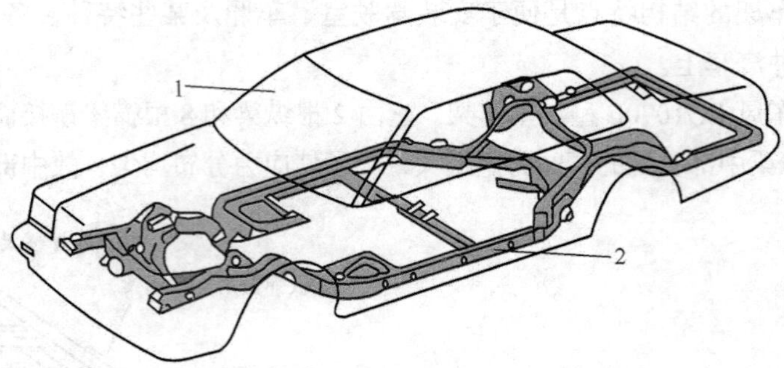

图 3-74　丰田皇冠（Crown）轿车车架和车身

1—车身　2—车架（阴影线部分）

3.2.3 车　　桥

车桥（俗称车轴）通过悬架和车架（或承载式车身）相连，两端安装车轮，其功用是传递车架（或承载式车身）与车轮之间各方向的作用力及力矩。

车桥根据悬架结构形式的不同分为整体式和断开式两种。与独立悬架配合使用的是断开式车桥，为活动关节式结构；而与非独立悬架配合使用的是整体式车桥，其中部是刚性的实心或空心梁。

按照用途的不同，车桥又可分为转向桥、驱动桥、转向驱动桥和支持桥 4 种类型。一般汽车多以前桥为转向桥，转向桥和支持桥都属于从动桥，而后桥或中、后两桥多为驱动桥。越野汽车和多数轿车的前桥则为转向驱动桥。有些前桥为转向桥的单桥驱动的三轴汽车（6×2 汽车）的中桥（或后桥）为驱动桥，则后桥（或中桥）为支持桥，本节主要叙述整体式和断开式的转向桥及转向驱动桥。

1. 转向桥

转向桥是利用转向节使车轮偏转一定角度以实现汽车的转向。它除承受垂直载荷外，还承受纵向力和侧向力及这些力造成的力矩。转向桥通常位于汽车前部，因此也常称为前桥。

各类汽车的转向桥结构基本相同，主要由前轴、转向节和主销等组成。

图 3-75 所示为东风 EQ1090E 型汽车的前桥。汽车转向是通过使前轮绕主销 10 偏转一定角度而实现的。

2. 转向轮定位

为了保证汽车直线行驶的稳定性，应使转向轮有自动回正作用，即当转向轮因偶遇外力作用而发生偏转时，一旦作用的外力消失后，应能立即自动回到原位。这种自动回正作用是由转向轮、主销和前轴之间的安装位置即转向轮的定位参数来保证的。这些转向轮的定位参数有主销后倾角、主销内倾角、前轮外倾角和前轮前束。

（1）主销后倾角

主销装在前轴上后，上部向后倾斜，使主销轴线和地面垂直线在汽车纵向平面内有一夹角γ，如图 3-76 所示，γ即为主销后倾角。

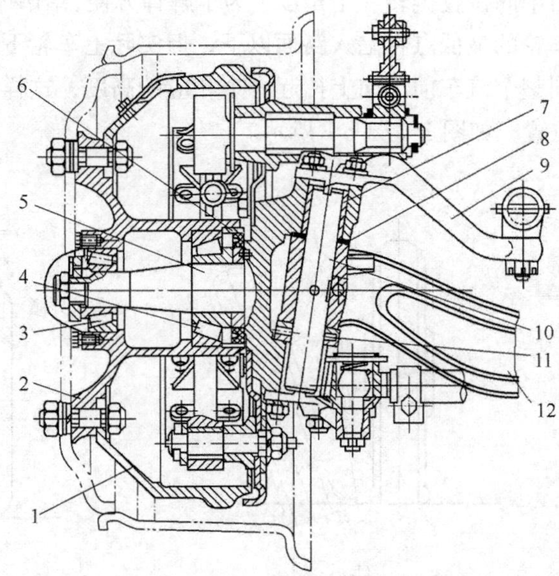

图 3-75　东风 EQ1090E 型汽车的前桥

1—制动鼓　2—轮毂　3、4—圆锥滚子轴承　5—转向节　6—油封　7—衬套　8—调整垫片
9—转向节臂　10—主销　11—滚轮推力轴承　12—前轴

当主销具有后倾角γ时，主销轴线与路面交点 a 将位于车轮与路面接触点 b 之前，ab 之间的距离 l 称为主销后倾拖距。当汽车直线行驶时，若转向轮偶然受到外力作用而稍有偏转（例如，向右偏转如图 3-76 中箭头所示），将使汽车行驶方向向右偏离。由于汽车本身离心力的作用，在车轮与路面接触点 b 处，路面对车轮作用着一个侧向反作用力 Y。反力 Y 对车轮形成绕主销轴线作用的力矩 Yl，其方向与车轮偏转方向相反。在此力矩作用下，将使车轮回复到原来中间的位置，保证了汽车稳定的直线行驶，此力矩称为稳定力矩。因此，主销后倾角γ的作用是保证汽车直线行驶的稳定性，当汽车转向后能使转向轮自动回正，能形成回正的稳定力矩，但此力矩也不应过大，否则在转向时为了克服此力矩，驾驶员须在方向盘上施加较大的力（即所谓转向沉重）。因此力矩的大小主要取决于力臂 l 的数值，而力臂 l 取决于后倾角γ的大小，现在一般采用的γ角不超过 3°。现代高速汽车由于轮胎气压降低弹性增加，稳定力矩增加，因此，γ角可以减小到接近于零，甚至为负值。

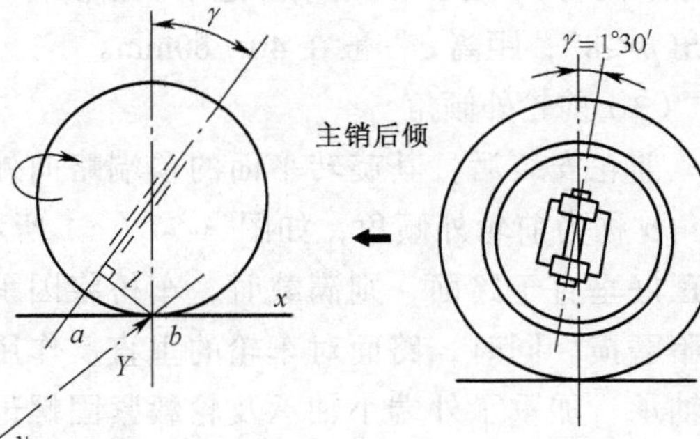

图 3-76　主销后倾角作用示意图

（2）主销内倾角

主销装在前轴上后，上部还略向内倾斜一个 β 角（即主销轴线和地面垂直线在汽车横向断向内夹角）称为主销内倾角 β，如图 3-77 所示。

主销内倾角 β 的作用也是保证汽车直线行驶的稳定性，并使转向轻便，使车轮自动回正。

当转向轮在外力作用下由中间位置偏转一个角度（为了解释方便，图中使其偏转 180°，即转到如虚线所示位置）时，车轮的最低点将陷入路面以下，但实际上车轮下边缘不可能陷入路面以下，而是将转向车轮连同整个汽车前部向上抬起一个相应的高度，这样汽车本身的重力会使转向轮回复到原来的中间位置，如图 3-77（b）所示。

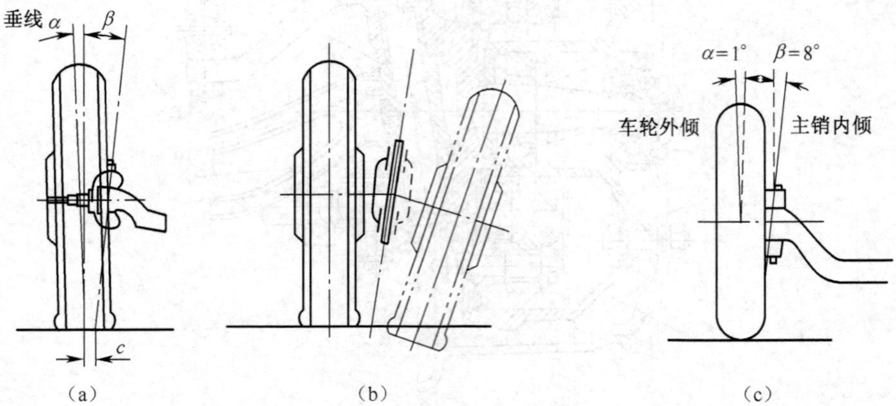

图 3-77　主销内倾角作用示意图及前车轮外倾角

另外，主销的内倾还使得主销轴线与路面交点到车轮中心平面与地面交线的距离 c 减小，如图 3-77（a）所示，从而可减少转向时驾驶员加在方向盘上的力，使转向操纵轻便并减少从转向轮传到方向盘上的冲击力。但 c 值也不宜过小（即内倾角不宜过大），否则在转向时，轮胎与路面间将产生较大的滑动。这不仅会使转向变得很沉重，而且加速了轮胎的磨损。故一般内倾角 $\beta \leqslant 8°$，距离 c 一般在 40～60mm。

（3）前轮外倾角

前轮安装后，其旋转平面的顶端略向外倾斜，它的旋转平面与纵向垂直平面间形成一夹角 α 称为前轮外倾角，如图 3-77（c）所示。α 角也具有定位作用，如果空车时车轮的安装正好垂直于路面，则满载时，车桥将因承载变形，可能出现车轮内倾。这样将加速汽车轮胎磨损。同时，路面对车轮的垂直反作用力沿轮毂的轴向分力将使轮毂压向轮毂外端的小轴承，加重了外端小轴承及轮毂紧固螺母的负荷，降低它们的使用寿命。因此，为了使轮胎磨损均匀和减轻轮毂外轴承的负荷，安装车轮时应预先使车轮有一定的外倾角，以防止车轮内倾。同时，车轮有了外倾角也可以与拱形路面相适应。但是，外倾角也不宜过大，否则也会使轮胎磨损。

设计时使转向节轴颈的轴线与水平面成一角度，该角度即为前轮外倾角 α，一般为 1° 左右。

（4）前轮前束

车轮有了外倾角后，在滚动时，就类似于锥体，从而导致两侧车轮向外滚开。由于转向横拉杆和车桥的约束使车轮不可能向外滚开，车轮将在地面上出现边滚边滑的现象，从而增加了轮胎的磨损。为了消除车轮外倾带来的这种不良后果，在安装车轮时，使汽车两前轮的中心面不平行，两轮前边缘距离 B 小于后边缘距离 A，A 与 B 之差（$A-B$）称为前轮前束值，如图 3-78 所示。这样可使车轮在每一瞬时滚动方向接近于向着正前方，从而在很大程度上减轻和消除了由于车轮外倾而产生的不良后果。

前轮前束可通过改变横拉杆的长度来调整。调整时，可根据各厂家规定的测量位置，使两轮前后距离差（$A-B$）符合规定的前束值，一般前束值为0～12mm。

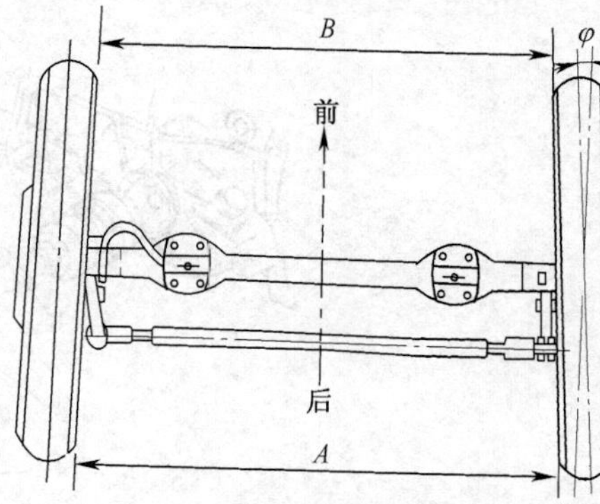

图3-78　前轮前束俯视图

3. 转向驱动桥

全轮驱动的越野汽车的前桥既能转向还起驱动的作用，故称为转向驱动桥，如图3-79所示。它与普通驱动桥一样，有主减速器1和差速器3，区别在于转向时车轮需要绕主销偏转过一个角度，故与转向轮相连的半轴必须分成内外两段，即内半轴4和外半轴8，其间用万向节6（多为等角速万向节）连接，同时，主销12也因而制成上、下两段。转向节轴颈7做成中空的，以便外半轴8得以穿过其中。

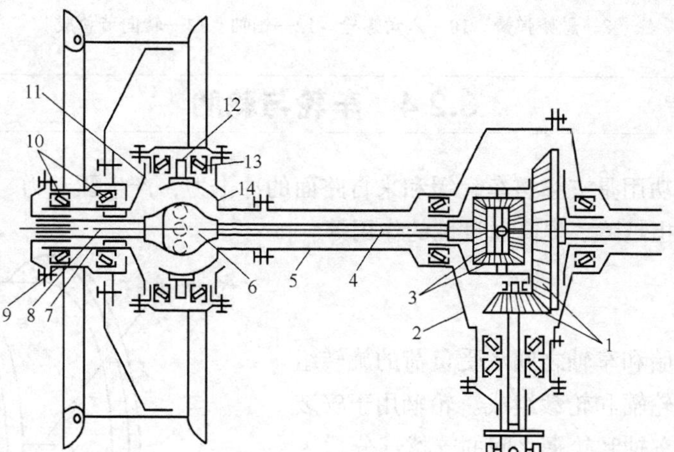

图3-79　转向驱动桥示意图

1—主减速器　2—主减速器壳　3—差速器　4—内半轴　5—半轴套管　6—万向节
7—转向节轴颈　8—外半轴　9—轮毂　10—轮毂轴承　11—转向节壳体
12—主销　13—主销轴承　14—球形支座

目前，许多轿车采用了发动机前置前轮驱动的布置形式，其前桥和全轮驱动的越野汽车一样也是转向驱动桥，轿车的转向驱动桥多与麦弗逊式独立悬架配合使用，因其前轮内侧空间较大，便于布置，具有良好的接近性，维修方便，所以被广泛采用。图3-80所示为红旗世纪星轿车的转向驱动桥，主要由转向节总成13、销轴12及断开式传动轴3组成。前轮毂通过轴承支撑在转向节上，外半轴上的外花键和前轮毂的内花键相连，然后将螺母拧在外半轴头部的螺纹上，使前轮毂和外半轴的相对位置固定。前轮毂外端又和制动盘、车轮总成连在一起。转向节上端由固定在滑柱筒内的减振器活塞杆端头与车身相连，转向节下端和控制臂上的销轴相连。转向时，转向节总成可以绕销轴和上弹簧座内轴承进行转动。

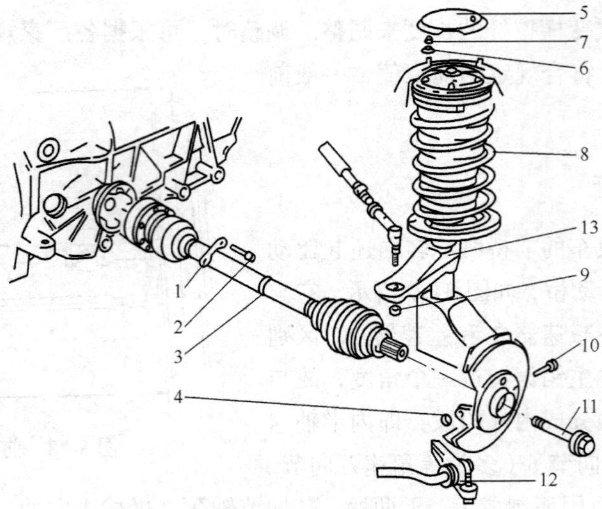

图 3-80 红旗世纪星轿车的转向驱动桥

1—锁止板 2—圆头螺钉 3—传动轴 4、7、9、11—自锁螺母 5—盖板 6—垫圈 8—悬架弹簧 10—六角螺栓 12—销轴 13—转向节总成

3.2.4 车轮与轮胎

车轮与轮胎的功用是支撑整车，缓和来自路面的冲击力，产生驱动力、制动力和侧向力，产生回正力矩，承担越障、提高通过性的作用等。

1. 车轮

车轮是介于轮胎和车轴之间承受负荷的旋转组件，主要由轮辋、轮辐和轮毂组成。轮辋用于安装轮胎，轮辐是介于车轴和轮辋之间的支撑部分。

按轮辐的构造，车轮可分为辐板式和辐条式两种。

（1）辐板式车轮

辐板式车轮由挡圈、辐板、轮辋和气门嘴伸出孔组成，如图 3-81 所示，用以连接轮毂和轮辋的钢质圆盘称为辐板。

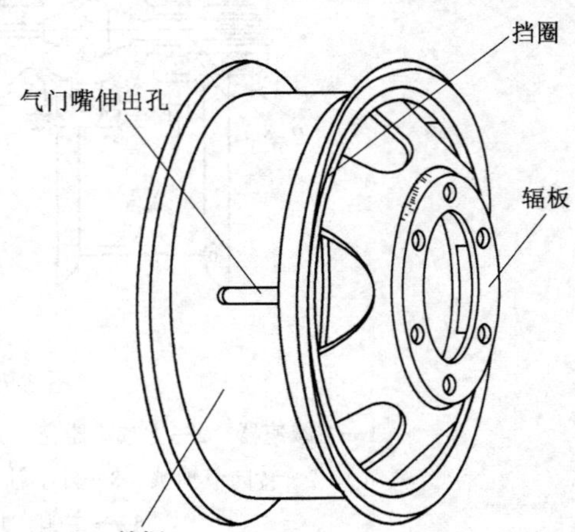

图 3-81 辐板式车轮

（2）辐条式车轮

辐条式车轮的特点是以钢丝辐条或铸造辐条为轮辐。由于钢丝辐条式车轮质量小、价格昂贵、维修安装不便，故仅用于赛车和某些高级轿车上，如图 3-82（a）所示，现代的中高级轿车多采用铸造辐条式车轮，如图 3-82（b）所示。

现代汽车的轮辐多种多样，与汽车造型融为一个整体，对整车起到了很好的装饰作用。采用少辐板的轮辐，也有利于制动器的散热。图 3-83 所示为奔驰轿车的五辐车轮。

轮辋的常见形式主要有两种，即深槽轮辋和平底轮辋，如图 3-84 所示，其中，深槽轮辋用于轿车和轻型越野车，平底轮辋用于中型货车。

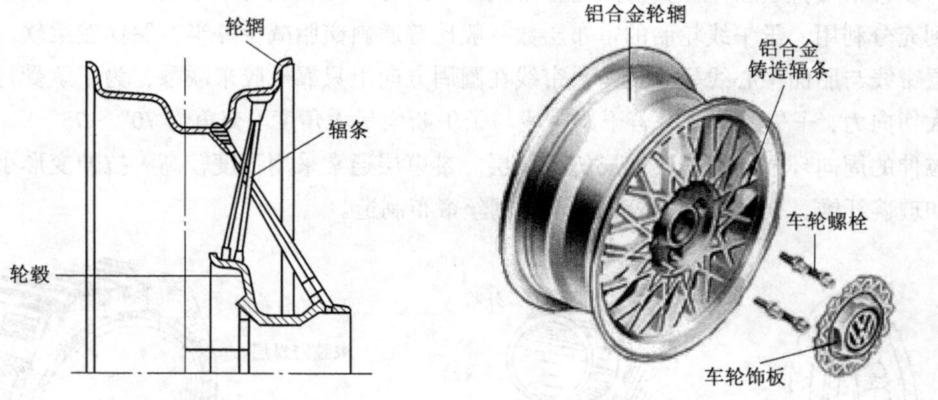

（a）钢丝辐条式　　（b）铸造辐条式

图 3-82　辐条式车轮

图 3-83　奔驰轿车的五辐车轮

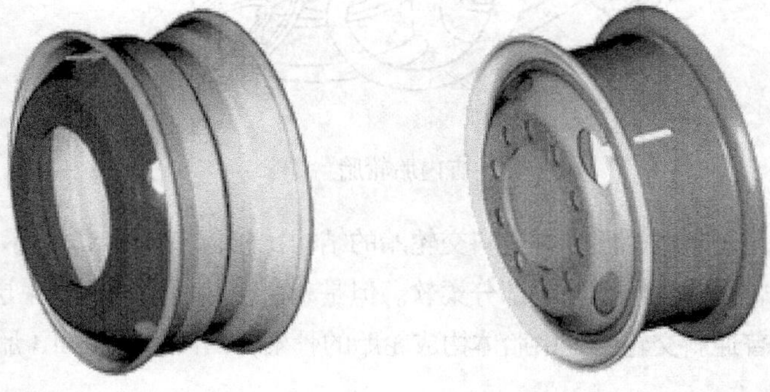

（a）深槽轮辋车轮　　（b）平底轮辋车轮

图 3-84　轮辋结构形式

2. 轮胎

轮胎按组成结构不同，可分为有内胎轮胎和无内胎轮胎两种；按胎体中帘线排列的方向不同，可分为普通斜交轮胎和子午线轮胎。

（1）有内胎轮胎

有内胎轮胎一般由外胎、内胎和垫带组成，如图 3-85 所示。

（2）无内胎轮胎

无内胎轮胎在结构和外观上与有内胎轮胎相似，所不同的是它没有内胎，空气被直接压入外胎中，因此要求外胎和轮辋之间有很好的密封性。无内胎轮胎的外胎内壁上附加了一层厚约 2～3mm 的专门用来封气的橡胶密封层，如图 3-86 所示，它是用硫化的方法粘附上去的。在密封层正对着胎面下面贴着一层用未硫化橡胶的特殊混合物制成的自粘层。自粘层能自行将刺穿的孔粘合，故称为有自粘层的无内胎轮胎。

现代汽车几乎全都采用低压胎，因为低压胎弹性好、断面宽、与道路接触面积大、壁薄而散热性良好，这些特点提高了汽车行驶平顺性、转向操纵的稳定性。

（3）子午线轮胎

图 3-87 所示为子午线轮胎的构造，它由胎圈 1、帘布层 2、带束层 3、胎冠 4 和胎肩 5 组

成，并以带束层箍紧胎体。其特点是：帘线排列的方向与轮胎的子午断面一致，使帘线的强度能得到充分利用，子午线轮胎的帘布层数一般比普通斜交胎减少一半，胎体较柔软，弹性好；帘布层帘线与胎面中心线呈 90° 角，帘线在圆周方向上只靠橡胶来联系，为了承受行驶时产生的较大切向力，子午线胎具有若干层帘线与子午断面呈大角度（交角为 70°～75°）、高强度、不易拉伸的周向环形的类似缓冲层的带束层。带束层通常采用强度较高、拉伸变形小的织物帘布（如玻璃纤维、聚酰胺纤维等材料）或钢丝帘布制造。

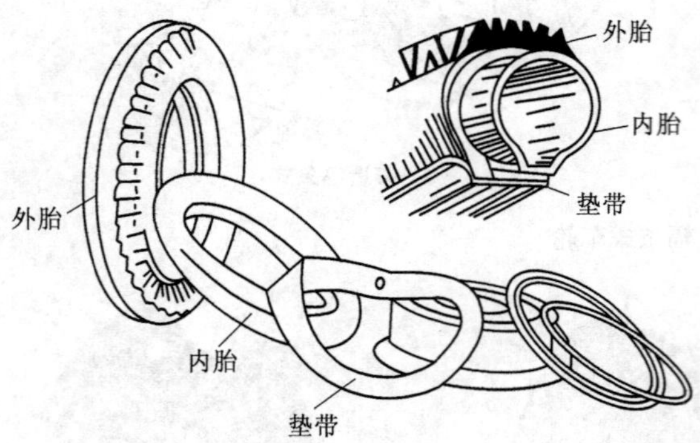

图 3-85　有内胎轮胎

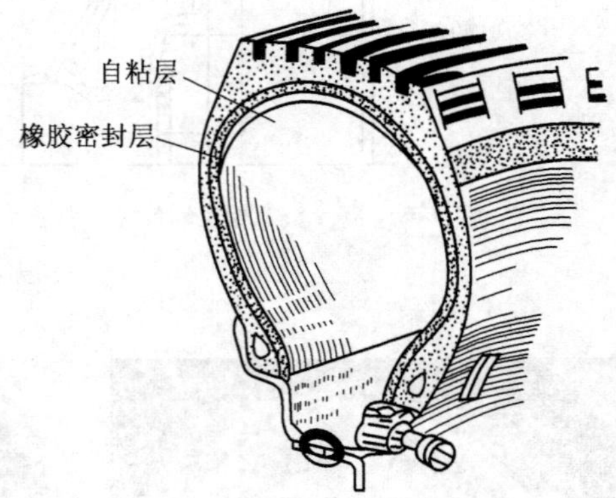

图 3-86　无内胎轮胎

子午线轮胎和普通斜交轮胎的结构比较，如图 3-88 所示。子午线轮胎基本骨架的胎体帘线排列成辐射状，所以胎侧部分柔软。但是，由于胎面内侧有带束层，从而提高了外胎面（胎冠）的刚度。而普通斜交轮胎是由胎体构成轮胎的骨架，因而从外胎面（胎冠）到胎侧的柔软度是均匀的。

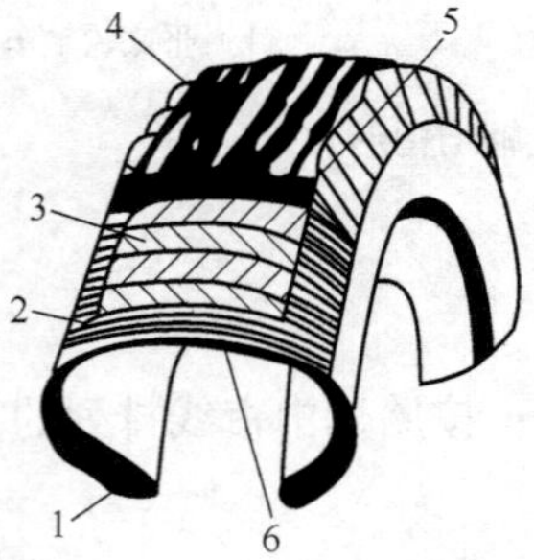

图 3-87　子午线轮胎的构造

1—胎圈　2—帘布层　3—带束层

4—胎冠　5—胎肩　6—子午断面

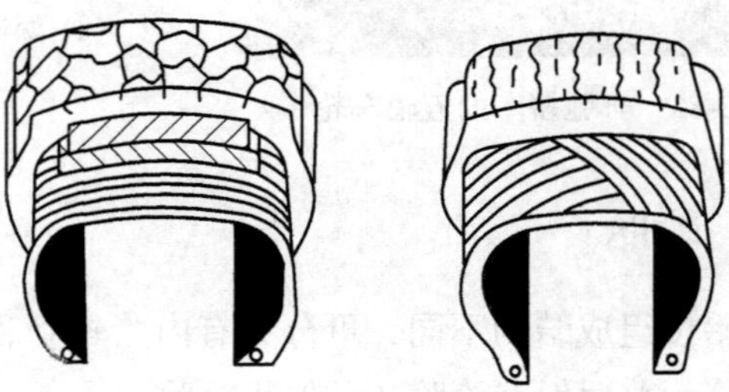
(a) 子午线轮胎　　(b) 普通斜交轮胎

图 3-88　子午线轮胎和普通斜交轮胎的结构比较

综上可知，子午线轮胎有如下的优点。

① 因帘布层数少，胎侧薄，所以散热性能好。

② 胎冠较厚且有坚硬的带束层，不易刺穿，行驶时变形小，可降低油耗 3%～8%。

③ 接地面积大，附着性能好，胎面滑移小，对地面单位压力也小，因而滚动阻力小，使用寿命长。

④ 径向弹性大，缓冲性能好，负荷能力较大。

⑤ 在承受侧向力时，接地面积基本不变，故在转向行驶和高速行驶时稳定性好。

子午线轮胎的缺点是，胎侧过渡区易裂口，制造技术要求高，成本高。

（4）轮胎胎面花纹

轮胎胎面花纹对轮胎的性能影响很大。目前，主要有普通花纹、混合花纹和越野花纹等，如图 3-89 所示。

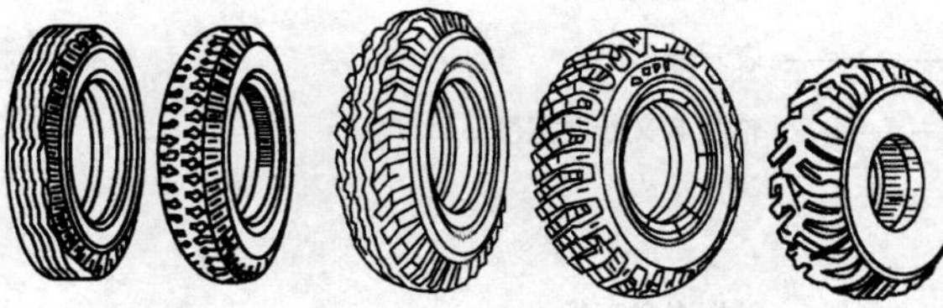

（a）普通花纹　（b）混合花纹　（c）越野花纹

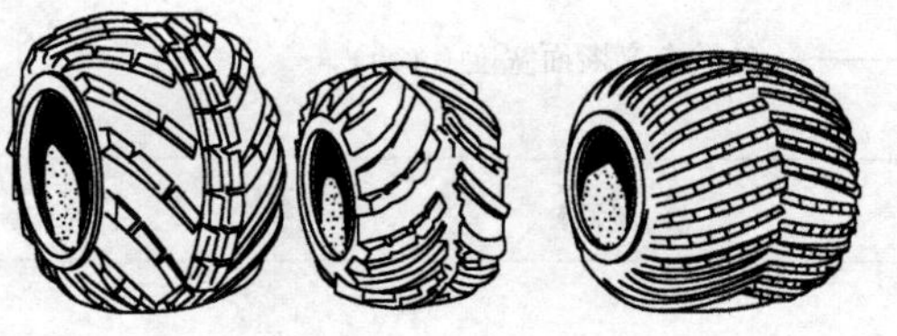

（d）拱形胎花纹　（e）低压胎特种花纹

图 3-89　轮胎胎面花纹

（5）轮胎规格标记方法

充气轮胎尺寸的标记如图 3-90 所示。D 为轮胎名义外径、d 为轮辋名义直径、H 为轮胎断面高度、B 为轮胎断面宽度。H 与 B 之比称为轮胎的高宽比（以百分比表示），即 $H/B \times 100\%$，又称为轮胎的扁平率。轮胎的扁平率越小，说明轮胎的断面越宽，故扁平率小的轮胎称为宽断面轮胎。宽断面轮胎的优点是，因断面宽，接地面积大，接地比压小，磨损减小，滚动阻力也小，抗侧向稳定性强。因此，在相同承载能力下，宽断面轮胎较普通轮胎的直径可以减小。因此，在高速轿车上得到广泛应用。

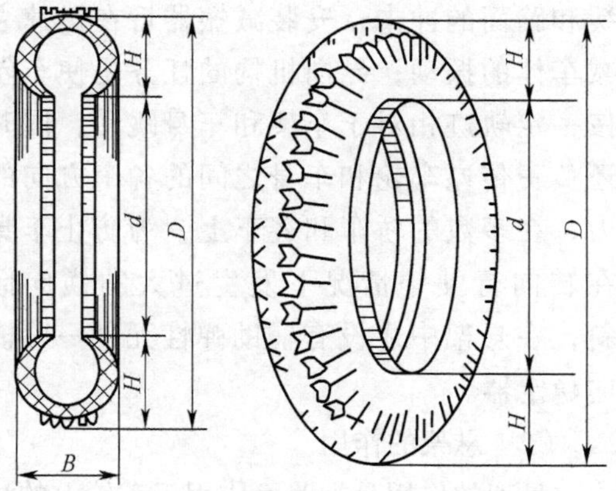

图 3-90　轮胎尺寸的标记

随着汽车工业发展，我国轮胎也制定了相应标准，现把我国轮胎规格表示方法分述如下。

① 轿车轮胎规格表示方法。

185 / 60　R　13　80　H

- H：速度级别
- 80：负荷指数
- 13：轮辋名义直径（inch）（1 英寸 =25.4cm）
- R：子午线结构代号（英语单词“Radial”的第一个字母）
- 60：轮胎名义高宽比
- 185：轮胎名义断面高度（mm）

② 载货汽车轮胎规格表示方法。

9.00　—　20

- 20：轮辋名义直径（inch）
- —：表示低压胎
- 9.00：轮胎名义断面宽度（inch）

9.00　R　20

- 20：轮辋名义直径（inch）
- R：子午线结构代号
- 9.00：轮胎名义断面宽度（inch）

3.2.5 悬　架

1. 概述

（1）悬架的组成

现代汽车的悬架一般是由弹性元件 1、减振器 3、导向机构 2、5 和横向稳定器共 4 部分组成，如图 3-91 所示。弹性元件的作用是缓和路面的冲击；安装减振器旨在迅速衰减车体的振动；导向机构的任务是使车轮按一定轨迹相对于车架和车身跳动，同时还负责传递车轮和车身之间的各个方向的力；在多数的轿车和客车上，为防止车身在转向行驶等情况下发生过大的横向倾斜，在悬架中还设有辅助弹性元件——横向稳定器。

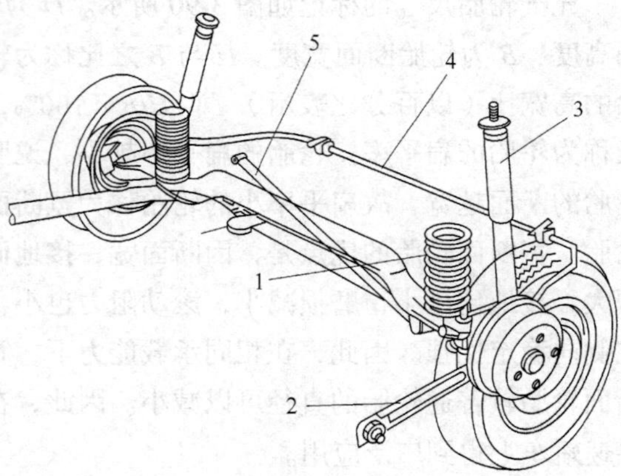

图 3-91　汽车悬架组成示意图

1—弹性元件　2—纵向推力杆　3—减振器
4—横向稳定器　5—横向推力杆

（2）悬架的作用

悬架的作用是把路面作用于车轮上的法向反力（支持力）、切向反力（牵引力和制动力）和侧向反力以及这些反力所造成的力矩都要传递到车架（或承载式车身）上，缓和并衰减汽车在行驶中产生的冲击及振动，以保证汽车的正常行驶。

（3）悬架的分类

汽车悬架可分为非独立悬架和独立悬架两大类，如图 3-92 所示。非独立悬架的结构特点是两侧的车轮由一根整体式车桥相连。当一侧车轮因道路不平而发生跳动时，必然引起另一侧车轮在汽车横向平面内摆动，故称为非独立悬架。而独立悬架的结构特点是车桥做成断开的，两侧车轮可以单独地通过弹性悬架与车架（或车身）连接，单独跳动，互不影响，故称为独立悬架。

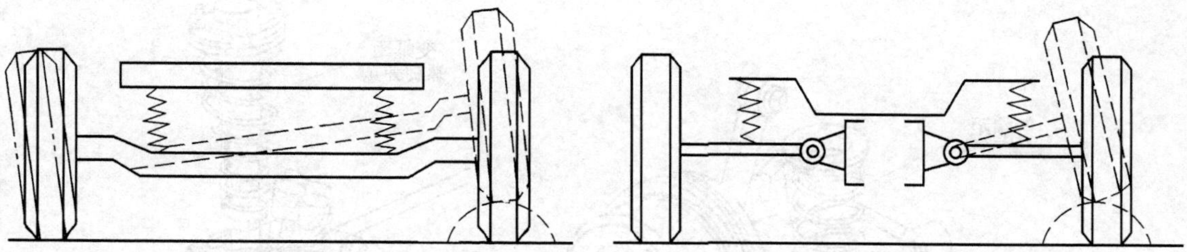

（a）非独立悬架　　（b）独立悬架

图 3-92　非独立悬架与独立悬架示意图

2. 弹性元件

（1）钢板弹簧

如图 3-93 所示，钢板弹簧是汽车悬架中应用最广泛的一种弹性元件，由若干片等宽但不等长的合金弹簧片组合而成的近似等强度的弹性梁。

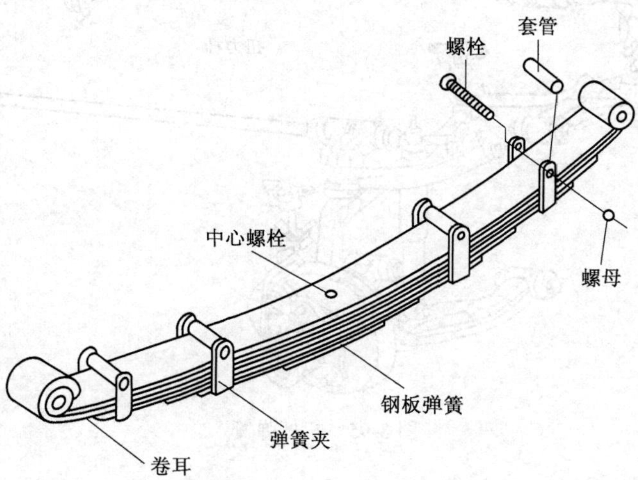

图 3-93　钢板弹簧

（2）螺旋弹簧

螺旋弹簧广泛地应用于独立悬架，特别是前轮独立悬架中。其优点是无须润滑，不忌泥污；安置它所需的纵向空间不大；弹簧本身质量小。

螺旋弹簧本身没有减振作用，因此在螺旋弹簧悬架中必须另装减振器。此外，螺旋弹簧只能承受垂直载荷，故必须装设导向机构以传递垂直力以外的各种力和力矩。

螺旋弹簧用弹簧钢棒料卷制而成，可做成等螺距或变螺距，前者刚度不变，后者刚度可变，如图 3-94 所示。

（3）扭杆弹簧

扭杆弹簧本身是一根由弹簧钢制成的杆，如图 3-95 所示。扭杆断面为圆形，其两端形状可以做成花键、方形、六角形或带平面的圆柱形等，以便一端固定在车架上，另一端固定在悬架的摆臂上。当车轮跳动时，摆臂便绕着扭杆轴线而摆动，使扭杆产生扭转弹性变形，借以保证车轮与车架的弹性联系。

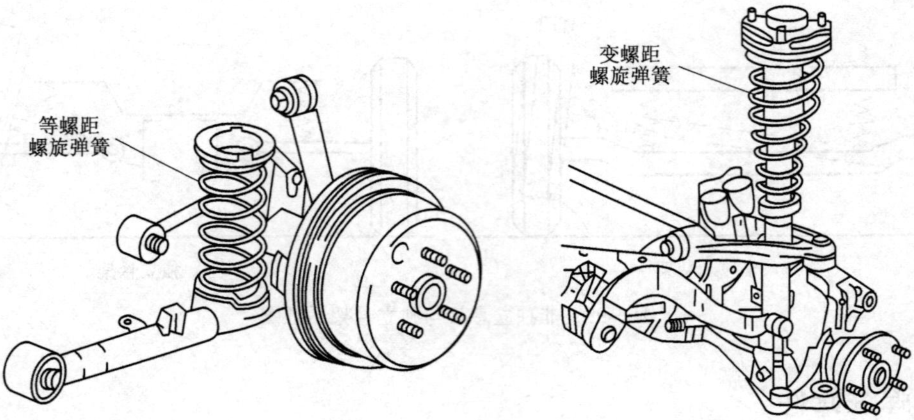

图 3-94 螺旋弹簧

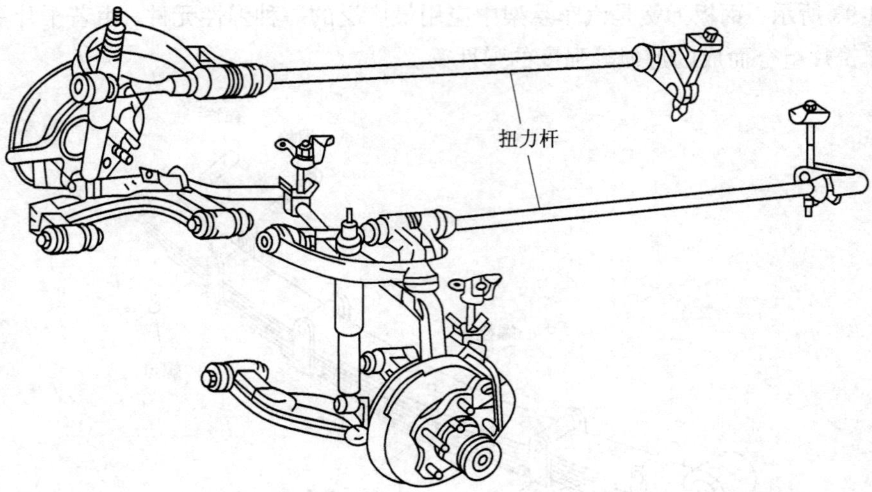

图 3-95 扭杆弹簧

采用扭杆弹簧的悬架质量较小，结构比较简单，也不需润滑，并且通过调整扭杆弹簧固定端的安装角度，易实现车身高度的自动调节。既可以横向布置，也可以纵向布置，可以方便地安装满足设计要求长度的扭杆，以保证悬架具有良好的性能。

（4）气体弹簧

气体弹簧是在一个密封的容器中充入压缩气体（气压为 0.5～1.0MPa），利用气体的可压缩性实现其弹簧作用。这种弹簧的刚度是可变的，因为作用在弹簧上的载荷增加时，容器内的定量气体受压缩，气压升高，则弹簧的刚度增大。反之，载荷减小时，弹簧内的气压下降，刚度减小，故它具有较理想的弹性特性。

气体弹簧有空气弹簧和油气弹簧两种。

① 空气弹簧。空气弹簧又有囊式和膜式之分，如图 3-96 所示。囊式空气弹簧由夹有帘线的橡胶气囊和密闭在其中的压缩空气所组成。气囊的节数越多，弹性越好。

膜式空气弹簧的密闭气囊由橡胶膜片和金属压制件组成。与囊式的相比，其弹性特性曲线比较理想，因其刚度较囊式小，车身自然振动频率较低；且尺寸较小，在车上便于布置，故多用在轿车上。

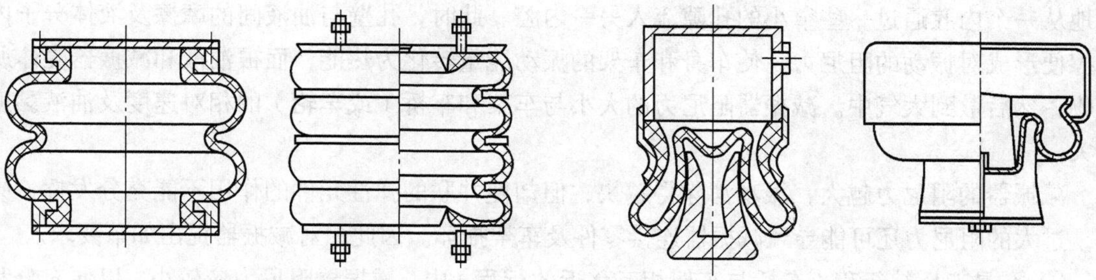

（a）囊式空气弹簧　　（b）膜式空气弹簧

图 3-96　空气弹簧

② 油气弹簧。油气弹簧以气体（如氮等惰性气体）作为弹性介质，用油液作为传力介质，利用气体的可压缩性实现弹簧作用，结构原理如图 3-97 所示。

球形室 1 固定在工作缸 6 之上，室内腔用橡胶隔膜 3 将油与气隔开，充入高压氮气 2 的一侧为气室，与工作缸相同而充满油液 4 的一侧为油室。工作缸 6 内装有活塞 7 和阻尼阀 5 及阀座。

当汽车受到载荷增加变化时，活塞 7 向上移动，使工作缸内油压升高，打开阻尼阀 5 进入球形室下部，推动隔膜 3 向气室方向移动，气室受到压缩压力升高，使油气弹簧刚度增加。当载荷减小时，气室内的高压氮气膨胀，使隔膜向下方（油室）移动，油液通过阻尼阀流回工作缸，活塞下移使油压降低，同时气室容积变大压力下降，使油气弹簧刚度降低。随着汽车行驶中的姿态变化，工作缸内的油压与气室内的氮气压力也随之变化，此时活塞处于工作缸中的不同位置。因此，油气弹簧具有可变刚度的特性。

油气弹簧具有良好的行驶平顺性，而且体积小，质量轻，但是对密封性要求很高，维护相对麻烦。目前，这种弹簧多用于重型汽车和部分轿车上。

3. 减振器

在大多数汽车的悬架系统内部都装有减振器，它和弹性元件是并联安装的，如图 3-98 所示。作用是为加速车架和车身振动的衰减，以改善汽车的行驶平顺性。

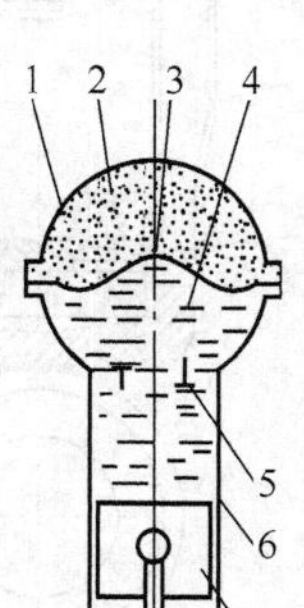

图 3-97　单气室油气分隔式油气弹簧

1—球形室　2—气体　3—隔膜　4—油液
5—阻尼阀　6—工作缸　7—活塞

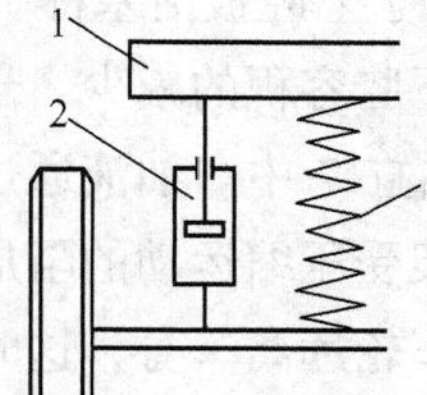

图 3-98　减振器和弹性元件的安装示意图

1—车架　2—减振器　3—弹性元件

汽车悬架系统中广泛采用液力减振器。其作用原理是利用液体流动的阻力来消耗振动的能量。当车架与车桥做往复相对运动时，活塞在缸筒内也做往复运动，减振器壳体内的油液便反复地从一个内腔通过一些窄小的孔隙流入另一内腔。此时，孔壁与油液间的摩擦及液体分子内摩擦便形成对振动的阻尼力，使车身和车架的振动能量转化为热能，而被油液和减振器壳体所吸收，然后散到大气中。减振器阻尼力的大小与车架和车桥（或车轮）的相对速度及油液黏度有关。

减振器的阻尼力越大，振动消除得越快，但却使并联的弹性元件的作用不能充分发挥，同时，过大的阻尼力还可能导致减振器连接零件及车架损坏。因此，对减振器提出如下要求。

① 在悬架压缩行程（车桥与车架相互移近的行程）内，减振器阻尼力应较小，以便充分利用弹性元件的弹性，缓和冲击。

② 在悬架伸张行程（车桥与车架相对远离的行程）内，减振器的阻尼力应大，以求迅速减振。

③ 当车桥（或车轮）与车架的相对速度过大时，减振器应当能自动加大液流通道截面积，使阻尼力始终保持在一定限度之内，避免承受过大的冲击载荷。

在压缩和伸张两行程内均能起减振作用的减振器称为双向作用式减振器。另有一种减振器仅在伸张行程内起作用，称为单向作用式减振器。目前汽车上广泛采用双向作用筒式减震器。图 3-99 所示为双向作用筒式减振器。双向作用筒式减振器有 3 个同心钢筒。外面的钢筒是防尘罩 2，上面有一圆环与车架（车身）连接；中间的钢筒是储油缸 7，内部有一定量的减振器油，下部有一圆环与车桥相连；最里面的钢筒是工作缸 10，内部装满减振器油。在工作缸内部通过防尘罩和上部圆环制成一体的活塞杆 11，其底部固定有活塞 9。活塞上装有伸张阀 8 和流通阀 4，在工作缸下部底座上装有补偿阀 5 和压缩阀 6。为满足减振器工作需要，流通阀和补偿阀的弹簧相对较软，较小的油压便可以打开或关闭；而压缩阀和伸张阀的弹簧相对较硬，只有当油压增大到一定程度时才能打开，只要油压稍有下降便关闭。

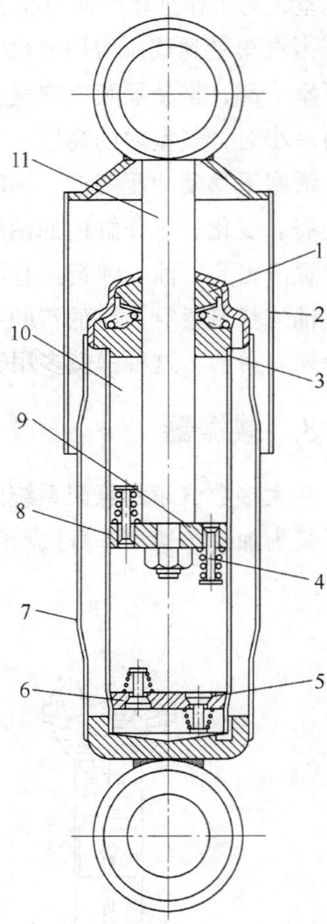

图 3-99　双向作用筒式减振器

1—油封　2—防尘罩　3—导向座　4—流通阀　5—补偿阀　6—压缩阀　7—储油缸　8—伸张阀　9—活塞　10—工作缸　11—活塞杆

双向作用筒式减振器的工作过程如下所述。压缩行程时，由于减振器被压缩，汽车车轮移近车身，减振器内的活塞 9 向下移动，下腔容积减小，油压升高。大部分油液冲开流通阀 4 流入上腔，由于上腔被活塞杆 11 占去一部分空间，上腔容积的增加小于下腔容积的减少，于是一部分油液推开压缩阀 6，流回到储油缸 7 中。油液通过阀孔时所形成的节流作用就产生了对悬架受压缩运动的阻尼作用。在伸张行程时，减振器受拉伸，车轮远离车身，这时活塞向上移动，上腔油压升高，流通阀 4 关闭，上腔内的油液打开伸张阀 8 流入下腔。由于活塞杆自身的存在，自上腔流来的油液不能充满下腔增加的容积，使得下腔产生一定的真空度，这时储油缸中的油液推开补偿阀 5 流进下腔补充。阀的节流作用对悬架在伸张运动时起到阻尼作用。

由于伸张阀弹簧的刚度和预紧度设计得大于压缩阀，在相同力的作用下，伸张阀及相应的常通缝隙通道的截面积总和小于压缩阀及相应常通缝隙通道的截面积总和，这使得减振器的伸张行程产生的阻尼力大于压缩行程时产生的阻尼力，从而实现迅速减振。

4. 非独立悬架

非独立悬架因其结构简单，工作可靠，广泛应用于货车的前、后悬架，而在轿车中非独立悬架仅用于后悬架。

（1）钢板弹簧式非独立悬架

钢板弹簧式非独立悬架主要由钢板弹簧和减振器组成，如图 3-100 所示。由于钢板弹簧本身可以兼起导向机构的作用，并有一定的减振作用，就使得悬架结构大为简化。钢板弹簧式非独立悬架通常是将钢板弹簧纵向布置，因此又称为纵置板簧式非独立悬架。

（2）螺旋弹簧式非独立悬架

螺旋弹簧式非独立悬架一般只用作中低级轿车的后悬架。由螺旋弹簧、减振器、纵向拖臂和扭力梁组成，如图 3-101 所示。这种悬架也被称为扭力梁式悬架、拖曳臂式悬架或 H 型悬架。

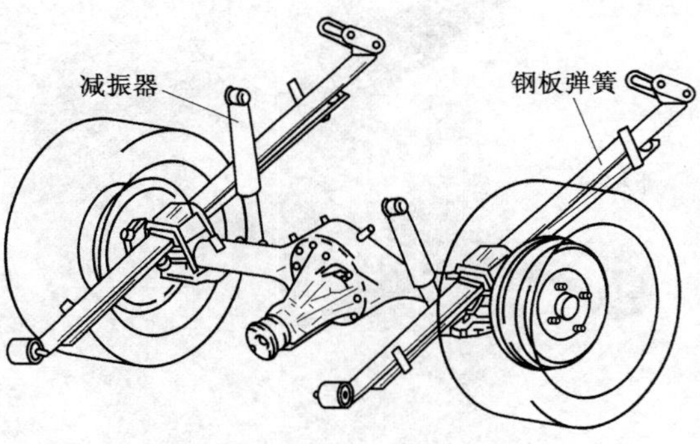

图 3-100　钢板弹簧式非独立悬架

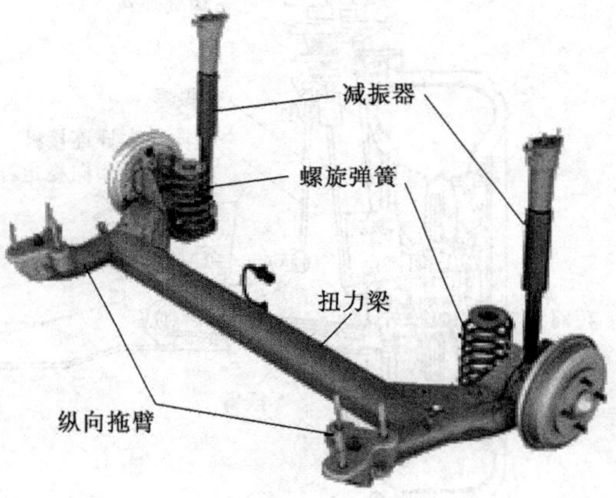

图 3-101　螺旋弹簧式非独立悬架

5. 独立悬架

独立悬架的结构特点是两侧的车轮各自独立地与车架或车身弹性连接，因而具有以下优点。

① 在悬架弹性元件一定的变形范围内，两侧车轮可以单独运动，互不影响，这样在不平道路上行驶时可减少车架和车身的振动，而且有助于消除转向轮不断偏摆的不良现象。

② 减少了汽车的非簧载质量（即不由弹簧支撑的质量），则悬架所受到的冲击载荷也减小，可以提高汽车的平均行驶速度。

③ 采用断开式车桥，发动机总成的位置可以降低和前移，使汽车重心下降，提高了汽车行驶稳定性。

独立悬架的缺点是结构复杂，制造成本高，维修不便，轮胎磨损较严重。

独立悬架被广泛使用在轿车转向轮和越野汽车上。

独立悬架一般采用螺旋弹簧、扭杆弹簧、空气弹簧或油气弹簧作为弹性元件。独立悬架的结构类型很多，目前应用较多的主要有 3 种形式，即麦弗逊式独立悬架、双横臂式独立悬架和多连杆式独立悬架。

（1）麦弗逊式独立悬架

麦弗逊式独立悬架目前在前置前驱动轿车和某些轻型客车上广泛采用。麦弗逊式独立悬架的结构如图 3-102 所示。其突出的特点是以筒式减振器为滑动立柱，减振器的上端通过带轴承的隔振块总成（可看作减振器的上铰链点）与车身相连，减振器的下端与转向节相连。下摆臂外侧与转向节铰接，内侧与车架铰接。车轮所受的侧向力通过转向节大部分由下摆臂承受，其余部分由减振器活塞和活塞杆承受。

筒式减振器上铰链的中心与下摆臂外端的球铰链中心的连线为主销轴线。此结构也为无主销结构。当车轮上下跳动时，因减振器的下支点随下摆臂摆动，故主销轴线的角度是变化的。这说明车轮是沿着摆动的主销轴线而运动。因此，这种悬架在变形时，使得主销的定位角和轮距都有些变化。然而如果适当地调整杆系统的布置，可使车轮的这些定位参数变化极小。

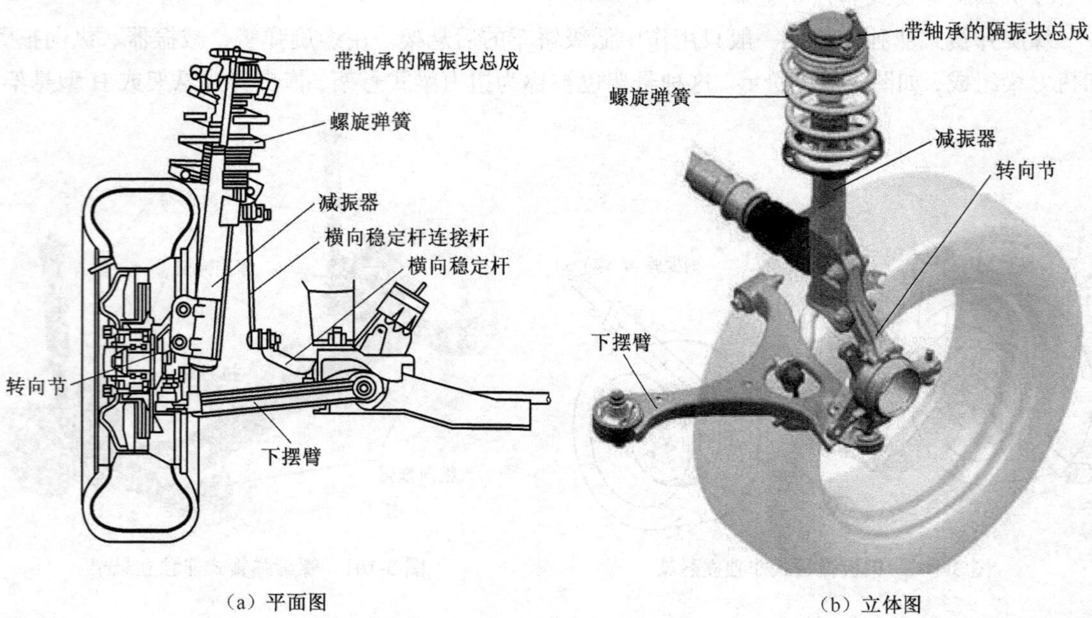

图 3-102　麦弗逊式独力悬架的结构

该悬架突出的优点是增大了两前轮内侧的空间，便于发动机和其他一些部件的布置；其缺点是滑动立柱摩擦和磨损较大。为减少摩擦通常是将螺旋弹簧中心线与滑柱中心线的布置不相重合。

（2）双横臂式独立悬架

双横臂式独立悬架系统按上下横臂是否等长，又分为等长双横臂式和不等长双横臂式两种悬架系统，如图 3-103 所示。等长双横臂式悬架系统在车轮上下跳动时，能保持主销倾角不变，但轮距变化大，造成轮胎磨损严重，现已很少用。对于不等长双横臂式悬架系统，只要适当选择，优化上下横臂的长度，并通过合理的布置，就可以使轮距及前轮定位参数变化均在可接受的限定范围内，保证汽车具有良好的行驶稳定性。

图 3-103（b）所示为上下两摆臂不等长的双横臂式独立悬架的示意图。如果选择长度比例合适，可使车轮和主销的角度及轮距变化不大。这种独立悬架被广泛应用在轿车前轮上。为了传递纵向力，上下两个横臂一般都做成 A 字形或 V 字形，所以这种悬架又称为双叉臂式独立悬架。悬架的上下两个 V 形摆臂以一定的距离，一端安装在转向节上，另一端安装在车架上，如

图 3-104 所示。

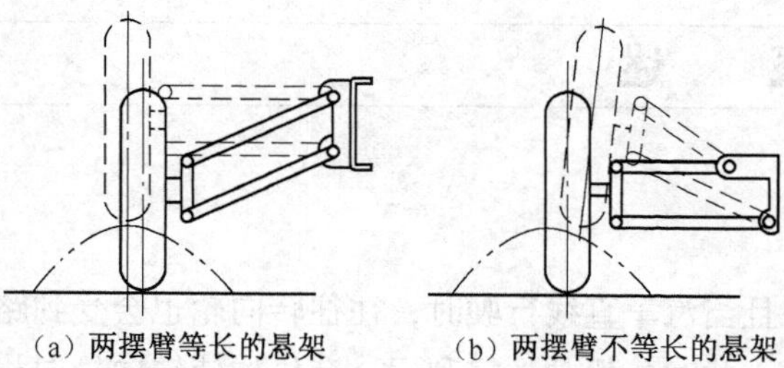

图 3-103 双横臂式独立悬架示意图

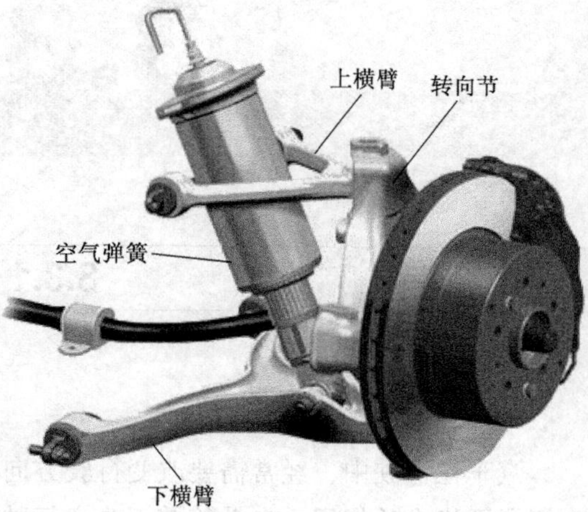

图 3-104 双叉臂式独立悬架立体图

(3) 多连杆式独立悬架

多连杆式独立悬架系统是由 3～5 根杆件组合起来控制车轮的位置变化的悬架系统，其结构如图 3-105 所示。多连杆式独立悬架系统能使车轮绕着与汽车纵轴线成一定角度的轴线内摆动，是横臂式和纵臂式的折中方案，适当地选择摆臂轴线与汽车纵轴线所成的夹角，可不同程度地获得横臂式与纵臂式悬架系统的优点，能满足不同的使用性能要求。多连杆式独立悬架系统的主要优点是：车轮跳动时轮距和前束的变化很小，不管汽车是在驱动、制动状态都可以按司机的意图进行平稳的转向。

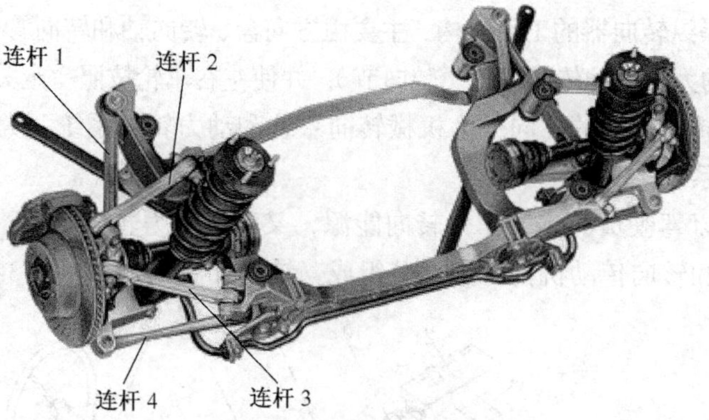

图 3-105 多连杆式独立悬架结构

以上介绍的 3 种悬架，麦弗逊式独立悬架结构简单、成本低、两侧车轮内侧空间大，便于发动机的布置，但是其抗侧倾能力一般，高速转向时横向稳定性不好，多用作中低级轿车的前悬架。双叉臂式独立悬架具有侧倾小、可调参数多、轮胎接地面积大、抓地性能优异等优点。但是，相比麦弗逊式独立悬架多了一个上横臂，不仅需要占用较大的空间，而且其定位参数较难确定，因此小型轿车的前桥出于空间和成本考虑一般不会采用此种悬架，多应用在中高级轿车的前后悬架系统上，部分运动型轿车及赛车的后轮也采用这一悬架系统结构。多连杆式独立悬架结构复杂、成本高、舒适性和操纵稳定性非常好，多用于高级轿车。

3.3 转向系统

3.3.1 概　　述

1. 转向系统的功用

汽车在行驶中，经常需要改变行驶方向，并且当汽车直线行驶时，往往转向轮也会受到路面侧向干扰力的作用，自动偏转而改变行驶方向，此时，驾驶员需利用一套机构使转向轮向相反方向偏转，从而使汽车恢复原来的行驶方向，这一套用来改变或恢复汽车行驶方向的专设机构即称为汽车转向系统。

转向系统的功用是保证汽车按照驾驶员的需要改变行驶方向，而且还可以克服路面侧向干扰力使车轮自行产生的转向，恢复汽车原来的行驶方向。

2. 转向系统的组成及分类

汽车转向系统包括转向器、转向操纵机构和转向传动机构 3 个基本组成部分。转向器是将方向盘的转动变为转向摇臂的摆动或齿条轴的直线往复运动,并对转向操纵力进行放大的机构。转向器一般固定在汽车车架或车身上，转向操纵力通过转向器后一般还会改变传动方向。转向操纵机构是驾驶员操纵转向器的工作机构，主要由方向盘、转向轴和转向管柱等组成。转向传动机构是将转向器输出的力和运动传给车轮（转向节），并使左右车轮按照一定关系进行偏转的机构。

转向系统可按转向能源的不同分为机械转向系统和动力转向系统两大类。

（1）机械转向系统

机械转向系统以驾驶员的体力作为转向能源，又称为人力转向系统。机械转向系统由转向操纵机构、转向器和转向传动机构 3 大部分组成，结构如图 3-106 和图 3-107 所示。

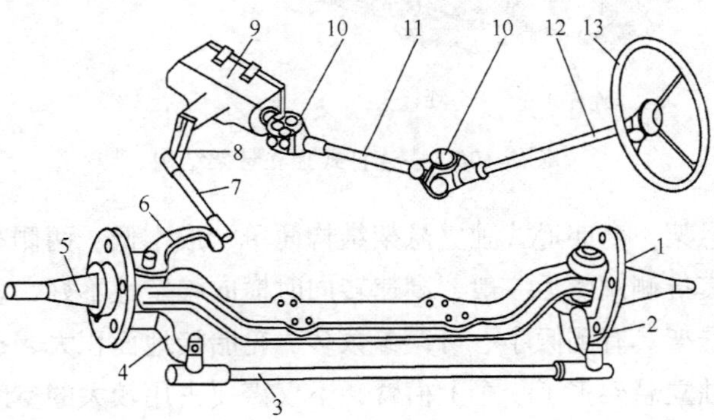

图 3-106　货车机械转向系统示意图

1—右转向节　2、4—转向梯形臂　3—转向横拉杆　5—左转向节　6—转向节臂　7—转向直拉杆　8—转向器摇臂　9—转向器　10—万向节　11—转向传动轴　12—转向轴　13—方向盘

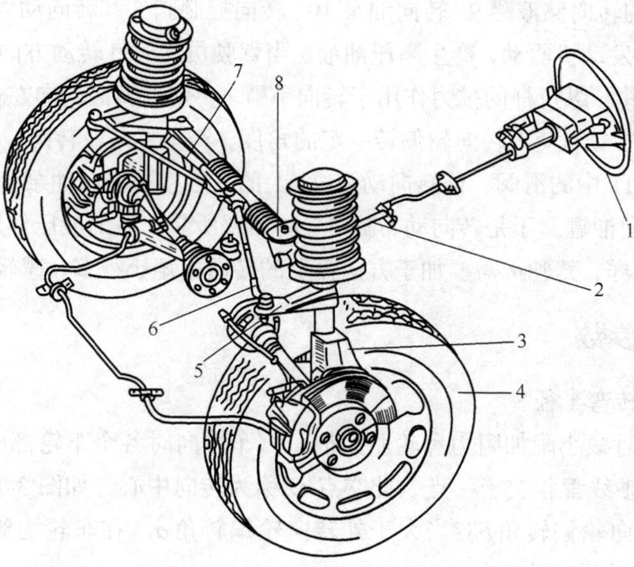

图 3-107　轿车机械转向系统示意图

1—方向盘　2—安全转向柱　3—转向节　4—车轮　5—转向节臂
6—左、右横拉杆　7—转向减振器　8—转向器

（2）动力转向系统

动力转向系统是兼用驾驶员体力和发动机动力为转向能源的转向系统。在正常情况下，汽车转向所需能量，只有一小部分由驾驶员提供，而大部分是由发动机通过转向加力装置提供的。但在转向加力装置失效时，一般还应当能由驾驶员独立承担汽车转向任务。因此，动力转向系统是在机械转向系统的基础上加设一套转向加力装置而形成的，如图 3-108 所示。

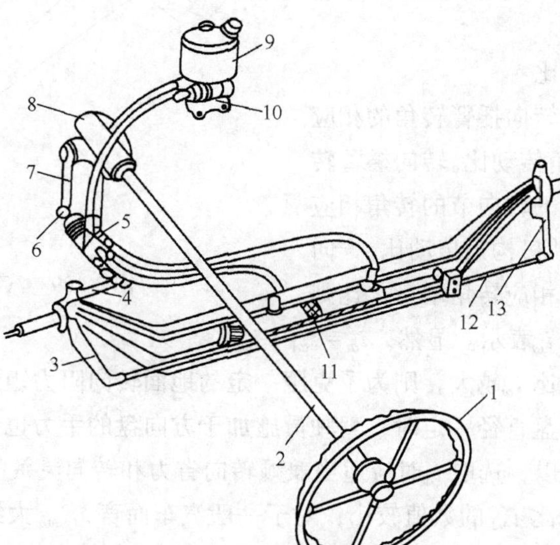

图 3-108　动力转向系统示意图

1—方向盘　2—转向轴　3、13—梯形臂　4—转向节臂　5—转向控制阀　6—转向直拉杆
7—转向摇臂　8—机械转向器　9—储液罐　10—转向油泵
11—转向动力缸　12—转向横拉杆

图 3-108 中所示的转向储液罐 9、转向油泵 10、转向控制阀 5 和转向动力缸 11 属于转向加力装置。转向油泵 10 由发动机驱动，产生高压油液。当驾驶员逆时针转动方向盘 1 时，转向摇臂 7 推动转向直拉杆 6 后移。纵拉杆的推力作用于转向节臂 4，使左转向轮向左偏转，同时依次传到梯形臂 3 和转向横拉杆 12，使右转向轮偏转一定的角度，汽车将向左转向。与此同时，转向直拉杆还带动转向动力缸 11 中的滑阀，使转向动力缸 11 的右腔接通转向油泵 10 的出油口，右腔接通液面压力为零的转向油罐。于是转向动力缸 11 的活塞所受向右的液压作用力便经推杆施加在转向横拉杆 12 上。这样，驾驶员需要加于方向盘上的转向力矩小得多，减轻了驾驶员的操纵力。

3. 转向系统参数

（1）转向中心与转弯半径

为了使汽车转向时减小附加阻力和轮胎磨损，汽车转向时各个车轮都应做纯滚动，因而要求转向时所有车轮的轴线都相交于一点，此交点 O 称为转向中心，如图 3-109 所示。

汽车转向时内转向轮偏转角 β 应当大于外转向轮偏转角 α。在车轮为绝对刚体的假设条件下，角 α 与角 β 的理想关系式为

$$\cot\alpha = \cot\beta + B/L$$

式中 B——两侧主销轴线与地面交点之间的距离，称为轮距；

L——汽车轴距。

由转向中心 O 到外转向轮与地面接触点的距离 R 称为汽车转弯半径。转弯半径越小，则汽车转向所需场地就越小，机动性能越好。由图 3-109 所示可知，当外转向轮偏转角达到最大值 α_{max} 时，转弯半径最小。内侧转向轮的最大偏转角约在 34°～42°，最小转弯半径一般约为 5～12m。

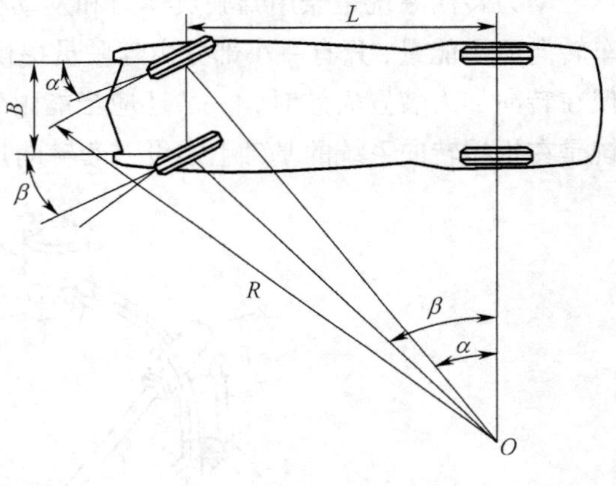

图 3-109　汽车转向示意图

（2）转向系统角传动比

方向盘的转角增量与转向摇臂转角的相应增量之比 $i_{\omega1}$ 称为转向器角传动比。转向摇臂转角增量与方向盘所在一侧的转向节的转角相应增量之比 $i_{\omega2}$ 称为转向传动机构角传动比。方向盘转角增量与同侧转向节相应转角增量之比则为转向系统角传动比，以 i_ω 表示。显然，$i_\omega = i_{\omega1} \cdot i_{\omega2}$。

可见转向系统角传动比 i_ω 越大，则为了克服一定的地面转向阻力矩所需的方向盘上的转向力矩便越小，从而在方向盘直径一定时，驾驶员施加于方向盘的手力也越小。但 i_ω 过大，将导致转向操纵不够灵敏。所以，选取 i_ω 时应适当兼顾转向省力和转向灵敏的要求。

转向传动机构角传动比 $i_{\omega2}$ 的数值较小，对于一般汽车而言，$i_{\omega2}$ 大约为 1。$i_{\omega2}$ 虽然会随转向节转角不同而有所变化，但一般说来，变化幅度不大。转向器角传动比 $i_{\omega1}$，货车的约为 16～32，轿车的约为 12～20。由此可知，转向系统角传动比 i_ω 主要取决于转向器角传动比 $i_{\omega1}$。有些转向器的 $i_{\omega1}$ 是常数，有些则是可变的。

机械转向系统同时满足转向省力和转向灵敏要求的程度是很有限的，因此，普遍采用动力转向系统已成为中型以上的货车和中级以上的轿车转向系统的发展趋势。

3.3.2 转　向　器

转向器是转向系统中的减速增扭传动装置，其功用是增大方向盘传到转向节的力并改变力的传递方向。目前，应用较广泛的有齿轮齿条式转向器和循环球式转向器。

1. 齿轮齿条式转向器

齿轮齿条式转向器分两端输出式和中间（或单端）输出式两种。

捷达轿车机械转向器的基本结构形式即为两端输出的齿轮齿条式转向器，如图 3-110 所示。传动副的主动件——转向齿轮轴 8 通过轴承安装在转向器壳体 5 中，其上端通过花键与万向节叉 9 和转向轴连接；与转向齿轮啮合的转向齿条 4 水平布置，两端通过球头座 3 与转向横拉杆 1 相连；压紧弹簧 12 通过压块 10 将齿条压靠在齿轮上，保证无间隙啮合。弹簧的顶紧力可用调整螺母 13 调整。当转动方向盘时，转向齿轮轴 8 转动，使与之啮合的转向齿条 4 沿轴向移动，从而使左右横拉杆带动转向节左右转动，使转向车轮偏转，实现汽车转向。

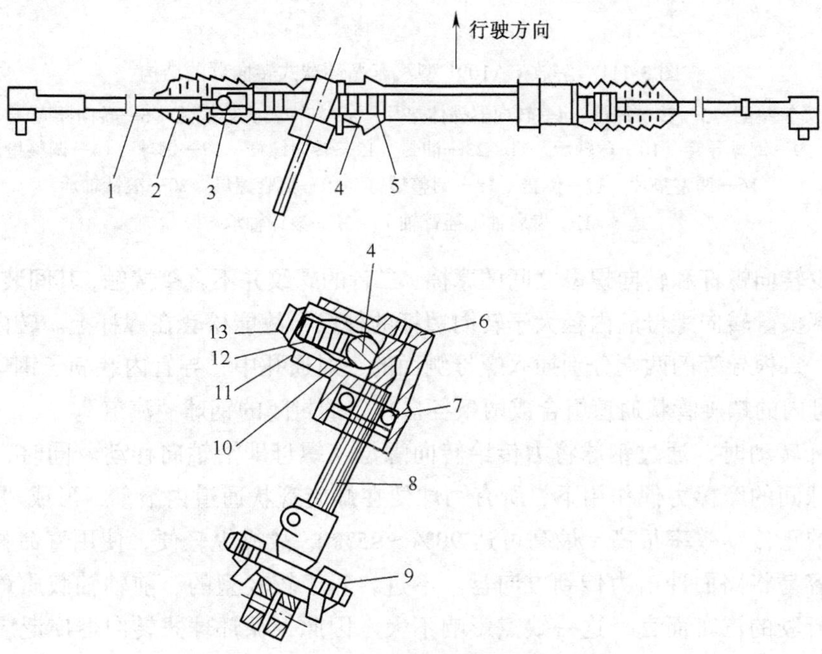

图 3-110　两端输出的齿轮齿条式转向器

1—转向横拉杆　2—防尘套　3—球头座　4—转向齿条　5—转向器壳体　6—滚针轴承　7—深沟球轴承　8—转向齿轮轴　9—万向节叉　10—压块　11—锁紧螺母　12—压紧弹簧　13 —调整螺母

中间输出的齿轮齿条式转向器的结构原理与两端输出的齿轮齿条式转向器基本相同，不同之处是它在转向齿条的中部用螺栓与左右转向横拉杆相连。

采用齿轮齿条式转向器可以使转向传动机构简化（不需转向摇臂和转向直拉杆等），齿轮齿条无间隙啮合，无需调整，而且逆传动效率很高，故多用于前轮为独立悬架的轿车和微型及轻型货车上。

2. 循环球式转向器

循环球式转向器是目前国内外应用最广泛的结构形式之一，它一般有两级传动副，第一级是螺杆螺母传动副，第二级是齿条齿扇传动副。

循环球式转向器的结构如图 3-111 所示。转向螺杆 12 的轴颈支撑在两个推力球轴承上。轴承紧度可用调整垫片 14 调整。转向螺母 3 的下平面上加工成齿条，与齿扇部分啮合。可见转向螺母既是第一级传动副的从动件，又是第二级传动副（齿条齿扇传动副）的主动件。通过方向盘和转向轴转动转向螺杆时，转向螺母不能转动，只能轴向移动，并驱使齿扇及摇臂轴转动。

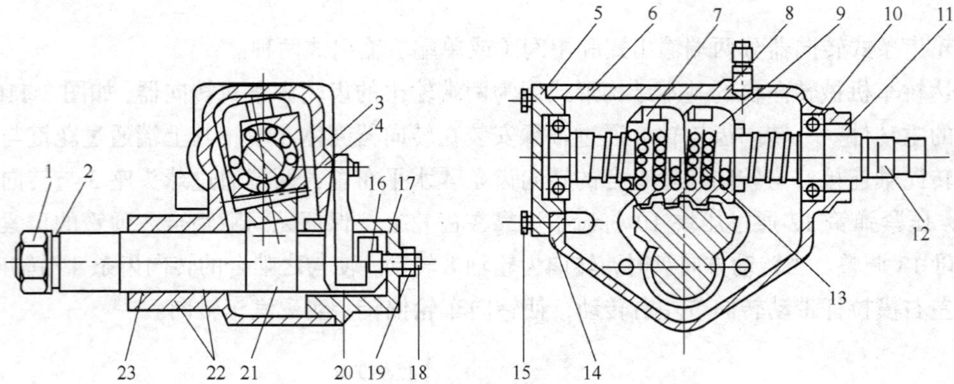

图 3-111　解放 CA1091 型汽车循环球式转向器的结构

1—螺母　2—弹簧垫圈　3—转向螺母　4—转向器壳体垫片　5—转向器壳体底盖　6—转向器壳体　7—导管卡子　8—加油螺塞　9—钢球导管　10—球轴承　11、23—油封　12—转向螺杆　13—钢球　14—调整垫片　15—螺栓　16—调整垫片　17—侧盖　18—调整螺钉　19—锁紧螺母　20—滚针轴承　21—齿扇轴（摇臂轴）　22—滚针轴承

为了减少转向螺杆和转向螺母之间的摩擦，二者的螺纹并不直接接触，其间装有许多钢球，以实现滚动摩擦。转向螺母的内径大于转向螺杆的外径，故能松套在螺杆上。转向螺母外有两根钢球导管，每根导管的两端分别插入螺母侧面的一对通孔中，导管内装满了钢球。这样，两根导管和螺母内的螺旋管状通道组合成两条各自独立的封闭的钢球“流道”。

转向螺杆转动时，通过钢球将力传给转向螺母，螺母即沿轴向移动。同时，在螺杆与螺母二者和钢球间的摩擦力偶作用下，所有钢球便在螺旋管状通道内滚动，形成“球流”。循环球式转向器的正传动效率很高（最高可达 90%～95%），故操纵轻便，使用寿命长，但其逆效率也很高，容易将路面冲击力传到方向盘。不过，对于较轻型的、前轴轴载质量不大而又经常在好路上行驶的汽车而言，这一缺点影响不大。因此，循环球式转向器广泛应用于各类各级汽车。

3.3.3　转向操纵机构

转向操纵机构由方向盘、转向轴和转向管柱等组成，它的作用是将驾驶员转动方向盘的操纵力传给转向器。

1. 方向盘

方向盘一般用花键和螺母安装在转向轴的上端，其上装有扬声器的按钮。装有安全气囊的车型，还安装有安全气囊的一些部件。方向盘由轮缘、轮辐和轮毂组成，如图 3-112 所示。

2. 转向轴

转向轴从转向柱套管中穿过，上部与方向盘固定连接，下部装有转向器。转向柱套管安装在车身上，支撑着方向盘。

现代汽车的转向轴除装有柔性万向节外，有的还装有能改变方向盘的工作角度（转向轴的传动方向）和方向盘的高度（转向轴轴向长度）的机构，以方便不同体型驾驶员的操纵。

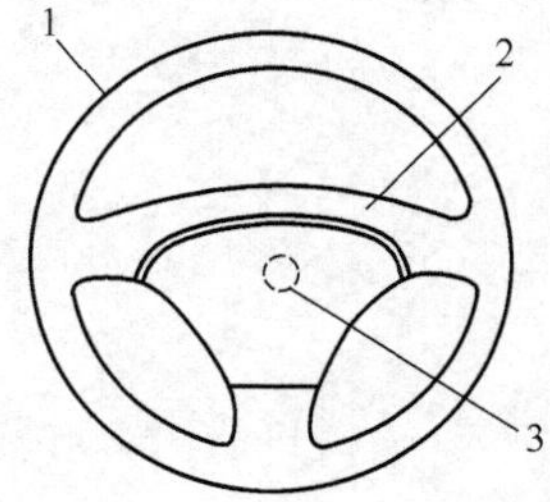

图 3-112　方向盘的构造

1—轮缘　2—轮辐　3—轮毂

3. 可分离式安全转向操纵机构

可分离式安全转向操纵机构的转向管柱分为上下两段。当发生撞车时，上下两段相互分离或相互滑动，从而有效地防止方向盘对驾驶员的伤害。

3.3.4 转向传动机构

转向传动机构的功用是将转向器输出的力和运动传到转向桥两侧的转向节，使两侧转向轮偏转，且使二转向轮偏转角按一定关系变化，以保证汽车转向时车轮与地面的相对滑动尽可能小。

转向传动机构的组成和布置因转向器位置和转向轮悬架类型而异。

1. 与非独立悬架配用的转向传动机构

与非独立悬架配用的转向传动机构主要包括转向摇臂 2、转向直拉杆 3、转向节臂 4 和转向梯形，如图 3-113 所示。在前桥仅为转向桥的情况下，由转向横拉杆 6 和左、右梯形臂 5 组成的转向梯形一般布置在前桥之后，如图 3-113（a）所示。在发动机位置较低或转向桥兼充驱动桥的情况下，为避免运动干涉，往往将转向梯形布置在前桥之前，如图 3-113（b）所示。若转向摇臂不是在汽车纵向平面内前后摆动，而是在与道路平行的平面向左右摆动，则可将转向直拉杆 3 横置，并借球头销直接带动转向横拉杆 6，从而推使两侧梯形臂转动，如图 3-113（c）所示。

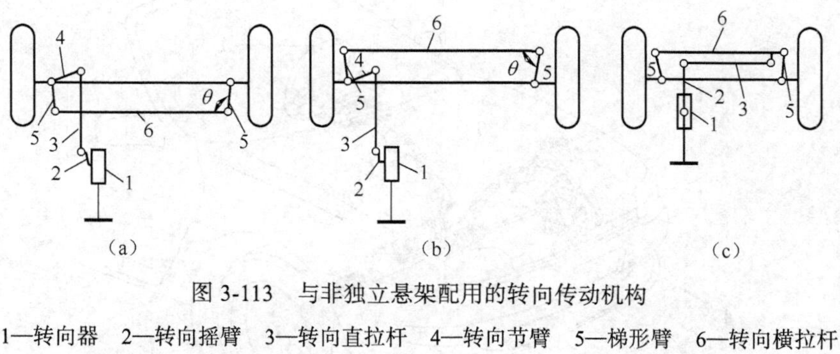

图 3-113　与非独立悬架配用的转向传动机构

1—转向器　2—转向摇臂　3—转向直拉杆　4—转向节臂　5—梯形臂　6—转向横拉杆

2. 与独立悬架配用的转向传动机构

当采用独立悬架时，每个转向轮都需要相对于车架做独立运动，因而转向桥必须是断开式的。与此相应，转向传动机构中的转向梯形也必须分成 2 段或 3 段，并且由在平行于路面的平面中摆动的转向摇臂直接带动或通过转向直拉杆带动，如图 3-114 所示。

当汽车转向时，转向齿条横向移动，使左、右横拉杆一个受压、一个受拉，随转向齿条移动，则横拉杆通过球头铰接带动左、右转向节臂及转向节绕主销转动，从而使转向轮偏转一定的角度。

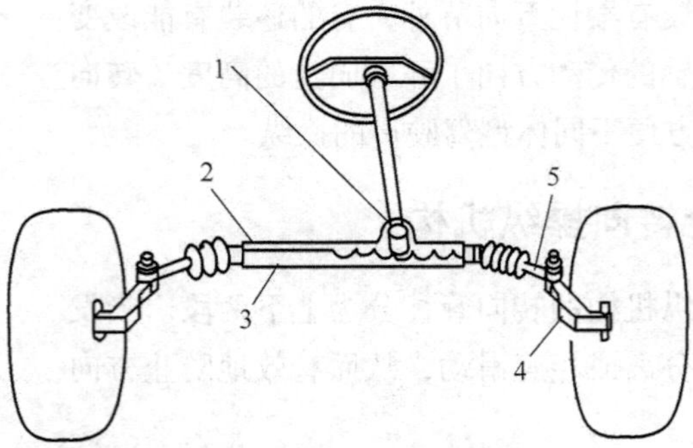

图 3-114　与独立悬架配用的转向传动机构

1—主动齿轮　2—壳体　3—齿条　4—梯形臂　5—转向横拉杆

3.3.5 动力转向系统

机械转向系统很难满足高速轿车转向时既要灵敏又操纵省力的要求，并且重型载货车及越野车，由于前桥负荷较大，行驶条件较差，机械转向系统也满足不了操纵轻便和行车安全的要求。因此，为了减轻驾驶员的疲劳程度，增加驾驶舒适性，保证行车安全，在一些车型中加装了转向加力装置。转向加力装置以发动机输出的动力为能源，在转向时，只有一小部分是驾驶员的体能，大部分是发动机提供的液压能或气压能及电动机提供的电能。

由于液压系统工作压力高、部件尺寸小、工作时无噪声、工作滞后时间短，还能吸收来自不平路面的冲击，因此，在各类车上液压转向加力装置被广泛应用。图 3-115 所示为与齿轮齿条式转向器配用的液压式动力转向系统。

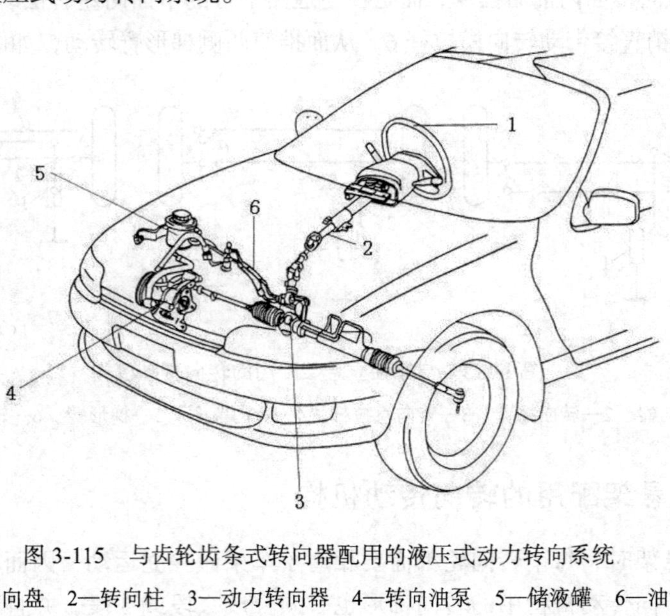

图 3-115　与齿轮齿条式转向器配用的液压式动力转向系统

1—转向盘　2—转向柱　3—动力转向器　4—转向油泵　5—储液罐　6—油管

1. 液压式动力转向系统

液压式动力转向系统按液流形式可分为常压式和常流式两种。

图 3-116 所示为常压式液压动力转向系统的示意图。在汽车直线行驶，方向盘保持在中立位置时，转向控制阀 5 经常处于关闭位置。转向油泵 3 输出的压力油充入储能器 1。当储能器压力增长到规定值后，油泵即自动卸荷空转，从而使储能器压力限制在该规定值以下。驾驶员转动方向盘时，机械转向器 6 即通过转向摇臂等杆件使转向控制阀 5 转入开启（工作）位置，此时，储能器中的压力油即流入转向动力缸 4，通过动力缸推杆输出的液压作用力作用在转向传动机构上，以补充机械转向器输出力的不足。方向盘一停止运动，转向控制阀便随之恢复到关闭位置。于是转向加力作用终止。由此可见，无论方向盘处于中立位置还是转向位置，也无论方向盘保持静止还是运动状态，液压系统工作管路中总是保持高压。

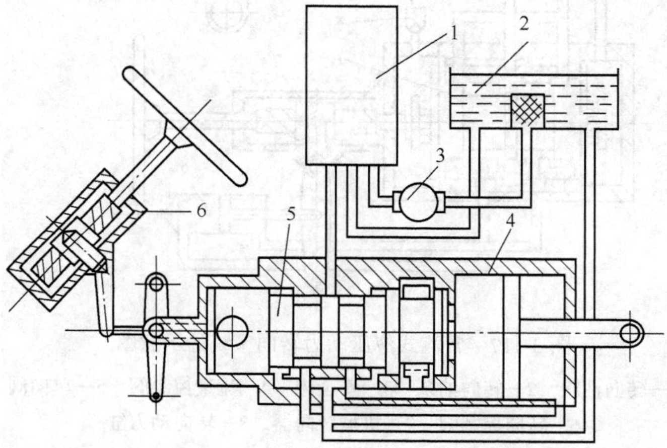

图 3-116 常压式液压动力转向系统的示意图

1—储能器 2—转向油罐 3—转向油泵 4—转向动力缸 5—转向控制阀 6—机械转向器

图 3-117 所示为常流式液压动力转向系统的示意图。不转向时，转向控制阀 6 保持开启。转向动力缸 8 由于其中活塞两边的工作腔都与低压回油管路相通而不起作用。转向油泵 2 输出的油液流入转向控制阀，又由此流回转向油罐 1。因转向控制阀的节流阻力很小，故油泵输出压力也很低，油泵实际处于空转状态。当驾驶员转动方向盘，通过机械转向器 7 使转向控制阀处于与某一转弯方向相应的工作位置时，转向动力缸的相应工作腔才与回油管路隔绝，转而与油泵输出管路相通，而动力缸的另一腔则仍然通回油管路。地面转向阻力经转向传动机构传到转向动力缸的推杆和活塞上，形成比转向控制阀节流阻力高得多的油泵输出管路阻力，于是转向油泵输出压力急剧升高，直到足以推动转向动力缸活塞为止。方向盘停止转动后，转向控制阀随即回复到中立位置，使动力缸停止工作。

上述两种液压式动力转向系统相比，常压式的优点在于有储能器积蓄液压能，可以使用流量较小的转向油泵，而且还可以在油泵不运转的情况下保持一定的转向加力能力，使汽车有可能续驶一定距离（这一点对于重型汽车尤为重要）。常流式的优点则是结构简单、油泵寿命较长、漏泄较少、消耗功率也较小。因此，目前除少数重型汽车采用常压式动力转向系统外，其余多采用常流式动力转向系统。

（1）动力转向器

目前，大多数车型都采用整体式动力转向系统，它是将动力缸、控制阀和机械转向器三者组装在一个壳体内，这种三合一的部件称为整体式动力转向器。图 3-118 所示为轿车常用的齿轮齿条式整体动力转向器，其工作原理如图 3-119 所示。活塞安装在转向齿条上，转向齿条的壳体相当于动力缸，动力缸活塞是齿条的一部分，齿条活塞两边的齿条套管被密封形成两个油液腔，连接左、右转向回路。控制阀安装在转向齿轮壳体内。转动方向盘时，旋转阀改变油液流量，在转向齿条两端形成压力差，使得齿条向压力低的方向移动，齿条相当于动力缸的推杆，从而减轻驾驶员加在方向盘上的力。

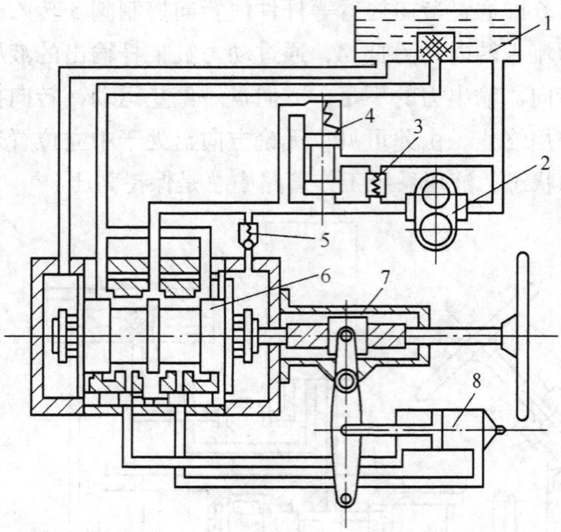

图 3-117　常流式液压动力转向系统的示意图

1—转向油罐　2—转向油泵　3—安全阀　4—流量控制阀　5—单向阀
6—转向控制阀　7—机械转向器　8—转向动力缸

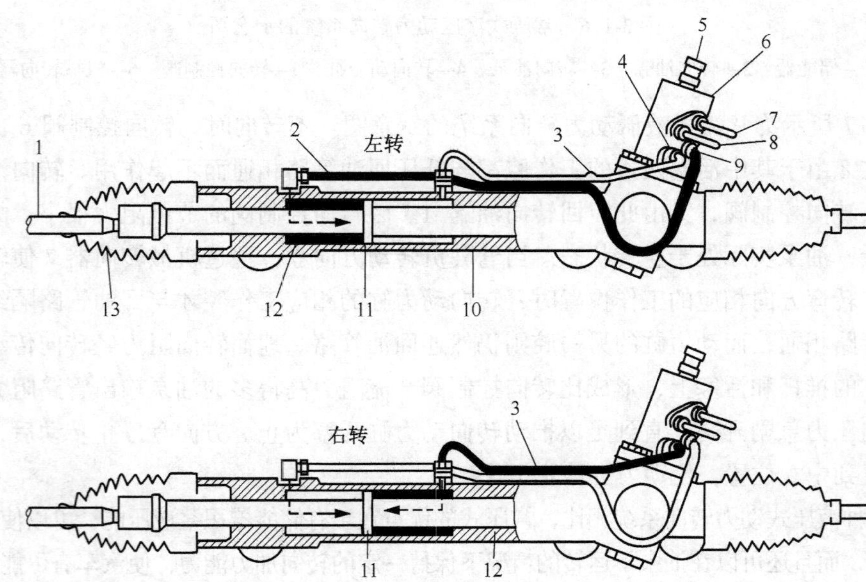

图 3-118　整体式动力转向器

1—横拉杆　2—左转进油管　3—右转进油管　4—右转进油口　5—转向输入轴
6—旋转式控制阀　7—出油口　8—进油口　9—左转进油口　10—套管
11—活塞　12—转向齿条　13—波纹管

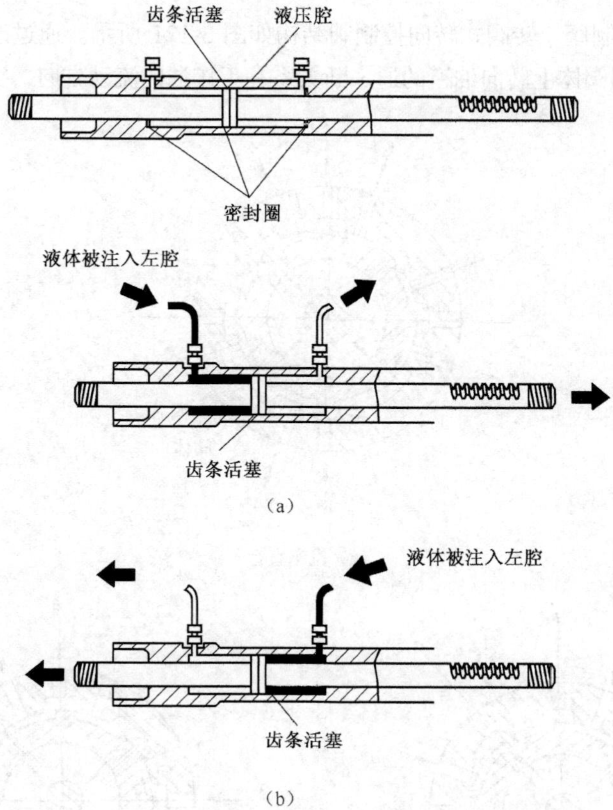

图 3-119　整体式动力转向器工作原理

（2）动力转向液压泵

动力转向液压泵是液压动力转向系统的动力源，其功用是将发动机的机械能转变为驱动转向动力缸工作的液压能传给转向动力缸。动力转向液压泵通常安装在发动机的前端。

动力转向液压泵形式有滚柱式、叶片式、转子式和齿轮式 4 种。它们的工作原理都是利用容积的变化，把储液罐中的动力转向液吸出，压入油管中，从而形成流动的油流。动力转向液压泵内部通常设有流量控制阀和安全阀。叶片泵结构简图及工作原理如图 3-120 所示。

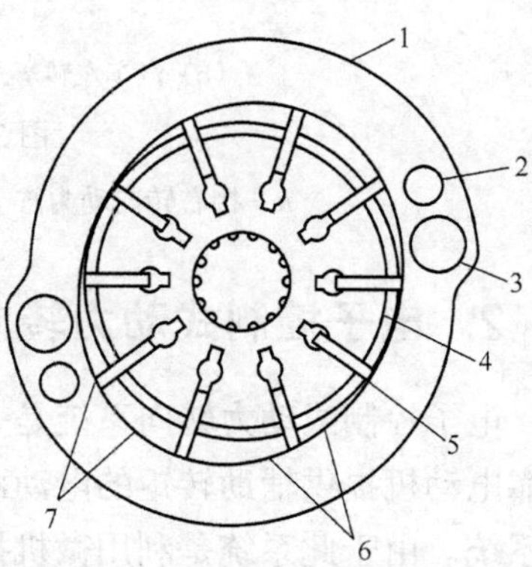

图 3-120　叶片泵结构简图及工作原理

1—凸轮盘　2—定位孔　3—轮油通道　4—转子　5—叶片　6—膨胀区产生低压　7—压缩区产生高压

（3）动力转向储液罐

动力转向储液罐的作用是储存、滤清和冷却助力油。一般动力转向储液罐单独安装，也有和动力转向液压泵安装在一起的。

（4）转向控制阀

转向控制阀是在驾驶员的操纵下控制转向动力缸输出动力的大小、方向和增力快慢的控制阀。按阀体的运动方向，转向控制阀分为滑阀式和转阀式两种。

① 滑阀式转向控制阀。滑阀式转向控制阀结构如图 3-117（b）所示，它是靠阀体轴向移动来控制油液流量和方向的控制阀。

② 转阀式转向控制阀。转阀式转向控制阀结构如图 3-121 所示。通过改变阀体和阀芯的相对位置，就改变了控制阀阀体上转向油道的通、断关系和工作油的流动方向，实现转向助力作用。

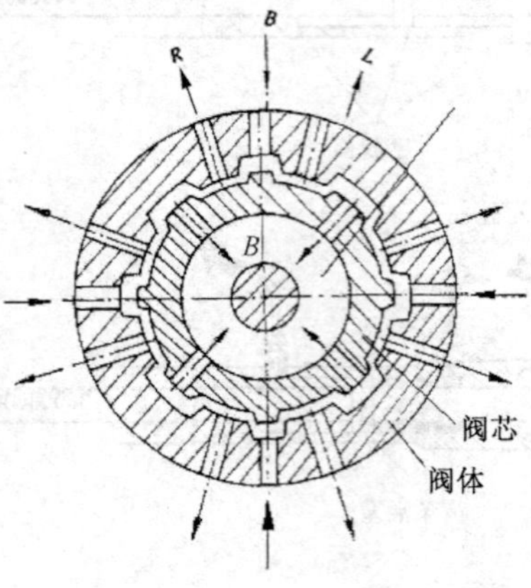

（a）汽车直行

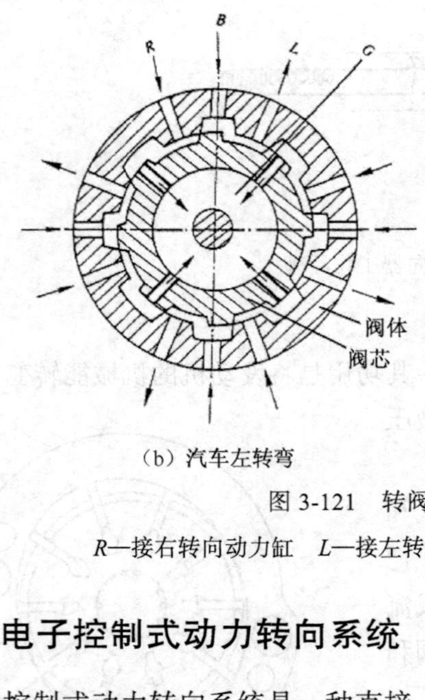

（b）汽车左转弯

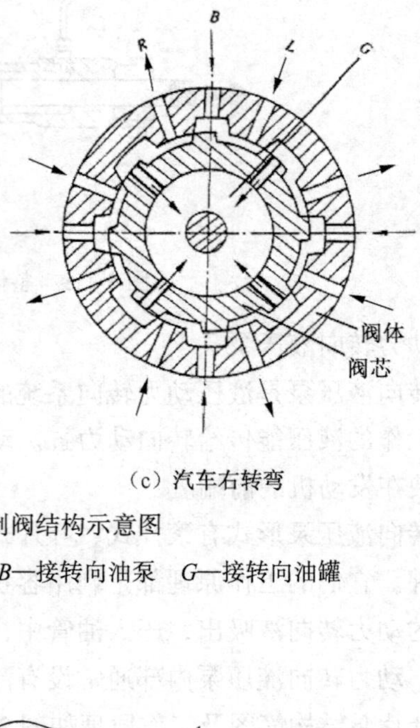

（c）汽车右转弯

图 3-121　转阀式转向控制阀结构示意图

R—接右转向动力缸　*L*—接左转向动力缸　*B*—接转向油泵　*G*—接转向油罐

2. 电子控制式动力转向系统

电子控制式动力转向系统是一种直接依靠电动机提供辅助转矩的电动助力式转向系统。由于此系统是利用微机控制电动机电流的方向和幅值，不需要复杂的控制机构，降低了成本和减小了质量。电动机、减速机构、转向柱和转向齿轮制成一个整体，系统小型轻量化，易于布置，零件数量少，无泄漏，故障率低。因为电动机只有在转向时才工作，所以节约能量。因此，电子控制式动力转向系统将是发展趋势。

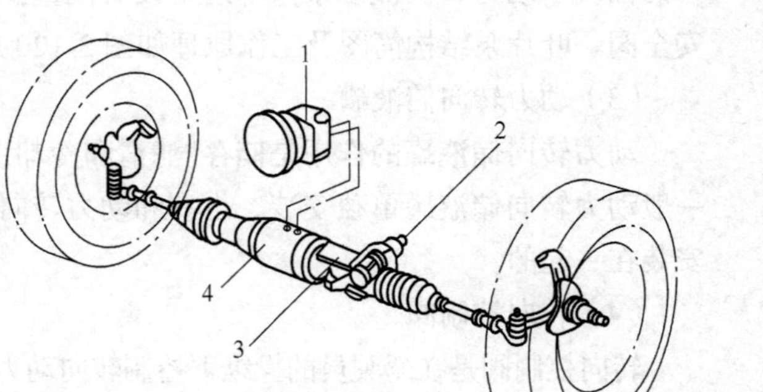

图 3-122　电子控制式动力转向系组成简图

1—交流发电机　2—扭矩传感器　3—电子控制单元　4—电动机

图 3-122 所示为电子控制式动力转向系统组成简图。系统通过安装在齿轮齿条式转向器输入轴上的传感器来检测方向盘的转动。当电子控制单元接收到传感器转动方向和载荷大小时，通过控制供给电动机的电流方向和电流大小，来完成助力作用。该系统提供给电动机的电流可达 75A。电流越强，施加于齿条上的力也越大。通过改变供电极性可以控制电动机的旋转方向。

3.4 制动系统

3.4.1 概 述

1. 制动系统的功用

汽车作为交通运输工具，应在保证安全行驶的前提下，提高平均行驶车速，以提高运输生产率。同时在需要时，应能实现车辆的减速或停车，以及能够使停驶的车辆可靠地驻留原地不动。因此，制动系统的功用是根据需要使行驶中的汽车减速甚至停车，使下坡行驶的汽车的速度保持稳定，以及使已停驶的汽车保持不动。

2. 制动系统的组成及类型

一般汽车应包括两套独立的制动系统：行车制动系统和驻车制动系统。行车制动系统是由驾驶员用脚来操纵的，故又称脚制动系统。它的功用是使正在行驶中的汽车减速或在最短的距离内停车。驻车制动系统是由驾驶员用手来操纵的，故又称手制动系统。它的功用是使已经停在各种路面上的汽车驻留原地不动。但是，在紧急情况下，两套制动系统可同时使用，以增加汽车的制动效果。

汽车制动系统主要由以下 4 部分组成。

① 制动器：产生制动力矩，阻止车轮转动的装置。

② 制动操纵机构：控制制动器工作的机构，如操纵手柄和制动踏板等。

③ 制动传动机构：将操纵力传到制动器。

④ 制动力的调节机构：用来调节前后车轮制动力的分配。

此外，经常在山区行驶的汽车以及某些特殊用途的汽车，为了提高行车的安全性和减轻行车制动系统性能的衰退及制动器的磨损，还应装备辅助制动系统，用以在下坡时稳定车速。

按照制动能源不同，制动系统还可分为人力制动系统、动力制动系统和伺服制动系统 3 种。以驾驶员的肌体作为唯一制动能源的制动系统称为人力制动系统。完全靠以发动机的动力转化而成的气压或液压作为制动能源的制动系统则是动力制动系统。兼用人力和发动机动力作为制动能源的制动系统称为伺服制动系统。

制动系统的传动机构采用单一的气压或液压回路的制动系统称为单回路制动系统。单回路制动系统中，只要有一处损坏而渗漏，整个制动系统即行失效。所以现代的汽车均使用双回路制动系统或多回路制动系统。即所有行车制动系统的气压或液压管路分属于两个或多个彼此独立的回路。这样，即使其中一个回路失效，还能利用其他回路获得部分制动力。

3. 制动系统的工作原理

图 3-123 所示为一种简单的液压制动系统的工作原理示意图，它由制动器、操纵机构和液压传动机构组成。

车轮制动器主要由旋转部分、固定部分和张开机构组成。旋转部分是制动鼓 8，它固定在车轮轮毂上，随车轮一起旋转，它的工作面是内圆柱面。固定部分包括制动蹄 10 和制动底板 11 等。制动底板用螺栓与转向节凸缘（前轮）或桥壳凸缘（后轮）固定在一起。在固定不动的制动底板上，有两个支撑销 12，支撑着两个弧形制动蹄 10 的下端。制动蹄的外圆面上装有摩擦片 9，上端用制动蹄回位弹簧 13 拉紧压靠在轮缸活塞 7 上。制动蹄可用液压轮缸（或凸轮）等张开机构使其张开。液压轮缸也安装在制动底板上。

操纵机构主要是制动踏板 1。

传动机构主要由推杆 2、制动主缸 4、制动轮缸 6 和油管 5 等组成。装在车架上的制动主缸 4 用油管 5 与制动轮缸 6 相连通。主缸活塞 3 可由驾驶员通过制动踏板 1 来操纵。

制动系统不工作时，制动鼓的内圆面与制动蹄摩擦片的外圆面之间保留有一定的间隙，使制动鼓可以随车轮自由旋转。

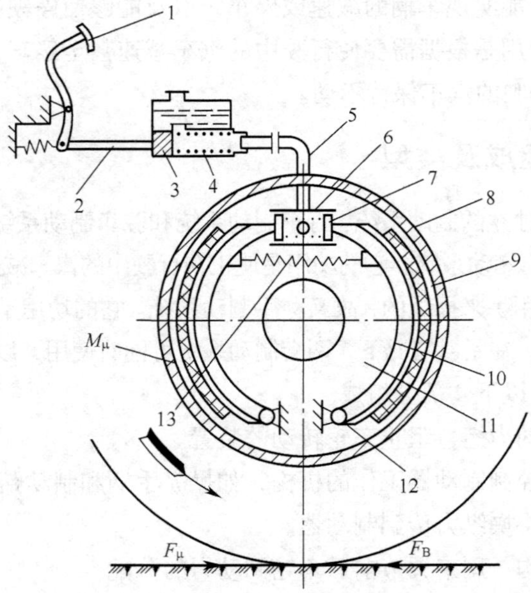

图 3-123　制动系统的工作原理示意图

1—制动踏板　2—推杆　3—主缸活塞　4—制动主缸　5—油管　6—制动轮缸　7—轮缸活塞　8—制动鼓
9—摩擦片　10—制动蹄　11—制动底板　12—支撑销　13—制动蹄回位弹簧

制动时，踩下制动踏板 1，推杆 2 便推动主缸活塞 3，使主缸中的油液以一定压力流入制动轮缸 6，通过轮缸活塞 7 使两制动蹄 10 的上端向外张开，从而使摩擦片压紧在制动鼓的内圆面上。这样，不旋转的制动蹄就对旋转着的制动鼓产生一个摩擦力矩 M_μ，其作用方向与车轮旋转方向相反，摩擦力矩大小取决于轮缸的张力、摩擦因数和制动鼓及制动蹄的尺寸等。制动鼓将该力矩 M_μ 传到车轮后，由于车轮与路面间的附着作用，车轮即对路面作用一个向前的周缘力 F_μ，与此同时，路面给车轮作用一个向后的反作用力 F_B，即制动力。制动力 F_B 由车轮经车桥和悬架传递给车架和车身，迫使整个汽车产生一定的减速度。制动力越大，减速度也越大。当松开制动踏板时，制动蹄回位弹簧 13 即将制动蹄拉回原位，摩擦力矩 M_μ 和制动力 F_B 消失，制动作用即行解除。

制动时车轮上的制动力 F_B 不仅取决于制动力矩 M_μ，还取决于轮胎与路面间的附着条件。如果完全丧失附着，就不会产生制动效果，即车轮停止转动而被抱死，汽车仍然向前滑移。不过，在讨论制动系统的结构问题时，一般都假设具备良好的附着条件。

近年来，国内外不少汽车在制动系统中增设前后桥车轮制动力分配调节装置，以减少车轮的抱死现象，但最理想的还是电子控制的自动防抱死制动系统。

4. 对制动系统的要求

为保证汽车能在安全的条件下发挥出高速行驶的能力，制动系统必须满足下列要求。

① 应具有足够的制动力，工作可靠。一般在水平干燥的混凝土路面上以 30 km/h 的初速度从完全制动到停车时，制动距离应保证：轻型货车及轿车不大于 7m；中型货车不大于 8m；重型货车不大于 12m。停车制动的坡度：轻型汽车不小于 25%；中型汽车不小于 20%。

② 操纵轻便。一般要求施于踏板上的力不大于 200N；紧急制动时，不超过 700N；施于手制动杆上的力不大于 250N。

③ 前后桥上的制动力分配应合理，左右车轮上的制动力应相等。

④ 制动应平稳。制动时，制动力应逐渐迅速增加；解除制动时，制动作用应迅速消失。

⑤ 避免自行制动。在车轮跳动或汽车转向时，不应引起自行制动。

⑥ 散热性好。摩擦片的抗热衰退能力要好，磨损后的间隙应能调整，并且能防水、防油、防尘。

⑦ 对挂车的制动系统，要求挂车的制动作用略早于主车，挂车自行脱挂时能自动进行应急制动。

3.4.2 制 动 器

制动器是制动系统中用以产生阻止车辆运动或运动趋势的力的部件。目前，一般汽车所使用的制动器的制动力矩都是来源于固定元件和旋转元件工作表面之间的摩擦，即摩擦式制动器。

摩擦式制动器按照制动力矩产生的位置不同，分为车轮制动器和中央制动器；按照摩擦工作表面的不同分为鼓式制动器和盘式制动器。车轮制动器的旋转元件固定在车轮或半轴上，制动力矩作用于两侧车轮；中央制动器的旋转元件固定在传动轴上，制动力矩需经驱动桥再作用于两侧车轮。

1. 鼓式制动器

鼓式制动器的旋转元件是制动鼓，固定元件是制动蹄，制动时制动蹄在促动装置作用下向外旋转，外表面的摩擦片压靠到制动鼓的内圆柱面上，对鼓产生制动摩擦力矩。

凡对制动蹄端加力使制动蹄转动的装置统称为制动蹄促动装置，制动蹄促动装置有轮缸和凸轮两种。

以液压制动轮缸作为制动蹄促动装置的制动器称为轮缸式制动器；以凸轮作为促动装置的制动器称为凸轮式制动器。

鼓式制动器按照其结构与工作特点不同可分为领从蹄式制动器、双领蹄式与双从蹄式制动器、双向双领蹄式制动器和自增力式制动器。目前领从蹄式制动器广泛应用于货车上，部分应用于中、低级轿车的后轮。其他类型的鼓式制动器已很少应用。

（1）领从蹄式制动器

图 3-124 所示为领从蹄式制动器。图中箭头所示为汽车前进时制动鼓的旋转方向，即制动鼓的正向旋转方向。制动轮缸 6 所施加给制动蹄 1 的促动力 F_s 使得该制动蹄绕支撑点 2 张开时的旋转方向与制动鼓的旋转方向相同，具有这种属性的制动蹄称为领蹄。与此相反，制动轮缸 6 所施加给制动蹄 4 的促动力 F_s 使得该制动蹄绕支撑点 3 张开时的旋转方向与制动鼓的旋转方向相反，具有这种属性的制动蹄称为从蹄。当汽车倒驶，即制动鼓反向旋转时，蹄 1 变成从蹄，而蹄 4 则变成领蹄。这种在制动鼓正向旋转和反向旋转时，都有一个领蹄和一个从蹄的制动器即称为领从蹄式制动器。

在图 3-124 所示领从蹄式制动器的结构中，制动轮缸 6 中的两活塞直径相同，且都可在轮缸内轴向浮动，因此，制动时两活塞对两个制动蹄所施加的促动力永远是相等的。凡两蹄所受促动力相等的领从蹄式制动器称为等促动力制动器。制动时，在相等的促动力 F_S 的作用下，领蹄 1 和从蹄 4 分别绕各自的支撑点 2 和 3 旋转到紧压在制动鼓 5 上。旋转着的制动鼓即对两制动蹄分别作用着法向反力 N_1 和 N_2 以及相应的切向反力 T_1 和 T_2，这里法向反力 N 和切向反力 T 均为分布力的合力。这些力的作用点和方向如图 3-124 所示。两蹄受到的这些力分别被各自的支撑点 2 和 3 的支撑反力 S_1 和 S_2 所平衡。由图 3-124 可见，领蹄上的切向力 T_1 所造成的绕支撑点 2 的力矩与促动力 F_S 所造成的绕同一支撑点的力矩是同向的。所以力 T_1 的作用结果是使领蹄 1 在制动鼓上压得更紧，即力 N_1 变得更大，从而力 T_1 也更大。这表明领蹄具有“增势”作用。与此相反，切向力 T_2 则使从蹄 4 有放松制动鼓的趋势，即有使 N_2 和 T_2 本身减小的趋势，故从蹄具有“减势”作用。

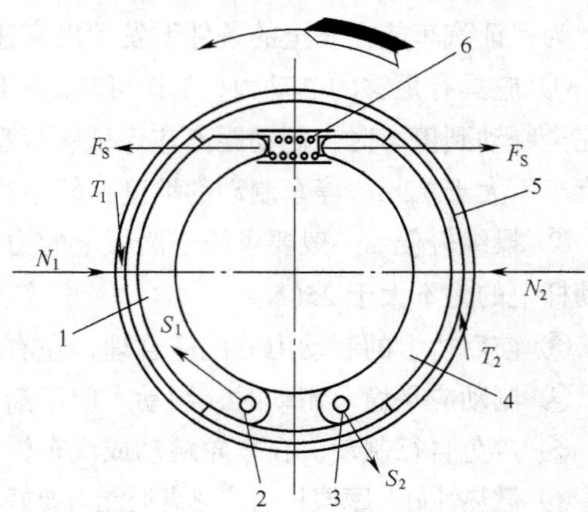

图 3-124　领从蹄式制动器

1—制动蹄（领蹄）　2、3—支撑点　4—制动蹄（从蹄）　5—制动鼓　6—制动轮缸

由上述可见，虽然领蹄和从蹄所受促动力相等，但所受制动鼓法向反力 N_1 和 N_2 却不相等，且 $N_1 > N_2$，相应的 $T_1 > T_2$。故两制动鼓所施加的制动力矩不相等。一般来说，领蹄产生的制动力矩为从蹄制动力矩的 2～2.5 倍。倒车制动时，虽然从蹄 4 变成领蹄，领蹄 1 变成从蹄，但整个制动器的制动效能还是同前进制动时一样。

显然，由于领蹄与从蹄所受法向反力不等，在两蹄摩擦片工作面积相等的情况下，领蹄摩擦片上的单位压力较大，因而磨损较严重。

此外，领从蹄式制动器的制动鼓所受到的来自两蹄的法向力 N_1 和 N_2 不平衡，则两蹄法向力之和只能由车轮轮毂轴承的反力来平衡，这就对轮毂轴承造成了附加径向载荷，使其寿命缩短。凡制动鼓所受来自两蹄的法向力不能互相平衡的制动器称为非平衡式制动器。

捷达轿车的后轮制动器就采用了这种领从蹄式制动器。图 3-125 所示为捷达轿车的后轮制动器。旋转元件制动鼓 6 和车轮用螺栓连接在一起，固定元件制动底板 4 上装有制动蹄等零件，并和短轴 3 一起固定在车桥 1 端头凸缘上。

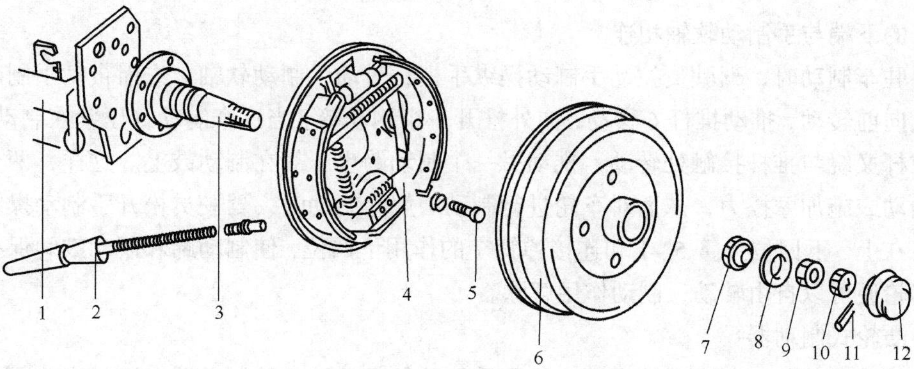

图 3-125　捷达轿车的后轮制动器

1—车桥　2—手制动软管　3—短轴　4—制动底板　5—螺栓　6—制动鼓　7—车轮外轴承
8—止推轴承　9—螺母　10—盘形螺母　11—开口销　12—润滑脂盖

制动器的固定部分结构如图 3-126 所示，两个制动蹄 4 下端插在制动底板 10 相应槽内，由上、下两个回位弹簧 5 和 1 将其拉拢，使其上端紧靠在制动轮缸 9 的活塞上，制动蹄通过限位螺钉和限位弹簧使其压靠在制动底板上，制动蹄外圆弧面上铆有制动摩擦片 12。该制动器的特点是制动蹄采用了浮式支撑，整个制动蹄可沿支撑平面有一定的浮动量，使制动蹄自动定心，保证尽可能与制动鼓全面接触。另外，制动蹄和制动鼓间的间隙可以自动调整。调整楔 8 装在推杆 6 右端槽内，其下端与调整弹簧 13 相连，调整弹簧固定在制动蹄上。如制动蹄和制动鼓的间隙大，制动过程中，调整弹簧 13 拉动调整楔下移，调整楔上宽下窄，这样使手制动拉杆 2 向外移动一点，而使制动蹄和制动鼓间的间隙变小。

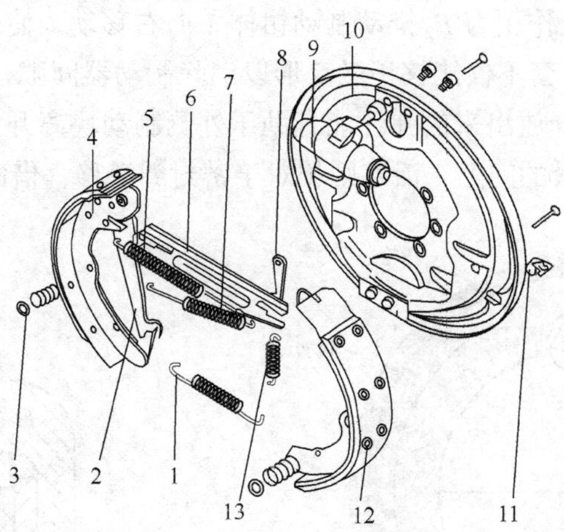

图 3-126　捷达轿车后轮制动器固定元件

1—下回位弹簧　2—手制动拉杆　3—弹簧座　4—制动蹄　5—上回位弹簧　6—推杆　7—连接弹簧
8—调整楔　9—制动轮缸　10—制动底板　11—栓塞　12—制动摩擦片　13—调整弹簧

该行车制动器兼为驻车制动器，因此，在制动器中还加装了驻车制动机械传动机构。手制动拉杆 2 铆装在制动蹄 4 上，并能自由摆动。推杆 6 一端的槽插在手制动拉杆上，另一端槽孔插装在另一制动蹄的凸棱上。连接弹簧 7 一端钩挂在推杆一侧的孔内，另一端钩挂在制动蹄凸棱的孔内，其位置与推杆 6 平行，由于连接弹簧 7 的作用，使推杆拉靠在手制动拉杆 2 上，手制动拉杆的下端与手制动软轴相连。

需要驻车制动时，驾驶员拉动手制动操纵手柄，带动手制动软轴，进而带动手制动拉杆 2 绕支撑点向前转动，推动推杆 6 移动，向外推开一个制动蹄。当这个制动蹄压紧在制动鼓上后，手制动拉杆又绕与推杆接触处转动，推动另一个制动蹄也压靠在制动鼓上。这样，两个制动蹄同时对制动鼓施加摩擦力，从而对车轮进行制动。解除制动时，驾驶员松开手制动操纵杆，两个制动蹄在上、下回位弹簧 5、1 和连接弹簧 7 的作用下回位，使制动蹄和制动鼓间保持适当的间隙，车轮便可以自由转动，制动作用解除。

（2）凸轮式制动器

国内外汽车的气压制动系统中，大都是采用凸轮促动的车轮制动器，而且多为领从蹄式。这种制动器除了用制动凸轮做张开装置外，其余部分结构与液压制动系统的领从蹄式制动器大体相同。图 3-127 所示为凸轮式制动器的结构示意图。

2. 盘式制动器

盘式制动器摩擦副中的旋转元件是以端面工作的金属圆盘，称为制动盘。广泛应用于轿车和越野车的盘式制动器称为钳盘式制动器。

钳盘式制动器中的固定元件是工作面积不大的摩擦块与其金属背板组成的制动块，每个制动器中两块。这些制动块及其促动装置都装在横跨制动盘两侧的钳型支架中，总称为制动钳。制动钳是浮动的，可以相对于制动盘做轴向移动。其中只在制动盘的内侧设置油缸，用以驱动内侧制动块，而外侧的制动块则附着在钳体上，制动时随制动钳做轴向移动。图 3-128 所示为钳盘式制动器结构示意图。制动时，内侧活塞及摩擦块在液压作用力 F_1 作用下，向左移动压向制动盘 4。同时，液压的反作用力 F_2 推动制动钳体 1 向右移动，使外侧摩擦片也压靠到制动盘 4 上。导向销 2 上的橡胶衬套不仅能够稍微变形以消除制动器间隙，而且可使导向销免受泥污。解除制动时，橡胶衬套所释放出来的弹性能有助于外侧制动块离开制动盘。活塞密封圈使活塞回位。若制动器产生了过量的间隙，活塞则相对于密封圈滑移，借此实现间隙自动调整。

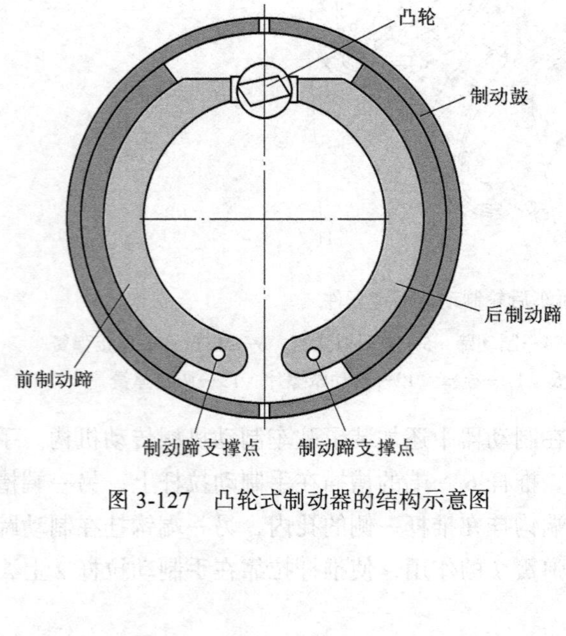

图 3-127　凸轮式制动器的结构示意图

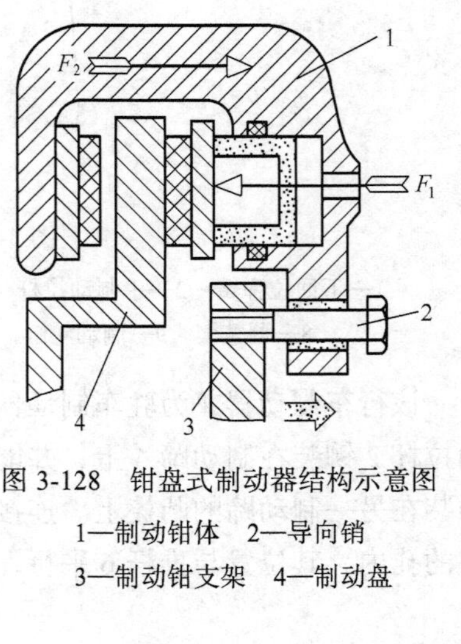

图 3-128　钳盘式制动器结构示意图

1—制动钳体　2—导向销

3—制动钳支架　4—制动盘

图 3-129 所示为一汽-大众捷达轿车前轮制动器的结构。

盘式制动器与鼓式制动器相比，其优点如下。

① 鼓式制动器单面传热，内外两面温差较大，导致制动鼓变形，同时，长时间制动后，制动鼓因高温而膨胀，减弱制动效能，而盘式制动器两面传热，圆盘旋转易冷却，不易变形，制动效果好。

② 长时间使用后，制动盘因高温膨胀结果使制动作用增强。

③ 结构简单，维修方便，易实现间隙自动调整。

盘式制动器与鼓式制动器相比，其不足之处如下。

① 盘式制动块直接压在圆盘上，无自动摩擦增力作用，所以在此系统中需另行装设动力辅助装置。

② 兼用驻车制动时，加装的驻车制动传动装置较鼓式制动器复杂。

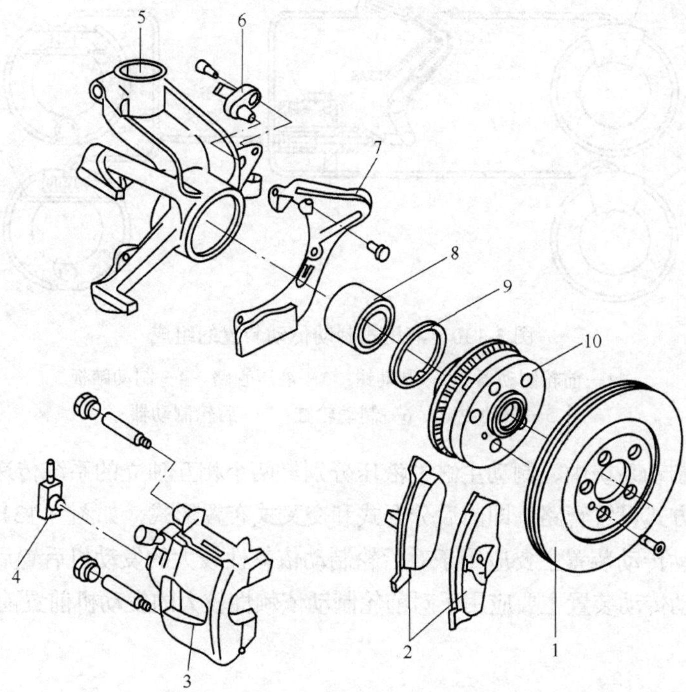

图 3-129 一汽-大众捷达轿车前轮制动器的结构

1—制动盘 2—制动块 3—制动钳 4—带环形连接和中空螺栓的制动管 5、8—车轮轴承 6—ABS 车轮转速传感器 7—防溅板 9—卡簧 10—带齿圈的轮毂

3.4.3 液压式制动传动装置

在液压式制动传动装置中，传力介质是制动油液，利用制动油液将驾驶员作用于制动踏板上的力转换为油液压力，通过管路传至车轮制动器，再将油液压力转换为使制动蹄张开的机械推力。

1. 液压式制动传动装置组成及工作原理

液压式制动传动装置在轿车、轻型货车的行车制动系统上得到了广泛的应用。液压式制动传动装置的组成如图 3-130 所示，主要由制动主缸 5、液压管路 3、后轮鼓式制动器中的制动轮缸 6 及前轮钳盘式制动器中的液压缸等组成。通常制动踏板机构和制动主缸安装在车架上，而车轮是通过弹性悬架与车架联系的，主缸与轮缸之间的位置经常变化，所以主缸与轮缸间的连接油管除用金属管（钢管）外，还采用了特制的橡胶制动软管。各液压元件之间及各段油管之间还有各种管接头。制动前，整个液压系统中应充满专门配制的制动液。

液压式制动装置的工作原理如下所述。驾驶员所施加的控制力，通过制动踏板4传到制动主缸5，制动主缸将制动液经液压管路3分别输入到前、后轮制动器1和7中的液压缸（或制动轮缸），将制动钳（或制动蹄）推向制动盘（或制动鼓），消除制动间隙，产生制动力矩。随着踏板力的增大，制动力矩也应成比例地增加，直到完全制动。放松制动踏板，制动钳（或制动蹄）和液压缸（或制动轮缸）的活塞在各自回位弹簧作用下回位，制动液被压回制动主缸，制动作用随之解除。

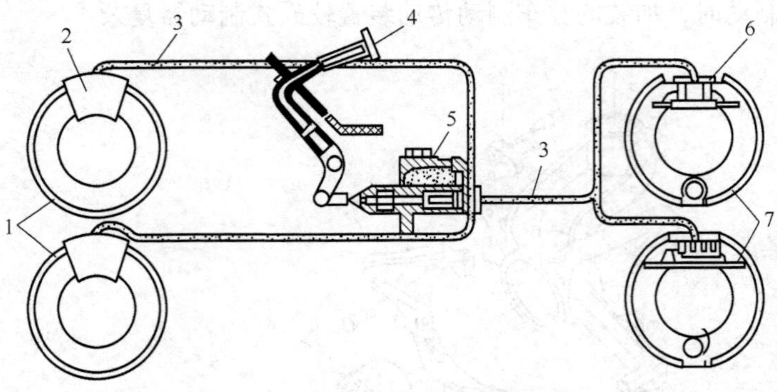

图3-130　液压式制动传动装置的组成

1—前轮制动器　2—制动钳　3—液压管路　4—制动踏板
5—制动主缸　6—制动轮缸　7—后轮制动器

在双回路液压制动系统中，制动主缸的液压分别经两个相互独立的系统传递给车轮，通常用前后独立方式或交叉方式设置管路，即前后分开式和交叉式布置形式，如图3-131所示。前后独立方式的双回路液压制动传动装置主要应用于对后轮制动依赖性较大的发动机后置后轮驱动汽车，交叉式的双回路液压制动传动装置主要应用于对前轮制动依赖性较大的发动机前置前轮驱动汽车。

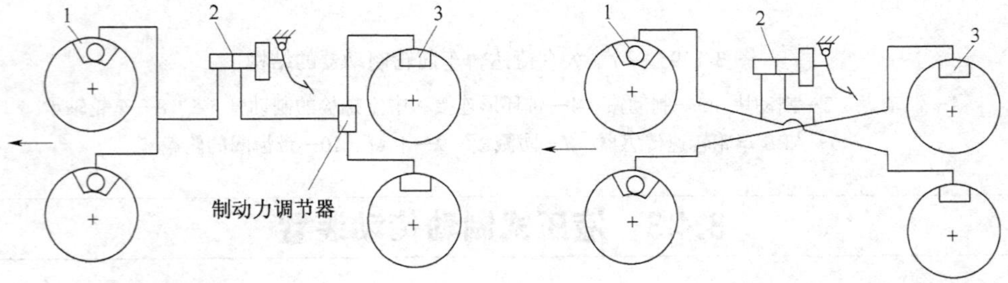

（a）前后分开式　　（b）交叉式

图3-131　双回路液压制动传动装置布置示意图

2. 液压式制动传动装置的主要部件

（1）制动主缸

制动主缸的作用是将踏板力转变成液压力。现代汽车的行车制动系统都必须采用双回路制动系统，因此液压制动系统都采用串联双腔式制动主缸。图 3-132 所示为串联双腔式制动主缸。缸体 11 内装有两个活塞 3 和 9，将主缸内腔分为两个工作腔 12 和 17。第一工作腔 17 既与右前轮盘式制动器液压缸相通，又与左后轮鼓式制动器轮缸相通。第二工作腔 12 也有两条通路，一是通往左前轮盘式制动器液压缸；二是通往右后轮鼓式制动器轮缸。每套管路和工作腔又分别通过补偿孔 18 和回油孔 19 与储油罐（图中未画出）相通。第二活塞 9 两端均承受弹簧力，但左弹簧张力小于右弹簧张力，故主缸不工作时，第二活塞由右端弹簧保持在正确的初始位置，使补偿孔和进油孔与缸内相通。第一活塞 3 在左端弹簧作用下，压靠在套 1 上，使其处于补偿孔 18 和回油孔 19 之间的位置。密封套 2 用来防止主缸漏油。此外每个活塞上都装有密封圈，以便两腔建立油压并保证密封。

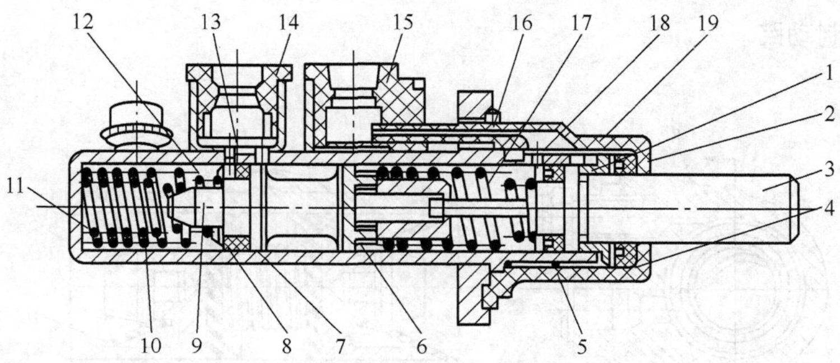

图 3-132　串联双腔式制动主缸

1—套　2—密封套　3—第一活塞　4—盖　5—防动圈　6、13—密封圈　7—垫片　8—挡片
9—第二活塞　10—弹簧　11—缸体　12—第二工作腔　14、15—进油孔
16—定位圈　17—第一工作腔　18—补偿孔　19—回油孔

制动时，驾驶员踩下制动踏板，真空助力器推动第一活塞 3 向左移动，在其密封圈遮住补偿孔 18 后，第一工作腔 17 的油压开始升高。油液一方面通过腔内出油孔（图中未画出）进入右前左后制动管路，一方面又对第二活塞 9 产生推力，在此推力及第一活塞 3 左端弹簧力的共同作用下，第二活塞 9 也向左移动，这样第二工作腔 12 也产生了压力，推开腔内出油阀（图中未画出），油液进入左前右后制动管路，于是两制动管路对汽车施行制动。

解除制动时，驾驶员松开制动踏板，活塞在弹簧作用下回位，液压油自轮缸（或液压缸）和管路中流回制动主缸。如活塞回位迅速，工作腔内容积也迅速扩大，使油压迅速降低。由于管路阻力的影响，管路中的油液不能及时流回工作腔以充满活塞移动让出的空间，使工作腔形成一定的真空度。这时，储液罐里的油液便经进油孔和活塞上面的小孔（图中未画出）推开密封圈的边缘流入工作腔。当活塞完全回位时，补偿孔打开，工作腔内多余的油由补偿孔流回储液罐。若液压系统由于漏油，以及由于温度变化引起主缸工作腔、管路、轮缸中油液的膨胀或收缩，都可以通过补偿孔进行调节。

若左前右后轮制动管路损坏漏油，则踩下制动踏板时，只有第一工作腔中能建立一定压力，而第二工作腔中无压力。此时在两腔压力差的作用下，第二活塞被迅速推到底。之后，第一工作腔中的油压才迅速升高，使右前左后车轮产生制动作用。

若右前左后轮制动管路损坏漏油，则在踩下制动踏板时，开始只是第一活塞前移，因第一工作腔不能建立油压，因而不能推动第二活塞向前移动。继续踩下制动踏板，在第一活塞前端杆部直接顶到第二活塞时，便能推动第二活塞，使第二工作腔建立油压而使左前右后车轮产生制动作用。由此可见，双回路液压制动系统中，一套管路损坏漏油时，另一套管路仍能工作，只是所需的踏板冲程加大而已。

（2）制动轮缸

制动轮缸的功用是将液体压力转变为制动蹄张开的机械推力。制动轮缸有单活塞式和双活塞式两种。领从蹄式制动器应用的是双活塞式制动轮缸。

图 3-133 所示为双活塞式制动轮缸示意图。在缸体 1 内装有两个活塞 2，两个皮碗 3 装在两个活塞 2 的端面以实现油腔的密封，弹簧 4 保持皮碗、活塞、制动蹄的紧密接触，并保持两活塞之间的进油间隙。防尘罩 6 除防尘外，还可以防止水分进入，以免活塞和缸体生锈而卡死。制动时，来自制动主缸的制动液经油管接头和进油孔进入两活塞之间的油腔，将活塞向外推开，通过顶块 5 推动制动蹄。

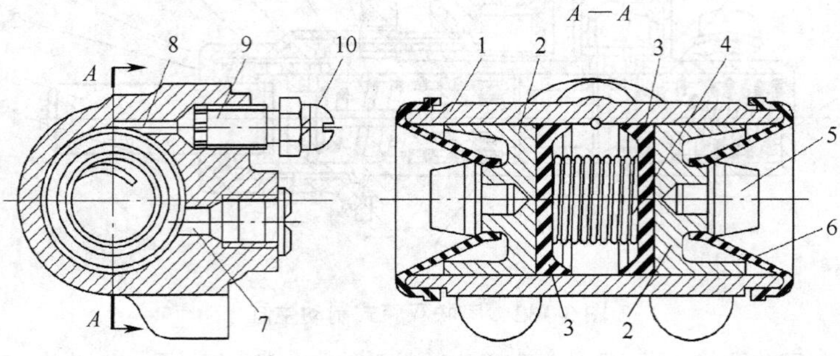

图 3-133　双活塞式制动轮缸示意图

1—缸体　2—活塞　3—皮碗　4—弹簧　5—顶块　6—防尘罩　7—进油孔
8—放气孔　9—放气阀　10—放气阀防护螺钉

（3）真空助力器

真空助力器是利用真空能对制动踏板进行助力的装置，对其控制是利用踏板机构直接操纵。轿车制动系统真空助力器的结构与工作原理如图 3-134 所示。真空助力器主要由真空伺服气室和控制阀两部分组成。真空伺服气室由前、后壳体 1 和 19 组成，其间夹装有伺服气室膜片 20，将伺服气室分成前、后两腔。前腔经真空单向阀通向发动机进气歧管（即真空源），后腔膜片座 8 的毂筒中装有控制阀 6，控制阀由空气阀 10 和真空阀 9 组成，空气阀与控制阀推杆 12 固装在一起，控制阀推杆借调整叉 13 与制动踏板机构连接。外界空气经过滤环 11 和毛毡过滤环 14 滤清后进入伺服气室后腔。伺服气室膜片座 8 上有通道 *A* 和 *B*，通道 *A* 用于连通伺服气室前腔和控制阀，通道 *B* 用来连通伺服气室后腔和控制阀。膜片座的前端装有制动主缸推杆 2，其间有传递脚感的橡胶反作用盘 7，橡胶反作用盘是两面受力：右面要承受控制阀推杆 12、空气阀 10 及膜片座 8 的推力；左面要承受制动主缸推杆 2 传来的主缸液压的反作用力。

真空助力器不工作时，如图 3-134（a）所示，空气阀 10 和控制阀推杆 12 在控制阀推杆弹簧 15 的作用下，离开橡胶反作用盘 7，处于右端极限位置，并使真空阀 9 离开膜片座 8 上的阀座，即真空阀处于开启状态。而真空阀 9 又被阀门弹簧 16 压紧在空气阀 10 上，即空气阀处于关闭状态。此时，伺服气室的前后两腔互相连通，并与大气隔绝。在发动机工作时，两腔内都产生一定的真空度。

制动时，如图 3-134（b）所示，踩下制动踏板，来自踏板机构的控制力推动控制阀推杆 12 和控制阀柱塞 18 向前移动，首先消除柱塞与橡胶反作用盘 7 之间的间隙后，再继续推动制动主缸推杆 2，主缸内的制动液以一定压力流入制动轮缸，此力为驾驶员踏板所给。与此同时，在阀门弹簧 16 的作用下，真空阀 9 也随之向前移动，直到压靠在膜片座 8 的阀座上，从而使通道 *A* 与通道 *B* 隔绝。即伺服气室的后腔同前腔（真空源）隔绝。进而空气阀 10 离开真空阀 9 而开启。空气经过滤环 11、毛毡过滤环 14、空气阀的开口和通道 *B* 充入伺服气室后腔。随着空气的进入，在伺服气室膜片的两侧出现压力差而产生推力，此推力通过膜片座 8、橡胶反作用盘 7，推动制动主缸推杆 2 向前移动，此力为压力差所供给。此时，制动主缸推杆 2 上的作用力应为踏板力和伺服气室反作用盘推力的总和，但后者较前者大很多，使制动主缸输出的压力成倍地增高。

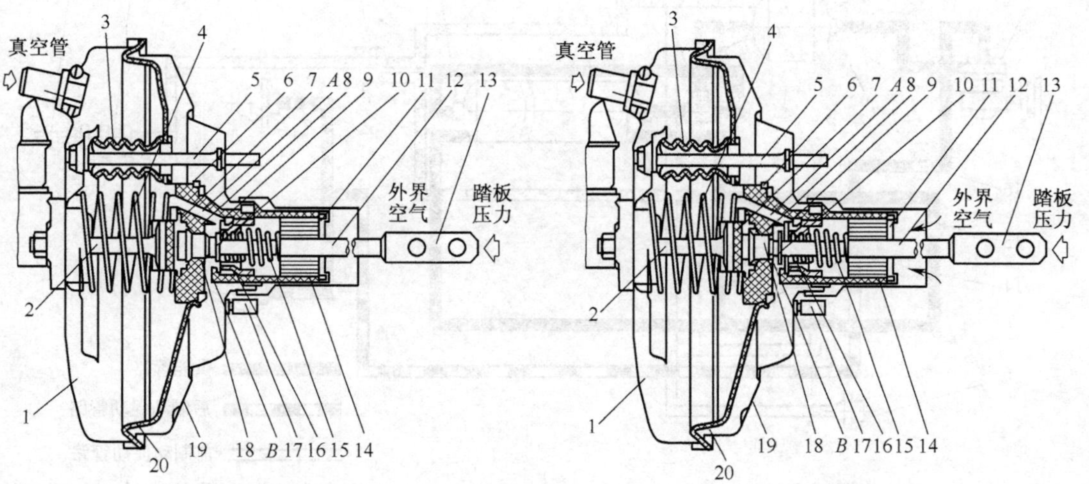

（a）未踩制动踏板时　　（b）踩下制动踏板时

图 3-134　真空助力器结构与工作原理

1—伺服气室前壳体　2—制动主缸推杆　3—导向螺栓密封圈　4—膜片回位弹簧　5—导向螺栓　6—控制阀　7—橡胶反作用盘　8—膜片座　9—真空阀　10—空气阀　11—过滤环　12—控制阀推杆　13—调整叉　14—毛毡过滤环　15—控制阀推杆弹簧　16—阀门弹簧　17—螺栓　18—控制阀柱塞　19—伺服气室后壳体　20—伺服气室膜片

解除制动时，控制阀推杆弹簧 15 即将控制阀推杆 12 和空气阀 10 推向右移，使真空阀 9 离开膜片座 8 上的阀座，真空阀开启。伺服气室前、后两腔相通，均为真空状态。膜片座和膜片在膜片回位弹簧 4 的作用下回位，制动主缸即解除制动作用。

若真空助力器失效或真空管路无真空度时，控制阀推杆 12 将通过空气阀 10 直接推动膜片座 8 和制动主缸推杆 2 移动，使制动主缸产生制动压力，但加在踏板上的力要增大。

3.4.4　气压式制动传动装置

气压式制动传动装置是发展最早的一种动力制动传动装置，其制动能源是空气压缩机产生的压缩空气。气压式制动传动装置的制动力大，制动灵活，广泛应用于中型和重型载货汽车上。

图 3-135 所示为解放 CA1092 型汽车气压制动系统示意图。由发动机驱动的双缸活塞式空

气压缩机 1 将压缩空气经单向阀 9 首先输入湿储气筒 4（湿储气筒上装有安全阀 5 和供外界使用压缩空气的放气阀 3）。压缩空气在湿储气筒内冷却并进行油水分离之后，再分别经两个单向阀 9 进入储气筒 8 的前、后腔。储气筒前腔与串联双腔式制动阀 14 上腔相连，可以向后制动气室充气。储气筒后腔与串联双腔式制动阀 14 下腔相连，可以向前制动气室充气。此外，储气筒两个腔的气压都经三通管分别通向双指针空气压力表中的两个传感器腔，使两个指针分别指示储气筒两腔的气压。而且储气筒后腔还通过气管与单向阀 9 相连，当该腔气压增大到规定值时，单向阀便使空压机空转而停止向储气筒供气。储气筒最高气压为 0.8MPa。

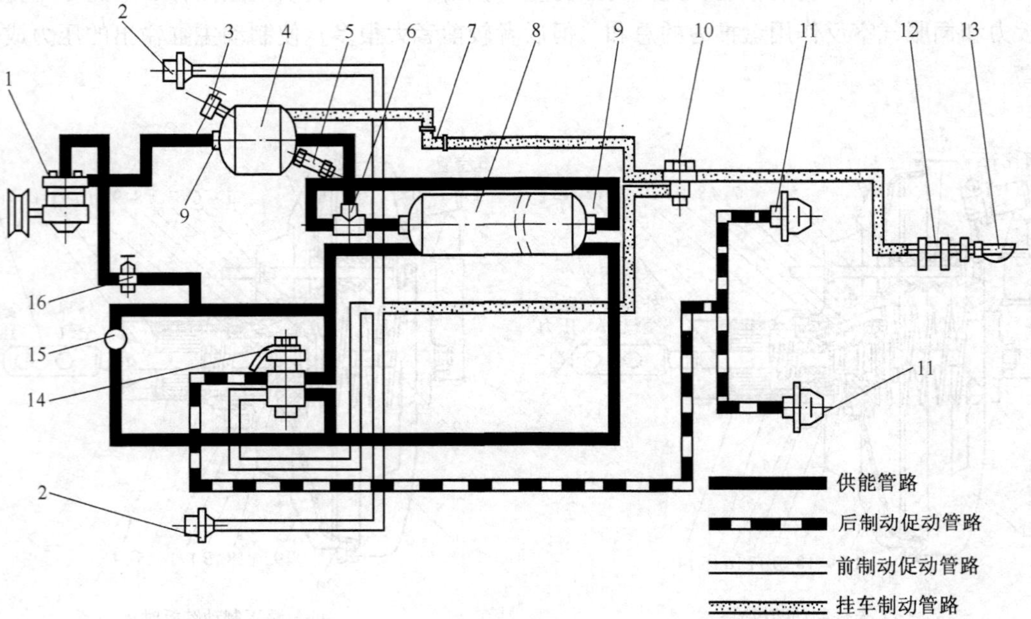

图 3-135　解放 CA1092 型汽车气压制动系统示意图

1—空气压缩机　2—前制动气室　3—放气阀　4—湿储气筒　5—安全阀　6—三通管　7—管接头　8—储气筒　9—单向阀　10—挂车制动阀　11—后制动气室　12—分离开关　13—连接头　14—串联双腔式制动阀　15—气压表　16—气压调节器

当踩下制动踏板时，通过拉杆机构操纵制动阀，使制动阀上下两腔的进气口分别与本腔的出气口相通，使储气筒 8 前、后腔的压缩空气得以分别通过制动阀的上、下腔进入后制动气室和前制动气室，从而促动制动器工作。当放松制动踏板时，制动阀使制动气室通大气，以解除制动。制动气室内建立的气压越高，制动器所产生的制动力矩越大。为了保证行车制动的渐进性，制动阀应具有随动作用，即保证制动气室压力与踏板冲程成一定的递增函数关系。

在采用动力制动系统的情况下，驾驶员所施加的踏板力只用来操纵控制装置，而不能像采用人力制动系统时那样直接造成制动器促动装置的工作压力，故制动阀还应当能使制动气室压力与踏板力也成一定的递增函数关系，以保证驾驶员有足够强的踏板感。

3.4.5　驻车制动系统

驻车制动系统的作用是使汽车可靠地驻留原地，不致滑溜，便于上坡起步。在行车中遇到紧急情况时，可同时使用行车制动系统和驻车制动系统，使汽车紧急制动。

驻车制动器有的安装在变速器后，也有的装在主减速器主动轴的前端，即安装在传动轴上，称为中央驻车制动器。而有的汽车在后桥制动器中加装了必要的机构，使之兼为驻车制动器，则称为车轮驻车制动器。车轮驻车制动器因其结构紧凑而在轿车上广泛应用。

车轮驻车制动器有鼓式和盘式两种，鼓式驻车制动器一般应用于中、低级轿车上，如捷达轿车；而盘式驻车制动器一般应用于高级轿车上，如奥迪 A6 轿车。有些轿车的后轮制动器采用盘鼓结合式，行车制动用盘式制动器，而驻车制动用鼓式制动器。

图 3-136 所示为捷达轿车的驻车制动系统结构示意图。

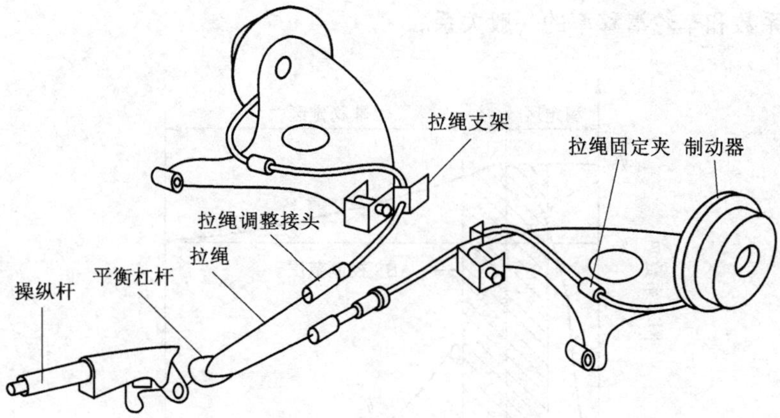

图 3-136　捷达轿车驻车制动系统结构示意图

3.4.6　制动防抱死系统

汽车电子控制防抱死制动系统（Anti-Lock Brake System，ABS）是汽车上的一种主动安全装置。其作用是在汽车制动时，防止车轮抱死拖滑，以提高汽车制动过程中的方向稳定性、转向控制能力和缩短制动距离，使汽车制动更为安全有效。

1. 附着系数与车轮滑移率的关系

（1）车轮滑移率

汽车正常行驶时，车速 v（即车轮中心的纵向速度）与车轮速度 v_w（即车轮圆周速度）相同，可以认为车轮在路面上做纯滚动。当驾驶员踏下制动踏板时，由于地面制动力的作用，使车轮速度减小，车轮处在既滚动又滑动的状态，实际车速与车轮速度不再相等，人们将车速和车轮速度之间出现的差异称为滑移。随着制动系统压力的增加，车轮滚动成分越来越小，滑移成分越来越大。当车轮制动器抱死时，车轮已不再转动，而是在地面上作完全滑动。

为了表征滑移成分所占比例的多少，常用滑移率 S 表示。

$$S=\frac{v-v_w}{v}\times 100\%=\frac{v-r\omega}{v}\times 100\%$$

式中　S——车轮滑移率；

v——车速（车轮中心纵向速度，m/s）；

v_w——车轮速度（车轮瞬时圆周速度，$v_w=r\omega$，m/s）；

r——车轮半径（m）；

ω——车轮转动角速度（rad/s）。

车轮在路面上纯滚动时，$v = v_w$，车轮滑移率 S=0；车轮抱死在地面上纯滑动时，$v_w = 0$，车轮滑移率 $S = 100\%$；车轮在路面上边滚动边滑动时，$v > v_w$，车轮滑移率 $0 < S < 100\%$。车轮滑移率越大，说明车轮在运动中滑动的成分所占的比例越大。

（2）附着系数与滑移率的关系

车轮滑移率的大小对车轮与地面间附着系数有很大影响。图 3-137 给出了干燥硬实路面上附着系数与滑移率的一般关系。图中实线为制动时纵向附着系数和车轮滑移率的一般关系，虚线为横向附着系数和车轮滑移率的一般关系。

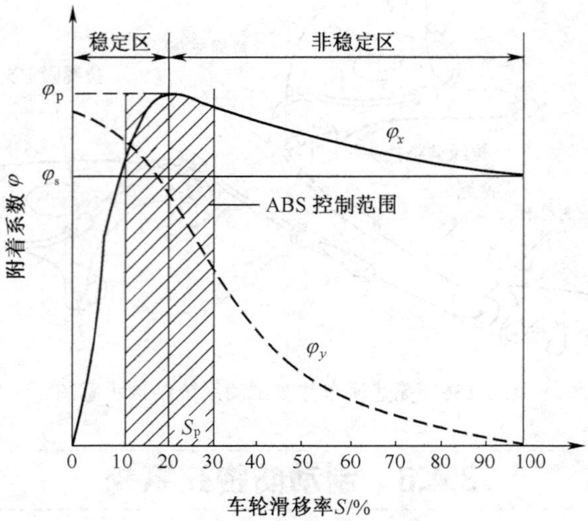

图 3-137　干燥硬实路面上附着系数与滑移率的一般关系

φ—附着系数　φ_x—纵向附着系数　φ_y—横向附着系数　S—车轮滑移率　φ_p—峰值附着系数

S_p—峰值附着系数时的滑移率　φ_s—车轮抱死时纵向滑动附着系数

通常，当滑移率（S）由 0%～10%增大时，纵向附着系数φ_x迅速增大。当滑移率处于 10%～30%的范围时，附着系数有最大值（图 3-147 所示滑移率在 20%时，纵向附着系数最大）。该最大值称为峰值附着系数，用φ_p表示，此时与其相对应的车轮滑移率称为峰值附着系数滑移率，用 S_p 表示。由图 3-137 中可以看出，当滑移率继续增大时，附着系数逐渐减小。当车轮抱死时，即完全滑动时的附着系数，一般称为滑动附着系数，用φ_s 表示。车轮抱死时的滑动附着系数φ_s一般总是小于峰值附着系数φ_p。

附着力 F_φ与附着系数 φ 的关系为 $F_\varphi=F_z\varphi$，当地面对车轮法向反作用力 F_z一定时，则滑移率 S 在 20%左右时具有最大附着力，因而也只有在此时车轮与路面之间才能获得最大地面制动力，具有最佳制动效果。通常，称纵向附着系数最大时的滑移率 S 为理想滑移率，也有的叫最优滑移率（峰值滑移率）。如果滑移率超过理想滑移率（即 $S > S_p$）时，附着力和地面制动力反而逐渐减小，使制动效能变差、制动距离增长，因此一般称从理想滑移率到车轮抱死完全滑动阶段为非稳定区。

图 3-137 同时给出了车轮的横向（侧向）附着系数φ_y的变化趋势。横向附着系数是研究汽车行驶稳定性的重要参数之一。横向附着系数越大，汽车制动时方向稳定性和保持转向控制能

力越强。从图 3-137 中可以看出，当滑移率 S=0 时，横向附着系数最大；随着滑移率的增加，横向附着系数越来越小；当车轮抱死时，横向附着系数几乎为零，此时导致横向附着力几乎为零，其危害是很大的，主要体现在以下两方面。

① 方向稳定性差。由于横向附着力很小，汽车失去抵抗横向外力的能力，后轮很容易产生横向滑移和使汽车发生甩尾、调头等危害，使汽车失去方向稳定性。

② 失去转向控制能力。在汽车进行转向行驶时，尽管驾驶员此时操纵方向盘，但由于前轮维持汽车转弯运动能力的横向附着力已丧失，汽车仍将按原来惯性行驶方向滑动，汽车就可能冲入其他车道或冲出路面，汽车不能按驾驶员的意志行驶，使汽车失去转向控制能力。

由图 3-137 中可以看出，当滑移率在 10%～30%时，纵向附着系数 φ_x 和横向附着系数 φ_y 都很大，在此区间制动时，既可以获得较大的制动力，得到良好的制动效能，又能保证汽车具有良好的操纵性能。制动防抱死系统的功用就是在汽车制动时，自动地将滑移率控制在该区域内。

2. 制动防抱死系统的优缺点

制动防抱死系统的优点如下所述。

① 制动时保持方向稳定性。

② 制动时保持转向控制能力。

③ 缩短制动距离，在冰雪路面上，可以缩短制动距离 10%～20%。

④ 减少轮胎磨损，提高轮胎的使用寿命 6%～10%。

⑤ 减少驾驶员紧张情绪。

⑥ 提高汽车行驶的平均速度，大约 15%。

但制动防抱死系统仍然存在着一些缺点和局限性。

① 制动防抱死系统不能提供超越车轮与路面所能承受的制动效果。

② 制动防抱死系统性能的好坏受整车制动系统状况的影响。

③ 制动防抱死系统不能取代驾驶员的制动，只能在驾驶员制动时，帮助其达到较好的制动效果。

④ 在平滑的干路面上制动，熟练驾驶员制动的制动距离可能比制动防抱死系统工作时制动距离要短，这主要是由于制动防抱死系统允许滑移率降低 10%左右。

⑤ 在松散的砂土和积雪较深的路面制动，车轮抱死制动要比制动防抱死系统工作时的制动距离短。因为在这些路面上车轮制动抱死时，其表面物质如积雪会被铲起并堆在车轮前面，形成一种阻力，使制动距离变短。而在装有制动防抱死系统的汽车上，由于车轮不会抱死，反而没有这种效果，所以在装备 ABS 的汽车上一般在仪表盘上装有一个开关，以便在这种路面上关闭制动防抱死系统，使其不起作用。

3. 制动防抱死系统的组成

无论是液压制动系统还是气压制动系统，制动防抱死系统均由传感器、电子控制单元（ECU）和执行器 3 部分组成。如图 3-138 所示，制动防抱死系统主要是在普通制动系统的基础上加装了轮速传感器、ABS 电控单元和制动压力调节装置。制动时，ABS 电控单元（ECU）3 从前、后轮速传感器 1 和 5 上获取车轮的转速信息，经分析处理后判断是否有车轮处于即将抱死拖滑状态。如果车轮未处于上述状态，制动压力调节器 2 不工作，制动系统按照普通制动过程工作。制动轮缸的压力继续增大，此即系统的增压过程。如果电控单元判断出某一车轮即将抱死拖滑，即刻向制动压力调节器发出命令关闭制动主缸及相关轮缸的通道，使得该轮缸的压力不再增加，此即制动防抱死系统的保压状态。若电控单元判断出该车轮仍将要处于抱死拖滑状态，它将向制动压力调节器发出命令，打开该轮缸与储液室或储能器的通道，使得该轮缸的油压降低，此即制动防抱死系统的减压状态。装配制动防抱死系统的制动就是在高频地进行增压、保压和减压的往复过程中完成的。

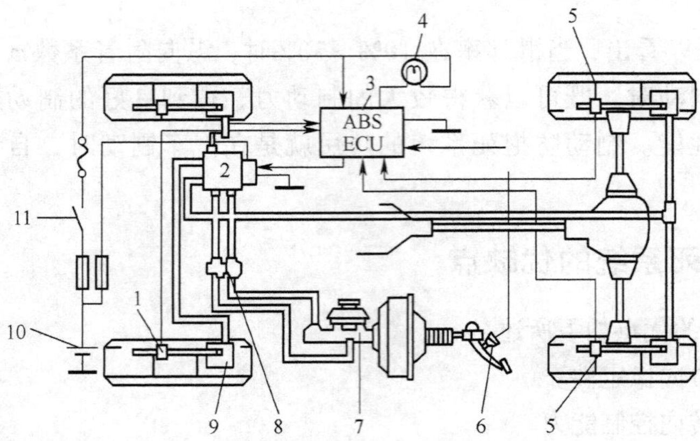

图 3-138　制动防抱死系统的组成

1—前轮速度传感器　2—制动压力调节器　3—ABS 电控单元　4—ABS 警告灯
5—后轮速度传感器　6—停车灯开关　7—制动主缸　8—比例分配阀
9—制动轮缸　10—蓄电池　11—点火开关

图 3-138 所示的制动防抱死系统称为分置式制动防抱死系统，即制动压力调节器是独立的。制动压力调节器通过液压管路与制动主缸相连。图 3-139 所示的制动防抱死系统称为整体式制动防抱死系统，即制动压力调节器与制动主缸、真空助力器组合成一个整体，其工作原理与分置式制动防抱死系统相同。

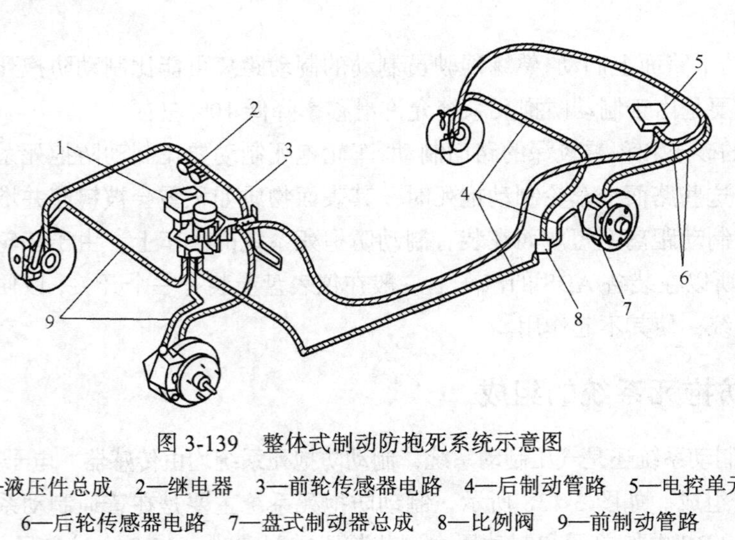

图 3-139　整体式制动防抱死系统示意图

1—液压件总成　2—继电器　3—前轮传感器电路　4—后制动管路　5—电控单元
6—后轮传感器电路　7—盘式制动器总成　8—比例阀　9—前制动管路

4. 制动防抱死系统的工作原理

下面以红旗轿车制动防抱死系统为例说明该系统的工作原理，如图 3-140 所示。

红旗轿车制动防抱死系统采用美国凯尔塞-海斯（Kelsey Hayes）公司生产的 EBC430 型电子液压控制单元，简称 EHCU。它是将液压调节器（HCU）和电控单元（ECU）组合在一起，形成一个总成，如图 3-141 所示。

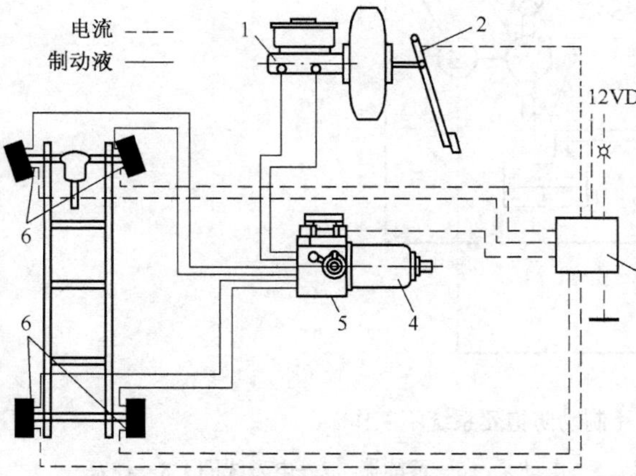

图 3-140 红旗轿车制动防抱死系统的组成及布置

1—制动主缸 2—制动灯开关 3—电子控制器（ECU） 4—电动机 5—液电控制总成 6—轮速传感器

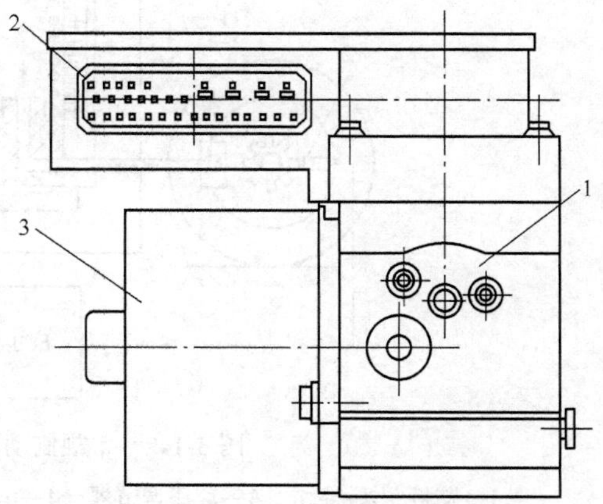

图 3-141 HCU 和 ECU

1—液压调节器 2—电子控制器（ECU） 3—电动机

红旗轿车制动防抱死系统的工作原理是：车轮转速传感器信号传给电控单元（ECU），电控单元通过运算，计算出车轮的速度、滑移率和汽车减速度，并根据不同车轮的不同工作状态，通过比较分析和判定，对液压调节器发出控制指令，控制制动力的大小，使滑移率保持在规定的范围内。

红旗轿车制动防抱死系统的工作过程可以分为常规制动、制动压力保持、制动压力下降和制动压力上升阶段。下面分别进行说明。

（1）常规制动阶段

如图 3-142 所示，在常规制动阶段，ABS（制动防抱死系统）不工作。电磁线圈 7 中无电流通过，柱塞 8 在弹簧力的作用下处于最下端（低位）。此时制动主缸 2 与轮缸 10 相通，由制动主缸来的制动液直接进入轮缸，轮缸压力随主缸压力的升高而升高。这时电动泵 5 不工作，蓄能器 6 是空的，虽然常规制动时 ABS 不工作，但电子控制器（ECU）13 通过轮速传感器 12 持续监视车轮信号的输入，判断是否有必要进入制动防抱死状态。如果制动防抱死系统由于出现了某种故障被切断工作，驾驶员还可以进行常规制动。

（2）制动压力保持阶段

如果驾驶员踩制动踏板过重，会造成制动器制动力大于车轮与路面之间的附着力，使汽车制动减速度很大。如图 3-143 所示，这一过程中，轮速传感器 12 把车轮 11 将抱死的信号传给电子控制器（ECU）13，ECU 首先给电磁阀线圈 7 通小电流，使线圈产生向上的电磁力。在电磁力作用下，柱塞 8 克服弹簧阻力向上移动一小段距离，升至中间位置（中位）。制动轮缸 10 压力和制动主缸 2 压力隔绝，防止制动轮缸的压力继续增加。这时，ABS 处于制动压力保持阶段，制动轮缸 10 的制动压力保持不变。

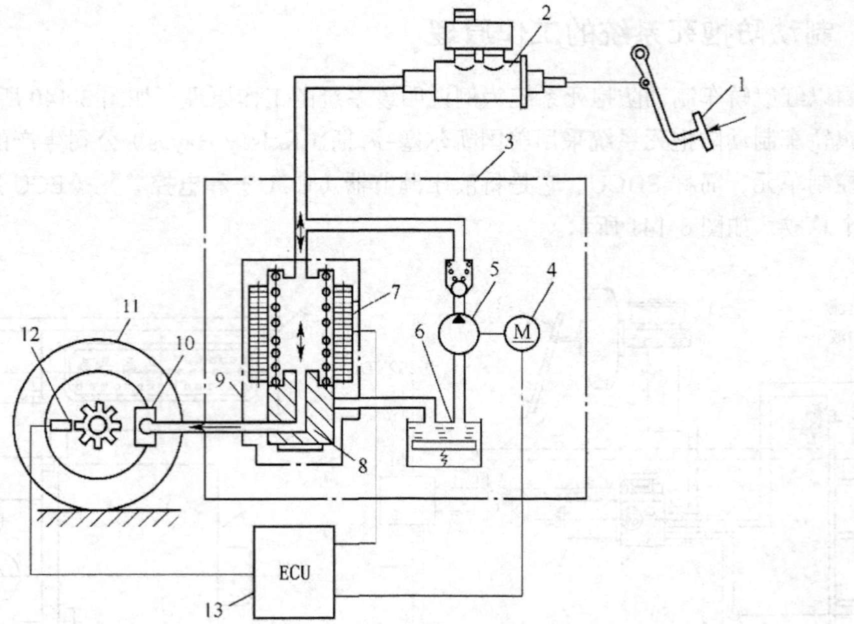

图 3-142 常规制动阶段（制动防抱死系统不工作）

1—踏板 2—主缸 3—液压调节器 4—电动机 5—电动泵 6—蓄能器 7—电磁线圈 8—柱塞 9—电磁阀 10—轮缸 11—车轮 12—轮速传感器 13—电子控制器（ECU）

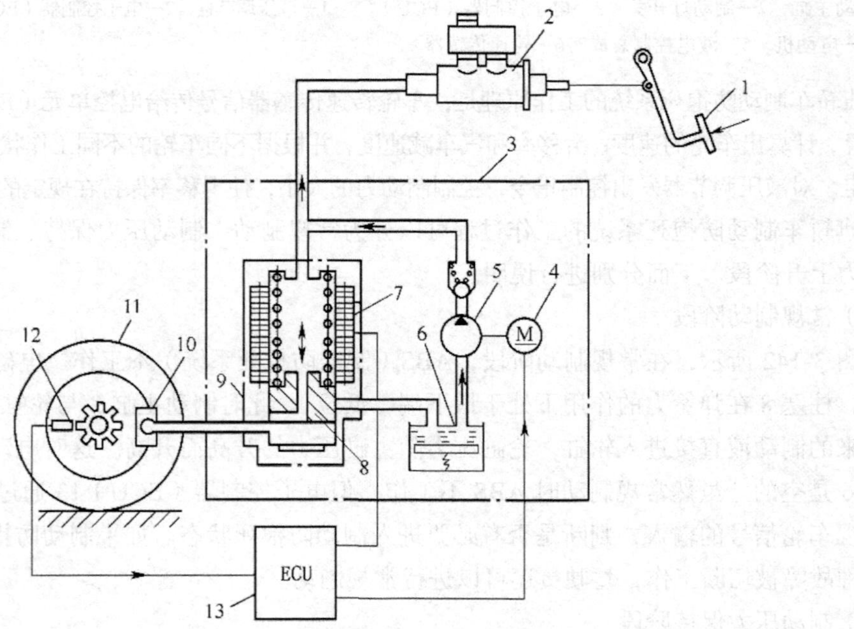

图 3-143 制动压力保持阶段

1—踏板 2—主缸 3—液压调节器 4—电动机 5—电动泵 6—蓄能器 7—线圈 8—柱塞 9—电磁阀 10—轮缸 11—车轮 12—轮速传感器 13—电子控制器（ECU）

（3）制动压力下降阶段

在制动轮缸内制动压力被隔绝后，车轮滑移率逐步增加，将要超出制动防抱死系统工作范围（一般滑移率在 8%～35%），这时需要降低轮缸内的压力，使车轮滑移率减小。这是通过在制动轮缸中泄出一部分制动液到低压蓄能器而实现的。如图 3-144 所示，在这一过程中，电子控制器（ECU）13 使电磁阀线圈 7 通大电流，柱塞 8 上移至高位，允许制动液从轮缸 10 进入蓄能器 6。这个过程是由一组极短的通电脉冲信号控制的，每个脉冲作用于电磁阀 9，使电磁阀电流不断变化，这样制动轮缸 10 中的压力被逐步地降低，使车轮滚动成分增加。另外，从制动轮缸中泄出的制动液推动蓄能器 6 的弹簧回缩，并储存在蓄能器中。当蓄能器中的制动液达到一定量时（一般蓄能器容量为 3.6mL），ECU 启动回流泵（电动泵 5）把蓄能器中的制动液泵回制动主缸 2。

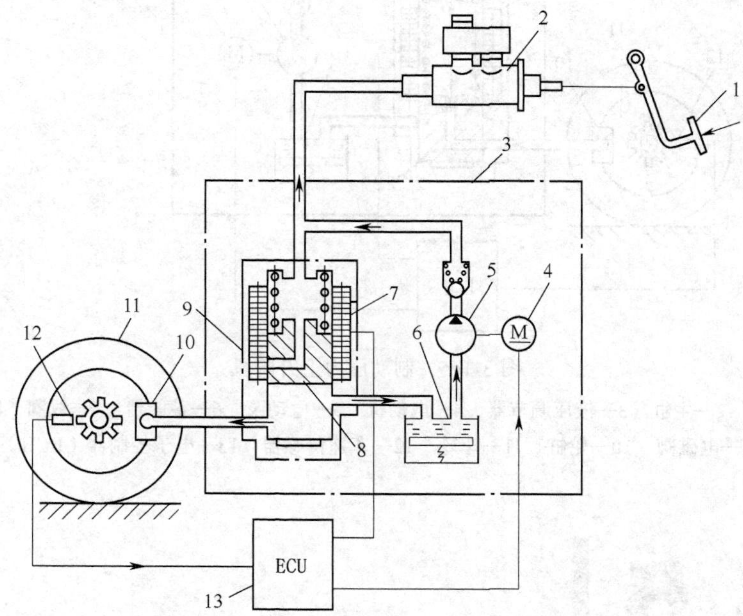

图 3-144　制动压力下降阶段

1—踏板　2—主缸　3—液压调节器　4—电动机　5—电动泵　6—蓄能器　7—线圈　8—柱塞　9—电磁阀　10—轮缸　11—车轮　12—轮速传感器　13—电子控制器（ECU）

（4）制动压力上升阶段

减压状态使汽车制动力越来越小，为了取得最佳的制动效果，这时应进入增压状态。如图 3-145 所示，电子控制器（ECU）13 发出指令到液压调节器 3，使电磁阀线圈 7 开始断电，让制动主缸 2 中的制动液进入制动轮缸 10，轮缸内制动压力增加，汽车开始减速。

红旗轿车制动防抱死系统不断重复上述保压、减压和增压的控制循环过程，这种控制循环一般每秒进行 3～4 次，这样就可以得到制动防抱死系统工作过程图。

此外，由于存在这种控制循环，造成制动踏板的振动。当制动液从制动主缸 2 进入制动轮缸 10 时，制动踏板下降；当制动液从蓄能器被抽回到制动主缸时，制动踏板上升。这种制动踏板的反复振动是正常的。

（5）退出制动

当驾驶员放松制动踏板或减小制动踏板力使制动主缸压力低于制动轮缸压力时，制动轮缸中的制动液通过柱塞上的制动液通道流回到制动主缸，同时电动机会继续运转把蓄能器中的制动液抽回制动主缸。另外，当出现制动踏板开关断开或持续加压超过一定时间而不能使汽车车速减慢等故障时，系统则退出制动防抱死系统工作状态，电磁阀线圈断电，柱塞降至最下端，制动器完全由驾驶员控制，则常规制动系统起作用。

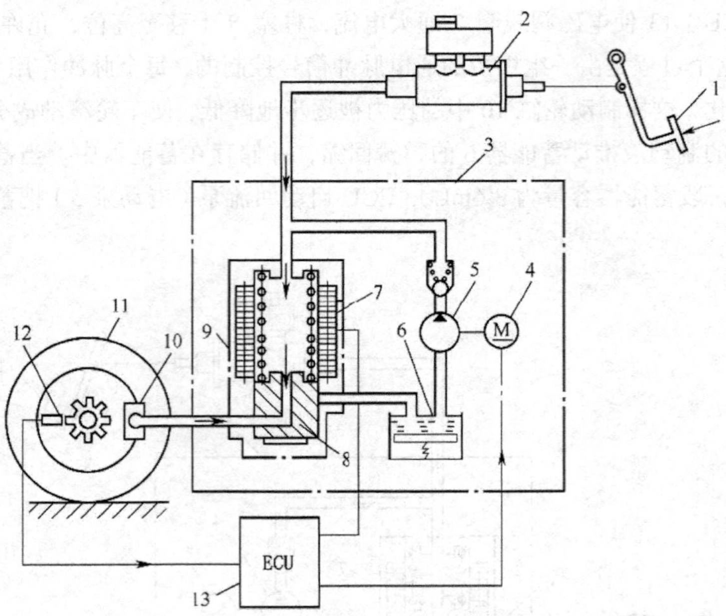

图 3-145　制动压力上升阶段

1—踏板　2—主缸　3—液压调节器　4—电动机　5—电动泵　6—蓄能器　7—线圈　8—柱塞
9—电磁阀　10—轮缸　11—车轮　12—车速传感器　13—电子控制器（ECU）

3.5 底盘主要部件的使用与维护

3.5.1　传动系统使用与维护

1. 离合器的使用与维护

离合器是汽车传动系统中直接与发动机相关联的部件，其主动部分和从动部分可以暂时分离，又可以逐渐接合，并且在传动过程中还要有可能相对转动，通过主动、从动两部分的相互作用把发动机的动力扭距传递给驱动系统，来实现汽车的起步、换挡等功能。

（1）离合器的使用

起步时，踩离合器踏板要一脚到底，使离合器彻底分离。抬起离合器踏板时，开始要快抬，当感觉到离合器压盘逐渐接合至半联动后，开始放慢速度。在慢慢抬起的同时，根据发动机的实际反映情况，逐渐踩下油门踏板，使汽车平稳起步。离合器与油门的使用配合需要一定的技巧，对于新手很难马上掌握，不过有了一段时间的驾驶经验以后，脚下自然就有“分寸”了。

行车中换挡时，应迅速踩下离合器踏板并抬起，不要出现半联动现象，避免增加离合器的磨损。在减速停车时，要踩离合器踏板，最好将车速降到 20 km/h 以下。操作方法是先踩下制动踏板，然后再踩下离合器踏板，使汽车平稳地停下来。有些司机习惯于遇到紧急情况先踩下离合器，再进行制动，这样会加剧离合器的磨损，而且也更费油。踩着离合器踏板高速惯性滑行的作法也非常不可取，因为发动机本身有制动功能，这样做不仅使汽车行驶状况难以控制，而且会损坏离合器，同时也容易发生危险。

新手由于缺乏驾驶经验，或者害怕熄火总是习惯性地踩离合器，这是一个不好的习惯，长时间如此，不仅会加剧离合器的磨损，而且容易造成离合器打滑、离合器片烧蚀及压紧弹簧退火等现象。所以新手应该从开始驾车的时候就养成良好的驾驶习惯：除起步、换挡和低速制动时以外，其他时间都不要踩离合器，也不要把脚一直放在离合器踏板上。

在汽车的行车中，除低速制动停车需要踩下离合器踏板外，其他情况下的制动都尽量不要踩下离合器踏板。低速行车中制动停车的操纵方法是先踩下制动踏板，然后再踩下离合器踏板，使汽车平稳地停下来。

（2）离合器的维护

离合器的维护主要包括离合器储液罐液面高度的检查，离合器踏板自由行程、工作情况的检查，以及离合器踏板自由行程调整等。

① 离合器储液罐液面高度检查。检查主缸储液罐内离合器液（制动液）面的高度，如果低于“MAX”的标记，则应补加，并要进一步检查离合器液压操纵机构是否有泄漏的部位。

② 离合器液压操纵机构泄漏检查。液压操纵机构泄漏检查主要是检查主缸与油管、工作缸与油管及油封等部位是否有离合器液的痕迹。

③ 离合器踏板检查与调整。

- 踩下离合器踏板，检查是否存在下述故障：

a. 踏板回弹无力；

b. 异响；

c. 踏板过度松动。

- 离合器踏板高度检查与调整。离合器踏板高度的检查如图 3-146 所示，掀起地毯或地板革，用直尺测量地面到离合器踏板上表面的距离。如果超出标准，应调整踏板高度。

离合器踏板高度的调整可以通过踏板后的限位螺栓进行。

- 离合器踏板自由行程检查与调整。踏板自由行程的检查如图 3-146 所示，用一个直尺抵在驾驶室地板上，先测量踏板完全放松时的高度，再用手轻按踏板，当感到阻力增大时再测量踏板高度，两次测量的高度差即为踏板的自由行程。

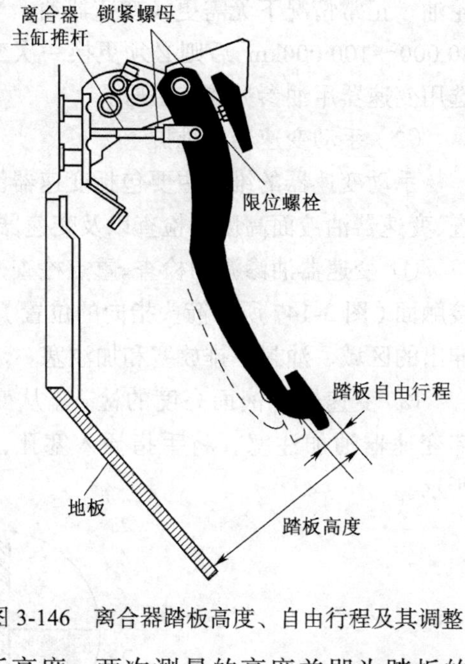

图 3-146 离合器踏板高度、自由行程及其调整

踏板自由冲程的调整如图 3-146 所示，液压式操纵机构一般是调整主缸推杆的长度，先将主缸推杆锁紧螺母旋松，然后转动主缸推杆，从而调整踏板自由行程，调整后应将锁紧螺母旋紧。

有些车辆的操纵机构具有自调装置，如捷达乘用车，可以免除离合器踏板自由行程的调整。

2. 手动变速器的使用与维护

（1）手动变速器的使用

轿车手动变速器大多为四挡或五挡有级式齿轮传动变速器，并且通常带同步器，换挡方便、噪声小。一般行驶 200 000～300 000km 后，变速器才可能发生一些故障，但如果使用维护不当的话，则会造成早期损坏，因此手动变速器使用时应注意以下几点。

① 换挡前应将离合器踩到底，操纵变速杆时动作要轻快、准确、柔和，不可用力过猛，也不要硬拉、硬推，使齿轮发响，以免变速器操纵机构受损。行驶中，不要长时间将手放在变速杆上，否则会造成变速器换挡拔叉过早磨损。

② 挂倒挡时要在汽车停止状态下进行，有些车还需要压缩倒挡弹簧或提起倒挡提钮；同样在倒车后，要使车辆前进，也应将车停稳。

③ 运行中换挡必须选好换挡时机。增挡前，应首先进行汽车加速（所谓“冲车”），当车速升高到一定值时，及时挂入高速挡；降挡时，当车速降到一定值时，方可挂入低速挡。在确保安全情况下，应尽量使用高速挡，以减轻机件的磨损和降低油耗，并且根据路面及交通情况及时调整车速。

④ 严禁在空挡熄火状态下强行挂挡启动发动机，或在车速太低时挂入高速挡以及车速过高时换到低速挡，以免损坏变速器内运动组件和发动机。

⑤ 因轿车出厂时变速器中已加入了优质的齿轮油，正常情况下无需更换变速器油，当正常行驶 80 000～100 000km 后则必须更换一次变速器油，选用变速器用油参见随车手册。

（2）手动变速器的维护

手动变速器的维护主要包括变速器油渗漏的检查、变速器油液面高度的检查以及变速器油的更换。

① 变速器油渗漏的检查。重点检查变速器的壳接触面（图 3-147 所示箭头指向的位置）、轴和拉索伸出的区域、油封、排放塞和加注塞。

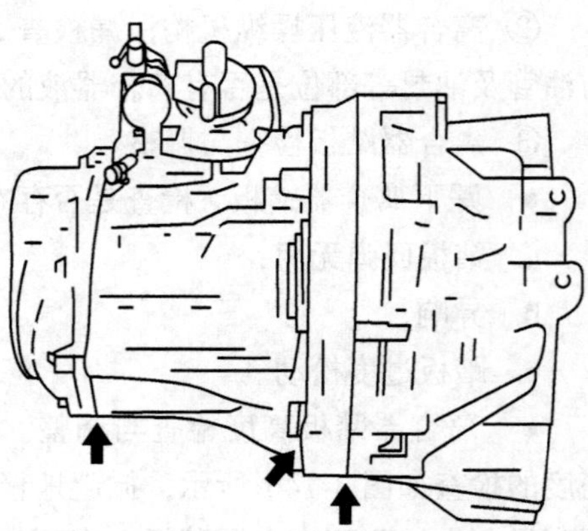

图 3-147　变速器油渗漏的检查部位

② 变速器油液面高度的检查。从变速器上拆卸变速器油加注塞，将手指插入塞孔，并且检查变速器油与手指接触的位置，如图 3-148 所示。

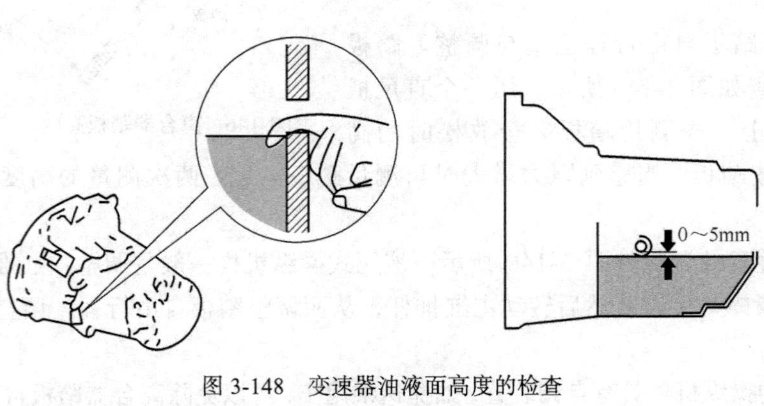

图 3-148　变速器油液面高度的检查

③ 变速器油的更换。变速器加注塞和排放塞的位置如图 3-149 所示。更换变速器油的步骤如下。

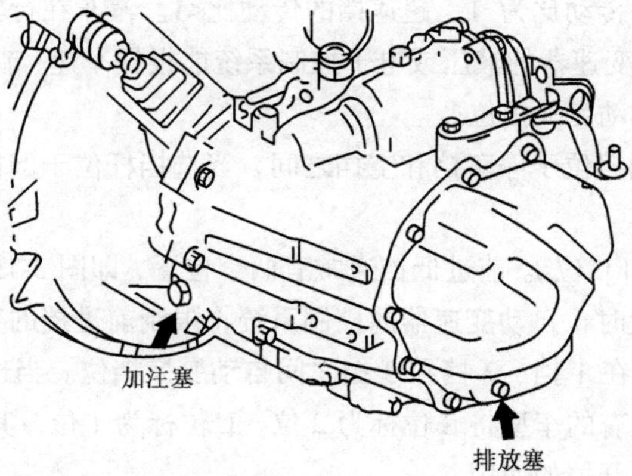

图 3-149 变速器加注塞和排放塞的位置

- 拆卸加注塞、排放塞和两个垫片。然后，排放变速器油。
- 将油排放之后，用新垫片重新安装排放塞。
- 重新加注规定量的油。
- 用一个新垫片重新安装加注塞。

3. 自动变速器的使用与维护

（1）自动变速器选挡杆的使用

自动变速器是由驾驶员通过驾驶室内的选挡杆来操作的。选挡杆布置在转向柱上或地板上，不论布置在哪儿，选挡杆都有 5～8 个挡位。图 3-150 所示为一种有 6 个挡位的自动变速器选挡杆。目前大部分轿车自动变速器的选挡杆都是采用这种布置方式。自动变速器选挡杆挡位的含义与手动变速器有很大的不同，对于自动变速器而言，选挡杆的挡位与自动变速器本身所处的挡位是两个完全不同的概念。实际上，选挡杆只改变自动变速器的阀板总成中手控阀的位置，而自动变速器本身的挡位则是由换挡执行元件的动作决定的，它除了取决于手控阀的位置外，还取决于汽车的车速、节气门开度等因素。要正确操作自动变速器，首先应当了解自动变速器选挡杆各个挡位的含义。

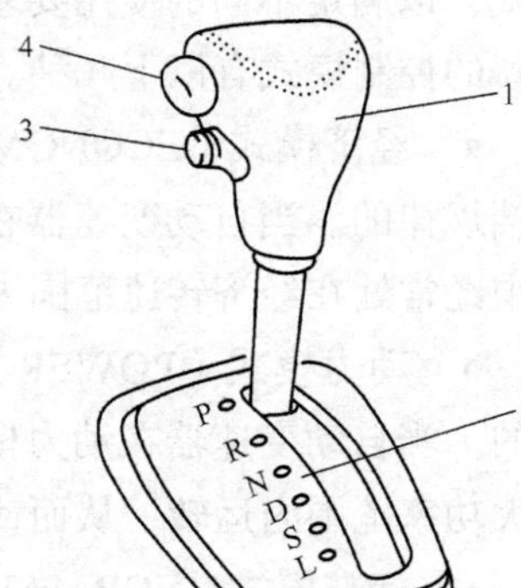

图 3-150 自动变速器的选挡杆
1—选挡杆 2—挡位
3—超速挡开关或保持开关
4—锁止按钮

① 停车挡（P 位）。停车挡通常位于选挡杆的最前方，当选挡杆位于该位置时，自动变速器的停车锁止机构将变速器输出轴锁止，使驱动轮不能转动，防止汽车移动。同时换挡执行机构使自动变速器处于空挡状态。当选挡杆离开停车挡位置时，停车锁止机构即被释放。

② 空挡（N 位）。空挡通常位于选挡杆的中间位置，在倒车挡和前进挡之间。当选挡杆位于空挡位置时，换挡执行机构和停车挡相同，也是使自动变速器处于空挡状态。此时发动机的动力虽经输入轴传入自动变速器，但只能使齿轮空转，输出轴无动力输出。

③ 前进挡（D 位）。前进挡位于空挡之后，大部分轿车自动变速器在选挡杆位于前进挡位

置时可以实现 4 个不同传动比的挡位，即 1 挡、2 挡、3 挡和超速挡，其中 1 挡传动比最大，2 挡次之，3 挡为直接挡，传动比为 1，超速挡的传动比<1。汽车在行驶的过程中，如果选挡杆位于前进挡位置，则自动变速器的液压或电子控制系统能根据车速、节气门开度等因素的变化，按照设定的换挡规律，自动变换挡位。

④ 倒挡（R 位）。倒挡位于停车挡和空挡之间，当选挡杆位于倒挡位置时，换挡执行机构使自动变速器实现倒挡。

⑤ 前进低挡（S 位和 L 位）。前进低挡通常有两个位置，即图 3-150 所示中的 S 位和 L 位，当选挡杆位于这两个位置时，自动变速器的控制系统将限制前进挡的变化范围。当选挡杆位于 S 位时，自动变速器只能在 1 挡、2 挡和 3 挡之间自动变换挡位。当选挡杆位于 L 位时，自动变速器只能固定在 1 挡。有的车型将 S 位标为 2 位，L 位标为 1 位，其含义是相同的。

（2）自动变速器控制开关的使用

新型自动变速器除了可用选挡杆进行换挡控制外，还可以通过选挡杆或汽车仪表板上的一些控制开关进行一些其他的控制。不同车型自动变速器的控制开关往往有不同的名称，其作用也不完全相同。常见的控制开关有以下几种。

① 超速挡开关（OD 开关）。此开关用来控制自动变速器的超速挡。当这个开关打开后，超速控制电路接通，使阀板中的超速电磁阀工作。此时若选挡杆位于 D 位，自动变速器随着车速的提高而升挡时，最高可升入 4 挡（即超速挡），该开关关闭后，超速挡控制电路被断开，仪表板上的 OD OFF 指示灯随之亮起，自动变速器随着车速的提高而升挡时，最高只能升入 3 挡，不能升入超速挡。

② 模式开关。大部分电子控制自动变速器都有一个模式开关，用来选择自动变速器的控制模式，以满足不同的使用要求。所谓控制模式主要是指自动变速器的换挡规律。常见的自动变速器的控制模式有以下几种。

- 经济模式（ECONOMY）。经济控制模式是以汽车获得最佳的燃油经济性为目标来设计换挡规律的。当自动变速器在经济模式状态下工作时，其换挡规律应能使发动机在汽车行驶过程中经常处在经济转速范围内运转，从而提高了燃油经济性。
- 动力模式（POWER）。动力控制模式是以汽车获得最大的动力性为目标来设计换挡规律的。当自动变速器在动力模式下工作时，其换挡规律应能使发动机在汽车行驶过程中经常处在大功率范围内运转，从而使汽车获得较好的动力性能和爬坡能力。
- 标准模式（NORMAL）。标准模式的换挡规律介于经济模式和动力模式之间，它兼顾了经济性和动力性，使汽车既有较佳的燃油经济性，又保证一定的动力性。

③ 保持开关。有些电子控制自动变速器设有保持开关。这种开关通常位于选挡杆上，如图 3-150 所示。按下这个开关后，自动变速器便不能自动换挡，其挡位完全取决于选挡杆的位置。当选挡杆位于 D 位、S 位、L 位时，自动变速器分别保持在 3 挡、2 挡、1 挡。汽车在雪地上行驶时，可按下这个开关，用选挡杆选择挡位，以防止驱动轮打滑。

（3）不同工况下自动变速器的使用

由于自动变速器在结构和工作原理上与手动变速器有很大的不同，因此在使用操作上有许多不同之处。

① 启动。

- 正常启动。启动发动机时，应拉紧驻车制动或踩住制动踏板，将自动变速器的选挡杆置于P位或N位，此时将点火开关转至启动位置，才能使启动电动机转动。在选挡杆位于P位和N位之外的其他任何位置上时，都不能启动。

- 汽车途中熄火后启动。装有自动变速器的汽车在行驶途中突然熄火时，选挡杆位于行驶挡位置，此时若启动点火开关启动，启动电动机将不会转动，必须将选挡手柄移至P位和N位后才可启动。

② 起步。

- 发动机启动后，必须停留几秒后才能挂挡起步。
- 起步时应先踩住制动踏板，然后再挂挡，并查看所挂挡位是否正确，最后松开手制动，抬起制动踏板，缓慢踩下加速踏板加速起步。
- 必须先挂挡后踩加速踏板，不允许边踩加速踏板边挂挡，或先踩加速踏板后挂挡，或挂挡后踩着制动踏板或未松开驻车制动就加大油门。

③ 一般道路行驶。

- 装有自动变速器的汽车在一般道路上向前行驶时，应将选挡杆置于D位，并打开超速挡开关。这样自动变速器就可以根据车速、行驶阻力和节气门开度等因素，选择合适的挡位。超速驱动时必须是在平路上小负荷，且具备一定的车速。
- 为了节省燃油，可将模式开关设置在经济模式或标准模式位置上。加速时应平稳缓慢地加大油门，并尽量让节气门开度保持在小于1/2开度的范围内。也可以采用“提前升挡”的操作方法，即汽车起步后，先以较大的油门将汽车加速到 20～30 km/h，然后将加速踏板很快地松开，并持续2～3s，这时自动变速器就能立即从1挡升至2挡，当感觉到升挡后，再将加速踏板踩下，继续加速，从2挡升至3挡也采用这种方法。这种操作方法能让自动变速器较早地升入高1挡，从而提高了发动机的负荷率，降低了发动机的转速，在一定程度上节省了燃油，同时还能降低发动机的磨损程度，减小噪声。
- 为了提高汽车的动力性，可将模式开关设置在动力模式位置上。在急加速时，还可以采用“强制降挡”的操作方法，即将加速踏板迅速踩到全开位置，此时自动变速器会自动下降一个挡位，获得猛烈的加速效果。当加速的要求得到满足之后，应立即松开加速踏板，防止发动机超速，造成损坏。“强制降挡”旨在高速超车，在这种工况下，自动变速器中的摩擦片磨损、发热严重，很容易造成碎裂和粘接，若非特殊需要，不宜经常使用。

④ 倒车。

- 在汽车完全停稳后，将选挡杆移至R位。
- 在平路上倒车时，可完全放松加速踏板，以怠速缓慢倒车。
- 若倒车中要越过台阶或凸起物时，应缓慢加速，越过之后要及时制动。

⑤ 坡道行驶。

- 在一般坡道上行驶时，可按一般道路行驶的方法，将选挡杆置于D位，用加速踏板或制动踏板来控制上下坡车速。
- 如果汽车以超速挡在坡道行驶，因坡道阻力大于驱动力，导致车速下降，到一定车速时自动变速器又从超速挡降到3挡，到3挡后，又因驱动力大于坡道阻力，汽车被加速，到一定车速时又升至超速挡。这样，若坡道较长，将重复上述过程，即形成“循环跳挡”，加剧了自动变速器中摩擦片的磨损。在这种情况下，可将超速挡开关关闭，限制超速挡的使用，汽车就能在3挡稳定地加速上坡。若坡道较陡，汽车在3挡和2挡之间“循环跳挡”，只要将选挡杆置于 2 挡位置，即可使自动变速器在 2 挡稳定地行驶。

⑥ 发动机制动。在汽车下坡时，若完全松开加速踏板后车速仍然太高，可将选挡杆置于 S 位或 L 位，并把加速踏板松到最小(禁止熄火)，此时驱动轮经传动轴、变速器、变矩器反拖发动机运转，这样可利用发动机的运转阻力让汽车减速，这种情况称为发动机制动。由于单向离合器的作用，自动变速器中有的挡位有发动机制动，有的无发动机制动。要注意不能在车速较高时将选挡杆从 D 位拨至 S 位或 L 位,这样会使自动变速器中的摩擦片因急剧摩擦而受到损坏。当车速较高时，应先用制动器将汽车减速至较低车速，再将选挡杆从 D 位换至 S 位或 L 位。

一般空车下 8%～10%坡度时，可以用 S 挡，重车下 8%～10%坡度时，必须用 L 挡，中间不准换挡。

⑦ 雪地或泥泞路面行驶。在雪地或泥泞路面行驶时，若选挡杆置于 D 位，当驱动轮打滑时，如果驾驶员立刻松开加速踏板，由于打滑的驱动轮转速较快，自动变速器会出现前面所述的提前升挡的现象，从而进一步加剧驱动轮的打滑。此时可将选挡杆置于 S 位或 L 位，限制自动变速器的最高挡位，即可利用节气门开度来控制车轮的转速，防止驱动轮打滑。设有保持开关的自动变速器也可打开保持开关，然后就可以采用与手动变速器一样的方法，用选挡杆来选择适当的挡位行驶。

⑧ 临时停车。汽车在交叉路口等待交通信号或因堵车等原因而需要临时停车时，若停车时间较短，可让选挡杆保持在 D 位，只用行车制动，这样一放松制动踏板，汽车就可以重新起步。若停车时间稍长，最好同时利用行车制动和驻车制动，以免不小心松开制动踏板时汽车向前闯动而发生意外。若停车时间较长，最好把选挡杆换到 N 位，拉紧驻车制动停车，以免造成自动变速器液温过高。

⑨ 停放。汽车停放好后，应踩住制动踏板，将选挡杆移至停车挡位置，并拉紧驻车制动，然后关闭点火开关，熄火。

（4）使用自动变速器的注意事项

为充分发挥自动变速器的性能优势，防止因使用操作不当而造成早期损坏，在驾驶装有自动变速器的汽车时，应注意以下几点。

① 挡位选择及其使用方法。液力自动变速器的挡位选择有拉钮式和拉杆式。拉钮式布置在驾驶室的仪表板上，拉杆式布置在变速杆上或者布置在驾驶室内地板上。不同汽车上液力自动变速器的选挡位置数多少不等，选挡杆位置数与自动变速器本身挡位数不是一回事，也不等。轿车自动变速器的挡位，通常为 3～5 挡。

在驾驶时，如无特殊需要，不要将选挡杆在 D 位、S 位、L 位之间来回拨动，特别要禁止在行驶中将选挡杆拨入 N 位（空挡）或在下坡时用空挡滑行。否则，由于发动机怠速运转，自动变速器内由发动机驱动的油泵出油量减少，而自动变速器内的齿轮等零件在汽车的带动下仍做高速旋转，这些零件会因润滑不良而损坏。

在汽车行驶中若要按“L 位→S 位→D 位”的顺序进行变换（即由低挡位换至高挡位），可以不受任何车速条件的限制，也就是说，不论车速高低都可按此顺序改变选挡杆的位置。但是，如果要按“D 位→S 位→L 位”的顺序（即由高挡位换至低挡位）变换选挡杆的位置，必须让汽车减速至车速低于相应的升挡车速后才能进行。如果将选挡杆由高挡位换至低挡位时的车速过高，就相当于人为的手动强制低挡，这样不但汽车会受到发动机的强烈制动作用，而且相应的低挡执行元件将急剧摩擦而损坏。因此有些车型在进行“D 位→S 位→L 位”的降挡操作时，也必须按下锁止按钮，否则选挡杆将被锁住而无法由高挡位向低挡位移动。

② 前进挡与倒挡互换。当汽车还没有完全停稳时，不允许从前进挡换至倒挡，也不允许从倒挡换到前进挡，否则会损坏自动变速器中的摩擦片和制动带。

③ 停车。一定要在汽车完全停稳后才能将选挡杆拨入停车挡位置，否则自动变速器会发出刺耳的金属撞击声，并损坏停车锁止机构。

④ 锁止按钮。为了防止不正确的操作造成自动变速器的损坏，大部分车型的自动变速器选挡杆上都有一个锁止按钮（见图 3-150）。在进行下列换挡操作时，必须按下锁止按钮，否则选挡杆将被锁止而不能移动。

- 由 P 位换至其他任何挡位或由其他任何挡位换至 P 位。
- 由任何挡位换至 R 位。

⑤ 发动机怠速。要严格按照标准调整好发动机的怠速，怠速过高或过低都会影响自动变速器的使用效果。怠速过高会使汽车在挂挡起步时产生强烈的闯动，怠速过低在坡道上起步时，若松开制动后没有及时加油，汽车会后溜，增加了坡道起步的难度。

⑥ 怠速“爬行”问题。接通前进挡和倒挡时，在 D 位、S 位、L 位，当发动机节气门在怠速位置时，允许汽车有行驶的趋势或极其微小的向前“爬行”的感觉。在倒挡时，允许有向后的趋势。

⑦ 用油问题。必须用规定品牌的液力传动油，必须按规定方法经常检查油面高度，必须按规定时间或里程进行换油，换油时必须同时清洗油冷却器和滤油器。

（5）自动变速器的维护

① 自动变速器液的检查。自动变速器对油液的要求极其严格，它要求油液不仅有润滑、清洗、冷却作用，还应具有传递扭矩和传递液压以控制离合器、制动器的工作。自动变速器液通常称之为 ATF，其型号有很多种，国内常见的有 Ford 标准 F 型和 GM 标准 DEXRON II 型，使用时切记要认清。ATF 型号不同，其摩擦系数就不一样。若应该使用 DEXRON II 型而错用为 F 型，则会使自动变速器发生换挡冲击和制动器、离合器突然啮合的现象。F 型错用为 DEXRON II 型则会引起自动变速器内离合器、制动器打滑，加速摩擦片早期磨损。

另外，自动变速器液量的检查也很重要，自动变速器的生产厂家不同，工作液的检查条件也就不同。检查时一般都要求在变速器热态（油温 50～80℃）时将汽车停放在水平路面上，发动机怠速运转（本田车规定发动机熄火），选挡杆放在 P 位（日产车允许放在 N 位），此时抽出油尺擦净后重新插入再拔出检查，油面应达到油尺上规定的上限刻度附近为准。油质的检查，一般使用和维护人员因无检测设备，只能从外观上判断，可用手指捻一捻，感觉下黏度，用鼻子闻一闻气味如何，若已变色或有烧焦的气味，则应更换新油。

② 自动变速器液的更换。多数自动变速器要求定期更换 ATF，周期一般为 20 000～40 000km。释放 ATF 前，应将变速器预热到工作温度，以便降低 ATF 的黏度，确保 ATF 内杂质和沉淀物随 ATF 一起排出。在预热和添加 ATF 过程中，汽车应停放在水平地面，并拉紧手制动。

释放完 ATF 后，视情况拆下油底壳，彻底清洗油底壳和过滤器滤网，然后再将油底壳装好。添加 ATF 时，先从加注口注入工作液达到规定的标准，启动发动机，在发动机怠速运转的情况下，移动选挡杆经所有的挡位后回到 P 位。这样可使变速器迅速地热起，然后再添加 ATF。

③ 检查手动选挡机构。手动选挡机构从选挡杆到手动阀是通过连杆或拉线连接起来的，均

有调整部位。手动手柄的位置应与自动变速器内的弹簧卡片位置一一对应，若不对应则需调整。手动选挡机构的调整往往被忽视，有时自动变速器修理结束后，由于没有调整选挡机构，最后导致换挡冲击力过大，甚至会造成事故。

④ 制动带的调整。自动变速器的制动带为可调结构的均需调整，以补偿其正常磨损。制动带的调整应遵照厂家的技术规定，调整后可通过道路试验判断调整的结果。制动带调整的作业位置，视变速器的型号而不同。

⑤ 停车挡的制动性能检查。在坡道上停车，应将选挡杆扳入 P 位，此时松开制动踏板，汽车应不会自行滑下。若需要将选挡杆从 P 位移开，应记住必须先踩下制动踏板，否则会摘不下来，因此在停车挡无制动性能时应检查维修。

4. 万向传动装置的使用与维护

为了确保万向传动装置的正常工作，延长其使用寿命，在使用中应注意如下几点。

① 严禁汽车用高速挡起步。

② 严禁猛抬离合器踏板。

③ 严禁汽车超载、超速行驶。

④ 应经常检查传动轴工作状况。

⑤ 应经常检查传动轴吊架紧固情况，支撑橡胶是否损坏，传动轴各连接部位是否松旷，传动轴是否变形。

⑥ 为了保证传动轴的动平衡，应经常注意平衡焊片是否脱焊。新传动轴组件是配套提供的，在新传动轴装车时应注意伸缩套的装配标记，应保证凸缘叉在一个平面内。在维修拆卸传动轴时，应在伸缩套与凸缘轴上打印装配标记，以备重新装配时保持原装配关系不变。

⑦ 应经常为万向节十字轴承加注润滑脂，夏季应注入 3 号锂基润滑脂，冬季注入 2 号锂基润滑脂。

5. 驱动桥的使用与维护

驱动桥由主减速器、差速器、左右半轴和桥壳组成，驱动桥使用和维护不当会造成早期损坏。

驱动桥早期损坏的常见原因如下。

① 驱动桥润滑不良。特别在低温季节，油液黏度高，难以用飞溅方式到达进油孔而进入零件配合表面。

② 驱动轮严重打滑。当车辆在不良路面行驶或一侧车轮陷入泥坑中，出现一侧后轮严重打滑，打滑车轮引起行星齿轮高速旋转，产生高温，加上润滑不良，会引起驱动桥零件配合面的擦伤、粘连、撕裂，十字轴断裂等。

③ 驱动桥特别是主减速器调整不当。应当指出，轴承预紧度、齿侧间隙以及螺旋锥齿轮的啮合印痕对驱动桥的使用寿命有重要影响。

驱动桥的正确使用与维护要领如下。

① 汽车行驶中不要猛踩油门和猛松离合器踏板，特别是在上坡起步而车开始向后倒退时，更不能这样做，以免扭断半轴或打坏齿轮。

② 车辆不得超载，在不平路面上行驶车速不得太快，制动不要猛，否则会使驱动桥壳变形

甚至损坏。

③ 行驶中要定时停车检查各车桥轴头温度和各连续部位的紧固情况。

④ 按时检查油面高度、油液渗漏情况，及时添加并定期更换润滑油，注意驱动桥壳通气孔的畅通。要重点检查壳接触面、轴和拉索伸出区域、油封、排放塞和加注塞等处有无油液渗漏，如图 3-151（a）所示。油面高度检查方法如图 3-151（b）所示。从驱动桥壳上拆下加注塞，将手指插入加注塞螺纹孔，检查油与手指接触的位置，如果手指能接触到油，油面高度为正常。

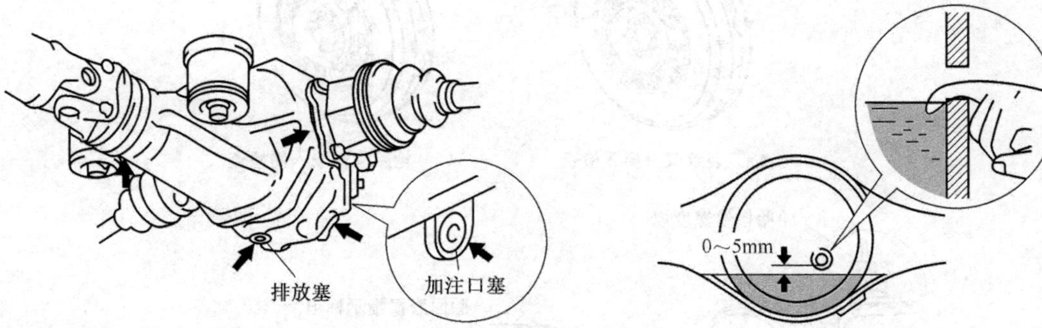

（a）渗漏检查部位　　（b）油面高度检查方法

图 3-151　驱动桥油渗漏检查及油面高度检查

⑤ 定期对驱动桥进行正确的检查与调整，特别应注意轴承预紧度、啮合印痕和齿侧间隙的检查与调整。

如上所述，只有正确地使用和保养驱动桥，才能保证其长期处于良好的技术状态。

3.5.2　行驶系统使用与维护

要保证车辆完好，避免和减少行驶系统各零部件的早期损坏，必须在使用、维护中做到以下几点。

① 起步、停车要平稳，避免紧急停车和死打方向，尽量做到滑行停车并保持车轮正直。行驶时少用紧急制动。在不平道路行驶要低速慢行，防止前桥受冲击载荷，以免引起前悬架各零部件早期损坏。

② 保持正常的轮胎气压。轮胎气压过高，会增加车轮上下跳动频率；气压过低，则增加轮胎滚动阻力和侧向力。

③ 做好日常维护和定期维护。对摆臂、横拉杆等连接球头要经常检查。若发现磨损、松旷，必须立即更换。更换配件前要检查新配件质量。装上伪劣配件，不仅使用寿命短，还会造成其他相关零部件的早期损坏。

1. 轮胎的维护

（1）裂纹及损坏检查

检查轮胎胎面和胎侧是否有裂纹、割痕或其他损坏，如图 3-152（a）所示。

（2）轮胎沟槽嵌入物检查

检查轮胎的胎面和胎壁是否嵌入金属颗粒、石子或者其他外物，如图 3-152（b）所示。

（3）胎面槽纹深度检查

使用一个轮胎深度规或游标卡尺测量轮胎的胎面槽纹的深度。同时可以通过观察轮胎表面的胎面磨耗指示标记很容易地检查胎面深度。当轮胎胎面槽纹深度磨损到小于 3mm 时，更换轮胎。如果轮胎胎面槽纹深度达到 1.6mm，轮胎表面的磨损指示标记就会出现，表明需要更换，如图 3-152（c）所示。

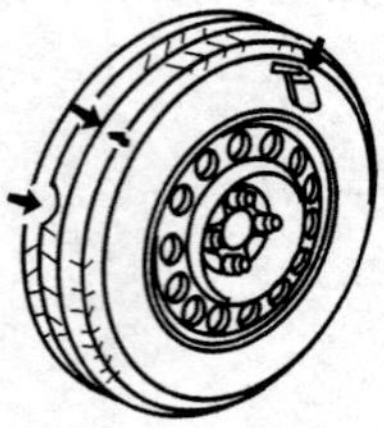

（a）裂纹或者损坏检查

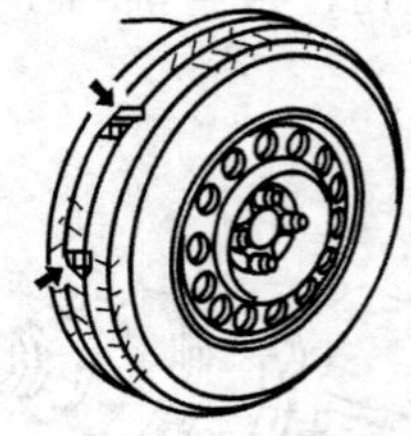

（b）轮胎沟槽嵌入物检查

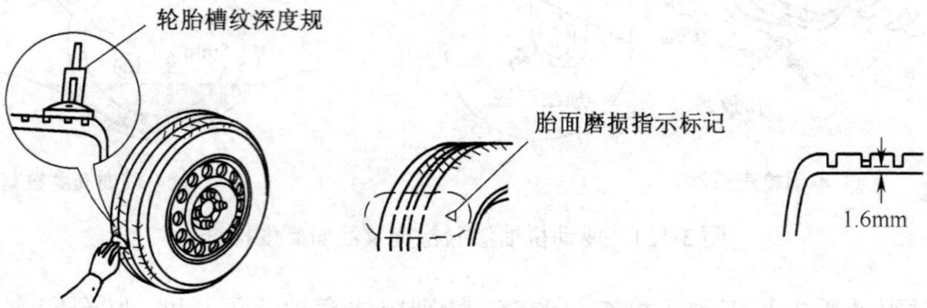

（c）轮胎槽纹深度检查

图 3-152　轮胎裂纹、沟槽嵌入物及槽纹深度检查

（4）异常磨损检查

检查车胎的整个外围是否有均匀磨损或者阶段磨损。异常磨损可分为双肩磨损、中间磨损、薄边磨损、单肩磨损和跟部磨损，如图 3-153 所示。

（a）双肩磨损　（b）中间磨损　（c）薄边磨损　（d）单肩磨损　（e）跟部磨损

图 3-153　轮胎的异常磨损

（5）气压检查

应用胎压表检查轮胎气压，如图 3-154（a）所示。

（6）漏气检查

检查气压后，通过在气门周围涂肥皂水检查是否漏气，如图 3-154（b）所示。

（7）轮辐和轮辋检查

检查轮辐和轮辋是否损坏、腐蚀、变形和跳动，如图 3-155 所示。

（8）轮胎换位

① 按时换位可使轮胎磨损均匀，约可延长 20%的使用寿命。在路面拱度较大的地区或夏季，轮胎磨损差别较大，可适当增加换位次数。厂家一般推荐 8 000～10 000km 应将轮胎换位一次。

② 轮胎换位方法常用的有交叉换位法、循环换位法和单边换位法，如图 3-156 所示。

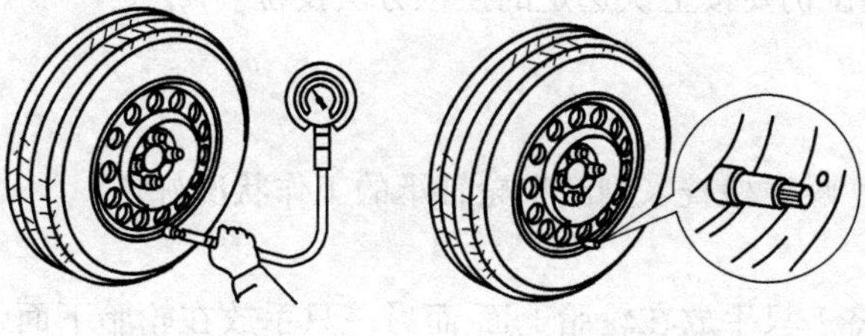

（a）检查轮胎气压　　（b）轮胎漏气的检查

图 3-154　轮胎气压及漏气检查

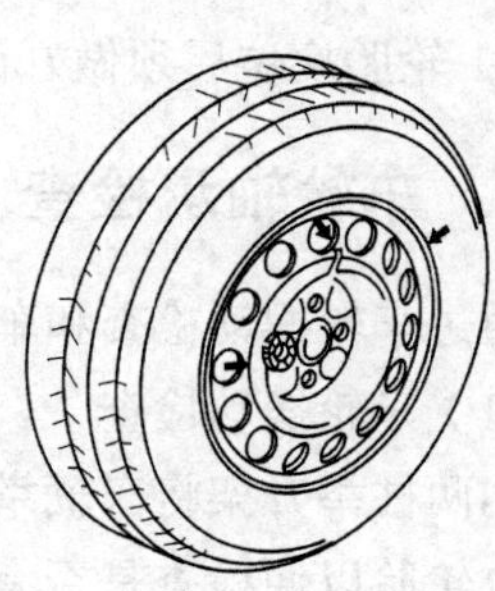

图 3-155　轮辐和轮辋的检查

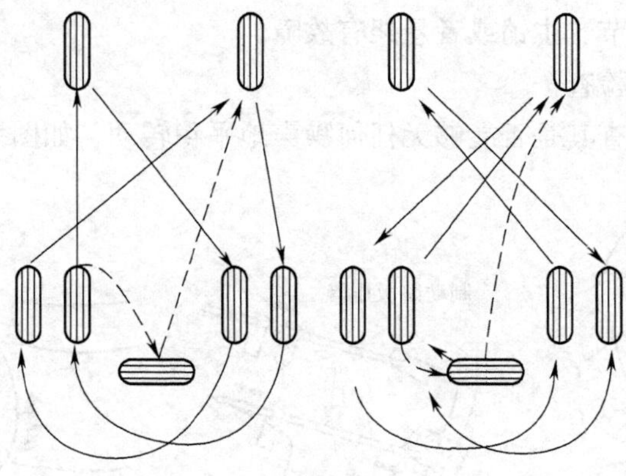

（a）循环换位　　（b）交叉换位

图 3-156　六轮二桥汽车轮胎换位法

装用普通斜交轮胎的六轮二桥汽车，常用图 3-156（b）所示的交叉换位法，具体做法是：左右两交叉，主胎（后内）换前胎，前胎换帮胎(后外)，帮胎换主胎。这样，通过 3 次换位每只轮胎就可轮到一次担负内挡（主力）胎。

四轮二桥汽车，斜交轮胎也可采用交叉换位法，如图 3-157（a）所示。子午线轮胎宜用单边换位法，如图 3-157（b）所示。

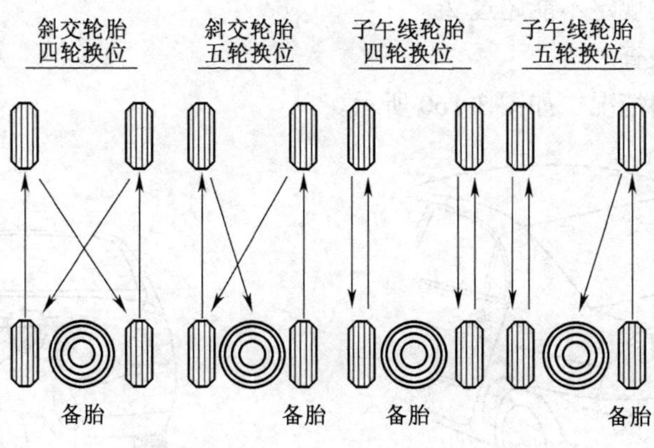

（a）交叉换位　　（b）单边换位

图 3-157　四轮二桥汽车轮胎换位法

子午线轮胎的旋转方向应始终不变。若反向旋转，会因钢丝帘线反向变形产生振动，汽车平顺性变差。所以一些乘用车使用手册推荐单边换位法。

③ 轮胎换位后，应按所换的胎位要求，重新调整气压。

④ 轮胎换位后须做好记录，下次换位仍要按上次选定的换位方法换位。

2. 车轮轴承检查

通过车轮摆动检查和车轮转动状况、噪声检查来判断车轮轴承的工作状况好坏。

（1）车轮摆动检查

用两柱举升架将车辆举升至中位，将一只手放在轮胎上面,而另一只手放在轮胎下面，紧紧地推拉轮胎以便检查是否有任何摆动，如图 3-158（a）所示。如果出现摆动，用制动踏板压器压紧制动踏板再次检查其行程，如图 3-158（b）所示。此时没有更大的摆动，应该是车轮轴承损坏；仍然摆动，则是球节、主销或者悬架有故障。

（2）转动状况和噪声检查

用手转动轮胎以便检查其是否能够无任何噪声地平稳转动，如图 3-158（c）所示。

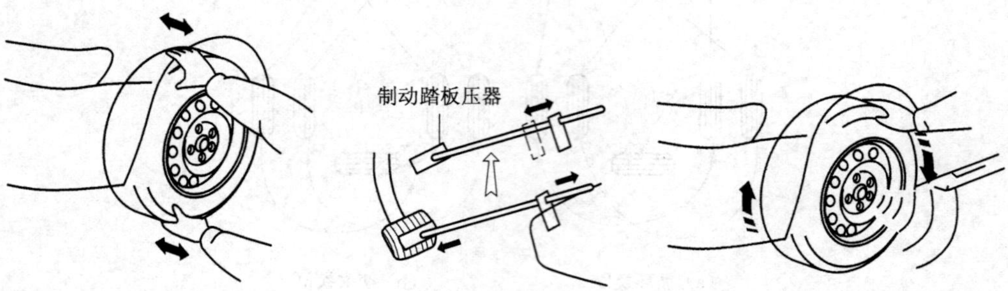

（a）检查车轮是否摆动　　（b）压紧制动踏板　　（c）检查车轮转动是否平稳

图 3-158　车轮轴承的检查

3. 悬架的维护

（1）减振器减振力检查

如图 3-159 所示，可以通过上下摇动车身确定减振器的减振力的大小，并且观察车身停止摇晃需要多长时间，按规定不能超过 2s。

（2）车辆倾斜的检查

目测检查车身倾斜情况，如图 3-160 所示。

图 3-159　减振器减振力的检查

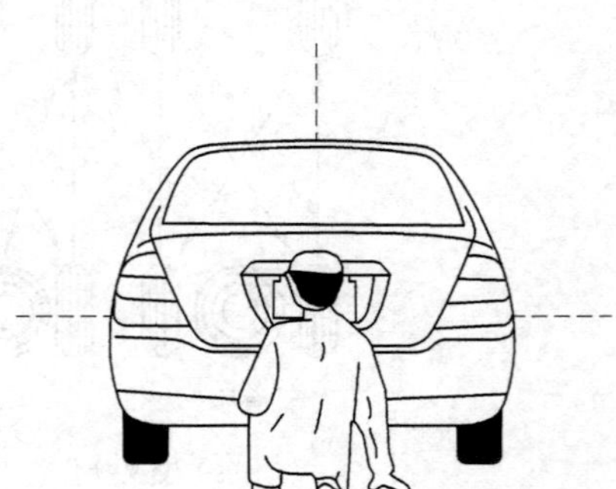

图 3-160　车身倾斜的检查

如果车辆倾斜，则需要验证下述各项。

① 轮胎气压。

② 左、右轮胎或者车轮尺寸的偏差。

③ 不均匀的车辆负荷分配。

（3）悬架损坏状况检查

检查螺旋弹簧、减振器、横向稳定杆、下臂、拖臂和横梁和转向节等各悬架组件是否损坏，各悬架组件在车上的安装位置如图 3-161 所示。

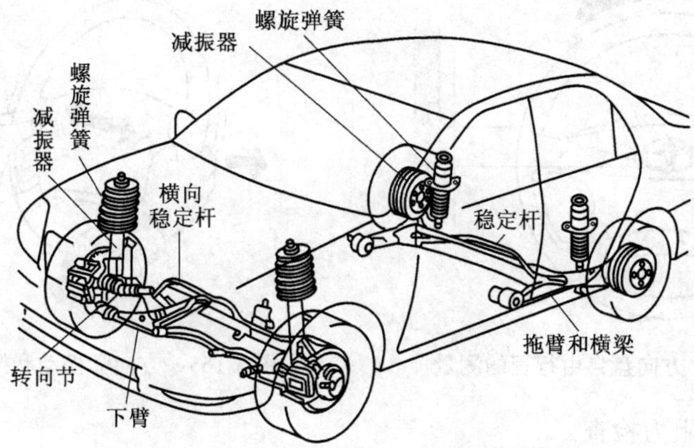

图 3-161　悬架各组件在车上的安装位置

（4）减振器损坏状况检查

检查减振器上是否有凹痕。另外，检查防尘罩上是否有裂纹、裂缝或者其他损坏，如图 3-162 所示。

（5）减振器中漏油检查

用目视的方法检查减振器，观察减振器上是否有油污。

（6）连接摆动检查

通过用手摇晃悬架接头上的连接检查衬套是否磨损或者有裂纹，并且检查是否摆动。同时检查连接是否损坏。如图 3-163 所示。

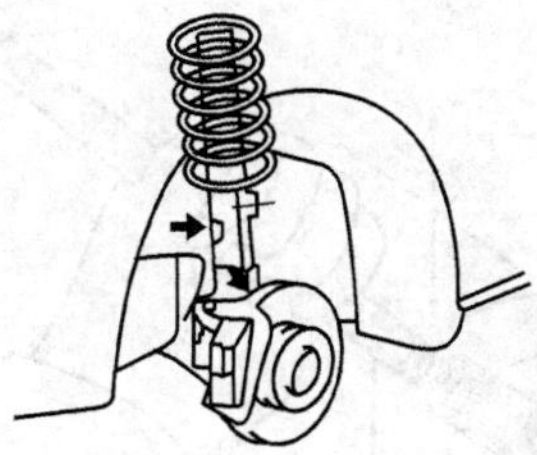

图 3-162　减振器损坏情况检查

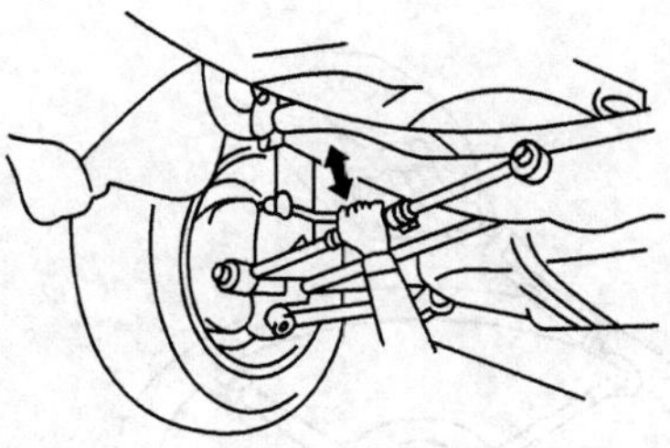

图 3-163　连接摆动情况检查

3.5.3　转向系统使用与维护

1. 方向盘的检查

（1）自由行程的检查

在配备动力转向系统的车辆上，启动发动机，使车辆笔直向前。轻轻转动方向盘在车轮就要开始偏转时，使用一把直尺测量方向盘边缘的转动量，如图 3-164 所示。正常范围是 15～20mm。

（2）松动和摆动的检查

用两手握住方向盘。轴向地、垂直地或者向两侧晃动方向盘，检查其是否松动或者摆动，如图 3-165 所示。

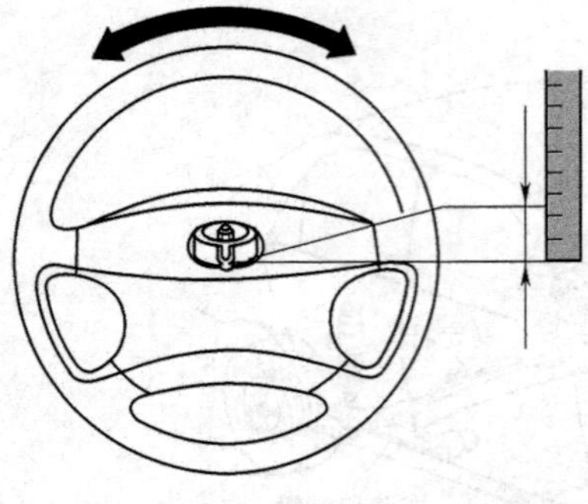

图 3-164　方向盘自由行程的测量

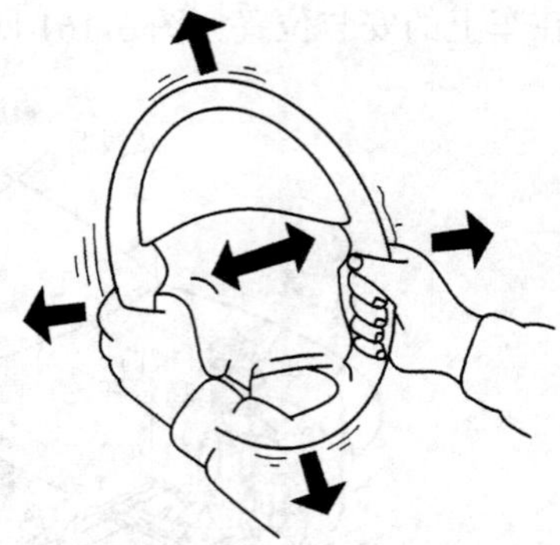

图 3-165　方向盘松动和摆动检查

（3）方向盘转动阻力检查

在配备动力转向系统的车辆上，方向盘转动阻力的检查可以用经验法。发动机启动后，用右手拇指和食指捏住方向盘外边缘，轻轻地向顺时针和逆时针两个方向转动，如果转动不吃力，说明阻力正常。也可以用弹簧秤勾住方向盘辐和外边缘交合点处进行测量，如图 3-166 所示。

（4）方向盘锁止功能的检查

转动点火开关到 ACC 位置，方向盘应能自由转动。如果将点火开关转动到 LOCK 位置，此时方向盘应该锁止不能转动。

2. 转向连接机构的检查

（1）松动和摆动的检查

用手摇晃转向连接机构检查是否松动或者摆动，如图 3-167 所示。

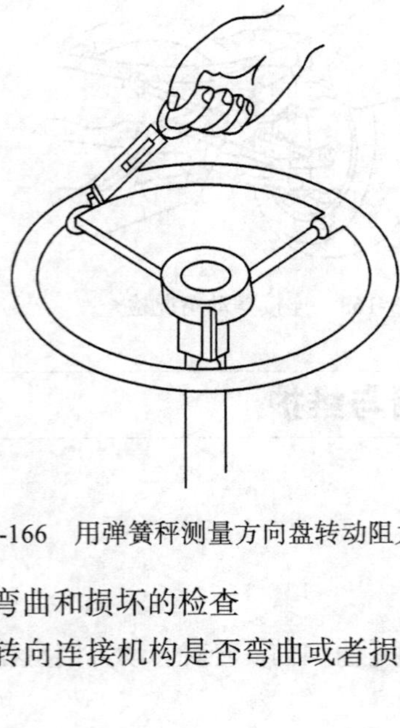

图 3-166　用弹簧秤测量方向盘转动阻力

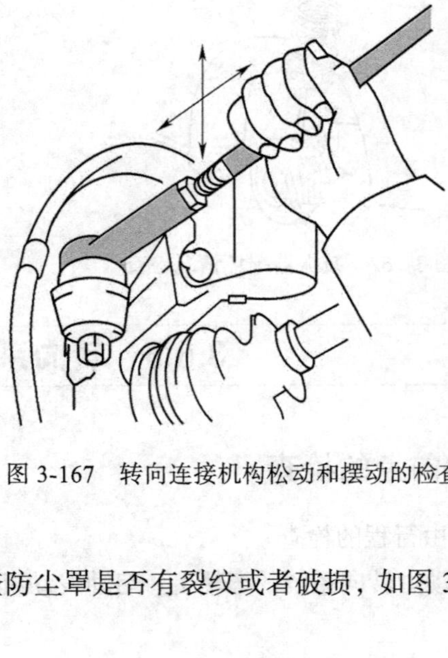

图 3-167　转向连接机构松动和摆动的检查

（2）弯曲和损坏的检查

检查转向连接机构是否弯曲或者损坏。检查防尘罩是否有裂纹或者破损，如图 3-168 所示。

3. 转向器的检查

首先检查转向器是否有润滑脂或者润滑油渗漏发生。然后转动轮胎使方向盘向左和向右转，检查齿条护套是否有裂纹或者破损，如图 3-169 所示。

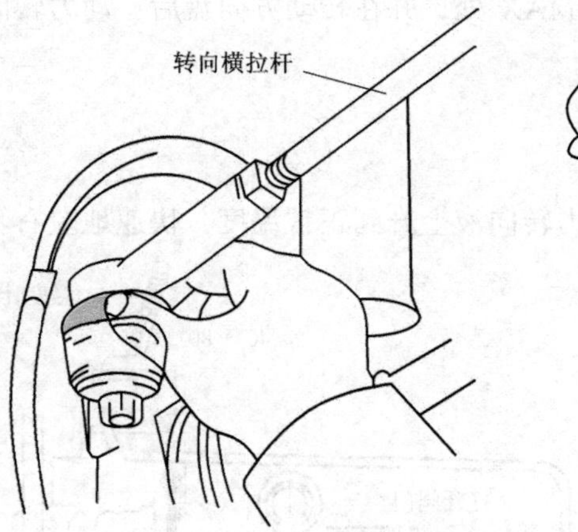

图 3-168 转向连接机构弯曲和损坏的检查

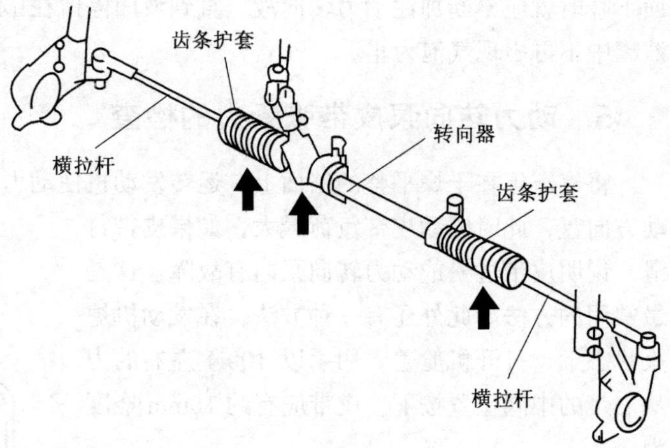

图 3-169 转向器的检查

4. 动力转向液的检查

（1）动力转向液罐液面高度的检查

动力转向液罐是用来储存、过滤、冷却动力转向液的，其表面有标识用来表示对液面高度的要求。如果液面高度太低，容易使动力转向系统渗入空气，造成汽车转向操作不稳定，忽轻忽重，有时还伴有噪声。检查方法和步骤如下。

① 将车辆停放在平坦的路面上，使前轮处于直行位置。

② 启动发动机，使发动机怠速运转大约 2min，左、右转动方向盘数次，以便使油温上升到 40℃～80℃，然后将转向盘回到中间位置，关闭发动机。

③ 观察动力转向液罐的液面高度，此时液面应处于 MAX（上限）与 MIN（下限）之间，液面低于下限时，应加至上限，即 MAX 位置，如图 3-170 所示。

④ 检查发动机运行和停止时的液位偏差是否在 5mm 以内，同时检查液体是否起泡或者乳化。

（2）动力转向液的更换

① 动力转向液的排放。

- 用举升架将汽车举起。
- 拧下动力转向液罐的盖子，拆下转向液泵回液管，然后将动力转向液排放到相应的容器中。
- 在排放动力转向液的过程中，发动机保持怠速运转，在排放动力转向液的同时，左右转动转向盘。

② 加注动力转向液与排放空气。

- 向动力转向液罐内加注符合规定的动力转向液。

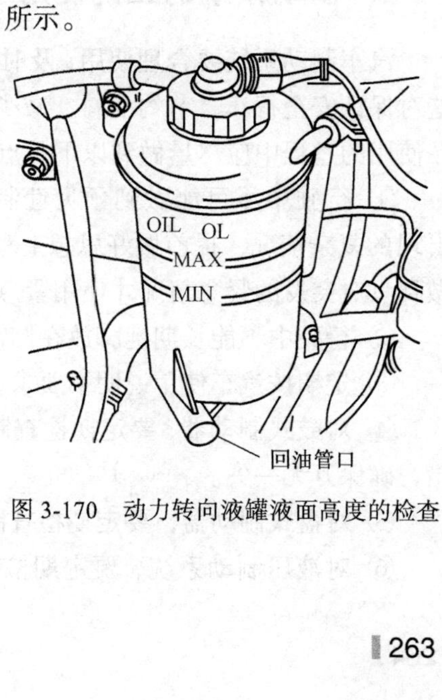

图 3-170 动力转向液罐液面高度的检查

- 关闭发动机，用举升架举起汽车，连续从左到右转动方向盘若干次，将转向系统中多余空气排出。
- 检查动力转向液罐中液面高度，视需要加至 MAX 标记处。
- 降下汽车前部，启动发动机怠速运转，连续转动方向盘，注意液面高度的变化，当液面下降时就应不断加注动力转向液，直到液面停留在 MAX 处，并在转动方向盘后，动力转向液罐中不再出现气泡为止。

5. 动力转向泵皮带张紧力的检查

将汽车停在干燥平整的路面上，运转发动机使动力转向液上升到正常温度，快速地左右转动方向盘，此时驱动皮带负荷最大，如果皮带打滑，说明皮带过松或动力转向泵内有故障。这是最常用的方法。此外还有一种方法，在发动机熄火状态下，打开机舱盖，用手以 100N 左右的力从皮带的中间位置按下，皮带应有约 10mm 挠度为合适。

6. 动力转向系统压力的检查

如图 3-171 所示，将压力表和节流阀接好，然后将节流阀打开，启动发动机并以怠速运转，先快速向左、右打方向盘多次，观察温度计，当温度上升到 40～80℃时，将方向盘分别向左、右转动到极限位置保持不动，同时读出压力表上的压力，额定值为 6.8～8.2MPa。

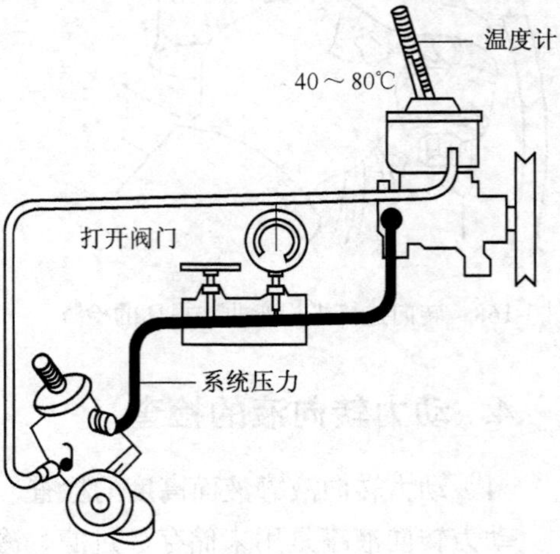

图 3-171 动力转向系压力的检查

3.5.4 制动系统使用与维护

1. 制动系统的正确使用

汽车制动系统要合理使用，及时维修，使它经常处于完好的技术状态和有优良的制动效果，这对保证安全行车、节约油料、减少轮胎偏磨、延长制动机件的使用寿命都有好处。制动系统在使用的过程中应尽量做到以下几点。

① 行驶中尽可能做到预见性制动。根据所发现的前进道路条件和交通情况或预见可能出现的复杂情况，提前做好思想上和操作上的准备，有目的地提前采取减速或停车措施。尽量做到只对突发的紧急情况才使用紧急制动。

② 行驶中不能长期把脚放在制动踏板上。

③ 定期按汽车使用说明书要求，检查调整制动踏板自由行程。

④ 对鼓式制动器，要定期检查制动鼓与摩擦片之间的间隙，一般调整之后还应进行现场试验，确保万无一失。

⑤ 对盘式制动器，要定期检查制动块的厚度和制动盘的端面圆跳动。

⑥ 对液压制动系统，要定期检查储油罐的油面高度，油不足时及时加注同类型号的制动

液，并及时排出制动系统中的空气，检查整个系统中有无破损和漏油，如有应及时排除。

⑦ 对气压操作系统要经常从气压表上观察储气筒的压力，若气压上升过慢、停车后气压下降过快，应查明原因加以排除后方可行驶。

⑧ 定期检查、试验、调整制动系统的制动效能，定期给各注油点注油润滑。

2. 制动系统的维护

（1）制动踏板的维护

① 制动踏板状况。通过连续踩下制动踏板多次检查如下几点。

- 制动踏板反应的灵敏度。
- 制动踏板是否能完全踩到底。
- 制动踏板是否有异常噪声。
- 制动踏板有无异常松动。

② 制动踏板高度。

- 检查。使用一把直尺测量制动踏板上表面到车室地板的距离，如图 3-172 所示。如果超出规定范围，调整踏板高度。
- 调整。通过调整制动灯开关的位置来调整踏板高度。操作步骤为：先从制动灯开关上将制动灯导线拆下，再松开制动灯开关的锁紧螺母，根据需要将制动灯开关旋入或旋出，直到调整合适为止。然后紧固制动灯锁紧螺母。最后检查制动灯开关与踏板的接触情况，确保工作正常。制动踏板高度调整后应再次检查踏板自由行程。

③ 制动踏板自由行程。

- 检查。关闭发动机，连续踩下制动踏板数次，以便解除真空助力器的作用，然后用手指轻轻按压制动踏板，当感觉到有阻力时，用直尺测量在该位置制动踏板上表面到车室地板的距离。该测量值与制动踏板高度之差即为制动踏板的自由行程，如图 3-173 所示。如果踏板自由行程不符合要求，应进行调整。

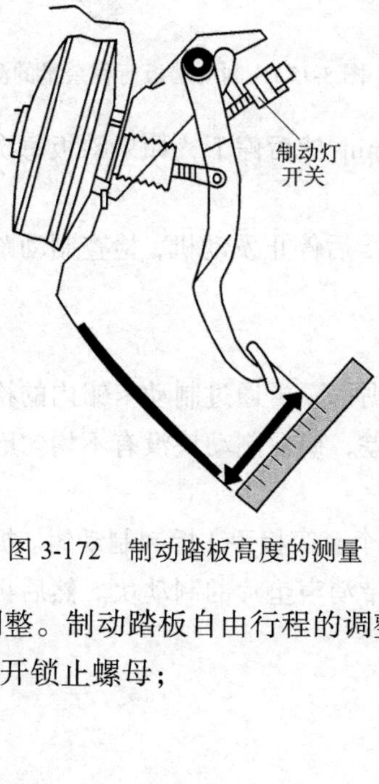

图 3-172　制动踏板高度的测量

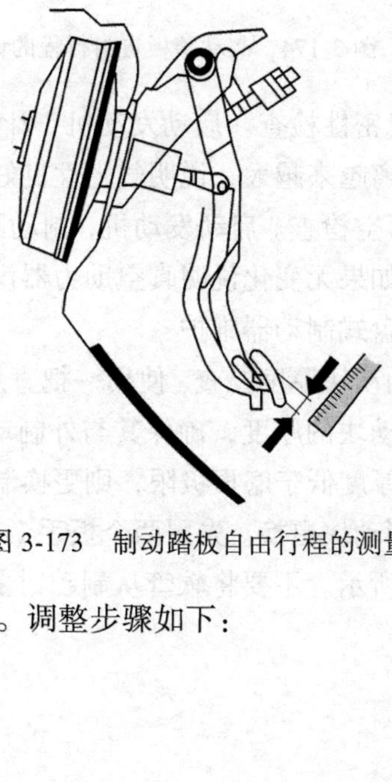

图 3-173　制动踏板自由行程的测量

- 调整。制动踏板自由行程的调整如图 3-174 所示。调整步骤如下：

a. 松开锁止螺母；

b. 转动制动踏板推杆直到踏板自由行程达到要求；

c. 紧固锁止螺母。

④ 制动踏板行程余量。发动机怠速运转，松开驻车制动器，使用 490N 的力踩下制动踏板，然后使用直尺测量制动踏板上表面到车室地板的距离，此测量值即为制动踏板行程余量，如图 3-175 所示。

（2）真空助力器的维护

① 工作状况检查。发动机熄火，连续踩下制动踏板数次，直到踏板高度没有任何变化。用力踩下制动踏板，不要松开，启动发动机，检查踏板是否继续下沉，如果继续下沉说明工作状况良好。

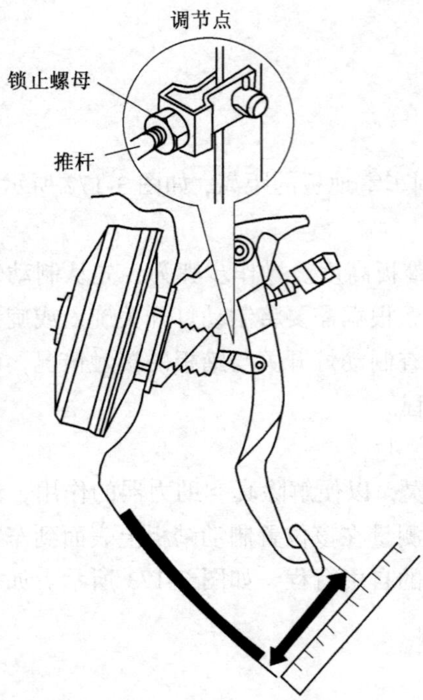

图 3-174 制动踏板自由行程的调整

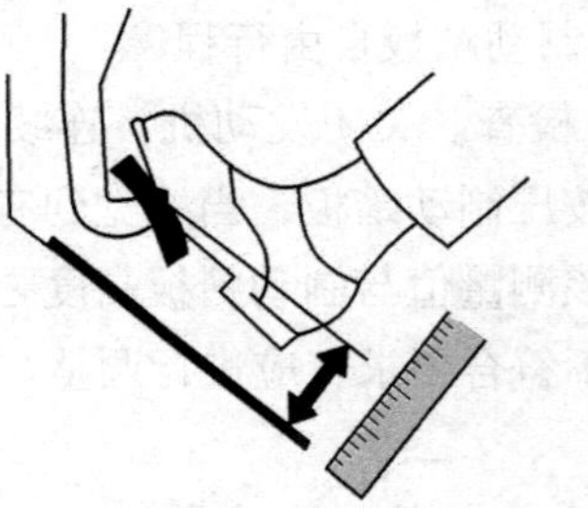

图 3-175 制动踏板行程余量的测量

② 气密性检查。启动发动机，让发动机运转 1～2min 然后停下，如果踏板每次踩下后踏板返回距离越来越大，说明气密性良好。

③ 真空检查。启动发动机，制动踏板踩下并保持 30s 后停止发动机，检查制动踏板高度有无变化，如果无变化说明真空助力器没有泄漏。

（3）盘式制动器维护

① 制动块厚度检查。使用一把直尺测量外制动块的厚度，再通过制动卡钳内的检查孔目测检查内制动块的厚度，确保其与外制动块没有明显的偏差，确保制动块没有不均匀磨损。如果制动块的厚度低于磨损极限，则更换制动块。

② 制动块更换。先用两个扳手（一个梅花扳手和一个套筒扳手）拆卸制动钳。拆卸方法如图 3-176 所示。不要将软管从制动钳上断开。取下两个带消声垫片的制动块。然后再安装新的制动块。

更换磨损的制动块时，消声垫片和磨损指示板必须连同制动块一起更换。操作方法如下。

- 在消声垫片上涂盘式制动器润滑脂，并在制动块上安装消声垫片。
- 安装两个带消声垫片的制动块。

注意事项：确保制动块或者制动盘的摩擦表面没有机油或者润滑脂。

- 为了防止制动液从制动储液罐中溢出，加注少量的制动液。
- 使用一个锤柄或者一个类似的工具，将活塞推入。

如果推入活塞困难，在推入活塞的同时松开放气塞以便排放一些制动液。

- 安装制动钳。
- 踩下制动踏板数次，并且检查制动液液位是否处于“满”刻度上。

③ 制动盘的磨损和损伤检查。检查制动盘上是否有刻痕、不均匀或者异常磨损以及裂纹和其他损伤。如果制动盘出现任何分段、不均匀或者异常磨损、裂纹或者其他损伤，拆卸制动钳检查下述内容。

- 制动盘的厚度检查。使用一个千分尺测量制动盘厚度，如图 3-177 所示。

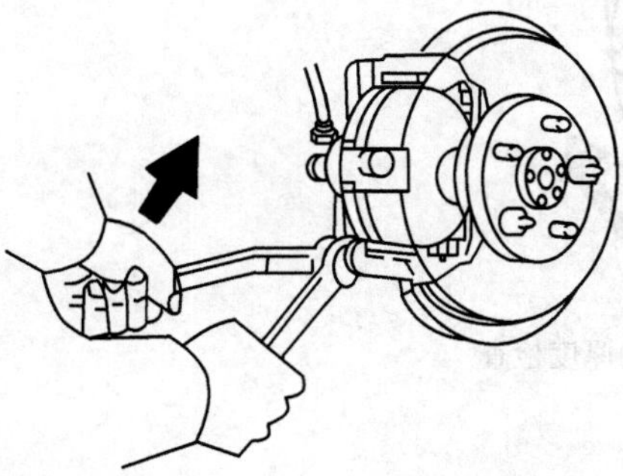
图 3-176　制动钳的拆卸方法

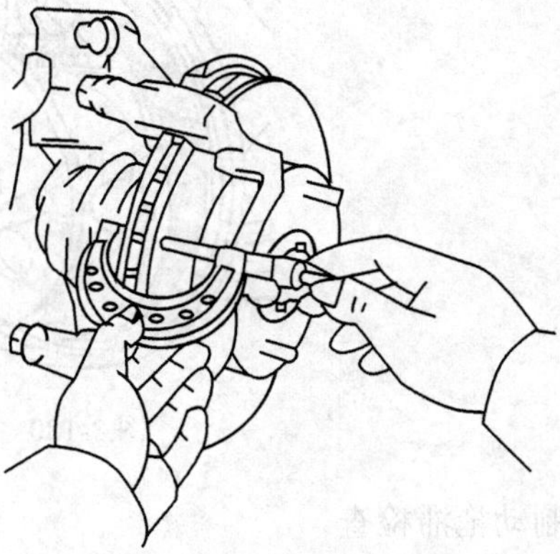
图 3-177　制动盘厚度的测量

- 制动盘端面圆跳动检查。使用一个百分表测量制动盘端面圆跳动，如图 3-178 所示。测量制动盘端面圆跳动以前，使用轮毂螺母临时固定制动盘，并检查前轮毂轴承的游隙是否在规定的范围以内。
- 制动液渗漏检查。检查制动钳中是否有液体渗漏。需要注意的是：如果制动液溅出或者粘在油漆上，立即用水漂洗。否则，将损坏油漆表面。

（4）鼓式制动器检查

拆卸制动鼓以便检查鼓式制动器。制动鼓拆下后，不要踩下制动踏板。

① 制动蹄片在背板上滑动情况的检查。手动前后移动制动蹄片并检查制动蹄片移动是否顺利，如图 3-179 所示。检查制动蹄片与背板和固定件之间的接触面是否磨损。检查制动蹄片、背板和固定件是否生锈。检查期间，在背板和制动蹄片之间的接触面上涂高温润滑油脂。

② 制动衬片的厚度检查。使用一把直尺测量制动衬片的厚度，如图 3-180 所示。如果厚度低于磨损极限，则更换制动蹄片。

此外，还要检查制动衬片是否有裂纹、蜕皮和损坏。检查车轮制动分泵缸中是否有液体渗漏。使用一个制动鼓测量规或者类似器具测量制动鼓内径。检查制动鼓是否有任何磨损和损坏。最后使用砂纸清洁制动蹄衬片并清除油污。如果必要，应同时清洁制动鼓的内表面。

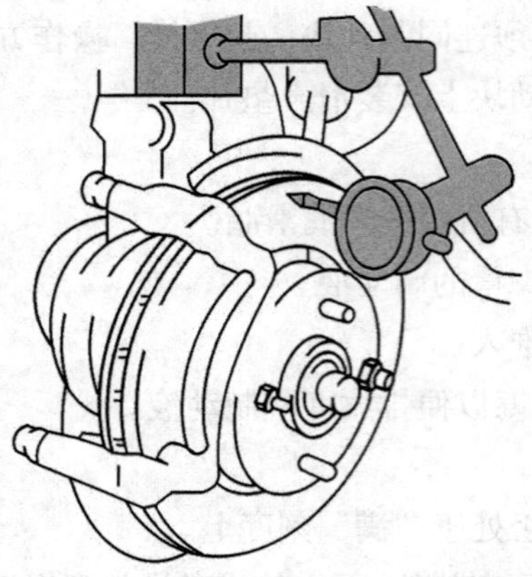

图 3-178　制动盘端面圆跳动检查

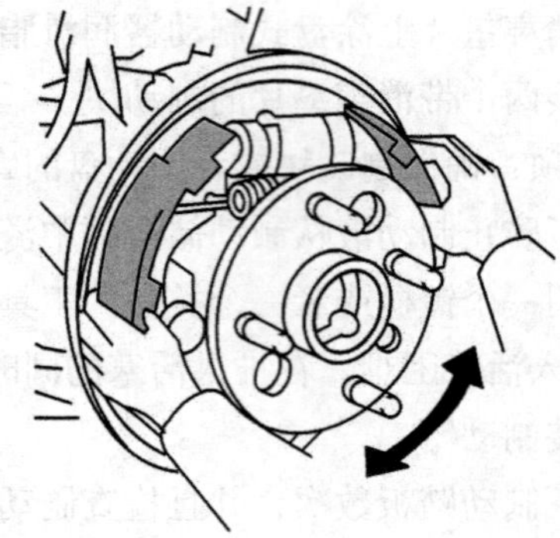

图 3-179　制动蹄片在背板上滑动情况检查

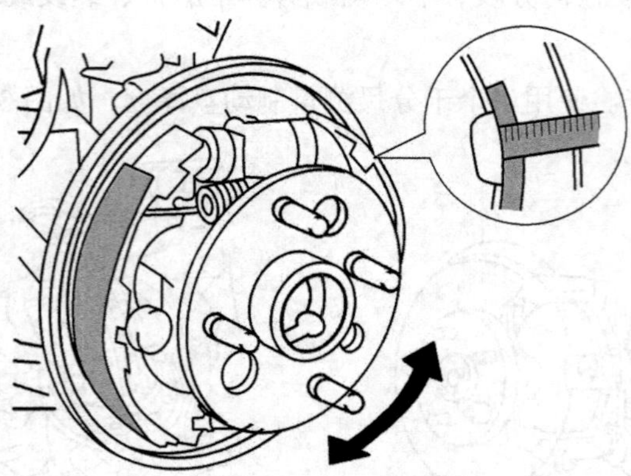

图 3-180　制动衬片的厚度检查

（5）制动拖滞检查

该项检查需要一人坐在驾驶员位置配合操作者，听从操作者口令踩下/松开制动踏板，或拉紧/松开驻车制动杆。

① 操作驻车制动杆几次并且踩下制动踏板几次，以便允许制动蹄片下陷。使用制动踏板或者驻车制动杆，直到后制动器自动调节器的“咔嗒”声音消失。

② 手动转动制动盘或者制动鼓，检查是否有任何拖滞现象。

此项检查必须在所有制动器安装完毕后进行，否则会将制动轮缸活塞顶出，酿成事故。

（6）液压制动系统的排气

如果液压制动系统中进入空气，制动时系统中的空气被压缩，导致踏板冲程变大，踏板发软，影响制动效果。在维修过程中，由于拆检液压制动系统、接头松动或制动液不足等原因，造成空气进入系统时，应及时排出。排气的方法和步骤如下。

① 启动发动机，保持怠速运转。

② 将相应的梅花扳手套在放气螺钉上。

③ 将软管一头套在放气螺钉上，另一头插在一个盛有部分制动液的容器中。

④ 其中一人坐在驾驶座椅上，连续踩下制动踏板，直到踩不动为止，并且保持不动。

⑤ 另一人将放气螺钉拧松一下，此时制动液连同空气一起从胶管喷入瓶中，然后，尽快将放气螺塞拧紧。

⑥ 在排出制动液的同时，踏板高度会逐渐降低，在未拧紧放气螺钉之前，切不可将踏板抬起，以免空气再次侵入。

⑦ 每个轮缸应反复放气几次，直至将空气完全放出（制动液中无气泡）为止，按照右后轮—左后轮—右前轮—左前轮的顺序逐个放气完毕。

⑧ 在放气过程中，应及时向储液罐内添加制动液，保持液面的规定高度。

（7）制动液液位检查

打开发动机舱盖，用工作灯或手电照明，观察制动液储液罐，如看不清液面位置可轻轻晃动车辆。制动液的储液量应在储液罐的上下刻线之间。

（8）制动管路的检查

① 液体渗漏。检查制动管线是否有制动液渗漏。

② 损坏。检查制动软管和管道是否有裂纹和老化。

（9）驻车制动器的维护

拉动驻车制动杆时，其行程应在 6～9 个槽数范围内，拉动时应能听到“咔嗒”声。正常情况下，拉动驻车制动杆时，应听到 6～9 响。

将点火开关打到 ON 位置，当拉动驻车制动杆到第一个槽口前，指示灯就已经发光为正常情况。

习　题

一、填空题

1. 汽车底盘由________、________、________和________4 大部分组成。

2. 按压紧弹簧的形式分类，离合器可分为________、________和________3 种形式，其中________当前应用最为广泛。

3. 膜片弹簧离合器由________、________、________和________4 部分组成。

4. 按操纵方式不同，变速器可分为________、________和________3 种类型。

5. 手动变速器包括________和________两大部分。________的主要作用是改变转矩的大小和方向，________的作用是实现换挡。

6. 手动变速器的换挡方式有________、________和________3 种类型。

7. 手动变速器操纵机构按照变速杆位置的不同，可分为________和________两种类型。

8. 手动变速器操纵机构安全装置包括________、________和________装置。

9. 自动变速器可根据________和________等工况的变化自动变换传动系统的传动比。

10. 自动变速器能显著提高车辆的________和________。

11. 电控液力自动变速器由________、________、________和________组成。

12. 液力变矩器主要由________、________、________和________等组成，为了提高燃油经济性，绝大多数液力变矩器还装有________。

13. 单排行星齿轮机构主要由________、________、________和________组成。

14. 目前广泛采用两种类型的复合式行星齿轮机构：________式和________式。

15. 自动变速器换挡执行元件主要由________、________和________组成。

16. 万向传动装置一般由________和________组成。

17. 目前在汽车上应用最广泛的万向节有________、________和________3 种形式。

18. 球笼式万向节按主从动叉在传递扭矩过程中轴向是否产生位移分为________型球笼式万向节和________型球笼式万向节。一般________用作外侧万向节，________用作内侧万向节。

19. 驱动桥通常由________、________、________和________组成。

20. 行驶系统一般由________、________、________和________等部分组成。

21. 按照用途的不同，车桥可分为________、________、________和________4 种类型。

22. 转向轮的定位参数有________、________、________和________。

23. 车轮主要由________、________和________组成。

24. 悬架一般是由________、________、________和________4 部分组成。

25. 转向系统包括________、________和________3 个基本组成部分。

26. 目前应用较广泛的转向器有________转向器和________转向器。

27. 转向操纵机构由________、________、________等组成。

28. ABS 由________、________和________3 部分组成。

29. 离合器的维护主要包括________、________、________以及________等。

30. 手动变速器的维护主要包括________、________、________。

二、选择题（不定项选择）

1. 在正常情况下，发动机工作，汽车离合器踏板处于自由状态时（　　）。

A. 发动机的动力不传给变速器　　B. 发动机的动力传给变速器

C. 离合器分离杠杆受力　　D. 离合器的主动盘与从动盘分离

2. 在手动变速器中有一对传动齿轮，其中主动齿轮齿数大于从动齿轮齿数，此传动的结果将会是（　　）。

A. 减速、减扭　　B. 减速、增扭　　C. 增速、减扭　　D. 增速、增扭

3. 同步器的功用是使（　　）部件迅速同步，实现无冲击换挡，缩短换挡时间。

A. 接合套与接合齿圈　　B. 接合套与花键毂

C. 锁环与接合齿圈　　D. 花键毂与倒挡中间齿轮

4. 在手动变速器中为了防止同时挂入两个挡，变速器采用的装置是（　　）。

A. 自锁装置　　B. 互锁装置　　C. 倒挡锁装置　　D. 同步器

5. 汽车液力自动变速器的液力变矩器中，当锁止离合器工作时，下列（　　）部件被连接在一起。

A. 太阳轮　　B. 行星齿轮　　C. 泵轮　　D. 涡轮

6. 目前汽车上广泛应用的等速万向节有球笼式万向节和（　　）。

A. 三销轴式万向节　　B. 十字轴式万向节

C. 球叉式万向节　　D. 三枢轴—球面滚轮式万向节

7. 伸缩型球笼式万向节一般布置在传动轴的（　　）。

A. 外侧（靠近车轮侧）　　B. 内侧（靠近主减速器侧）

C. 内外侧均可　　D. 中间位置

8. 设对称式锥齿轮传动差速器壳所得到转速为 n_0，左右两半轴的转速分别为 n_1，n_2，则有（　　）。

A. $n_1 = n_2 = n_0$　　B. $n_1 = n_2 = 2n_0$　　C. $n_1 = n_2 = \frac{1}{2}n_0$　　D. $n_1 + n_2 = 2n_0$

9. 下列不属于独立悬架的是（　　）。

A. 双叉臂式悬架　　B. 麦弗逊式悬架　　C. 多连杆式悬架　　D. 拖曳臂式悬架

10. 当汽车转向且外转向轮转角达到最大值时，其转弯半径（　　）。

A. 最大　　B. 不能确定　　C. 最大和最小之间　　D. 最小

11. 改变转向横拉杆的总长度，可以改变（　　）。

A. 前轮前束值　　B. 主销内倾角　　C. 主销后倾角　　D. 前轮外倾角

12. 为了提高汽车制动的可靠性和行车安全性，现代汽车广泛采用的制动传动装置是（　　）。

A. 单回路　　B. 双回路　　C. 三回路　　D. 四回路

三、问答题

1. 离合器有何功用？
2. 膜片弹簧离合器有何优点？
3. 什么是离合器踏板的自由行程，为什么要有自由行程？
4. 手动变速器有何功用？
5. 同步器的功用是什么？
6. 两轴式变速器有何特点？
7. 自动变速器由哪几部分组成？
8. 等速万向节有哪些结构形式？
9. 驱动桥的功用是什么？它由哪几部分组成？
10. 什么是独立悬架、非独立悬架？二者有何特点？
11. 现代轿车常用的独立悬架有哪几种形式？各有何特点？
12. 什么是方向盘的自由行程？
13. 动力转向系统由哪几部分组成？各组成部分的作用是什么？
14. 简述汽车制动系统的基本组成与工作原理。
15. 盘式制动器与鼓式制动器比较有何特点？
16. ABS 工作分哪几个过程？
17. 离合器踏板自由行程如何检查？
18. 手动变速器在使用过程中注意事项有哪些？
19. 手动变速器的维护项目有哪些？
20. 简述更换手动变速器油的步骤。
21. 自动变速器选挡杆的挡位有哪些？分别代表什么含义？
22. 万向传动装置在使用中的注意事项有哪些？
23. 轮胎在维护过程中需要检查的项目有哪些？
24. 如何检查方向盘的自由行程？
25. 简述动力转向液的更换步骤。
26. 简述制动系统使用过程中的注意事项。
27. 制动踏板在维护过程中需要检查哪些项目？如何调整踏板自由行程？
28. 制动系统中真空助力器的检查项目有哪些？如何进行检查？
29. 简述液压制动系统排气的方法和步骤。

第4章 汽车车身结构与使用

【学习目标】

1. 掌握汽车车身的基本结构、组成，车身结构部件使用与维护方法；
2. 了解车身的形式、各结构部件的作用。

4.1 车身结构概述

4.1.1 车身的作用与组成

1. 车身的作用

车身具有如下作用。

① 为驾驶员及乘员提供舒适的乘坐环境。车身既是运送乘员及行李的工具，也是驾驶员的工作场所。车身应为驾驶员提供良好的驾驶操作条件，保护驾驶员及乘员免受恶劣气候的影响，提供舒适的乘坐空间和室内环境。

② 为驾驶员及乘员提供安全保护措施。通过车身结构的安全设计和在车身内安装安全防护装置，为驾驶员及乘员提供安全保护措施，保证行车安全和减轻事故后果。

③ 减少空气阻力，实现整车功能作用。车辆在行驶中，不仅要克服道路阻力，而且还要克服空气阻力。因此，车身应具有合理的外部形状，以减小风阻系数，降低阻力损失，提高整车的动力性、经济性、平顺性、操纵稳定性、乘坐舒适性和行驶安全性等。

④ 增强整车的美观性。随着人们对物质生活的需求逐步增大，作为交通和运输工具的汽车，越来越受到重视，人们对整车的多样化要求也越来越强烈。整车车身设计在注重实用的同时，突出个性、以人为本的设计理念为愈来愈多的人所接受。开发出来的产品，更是一件精美的、制造考究的、体现使用者个性的工艺美术产品。

2. 车身的组成

汽车车身主要包括车身壳体，车门，车窗，前后板制件，车身附件，车身内外装饰件，座椅，通风、暖气、冷却、空调装置等。货车和专用汽车上还包括车厢和其他专用设备。

4.1.2 车身的形式

车身的形式多种多样，其分类的方法也有多种。有按车身承载方式分类的；有按车身结构形式分类的；有按车身外形分类的；有按车身材料分类的；有按座椅排数分类的；有按车门数目分类的；有按车身的功能和装备情况不同分类的等。

1. 按车身承载方式分类

按照车身的承载方式分类，车身可分为承载式、半承载式和非承载式 3 种。

（1）承载式车身

承载式车身的结构特点是没有车架。车身由底板、骨架、内蒙皮和外蒙皮、车顶等组焊成刚性框架结构，整个车身构件全部参与承载，所以称之为承载式车身。由于无车架，因此也称之为无车架式车身，如图 4-1 所示。

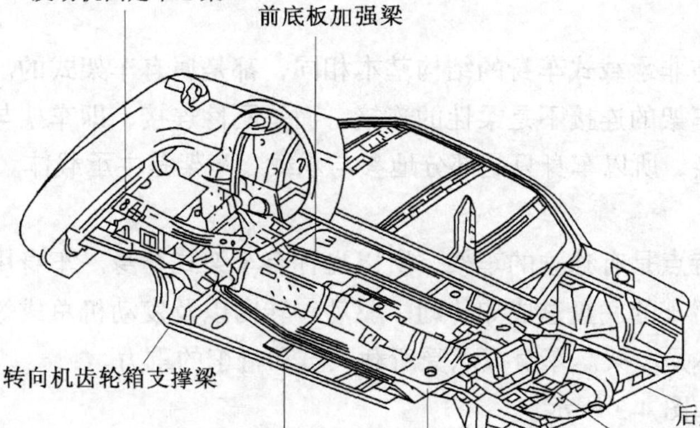

图 4-1 承载式车身

对承载式车身而言，由于整个车身都参与承载，强度条件好，因此可以减轻车身的自重。因无需车架，车室内空间可增大，地板高度可降低，整车的高度也可下降，有利于提高轿车的行驶稳定性和上、下车的方便性。

承载式车身的制造工艺性好，生产效率高，适合大批量的现代化生产方式。

承载式车身由于是整体承载式框架，具有均匀承受载荷并加以扩散的能力，车身的刚度分级使之对冲击能量吸收性好。当汽车发生碰撞时，车身具有均匀承受载荷和将载荷扩散的能力，尽管车身局部变形较大，而对乘客室的影响却相对小得多，使轿车安全保障性得到改善与提高，安全性能好。

承载式车身的主要缺点是：振动和噪声直接传至乘客室，影响乘坐的舒适性；车身损坏后修复难度大；车身下部骨架均系薄钢板组焊，受地面的影响容易腐蚀，使强度下降。

某些轿车为了便于安装发动机和动力传动系统以及为了改善安装点部位受力状况而采用副车架结构。副车架通过软垫直接连接到车身上。

前、后副车架结构如图 4-2 所示。

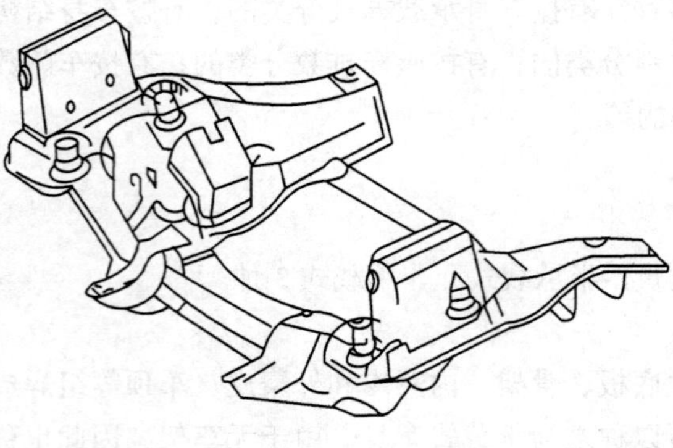

（a）前车架

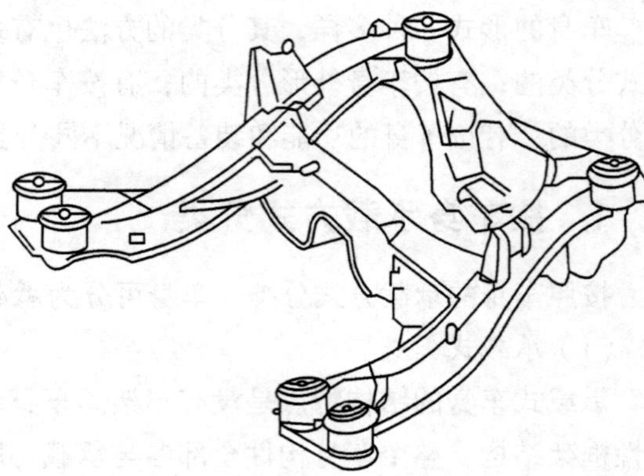

（b）后车架

图 4-2　前、后副车架结构

（2）半承载式车身

半承载式车身的结构与非承载式车身的结构基本相同，都是属有车架式的。它们之间的区别在于：半承载式车身与车架的连接不是柔性的连接，而是刚性连接，即车架与车身焊接或用螺栓固定。由于是刚性连接，所以车身只是部分地参与承载，车架是主承载体。

（3）非承载式车身

非承载式车身的结构特点是有独立的车架，所以也称有车架式车身。车身用弹簧或橡胶垫弹性地固定在车架上面，轿车的底盘总成如传动、驱动、转向以及发动机总成等也安装在车架上，因此安装和承载的主体是车架。车身只承受所载人员和行李的重力。

非承载式车身的结构如图 4-3 所示。

由于汽车动力系统的振动和从路面上传来的冲击是通过车架传至车身（乘坐区），而车架与车身之间为弹性连接，能吸收大部分振动和车架的扭转变形，车身减振性能好。这样车所受冲击小、振动小，乘坐的舒适性提高了，车身所受载荷也减少了。

对于非承载式车身，其发动机和底盘总成直接安装在车架上，然后与车身组装成一体，这对车身的改型和改装带来了方便。而且，车身的维修也较方便。

由于非承载式车身只承受人和行李的重力，不参与承载，所以整车的质量和整车尺寸增大了，这对整车的动力性和燃油经济性以及行驶稳定性有不利的影响。

2. 按车身结构形式分类

按照车身的结构形式分类，车身可分为骨架式、半骨架式和无骨架式 3 种。

① 骨架式：有完整的骨架，车身蒙皮固定在骨架上。

② 半骨架式：有部分骨架，各骨架可彼此相连或靠蒙皮相连。

③ 无骨架式：没有骨架，代替骨架的是蒙皮相互连接时形成的加强肋或板壳。

3. 按车身外形分类

按照车身的外形分类，车身可分为阶梯背式、斜背式、短背式和平背式等多种。

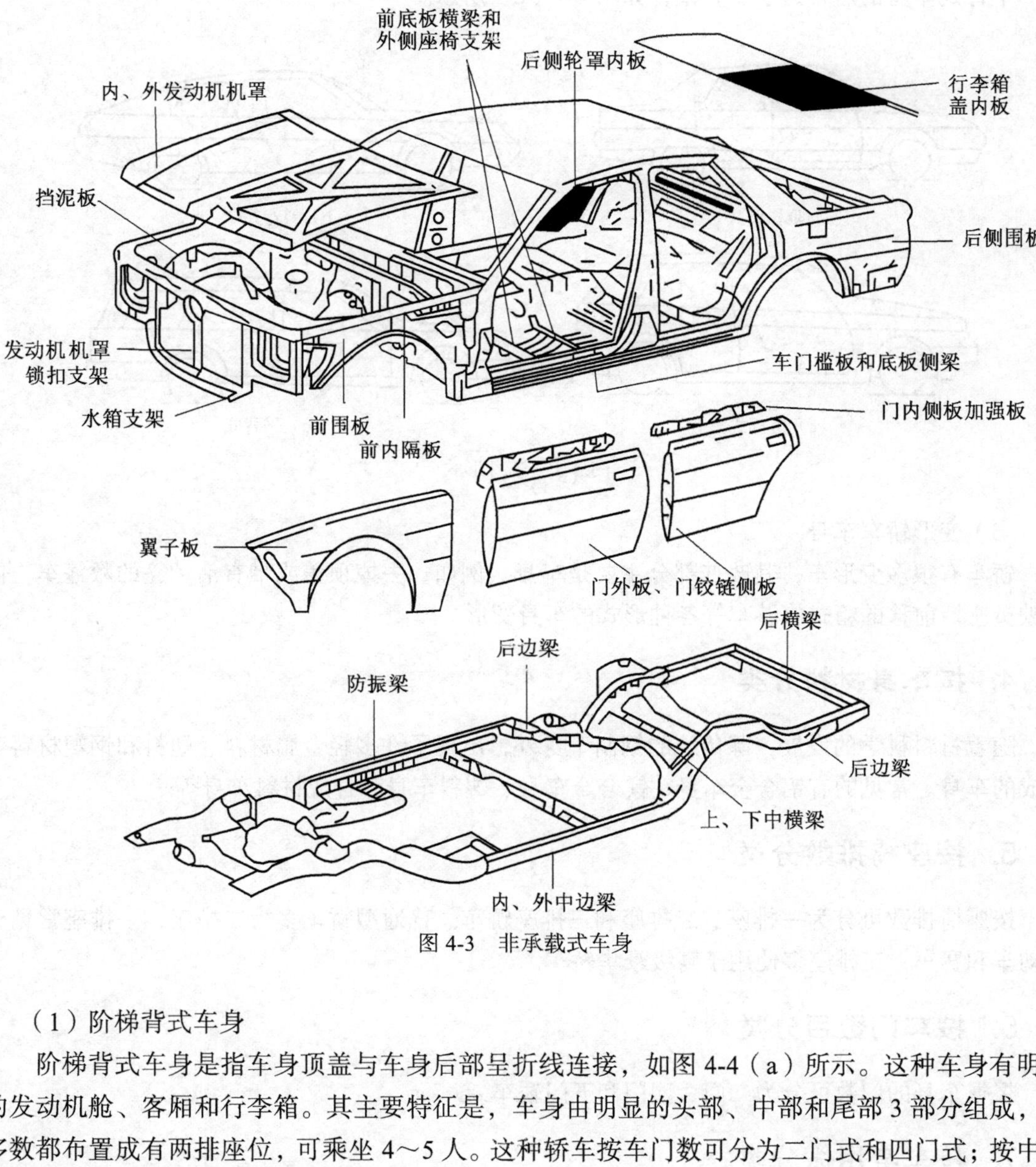

图 4-3　非承载式车身

（1）阶梯背式车身

阶梯背式车身是指车身顶盖与车身后部呈折线连接，如图 4-4（a）所示。这种车身有明显的发动机舱、客厢和行李箱。其主要特征是，车身由明显的头部、中部和尾部 3 部分组成，大多数都布置成有两排座位，可乘坐 4～5 人。这种轿车按车门数可分为二门式和四门式；按中支柱的有无，又可分为普通型和硬顶型两种。

（2）斜背式车身

斜背式车身的特点是后风窗与行李箱连接线近似平直，如图 4-4（b）所示。这种车身形状流线型好，有利于降低空气阻力，并使后行李箱的空间加大。目前这种造型很流行，尤其是中、小型轿车采用的较多。这种车型也叫做快背式、溜背式车身等。

（3）短背式车身

短背式车身如图 4-4（c）所示。它的特点是后窗与行李箱盖为一整体的后部车门，车身顶盖向后延伸与车身后部也成折线。该车身由于背部很短而使整车长度缩短，从而减小了车身质量。从空气动力学角度，可减少偏摆力矩，提高行驶稳定性。

（4）平背式车身

平背式车身的后背近乎于直线，如图 4-4（d）所示。

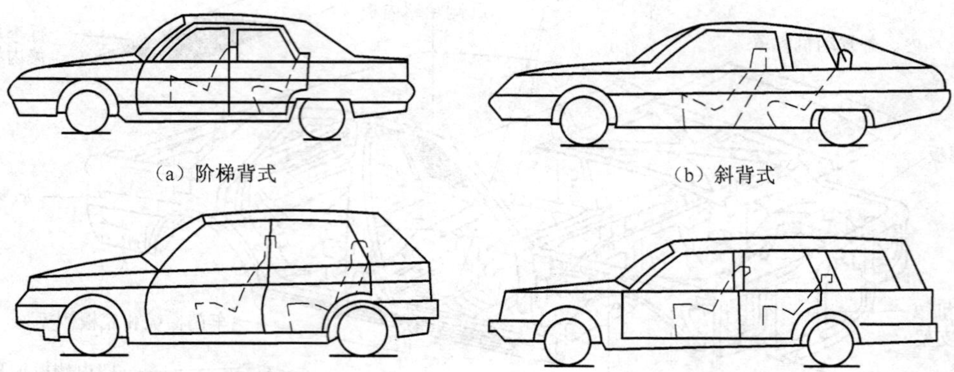

（a）阶梯背式　（b）斜背式

（c）短背式　（d）平背式

图 4-4　车身形式

（5）变形轿车车身

轿车有很多变形车，其改变部分主要是车身。例如，去掉顶盖或带有活动篷的敞篷车，使驾驶员座椅前移的箱式旅游车等各种形式的车身变形。

4. 按车身材料分类

随着材料科学的发展，除传统的钢制车身外，出现了许多轻金属材料、塑料和钢塑材料等制成的车身。常见的有铝合金车身、镁合金车身、塑料车身和合成材料车身等。

5. 按座椅排数分类

按座椅排数可分为一排座、二排座和三排座轿车。普通型轿车多为二排座，一排座常见于运动车和赛车，三排座多使用于高级豪华轿车。

6. 按车门数目分类

根据车身的门数可分为二门、四门和五门轿车。

7. 按车身用途分类

按车身用途可分为普通轿车、运动车、赛车以及特殊用途车等。

8. 按车身配置豪华程度分类

按车身配置豪华程度可分为豪华型、普通型和简易型等。

4.2 车身的结构部件

4.2.1 车身壳体结构

1. 轿车

（1）轿车车身结构

轿车车身一般是由车身本体（俗称白车身），车身外、内装饰件和车身附属电气设备 4 部分组成。

（2）车身各部分主要构件及作用

① 车身本体。车身本体是车身乃至整车的基体，目前主要是由钢板冲压的零件焊接而成，也有用轻金属和非金属材料制造的。车身本体主要包括前端骨架总成、地板总成、侧围总成和车顶总成，并将它们焊接成车身骨架，使车身形成一整体式壳体结构，具有一定的强度和合适的刚度，起主体承载作用。再配上前翼子板、车门、发动机机罩及行李箱盖等车身覆盖件，使车身形成为完整封闭体，并满足室内乘员乘坐的要求。同时，通过它来体现轿车的外形并增强轿车车身的强度和刚度，如图 4-5 所示。

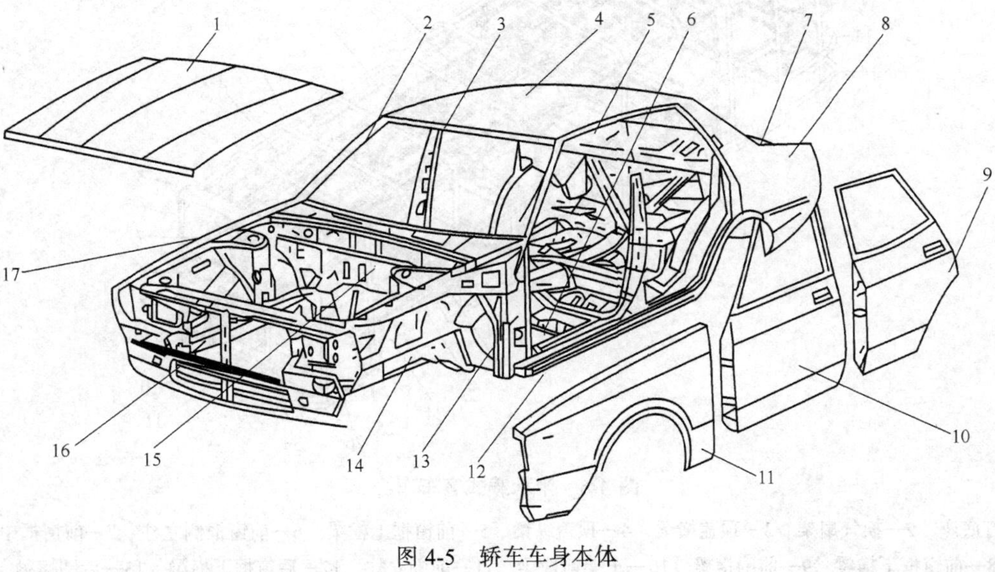

图 4-5　轿车车身本体

1—发动机机罩　2—前窗柱　3—中柱　4—顶盖　5—车顶边梁　6—车底　7—行李箱　8—后翼子板　9—后门　10—前门　11—前翼子板　12—门槛　13—前柱　14—前悬挂支撑板　15—中间隔板　16—前纵梁　17—前围上盖板

② 车身外装饰件。车身外装饰件是指车身外部起保护或装饰作用的一些部件，以及具有某种功能的车外附件。主要外装件有前、后保险杠，各种车身外部装饰条、密封条、车外后视镜、

散热器罩、车门机构及附件等。

前、后保险杠有两个作用，一是当轿车发生纵向碰撞时起一定的保护作用，减轻汽车的破坏程度；二是起装饰作用。因此，轿车前、后保险杠的外部造型应与轿车的整体造型协调一致。

密封条除了起密封作用外，其外露部分的形状与颜色应与整车相匹配，起装饰作用。

其他外装饰件除了完成车身应具有的功能外，都应对整车起装饰和点缀的作用。

③ 车身内装饰件。车身内装饰件是指车内对人体起保护作用或起内部装饰作用的部件，以及具有某种功能的车内附件。主要内装饰件有仪表板、座椅、安全带、安全垫、安全气囊、遮阳板、车内后视镜、车门、地板及轿车内饰等。

④ 车身附属电气设备。车身附属电气设备有照明信号装置、仪表报警装置、风窗刮水器、风窗洗涤器、玻璃升降器、除霜装置及车用空调系统等。

2. 客车

客车车身具有规则的厢式形状，一般都有完整的骨架。现在常用的是半承载式客车车身结构和承载式客车车身结构。

半承载式客车车身结构如图 4-6 所示，通常在客车专用底盘（其车架由两根前后直通的纵梁 27 与若干横梁 10、23 等组成）上将车架用若干悬臂梁 25 加宽并与车身侧壁刚性连接，使车身骨架也分担车架的一部分载荷。许多国产大、中型客车车身均采用这种结构形式。

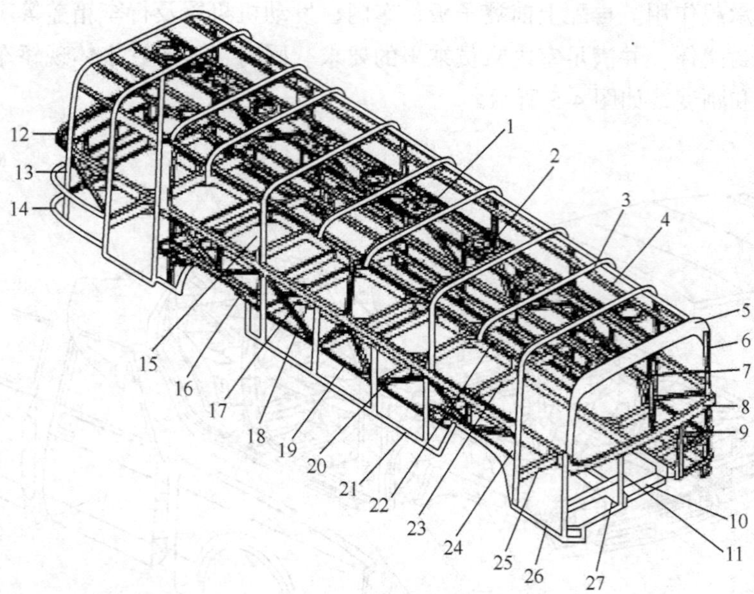

图 4-6　半承载式客车车身

1—顶灯底座　2—换气扇架　3—顶盖横梁　4—顶盖纵梁　5—前窗框上横梁　6—前窗框侧立柱　7—前窗框中立柱　8—前窗框下横梁　9—前围横梁　10—车架前横梁　11—前围立柱　12—后窗框下横梁　13—后围横梁　14—后围裙边梁　15—侧窗框立柱　16—车轮拱　17—斜撑　18—腰梁　19—侧围横梁　20—侧围立柱　21—侧围裙边梁　22—上边梁　23—车架横梁　24—车门立柱　25—车架悬臂梁　26—门槛　27—车架纵梁

图 4-7 所示为承载式客车车身结构，其底架是薄钢板冲压或用型钢焊制的纵横格栅，以取代笨重的车架。格栅是高度较大（约 500mm）的桁架结构，因而车身两侧地板上只能布置坐席，

而坐席下方的空间可用作行李舱，故适用于大型长途客车。整体承载式车身结构的特点是所有的车身壳体构件（包括蒙皮）都参与承载，互相牵连和协调，充分发挥材料的潜力，使车身质量最小而强度和刚度最大。

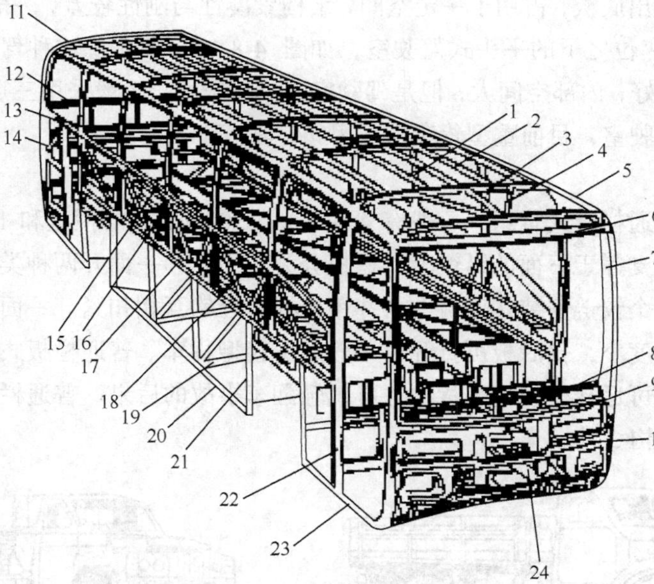

图 4-7　承载式客车车身结构

1—侧窗框立柱　2—顶盖纵梁　3—顶盖横梁　4—顶盖斜撑　5—上边梁　6—前窗框上横梁　7—前窗框立柱　8—仪表板横梁　9—前窗框下横梁　10—前围横梁　11—后窗框上横梁　12—后窗框下横梁　13—后围加强横梁　14—后围立柱　15—腰梁　16 角板　17—侧围横梁　18—斜撑　19—底架横格栅　20—侧围裙边梁　21—裙立柱　22—车门立柱　23—门槛　24—底架纵格栅

3. 货车

（1）货车驾驶室

货车驾驶室只占货车长度的一小部分，不宜采用承载式结构，绝大多数都是非承载式结构。驾驶室没有明显的骨架，由外部覆盖件和内部钣件相互焊接而成，再通过 3 点或 4 点弹性悬置与车架连接。可以减轻驾驶室振动和车架歪扭变形对驾驶室的影响。货车驾驶室可分为如下 3 种结构类型，如图 4-8 所示。

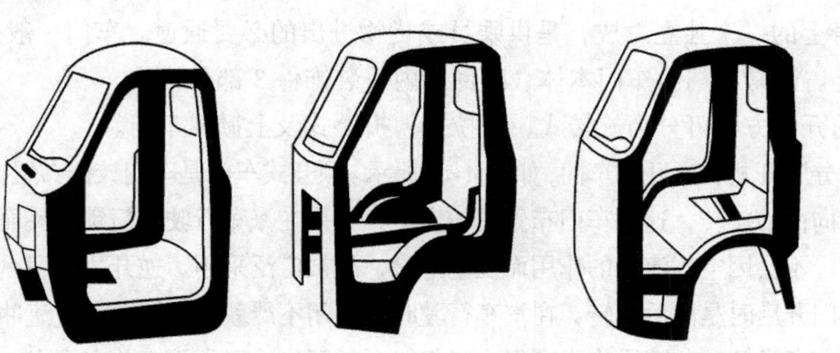

（a）长头式　（b）平头式　（c）发动机位于座位之下的平头式

图 4-8　货车驾驶室的结构类型

① 长头式。驾驶室位于发动机之后，如图 4-8（a）所示。这种驾驶室高度、宽度都较小，结构紧凑，刚性好，一般采用三点式支撑。

② 平头式。发动机处于两侧座位之间，如图 4-8（b）所示。这种驾驶室宽度比长头式大，但是中间的发动机高出底板，占用了一定空间，结构紧凑性与刚性较差，一般采用四点式支撑。

③ 发动机位于座位之下的平头式驾驶室，如图 4-8（c）所示。这种驾驶室比平头式驾驶室结构完整，刚性较好，内部空间大，但是驾驶室高度也较大，一般采用三点式或四点式支撑。适用于向前倾翻的驾驶室，目前重型货车多采用此驾驶室。

（2）货车车厢

货车通常采用普通栏板式货箱，一般有 4 块 300～500mm 高的栏板和 1 块底板，如图 4-9 所示。底板通过横梁支撑于下面的纵梁上。栏板分为三面开和一面开两种类型。三面开车厢的左右边板和后板用多个铰链安装在底板上，并用栓杆和栓钩互相扣紧。一面开车厢又称低底板车厢，其底板离底高度小，仅后板可打开，一般用于轻型货车。普通栏板式货厢一般在前面装有保险架，其作用是可运载少量超长货物并可减轻翻车事故的后果。普通栏板式货厢常用木结构、钢结构和钢木结构 3 种。

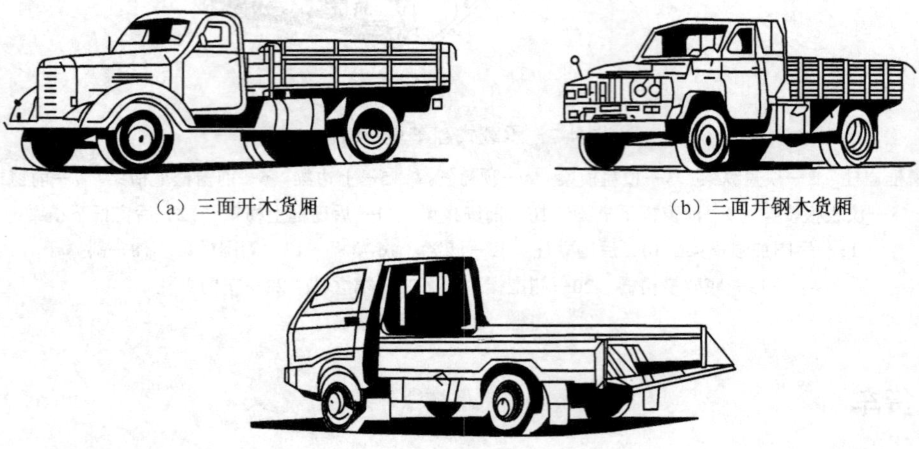

（a）三面开木货厢　（b）三面开钢木货厢

（c）一面开全钢货厢

图 4-9　货车车厢结构

4.2.2　车　门

车门是车身上的一个独立总成，是供乘员或货物进出的必要通道。车门一般是用铰链将车门安装在车身上。通常车门由车门本体、附件和内外装饰件 3 部分构成。

根据车门的开闭方法可分为旋转式、推拉式、折叠式及上掀式车门。

旋转式车门分顺开式和逆开式车门，如图 4-10 所示。顺开式车门是车门铰链布置在车门的前端，顺着车前进的方向向前旋转，这种车门布置比较安全，如果在汽车行驶中门锁失灵而使车门打开或者乘员误开车门，不会因空气流动的作用而发生危险，故被广泛采用。逆开式车门是车门铰链布置在后支柱上，车门开启时是向后旋转，在汽车行驶时若关闭不严就可能被迎面气流冲开，故很少采用。推拉式车门在车身侧壁与障碍物距离很小时仍能全部开启，经常用于单车厢中。折叠式车门广泛应用于大、中型客车。上掀式车门广泛用于轿车及轻型客车的背门，有时也用于低矮的汽车。

图 4-10 车门的形式

1—逆开式 2—顺开式 3—折叠式 4—推拉式 5—上掀式

车门本体结构如图 4-11 所示，它一般由车门内板、车门外板、窗框和加强板等组成。

车门内板是车门主要受力部件，大多数附件装在车门内板上。因此对强度和刚度的要求较高，重要位置处还焊上加强板，以提高强度和刚度。

车门外板基本上是由车身外形定下来的，通常外板上装配外手柄、锁机构及装饰条等。

窗框大多数是用薄钢板冲压、滚压或其他方法加工后焊接而成，具有使车门玻璃能上下运动的导槽，满足玻璃升降及密封要求。

车门一般是用铰链将车门安装在车身壳体上。车门铰链是决定车门与车身间的相对位置、控制开启的装置，它由门铰链和销轴构成。在车门铰链中有内铰链和外铰链。现在大部分轿车都使用内铰链。图 4-12 所示为奥迪 100C3 车门铰接总成。

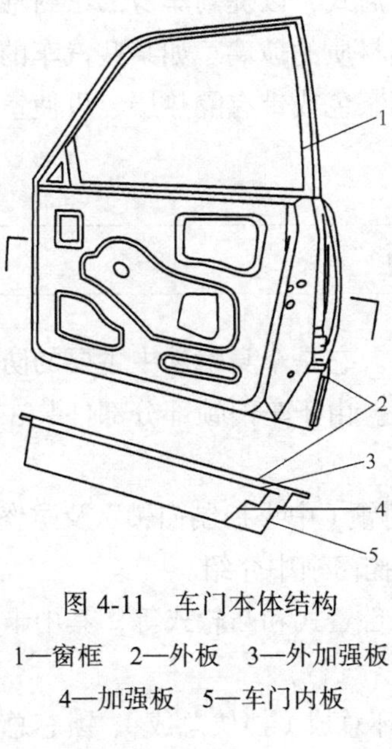

图 4-11 车门本体结构

1—窗框 2—外板 3—外加强板 4—加强板 5—车门内板

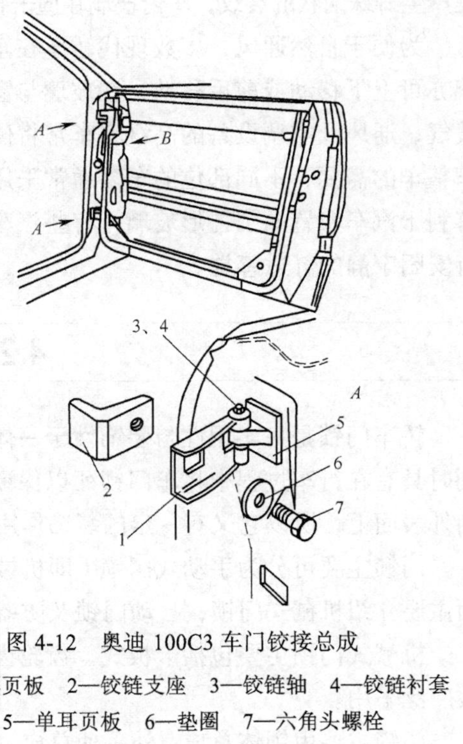

图 4-12 奥迪 100C3 车门铰接总成

1—双耳页板 2—铰链支座 3—铰链轴 4—铰链衬套 5—单耳页板 6—垫圈 7—六角头螺栓

为了限制车门铰链因开启角度过大造成车门与车身碰撞，在车门门框上下铰链之间装上用来限制车门最大开度的限位器。图 4-13 所示为奥迪 100C3 车门开度限位器。

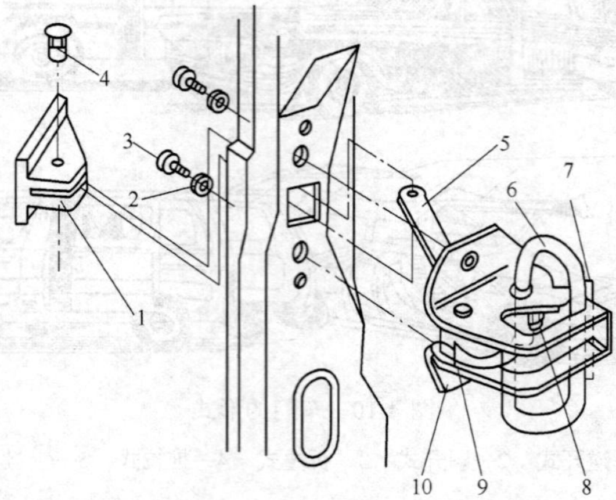

图 4-13 奥迪 100C3 车门开度限位器

1—限位器支架 2—垫圈 3—内六角螺钉 4—销钉 5—臂 6—扭簧 7—弹簧支座 8—螺旋滚轮 9—滚轮 10—保护罩

4.2.3 车 窗

汽车的前后车窗通常采用有利于视野而又美观的曲面玻璃，用橡胶密封条嵌在窗框上或用专门的黏合剂将前后窗玻璃粘贴在窗框上，使之与车身壳体表面形成光顺连续的曲面以减小空气阻力。前车窗广泛采用较安全的夹层玻璃，夹层玻璃中间夹有树脂薄膜，具有较高冲击强度，受冲击后只是产生蜘蛛网状的裂纹，车窗玻璃在撞击打碎时不易刺伤驾驶员。汽车后车窗可采用钢化玻璃。

为便于自然通风，多数现代轿车在车门上通常装有能升降的车窗玻璃。多数客车的侧窗玻璃亦可上下移动或前后移动，在玻璃与窗框导轨之间装有植绒橡胶密封槽。具有完善的冷气、暖气、通风及空调设备的高级客车常将侧窗设计成不可开启式，以提高车身的密封性。根据汽车整车的需要，不同部位的车窗通常采用不同形状和不同材质的玻璃。如某些汽车的侧窗采用有利于汽车布置的圆柱形玻璃；有些汽车的侧窗玻璃采用茶色或带有隔热层，可使室内保温并有安闲宁静的舒适感觉。

4.2.4 门 锁

轿车门锁是集实用性与装饰性于一体的重要车身附件。它是车身附件中主要的防盗装置，同时具有在行车过程中将车门锁死以保证乘员安全的功能。由于车门锁部分部件装在车壳体的内外表面上，所以它又有一定的装饰作用。

门锁主要可分为手动式门锁（即机械式门锁）、自动门锁（中央控制门锁）及防盗门锁。下面主要介绍机械式门锁，自动门锁及防盗门锁在第 5 章中控门锁中介绍。

机械式门锁主要包括卡板式、齿轮齿条式、钩簧式、舌簧式和凸轮式等，其中卡板式门锁被广泛采用。

门锁主要由锁体总成、外手柄总成、内手柄总成、锁环总成（挡块总成）、锁芯总成及联动部件组成。图 4-14 所示为卡板式门锁总成。

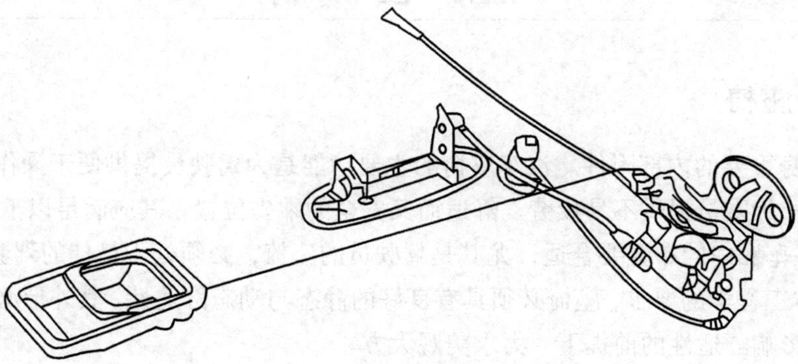

图 4-14 卡板式门锁总成

门锁应具有内外开启、锁止功能，后车门儿童安全锁止功能，中央控制锁止功能和司机门防误锁功能。

4.2.5 玻璃升降器

玻璃升降器是调节门窗玻璃开度大小的部件，装在车门内板里面，它确保门窗玻璃的顺利开启和关闭，使门窗玻璃升降平稳。当乘员停止操作时，玻璃可以保持在任意位置，不会因颠簸而发生上下滑动。

玻璃升降器主要由驱动机构、传动机构、制动机构和平衡机构等部分组成。其传动机构种类包括杆式、锁式、带式，驱动方式则包括手动式、液压式和电动式 3 种形式。

图 4-15 所示为钢索式玻璃升降器结构图。当手柄摇动时，小齿轮带动大齿轮旋转，钢丝卷牵拉钢索，玻璃托架开始运动，实现玻璃的升降。在运动过程中，玻璃的质量重力作用线始终与钢索平行，玻璃升降过程十分平稳。但是由于这种升降器对自身倾斜没有保持能力，有必要设置玻璃导轨。图 4-16 所示为有导轨的钢索式玻璃升降器。

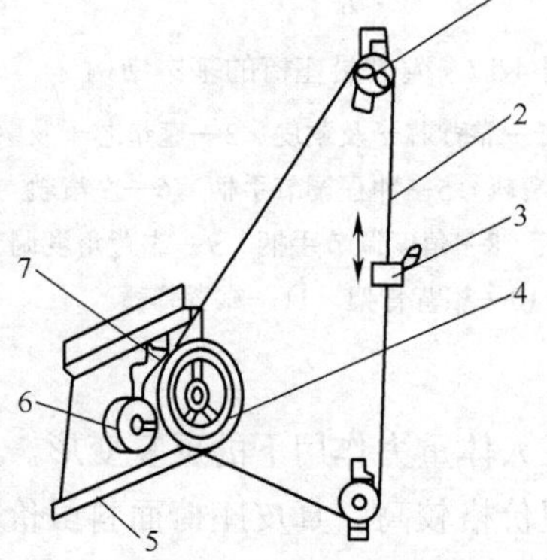

图 4-15 钢索式玻璃升降器结构图

1—滑轮 2—钢索 3—玻璃托架 4—钢丝卷 5—座板 6—小齿轮 7—扇形齿轮

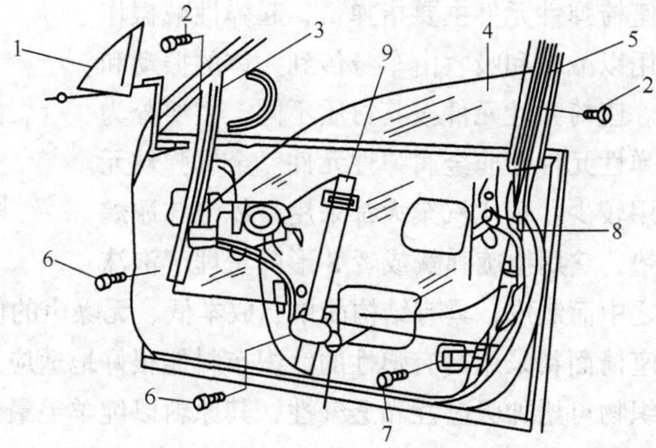

图 4-16 有导轨的钢索式玻璃升降器

1—前门拐角保护 2—螺钉 3—前导轨 4—门窗玻璃 5—后导轨 6—螺栓 7—螺母 8—后下窗框 9—玻璃升降器总成

4.2.6 座　　椅

1. 手动座椅

座椅是车身重要的内部附件。汽车座椅的主要功能是为驾驶员提供便于操作、舒适而又安全的驾驶位置；为乘员提供不易疲劳、舒适而又安全的乘坐位置。其应满足以下要求。

① 座椅在车厢内的布置要合适，尤其是驾驶员的座椅，必须处于最佳的驾驶位置。

② 按人体工程学的要求，座椅必须具有良好的静态与动态舒适性。其外形必须符合人体生理功能，在不影响舒适性的前提下，力求美观大方。

③ 座椅应采用最经济的结构，尽可能地减少质量。

④ 座椅是支撑和保护人体的构件，必须十分安全可靠，应具有充分的强度、刚度与耐久性。对可调的座椅，要有可靠的锁止机构，以保证安全。

⑤ 座椅应有良好的振动特性，能吸收从车厢地板传来的振动。

⑥ 座椅应具有各种调节机构，为适应不同驾驶员、乘员在不同条件下获得最佳驾驶位置与提高乘坐舒适性所不可缺少的手段。

座椅的基本结构如图 4-17 所示，可分为坐垫、靠背和靠枕 3 大部分，主要由座椅骨架、弹性元件、衬垫、饰面、调节机构等部分组成。

座椅骨架是座椅的基本结构，承载着乘员和座椅本身的质量，并通过骨架传到车身，在车辆行驶途中要受到启动、制动及路况不稳所引启的冲击，所以座椅的骨架必须有足够的强度和刚度。一般用轧制型材（钢管、型钢）或冲压成型的钢板焊接而成。

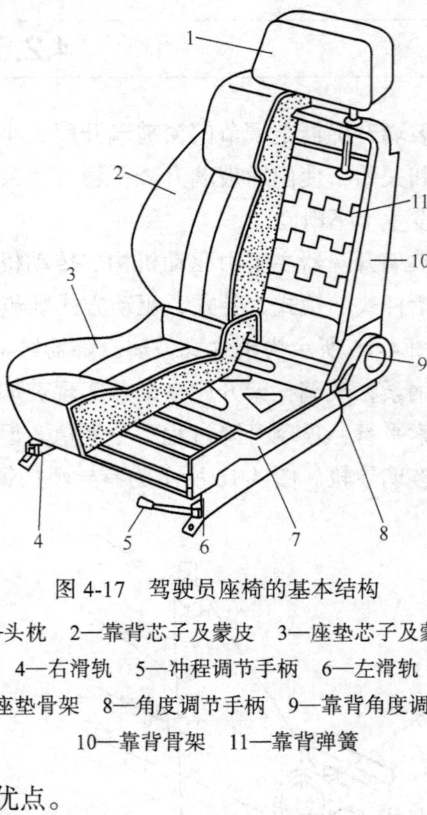

图 4-17　驾驶员座椅的基本结构

1—头枕　2—靠背芯子及蒙皮　3—座垫芯子及蒙皮　4—右滑轨　5—冲程调节手柄　6—左滑轨　7—座垫骨架　8—角度调节手柄　9—靠背角度调节器　10—靠背骨架　11—靠背弹簧

座椅弹性元件主要指弹簧，起弹性减振作用，用以减缓和吸收由车身传到人体的振动和冲击。座椅弹性元件按其材质不同，主要分为金属弹性元件和非金属弹性元件。金属弹性元件应用较少。现代汽车大都采用整体泡沫尿烷缓冲垫，它用螺旋弹簧或者 S 形弹簧埋于泡沫尿烷之中而制成，具有结构简单、成本低、无噪声的优点。

座椅面料采用富有弹性的针织布料能很好地适应座椅在人体重力作用下的反复变形。采用起毛织物可增加吸湿性和透气性，其原料以纯羊毛最佳，但价格较高。真皮座椅面料虽价格高昂但耐用，适于高级轿车。普通汽车的座椅面料通常采用人造革或发泡塑料，以便于擦拭。

2. 电动座椅

电动座椅与手动座椅相同，除了在座椅内装有多个调整机构外，还装有多个电动机，全部操作均为电动式。详细内容在第 5 章电动座椅的使用中介绍。

4.2.7 仪表板与副仪表板

仪表板（见图 4-18）与副仪表板（见图 4-19）不仅在功能上为驾驶员提供视觉信息和方便舒适的操作，而且在形体上已作为形成内饰风格的一个重要组成部分。它在造型上应与低空气阻力系数的车身外形相适应，具有圆滑、流畅、奔放的线条，给人以柔中带刚的感觉。加之，对其上的功能部件进行了合理的布置及整体性的设计，仪表板两端与护板恰当的衔接，副仪表板下伸后延，与其他内饰件相照应，形成了一个和谐、完美的整体内饰效果。

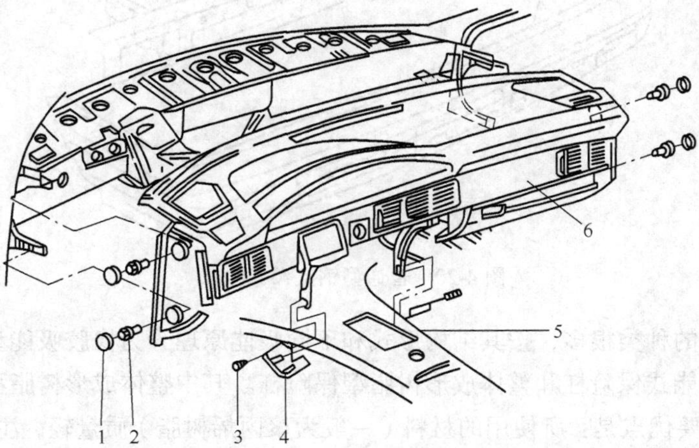

图 4-18　奥迪 100C3 轿车仪表板结构

1—饰盖　2、3—螺钉　4—左下连接板　5—右下连接板　6—仪表装配总成

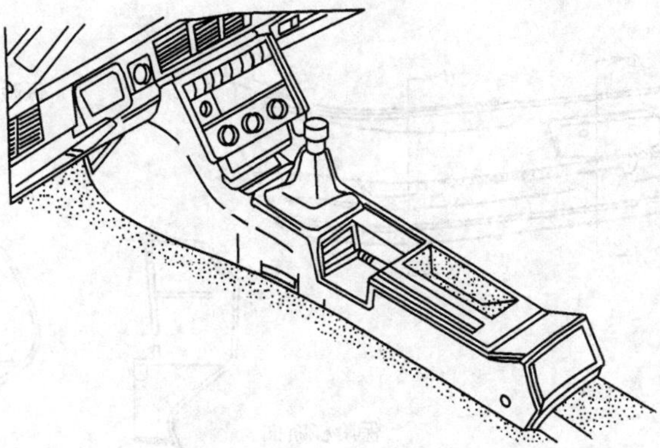

图 4-19　奥迪 100C3 轿车副仪表板结构

仪表板上仪表部分的凸起，突出仪表的使用功能，并且有使驾驶员目力集中的效果。贯穿全长的仪表板装饰板与门护板上的装饰板相对应，同时也是空调出风口固定及相互联系的桥梁和纽带。

仪表板主要由骨架、表皮、中间发泡层 3 部分构成。

副仪表板作为仪表板的补充，其上集中了开关、收放机、空调控制开关、仪表板烟灰盒、变速杆、驻车制动器及后出风口等，同时结合本身的形体，设置了杂物斗等。

4.2.8 保 险 杠

保险杠的主要功用有两点，一是当轿车发生前、后碰撞时保护车身，使之损坏较小，同时通过缓冲使人的受伤害程度也大大下降；二是通过保险杠的造型与装饰，使轿车的外形更美观。

保险杠一般可分为普通型和缓冲吸能型。轿车上大多采用缓冲吸能型。图 4-20 所示为普通型钢支架保险杠。

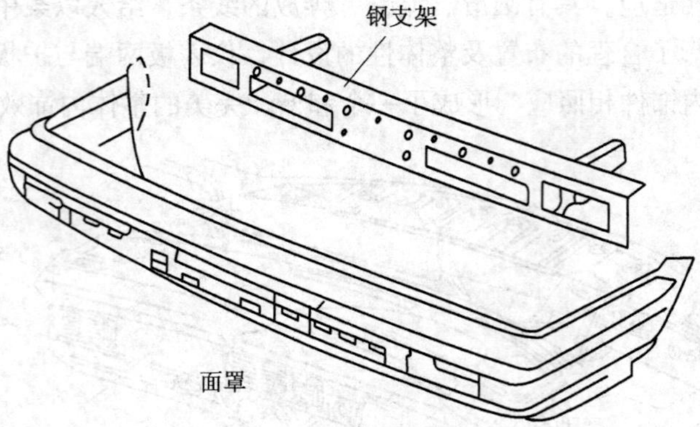

图 4-20 普通型钢支架保险杠

吸能型保险杠的种类很多，按其结构形式和不同吸能原理分为橡胶吸能型保险杠、吸能单元保险杠、直接吸能式保险杠和整体成形树脂型保险杠。其中整体成形树脂型保险杠在轿车上应用很广泛，其主要优点是：所使用的材料（一般为聚丙烯树脂）质量轻，注塑成形工艺简单，成形方便且具有一定的强度和刚度。图 4-21 所示为保险杠的外形图及断面结构图，在保险杠的面板（即外罩）和隔板之间加入吸能填料即能起缓冲吸能作用，如图 4-21 所示的 *B*—*B* 断面。

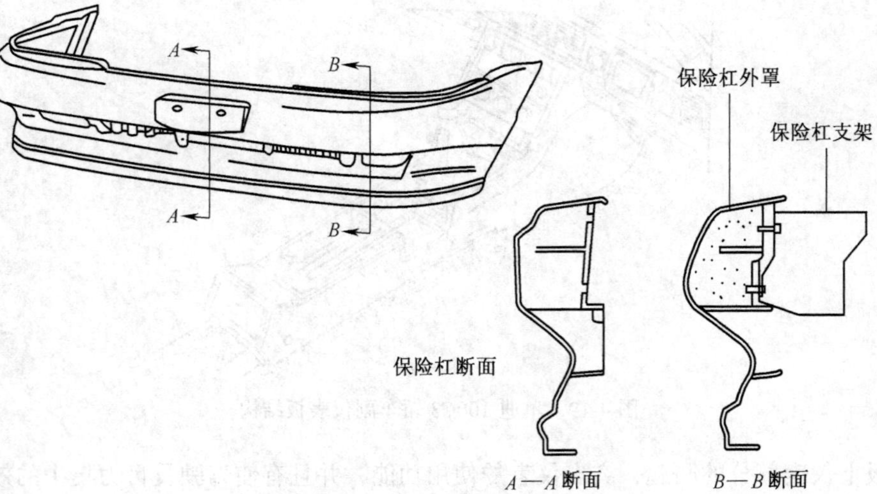

图 4-21 保险杠的外形图及断面结构图

4.2.9 安 全 带

座椅安全带是车辆最重要的被动安全设备之一，它通过高强度的织带约束乘员的运动，减轻或避免乘员与其他物体碰撞损伤。大量使用实践证明，安全带可在汽车发生碰撞、紧急刹车、失去平衡、倾覆或翻滚时，将人体约束在座椅上，能大幅度地降低碰撞事故时车内乘员的受伤率和死亡率。

常用三点式安全带的组成如图 4-22 所示。带子由结实的合成纤维织成，包括斜跨前胸的肩带 3，绕过人体胯部的腰带 5。在座椅外侧和内侧地板上各有 1 个固定点 7 和固定点 8，第三个固定点 1 位于座椅外侧支柱上方。带子绕过上方固定点的环状导向板 2，伸入车身立柱内腔并卷在立柱下部的收卷器 6 内。乘员胯部内侧附近有一个插扣，由插板 10（松套在带子上）和锁扣 9（与内侧地板固定点相连）两部分组成。该两部分插合后即可将乘员约束在座椅上。按下插扣上的红色按钮就可解除约束。收卷器有多种结构形式，功能较完备的是紧急锁止式收卷器，该结构在正常情况下，安全带对人体上部并不起约束作用。当乘员向前弯腰时，带子可从收卷器 6 经由上方固定点的导向板 2 被拉出；而当乘员回复正常坐姿时，收卷器又会自动把多余的带子收起，使带子随时保持与人体贴合。但在紧急情况下，即汽车减速度超过 0.7g 或车身侧倾角超过 12° 时，收卷器会将带子卡住从而对乘员产生有效的约束。

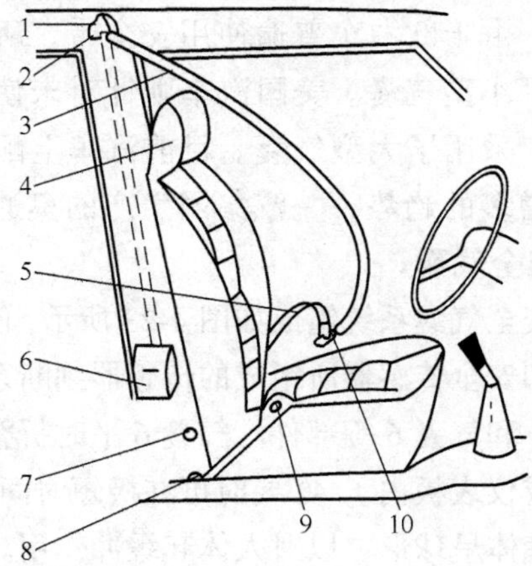

图 4-22　常用三点式安全带的组成

1—外侧上方固定点　2—导向板　3—肩带　4—头枕　5—腰带　6—收卷器　7—外侧地板固定点　8—内侧地板固定点　9—锁扣　10—插板

为了提醒驾驶员系好安全带，在仪表盘上设置有座椅安全带警告指示灯，安全带警告指示灯通过常亮、闪烁或配合声音等方式向驾驶员发出报警信号。例如，别克荣御轿车每当点火开关接通时，安全带警告指示灯将持续点亮 60 s。如果在此期间未系好安全带，指示灯将继续闪烁 90 s，然后即使未系安全带，也将熄灭。当指示灯点亮时，只要驾驶员系上安全带，指示灯就会熄灭。如果系上安全带后又解开，指示灯将重新持续点亮，并重复本过程。

奥迪 A6 轿车等高级轿车的安全带由电脑控制，在紧急情况下可自动张紧。

4.2.10　安 全 气 囊

安全气囊（Supplemental Restraint System，SRS）也称辅助乘员保护系统。它是一种当汽车遭到冲撞而急剧减速时能很快膨胀的缓冲垫，可以保护车内乘员不致撞到车厢内部，是一种被动安全装置，具有不受约束、使用方便和美观等优点。近年来随着世界汽车市场的竞争愈演愈烈，以及安全气囊制造成本的降低，以往只在高档轿车上作为选装件的安全气囊，已逐步发展到作为标准件安装到一些小型、紧凑型轿车上。轿车发生正面严重碰撞事故时，安全气囊系统协同三点式安全带对前排乘员的头部及胸部提供有效保护。发生侧面碰撞时，侧面安全气囊可减轻乘员处于碰撞区域身体部位的伤害程度。安全气囊仅是轿车被动安全系统中的一个组成部分，绝不能取代安全带，行驶中，乘员必须佩戴安全带，否则，发生事故时，安全气囊将不能发挥其保护作用。因此，行驶时，乘员务必佩戴安全带。

气囊按布置位置可分为驾驶员侧气囊、乘客侧气囊、后排气囊、侧面气囊、顶部气囊等；按大小可分为保护整个上身的大型气囊和主要保护面部的小型护面气囊。护面气囊成本较低，但一定要和座椅安全带配合使用才有保护作用。由于欧洲车普遍使用安全带，所以欧洲汽车多采用小型气囊。美国汽车则针对未使用安全带设计的，采用了大型气囊。目前汽车上配置的气囊数量有增多的趋势，一汽集团生产的奥迪 A6 可选装 8 个安全气囊。

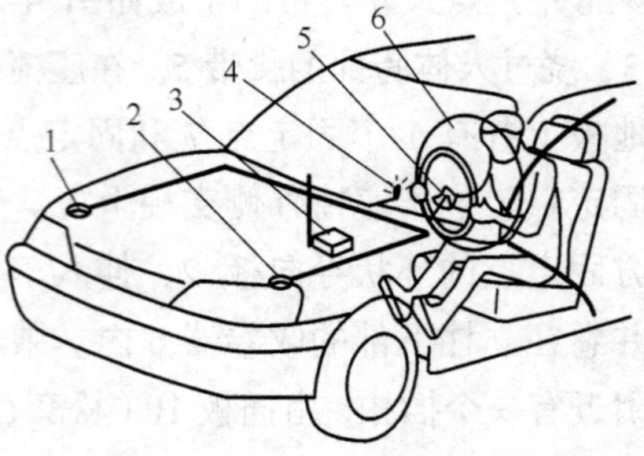

图 4-23　安全气囊系统组成

1—右前方碰撞传感器　2—左前方碰撞传感器
3—安全传感器总成　4—SRS 指示灯
5—气体发生器　6—气囊

安全气囊系统组成如图 4-23 所示，包括由碰撞传感器和安全传感器所组成的传感器判断系统、气体发生器 5 和气囊 6 等部件。气囊 6 平时折叠在转向盘鼓内（或仪表板内），必要时可在极短时间内（0.05 s）充满气体呈球形，以对人体起缓冲作用。气囊采用氮气，由气体发生剂燃烧产生。气体发生器 5 如盒状，直接装在气囊下方，其中心装有引燃器和点火剂，周围是填充气体发生剂的燃烧室，燃烧产生的大量气体由冷却层降温，继而经由过滤层控制流动，进入气囊。传感器判断系统可判定碰撞强烈程度，以决定是否向气体发生器发出点火指令，防止误爆。

4.2.11　后　视　镜

后视镜是汽车必有的安全部件之一，驾驶员在行车过程中，通过后视镜来获取汽车后方、侧方和下方的外部信息。

后视镜按安装位置不同，分为外后视镜、下视镜和内后视镜。外后视镜一般装在车门或者前立柱附近，用于驾驶员观察道路两侧后方情况。下视镜安装在车身外部的前部或车后部位，用于驾驶员观察车前或车后视线盲区的情况。内后视镜一般装在驾驶室内的前上方，用于驾驶员观察车内部情况或者透过后车窗观察后车厢或者道路状况。

后视镜的使用详见汽车车身部件的使用。

4.2.12　遮　阳　板

遮阳板用来遮挡迎面和侧面射进车内的阳光，避免驾驶员眩目，是轿车必不可少的安全部件之一。遮阳板安装在驾驶室内前风窗玻璃的上方，有些轿车的后风窗玻璃和电动天窗处也安装有遮阳板。

遮阳板的类型分为普通遮阳板、多功能遮阳板、电动遮阳板。

普通遮阳板仅具有遮挡阳光的功能。多功能遮阳板是在普通遮阳板的基础上增加一些附属功能，如遮阳板带票据夹、带梳妆镜、带延伸板等。有些轿车的后风窗玻璃处设有电动遮阳板，在行车时可以使后排乘客免受阳光照射，停车时可以避免阳光直射车厢而使车内温度过高。

4.3 车身部件的使用

4.3.1 车身的使用

为了有效地延长车身的使用寿命，保持靓丽的外观，车身在使用过程中应注意如下几点。

1. 及时清洗车辆

保持汽车的车身外表干净，仅靠擦灰尘是不够的，要经常和及时地清洗车辆。清洗时最好使用汽车专用清洁剂和碱性小的肥皂，不能用去污粉或洗衣粉等碱性高的洗涤用品，否则在洗掉灰尘的同时会加速油漆表面老化，使车辆失去光泽。也不要用燃油、溶剂或酒精等液体清洗，否则有可能造成表面油漆变色。切勿干擦车身，切勿用汽油、煤油、三氯乙烯、强碱水和酒精等擦洗油漆表面和有机玻璃表面(如灯罩等)。不应在强烈的阳光和气温太低的情况下清洗车身，以免油漆表面受到损伤。清洗时，应先在车身表面浇充足的水，如果使用汽车洗涤剂，应用大量的清水冲刷，然后用鹿皮将车身擦拭干净。清洗完后应在车辆行驶状态下制动几次，以排除制动摩擦副中的水分。

清洗车身应在没有风、车身冷却状态下，在阳光直射不到的地方进行，最好在封闭的室内洗车场。使用毛巾或软质泡沫塑料配合清洗。

一旦车身、保险杠上有沥青或汽油渍应使用专用产品尽快去除，不要刮，不要用汽油或织物去污剂。在擦洗风窗玻璃和门玻璃时，不能使用硅酮基产品，而应使用该车服务站供应的洗涤液。

雨后应及时擦车。因为雨水中含有酸性物质，车辆被雨水淋湿后，不及时将雨水擦掉，车身上的雨渍会逐渐缩小，使雨水中酸性物质的浓度逐渐增大，若不尽快用清水冲洗雨渍，时间久了就会损害表面油漆。若再被强烈阳光照射，很易出现斑点和使表面光泽下降。

清洗的顺序是先清洗车顶，然后清洗发动机盖板两侧，最后按一定的方向绕车身清洗，这样去污效果好。如用水枪冲洗，水枪压力不应太高。不要将水直接射向变速器、转向机构等各种部件的橡胶保护件上；也不要直接喷射在外部装饰件、顶篷接缝、散热器和发动机舱内。车身清洗完后再清洗轮辋、轮胎、排气管出口等处。

2. 车身定期上光打蜡

要保持汽车整洁的车容，打蜡是不可缺少的。由于各种车蜡的性能不同，其作用与效果也不一样，所以在选用时必须慎重。对于高级轿车，可选用高档车蜡。夏天宜用防紫外线车蜡；行驶环境较差时，则用保护作用突出的树脂蜡比较合适。而对普通车辆选用普通的珍珠色或金属漆系列车蜡即可。选用车蜡时必须考虑与车漆颜色相适应，一般深色车漆选用黑色、红色或绿色系列的车蜡；浅色车漆选用银色、白色或珍珠色系列车蜡。使用时，先把车身外表面清洗干净，涂上擦洗膏或清洁剂，用毛巾擦洗。在打蜡时，最好使用专用工具，如没有专用工具，可用软布代替，采用锯齿状或圆圈状摩擦的方法打蜡，同时应避免在阳光直射下打蜡。

车身表面油漆抛光应在冬季末进行。抛光前车身要绝对干净和干燥，抛光时使用液体或乳状抛光剂。

3. 车身划痕的修补

车身油漆有划痕或轻度损伤，可使用该车服务站提供的各种颜色的油漆喷罐修补。修补后的油漆可在空气中干燥。

4. 车身应定期进行防腐处理

尽管乘用车发动机舱和车身下部采用了防腐蚀材料，进行了防腐处理，但在使用盐解冻的道路上频繁行驶一段时间后，应进行清洗和再度采取防护措施。

5. 车身内部清洁

（1）座椅清洁

座椅在车内占了大部分面积，因此要注意保持座椅的清洁。在座椅不是很脏的时候，可使用长毛刷子和吸力强的吸尘器配合。此种方法对不同材质的座椅都有良好的清洁效果。对于较脏的座椅，要进行几个步骤才能彻底打扫干净。首先，用毛刷子清洗较脏的局部；其次，用干净的海绵蘸少量的中性洗涤液，在半干半湿的情况下全面擦拭座椅表面：最后，用吸尘器再对座椅进行清洁，以消除多余水分，使座椅干爽起来。清洗时要注意的是，海绵一定要拧干，以防止多余的水分渗入座椅内部。

（2）地毯清洁

乘用车里面最易脏的是地毯，且不易拆洗，最好在乘用车里放置活动的脚垫。脚垫可用带毛刷头的吸尘器处理。对于较脏的地毯，只得用专用洗涤剂进行清洗。方法是：在使用洗涤剂前先进行除尘，再喷洒适量的洗涤剂，用刷子刷干净，最后用抹布擦干净。需要注意的是不要把地毯完全放入水中浸泡刷洗，以防破坏地毯材质及影响使用效果。

（3）顶棚及其他内饰面的清洁

顶棚的清洁方法通常是先用大功率吸尘器和刷子清除灰尘，然后用中性洗涤液清洗。但需注意：顶棚内填充物是辐热吸音的材料，易吸收水分，因此抹布要保持干燥。

汽车的立柱由于油污较多，故使用浓度高的中性洗涤液为好。

离合器踏板、制动踏板、油门踏板上油泥可用小牙刷或沾有洗涤液的抹布清洗。

前后风挡玻璃和照明灯具用软布沾上洗涤剂进行擦拭，并用干布擦干净，最后再在风挡玻璃上喷涂一些长效防雾的处理剂，以防雨季行车有水雾挡住驾驶员视线。

另外，对于车内的皮革内饰件，也应定期进行清洁维护，以防干燥、老化而损坏。

（4）仪表板清洁

用干净的抹布擦拭仪表板各部位。当把各部位灰尘清除干净后，涂上专用仪表蜡，再用干净抹布擦拭，仪表板便焕然一新。

总之，汽车车身内外的使用维护是一项重要的工作，驾驶员应不断提高维护意识，为自己和乘客创造一个清新幽雅的环境。

4.3.2 后视镜的使用

后视镜是汽车上不可缺少的装置之一。驾驶员在行车过程中要通过后视镜观察左、右侧及后面的情况，获取汽车外部信息的。观察后视镜的最佳视角应以驾驶员坐在驾驶室内看后视镜，可将车身左右侧情况尽收眼底为好。

外后视镜根据操纵方式不同，可分为普通外后视镜和远距离操纵外后视镜。

普通外后视镜为手动式，即驾驶员用手来上、下、左、右调整后视镜的镜面角度，调整角度通常为每边 20° ～25° 。

远距离操纵杠杆式外后视镜的调整机构装在车门内板上，驾驶员操纵车厢内的手柄，通过杠杆传递力来改变外后视镜的角度。此机构多用于后视镜装在车门上的轿车。

远距离操纵软轴式外后视镜的调整机构为 2～3 根软轴，驾驶员操纵车厢内的手柄，通过软轴的推拉传递力来改变外后视镜的角度。此机构多用于后视镜装在前翼子板上的 轿车。

调整后视镜时，白天将其调到车后的道路占后视镜面积的 2/3 左右；晚上稍微向上调整，以消除后车灯光照射所产生的炫目情况。

电动式后视镜的调整是驾驶员通过车厢内的按钮即可调整外后视镜的角度。此机构调整角度可以达到每边 30° 。电动式后视镜操作方便，多用于高级轿车。

4.3.3 座椅的使用

轿车座椅一般都装有调节机构。座椅调节机构的作用是改变座椅与驾驶操纵机构的相对位置以适应不同身材驾驶员的需要。

1. 座椅前后位置调整

如图 4-24（a）所示，座椅前后冲程调节装置可使座椅在左右两根滑轨上前后移动。将设置在坐垫下侧的前后调整手柄 1 往上提起，松开滑轨的锁止机构，座椅即可前后滑动，按自己的需要调整到舒适的驾驶位置后，放下手柄即可锁定在该位置。

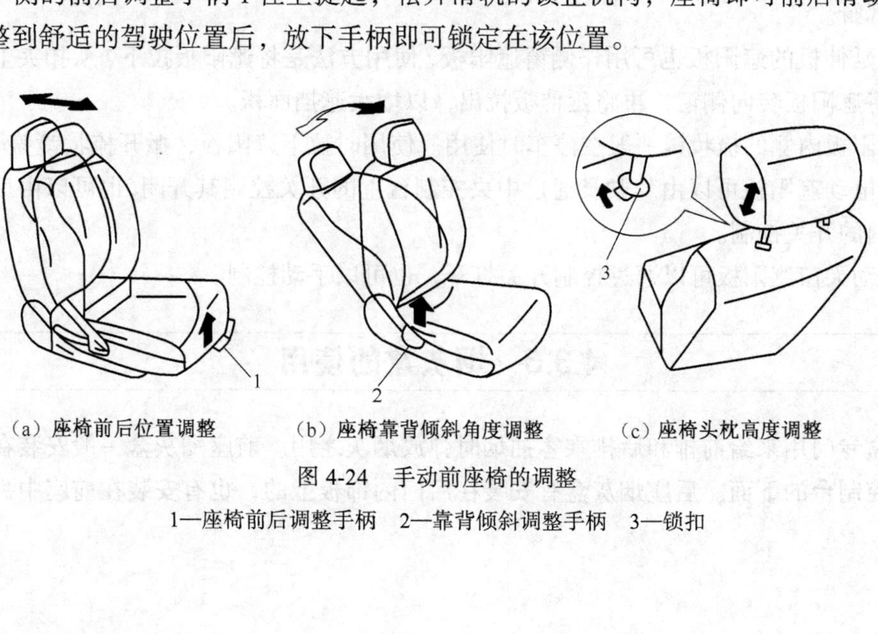

（a）座椅前后位置调整　（b）座椅靠背倾斜角度调整　（c）座椅头枕高度调整

图 4-24　手动前座椅的调整

1—座椅前后调整手柄　2—靠背倾斜调整手柄　3—锁扣

2. 座椅靠背倾斜角度调整

如图 4-24（b）所示，将调整装置的手柄 2 往上提起，用背部将座椅靠背调整到所需的角度后，放下手柄即锁定该位置。

3. 座椅头枕高度调整

如图 4-24（c）所示，按下或打开导套上的锁扣 3，然后用手将头枕调节到适当的挡位，最好使头枕的上端与耳部上缘平齐，松开锁扣将其锁定。

调整时发现滑轨有发卡现象，应在滑轨上涂上黄油，再用手锤轻打坐垫支架，前后重复几次，使滑轨灵活即可。严禁在不涂黄油的情况下，用手锤敲打座椅支架。调整完毕后要固定好，以免座椅前后松动或靠背摇动，造成驾驶员操作失误。

4.3.4 车门拉手的使用

车门外拉手用于从车外打开车门锁并拉开车门。当车门处在非完全锁止状态时，通过提拉或按压车门外拉手上的门锁开关可以打开车门，而当用门锁钥匙锁止车门或在车内按下门锁锁止按钮时，用车门外拉手无法打开车门。

车门内拉手用于从车内打开车门门锁以便打开车门。

为防止儿童误开内手柄的意外事故发生，在车后门锁内装有儿童安全锁止机构。如果把门锁下面的拨杆向另一方向拨动，车门内拉手无法打开车门，只能用车门外拉手从外部开启车门（后车门锁止按钮必须拉起）。

4.3.5 遮阳板的使用

遮阳板用于遮阳，使用时注意以下几点。

① 需要使用遮阳板时，将其拉下即可。不使用遮阳板时，要把遮阳板折回原处，以免影响驾驶员的视野。

② 带延伸板的遮阳板也可用作侧窗遮阳板，使用方法是将遮阳板拉下，从扣夹上取下支撑栓，然后将遮阳板转向侧窗，再将延伸板拉出，以增大遮挡面积。

③ 遮阳板内侧的梳妆镜一般在停车时使用。使用时拉下遮阳板，掀开梳妆镜盖子即可。

④ 后电动遮阳板可以由驾驶员通过中央控制台上的开关控制其开闭，也可以由后排乘客通过后扶手内的开关控制。

⑤ 电动天窗遮阳板可以通过控制开关打开，也可以手动控制。

4.3.6 烟灰盒的使用

烟灰盒专门用来给前排和后排乘客抽烟时弹放烟灰之用。前座烟灰盒一般安装在变速器变速杆前方控制台的下面。后座烟灰盒有安装在后门内饰板上的，也有安装在前座中央储物盒后面的。

以广州本田轿车烟灰盒的使用为例（见图 4-25），按住前座烟灰盒的底部边缘，即可将其打开；推入即关上。欲卸下前座烟灰盒清理烟灰时，应压住金属板内侧，将其完全拉出即可。后座烟灰盒，抓住灰斗上缘往下拉即可打开使用。欲卸下后座烟灰盆清理烟灰时，应先打开盖子，然后向上提拉，便可取出。为防止火灾发生，关闭烟灰盒前，烟蒂应彻底熄灭。烟灰盒不允许作废料箱使用。

4.3.7　发动机机罩的使用

开启发动机机罩时先扳动驾驶室内发动机机罩的手柄，打开机罩，再拨动安全钩即可打开发动机机罩。

在维护调整发动机时，为能把机罩掀至任何一个高度，发动机机罩上设有安全限制机构（即安全撑钩），可以避免机罩因故自动下落，砸伤维修人员。

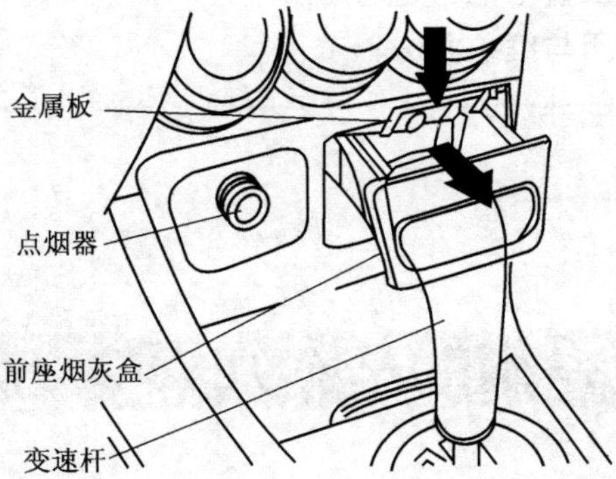

（a）前座烟灰盒安装位置

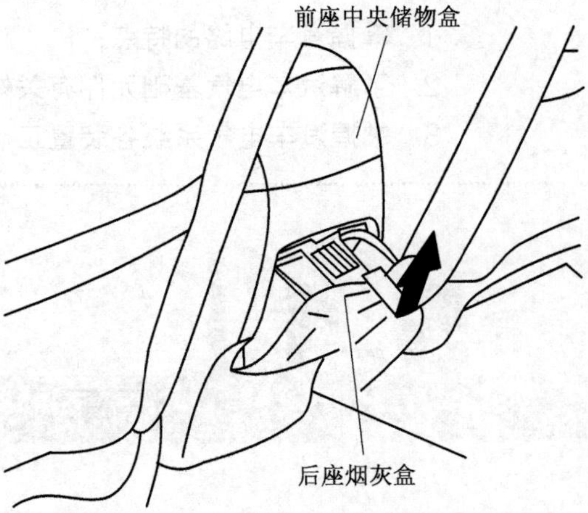

（b）后座烟灰盒安装位置

图 4-25　广州本田轿车烟灰盒

习　题

1. 汽车车身的作用是什么？它由哪些部件和装置组成？
2. 汽车车身按承载方式可分为哪几种？各有什么特点？
3. 轿车车身由哪 4 部分组成？
4. 车身在使用过程中需注意哪些内容？
5. 汽车后视镜在使用过程中如何调节？
6. 汽车座椅应满足哪些要求？

第5章 汽车电气系统结构、使用与维护

【学习目标】

1. 掌握汽车电路的特点；
2. 了解汽车电气基础元件有关知识及蓄电池的充电知识；
3. 掌握汽车电气系统各装置正确使用与维护方法。

5.1 汽车电气系统的基本知识

5.1.1 汽车电气系统的基础元件

汽车电气的基础元件主要是指导线、熔断器、插接器、各种开关和继电器等，它们是汽车电路的基本组成部分。

1. 导线

汽车用导线有高压导线和低压导线两种，均采用铜质多心软线。在汽车点火线圈至火花塞之间的电路使用高压点火线，简称高压线。低压导线截面积主要根据其工作电流选择，但是对于一些工作电流较小的汽车电气，为保证应具有一定的机械强度，电气中导线截面积不得小于 $0.5mm^2$。

各国汽车厂商在电路图上多以字母（主要是英文字母）来表示导线外皮的颜色及其条纹的颜色。导线颜色要容易区别，如常用黑、白、红、绿、黄、蓝、灰、棕、紫，其次用粉红、橙、棕褐，再次为深蓝、浅蓝、深绿、浅绿。双色线的标注第一色为主色，第二色为辅助色。在导线上采用条纹标志要对比强烈，如黑白、白红……双色线的主色所占比例大些，辅助色所占比例小些。

汽车用低压导线除蓄电池导线外，都用绝缘材料（如薄聚氯乙烯）带缠绕包扎成束，避免水、油的侵蚀及磨损。在线束布线过程中不许拉得太紧，线束穿过洞口或绕过锐角处都应有套

管保护。线束位置确定后，应用卡簧或绊钉固定，以免松动损坏。

为了便于区别各线路的连接，汽车所有低压导线必须选用不同颜色的单色或双色线，并在每根导线上编号。编号是由生产厂家统一编定的。

2. 熔断器

熔断器在电路中起保护作用。当电路中流过超过规定的电流时，熔断器的熔丝自身发热而熔断，切断电路，防止烧坏电路连接导线和用电设备，并把故障限制在最小范围内。通常情况下，将很多熔断器组合在一起安装在熔断器盒内，并在熔断器盒盖上注明各熔断器的名称、额定容量和位置，并用不同的颜色来区别熔断器的容量。

一般情况下，环境温度在 18～32℃时，流过熔断器的电流为额定电流的 1.1 倍时，熔丝不熔断；达到 1.35 倍时，熔丝在 60s 内熔断；达到 1.5 倍时，20A 以内的熔丝在 15 s 以内熔断，30A 熔丝在 30 s 以内熔断。

熔断器在使用中应注意以下几点。

① 熔断器熔断后，必须真正找到故障原因，彻底排除故障。

② 更换熔断器时，一定要与原规格相同。

③ 熔断器支架与熔断器接触不良会产生电压降和发热现象，安装时要保证接触良好。

3. 插接器

插接器就是通常说的插头和插座，用于线束与线束或导线与导线间的相互连接。为了防止插接器在汽车行驶中脱开，所有的插接器均采用了闭锁装置。

插接器的符号和实物对照如图 5-1 所示，黑色的表示插头，白色的表示插座，带有倒角的表示针式插头。

插接器接合时，应把插接器的导向槽重叠在一起，使插头和插孔对准，然后平行插入即可十分牢固地连接在一起。插接器连接后，其导线的连接如图 5-2 所示。例如，A 线的插孔①与 a 线的插头①′是相配合的，其余依此类推。

要拆开插接器时，首先要解除闭锁，然后把插接器拉开，不允许在未解除闭锁的情况下用力拉导线，这样会损坏闭锁装置或连接导线。

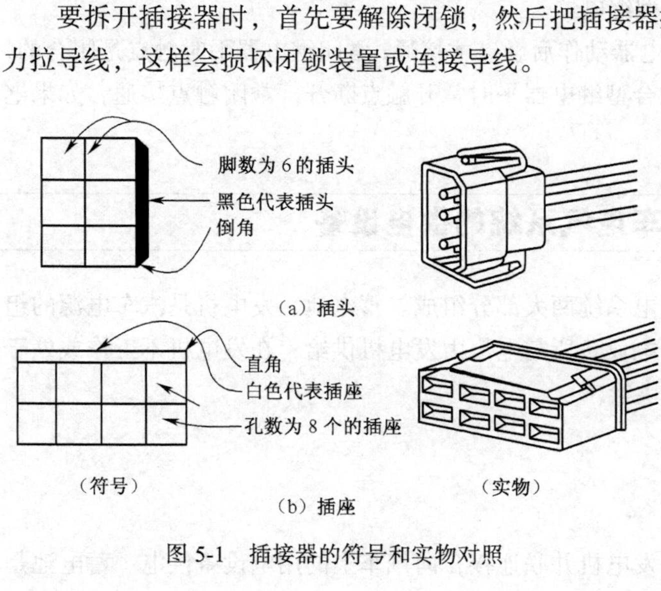

图 5-1　插接器的符号和实物对照

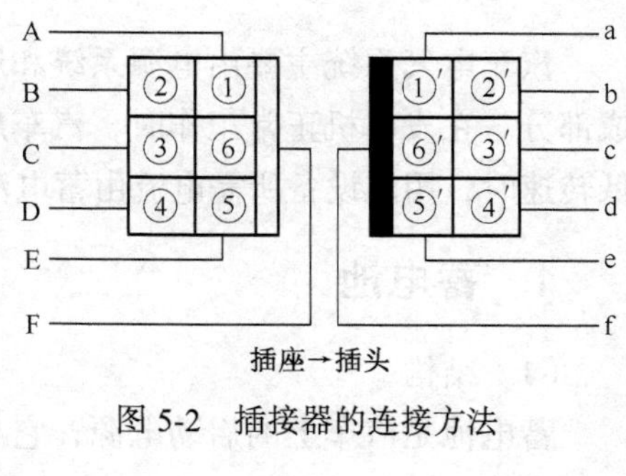

图 5-2　插接器的连接方法

4. 开关

开关在电路图中的表示方法有多种，常见的有结构图表示法、表格表示法和图形符号表示法等，如图 5-3 所示。

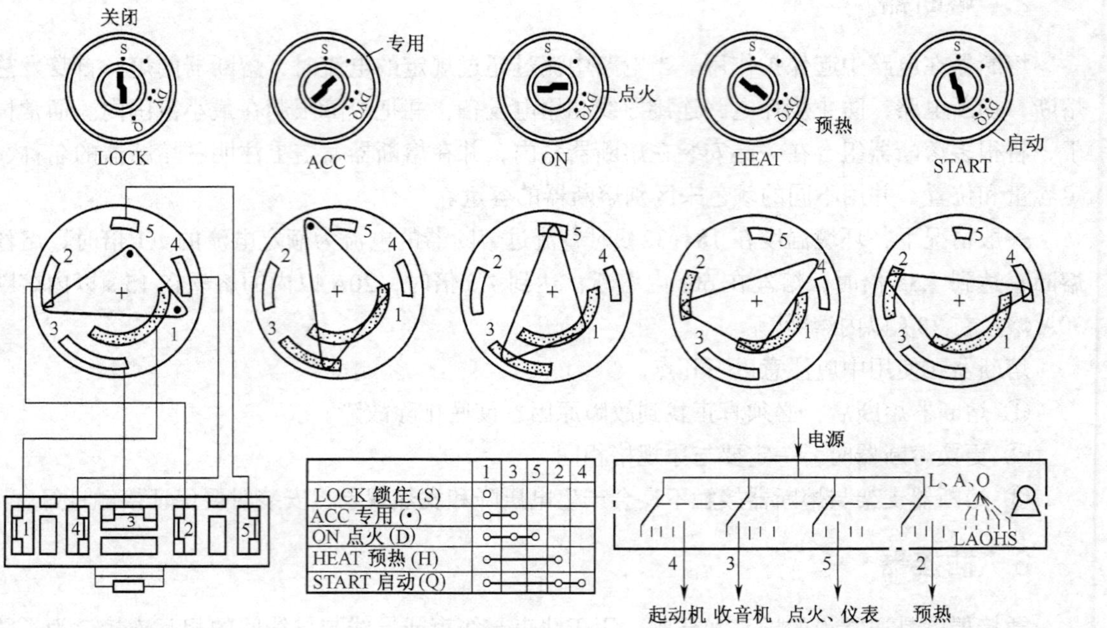

（a）结构图表示法　（b）表格表示法　（c）图形符号表示法

图 5-3　开关的 3 种表示方法

5. 继电器

一般情况下，汽车上使用的操纵开关的触点容量较小，不能直接控制工作电流较大的用电设备，常采用继电器来控制它的接通与断开。汽车上的继电器种类很多，常见的有 3 类：常开继电器、常闭继电器和常开、常闭混合型继电器。

常开继电器平时触点是断开的，继电器动作后触点才接通；常闭继电器平时触点是闭合的，继电器动作后触点断开；常开、常闭混合型继电器平时常开触点断开，常闭触点接通，如果继电器线圈通电，则变成相反状态。

5.1.2 汽车电气系统的供电设备

汽车电气系统主要由电源系统和用电系统两大部分组成。蓄电池、发电机是汽车电源的组成部分。在发电机正常工作时，汽车用电设备所需电流由发电机供给；在发电机不工作或处于低转速时，用电设备所需电流由蓄电池供给。

1. 蓄电池

（1）结构

蓄电池是汽车上的启动电源，它与发电机并联连接，向汽车上的用电设备供电。蓄电池是一可逆的直流电源。

蓄电池的结构如图 5-4 所示，它由 6 个单格电池串联而成，每个单格的标称电压为 2V，蓄电池的端电压为 12V。蓄电池主要由极板、隔板、电解液和外壳组成。

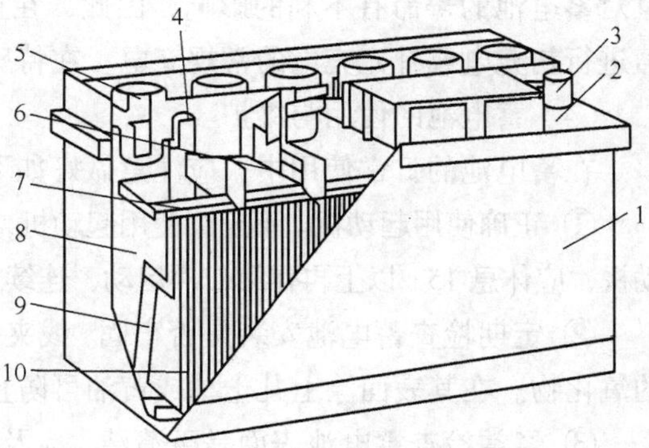

图 5-4　蓄电池的结构

1—塑料电池槽　2—塑料电池　3—正极柱　4—负极柱　5—加液孔螺塞　6—穿臂链条　7—汇流条　8—负极板　9—隔板　10—正极板

（2）型号

蓄电池产品型号分为 3 段，其排列及其含义如下。

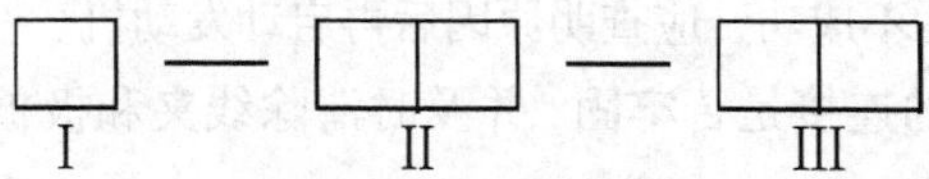

第Ⅰ段表示串联的单格电池数，用阿拉伯数字组成，其标准电压是这个数字的 2 倍。

第Ⅱ段表示蓄电池的类型和特征，用 2 个汉语拼音字母组成。其中第一个字母为 Q，表示启动用铅蓄电池。第二个字母为蓄电池的特征代号：A——干荷电式；W——免维护式；F——防酸式；D——带液式；J——胶体电液；Q——气密式；Y——液密式；H——湿荷电式；B——半密闭式；无字母则为干封式，具体见表 5-1。

第Ⅲ段表示蓄电池的额定容量，我国目前规定采用 20h 放电率的容量安培小时数 Ah。

此外，有的蓄电池在额定容量后面用一个字母表示其具有的特征性能，如 Q——高启动率；S——塑料槽；D——低温启动性能好。

表 5-1　铅蓄电池的特征代号

特 征 代 号	蓄电池特征	特 征 代 号	蓄电池特征	特 征 代 号	蓄电池特征
A	干荷电	J	胶体电解液	D	带液式
H	湿荷电	M	密封式	Y	液密式
W	免维护	B	半密封式	Q	气密式
S	少维护	F	防酸式	I	激活式

例如，蓄电池型号为 6-QA-100S，这是一种国内先进工艺生产出来的蓄电池，由 6 个单格串联而成，标准电压 12V。它采用了塑料整体式外壳，薄型极板，干荷电式，使用时只需加入规定密度的电解液，静止 0.5h，就可以投入使用。

（3）充电方法

蓄电池的充电可分为定流充电、定压充电和快速充电 3 种不同的充电方法。

① 定流充电。在充电过程中，充电电流保持一定的充电方法称为定流充电。

定流充电有较大的适应性，可任意选择和调整充电电流，因此可以对各种不同情况及状态的蓄电池充电。定流充电的不足之处在于需要经常调节充电电流，充电时间长。

② 定压充电。蓄电池在充电过程中，直流电源电压保持不变的充电方法称为定压充电。

定压充电的充电时间短，充电进行中不需要人照管，适用于蓄电池补充充电，在汽车修理行业被广泛采用。但定压充电不能调整充电电流的大小，所以适应性较小，且不能将蓄电池完全充满，故只适用于蓄电池补充充电。定压充电要求所有参与充电的蓄电池的电压完全相同。

③ 快速充电。目前采用的快速充电方法有脉冲快速充电法和大电流递减充电法。

快速充电具有充电时间短、空气污染小、省电节能的优点，因此在蓄电池集中、充电频繁或应急部门使用快速充电。但其输出容量较低，能量转换效率也较低，不能将蓄电池完全充满，且对蓄电池的寿命有不利的影响，因此，在正常情况下，应按蓄电池生产厂商提供的规定电流值进行初充电或补充充电的常规充电，在特殊情况下才采用快速充电。

（4）蓄电池的使用与维护

在蓄电池的日常使用中，应注意做好如下工作。

① 正确使用起动机。不连续使用起动机，每次启动的时间不得超过 5 s，如果一次未能启动发动机，应休息 15 s 以上再作第二次启动，连续三次启动不成功，应查明原因后再启动发动机。

② 定期检查蓄电池安装是否牢固，线夹与极桩的连接是否牢固，并及时清除线夹和极桩上的氧化物。在其表面涂上凡士林或黄油可防止氧化。

③ 经常检查蓄电池表面是否清洁，应及时清除灰尘、油污、电解液等脏物，畅通加液孔盖通气小孔。

④ 定期检查电解液的液面高度。液面一般应高出极板 10～15mm，液面过低时应及时补充蒸馏水。除非确知液面降低是由于电解液溅出所致，否则一般不允许加注硫酸溶液。

⑤ 检查蓄电池的放电程度。如果放电程度冬季超过 25%，夏季超过 50%时，就应对蓄电池立即进行补充充电。

⑥ 定期对蓄电池进行补充充电，不考虑蓄电池放电程度强制性进行补充充电，以保证蓄电池始终保持充满电状态，避免极板硫化。定期补充充电一般为每月一次，城市公共汽车可短些，而长途运输车辆可更长一些。

⑦ 连接蓄电池时，细心查明极性，正接正，负接负。脱开蓄电池时，始终要先拆负极（搭铁）电缆。

⑧ 不要将工具搁在蓄电池上。它们可能会同时触及两个极桩，使蓄电池短路而引起事故。

⑨ 蓄电池充电时析出的气体极易爆炸，应避免在蓄电池附近电焊或明火，禁止在蓄电池周围吸烟。

2. 交流发电机与电压调节器

交流发电机是汽车上的电源之一，它与发电机调节器互相配合工作，其主要任务是对除起动机以外的所有用电设备供电，并向蓄电池充电。目前汽车上以硅整流交流发电机应用最为普遍。

（1）交流发电机

汽车用交流发电机多采用三相同步交流发电机，由 6 只二极管构成三相桥式全波整流器。三相同步交流发电机主要由定子、转子、电刷、整流器、前后端盖、风扇及皮带轮等组成。有的还将调节器与发电机装在一起。

（2）电压调节器

为了保证用电设备正常工作，防止蓄电池过充电，交流发电机必须配用电压调节器，使其输出电压保持稳定。目前汽车上使用的都是集成电路电压调节器。

（3）交流发电机与电压调节器的使用注意事项

① 蓄电池的搭铁极性必须与发电机的搭铁极性相同。国产及进口交流发电机均为负极搭铁，蓄电池必须负极搭铁。否则，蓄电池将通过二极管大电流放电，使二极管烧坏。

② 发电机运转时，不能使用试火方法检查发电机是否发电，否则容易损坏二极管及其他电

子元件。

③ 发现交流发电机不发电或者充电电流较小时，应及时找出故障予以排除。如长期带故障运行，发电机可能出现严重故障或损坏。一个二极管短路，将会使其他二极管和定子绕组烧坏。

④ 禁止用 200V 以上的交流电压或兆欧表检查发电机的绝缘性能，否则将损坏整流二极管及调节器中的电子元件。

⑤ 发电机正常运行时，切不可任意拆卸各电气的连接线，以防引起电路中的瞬时过电压损坏二极管及调节器中的电子元件或其他电子设备。

⑥ 蓄电池可起到电容器的作用，即可在一定程度上吸收电路中的瞬时过电压，否则将损坏二极管及调节器中的电子元件。

⑦ 发动机熄火后，应及时将点火开关断开，否则蓄电池长期向磁场绕组放电，使磁场绕组过热而损坏。

⑧ 调节器与交流发电机的搭铁形式必须一致。内搭铁型调节器只能与内搭铁型发电机配合使用，外搭铁型调节器只能与外搭铁型发电机配合使用。否则发电机无磁场电流而不能输出电压。

⑨ 调节器与交流发电机的电压等级必须一致，否则充电系统不能正常工作。

⑩ 调节器的调节电压不能过高或过低，避免损坏用电设备或引起蓄电池充电不足。

5.1.3 汽车电路的特点

现代汽车电气与电子设备虽然种类繁多，功能各异，但其线路都应遵循一定的原则，了解这些原则对进行汽车电路分析是很有帮助的。

汽车电路的特点可归纳为以下几点。

1. 低压

汽车电气系统的额定电压有 6V、12V、24V 共 3 种。汽油机普遍采用 12V 电源，柴油车多采用 24V 电源（由两个 12V 蓄电池串联而成）。汽车运行中的电压，一般 12V 系统为 14V，24V 系统为 28V。

2. 直流

现代汽车发动机是靠电力起动机启动的，起动机由蓄电池供给电，而向蓄电池充电又必须用直流电源，所以汽车电气系统为直流系统。

3. 单线制

单线连接是汽车线路的特殊性，它是指汽车上所有电气设备的正极均采用导线相互连接；而所有的负极则直接或间接通过导线与车架或车身金属部分相连，即搭铁。任何一个电路中的电流都是从电源正极出发经导线流入用电设备后，再由电气设备自身或负极导线搭铁，通过车架或车身流回电源负极而形成回路。

由于单线制导线用量少，线路清晰，接线方便，因此广为现代汽车所采用。

4. 并联连接

各用电设备均采用并联，汽车上的两个电源（蓄电池与发电机）之间以及所有用电设备之间，都是正极接正极，负极接负极，并联连接。

由于采用并联连接，所以汽车在使用中，当某一支路用电设备损坏时，并不影响其他支路用电设备的正常工作。

5. 负极搭铁

采用单线制时蓄电池的一个电极需接至车架或车身上，俗称“搭铁”。蓄电池的负极接车架或车身称为负极搭铁。蓄电池的正极接车架或车身称为正极搭铁。负极搭铁对车架或车身金属的化学腐蚀较轻，对无线电干扰小。我国标准规定汽车线路统一采用负极搭铁。

6. 设有保险装置

为了防止因短路或搭铁而烧坏线束，电路中一般设有保护装置，如熔断器、易熔线等。

7. 由相对独立的分系统组成

汽车电路由相对独立的分系统组成，全车电路一般包括以下几部分。

（1）电源电路

电源电路由蓄电池、发电机、调节器及工作状况指示装置（电流表、充电指示灯）等组成。

（2）启动电路

启动电路由起动机、启动继电器、启动开关及启动保护装置组成。

（3）点火电路

点火电路由点火线圈、分电器、点火控制器、火花塞、点火开关等组成。此外，采用由发动机控制单元进行点火控制时，可以不使用分电器。

（4）照明与信号电路

照明与信号电路是由前照灯、雾灯、示廓灯、转向灯、制动灯、倒车灯、电扬声器等及其控制继电器和开关组成的电路。

（5）仪表与报警电路

仪表与报警电路是由仪表、传感器、各种报警指示灯及控制器组成的电路。

（6）电子控制装置电路

电子控制装置电路是由电控燃油喷射系统、自动变速器、制动防抱死系统、恒速控制及悬架平衡控制等组成的电路。

（7）辅助装置电路

辅助装置电路是由为提高车辆安全性、舒适性、经济性等各种功能的电气装置组成的电路，因车型不同而有所差异，一般包括风窗刮水/清洗装置、风窗除霜/防雾装置、启动预热装置、音响装置、车窗电动升降装置、电动座椅调节装置及中央电控门锁装置等。

5.2 照明系统使用与维护

汽车照明系统由电源、照明装置及其控制部分等组成。控制部分包括各种灯光开关、继电器等。照明装置包括车外照明、车内照明和工作照明 3 部分。

车外照明装置包括前照灯、雾灯、倒车灯、牌照灯等。

车内照明装置包括仪表灯、顶灯、工作灯、阅读灯等。

工作照明装置包括行李箱灯、发动机机罩灯等。

1. 前照灯

前照灯也称大灯或头灯，装于汽车头部两侧，用于夜间行车时的道路照明，灯光为白色，功率一般为 30～60W。前照灯包括远光灯和近光灯两种，远光灯用于保证车前有明亮而均匀的照明，使驾驶员能辨明 100m 以内道路上的任何障碍物；近光灯在会车和市区内使用，用于保证夜间车前 50m 内的路面照明，以及避免两车交会时造成驾驶员眩目而发生事故。

前照灯主要由灯泡、反射镜和配光镜 3 部分组成。

前照灯灯泡有充气灯泡、卤钨灯泡和新型高压（20kV）放电氙灯等几种类型。为了防止眩目，前照灯的灯泡一般采用双灯丝结构，一根为远光灯丝。另一根为近光灯丝。远光灯丝功率较大，位于反射镜焦点；近光灯丝功率较小，位于焦点上方或前方。远光灯丝点亮时，光束照亮较远的路面；近光灯丝点亮时，光束照亮较近的路面。

前照灯按反射镜的结构形式可分为可拆卸式、半封闭式和封闭式 3 种。

反射镜的作用是将灯泡的光线聚合并导向远方。

配光镜的作用是将反射镜反射出的平行光束折射，使车前路面和路缘均有很好的照明效果。

前照灯由灯光总开关控制，变光开关控制远近光变换。有的车还有超车灯开关控制远近光变换。

2. 雾灯

雾灯用于雨、雪、雾或尘埃弥漫天气时的行车照明并具有信号作用。雾灯有前雾灯和后雾灯两种。前雾灯装于汽车前部比前照灯稍低的位置。由于我国道路状况的改善，行车速度大大提高，为保证高速行驶的汽车在不良天气下向后方车辆或行人提供本车位置信息，交通管理部门规定，运行车辆在车辆后部加装功率较大的雾灯，以降低交通事故发生率。雾灯的光色规定为黄色、橙色或红色，这是因为其光波较长，透雾性能好。雾灯由雾灯开关控制，有些汽车的雾灯开关又受灯光总开关控制。

3. 牌照灯

牌照灯装于汽车尾部的牌照上方，用于夜间照亮汽车牌照。它由灯光总开关控制，灯光总开关接通，牌照灯就亮。

4. 仪表灯

仪表灯装于汽车仪表板上，用于仪表照明。它由灯光总开关控制，灯光总开关接通，仪表灯就亮。有些车辆还增加了仪表灯亮度调节装置，以便于驾驶员随意调节仪表灯亮度，获取行车信息和进行正确操作。仪表灯的数量根据仪表设计布置而定。

5. 顶灯

顶灯装于驾驶室或车厢顶部，主要用于车内照明，通常由灯光总开关和顶灯开关共同控制。

有的车辆顶灯还具有门灯的作用，它还受车门开关控制。当车门关闭不严时。顶灯亮，以提醒驾驶员注意。

6. 工作灯

车上一般只装工作灯插座，配带导线及移动式灯具，用于对排除汽车故障或检修提供照明。

7. 阅读灯

为了便于乘客阅读，有些车辆设置了阅读灯，灯光一般为白色，由阅读灯开关控制。

8. 行李箱灯

行李箱灯装于行李箱顶部，用于夜间行李箱门打开时照亮行李箱，它的灯光一般为白色，由灯光总开关和行李箱门控开关共同控制。

9. 发动机机罩灯

发动机机罩灯装于发动机机罩内侧，用在夜间发动机舱打开时照亮发动机舱，它的灯光一般为白色，由灯光总开关和发动机机罩门控开关共同控制。

5.3 信号系统使用与维护

1. 转向信号灯

转向信号灯简称转向灯，由转向开关控制。在汽车起步、超车、转弯和停车时，左侧或右侧的转向信号灯会发出明暗交替的闪光信号，以示汽车改变行驶方向。汽车的转向信号灯大都采用橙色，功率一般为20W，闪光频率一般为60～95次/min。转向信号灯装在汽车前后或侧面，每侧至少两个。

2. 危险警报灯

危险警报灯又称为危险报警灯，它与转向信号灯共用同一套灯具。当车辆在路面上遇到紧急情况需要处理时，按下危险警报开关，全部转向灯同时闪亮，提醒后方车辆避让。

3. 示宽灯

示宽灯包括装于汽车前部两侧边缘的小灯、车后部两侧边缘的尾灯。示宽灯大都采用白色，用于标识汽车夜间行驶或停车时的宽度轮廓。示宽灯由车灯开关控制，车灯开关接通，示宽灯就点亮。

4. 尾灯

尾灯装于汽车尾部，左右各一只。尾灯一般为红色，用于在夜间行驶时向后面的车辆或行人提供位置信息。

5. 制动灯

制动灯装于汽车后面，用于当汽车制动或减速停车时，向车后发出灯光信号，以警示随后车辆及行人。其多采用组合式灯具，一般与尾灯共用灯泡（双丝灯），但制动灯功率较大，20 W 左右。

制动信号灯是与汽车制动系统同步工作的，它通常由制动信号灯开关控制。气压制动系统的制动信号灯通常由安装在制动系统管路中或制动阀上的制动信号灯开关控制；液压制动系统的制动信号灯一般由与制动踏板直接连动的机械冲程开关控制，也有采用安装在制动回路上的液压式开关来控制的。

6. 倒车灯

倒车灯装于汽车尾部，左右各一只。倒车灯一般为白色。用于照亮车后路面，并警示车后的车辆和行人，表示该车正在倒车，提高倒车时的安全性。倒车灯由装在变速箱上的倒车灯开关控制，当变速杆拨至倒车挡时，倒车信号开关将倒车信号电路接通，倒车灯点亮。

7. 倒车雷达系统

倒车雷达系统在倒车时起辅助报警功能，使安全性大大提高。当驾驶员挂入倒挡后，倒车雷达侦测器进入自我检测。当自我检测通过后，就开始检测汽车后部障碍物，如风神Ⅱ号轿车装备的倒车雷达系统，在汽车后部 50cm 处检测到物体表面积为 25cm^2 以上的障碍物，就会发出报警声，以提醒驾驶员注意。

8. 扬声器

扬声器的作用是警示其他车辆驾驶员和行人注意安全。有气扬声器和电扬声器两种。电扬声器具有操作方便、结构简单、检修容易、声音悦耳等优点，故被广泛应用。

5.4 仪表与报警装置使用

1. 仪表与报警装置

为了使驾驶员随时观察与掌握汽车各系统的工作状态，在驾驶室仪表板上装有各种指示仪表和指示灯，主要包括机油压力表、冷却液温度表、发动机转速表、燃油表、电流表、机油压力报警灯和充电指示灯等。

目前汽车上采用的仪表都是电子组合式仪表。它具有高精度和高可靠性，可为驾驶者提供高精度的数据信息，具有一“表”多用的功能，如图 5-5 所示。

组合式仪表是由仪表、计量表、警告灯和指示灯组成。

汽车仪表和计量表主要有机油压力表、水温表、燃油表（油量表）、车速里程表、发动机转速表和电流表等。

机油压力表用来指示发动机机油压力的大小，以便了解发动机润滑系统工作是否正常。水温表用来指示发动机内部冷却水温度。燃油表用来指示燃油箱内燃油的储存量。车速里程表用来指示汽车行驶速度和累计行驶里程数。发动机转速表用来指示发动机运转速度。

图 5-5　组合式仪表

现代汽车为保证行车安全和提高车辆的可靠性，安装了许多报警装置。报警装置一般由传感器、报警灯（或蜂鸣器）等组成。

报警指示灯如图 5-6 所示。

现代汽车的电气设备较多，为了便于识别、控制它们，在汽车驾驶室的仪表、操纵杆、开关、按钮等处标有各种醒目的形象化的符号，常用的标识符号如图 5-7 所示。

2. 仪表与报警装置使用

仪表与报警装置必须在点火开关处于点火挡时，所有仪表及传感器进入正常工作状态。

此外，组合仪表由微处理器控制，具有很强的自诊断功能。如果发生故障，故障代码会存入组合仪表的故障存储器里，用解码器可以读出这些故障。如果组合仪表有故障，应该整体更换组合仪表。

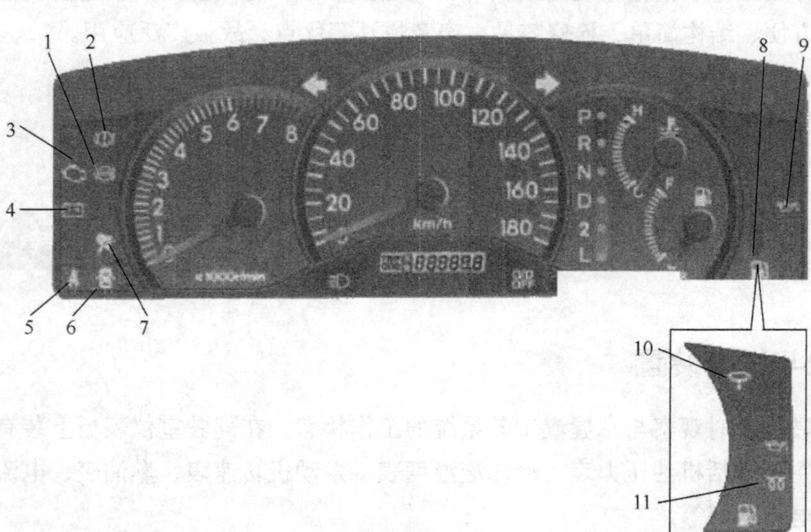

图 5-6　报警指示灯

1—ABS 报警灯（用于装有 ABS 的车辆）　2—制动液位警告灯　3—故障指示灯　4—蓄电池放电报警灯
5—座椅安全带警告灯　6—开门报警灯　7—空气囊报警灯　8—燃油低位报警灯　9—低油压报警灯
10—燃油沉淀器报警灯（用于柴油机车辆）　11—预热塞报警灯（用于柴油机车辆）

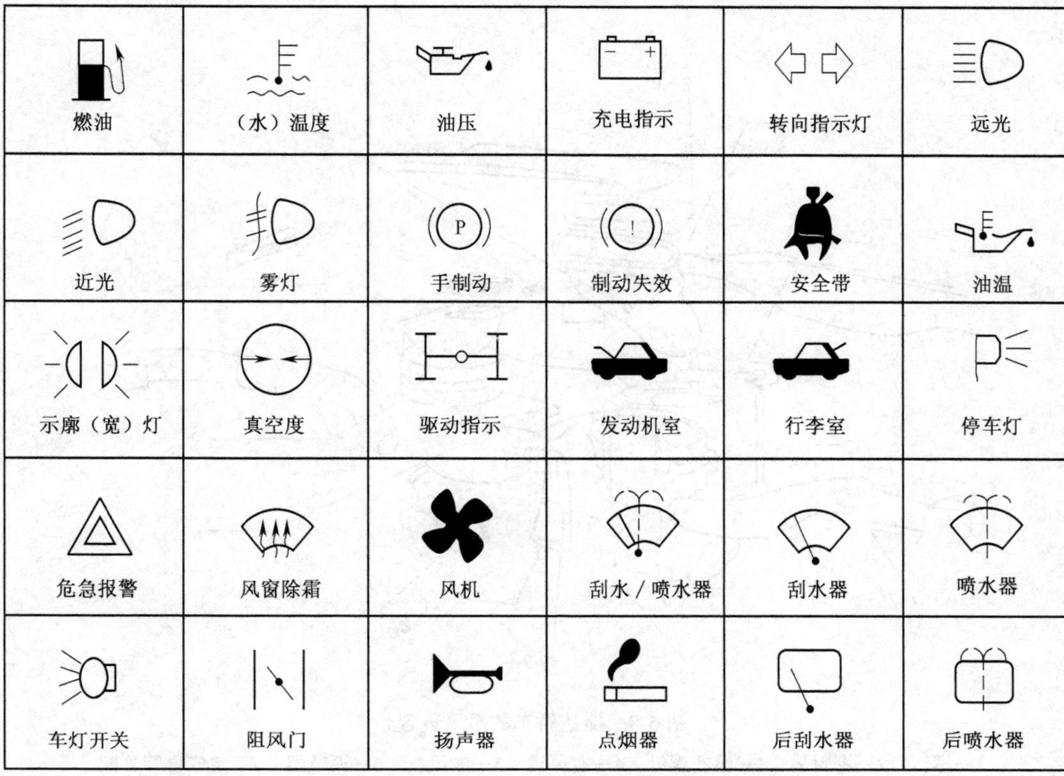

图 5-7 常用的标识符号

5.5 汽车暖风空调装置使用与维护

为了给车内提供适宜的温度和及时补充新鲜空气，提高乘坐舒适性，现代汽车大都装备有暖风空调电控装置。

1. 暖风装置的结构特点

暖风装置是利用发动机冷却液的热能，由鼓风机、气流调节器、风道及风口将热风送到驾驶室和车厢内，使车内形成令人体舒适的气温。图 5-8 所示为捷达轿车的暖风装置。

2. 暖风装置的使用

图 5-9 所示为捷达轿车的暖风及空气调节器。

打开点火开关后，将鼓风机开关打开，拨动操作杆进行功能选择，调节各出风口的风门板开启角度即可。

3. 汽车空调装置的结构

空调系统主要由压缩机、蒸发器、冷凝器、储液干燥罐及膨胀阀等部件组成，如图 5-10

所示。

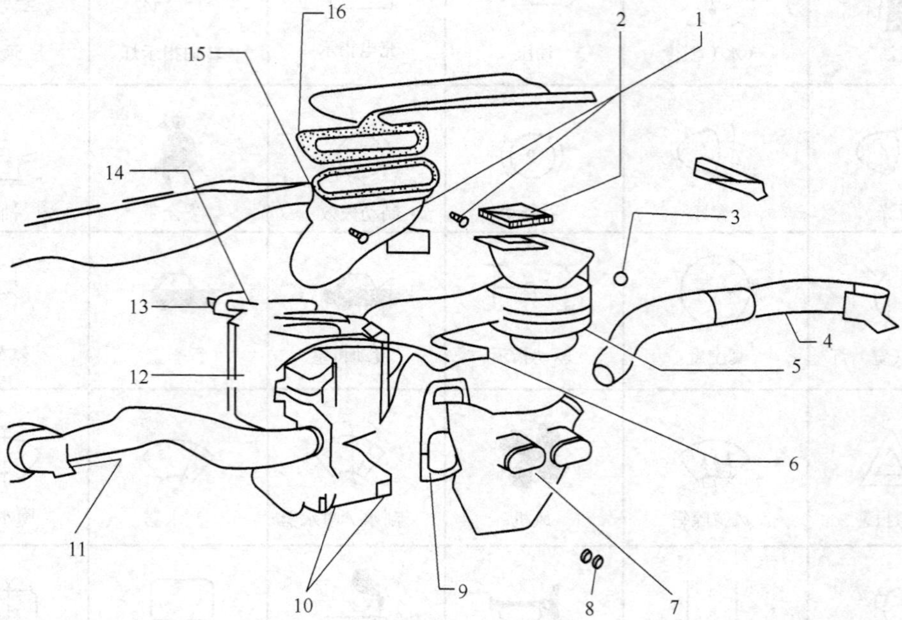

图 5-8　捷达轿车的暖风装置

1—螺钉　2—密封垫　3—滚花螺母　4—右风道　5—鼓风机　6—调节器　7—空气导管分配　8—螺母　9—密封垫　10—下出风口　11—左风道　12—气罐　13—密封垫　14—排热交换器插座　15—导气管　16—密封垫

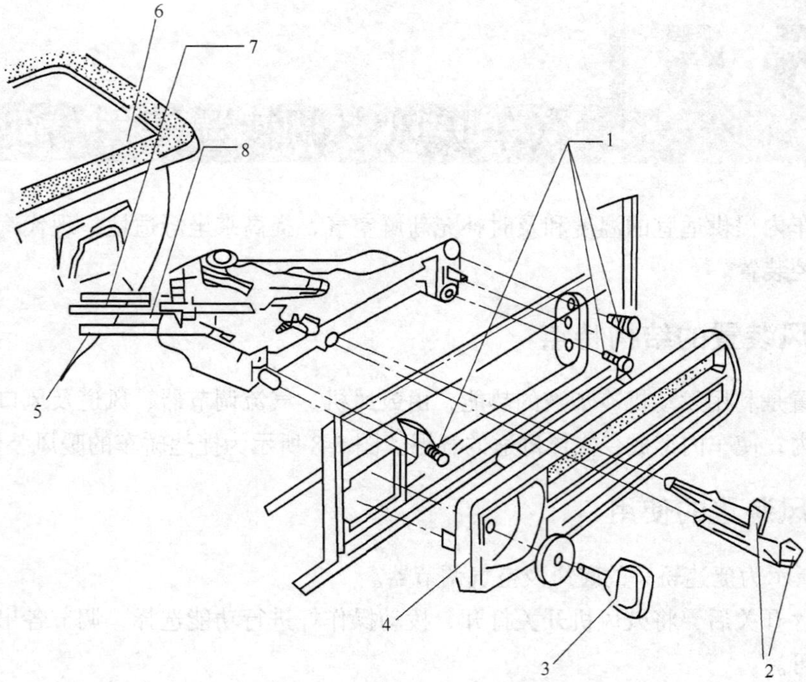

图 5-9　捷达轿车的暖风及空气调节器

1—调节器紧固螺钉　2—操纵杆　3—鼓风机开关　4—遮板　5—冷热空气控制拉索　6—导气管　7—中间和侧面排气控制拉索　8—底座和后排控制拉索

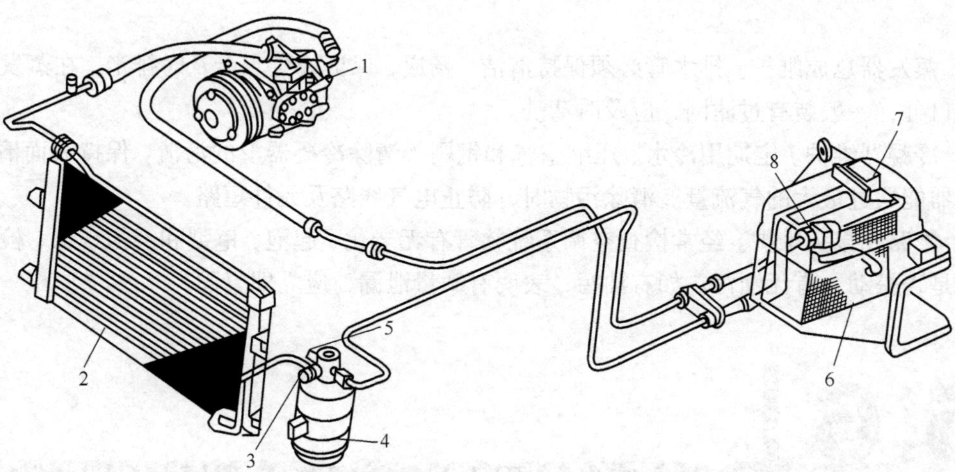

图 5-10　空调系统

1—压缩机　2—冷凝器　3—低压开关　4—储液干燥罐　5—高压阀　6—蒸发器　7—热控开关　8—膨胀阀

4. 汽车空调使用与维护

（1）汽车空调的正确使用

① 切勿频繁开启空调，以免损坏压缩机。在启动发动机时，必须关闭空调，避免发动机启动困难及损坏相关电气元件。风窗玻璃前面的进风口应保持畅通，避免树叶或其他物品遮盖，以便取暖和通风时，空调系统能正常工作。

② 应避免在停车时或在怠速、高温下长时间使用空调，以免因系统温度和压力过高而损坏空调。应在发动机冷却液温度达到正常工作温度后，使用空调取暖。这样，既可保护发动机，又能获得最佳的取暖效果。

③ 温度开关不要长时间放在低温区，以防结霜影响制冷。通常情况下，车内温度 20～25° C 为宜。室外高温或空气中有尘埃时，要使用内循环。雨后空气清新时，使用外循环。有时候车在烈日下停久了，车内的温度比车外还高。许多人在启动汽车后第一个动作就是开空调。此时的发动机尚未达到正常的工作温度，开空调会骤然加大发动机的负担，长此以往会对发动机造成损害。正确的操作方法是：先将车窗打开行驶两三分钟，待车内热气散得差不多了，再按下冷却键。

④ 长距离爬坡及高速超车时，应暂时将汽车空调关闭，以避免发动机动力不足或散热器“开锅”。在发动机因大负荷工作引起水温过高时，必须暂停使用空调，待发动机水温正常后再重新开启。

⑤ 应经常通过视液镜观察制冷剂流动情况。在空调正常工作时，如果有大量气泡流过，说明制冷剂不足；如果有絮状物流过，说明冷冻机油变质。

⑥ 应经常用手触摸空调系统各部件及连接管路的表面。在正常工作时，高压回路与低压回路应有明显的温差。

⑦ 切勿长时间在怠速状态下开启空调的驾驶室内休息或睡觉。在空调系统不使用时，应尽量关闭所有出风口，避免发动机的废气进入汽车内，造成乘员中毒。停车后务必要随手关掉空调，以免在下次点火瞬间空调自动开启，加大发动机的负担。

（2）汽车空调的正确维护

① 压缩机维护。每周应从油面观察窗或用量油尺检查冷冻机油的油面高度是否在规定的范

围内。

② 蒸发器总成维护。排水管必须保持清洁、畅通，保证冷凝水能及时排走。在蒸发器总成的进风口处，一般装有过滤网，应及时清洗。

③ 冷凝器维护。定期用冷水、压缩空气和钢刷等清除冷凝器上的污渍，保持表面清洁，保证冷凝器能通过最大的气流量。清除污物时，防止电气线路及元件短路。

④ 管路和接头维护。经常检查空调系统软管有无老化、起泡、龟裂和磨损现象，检查各管路接头是否松动、有无油污。如有油污，表明有微量泄漏，应立即紧固。

5.6 风窗刮水器与风窗洗涤器使用与维护

1. 电动刮水器的结构

刮水器的作用是用来清除风窗玻璃上的雨水、雪或尘土，以确保驾驶员有良好的视野。在行驶中，由于泥土的飞溅或其他原因污染风窗玻璃，所以刮水器还设有洗涤装置。

按刮水片与刮臂的停置方式，刮水器分为自动复位和自动降位外露式、自动复位和自动降位凹入式、隐蔽式 3 种。

按刮水器刮片的刮拭方式，刮水器分为同向刮拭式和对向刮拭式两种。

汽车上广泛使用的是电动刮水器。电动刮水器由电动机、传动机构、雨刮和控制装置 4 部分组成，如图 5-11 所示。电动机旋转经涡轮箱减速和传动机构的作用变成雨刮摆臂的摆动。

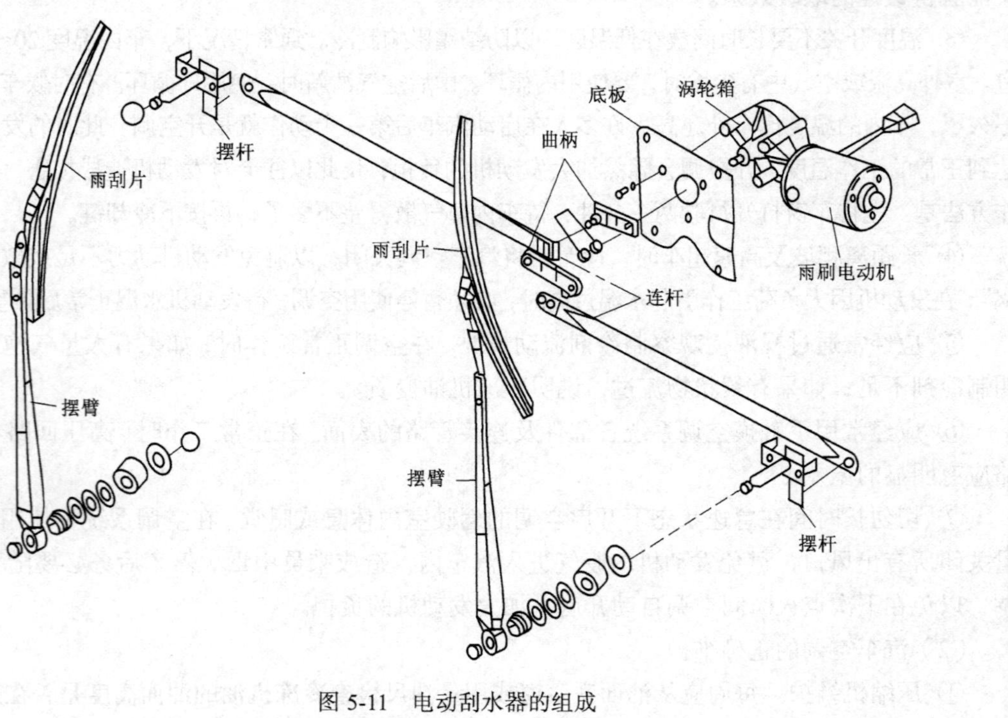

图 5-11 电动刮水器的组成

2. 电动刮水器的使用

电动刮水器开关多数为 5 个挡位，即“OFF（断开挡）”、“LO（低速挡）”、“HI（高速挡）”、“MIST（除霜除雾）”、“INT（间歇挡）”。

刮水器开关有“正常”和“MIST”（雾天）两种设置可以选择。

当刮水器开关在“INT（间歇挡）”位置时，刮水电动机按每停止 2～12 s 刮水一次的规律自动停止和刮拭，保持风窗洁净。

当刮水器开关在“LO（低速挡）”位置时，刮水电动机低速运转，带动雨刮片低速工作。

当刮水器开关在“HI（高速挡）”位置时，刮水电动机高速运转，带动雨刮片高速工作。

当刮水器开关在“OFF（断开挡）”位置时，刮水电动机停止转动，雨刮片正好处于玻璃下方。

注意：汽车上装有电动刮水器自动复位装置。只有刮水器开关在“OFF”和“INT”挡时，自动复位装置才起作用，刮水片能自动停在驾驶员视野以外的指定位置。

装有雨滴感知传感器的汽车，当刮水器开关处于“INT（间歇挡）”位置时，刮水器能根据雨量的大小自动调节刮水器间歇时间（控制在 0～20 s 内），以适应不同雨量的需要。

3. 电动刮水器的维护

① 风窗玻璃应避免沾有酸、碱、油污，以防胶条接触后过早老化。

② 刮拭时应先清洗玻璃上的尘埃、细小沙子，不允许干刮，否则会严重损坏胶条刃口，还会将玻璃刮毛。

③ 雨刮长期工作后会使铰接部磨损或松动，严重时会使桥脚与玻璃碰擦而划坏玻璃，应注意雨刮的工作状态，及时调整。

④ 接通电源后刮水器连杆不动作，电动机却发出嗡嗡声，应立即切断电源，检查各部分的接线是否正确，各传动部件是否卡死，以防电动机烧毁。

⑤ 定期检查轴心与固定套内的润滑情况，经常加注润滑脂，以防磨损过快。注意连杆铰接处的润滑情况，定期保养，并加注润滑脂。

4. 风窗洗涤器组成

为了更好地消除附在风窗玻璃上的污物，在汽车上增设了风窗洗涤器，与刮水器配合工作，保证驾驶员有良好的视野。

风窗洗涤器由洗涤液罐、洗涤泵、软管、三通接头、喷嘴及刮水器开关组成，如图 5-12 所示。

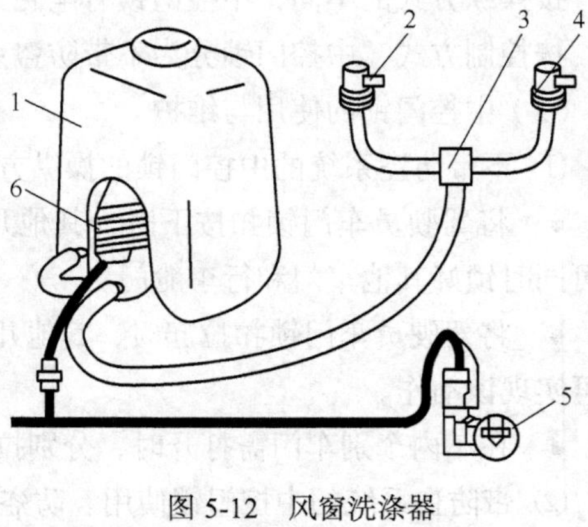

图 5-12 风窗洗涤器

1—洗涤液罐 2、4—喷嘴 3—三通接头

5—刮水器开关 6—洗涤液泵

5. 风窗清洗器的使用

当刮水器开关向内拉动时，清洗开关接通风窗洗涤泵开始工作，洗涤液从喷嘴喷射在挡风风窗玻璃上。有些车型在清洗开关接通的同时使刮水器低速运行，完成洗涤和刮水两项工作。

6. 风窗清洗器的使用与维护

风窗清洗器在日常使用和维护中需要注意如下几点。

① 慎重选用洗涤液。洗涤液应保持清洁，以免堵塞喷嘴。冬季使用洗涤器，应添加防冻剂，可使凝固温度下降到-20℃以下，以免冻裂储液罐。

② 洗涤泵连续工作的时间一般不应超过 1min。使用时应先开洗涤泵后开刮水器。在喷水停止后，刮水器应继续刮 2～5 次，这样配合使用才能达到良好的洗涤效果。

③ 喷嘴喷射方向可以调整，使水喷射在风窗玻璃的合适位置。如喷嘴堵塞，可用细钢丝加以疏通。

5.7 中控门锁、电动座椅使用与维护

1. 中控门锁使用与维护

（1）中控门锁

为了使汽车的使用更加方便和安全，现代轿车多数都安装了电动中央门锁（即自动门锁）控制系统。中控门锁与手动门锁的主要区别是在操纵方式上，手动门锁需驾乘人员使用钥匙或手柄将车门锁打开或锁紧，中控门锁可由驾驶人员按动车门控制开关，控制各车门的启闭。

中控门锁除具有集中控制门锁功能外，有的轿车上还加装了车速传感器及相应的电控系统。当轿车行驶速度达到一定车速后，能自行通电将全部车门自动锁死，以避免忘记锁止门锁或行驶中车门开启。

中控门锁有很多种形式，主要由门锁开关、电动机、传动和执行机构等组成。

按操纵方式的不同，中控门锁有电磁式、电动机式、真空式和电子式等类型。

按控制方式，中控门锁分为不带防盗系统的中控门锁和带防盗系统的中控门锁两种。

（2）中控门锁的使用与维护

① 不带防盗系统的中控门锁的操纵方法如下。

- 将驾驶员车门锁扣按下时，其他几个车门及行李舱门都能自动锁定。如用钥匙锁门，也可同时锁好其他车门和行李舱门。
- 将驾驶员车门锁扣拉起时，其他几个车门及行李舱门锁扣都能同时打开。用钥匙开门，也可实现该动作。
- 在车内个别车门需打开时，分别拉开各自的锁扣即可。

② 带防盗系统的中控门锁使用。防盗系统中控门锁是由防盗系统装置和电控中央门锁配合使用来完成防盗功能的。目前该系统根据点火开关钥匙的配置不同有两种形式：一是在点火开关钥匙内部设置一个防盗控制单元，能够识别特定电阻，通用车系统采用该系统；二是在点火开关钥匙内部设置一个能够被防盗控制单元识别的密码，德国大众车系统、宝马车系统采用该系统。两种形式的遥控控制可以采用红外线遥控，也可以采用无线电遥控。

驾驶人员可通过遥控钥匙上的LOCK（锁定）或UNLOCK（解锁）按钮启闭车门。有些车辆还有应答功能，当锁门或开门时转向信号灯闪烁。当钥匙密码不正确，无法打开车门、行李箱门、发动机盖。即使非法进入车内也无法启动发动机。有些车辆还在车内装有红外线传感器、防破碎传感器、振动传感器、倾斜传感器等，报警装置马上报警（扬声器鸣叫，转向指示灯、大灯闪亮），起到防盗功能。

③ 中控门锁维护。装备防盗系统的汽车在使用过程中，应注意遥控钥匙指示灯闪烁亮度。当指示灯变暗时，应及时更换遥控钥匙内的纽扣电池，以避免钥匙密码丢失，无法遥控打开车门。

2. 电动座椅使用与维护

（1）电动座椅的结构

电动座椅是指以电动机为动力，通过传动装置和执行机构来调整座椅的各种位置，使驾乘人员乘坐舒适的座椅。电动座椅与手动座椅的主要区别是调整装置以及调整的功能不同。

电动座椅一般由电动机、传动装置和座椅调节器等组成，如图5-13所示。

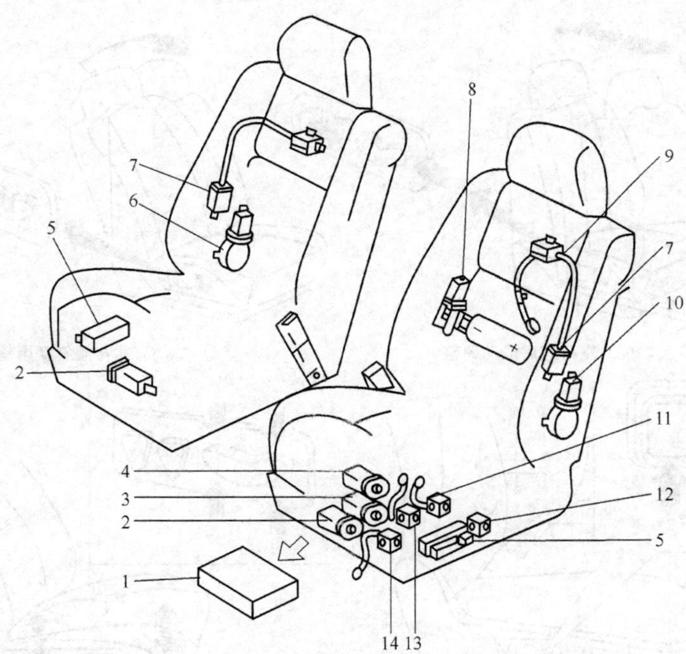

图5-13 电动座椅的组成

1—电动座椅ECU 2—滑动电动机 3—前垂直电动机 4—后垂直电动机 5—电动座椅开关 6—倾斜电动机 7—头枕电动机 8—腰垫电动机 9—位置传感器(头枕) 10—倾斜电动机和位置传感器 11—位置传感器（后垂直） 12—腰垫开关 13—位置传感器（前垂直） 14—位置传感器（滑动）

电动机的作用是为电动座椅的调节机构提供动力。电动机多采用双向电动机。调整的功能越多，所需的双向电动机也越多。根据所装电动机的数量，电动座椅可以实现双向、四向、六向、八向、十向、十二向调整。

双向电动座椅只能前、后移动调整，只装有1个双向电动机。

四向电动座椅在前后移动基础上还可上、下升降，通常装有2个双向电动机。

六向电动座椅可以实现座椅的整体高度上、下调整，前、后滑动调整和座椅的倾斜度调整，装有3个双向电动机。

八向电动座椅可以实现座椅前、后滑动调整，座垫前方上、下调整，座垫后方上、下调整和靠背倾斜度调整，装有4个双向电动机。

十向电动座椅除了具有八向电动座椅的功能外，一般还有腰部前、后位置调整或头枕高度调整功能，装有5个双向电动机。

十二向电动座椅除了具有八向电动座椅的功能外，同时具有腰部前、后位置调整和头枕高度调整功能，装有6个双向电动机。

为防止电动机过载，电动机内装有熔断丝，以确保电气设备的安全。

（2）电动座椅的使用

下面以八向电动前座椅为例说明电动前座椅的调整。

① 座椅前后滑动调整如图5-14（a）所示，根据座椅前后滑动调整按钮①的箭头指示方向按压，即可实现座椅前后滑动调整，调整合适后松开按钮。

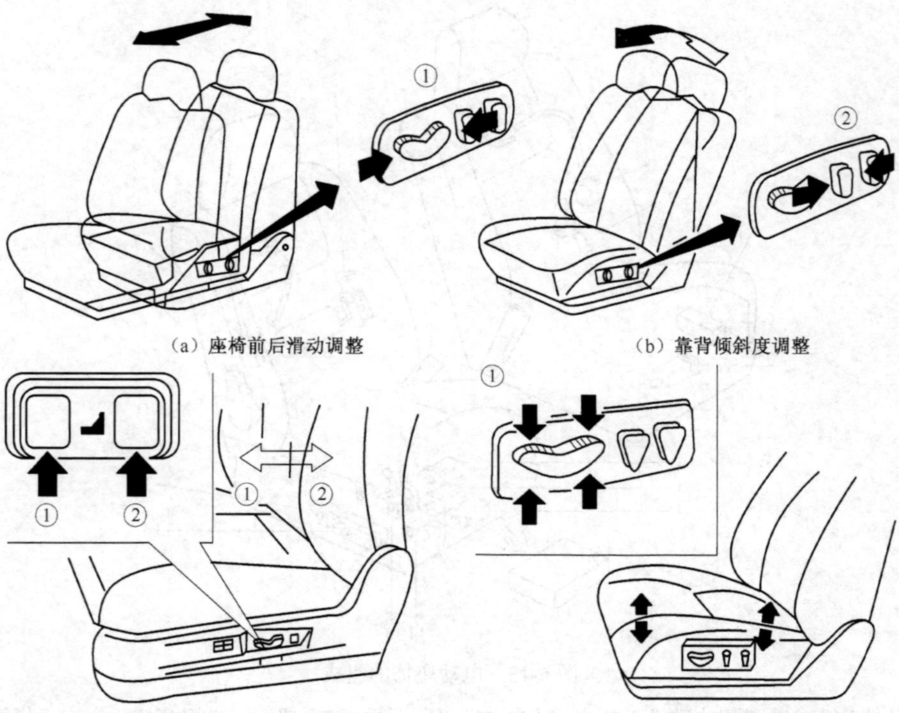

（a）座椅前后滑动调整　（b）靠背倾斜度调整

（c）腰部前后位置调整　（d）坐垫前后及整体升降调整

图5-14　电动前座椅的调整

② 靠背倾斜度调整如图5-14（b）所示，按压靠背倾斜调整按钮②，即可实现靠背倾斜度调整，调整合适后松开按钮。

③ 腰部前后位置调整如图5-14（c）所示，按住腰部位置调整按钮①或②，即可调整腰部调节装置向前、向后运动，调整合适后松开按钮。

④ 坐垫前后方及整体升降调整如图5-14（d）所示，用手指抬起或压下坐垫升降调节按钮①的前部或后部，即可实现坐垫前部或后部的升高或降低调整。如果想让座椅整体升高或降低，只要同时执行前部和后部升高或降低功能即可。

电动座椅前后方向的调节量一般为 100～160 mm，座位前部与后部的调节量约为 30～50 mm。全程移动所需时间约为 8～10 s。

习　　题

一、填空题

1. 三相同步交流发电机主要由______、______、______、______、______、______及______等组成。

2. 汽车照明系统由________、________和________组成。

3. 照明装置包括________、________和________3 部分。

4. 四向电动座椅通常装有________个双向发动机。

5. 空调系统主要由________、________、________、________、________等部件组成。

6. 电动式刮水器由________、________、________和________组成。

二、问答题

1. 蓄电池的充电方法有几种？各有什么特点？
2. 蓄电池在日常使用中应注意些什么？
3. 汽车电路有何特点？
4. 试述汽车常见照明灯类型及作用。
5. 试述汽车常见信号灯类型及作用。
6. 汽车常用仪表有哪些？各有何作用？
7. 汽车空调装置需进行哪些方面的维护？
8. 电动刮水器维护时应注意哪些方面？
9. 电动座椅一般具有哪些调整功能？
10. 中央门锁控制系统能实现哪些功能？

第6章 汽车整车性能与使用

【学习目标】

1. 了解汽车整车的主要性能及其评价指标；
2. 了解汽车整车在各种条件下合理使用与保养的要点；
3. 了解汽车整车维护与保养的分类及作业项目的内容。

6.1 汽车整车性能

汽车整车性能是指汽车在各种使用条件下发挥最大工作效率并能安全行驶的能力。它主要包括汽车动力性、汽车经济性、汽车制动性、汽车操纵稳定性、汽车平顺性、汽车通过性以及汽车排放性能等。

1. 汽车动力性

汽车动力性是指汽车在良好的路面上保持直线行驶时，所能达到的平均行驶速度。汽车运输效率的高低在很大程度上取决于汽车动力性。所以，动力性是汽车性能中最重要、最基本的性能。

汽车动力性常用的评价指标为：最高车速、加速能力和上坡性能。

（1）最高车速

最高车速是指汽车行驶于平直良好的混凝土或沥青路面上所能达到的最高行驶速度。一般轿车最高车速为 130～200 km/h，客车最高车速为 90～130 km/h，货车的最高车速为 80～110 km/h。

（2）加速能力

加速能力是指汽车在各种使用条件下迅速增加行驶速度的能力。加速过程中加速用的时间越短、加速度越大和加速距离越短的汽车，加速能力就越好。汽车的加速能力分为超车加速能力和原地起步加速能力。

① 超车加速能力。超车加速能力是由汽车用最高挡或次高挡从某一预定的中速全力加速至

另一预定高速时所经过的时间或距离来评定。这段时间越短，则超车加速能力越强，从而可以减少超车过程中的并行时间，有利于保障行车安全。

② 原地起步加速能力。原地起步加速能力是由汽车以最低挡起步，并以大的加速度且选择恰当的换挡时刻逐步换至最高挡后，加速到 100 km/h 所需时间与距离来评定。原地起步加速时间是衡量轿车动力性能的重要指标。一般认为轿车的 0～100 km/h 的加速时间应在 10 s 以内，高级跑车的加速时间可达 4 s 左右。

（3）上坡性能

上坡性能是用汽车满载时在良好路面上的最大爬坡度来评定。它对于山区行驶车辆的平均行驶速度有很大影响。

不同类型的汽车对上述 3 项指标要求各有不同。轿车与客车偏重于最高车速和加速能力，载重汽车和越野汽车对最大爬坡度要求较严。但不论何种汽车，为在公路上能正常行驶，必须具备一定的平均速度和加速能力。

2. 汽车经济性

汽车经济性作为汽车的主要性能之一，是指汽车以最小的燃油消耗量完成单位运输工作量的能力。在汽车运输成本中，燃油费用占有很大的比重。2009 年 1 月 1 日，燃油附加税在我国正式实施，这意味着燃油消耗量将成为用车成本的决定性因素，燃油消耗量越多，成本越高。这就使大众对汽车经济性更加关注。

在国内，汽车经济性常用汽车行驶 100 km 的燃油消耗量（单位为 L）来衡量。

3. 汽车制动性

汽车行驶时能在尽可能短的距离内停车且在制动过程中能维持行驶方向稳定性和在下长坡时能维持车速稳定的能力，称为汽车制动性。汽车具有良好的制动性是安全行驶的保证，也是汽车动力性得以很好发挥的前提。

汽车制动性的评价指标包括制动效能、制动效能的恒定性和制动时方向的稳定性。

（1）制动效能

制动效能是指汽车迅速减速直至停车的能力，常用制动过程中的制动时间、制动减速度和制动距离来评价。汽车的制动效能除和汽车技术状况有关外，还与汽车制动时的速度以及轮胎和路面的情况有关。

（2）制动效能的恒定性

在短时间内连续制动后，制动器温度升高导致制动效能下降，称之为制动器的热衰退，连续制动后制动效能的稳定程度为制动效能的恒定性。

（3）制动时方向的稳定性

制动时方向的稳定性是指汽车在制动过程中不发生跑偏、侧滑和失去转向的能力。当左右侧制动力不一样时，容易发生跑偏；当车轮“抱死”时，易发生侧滑或者失去转向能力。为防止上述现象发生，现代汽车设置有电子防抱死装置，防止紧急制动时车轮抱死而发生危险。

4. 汽车操纵稳定性

汽车操纵稳定性是汽车重要性能之一，直接影响到汽车驾驶的操纵方便程度，同时也决定着汽车的行车安全。把驾驶员不感觉过分紧张、疲劳的条件下，汽车能按照驾驶员通过操纵方向盘所给定的方向转弯或保持直线行驶，同时能抵抗干扰而保持稳定行驶的性能，称为汽车操纵稳定性。汽车操纵稳定性包括密切相关的两个部分，即操纵性和稳定性。

汽车的操纵性是指汽车对驾驶员转向指令的响应能力，直接影响到行车安全。轮胎的气压和弹性、悬挂装置的刚度以及汽车重心的位置都对该性能有重要影响。

汽车的稳定性是指汽车在受到外界扰动后，恢复原来运动状态的能力，以及抵御发生倾覆和侧滑的能力。对于汽车来说，侧向稳定性尤为重要。当汽车在横向坡道上行驶，转弯以及受其他侧向力时，容易发生侧滑或者侧翻。汽车重心的高度越低，稳定性越好。合适的前轮定位角度使汽车具有自动回正和保持直线行驶的能力，提高了汽车直线行驶的稳定性。装载超高、超载，转弯时车速过快、横向坡道角过大以及偏载等，都容易造成汽车侧滑及侧翻。

5. 汽车平顺性

汽车平顺性是指保持汽车行驶过程中，乘员所处的振动环境具有一定舒适度的性能。汽车在行驶过程中由于路面不平的冲击，会造成汽车的振动，使乘员感到疲劳和不舒适，同时振动还会影响汽车的使用寿命。因此必须提高汽车的平顺性，才能保证驾驶员在驾驶车辆的过程中始终具有良好的心理状态和准确灵敏的反应。由于汽车平顺性是根据乘车者感觉的舒适程度来评价的，所以又称为乘坐舒适性，它是现代汽车的一项重要性能。

一般采用“舒适降低界限”来作为汽车平顺性的评价指标。当汽车速度超过“舒适降低界限”时，就会降低乘坐舒适性，使人感到疲劳不舒服。该界限值越高，说明平顺性越好。

汽车车身的固有频率也可作为平顺性的评价指标。从舒适性出发，车身的固有频率在 600～850Hz 的范围内较好。合适的轮胎弹性、性能优越的悬架系统、良好的座椅减振性能以及尽可能小的非簧载质量，都可以提高汽车平顺性。

6. 汽车通过性

汽车在满载的条件下，能顺利起步并以较高的车速通过各种坏路及无路地带和驶过各种障碍物的能力，称为汽车通过性。各种汽车的通过能力是不一样的。轿车和客车由于经常在市内或高速公路上行驶，故对通过能力要求较低。而越野汽车、军用车辆或矿山车辆就必须有较强的通过能力。

采用宽断面轮胎、多个胎轮可以增大驱动能力，并可以减轻对路面的破坏；较深的轮胎花纹可以增大轮胎的附着系数，使其不易打滑；全轮驱动的方式可使汽车动力性得以充分地发挥；在汽车设计过程中，合理选择地选择结构参数，可以使汽车具有优良的驶过障碍物的能力，如较大的离地间隙、接近角、离去角、车轮半径，较小的转弯半径、横向和纵向通过半径等，都可提高汽车通过能力。

7. 汽车排放性能

汽车行驶过程中尾气排放对环境造成的污染程度，称为汽车排放性能。汽车发动机排出的各种有害物质目前已成为空气污染的主要来源。大气环境污染问题，已引起世界各国普遍关注。为了保护大气环境，欧洲各国和美国都制定了严格的车辆排放标准。随着我国汽车保有量的迅猛增加，尾气排放也受到了很大的重视。

汽车排放是指从发动机中排出的 CO（一氧化碳）、HC（碳氢化合物）、NO_x（氮氧化物）和 PM（微粒，碳烟）等有害气体。这些气体都是发动机在燃烧做功过程中产生的有害气体。

CO 是燃油氧化不完全的中间产物。当氧气不充足时会产生 CO，混合气浓度大及混合气不均匀都会使排气中的 CO 增加。

HC 是燃料中未燃烧的物质。由于混合气不均匀、燃烧室壁冷等原因造成部分燃油未来得及燃烧就被排放出去。

NO_x 是燃油在燃烧过程中产生的一种物质。

PM 是燃油燃烧时缺氧产生的一种物质，其中以柴油机最明显。因为柴油机采用压燃方式，柴油在高温高压下裂解更容易产生大量肉眼看得见的碳烟。

为了抑制这些有害气体的产生，促使汽车生产厂家改进产品以降低这些有害气体的产生源头，欧洲各国和美国都制定了相关的汽车排放标准。其中欧洲标准是我国借鉴的汽车排放标准，目前国产新车都会标明发动机废气排放达到的欧洲标准。

欧洲从 1992 年起开始实施欧Ⅰ标准，1996 年起开始实施欧Ⅱ标准，2000 年起开始实施欧Ⅲ标准，2005 年起开始实施欧Ⅳ标准。

汽车排放的欧洲标准的计量是以汽车发动机单位行驶距离的排污量（g/km）计算，因为这对研究汽车对环境的污染程度比较合理。

6.2 汽车整车使用

6.2.1 汽车在一般条件下合理使用

在一般的行驶条件下，正确合理地使用汽车，能最大限度地发挥汽车的潜能，提高运输效率，降低运营成本。汽车在一般条件下使用的过程中应做到以下几点。

1. 合理地确定装载质量

汽车的装载质量应按制造厂规定的额定标准装载质量，同时也不准超过行驶证上核定的装载质量。因为行驶证上核定的装载质量是根据发动机、底盘、轮胎负荷三者中最薄弱部分来确定的。汽车只有在规定的装载负荷下运行，各零部件技术状况才能得到良好的保持和发挥。如果车辆超载，会使车辆发动机及轮胎负荷增大，加剧零部件损坏，缩短车辆的寿命，使车辆的转向、制动等安全性能受到很大影响，极易酿成交通事故。

2. 正确地控制行驶速度

汽车的行驶速度对发动机磨损有很大的影响。当汽车行驶速度过高时，发动机活塞的平均运动速度增大，气缸磨损也随着增大。当汽车低速行驶时，由于润滑条件不良，导致磨损同样加剧。汽车的高速行驶还会造成轮胎发热，影响安全行驶。由于高速行驶时汽车常需要紧急制动，所以对制动器也有很大的影响。

3. 按要求选择燃油

汽车在正常使用的过程中应该合理地选用品质合适的燃油。汽油机的燃油应保证发动机不发生爆燃；在储存和使用的过程中不会变质；燃烧后无沉积物，无机械杂质及水分，对环境的污染小。柴油应具有良好的流动性，能保证在各种使用条件下燃料顺利地供给，容易喷散、蒸发，形成良好的混合气，保证柴油机工作柔和，喷油器不结焦，不含机械杂质和水分。

4. 行车途中要进行必要的维护

随着汽车行驶里程的增加，各零部件将产生磨损、变形、松动、疲劳和老化，会导致车辆技术状况变坏，使汽车的动力性降低，经济性变差，安全性和可靠性降低。因此，应坚持平时注意观察，驾驶过程中合理运用挡位，控制行驶车速，及时补充燃油、润滑油脂及工作液。

汽车行驶一定里程后，应停车检查，主要项目如下。

① 检视各种仪表工作情况。

② 检查有无三漏：漏油、漏水和漏气。

③ 检查轮毂、制动鼓、制动盘、变速器和驱动桥的温度。

④ 检查离合器、转向器和驻车制动器的工作是否有效可靠。

⑤ 检查汽车轮胎气压的大小，清除胎面花纹中的夹杂物。

⑥ 检查汽车各部位螺栓和螺母的紧固情况及汽车各部件有无异常。

6.2.2 汽车在特殊条件下合理使用

汽车使用的条件是随着时间和空间的不同而不断变化的，这使得汽车的运行效果，即汽车主要技术、经济指标也随外界条件变化而变化。因此，必须根据不同的运行条件，采取相应的技术措施，以保证汽车发挥最大的潜能，充分提高运输效率。

1. 汽车在走合期内的合理使用

走合期是指新车或刚刚经历大修的车辆。走合期的汽车正处于磨合状态，还无法满足全负荷行驶的需要。在这个期间里，零件表面不平的部分被磨去，逐渐形成了比较光滑、耐磨而可靠的工作表面，以承受正常的工作负荷。通过走合期的磨合可以使汽车在正常使用阶段时的故障率趋于较低水平。

汽车在走合期内具有磨损速度快、油耗量高、行驶故障较多、润滑油易变质等几个特点。汽车在走合期内为减少磨损，延长机件的使用寿命，必须遵循的主要规定有：减轻装载质量，限制行车速度，选择优质燃料、润滑材料和正确驾驶等。

（1）减轻装载质量

汽车装载质量的大小直接影响机件寿命，装载质量越大，发动机和底盘各部分受力也愈大，还会引起润滑条件变坏，影响磨合质量。所以，在走合期内必须适当的减载。各型汽车均有减载的具体规定，一般装载质量不应超过额定载荷的 75%。走合期内汽车不允许拖挂或牵引其他机械和车辆。

（2）限制行车速度

当装载质量一定时，车速越高，发动机和传动机件的负荷也越大。因此，在走合期内，起步和行驶不允许发动机转速过高。变换挡位时要及时合理，各挡位应按汽车使用说明书的规定控制车速。

（3）选择优质燃料和润滑材料

为了防止汽车在走合期中产生爆燃，加速机件磨损，应采用优质燃料。另外，由于部分机件配合间隙较小，选用低黏度的优质润滑油使摩擦工作表面得到良好润滑，应按在走合期维护规定及时更换润滑油。

（4）正确驾驶

新车初期的磨合效果很大程度取决于2 500 km磨合期内的驾驶方式。启动发动机时不要猛踏加速踏板，严格控制加速踏板冲程，以免发动机起步过快而产生较大的冲击载荷。发动机启动后应低速运转，待水温升到50～60℃再起步。为减少传动机件的冲击，行驶时要正确换挡。要注意选择良好的路面行驶，尽量减少振动和冲击。要避免紧急制动、长时间持续制动和使用发动机制动。

2. 汽车在高温条件下的合理使用

在炎热的夏季，由于气温高、雨量多、灰尘大和热辐射强，使发动机技术状况受到一定程度的影响，导致出现发动机温度过高、充气系数下降、燃烧不正常、润滑油变质、磨损加剧、供油系统产生气阻等现象。为了保障汽车正常运行的需要，在夏季来临之际，应对全车进行一次必要的换季检查与调整。为了保证汽车在高温环境下的正常使用，至少应做到如下几点。

① 加强对冷却系统的维护，确保其散热效能的正常发挥。

② 采用黏度高牌号的润滑油并适当缩短换油周期。

③ 制动液在高温下也可能产生气阻，应选用沸点较高的制动液。

④ 防止气阻。对于使用中的汽车，防止气阻的主要措施是在原车的基础上改善发动机的散热和通风状况，以及隔开供油系统的受热部分。

⑤ 行车时轮胎防爆。长时间在高温条件下行驶的汽车，极易出现爆胎事故，必须给予充分地重视，并应严格做到以下几点。

- 在运行中应随时注意轮胎的温度和气压，经常检查，保持规定的标准气压。
- 在酷热地区中午行车时，应适当降低行车速度。

⑥ 在高温、强烈的阳光、多尘、多雨的条件下长期行车，劳动强度大，驾驶员容易感到疲劳，同时也影响乘客的舒适性。因此应采用相应的措施，如在车内装设空调设备，加装遮阳板，同时应保证驾驶室的通风和防雨。

3. 汽车在低温及冰雪条件下的正确使用

汽车在低温条件下使用的特点是：发动机启动困难、总成磨损严重；燃油、润滑油消耗量增加；橡胶制品强度减弱；行车条件变坏。

汽车在冬季低温条件下正常使用的注意事项如下。

① 冬季低温条件下应合理使用润滑油，润滑油质量是影响发动机可靠性及使用寿命的关键因素。轿车出厂时，发动机内已加好优质多标号润滑油。但若您夏季保养时使用的是单标号润

滑油，则因黏度范围限制，不能全年通用。在冬季来临之际，要及时更换为适用于冬季或全年使用的润滑油。

② 使用长效冷却液。长效冷却液也称为防冻液，可全年使用。若在冬季低温条件下，需提高冷却液防冻能力，可适当提高添加剂的比例，但冷却液浓度切不可超过 60%（防冻能力达-40℃），否则反而会降低防冻能力，削弱冷却效果。

③ 冬季清洗车辆时，切勿把水溅到发动机前端轮系统上。

④ 切勿停车预热发动机。怠速状态下预热发动机不仅费时，并且严重磨损机械部件，恶化废气排放。因此，一旦启动应立即起步，但转速不宜过高。

⑤ 轿车在冬季停放数周不用，应拆下蓄电池，存放在无霜冻的房间内，以防蓄电池结冰损坏。环境温度降至-10℃时，放完电的蓄电池将结冰，充电前必须对结冰蓄电池进行解冻处理，否则充电时可能爆炸。

⑥ 冬季要在车窗清洗液中添加防冻剂，如果一时买不到含防冻剂的玻璃清洗剂，也可用酒精作为代用品。但任何情况下，清洗液中切勿加入冷却液防冻剂或其他添加剂。

⑦ 应定期地用橡胶保护剂擦拭车门、车窗及行李箱密封条，保持其柔韧性，延长使用寿命，防止在冬季变硬。

⑧ 冬季来临之际，请检查一下变速器油。在经过多雨的夏、秋两季后，变速器内有少许进水，可能当时没有发现，但在冬季的低温环境下，若变速器油内微结冰，将加剧变速器内部的齿轮与轴的磨损。

4. 汽车在高原或山区条件下的正确使用

高原和山区由于海拔高、气压低和空气稀薄，造成汽车行驶时发动机充气量减小，发动机冷却液和制动液沸点降低，汽车动力性与经济性下降，行驶不安全，经常发生故障。

汽车在山区行驶时，经常会遇到上坡、下坡、路窄、弯多等情况，汽车需要经常制动减速，致使摩擦片和制动鼓以及摩擦块与制动盘经常处于发热状态，特别是下长坡时，制动鼓、摩擦片及制动盘、制动块温度急剧升高。在这种情况下，摩擦片和制动块的摩擦系数急剧下降，严重时可能出现制动失效。由于使用制动频繁，制动器因摩擦而生热，使制动系统温度升高。而随着制动液沸点降低，容易产生气阻，引起制动失灵。

汽车在高原或山区行驶时应采取以下措施。

① 采用辅助制动器。常用的辅助制动器有电涡流和发动机排气制动两种，电涡流辅助制动器由于体积较大，结构复杂，多用于山区或矿用的重型汽车上。发动机排气制动结构简单，使用方便，它是在普通发动机制动的基础上，在发动机排气管内加装一个片状阀门，如果将阀门关闭，发动机的排气阻力就会增大。

② 采用高沸点的制动液。由于高原或山区气压低，使制动液沸点降低，所以要使用高沸点的制动液，以防止制动过程中由于沸点降低产生气阻而导致制动失效。

③ 采用耐高温的制动器。采用耐高温的制动器可以保证汽车在下长坡时长时间制动过程中制动效能不会下降。

④ 改善灯光，确保夜间行车安全。

⑤ 缩短维护周期。汽车在高原或山区使用时，因换挡、制动和转弯次数多，道路崎岖不平，底盘的负荷大，轮胎磨损剧烈，所以维护周期应适当缩短。

6.3 汽车整车维护与保养

我国的汽车整车维护与保养制度是伴随着我国汽车制造业和维修业的不断发展而逐步建立和完善起来的。目前我国汽车整车维护与保养制度的基本原则是“定期检测、强制维护、视情修理”。

下面以一汽大众生产的捷达轿车为例介绍汽车整车维护与保养。

捷达轿车整车的维护保养制度是这样规定的：维护和保养按里程进行，每 7 500 km 进行一次维护和保养，以 30 000 km 为一个循环周期，即在一个周期内将维护和保养分为 7 500 km 保养、15 000 km 保养、22 500 km 保养、30 000 km 保养 4 种保养内容。其中第一次进行的 7 500 km 保养（也称首保）项目较多。下面分别对各种保养的内容进行介绍。

1. 7 500km 保养（首保）项目

（1）发动机

① 检查润滑系统、冷却系统及燃油系统是否渗漏。

② 更换机油及机油滤清器。

③ 检查冷却液面及冷却液的防冻能力，必要时添加冷却液或调整冷却液浓度。

④ 检查发电机及空调器 V 形传动皮带张紧度，必要时调整张紧度。

⑤ 检查、调整点火正时。

（2）传动系统

① 检查变速器是否渗漏。

② 检查等速万向节防尘套是否损坏。

③ 检查转向横拉杆防尘套是否损坏。

（3）制动系统和车轮

① 检查制动系统是否渗漏。

② 检查制动摩擦衬片厚度。

③ 检查轮胎充气压力是否符合规定。

④ 检查、调整车轮前束。

（4）车身

① 润滑发动机机罩铰链及锁舌。

② 润滑车门铰链及车门限位条。

（5）空调系统和电气系统

① 检查空调系统是否渗漏。

② 检查蓄电池电解液液面高度，必要时添加蒸馏水。

③ 检查、清洗蓄电池接线柱。

2. 7 500 km 保养（正常）项目

① 更换发动机机油。

② 检查盘式制动器摩擦衬片厚度。

③ 检查发动机、变速器、主减速器、转向横拉杆端头、制动系统、供油系统和车身底部防护层是否渗漏和损坏。

3. 15 000 km 保养项目

（1）发动机和离合器

① 检查润滑系统、冷却系统、燃油系统是否渗漏。

② 检查排气系统是否泄漏或损坏。

③ 更换发动机机油及机油滤清器。

④ 检查冷却系统冷却液液面高度，必要时按规定添加冷却液。

⑤ 清洗空气滤清器，必要时更换滤芯。

⑥ 检查、清洗火花塞，必要时更换火花塞。

⑦ 检查发电机、空调器 V 形皮带是否损坏，如损坏，更换 V 形皮带。

⑧ 检查 V 形皮带张紧度，必要时调整张紧度。

⑨ 检查、调整点火正时。

⑩ 检查、调整怠速转速及 CO 含量。

⑪ 检查离合器踏板冲程。

（2）传动系统和转向系统

① 检查变速器是否渗漏。

② 检查等速万向节防尘套是否损坏。

③ 检查转向横拉杆端头间隙及其防尘套是否损坏。

（3）制动系统和车轮

① 检查制动系统是否泄漏或损坏。

② 检查制动液液面高度，必要时添加制动液。

③ 检查、调整手制动器。

④ 检查制动摩擦衬片厚度。

⑤ 检查车轮螺栓拧紧力矩是否符合规定。

⑥ 检查轮胎充气压力是否符合规定。

⑦ 检查轮胎（包括备胎）花纹深度。

（4）车身

① 润滑发动机机罩及行李箱铰链。

② 润滑车门铰链及车门限位拉条。

③ 检查安全带是否完好无损。

④ 检查车门把手，如开启费力，需清理车门锁。

（5）空调系统和电气系统

① 检查空调系统是否渗漏。

② 检查、清洗空调器新鲜空气滤清器。

③ 检查蓄电池电解液液面高度，必要时添加蒸馏水。

④ 检查扬声器、照明灯工作状况。

⑤ 检查风窗刮水器/洗涤器工作状况。

⑥ 检查风窗清洗液液面高度，必要时添加清洗液。

⑦ 检查前大灯光束。

完成所有项目的保养后，需试车检查各机构是否正常。

4. 22 500 km 保养项目

22 500 km 保养项目与 7 500 km 保养项目相同。

5. 30 000 km 保养项目

30 000 km 保养项目包括 15 000 km 保养项目，此外它还需要做以下项目。

① 更换燃油滤清器。

② 更换火花塞。

③ 更换 V 形皮带。

④ 检查车身底部保护涂层是否损坏。

习　题

一、填空题

1. 汽车的整车性能主要包括________、________、________、________、汽车平顺性以及汽车通过性等性能。

2. 汽车的动力性常用的评价指标为________、________和________。

3. 汽车制动性的评价指标包括________、________和________。

4. 汽车排放是指从发动机中排出的________、________、________和________等有害气体。

5. 汽车在走合期内具有磨损速度快、________、________、________等几个特点。

6. 目前我国汽车整车维护与保养制度的基本原则是“________、________、________”。

二、问答题

1. 什么是汽车的动力性？评价指标有哪些？

2. 什么是汽车的经济性？评价指标是什么？

3. 什么是汽车的制动性？评价指标有哪些？

4. 汽车在走合期必须遵循的主要规定有哪些？

5. 汽车在低温条件下使用的特点有哪些？

6. 汽车在高原或山区行驶时应采取哪些措施？

7. 简述汽车整车的维护保养制度。

参考文献

[1] 李春明. 汽车构造. 北京：北京理工大学出版社，2005.
[2] 汤定国. 汽车发动机构造与维修. 北京：人民交通出版社，2002.
[3] 陈文华. 汽车发动机构造与维修. 北京：人民交通出版社，2001.
[4] 陈家瑞. 汽车构造. 北京：人民交通出版社，2002.
[5] 张子波. 汽车发动机构造与维修. 北京：高等教育出版社，2005.
[6] 李春明. 汽车发动机燃油喷射技术. 北京：北京理工大学出版社，2004.
[7] 关文达. 汽车构造. 北京：机械工业出版社，2005.
[8] 冯崇毅. 汽车电子控制技术. 北京：机械工业出版社，2000.
[9] 董震，席金波. 奥迪 A6 维修手册. 北京：机械工业出版社，2002.
[10] 王大伟，董训武. 捷达电喷系列轿车维修手册. 北京：机械工业出版社，2004.
[11] 张红伟. 汽车底盘构造与维修（第 2 版）. 北京：高等教育出版社，2007.
[12] 孔令来. 汽车底盘构造与维修. 北京：机械工业出版社，2007.
[13] 斯卡沃勒尔 A. E. 汽车构造原理与维修应用. 王锦俞，等，译. 北京：机械工业出版社，2005.